U0636024

仁智气象

——周善甫评传

陈友康　著

中華書局

天雨流芳 丛书

《仁智气象——周善甫评传》编委会

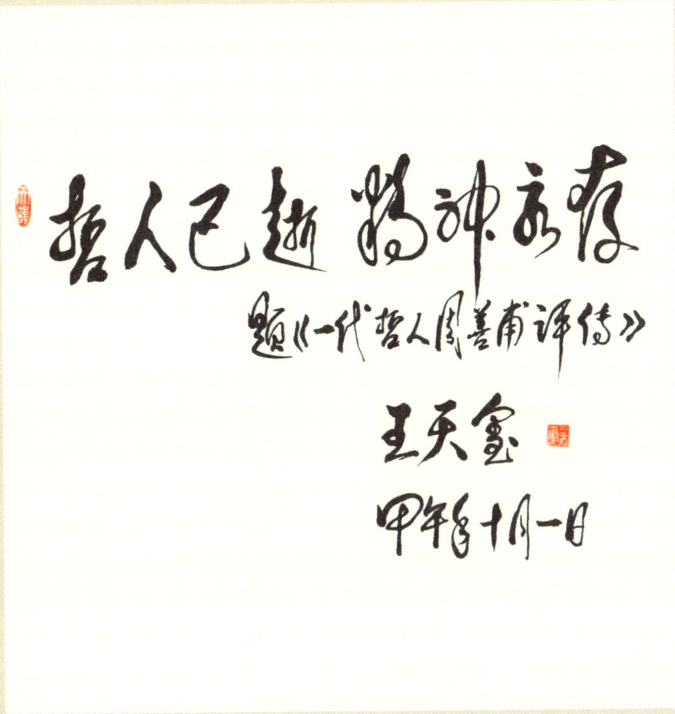

哲人已逝 精神永存

题《一代哲人周善甫评传》

王天玺

甲午年十月一日

王天玺

著名学者、马克思主义理论家

中共中央机关刊《求是》杂志原总编辑

中国民族哲学思想史学会会长

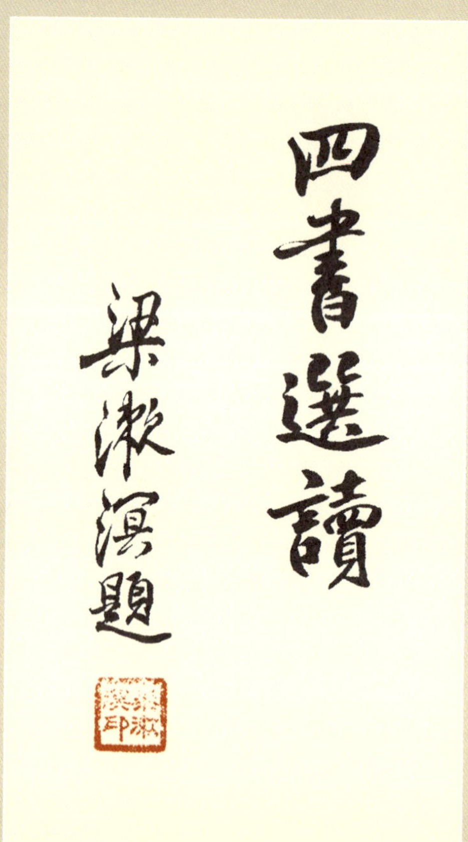

梁漱溟（1893 ~ 1988）

中国 20 世纪文化泰斗
国学一代宗师、现代新儒家代表人物
中国文化书院院务委员会主席
（《四书选读》系梁漱溟先生 1985 年为周善甫先生国学论著所题书名）

言必行行必果是为真儒
著书立说力倡正学是为
大儒但求有利于民不计
个人荣辱是为醇儒
善甫先生足以当之
七三老人马曜

马　曜（1911～2006）

中国民族学会副会长
中国西南民族学会名誉会长
云南民族学院名誉院长、教授
著名民族学家、历史学家、教育家

【题词】

一代哲人周善甫先生是为中华民族核心精神文化做出了杰出贡献的纳西族文化老人，《大道之行》足以说明这点。

黄枬森 时年八十有九
于北大朗润园

黄枬森

中国马克思主义哲学史学会名誉会长
中国人学学会名誉会长
北京大学哲学系原主任、教授、博士生导师
著名哲学家、哲学史学家、理论家

郎　森

中国美术家协会会员

北京服装学院美术系教授、硕士生导师

著名国画家、美术教育家

陈蜀尧

中国美术家协会会员
云南省美术家协会原副秘书长
云南省文史研究馆馆员

刚刚20岁时的周善甫先生。这是目前存世的周先生最早的一张照片。

（摄于1934年／周孚政供稿）

1918 年 1 月云南督军兼省长唐继尧为表彰周善甫先生的祖父周兰屏夫子为边地教育事业所做出的贡献，特赠匾“梓里模范 ”。

（摄于 2000 年）

丽江古城兴文巷 28 号内的这间小屋是周善甫先生的诞生地。左图为此宅的外景。

（摄于 2000 年）

今夜万里月
苍洱连蜀眉
杨柳初生叶
桃花寂寞红
去年已别去
今年归不归

1923年，年仅9岁的周善甫先生写下了他平生的第一首诗《盼兄归》，图为1994年周善甫重写此诗的手迹。

（孙炯／供稿）

1965年11月1日清晨，周霖从云南省文联的寓舍兴冲冲来到翠湖北路31号弟弟家，拿出这幅《茶花鸡》对胞弟周善甫说：“昨晚我乘兴画得这一小张，自以为佳，题了两句——‘茶花鸡壮茶花瘦，共领春风报岁华’。送给你。”这幅画经历“文革”后还幸存在周善甫家人手中，见证着周氏昆仲在动荡年代的兄弟情谊。

（周孚政／供稿）

1938年周善甫（左二）昆仲率领的一支8人登山探险队首次攀登玉龙雪山，合影于雪鸡坪。

（周霖／摄）

青年时代酷爱创新的周善甫先生将第一架自行车从昆明用马帮带到了丽江。图为先生在狮子山麓试骑时的英姿。

（摄于20世纪40年代初）

甘苦与共的开始。周善甫先生与杨佩兰新婚之际摄于丽江“观我轩”宅院。前中坐者为周善甫的母亲杨艳开老人，小孩系周善甫侄儿、侄女。

（摄于1942年）

青年时代身着藏族服装的周善甫先生（前坐者）与友人在故乡丽江的合影。

（摄于1946年）

周善甫先生（右）是演奏丽江洞经古乐的高手，也是历史上将古人诗词填配于洞经音乐的第一人。照片背景是周霖绘制的巨幅玉龙山。

（摄于1948年）

1948年春，周善甫先生递补为“国民大会代表”赴南京与会。会暇与友人同游玄武湖。

（周孚政／供稿）

“文化大革命”期间饱受磨难的周善甫先生傲立于雪松之下。

（摄于 1969 年）

83 岁高龄的周善甫先生扶病为“纪念丽江 1996 年大地震一周年书画展”题写了“地靖坤经”的条幅，以表达他眷乡恋土之情。右为他的挚友和盟弟曹钟璞医师。这是目前找到的周善甫先生最后的一张照片。

（江世震 / 摄于 1997 年）

“天行健，君子以自强不息。”年过八旬的周善甫先生在思考着。
（六松堂／供稿）

在“文革”浩劫那风雨如磐的艰难岁月里周善甫先生全家与胞兄周霖一家在故乡丽江难得的团聚。前左起：周善甫妻杨佩兰、周善甫、周霖、周霖妻王富兰。

（摄于 1973 年春节）

“文革”后全家一次愉快的旅行。周善甫先生与夫人杨佩兰（右）、女儿周永福于北京北海公园。

（摄于 1980 年）

1977 年李晖考上云南师范大学历史系，临行前与恩师周善甫先生合影于丽江。

（李晖 / 供稿）

1981 年夏周善甫先生与个旧市第二中学的师生登上宝华山顶，临风眺望锡都。

（李晖 / 供稿）

周善甫先生全家福（从左到右）：媳张丽萍、夫人杨佩兰、外孙木其坚、周善甫先生、孙女周芍、婿木帧、女周永福、子周孚政。

（1990 年摄于昆明）

周善甫先生与夫人杨佩兰女士是一对相濡以沫五十多年的恩爱夫妻。

（朱运宽 / 摄于 1996 年）

周善甫先生的表姐赵银棠是纳西族历史上第一位女作家，也是云南现代文化史上一位重要女作家、女诗人。系云南省作家协会资深会员、云南省诗词协会顾问。

（和中孚 / 摄于 1992 年）

晚年的周善甫先生还常常谦虚地向他年过八旬的表姐赵银棠请益。左一为周善甫的学生孙炯。

（和毓伟 / 摄于 1987 年）

“文革”过后，欣逢盛世的周善甫先生（左三）与老友、中国美术家协会副主席、中国美术馆馆长刘开渠（左一）同游石林。左四为周老的学生郁辛民（郁达夫胞侄），左二是刘老的学生，雕塑家叶如璋。

（周孚政 / 供稿）

周善甫先生和中国版画家协会副主席、版画家李忠翔（左一）在一起观画畅叙。右一为和中孚。

（和石 / 摄于 1995 年）

台北故宫博物院副院长李霖灿，是20世纪具有代表性的中国美术史家、民族语言文字学家和散文家。李氏毕业于杭州国立艺专，受业于林风眠、潘天寿、李苦禅诸教授，后专程到云南西北部的少数民族地区从事民族地区民族学的研究，与约瑟夫·洛克、方国瑜一道被誉为“东巴文文化三巨擘”。20世纪80年代中期，随着海峡两岸关系的解冻，他与老友周善甫恢复了中断近半个世纪的联系，经常鸿雁传书，互递着浓浓的乡谊和友情。

（云南民族学会／供稿）

李霖灿教授全家1988年6月合影于加拿大多伦多家中。（从左至右）次子李在中、李在中妻、长孙女、李霖灿、长孙、李夫人、次孙、长子李在其、李在其妻。

（李在其博士／供稿）

周善甫先生与李群杰先生相交相知半个多世纪。

（云南省文史研究馆/供稿）

周善甫先生与丽江洞经古乐演奏家和毅庵、赵应仙在一起。后为云南民族学会会长郭大烈夫妇。

（云南省社会科学院民族学研究所/供稿）

20世纪中晚期云南书画史上八位名家的一次难得的合影。周善甫先生与云南省文史研究馆的同仁（从左到右）——书法家王白纯，“左联”老作家马子华，书法家、戏剧家顾峰，国画家张苇研，书法家、篆刻家邢孝移，书法家段雪峰和时任云南美协副秘书长的陈蜀尧同游昆明黑龙潭。

（云南省文史研究馆／供稿）

为增强年轻一代对传统中国文化的认知，周善甫先生经常受邀到云南大学为理工科师生主持“儒学的发展”系列讲座。

（吴松／供稿）

作为“世界环保年——燕子洞杯国际书法大赛”评委会秘书长，周善甫先生亲自为一等奖获得者写下评审意见。左二为书画家郁辛民。

（张彤／摄于1995年）

周善甫先生晚年经常让弟子孙炯陪着去参加老辈文友们雅聚，用以培养年轻人对传统文化的亲切感。

（周孚政 / 摄于 1996 年 8 月）

周善甫先生最后的弟子李威特（意大利）和最早的弟子、时已年过古稀的李文化（云南鹤庆人、李伯英先生公子）及他晚年的弟子孙炯相聚于恩师故宅。（从左到右）

（李晖 / 摄于 1998 年 4 月 15 日）

“桃李不言，下自成蹊。”图为晚年的周善甫先生和他的几代学生在一起。

（周孚政 / 供稿）

周善甫伉俪经常在翠湖北岸的陋室接待来自海内外的求教者。

（加拿大黄齐生 / 摄）

1997年春，周善甫伉俪与学生、加拿大皇朝石油公司高级工程师黄齐生合影于六松堂寓居门外。
（李晖／供稿）

日本学者石川寿子一家不远千里专程来昆明看望周善甫先生。左二为石川寿子。
（石川清沼郎／摄于1997年）

周善甫先生的人生所求就是人人谦恭的世界，温良祥和的世界。图为1997年春周善甫先生于翠湖北岸的留影。他那谦和恭良的形象正是中国五千年文化所涵养出来的大家风度。

（石川寿子／摄于1997年）

古稀之年的周善甫先生正在伏案撰写他毕生研究国学的代表作——《大道之行》。

（中国新闻社记者彭振戈／摄于1990年）

2003年12月1日，周善甫夫人及其子女将《春城赋》墨宝无偿捐赠给云南省博物馆。图为云南省博物馆馆长马文斗（中）向周善甫夫人（左一）、儿子周孚政（右一）颁发收藏证书和国家三级文物鉴定证书。

（云南省博物馆／供稿）

2003年12月1日，云南省社会科学院、云南省博物馆、云南省文史研究馆、云南省文物鉴定委员会、云南省民族学会联合在昆明举行“周善甫诞辰90周年学术研讨会”。图为参会的部分专家学者。

（云南省社会科学院／供稿）

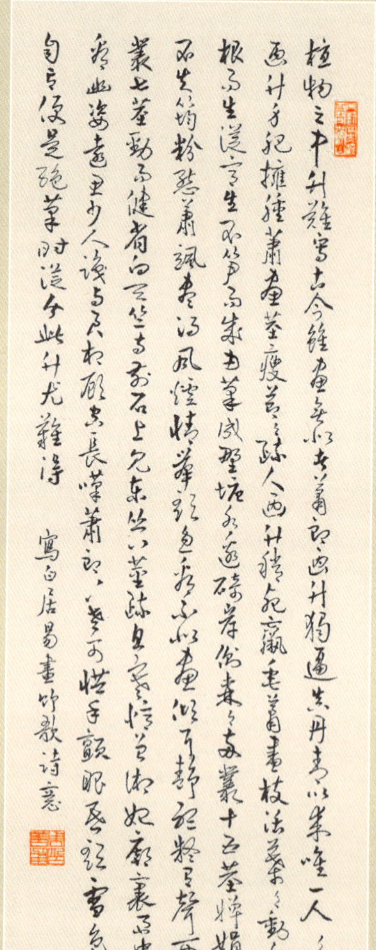

植物之中竹难写古今虽画无似者萧郎画竹独逼真丹青以来唯一人人画竹身肥拥肿萧画茎瘦节节竦人画竹梢死羸垂萧画枝活叶叶动不根而生从意生不笋而成由笔成野塘水边碕岸侧森森两丛十五茎婵娟不失筠粉态萧飒尽得风烟情举头忽看不似画低耳静听疑有声西丛七茎劲而健省向天竺寺前石上见东丛八茎疏且寒忆曾湘妃庙里雨中看幽姿远思少人别与君相顾空长叹萧郎萧郎老可惜手颤眼昏头雪色自言便是绝笔时从今此竹尤难得

写白居易画竹歌诗意

创作于20世纪60年代初的行书白居易画竹歌

（寄苍楼／供稿）

花近高楼伤客心万方多难此登临锦江春色来天地玉垒浮云变古今北极朝廷终不改西山寇盗莫相侵可怜后主还祠庙日暮聊为梁甫吟

《书法》杂志1980年第五期刊登的周善甫先生行书《杜甫<登楼>诗》。这是《书法》所发表的第一件云南近现代书法家的作品。

（云南省文物鉴定委员会／供稿）

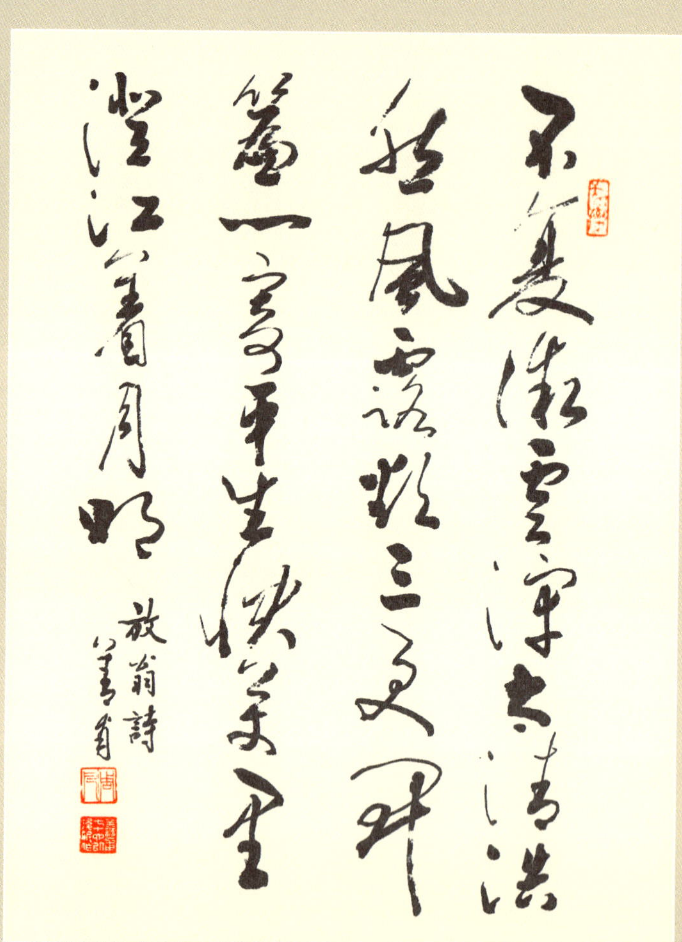

行草　陆游诗一首

（六松堂／供稿）

行草　对联

（六松堂／供稿）

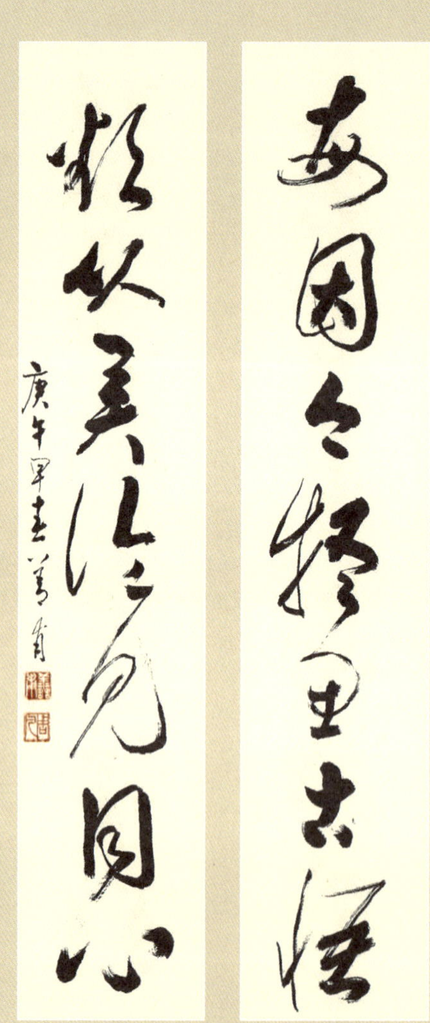

简草 对联

（周孚政／供稿）

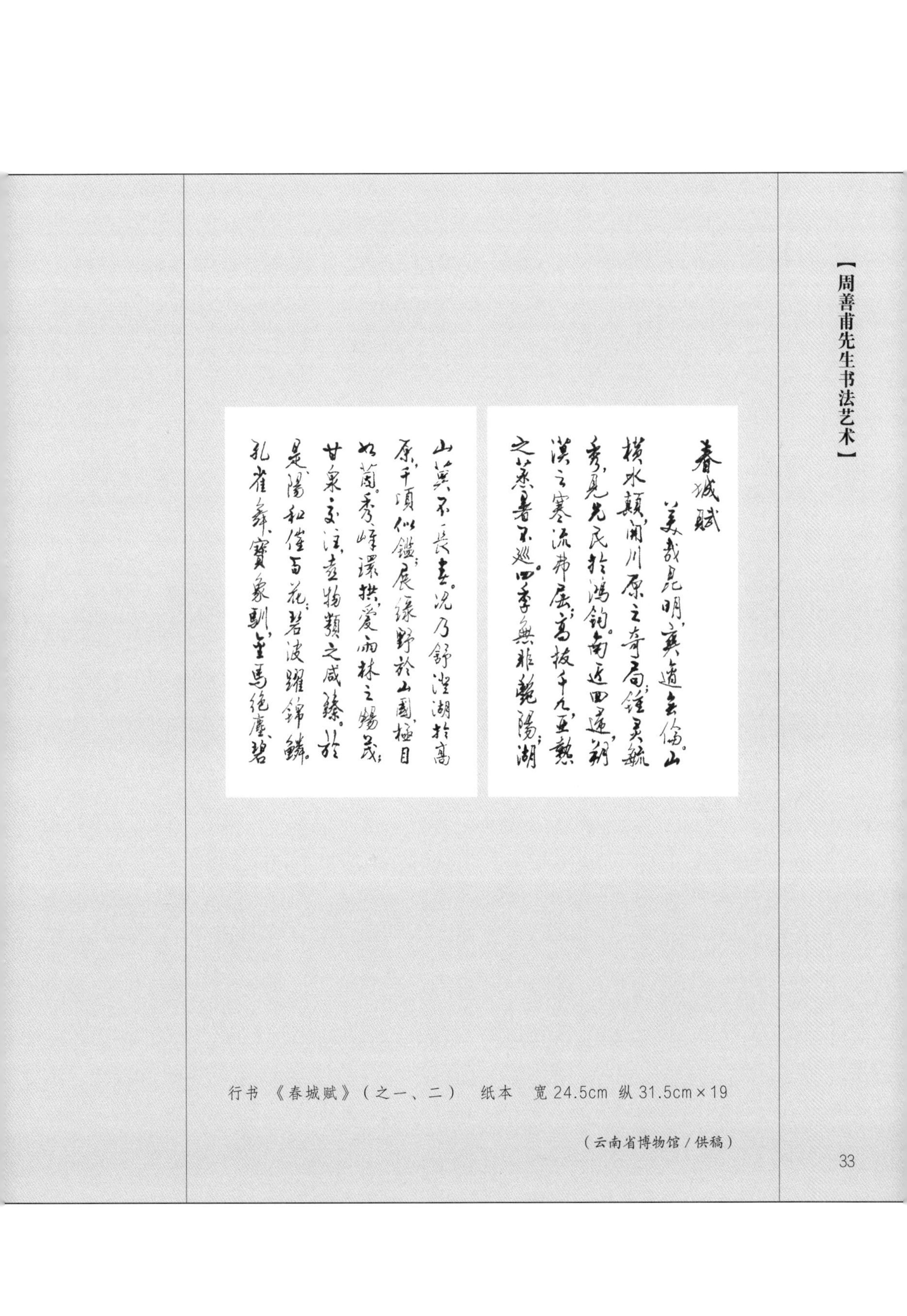

行书 《春城赋》（之一、二） 纸本 宽 24.5cm 纵 31.5cm × 19

（云南省博物馆 / 供稿）

行书 《春城赋》（之三、四） 纸本 宽 24.5cm 纵 31.5cm × 19

（云南省博物馆 / 供稿）

草书　东坡词一首

（云南省文物总店／供稿）

草书　李太白诗册页

（六松堂／供稿）

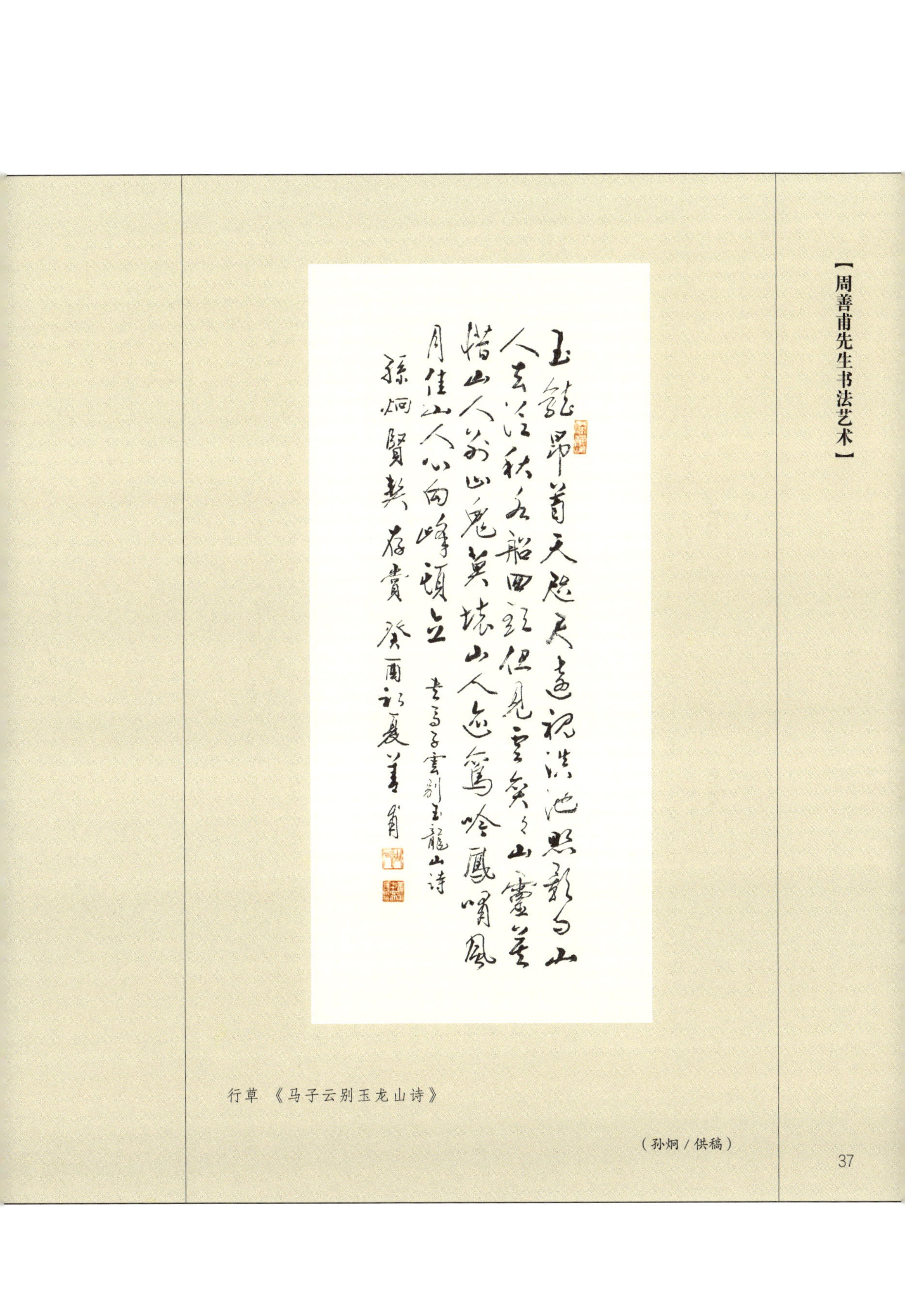

行草 《马子云别玉龙山诗》

（孙炯／供稿）

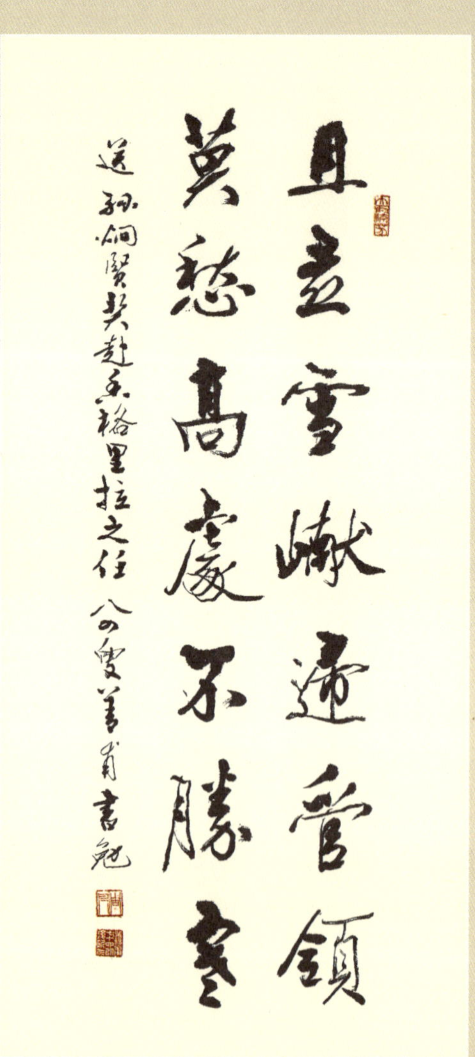

行书 对联

（孙炯／供稿）

前言

改革开放以来，我国走上中国特色社会主义发展道路，迅速崛起，中华文化随之呈现新的发展机运。习近平总书记继往开来，对中华文化发展和文化强国建设发表了一系列精辟论述，指出，中华文化积淀着中华民族最深沉的精神追求，是中华民族生生不息、发展壮大的丰厚滋养；中华优秀传统文化是中华民族的突出优势，是我们最深厚的文化软实力；中国特色社会主义植根于中华文化沃土、反映中国人民意愿、适应中国和时代发展进步要求，有着深厚历史渊源和广泛现实基础；中华民族创造了源远流长的中华文化，中华民族也一定能够创造出中华文化的新辉煌。中华民族伟大复兴需要以中华文化发展繁荣为条件，必须大力弘扬中华优秀传统文化。在这样的形势下，《仁智气象——周善甫评传》出版，值得赞许。

周善甫先生是当代纳西族知识分子的杰出代表，也是我国著名学者、教育家和书法家，立德立言，在多方面作出创造性贡献。云南近代乡贤陈荣昌先生说："有经而圣贤乃著，无史则豪杰不传。"传记是史之一体，它是个人的历史，是传扬豪杰的最好载体之一。善甫先生堪称当代文化"豪杰"，在老人家百年诞辰之际，为他立传，对于让更多的人认知他传奇性的人生、高洁亮丽的人品、切实不凡的成就、深邃独到的思想很有意义，对于弘扬优秀传统文化、助推中华文化复兴也大有裨益。

周善甫先生具有仁者胸襟，大儒气象。他理想高远、胸怀宽阔、意志顽强、眼光明慧，心灵自由。他是一介布衣，一生饱经忧患，艰辛备尝，但他“知者不惑，仁者不忧，勇者不惧”，在穷途困境中宁静致远。他的人格在磨难中成长，他的思想在砥砺中升华。他追求精神的雅洁和德性的崇高，努力实践儒家道德原则，虽然一生迭遭磨难，但儒雅风流，光明磊落，精进不懈，人生“充实而有光辉”，快乐而且美好。睿智的理性风范、飘逸洒脱的气度、笑对人生厄运的旷达和杰出的思想文化创造，铸就了他强大的人格魅力，跟他接触的人、读他著作的人，都会为他倾倒。他体现了中华民族的君子人格，体现了自强不息、厚德载物的中华民族精神，也体现了滇人高远、开放、包容的高原情怀，坚定、担当、务实的大山品质。

周善甫先生爱智爱美，慎思明辨，具有哲人风度。他不挂怀于地位尊卑，不沉溺于个人得失，而是超越个人利害，“谋道不谋食，忧道不忧贫”，像中外历史上那些伟大哲人一样，以“为天地立心，为生民立命，为往圣继绝学，为万世开太平”的宏大气魄，致力于人与自然的关系、个人与社会的关系、肉体和心灵的关系、义利关系、不同文明间的关系、传统与现代的关系等人类终极性问题的沉思追问，探寻天地规律、社会发展规律、人生规律、文化演进规律，希望人们按照这些规律建立精神价值系统及优良社会秩序，选择正确方向平稳顺适地前行，实现世界和平和谐、发展繁荣，增进人类福祉。这样一些哲人及其思想照亮了人类文明史，引领人类不断迈向理想境界。

周善甫先生是大智慧者。他才华横溢，又受到良好的传统教育和现代教育，获得深厚的文化根基和现代性眼光，加上生活实践的磨砺，使他具有了超群的智慧。这种智慧外溢于学术研究和文化创造，就出现令人惊奇的现象：凡他涉及的领域，都有卓荦的成就。他无心做书家，但他的书法迥出新姿，被推为当代学人书法的代表。他不是职业作家，但他的文学作品情理充实，意蕴深厚，艺术精熟，鲜活灵动，呈现出别样风光。他更不是专业语言学家，但他对中文特点、功能、价值、前途等根本性问题的认识“颇不平常”，有利于矫正汉字原始论、汉字落后论等片面观点，重建中文自信。他不是学院派学者，但他的中华文化研究，气象端大，元气淋漓，精彩纷呈，广受推崇。他长期从事教育，以大爱育人，“一代挽着一代，活跳跳地走向壮丽的生活”，是一位受尊敬的平民教育家。

周善甫先生是文化自觉的先行者之一，更是坚定的践履者。针对近代以来对中国文化的自我矮化乃至“自侮”，进而全盘否定中国文化特别是儒学的现象，以及西方文化负面影响造成的严重弊端，他以强烈的文化自觉、文化自信和文化担当，从“卫星的高度”观察和思考中国文化及人类命运，满腔热情阐释、弘扬中华文化的价值，肯定中华文化的历史作用，挖掘其中蕴含的民族精神、思想精华及世界意义，使其“重现熠熠光华”。他旗帜鲜明地指出，以儒学为主干的中华文化使中华民族在“颇为接近的价值观和生活理念下融洽共处”，从而“形成这上下五千年，幅员千万平里的泱泱雄邦”，“保有这个伟大、稳定、祥和的祖国”，这是中华文化“异常的成功，而不是失败”。他坚信中华文化“乃人类文化的正源主脉”，能引导世界走向“天下为公，世界大同”的正道，希望国人能走出文化失败主义阴影，重塑民族自信心和自尊心，庄敬自强，从容坦荡、意气风发地推动中华之前进，世界之成长。

周善甫先生的中华文化研究，具有强烈的现实关切。他对我国经过长期的磨难和探索走上中国特色社会主义道路感到欢欣鼓舞，认为这是彻底摆脱西方影响的自立自强之道，也是迈向“天下为公，世界大同”之道。“只有中国特色的社会主义，才是中国的，乃至世界的光明前景”。他指出，中国优秀传统文化与现代化不矛盾，与中国特色社会主义也不矛盾，“中国特色”必须植根中国传统。中华文化天下为公的大同理想、德治教化的治国理念、和平谐进的发展路径、开放宏阔的文化气度、悠然自由的日常生活，是社会主义能在中国扎根的文化土壤，也是中国特色社会主义的宝贵思想资源。“中华传统大道”与中国特色社会主义有机结合，必能开创国家长治久安之局。他反思了现代西方文化给人类造成的困境，期望人类在“天堂”与“毁灭”之间作出正确选择，“摆脱竞争性非常强的社会达尔文主义，和以西方为代表的弱肉强食的宰割性非常强的霸权连锁”，发挥中华文化的优长，“使人类凭恃仁心善意在自然王国里重建富裕、和平、亲切、自由的伊甸园”，“建设人类所托命的这唯一的绿色星球”。这些言论，确实振聋发聩。

正如著名哲学家黄枬森教授在中华书局版《大道之行》的“序”中所说，周先生的论著并非“句句是真理，但句句是真情实意的肺腑之言”。他的某些具体观点或许可以商榷，但他以满腔爱国赤诚研究和弘扬中华文化，揭示了中华文化的大美和魅力；他倾情于追求国家和民族的精神独立与精神新生，希望以中华文化来凝聚价值认同、民族认同和国家认同，激励国民振奋民族精神，建设美好祖国。拳拳之忱，令人感动；邃密之思，令人敬佩。

周善甫先生的中华文化研究，顺应了时代潮流，在国内外产生了积极影响。黄枬森教授高度评价周先生的治学精神和学术成就，认为“周善甫先生是一位为中华民族核心精神文化做出了重要贡献的纳西族文化老人”，《大道之行》“是当代哲学界具有里程碑意义的思想性论著”。

2012年10月首都学术界专家们在论及《大道之行》时认为：“理论创新之路从来都是艰辛的。20世纪下半叶国内学术界在传统文化研究领域有独立而又系统的学术见解的人确实不多，特别是进入20世纪中晚期，能直接置身于社会变革的洪流中，站在历史的高度和时代的前沿反思传统文化，探索中华民族在现代化、全球化进程中的自立与发展问题的人更为难得。周善甫先生是这些思想先行者中的一位。”2008年12月，中华书局在北京举行“《大道之行》出版座谈会”，北京大学、清华大学、中国社会科学院等学术机构的专家与会，称“周善甫先生是继梁漱溟、冯友兰等先生之后离我们最近的一位儒家”。美国、日本、意大利、新加坡、马来西亚等国的汉学家和我国台湾地区的学者都来向他学习中国文化，并把他的思想传播到世界各地。新加坡国家历史博物馆馆长林孝胜博士说：“《大道之行》我认为会受到整个华人世界的欢迎，而且西方文化应该给予关注，从某种方面而言周善甫先生的贡献具有重要的意义。这部著作能让我们深刻地了解中国社会发展的过程，能让人们对历史和未来有信心。”今年88岁高龄的新加坡中国友好协会主席谢镛先生也说，《大道之行》所提出的“文化现代化”命题，对儒学文化圈内的国家和地区在解决工业化进程中出现的原根性问题有重要参考价值。云南为有这样的杰出学者而自豪。

党的十八大以来，习近平总书记在系列重要讲话中，高屋建瓴地对中华文化的宝贵价值、历史功绩、现实意义和发展方向进行了精辟论述，在中华文化的许多根本性问题上作出重要论断。

2014年1月，在中共中央政治局第十二次集体学习时，习近平同志说：提高国家文化软实力，要努力展示中华文化的独特魅力。在5000多年文明发展进程中，中华民族创造了博大精深的灿烂文化，要使中华民族最基本的文化基因与当代文化相适应、与现代社会相协调，以人们喜闻乐见、具有广泛参与性的方式推广开来，把跨越时空、超越国度、富有永恒魅力、具有当代价值的文化精神弘扬起来，把继承传统优秀文化又弘扬时代精神、立足本国又面向世界的当代中国文化成果传播出去。

2014年2月，在中共中央政治局第十三次集体学习时，习近平同志指出，培育和弘扬社会主义核心价值观必须立足中华优秀传统文化。牢固的核心价值观，都有其固有的根本。抛弃传统、丢掉根本，就等于割断了自己的精神命脉。博大精深的中华优秀传统文化是我们在世界文化激荡中站稳脚跟的根基。中华文化源远流长，积淀着中华民族最深层的精神追求，代表着中华民族独特的精神标识。不忘本来才能开辟未来，善于继承才能更好创新。对历史文化特别是先人传承下来的价值理念和道德规范，要坚持古为今用、推陈出新，有鉴别地加以对待，有扬弃地予以继承，努力用中华民族创造的一切精神财富来以文化人、以文育人。

习近平同志强调，要讲清楚中华优秀传统文化的历史渊源、发展脉络、基本走向，讲清楚中华文化的独特创造、价值理念、鲜明特色，增强文化自信和价值观自信。要认真汲取中华优秀传统文化的思想精华和道德精髓，大力弘扬以爱国主义为核心的民族精神和以改革创新为核心的时代精神，深入挖掘和阐发中华优秀传统文化讲仁爱、重民本、守诚信、崇正义、尚和合、求大同的时代价值，使中华优秀传统文化成为涵养社会主义核心价值观的重要源泉。要处理好继承和创造性发展的关系，重点做好创造性转化和创新性发展。

2014年9月，习近平同志在纪念孔子诞辰2565周年国际学术研讨会暨国际儒学联合会第五届会员大会开幕式上的讲话中对孔子和儒学的价值及作用予以充分肯定，指出，儒学本是中国的学问，但早已走向世界，成为人类文明的一部分，对人类文明进步作出了重大贡献。

学习了习近平同志的重要论述，再来反观周善甫先生的中华文化研究，我们不能不惊叹于他的前瞻性眼光和穿透性思想，也更能认识到他的研究的价值和贡献。他孜孜以求所要证明和试图“讲清楚”的，就是中华文化蕴含“跨越时空、超越国度、富有永恒魅力、具有当代价值的文化精神”，“中华优秀传统文化是中华民族的突出优势”、“精神标识”和“最大软实力”，是我们民族和国家的“文化基因”，是“我们在世界文化激荡中站稳脚跟的根基”，是我们继往开来的文化依托。他的论著对于我们深刻理解习近平总书记关于中华文化的论述，自觉践行社会主义核心价值观，建设文化强国，都有积极意义。

陈友康教授撰写的《仁智气象——周善甫评传》详细叙述了周善

甫先生曲折的一生，阐述了他在中华文化研究和语言研究、书法艺术和文学创作、教育等方面的成就，揭示了他学术研究的特点，彰显了他的人格魅力、思想魅力、文化魅力、智慧魅力，呈示了一个可亲可敬的仁智之士的形象，以及一种庄严而平易的哲人风范。写作态度严谨，资料丰富，事实准确，评骘得当，文笔简净，思想性、学术性和可读性都很强，是一部出色的传记。

周善甫先生的人格感召力和仁智光辉把国内外的仰慕者凝聚在一起，他的感召力也让很多人为写好这部传记群策群力。云南的一批文化工作者这些年来为发扬光大周善甫先生的思想和精神做了大量的工作，他们对师道的尊崇和为弘扬中华优秀传统文化所表现出的强烈的历史责任感和舍我其谁的担当，是值得肯定和提倡的。

云南地灵人杰，各个时代都涌现出一些杰出的文化人。周善甫先生是20世纪云南文化人中的佼佼者，研究和弘扬他的道德文章，对积累云南文化，扩大云南文化与云南人物的影响，增强云南文化软实力，建设民族文化强省，都十分有益。我们希望云南乡亲，特别是从事学术研究的学者们，学习周善甫先生的文化使命感和责任感、人品风范和创新精神，为云南文化繁荣和经济社会发展作出更大贡献。

编委会

2014年10月

目录

第七章　文学创作的别样风光

第八章　语言问题的灵心慧解

第九章　重现中华文化熠熠光华

第一章
书香之家：在厚重的宽容和有教养的亲人中生活过来

周善甫是20世纪个性鲜明、成就显著的国学家、书法家、文学家和教育家。他出生于丽江一个纳西族文化、教育世家。这个家族世代习儒，他的曾祖父、祖父、父亲都是当地有声望的知识分子，他出生时，这个家族已经是丽江望族，虽然家境并不宽裕，但在当地享有极高的社会地位和美誉度。他的胞兄周霖、表姐赵银棠也是现代纳西族杰出的文化人。这个家族给了他仁爱、智慧和文明，让他健康成长。

一 丽江：天堂的景色和快乐的民族

周善甫（1914.12–1998.1）名樊，后改为凡；字善圃，后改为善甫，晚号六松堂老人。1933年考入云南大学土木工程系。1947年当选“国民大会”代表，次年赴南京与会。1949年后主要在中学任教。1955年当选为个旧市人大代表、政协委员。1957年被划为右派，此后20多年都在磨难中度过。晚年被聘为云南省文史研究馆馆员，是中国书法家协会会员，曾任云南省诗词学会顾问、云南省民族学会顾问、云南省书法家协会理事、云南省老干部诗词书画协会顾问、云南省民族艺术研究会顾问、云南省南社研究会顾问、昆明市书法家协会顾问等。

当然，我们为周善甫作传，不是因为他有这些头衔，而是因为他几近传奇性的人生、高洁儒雅的人品和切实不凡的成就。这些头衔跟达官贵人和学界名流比可以忽略不计，对社会生活的影响微不足道，也无法为他本人增重。司马迁《报任安书》说："古者富贵而名摩灭，不可胜记，唯倜傥非常之人称焉。"周善甫就是太史公所说的"倜傥非常之人"。

周善甫出生于丽江大研镇玉河之畔。丽江位于云南西北部，是一个自然景观奇美、人文氛围浓郁的地方，钟灵毓秀。玉龙雪山雄峙北部，直冲霄汉，晶莹剔透，雄奇壮美，是纳西族的神山、圣山，给丽江带来无限灵气。金沙江本来由北向南，却在石鼓镇掉头东向，劈开玉龙雪山和哈巴雪山，咆哮而去，在石鼓形成万里长江第一湾，在玉龙雪山和哈巴雪山之间形成闻名世界的虎跳峡。丽水金沙灌溉了丽江，使其充满诗性。联合国教科文组织认定的世界自然遗产"三江并流"，包括了丽江的一部分。

丽江坝被群山环绕，有良田沃土，也有草场万顷，草原上鲜花遍野。俄国人顾彼得的《被遗忘的王国》描绘了20世纪初丽江美丽祥和的景象，视之为"天堂的景色"，这就是周善甫出生和成长之地：

> 翻过山口向下走，啊，美丽的丽江坝，使我为之倾倒。每当春季里我走这条路来到丽江时，我都赞叹不止。我得下马凝视这天堂的景色。气候温和，空气芳香，带着一股从耸立在坝子上的大雪山传来的清新气息。扇子陡峰在夕阳中闪烁，仿佛耀眼的白色羽毛在顶上挥舞。那上面风暴怒号，雪花漫卷，犹如帽中绒毛。下面却一切平静。一片片的树丛，红的桃花，白的梨花，和羽毛般的竹林相互点缀。而这一切都隐蔽在分散的小村落里白色或橘黄色的房屋背后。玫瑰花遍地都是。篱笆是由大片大片的小双朵白玫瑰编织而成：大朵白色、粉红色和黄色攀援玫瑰花，垂

挂在树上和屋檐上，矮小的单棵玫瑰遍布于草地和空旷处。香味压倒一切，沁人心脾。田野里冬小麦绿油油的，水晶般明澈的冰雪溪水潜流其中。深水植物像一束束发丝在水中飘荡。来自冰川的水分流成无数小溪沟渠，使丽江坝成为世界上灌溉最便利的地区之一。小溪急流淙淙，百灵鸟和其他鸟类的叫声如同神灵的音乐。乡间小路弯弯曲曲地通向村外。①

大研镇山环水绕，家家河水，户户垂杨。黑龙潭太古以来永恒涌流，流成玉河，滋润古城。玉河水从黑龙潭流出，在古城分为三支，清澈灵动，沁人心脾。大研镇是丽江政治和文化中心，它与自然水乳交融，是天人合一的理想之地。它延续了千年历史文脉，保存了完好的古建筑。这里美丽、祥和，温馨。1997 年，它被联合国教科文组织批准为世界文化遗产，它的价值为人类所公认和共享。纳西东巴经则进入世界记忆遗产名录。丽江于是闻名世界，海内外游客络绎不绝，成为世界性黄金旅游目的地。

丽江位于著名的滇川藏民族走廊和茶马古道上，是多民族共生共存的地方，生活着纳西、汉、藏、白、彝、苗、普米、羌、傈僳等民族，具有丰富的文化多样性。历史上是连接云南、四川、西藏的要地，也是通往印度、尼泊尔、缅甸等南亚诸国的通道，各民族群众在这里进行贸易，交往交流频繁，交融度高，和谐相处。

纳西族又名麽些，是一个历史悠久、文化发达的民族，特别善于吸收其他民族优长，具有开放性和包容性胸怀，这使它能够获得更多智慧和力量，保持健康发展，成为云南原住民族中竞争力最强的民族之一。明代，木氏家族成为滇西地区统治力量，雄镇滇西数百年，重视教育，发展文化，善于吸收汉文化和其他民族文化的优长，使纳西族文化和民族自身获得壮大，为现代纳西族的发展奠定了深厚基础。从那时到现在，纳西族都呈现出蓬勃向前的状态。纳西族涌现出大批

---

① 〔俄〕顾彼得：《丽江 1941–1949：被遗忘的王国》，李茂春译，云南人民出版社，2014 年，第 30 页。

优秀人物，产生许多文化世家。据统计，纳西族中的大学生比例和专家比例位居全国五十六个民族（含汉族）前列。这不得不叹为一个文化奇迹。

纳西文化具有“双轨制”特点。[①]所谓“双轨制”，是指以东巴文化为代表的纳西传统文化和汉文化并行不悖，二者交融互动，形成独特的文化形态。汉文化在古代纳西上层社会和知识分子家庭影响尤大。双轨制使纳西文化既能保持自己的特点，又能与中华主体文化协同并进，达到较高的水平，并促进民族的昌盛。

多元化的文化选择促进了纳西族的文化发展，也造就了自信自强的纳西民族性格。纳西族真诚、宽厚、平和、包容、干练，于是外来人能在丽江得到尊重，与他们友好相处，并发挥其影响，进一步推进纳西族的文明进步。明代杨慎、李元阳、徐霞客等得到木氏土司礼遇，对纳西文化的提高和推扬、传播，贡献至伟。20世纪上半叶起，美籍奥地利探险家约瑟夫·洛克、俄国人顾彼得、著名学者秦仁昌、李霖灿等对丽江世界性影响之形成，也有直接关联。开放和包容促进了纳西文化的发达与繁荣。现代，纳西族能出现方国瑜、周善甫等全国一流的学术大家，是长期的文化积淀和文化交融结出的硕果。

纳西族是快乐的民族。顾彼得说：“纳西人是世界上最欢乐的民族之一。他们整天欢声笑语，喜形于色，只要一有机会，晚上就跳舞。”“周围几百英里之内没有一个地方像丽江坝这样繁荣幸福，也没有任何地方的人们过得比这更好。”[②]纳西人知道世界并非完美无缺，无忧无虑，但是总的来说，世道并不算坏，只要活着，就要快乐地过好每一天。周善甫的乐天性格中，也许有民族性格的基因。

1914年12月1日，周善甫出生于丽江古城大研镇兴文巷28号，玉河边一个世代书香之家。他们家数代传习汉文化，深受儒家思想影响，纳西文化也根深蒂固；世代从事教育，是名副其实的教育世家。

---

① 参阅郑卫东：《文明交往视角下纳西族文化的发展》，云南民族出版社，2011年，第491页。

② 〔俄〕顾彼得：《丽江1941–1949：被遗忘的王国》，第132、137页。

曾祖父周际昌（约1815–1885），字维新，有秀才的功名。原住在大研镇，咸同滇乱延续18年，“丽江尤无宁日”，“残杀人皆惧，苍茫上碧岑”，[①]为了避乱，他带领全家流徙于金沙江边阿喜、三仙姑等山村，最后在石鼓镇定居。工诗，著有《爱莲堂诗稿》。周际昌特别重视后代教育，即使在乱离当中，仍辛勤教导子弟读书。其子周兰屏的《感怀往事二首》回忆了避乱的经历和课读的情景：

乱山深处树枒杈，插棘为篱便作家。
橡栗饭香掺玉黍，松梢蜜熟采金花。
村农不厌酸腐气，岩穴犹藏太古霞。
江路未知归楚汉，围炉相对说桑麻。

划苓人尚披云卧，啄木鸟来晓鼓鸣。
宿雨初晴看鹿迹，空山无磨听禽声。
仙园路僻春常在，夹谷云封梦不惊。
皓首难忘庭训切，授诗林下月三更。[②]

逃亡山村，生活艰难，但得到暂时的安宁，自然景观的美丽，山村的远离喧嚣，村民的淳朴热情，都让人欣慰。山林之中，明月之下，时至三更，父亲在教子学诗，这一场景让周兰屏终身不忘。

二　祖父周兰屏：梓里模范

周兰屏（1847–1924）名暐，兰屏其字，[③]晚号江渔老人。青少

① 周际昌：《避难深山二首》，赵银棠编《纳西族诗选》，云南民族出版社，1985年，第174页。

② 赵银棠编：《纳西族诗选》，第213页。

③ 周暐的字，据周善甫《教育家周暐先生简传》、赵银棠《纳西族诗选》等文献作“兰坪”；其诗集《江渔诗钞》作“兰屏”，今立于石鼓小学的“兰屏夫子德教碑”亦如是。古人名字有时用同音字互代是正常现象，周暐也许两个都用，“兰坪”为种兰之地，是很有诗意的。今从《诗钞》。

年时期，因为遭遇滇乱，颠沛流离，“兵余粮在野，粮少鼠哄廛。入林采薇食，上山抱火眠。诗书难讲习，东西屡播迁”（《拟怨梦调自述》）。战乱平息后，更加发愤读书。光绪十五年（1889），到昆明参加己丑科乡试，中举。随即进京准备参加会试。1900年，庚子事变发生，八国联军入侵北京，光绪帝和慈禧太后逃亡西安，科举考试暂停。周兰屏只得留京做富人家的家庭教师。在京城结交时辈，接受了新思想。

后来被广东一个富商聘为家庭教师，南下广州，有机会游历南洋诸城市，见闻为之一新，准备就此开拓出路，大展宏图，不料在新加坡旅次遭遇火灾，不仅烧毁货物及资金，而且因跳楼跌伤左臂。他只好回滇休养。这样的经历在当时云南边疆少数民族中是不多见的，让他获得了与一般乡间读书人相比更为开阔的视野和新的观念。

回昆明后，周兰屏立志从事教育，被委任为弥勒县教谕。教谕是明清时期县级教育行政官员，多为举人担任，由布政使指派。他担任教谕，颇为地方称道。其后又担任昆明五华书院伦理科教习、大理西云书院主讲。五华书院和经正书院是当时云南的最高学府。

西云书院由清末将领杨玉科在同治十二年创设，是当时滇西地区最大的书院，故址在今大理一中。周兰屏在大理两年，任教西云书院的同时，还被某镇台聘为家庭教师。不久该镇台突然因病身亡，客死大理。他身后萧条，周兰屏慨然以历年积攒的薪资为他操办后事，使他的灵柩得以返回老家。周兰屏的义举为大理人所称颂。回乡时他也就驮了几驮多年搜集的书籍回到石鼓。

回到故乡，年过花甲，被聘为丽江府雪山书院山长（院长）。雪山书院由清雍正三年丽江知府杨馝、教谕万咸燕创设，光绪十九年进行过一次大修，成为当地最高教育机构，山长都由民望高、学问好的人担任。1903年，清政府进行学制改革，书院制逐渐被废除。1907年，雪山书院改为丽江劝学所，周兰屏任劝学员、首届学务总董（相当于后来的教育局长），大力推进教育转型，实施新式教育。创办了全县第一所高等小学堂，倡议在石鼓创建两级小学堂。

他为石鼓小学堂撰写一副嵌字联：

石可补天，希诸生敦品励学，铸造国民资格；

鼓以作气，愿同人再接再厉，大启边地文明。

希望培养新式国民，贡献国家；开启边地文明，促进家乡发展，这都是有鲜明时代特点的新观念。石鼓小学开启了当地的现代教育，经过继志者的努力，作育人才甚多。为了感恩奠基人，众师生树“兰屏夫子德教碑”，至今屹立金沙江边。

在石鼓，除了办学，他还做了一些公益事业。如在金沙江边栽植柳树，开垦田地种桑养蚕，发动群众集资兴建铁虹桥，方便往来，为当地人所称道。

周兰屏长期从事边疆民族地区教育工作，培养很多地方建设人才，贡献突出。“地方之能妥善地从千年的科举制过渡到学校教育制来，育才工作不曾稍辍，乃至呈现一番新气象，是和他的视野与辛勤分不开的。”为了表彰他的业绩和风范，民国七年（1918）1月，云南督军兼省长唐继尧为“丽江学绅周暐”题赠“梓里模范”匾，给予高度赞扬。纳西学者范义田《缅怀周兰屏夫子联》赞扬了他的人品和贡献：

茂叔胸襟，光风霁月，只一卷江渔诗钞，已略瞻先生气象；

丰镐文教，讲让兴仁，唯百年山国桃李，应同列夫子门墙。[①]

“茂叔”是北宋大儒周敦颐的字。周敦颐号濂溪，谥元，又称元公。他是宋代理学鼻祖，知行合一，以品格拔俗著称。黄庭坚赞扬说：“先生人品甚高，心怀坦落，如光风霁月。”[②]范义田用周敦颐喻指周兰屏，是极高的评价。

1914年，周家迁回大研镇。刚住下来，周兰屏就协同乡里前辈筹

① 余嘉华：《范义田文集》，云南民族出版社，2006年，第673页。

② 《宋史》卷四百二十七《周敦颐列传》引，中华书局点校本。

建兴文小学，使之成为滇西北“当时教学最具楷模、环境最为优美的村办小学”。幼年的周善甫就在这里开始上小学。

周兰屏还是有成就的诗人。在丽江与乡绅耆老组织“桂香诗社”，他被推举为社长。他们举办修禊，研习诗词，互相酬唱，形成良好的文化氛围。1922年，周冠南为老父辑印了《江渔诗钞》。他的诗效法陶渊明，独抒天籁，诗情淡远。滇中名士秦光玉、钱用中、周钟岳均为之作序，高度评价他的为人为诗。

1924年，周兰屏以77岁高龄去世。丽江全县哀悼，来为他送葬的人之多，是丽江前所未有的。

晚年，周兰屏对孙辈的教育倾注了大量心血。孙辈在学校教育之外，他又施以传统蒙学教育。他的《首夏即事诗》说：

> 儿童日夕学堂回，又向庭帏听讲来。
> 佐读生津烹绿茗，挑灯醒睡嚼青梅。
> 乾坤覆载同原理，时势推移异化裁。
> 立定方针须自奋，韶光一过夏炎催。[1]

第二联说为了提神，给孩子们泡绿茶，夜里则嚼青梅，这些细节表现了长辈课读之严格，孩子们学习之刻苦。之所以这样做，是希望他们认定目标，奋发图强。第三联说天地间万事万物有一定之理，而时势变了，教育也应该随之变化。

周兰屏温润如玉的性格深深地影响着子孙们。周善甫古稀之年回忆祖父道：“他晚年的家居生活，尤称恬淡简约，平易近人。特别于教育幼辈更是专注。如嫡孙霖、凡，以及周近亲邻，凡曾亲受训诲的，其品质学养莫不深获效益。”[2]“善甫先生耄耋之年还常背诵他孩提时代老祖父教他的古文，他说自己一生的情致和人生追求都受益于那

---

① 赵银棠：《纳西族诗选》，第215页。

② 周善甫：《教育家周暲先生简传》，周善甫著《善甫文存》，自印本，1993年，第143页。

具有中国浓郁传统特色的家庭文化启蒙。”[①]周善甫在《大道之行》中，专门阐述“祖教”的作用，这无疑是以他的切身体验悟到的。

三 父亲周冠南：纳西族第一个留学生

周冠南（1857–1933）字殿卿，号鉴心。是周兰屏的独子，早年虽遭遇滇乱，生计艰难，但庭训良好，受到周兰屏严格的教育，饱读诗书，获得深厚纯正的学养，为人谨饬谦恭。光绪二十七年（1901），参加辛丑年云贵合闱恩正并科乡试，以第六名的优异成绩考中举人。与12年前中举的父亲后先辉映，“父子举人”成为丽江佳话。周冠南还是丽江最早的留学生。

日本历史上一直是中国的学生，视中国为天朝上邦，顶礼膜拜。19世纪以后，西方殖民势力侵入亚洲，对亚洲形成全方位挑战和挤压。日本通过明治维新，学习西方思想文化和科学技术，迅速崛起，成为与西方列强争雄的亚洲头号强国，成功应对西方挑战。而自诩为天朝上邦的中国仍在内忧外患、风雨飘摇中挣扎，与日本形成强烈反差。为了摆脱困境，振兴国家，20世纪初，中国出现了考察日本、留学日本的热潮，以学习日本的成功经验。

在这样的背景下，云南地方当局积极跟进，派人到日本考察和学习。光绪二十八年（1902），云南首次选派钱良骏、李荨芬、由云龙、陈诒恭等10名学生留学日本，随后又连续三年选派三批留日学生。光绪三十年（1904），选送41名青年到日本，其有杨振鸿、顾品珍、唐继尧、黄毓英、李根源、顾视高、秦光玉、周锺岳等。光绪三十一年（1905），陈荣昌又带领12名学生前往日本留学。据《丽江纳西族自治县志》载，周冠南“光绪三十一年（1905）到日本攻读教育学，为纳西族最早的出国留学生”。[②]则他应该是第三批赴日留

① 孙炯：《周善甫先生的故事》，汤世杰、郭大烈主编《风雅儒者——文化名人周善甫诞辰90周年纪念文集》，云南美术出版社，2003年，第154页。

② 丽江纳西族自治县志编纂委员会：《丽江纳西族自治县志·周冠南传》，云南人民出版社，2001年。

学的。[①]

当时中国人对国外情况所知不多，出国留学存在许多不确定因素，远赴海外需要决心和勇气，远在西南边徼的丽江少数民族子弟作出留学的决断尤其需要过人的胆识。周兰屏开明的教育，周冠南的胆识使他成为纳西族出洋留学第一人，开创纳西族留学先河。

周冠南在宏文学院学师范。宏文学院是日本著名教育家嘉纳治五郎创办的。嘉纳治五郎（1860–1938）是一位对中国留日教育有重大影响的人物。1893 年，任东京高等师范学校（现国立筑波大学）校长，在任 26 年。1896 年甲午战争后，中国第一批留学生到日本，外务大臣兼文部大臣西园寺公望请他负责这批人的教育。他在文部省、外务省支持下创办宏文学院，为中国留学生补习日语，作为进大学之前的准备，并开展速成教育。宏文学院是当时日本接受中国留学生最多的日语学校，鲁迅、黄兴、陈独秀都在这里学习过，云南留学生到日本，大多先在这里学习语言。

周冠南在宏文学院学习期间，努力学习日本先进的教育思想、教育方法和现代教育知识，同时积极参加自强救国活动。他和来自剑川的同学周锺岳一起参加了同盟会，追随孙中山从事革命活动。他们还共同编撰了一部《师范丛编》，介绍师范教育的理论和方法，以作国内开展师范教育之借鉴。这部书现在收藏于云南省图书馆。周锺岳后到早稻田大学学习政法，回国从政，曾任云南都督蔡锷、唐继尧秘书长，还担任过云南省政府省长、国民政府内政部长、国府委员兼考试院副院长等，是民国年间在中央政府担任职务最高的滇人。他在文化上也有成就，诗歌书法负重名，主持编纂了《新纂云南通志》。

学成回国，周冠南谢绝了留日同学要他进入政界的邀请，决心从事教育，以开启民智，激励民众奋发图强。他先在昆明省立第一师范学校当教员，不久回故乡任丽江中学堂教师。他把从日本买回的放大

---

① 李晖、孙炯《周善甫先生年谱》说周冠南是“云南首批公派留日学生”，见《大道之行》第 2 页。其他介绍周冠南的文章也多有此说。据云南留日史料，他只是纳西族最早的留日学生。

镜、显微镜、化学实验仪器、标本、图表等教具以及图书捐献学校，使丽江府中学堂有了初步的现代化教学手段。

民国元年（1912），省府在丽江中学堂设云南省立第六师范学校，次年，任命周冠南为校长。1914年，开办丽江、鹤庆、剑川、维西、兰坪、中甸六属联合中学，周冠南兼任联合中学校长。1918年，任省立第三中学校长。次年，兼任丽江县劝学所所长（教育局长）。晚年，他又远赴兰坪县，筹建该县第一所师范学校。周冠南在各种教育岗位上，满腔赤诚，克尽辛劳，以先进的教育理念办学，培养人才，为滇西北地区教育文化事业发展和社会进步作出突出贡献，成为受人尊敬的地方教育家。

民国十一年（1922）九月，周冠南被任命为双柏县知事（县长）。1925年7月，调任凤仪县知事。由于当时云南军阀混战，政局混乱，难有大的作为，1927年他便辞职回乡，继续从事教育工作。

周冠南在双柏做的两件事，至今仍有影响。一是把县名从摩刍改为双柏。双柏县在楚雄州南部，是彝族聚居区，历史久远，西汉元封二年（前109）在云南设益州郡，双柏县为其所辖24县之一。后来所领土地和县名屡有变更，民国二年（1913）易名摩刍县。周冠南到任后，认为“摩刍”不太雅驯，向省府陈情，建议恢复汉代县名。1925年，云南省政府批准复名。1929年民国政府内务部认可双柏县名。[①] 这一名称一直沿用至今。

二是改变送火鹊供县官享用的陋习。鄂嘉出产一种火鹊，每年都要送到县衙，给县长享用。周冠南到任不久，1922年秋天，鄂嘉乡就送来两笼18只火鹊。火鹊自然是山珍美味，但周冠南考虑到吃火鹊是残忍的行为，而且劳民费事，于是把火鹊放归大自然，并革除了这一成例，规定以后不准再捕捉献送。他还写了一首《放鹊行》记载此事：

① 木基元：《一篇奇文两代情——冠南善甫父子撰书的〈放鹊行〉及其启示》，《风雅儒者》，第223页。

壬戌秋八月，边境送火鹊。曰从鄂嘉来，节礼年年若。
上官味异珍，网罗遍林壑。双笼十八羽，恐逸严束缚。
计程三百里，输送劳行脚。中途毙三禽，惧罪心骇愕。
我见到庭前，小鸟群踧踖。观看裂心肝，听之滋不乐。
阶下有庖人，磨刀响霍霍。商量佐晚餐，将以付汤镬。
我即提笼起，爱护心生恪。将笼挂檐端，谨防狸奴虐。
岂忍恣口腹，付厨供大嚼？诘朝开其樊，纵之返寥廓。
健者振翮翔，天宇得所托。弱者欲追飞，奋翅起还落。
啁啾依我鸣，鼓翼空腾跃。收之局竹笼，不使鹰鹯搏。
饮啄养羽翼，放汝免燔灼。勿伤禾与黍，勿近鵰与鹗。
鵰鹗恣击噬，伤禾罹矰缴。寄语送雀人，此例从今削。
各求心所安，莫谓微禽弱。吁嗟乎牧民亦如此，循事天理自宽绰！[①]

这首诗体现了儒家民胞物与思想，也体现了生态文学理念。北宋大哲张载《西铭》说："民吾同胞，物吾与也"，视人民如手足同胞，视万物与人类为一体，为朋友，于是能够尊重爱护他们，于是人类与自然共处于和谐美好的世界之中。

当时自然没有生态文学的说法，但这首诗表现了生态文学的理念，可以视为生态文学的范本。作者以尊重爱护的态度对待火鹊，看到它们关在笼子里惊恐不安，他郁郁不乐，乃至感到"裂心肝"。"将笼挂檐端，谨防狸奴虐"的细节表现了对小鸟的关爱。他把火鹊放归大自然，看到它们在寥廓天宇自由翱翔，十分喜悦。还告诫小鸟，不要吃粮食，免遭罗网；不要靠近鵰和鹗等猛禽，以免被攻击。而小鸟也感激他，围绕着他啁啾鸣叫，然后才飞向天空。人与自然相亲相近，和谐美好，感人至深。送鸟人跑远路送来，非常辛苦，而且路上死了三只，怕长官责怪，十分惊恐。他同情送鸟人，下令从此削去这种陈规陋习。最后悟到，管理民众也要像对待鹊那样，尊重他们，给他们自由。对鹊对人，都体现了他的仁厚之心。"循事天理更宽绰"

① 赵银棠：《纳西族诗选》，第 271 页。

是一句精警的格言，对自然而言，把自然看作生命体，尊重爱护它，保持人与自然的和谐相处，就是天理；对社会而言，尊重人关心人，就是天理。依循天理，人类的路、人生的路自然宽绰。

1986 年冬天，周善甫到楚雄参加云南省首届书法学术讨论会，顺道踏访双柏县。当时任楚雄州地方志办公室主任的钱成润了解到这个鲜为人知的故事，恳请周善甫留下墨宝。周善甫用简草体书写《放鹊行》赠州志办收存。1994 年，楚雄州博物馆即将建成，楚雄州文物管理所所长张可生于 1994 年 5 月到昆明拜访周善甫，请他书写《放鹊行》供博物馆收藏和展览。周善甫再次用简草书写，并加上跋语：

> 先父殿卿公，讳冠南，曾于 20 年代为双柏宰，此诗乃当时咏实之作，其仁民爱物之志固跃然纸上。敬录一遍以应楚雄博物馆鼎建征书，盖亦足为倡廉及保护鸟类之先例焉。甲戌端午周善甫书志。[①]

这件书法成为楚雄州博物馆的珍贵藏品。父亲的诗、儿子的书法在这里实现了珠联璧合，是一种美好情志的呼应和延续。

周冠南 1933 年在维西办学期间殚精竭虑，最终积劳成疾，在用担架送回丽江几天后，不幸逝世，享年 58 岁。

四　胞兄周霖：享誉全国的纳西族画家

周霖（1902–1977），字慰苍。自幼受到良好教育和熏陶，天资颖异，勤奋好学。1920 年毕业于六属联合中学，投身部队，随军出省。1927 年初只身到上海，其后又辗转于九江、武汉、苏州、杭州、广州等地。在上海曾考入刘海粟办的美术专科学校西画系。当过教师、记者、税吏、摄影师，画过电影院海报。20 世纪 30 年代后，回

---

① 木基元：《一篇奇文两代情——冠南善甫父子撰书的〈放鹊行〉及其启示》，《风雅儒者》，第 223 页。

到丽江，在省立中学任教。1942年，他到昆明看望生病的弟弟周善甫，被聘到昆华中学（今昆明一中）任教，当时举办云南省美术展览会，他提供作品参赛，赢得好评，从此正式步入画坛。

新中国建立后，周霖焕发出新的热情。他以年近半百之身，背上背包，和青年们一道走村串寨，不辞劳苦地开展宣传工作，画海报、写标语，出场演剧，表现出惊人的活力。他先后主持丽江县报社、文化馆工作，事必躬亲，颇有成绩。1961年，丽江纳西族自治县成立，他当选为首届县政府副县长。后来还担任云南省文联委员、中国美术家协会云南分会副主席、第四届全国政协委员等。

"正当云帆高张，在艺术之海方将直放沧溟的时候，却偏遇上了亘古未有的十年浩劫。他被戴上了'当权派'、'学术权威"两顶大帽，受尽了众所周知的种种折磨"，[①]关"牛棚"，下干校。在一次无休止的"交待"中，猝然中风昏厥，导致半身瘫痪，这才被遣放回家，在贫困中度过余年。李晖陪老师周善甫去看他，"老先生喜欢让我把他床下的箱子打开，翻出当年他在北京、昆明等地举行画展时各种报刊上的评论文章，并念给他听，老师在旁边分享兄长的得意。兄弟俩常常十分开心地回忆在丽江中学任教时攀登玉龙雪山的许多往事。那时周霖老先生已基本不能作画，只能在躺椅或床上靠着，每天抽大量的香烟，手指全都熏黑了。"[②]念旧报刊的细节，重温逝去的荣光，既是一种得意，也未尝不是一种落寞。他意志不衰，有时挣扎着画梅自励。终因严酷的现实条件的制约，未能获得略好的医药调理，1977年1月13日在玉龙雪山下含冤去世。周善甫含泪写了长篇挽联《哭胞兄逝世》。"十年浩劫，毁了一代纳西才人！"[③]

周善甫说周霖："尽管他命途多舛，艰辛备尝，可贵的是：一、从来不曾放下书本；二、从来不曾放下画笔；三、从来不曾玷污了自己的人品。……其精神心态，卓然有以自立，萧疏而不颓废，淡薄而

① 周善甫：《国画家周霖传略》，《云南文史丛刊》1988年第4期。
② 李晖：《我永远的老师》，《风雅儒者》，第142页。
③ 杨福泉：《尘缘片羽识周霖》，《云南日报》2008年12月4日。

不冷漠。……立身处世又耿介谦抑，通达正直，尤为乡里所敬重。”[①]

周霖具有多方面的才华和成就。他精通音乐，曾为丽江清代著名诗人马子龙的《玉龙山白雪歌》谱曲，为丽江洞经音乐《到春来》填词。他倡导成立了丽江文艺团体“雪社”，促进诗歌、书画和音乐的学习、交流与创作。他对丽江地区艺术人才的培养、民族文化的发掘保护都作出了贡献。

周霖最突出的成就体现在中国画创作上。他具有丰富的人生经历，开阔的艺术视野。他的作品体现了中国画的醇正传统，而又富有浓郁的乡土气息、时代精神和高洁的品格。他的花鸟、山水、人物俱极精美。“周霖一生创作了一千多幅作品。这些作品是我国现当代优秀的艺术成果。”[②]上世纪60年代初他曾为北京人民大会堂云南厅作了《金沙水拍云崖暖》（又名《玉龙金川》）巨幅画作。1963年6月，他在昆明举办个人画展。当时陪同国家主席刘少奇出访南亚四国归来，路经昆明的国务院副总理兼外交部长陈毅，以及外交部副部长黄镇、部长助理乔冠华等欣然参观画展，赞誉其画作，陈毅建议到北京展出，并指示也是画家的黄镇帮助落实。

1963年9月，中国美术家协会和美协云南分会联合举办的“纳西族画家周霖画展”在北京刚刚落成的中国美术馆展出。展出作品116件，内容有人物、山水、花鸟等，广泛反映了纳西族人民的新生活和滇西北的特有风光。这是云南画家第一次在中国美术馆举办个人画展，影响颇大。陈毅、郭沫若、陈叔通、肖华等党政军负责人参观展览，高度评价。陈毅还宴请周霖表示祝贺。郭沫若评价周霖“诗书画三者并列”，并为画展题诗：

石鼓声闻到凤城，龙潭风物活生生。
山水引自源头处，天外飞来有鹡鸰。

---

① 周善甫：《国画家周霖传略》，《云南文史丛刊》1988年第4期。

② 官晋东：《著名国画家的遗作继承诉讼始末》，云南省丽江市中级人民法院网，2004年7月7日。

“天外飞来有鹡鸰”典出《诗经·棠棣》：“鹡鸰在原，兄弟急难”。《棠棣》是歌颂兄弟亲情的，前面还有两句：“凡今之人，莫如兄弟。”郭沫若用这个典故，一方面是因为周霖的画中画了鹡鸰；另一方面是说纳西族和汉族等民族亲如兄弟，借以歌颂民族团结。同时赞扬周霖的出众画艺，他就是那只天外飞来的鹡鸰。

李苦禅、叶浅予、蔡若虹、陈半丁、刘开渠、秦仲文、许信之、王雪涛、吴镜汀、郭味蕖、潘絜兹、郁风等名画家参观后，甚为激赏。《人民日报》、《光明日报》、中央人民广播电台、《美术》和《民族团结》、《民族画报》杂志等都作了报道。画展期间，他还应邀到中央美术学院讲学，出席天安门国庆观礼，参加人民大会堂国庆招待会。又以副团长名义率民族参观团考察东南各地。北京展出结束后，中国美术家协会还安排他的作品到上海、合肥、乌鲁木齐等地巡展。1964 年人民美术出版社出版了《周霖作品选》。一时间可谓声名鹊起，成为全国很具影响力的民族画家之一。“对于坎坷半生的一个边疆寒士，自也是旷代殊荣了”。[①]

周霖逝世后，他的遗作相继于 1979 年在昆明、1982 年在北京民族文化宫展出，受到好评。著名画家，时任中央美术学院院长、中国美术家协会主席吴作人为画展题词：“金生丽水，艺数周郎。”在北京的越南老一辈革命家黄文欢题诗“又是诗家又画家，诗情画意活金沙；华章奇笔今犹在，一幅遗图一朵花”。1984 年云南人民出版社出版了《周霖画集》。“但这样一位饱经磨砺的天才，没有能圆满收获其业已成熟的硕果，深为艺坛所惋惜。”[②]

周霖也是有成就的诗人，他的诗表现其超卓的胸怀，没有尘俗之气，情感真切，诗艺纯熟，意境深邃。1990 年（庚午年），周善甫为弟子孙炯书周霖《月夜登玉龙雪山》和《渔隐杂咏七首之四》，从这些诗可以看出周霖诗作的特色。《渔隐杂咏七首之四》云：

---

① 周善甫：《国画家周霖传略》，《云南文史丛刊》1988 年第 4 期。
② 周善甫：《国画家周霖传略》，《云南文史丛刊》1988 年第 4 期。

野花满地水平堤，豆麦盈畴望欲迷。
钓友相期何处是，茶烟一缕画桥西。

春风惠物及遐荒，拂遍桃腮柳线长。
更识渔翁溪上坐，殷勤吹送豆花香。

垂竿又见立蜻蜓，浩荡春光满钓汀。
却忆坡翁诗一句，梨花淡白柳深青。

昨日朋俦得巨鱼，今朝携酒更盘蔬。
柳下烹调花下醉，狂歌天地是吾庐。

春光浩荡，生机盎然，万物有情，人亦有意，人与自然融为一体，天地是隐者的家园，在这里他们得到自由和安适，心灵得到安顿。这其实也是人类向往的精神境界。这四首诗都是周霖解放前的旧作，语言平易，而意蕴隽永，确为佳作。北京服装学院美术系教授、国画家郎森为孙炯收藏的这件书品题写引首道“玉龙双璧，善甫前辈书其兄慰苍先生诗五首，为存世珍品。孙炯永保之”。[①]

早在20世纪40年代，周霖和周善甫就被地方文化界誉称为“玉龙双璧”。兄弟年龄相差一轮，都属虎。父亲去世后，长兄如父，周霖承担起了关心弟弟的责任。周善甫尊敬周霖，在兄长面前“毕恭毕敬，唯唯诺诺”。[②]他们生活上互相依靠，思想上互相交流，事业上互相勉励，既搀扶着走过艰难的人生路，又砥砺着迈向高远的志向。“文革”中，周善甫被遣送回故乡丽江管制劳动，在寒凉的世态中，老哥俩的相依相伴抵消了很多寂寞与痛苦。周善甫说：“‘文革’末期，白头兄弟，不图又聚首故山。在如磐风雨中，共度了他最后一段

① 孙炯：《周善甫先生的故事》，《风雅儒者》，第165页。
② 李晖：《我永远的老师》，《风雅儒者》，第142页。

时光。虽说抑郁，也不乏强自解颜的时光。”①

1954年，周霖和周善甫有过一次关于文艺与政治的倾心长谈。1949年后，文艺界强调文艺为政治服务，为工农兵服务。画家们努力适应这一要求，画一些反映现实生活、政治性很强的作品。周霖也画了《月夜送公粮》、《峡谷轮影》、《女接生员》、《冲寒送货》、《风雪乡邮》等作品。周霖感觉到这样做固然有其意义，但有些问题不好处理，如在山水当中画汽车、电线杆等，就不太和谐。这类题材限制了想象力和创造力的发挥。1954年，他借到昆明出差的机会，悄然跑到三市街探望落魄在建筑工程队工作的周善甫。这是他们新中国成立后第一次见面，各自都有很多话要说，也有很多困惑需要索解。

他们到宝善街一个清静的茶馆里，边喝茶边交谈，谈得最多的是文艺与政治的关系。周善甫问周霖：“艺术为无产阶级政治服务的提法对艺术工作者无疑是极大的激励，但是过分强调政治会不会影响艺术本身的表现？太注意政治会不会削弱艺术的创作个性？”周霖回答说：“让艺术彻底脱离政治恐怕任何时候都做不到，即使像文艺复兴时期的大师米开朗基罗、达·芬奇，哪一个不都是画过一批为意识形态服务的画？但他们不也留下了一批名垂千古的杰作吗？只要不离开生活，不丢掉艺术的个性，即使画一些为意识形态服务的画又有何妨？”②周霖的看法比较平允，对化解自身的困惑与弟弟的困惑都有启发。但当时意识形态高压已经逐步形成，这样推心置腹的交谈只有在最亲近的人之间才能进行了。

周霖对周善甫一生都有很大影响，晚年的周善甫一提起哥哥，心中好像就会涌起一股暖流，得到一种力量。周霖去世后，他陆续写了《国画家周霖传略》、《深山见鹡鸰》、《一幅画的怀想》、《周霖的画风》、《拟周霖花鸟小品册引言稿》等文章，表彰周霖，指出周霖近乎传奇的一生，代表我国知识分子在这一纷乱世纪的共同命运。而他修己持正、敬业乐群的生活态度，与学而不厌、诲人不倦的

① 周善甫：《周霖之鹡鸰》，《昆明日报》1991年3月2日。

② 孙炯：《周善甫先生的故事》，《风雅儒者》，第161页。

工作作风，正体现了我国士君子纯正的传统。因而，在纳西人士和所有识者的心目中，他不仅是一个名画师，而且是一位博学多才的通儒，情趣超逸的达士，也是卓有成绩于滇西北的一代师表。[①]

五　姐夫习自诚：保境安民的地方官

周善甫的胞姐周静芳（1908–1971）是周冠南的长女，是纳西族现代新女性，娴雅出众，十分干练。周善甫说："记得从前大姐在昆明，以当时的社会状况来看，她是很不错了，开办工厂，自己办职工学校，办游艺会，交往的人也很多，生活是很丰富的。"[②]

周静芳嫁给丽江名门之子习自诚。习自诚是民国时期丽江军政界重要人物，以"保境安民"为职志，做了许多好事，深得民心，威望很高。在任民国政府丽江末代县长和专员时，为丽江和平解放，作出重大贡献。

习自诚（1896–1954）号朴庵，纳西族，丽江古城人，祖父是举人。1909 年考入云南陆军讲武堂丙班第二队，与朱德、金汉鼎等为前后同学。1911 年参加重九起义。此后参加护国、护法运动，转战于云南、贵州、四川、广西等地，从滇军排长逐渐升任滇军步兵十八团二营中校营长兼中甸、维西、阿墩子三属筹防指挥官，十八团代理团长，九团团长，蒙自镇守使兼滇东南边防督办参谋官，滇西大理附近八县剿匪总指挥，云南陆军军械局少将局长、云南省务委员会少将军事参议等。

1929 年，习自诚退出军界投入实业界，在昆明开办纺织工厂。1930 年回到丽江古城家中。经地方绅耆推荐，成为丽江民团总团副团长。习自诚能文能武，从安定地方着想，训练了一批能带兵打仗的各地民团骨干，从而建立了威信。1934 年，被推举为丽江县参议长，成为丽江政界要人。1942 年任丽江自卫队大队长。

1936 年，红军长征即将进入丽江。县长王凤瑞接到省府命令，

① 周善甫：《国画家周霖传略》，《云南文史丛刊》1988 年第 4 期。
② 周善甫：《致夫人杨佩兰的信》，《风雅儒者》，第 306 页。

要求修筑工事防堵红军。他与习自诚商量对策，习自诚经历过几十年军阀混战，深知战争对地方的危害，认为保境安民是最大的事，说：“红军只是路过丽江，绝不能与他们在丽江交战，应当好好地迎送他们。”王凤瑞采纳他的主张，一方面修了两个碉堡应付上级，另一方面又暗叫商家准备迎送红军。于是贺龙、关向应、任弼时、萧克率领的红二方面军1936年4月到达丽江古城时，受到400多人的欢迎，[①]未受阻挠，顺利通过丽江北上。

此外，习自诚1938年支持解决石鼓与中甸藏人之间的冲突。1946年保护了后来担任首任中甸县长的云南大学学生孙致和。1947年协助解决了文峰社、雪山社、崇新社等地方帮会势力的争斗，阻止了永胜土匪罗瑛对丽江的侵扰。1948年丽江发生金圆券事件，民众与国民党丽江团管区士兵发生冲突，丽江商家罢市，习自诚也促成问题合理解决。

1948年10月，鉴于习自诚在地方上的威信，云南省主席卢汉打破本县人不能任本县县长的定制，任命他为丽江县长。1949年5月，卢汉又命他为云南省第十行政区督察公署专员兼丽江县长，成为掌握军政大权的丽江最高长官。

这时，国民党政权已经摇摇欲坠，地下党领导的滇西游击队已经在剑川等地取得优势。习自诚审时度势，在中共地下党和纳西“前进青年”影响下，决定把政权和平移交中共地下组织。1949年6月28日早上，中共滇西北工委书记黄平、丽江地下党县委书记杨尚志到他家，与他商谈过渡办法。黄平提出三种办法，一是继续维持两面政权，政治仍由习自诚负责，二是旗帜鲜明举行起义独立，三是习自诚暂时隐退，一切交黄平负责。

晚上，习自诚儿子习家骥的中学同学，纳西“前进青年”、丽江地下党县委副书记和万宝又来继续商谈两小时。习自诚认为，第一种方式不易长久维持；第二种方式“余虽敢于照样做去，并无多大顾虑”，但要考虑实力和事先准备是否充分，否则，“得一义举

① 纳西族简史编写组：《纳西族简史》，云南人民出版社，1984年，第98页。

美名，无补实际，余雅不欲为”；第三种方式“余认为在旧政权下，既不易为人民谋幸福，则不如直接变革为佳。所最关心注意者，地方治安秩序不乱之原则下，进行变革，使人民不受惊扰，社会不致伤害。”和万宝决定采取第三种方式，并向他保证，对他以往“一切保证，决（绝）对尊重”，“我们说一句算一句，我们不是政治骗子，不是政治流氓，照佛家说等于设誓，以往已建立统战关系，需要何种保证，可多多提出，不必怀疑顾虑。”习自诚说只需照顾好他风烛残年的老母，“儿辈则成龙成蛇，不愿顾及了”。于是，“只要地方能安然引入光明大道，图作全县有秩序之变革，共同接受新民主主义以从事建设，速解放民众痛苦。……我决定于次日起将军政权陆续交出，毫不犹豫”。[①]当然，郎舅之间的商议也是必不可少的，习自诚听取了内弟周霖、周善甫的意见，还向有姻亲之谊的省立丽江中学校长和万松讨主意，大家都支持他平稳交出政权，以保地方生灵不被涂炭。

1949 年 7 月 1 日，丽江各界群众在民主广场举行集会，地下党负责人黄平宣布丽江和平解放，成立丽江人民政务委员会。会上宣读了习自诚《告全县同胞书》：

> 客岁因身体欠佳，退休在家，不意政府忽有委长本县之令……再辞不获，惟桑梓关系，遂毅就职。十月于兹，中经诸多波折，如华、永、鹤等事件发生，诸承各方人士互助与全县同胞之团结一致，幸能达成保境安民之目的，私衷窃慰。惟当时深知全世界趋向民主，除旧布新，势所必须。故直接间接，多方与吾丽有识之士、前进青年，力谋静中求变之策略，凡力所能及，无不尽力赞助，予以便利，使得速成。
>
> 所幸吾丽有志青年、前进分子均能高瞻远瞩，周顾大体，始有不流一滴血，不发一粒子弹，安然达成真正新民主主义实现之

① 因为政权移交是大事，1949 年 6 月 28 日晚 12 时，习自诚把当天与黄平、和万宝等的会谈过程和结果郑重其事地写成《备忘录》保存，以上资料均出自《备忘录》。转引自牛耕勤《丽江的“四大家族”》，《丽江日报》2013 年 4 月 10 日。

今日！实属空前盛举，诚不胜喜庆之至！今日六月三十日止，将蒋介石政府系统下的县行政权，自即日解散，还政于民。[①]

他念兹在兹的都是保境安民。于是丽江早于昆明和平解放，实现了“有秩序之变革”，丽江人民免受战争之苦，丽江古城得以完整保存。

新政权建立，经费开支浩大。习自诚又把自己差不多所有的资产，包括田产、工厂、铺面等无私捐献给新政权，“以资倡导”。他完全退隐在家。[②]

1950年底，习自诚到昆明出席云南省第一届各族各界代表大会。1951年初“镇反”运动中在昆明被捕，押回丽江投入监狱。1954年，已经奄奄一息的习自诚获准保外就医，第二天去世。去世时，家里已经穷得连埋葬他的钱都没有了。因为是“反革命分子”，一般人都不敢跟他发生瓜葛。他的小儿子找到杨佩兰借20块钱，说向几个亲戚借都没有借到。杨佩兰想：“姑太这一辈子不知在亲戚身上花了多少钱，而到了今天，连20元钱也借不到，真令人伤心！”她身上恰好有三弟杨焕兴在永胜做工寄来的20元钱，本来想为他制备一点衣物，因为他的衣服实在太破旧了，但为了安葬姐夫，她慷慨地把钱给习自诚的小儿子拿走了。自诚的小儿子说，寿衣及给死人垫的、盖的都是一个叫习少安的老头给的，他们是同一个宗族。[③]

“姑太”就是周善甫的姐姐周静芳。解放后她作为反革命家属，被投入劳改队。1955年，她从劳改队回来，无以为生，就和杨佩兰一起卖菜。她们要到菜园里背菜，不管冷天热天都要在大河里把菜洗得干干净净，摆在街上卖，获得微薄的收入维持生计。联想过去周静芳每次回娘家都有勤务兵护送，杨佩兰感叹说：“姑太没有本钱，又不

① 习自诚：《告全县同胞书》，中共丽江县委党校、丽江纳西族自治县史志征编办公室编《丽江县革命史》，云南人民出版社，1999年。

② 牛耕勤：《丽江的“四大家族”》，《丽江日报》2013年10月14日。

③ 杨佩兰：《佩兰回忆录》，自印本，2007年，第141、142页。

会做生意，可是要吃饭。她一辈子当太太，她的做人是难得的。”[①]解放前她给娘家很多帮助。1971 年去世。

十一届三中全会后，有关方面为习自诚平反，重新肯定了他的历史贡献，按起义人员恢复名誉。

1989 年秋，周善甫作《题朴庵姐丈静芳胞姐遗照》对联，表达了对他们的敬爱和赞美：

> 有儒将风，当国步维艰之日，保江城二十年清宁。忆玉龙山下，弦歌四野，民昔深怀羊叔德。
>
> 得慈母范，于社会巨变之时，担名门数代人缘业。叹金沙江畔，茑萝千里，我今犹闻女嬃声。[②]

上联写习自诚，赞扬他在国步艰难的时候，妥善处理各种矛盾，团结各民族，发展生产，改善民生，保有丽江 20 多年的清静安宁，“弦歌四野”极言其太平祥和。把习自诚比喻为羊祜，是很高的评价。羊祜（221–278），字叔子，泰山平阳人（今山东新泰）。魏晋时期著名军事家、政治家和文学家。能征善战，清廉正直，博学能文。他任荆州都督时，“增德修信”，以德服人，兴办教育，组织屯垦，使江汉一带富庶和平。

下联写周静芳。“茑萝千里”出自《诗经 · 小雅 · 頍弁》：“茑为女萝，施于松柏。”茑就是桑寄生，女萝即菟丝子，二者都是寄生于松柏的植物。这两句诗比喻兄弟亲戚相互依存。“女嬃”出自《屈原《离骚》“女嬃之婵媛兮，申申其詈予。”王逸《楚辞章句》：“女嬃，屈原姊也。”女嬃是否为屈原姊，争议很大。周善甫这里采王逸说，用来指自己的姐姐周静芳。她在社会巨变的时代，以名门闺秀的身份在边疆民族地区开创社会事业，为家族争光。她的懿范长期被丽江人传诵。

---

① 杨佩兰：《佩兰回忆录》，第 147 页。

② 《善甫文存》，第 101 页。

六　表姐赵银棠：纳西族第一位女作家

周善甫的外祖父杨元之（约 1848–1892）字用九，廪生。他是清末丽江著名诗人，喜爱纳西民歌民谣，所写汉诗，有纳西民歌风格。

杨元之的女儿杨艳开嫁给周冠南，此即周善甫的母亲。另一女杨艳月配赵氏。“由于出生在世代读书、教书的人家，孩子们都有很好的教养。两姐妹出嫁后，两家人仍旧互敬互助，来往密切。她们的优秀品质和美好感情，经潜移默化为儿女们所继承，使他们不论在乱世抑或治世，身处逆境抑或顺境，都能严肃对待人生，认真研究学问，把仁义道德和爱国爱家的大道理融化在生活言行之中。”[①]周善甫和赵银棠就是在这样的氛围中成长的，他们继承了这个家族的美好品质。

赵银棠是杨艳月的独生女儿，是纳西族历史上第一位女作家和女学者，也是云南在全国有影响的女作家，云南现代史上的杰出女性。她的精神和作品已经成为纳西族乃至云南珍贵的现代文化遗产。

赵银棠（1904–1993）字玉生，出生于书香之家，父母思想开明，在丽江风气初开的时候，就把她送入学校学习。1920 年她在丽江县女子简易师范班毕业，刚满 16 岁就到金沙江畔的石鼓镇任乡村小学教师，1929 年又到昆明昆华女子高级师范班学习，后进云南大学攻读文史专业。长期在昆明小学、省立丽江中学、鹤庆中学任教。1941 年在丽江创立“妇女会”，任理事长并任丽江县民众教育馆馆长，开展妇女运动。1942 年她为了争取妇女权益只身赴陪都重庆，参观学习当地妇女会的工作，拜访于右任、周锺岳、杨杰、史良等名流。并在郭沫若夫人于立群带领下，到重庆的中共代表处拜访董必武、邓颖超。邓颖超给予热情鼓励并送她关于延安的资料。她拜见郭沫若，郭赠予墨宝，还给田汉写了介绍信，推荐她到桂林工作。由于滇西发生大规模霍乱，她担心家人的安危，到贵州独山后改道回乡。1942 年 6 月回丽江后，她又创办“丽江妇女工艺社”。当时，社会学家、西

① 和毓伟《凡弟与棠姐的故事》，《风雅儒者》，第 108 页。

南联合大学教授吴泽霖在新生活运动促进会支持下创办“边胞服务站”。丽江建立了分站，计划是为居住于边远地方的纳西、傈僳、藏和彝等民族同胞提供医疗卫生和国民教育服务，开展抗战宣传和社会调查。赵银棠作为志愿者投入服务，随马帮风餐露宿，到丽江西北、维西、永宁等地开展工作。

赵银棠是公认的纳西才女。1949 年 8 月，在他父亲的藏族学生李子方的赞助下，经云南大学教授方国瑜帮助，她出版了《玉龙旧话》一书，介绍纳西历史、东巴神话、民歌、宗教、文化艺术、风景名胜等，是现代纳西人文学创作中的重要成果，也是 20 世纪云南边疆文学的奇葩。后来，她又出版《玉龙旧话新编》、《雪影心声》、《纳西族诗选》等，还有《九十年历程》手稿。她的诗意蕴深厚，风格冲淡，云南写旧体诗的女诗人，至今罕有出其右者。

赵银棠是 20 世纪最先接受现代教育的纳西族女知识分子之一，她以高度的勇气和使命感参与社会，从事妇女解放工作，推动边疆民族妇女进步。她受到新文化洗礼，以其兰心蕙质从事文学创作和纳西文化研究，取得出色成就。她意志坚强，不断追求进步和真理，即使遭受挫折和打击，仍勇往直前。“极左路线”时期，她蒙受不白之冤。1979 年获平反昭雪，重新获得创作权利，迅速爆发出创作的激情。她在 1984 年云南人民出版社出版的《玉龙旧话新编》“后记”中说：“年岁大了，什么也难于说得清楚，只好一边流着热泪，一边向着苍苍晴空感谢：心灵永远不死，真理永远不灭……”“心灵永远不死，真理永远不灭”是她一辈子的心声和写照。

赵银棠比表兄周霖小 2 岁，又比表弟周善甫年长 10 岁。她聪慧美丽，宽厚慈爱，在表弟的心目中格外亲切，表弟叫她“阿姐”、“棠姐”和“阿姐银棠”等。他们从小就一起玩耍学习，她关爱周善甫，周善甫尊敬她。他们不仅是表姐弟，而且是终身的知音和挚友，一辈子互相激励，互相爱护。诗词唱和，共话家常，议论社会事相，更是常有的事，其中有许多十分温馨的故事。

周善甫的第一首诗是在赵银棠启发下写的。赵银棠作诗，每每得到长辈的夸奖，让他羡慕和心仪。1923 年清明节，九岁的周善甫写了一首怀念军旅中的哥哥的诗：

> 今夜万里月，苍茫连蜀省。
> 杨柳新生时，桃花寂寞红。
> 去年已别去，今年归不归？[①]

“桃花寂寞红”出自元稹《行宫》：“寥落古行宫，宫花寂寞红。”这是脍炙人口的一首诗，周善甫应该是背过的。不过，这里“宫花”改为“桃花”，一字之易，而与“杨柳新生”对照，写出对兄长的思念，是别出心裁的。全诗的境界、气象都颇不俗，出自九岁少年之手，是不容易的。赵银棠夸奖他写得好，并帮他润色。这首诗得到祖父好评。

当时周霖在四川从军，收到九岁的周善甫寄来的诗后，欣喜异常，即写信告诉在昆明的父亲。周冠南很高兴，于是买了《小朋友》、《万有文库》等少儿读物，整整装了一驮，用马帮运回丽江奖励幼子。

周善甫原名“樊”，后来改为“凡”，就是采纳了赵银棠的建议。周善甫长成青年伙子，一天和赵银棠登上丽江象山之巅，极目眺望，壮美河山激发出豪情，下了改名的决心。他对赵银棠说：“我的‘樊’字，一是难于书写，一是不合性格，每每联想到菜园的篱笆、鸟兽的笼子，心中就憋气：它束缚人的思想，妨碍人的发展。”赵银棠说：“阿樊呀，你天资聪颖，但性格顽劣，又习惯于无忧无虑，给你一个‘樊’字，是要你凡事不可放任，要有敬畏之心，应知有所约束，本意是善的。但细细想来，你有你的道理。常言道，择高处立，寻平处住，向宽处行，咱们取平处住，取名‘凡’字吧。但你千万牢记：千里之行，始于足下。只有立足尘世，才能改造尘世，踏踏实实，循序渐进，才是正道啊！”于是，“周樊”就改为“周凡”。[②]1974

① 孙炯：《周善甫先生的故事》，《风雅儒者》，第155页。

② 和毓伟：《凡弟与棠姐的故事》，《风雅儒者》，第111页。

年，周善甫周甲之年，鉴于他一生坎坷多难，赵银棠又建议他把表字“善圃”中的框去掉，改为“善甫”，以减去人生牢狱的羁绊。

1942年，赵银棠要去重庆，周善甫鉴于物资的紧缺，采用学到的科学方法，为表姐熬制肥皂，供路上洗涤之用。他找来干净的猪下水，按比例加入烧碱，慢慢熬成糊状，然后一边搅拌一边加入松香粉，还特意羼入一点香料，然后冷却凝固。他自制的肥皂清香四溢，陪伴表姐上路。

重庆回来后，赵银棠参加了边胞服务站，准备深入滇西北少数民族地区。临出发前，周善甫精心制作一根质地坚硬、造型别致的手杖送给她。这是一根杨木手杖，是周霖旅行带回的。周霖还为手杖画了一幅画，手杖挺立于中心，筋骨突出，柄上挂一支盛开的梅花，下面摆一双草鞋。画面洗练朴实，情趣盎然。周霖题句：“偶得梅花春意足，江城暮雪我归来。”可见他对手杖的喜爱。征得哥哥同意，周善甫将手杖细心打磨，制作成栩栩如生的龙头拐杖，又用心刻上“两肩担道义，一心照山川”，最后用桐油周身擦抹了十来遍，闪闪发光。他把手杖给表姐，赵银棠爱不释手，之后的一年中，这根手杖就陪伴她风餐露宿，踏遍金沙江上游的大部分地区。①

在1957年后愈演愈烈的政治运动中，赵银棠、周善甫均蒙冤受难。1957年，任教于鹤庆中学的赵银棠被戴上“右派分子”帽子，撤销公职，送宾川县太和农场劳动改造。“文化大革命”中，被迫退休回到昆明儿子家中闲居。在落寞当中，她与表兄周霖互相安慰和勉励，通过书信往还和诗歌唱酬表达心志与关怀。周霖在与赵银棠唱和的《赏菊次玉生韵》中说：“群芳摇落后，傲骨独金秋。白露涵高洁，苍松结匹俦”，风骨凛然。

1975年农历十月，赵银棠在昆明写了五言古诗《病中简霖兄》寄给在丽江的困顿中的周霖。周霖因中风导致为半身不遂，阅读吃力，就让弟弟周善甫念给他听，周霖听后十分感动和感伤：

① 和毓伟：《凡弟与棠姐的故事》，《风雅儒者》，第113、114页。

首先读了你信里有关写寄此诗的表白。他静坐促我读诗。初头几句，他还不脱他惯有的尖刻，才三四句，立即流露出他所历来独具的对美好事物的鉴赏的敏感，态度就转入凝沉了，聆听得也仔细了。到“风雨不眠夜，颤动绪纷繁”，他毕竟挥拂了老泪，我也不禁持笺泫然。这不是悲苦，悲苦之情，比较说，就太浮浅了，中间是多少互相对人生的感激啊！对的，“皓月净浮烟”，也要这样才足以“印证作佳谈”呢。

整诗读完，他没有对章法字句作任何惯常的品题，烧上一支香烟，默坐了片刻，才静静地说：“你写回信，说我很感谢她。”又说：“为我抱歉说，什么写作能力都丧失了，酬唱只有期诸来生吧。”目光瞰然，一时燃烧着多少生命的余焰。我不仅当时受不住激动而避席了，就现在回述起来照样不知何以遣此。[①]

周善甫也被诗中表现的真诚情感、豁达胸怀，以及高超诗艺所感动。他说：“这样真挚亲切的好诗，作者和读者都应该赞美和礼敬我们的得天独厚！至于表达的流畅，词语的蕴藉，真是五古的好典范，不亏你至老弥笃的功力。对墙头一画，你道是‘悬崖高百仞，归燕掠岸边。秋树余红叶，旷达任霜寒’。这正是我们应该互勉之语。”[②]

晚年这对表姐弟分别居住在昆明翠湖南、北两岸，这也是他们一生中过从最密切的时期。1988 年，云南省诗词学会在昆明东郊的昙华寺举办诗书画笔会，作为学会顾问的赵银棠应邀参加。不久前，她曾游昙华寺，得诗二首，准备提交笔会。周善甫说：“好马配好鞍，好诗还得书法配。”于是在四尺宣纸上书写好，落款是“赵银棠”。赵银棠把他书写的诗稿交上去。在笔会上，人们被漂亮的书法所倾倒，把赵银棠围了个里三层外三层，纷纷求墨宝，求签名，记者又拍照，又采访。赵银棠被弄得糊里糊涂，叫苦不迭。有几个老干部抢着用轿

---

① 周善甫：《致表姐赵银棠的信》，《风雅儒者》，第 312 页。

② “墙头一画”指《红叶双燕图》，是 20 世纪 40 年代中期周霖绘赠赵银棠的一幅花鸟画，一直挂在她的书房中。

车送她回家，说："来认认门，今后好求教。"

赵银棠责怪说："都是阿凡惹的祸！你落上'周凡书'三字，不就相安没事啦！"周善甫开怀大笑说："阿姐说自己不会写字，可这里白纸黑字，连三岁小孩也骗不过。阿姐说自己写不好，人家当然说你谦虚，照样脱不了身……不过，这个祸还是闯得有收获的：可以看出，阿凡的书法是大有长进了。"①

不但如此，过了几天，《春城晚报》报道这次活动，特别写到"赵银棠撰书条幅"：

> 这里，84岁的著名女作家、诗人赵银棠撰书的一个条幅：
>
> 昙华古寺昔曾游，小院空庭落叶秋。
> 有树只闻山雀噪，客来难作片时留。
>
> 势异时殊变化多，楼台亭阁建连坡。
> 千万游人千万景，满墙题咏壮山河！②
>
> 赵银棠老人是云南近代以来一位女作家、女诗人，20世纪二三十年代就开始了文学创作活动。这个条幅，不仅仅文思婉丽，字也写得清秀劲健，有王羲之、赵孟頫等古人的笔法，又有自己的风格，显示出深厚的书法功底。她的这幅字，无疑是一件珍贵的艺术品。

赵银棠看了报道，又喜又忧。喜的是周善甫的书法得到很高评价，忧的是怕别人误解自己是"冒名顶替"。但更多的是为周善甫高兴，于是作《赠勉善甫表弟》：

> 水流花放笔玲珑，兴会淋漓竹在胸。

---

① 和毓伟：《凡弟与棠姐的故事》，《风雅儒者》，第125、126、127页。

② 根据诗意和用韵，这实际上是两首七绝，也许是周善甫书写时没有分开，《春城晚报》记者搞不懂，排版时处理成一首诗；《凡弟与棠姐的故事》作者沿袭其误，也排为一首，见《风雅儒者》第127页。这里分为两首排。

万炼千锤功不断，风情乐在自然中。

肯定他的书法绚丽流美，兴象高超，他已经胸有成竹，底蕴深厚，同时提醒他继续千锤百炼，不断提高功力，还要追求书法的自然之美。写得情深意长。

1992 年，旅居美国的纳西族晚辈杨丹桂和在省文联工作的纳西族学者戈阿干出资，帮助 89 岁高龄的赵银棠编印诗集《雪影心声》。诗集编成，周善甫作序：

> 棠姐以一介弱质，自幼教学边疆，而屡逢世变，所经之巨浪狂涛、所作之挣扎奋进，实多口碑。实践中固不乏激情壮志之堪歌吟，而所为仍淡泊如此，盖伊深明和平乐易实为中华不替之诗教，秉性既贞，学养尤笃，故能遗物累、见性情。诗中之我，始终卓然于否泰得失以上，如列子御风之泠然自善。故其雅正清醇，实出于生活，超于生活，复足以规勉生活者，良非魏晋清流之俦亚也。顾此等作品，如山泉，如祭醴，过淡，过醇，恐非现代言诗者所谓善者尔。[①]

评价赵银棠的为人和诗歌特点，写得极为精妙，也写得一往情深。

1993 年 9 月 9 日，赵银棠走完了 90 年的风雨历程，在故乡丽江老宅中安然仙逝。丽江地区、县两级文化教育机构为她举行了追悼会。她的幼子和毓伟在昆明家中设灵堂，周善甫率全家去吊唁，在她的灵位前行跪拜礼，作最后的告别。

1990年赵银棠在昆明预拟自挽联：“梦游沧海水，魂归玉龙山。”并请周善甫书就。她的骨灰被安葬在丽江金虹山，故乡的青山绿水，玉龙雪山的暮雨朝云永远陪伴着她。

丽江周氏家族是一个名副其实的书香之家，虽较清寒，但声誉良好，这一家族又联系着其他世家大族。这样的家世给幼年和青年时代

① 《善甫文存》，第 162 页。

的周善甫巨大影响。一是它为周善甫的成长创造了优越条件，让他自幼受到浓郁人文的熏陶，接受到良好的教育，获得丰厚的知识基础和健康的心智。二是家族优良的家风，包括高尚的道德追求和宽厚仁爱之心、清雅的文化情趣和文化坚守、责任感和使命感，给了周善甫高贵的品性和勇毅的精神。三是使他得以结交各界名流，以开拓心胸，增广见闻，提升境界。周善甫是周氏家族的沃土上结出的硕果。

周善甫 1975 年农历 10 月 13 日在致古稀之年的表姐赵银棠的信中，述及这种家世给他的影响：

> 当我于一再咏味中领会到自己是得在如许厚重的宽容和有教养的亲人当中生活过来，而且现在仍还处于这种氛围之中时，一股难言的幸福之感便流注全身，觉得人生仍是这样可爱，岁月仍是这样甘美，值得为之辛勤，值得为之痛苦。[①]

在“如许厚重的宽容和有教养的亲人中生活”确实是“得天独厚”的，它让人感受到人生、世界的美好与幸福，给人正向的激励。如此的人生际遇让周善甫养成健全向上的心性，温润如玉的品行，宽博大度的胸襟，在他后来的人生旅途中无论遭受多么大的磨难和打击，始终能笑对人生，执著地坚守高贵的人性和美好的价值，辛勤地致力于文化创造，用自己的行为和思想照亮世界，温暖人生。

① 周善甫：《致表姐赵银棠的信》，《风雅儒者》，第 312 页。

第二章
青壮风采：一个颇富生命力的个体左冲右突

青年时代，周善甫像所有青年人一样读书、恋爱，富于浪漫情怀。同时，他又是具有冲闯精神的人，以满腔热情左冲右突，在丽江做了许多有开创性的工作。他的青春美丽而圆满。

一　求学东陆大学

童年时代，周善甫接受了祖父、父亲及其他家族成员的传统文化启蒙和言传身教，传统文化融进了他的血液。由于父亲宦游在外，退隐林下的老祖父周兰屏是他的启蒙师，对他影响尤大。这是他平生知识结构的重要来源，是他谦和温良性格的文化基因。他的艺坛晚辈，北京服装学院美术系教授、国画家郎森 20 世纪 80 年代晚期在翠湖边与周善甫散步时，曾请教他为什么总是彬彬有礼，他说："自小所受教化如此，我们学的是知书要达理，文质与做人同等都要彬彬有礼，有礼就是达理呀。""谦和恭良才可以受知得益，恭敬得欢喜，谦恭是福嘛。"[1] 另一

① 郎森：《春光的享福》，《风雅儒者》，第 75 页。

方面，他在新的时代潮流影响下，接受了新式教育，获得现代知识和思维方式。他像同时代许多优秀人物一样，既有深厚的传统文化素养，又有现代性眼光和知识，形成中西平衡的知识结构和健康的心智。

1922年，7岁的周善甫开始接受学校教育，就读于大研镇兴文小学。1927年，被父亲周冠南接到昆明，住在姐姐周静芳家，在景星小学学习。1930年，进入昆华中学（今昆明一中）读高中。当时毕业于燕京大学的堂兄周杲在昆华中学任教务长。

1933至1936年，周善甫在东陆大学土木工程系学习。东陆大学是自号东大陆主人的云南督军兼省长唐继尧于1922年创办的云南第一所大学，原为私立，1930年改为省立，1934年更名为云南大学，1938年成为国立大学，是我国西南有重要地位和影响的综合大学。他在这里打下现代科学基础。后来他在各类学校讲授数理化课程，“文革”期间主持设计丽江体育场，均得益于大学的教育。

1933年暑假，他跟随纳西族前辈、时任昆明第四小学校长的杨仲鸿在昆明西山华亭寺编纂《么些字典》，做些编目工作。杨仲鸿（1901-1983）20世纪30年代初在东巴经师和华亭寺协助下着手编纂《么些文东巴字及哥巴字汉译字典》。这是第一部东巴文字典。书稿完成后，于1935年送南京审查，被有关方面遗失，未能正式出版，国家图书馆现收藏有手稿。[①]古文字学家董作宾评论说：“国人于么些文字成一有系统著作，为首推杨氏，虽然他的字典采录编纂，未能完备，而他的创始之功，是不可埋没的。”目验过国家图书馆所藏手稿的西南大学教授喻遂生的文章和有关文献表明，杨仲鸿字典1931年已经完成，[②]周善甫《研究“东巴文”的先驱》说他1933年暑假参加编纂工作，[③]可能是

① 邓章应：《西南大学喻遂生教授访谈录》，《华西语文学刊》（比较文字学专辑），四川文艺出版社，2011年。

② 参见喻遂生《杨著〈么些文东巴字及哥巴字汉译字典〉述略》，《纳西东巴文研究丛稿》第二辑，巴蜀书社，2008年；和力民：《东巴经典大破译——写在纳西东巴古籍译注全集出版之际》，《民族团结》1998年第2期；邓章应：《东巴文的科学定名》，《中国科技术语》2010年第4期。

③ 《善甫文存》，第125页。

后期加工。

在昆明期间，周善甫还到柏希文创办的“达文英语补习学校”学习英语。他的英文基础就是在这里打下的。柏希文名柏励（Bernie），希文是字，1864 年生于广州。父亲是法国人，母亲是广州人。他精通多种语言。1914 年，云南都督蔡锷请他到云南工作。鉴于云南外语人才匮乏，他创设英语学会和达文英语补习学校。他终身未娶，生活简朴，全部身心投入教育，态度庄严慈祥，诲人不倦，培养学生数千人，当时能够考入北京、上海、南京等地名校和到欧美日留学的云南学生大多受益于他的教导。他为云南早期外语教育作出杰出贡献，是受敬重的教育家。1940 年 12 月在昆明因病去世，安葬在西山。当时周善甫在昆明，参加他的葬礼，并为他抬棺。他沉浸于悲恸之中，连一只鞋掉了，也不知道。

1936 年，周善甫因家境贫困辍学回家。虽然没有毕业，最后却成了云大杰出校友，为母校增光。[①]1988 年，云南大学重修作为明清两代贡院的至公堂，辟为校史馆，校方邀请周善甫补书乾隆恩科解元那文凤所撰对联，悬挂于正门两侧巨柱上。联云：

文运天开，风虎龙云际会；
贤关地启，碧鸡金马光辉。

此联原是那文凤为云南贡院撰写，现在被赋予新的含义。云南大学是云南最高学府，也是历史悠久、学术声誉良好的国内名校。该联气势恢宏，融历史、地理、时代于一体，写出云南大学是英才汇聚之地，风云际会，龙腾虎跃，为云南增光。书法笔力遒劲，洒脱灵动。文和书均臻于上佳之境，都是大家手笔。

周善甫回丽江后在省立第三中学当图书管理员。1938 年任该校数学教师。1939 年到开远农业专科学校任数理化教师并兼教导主任，次

---

① 陈梅、张宇：《杰出校友周善甫的思想性巨著〈大道之行〉引起海内外学术界重视》，云南大学校友总会编《云大校友》2009 年第 2 期。

年聘期满回昆明。

二 开创玉龙雪山登山记录

玉龙雪山在丽江北部，主峰海拔5596米，南北长约35公里，东西宽约13公里。主峰高耸入云，终年积雪，洁白无瑕，雄奇壮美，如玉龙腾飞。它拥有北半球最南端的冰川，冰魄雪魂，神秘瑰玮。现在，它和世界文化遗产丽江古城一道每年吸引大量海内外游客，名满天下。玉龙雪山是纳西族的象征和骄傲。明代纳西族土司、诗人木公曾写一首《题雪山》诗，表现了玉龙雪山的壮丽景观：

北郡无双岳，南滇第一峰。四时光皎洁，万古势巃嵸。
绝顶星河转，危巅日月通。寒威千里望，玉立雪山崇。[①]

由于玉龙雪山海拔高，地形地貌和气候情况复杂，攀登极其艰难。20世纪以来，美国、英国、比利时、奥地利、日本等国的探险者和登山队曾多次试图登顶主峰“扇子陡”，但都未能成功。所以，“扇子陡”至今仍是未被人类征服的处女峰。

就是这样一座奇险无比、难以逾越的大山，周善甫等作了最初的攀登尝试，在玉龙雪山登山史上留下了浓墨重彩的一笔。1938年夏末，时任丽江省立第三中学教师的周善甫和哥哥周霖，率领方宝善、和鉴尧、陈纪、周孚洙等共8人组成的探险队从南面的雪嵩村出发，经过玉湖、雪鸡坪，到达海拔4200米的雪鹿峰。他们在雪鹿峰的背风的几块巨岩下，搭起从印度加尔各答进口的当时最先进的德国充气帐篷，住宿了4夜，开展了探险和考察。

在山上的最后一夜，他们遭遇了暴风雪，他们无所畏惧，在风雪呼啸中酣然入梦。下半夜，周善甫醒来，雪已停了，他走出帐篷，发现“雪已漫到帐篷的腰部，但抬头看到了一轮清晖照彻下的‘扇子陡’，

① 赵银棠：《纳西族诗选》，第15页。

那太古的冰峰是至神至圣的所在。”“走近她，是不可能的。不仅壁立千仞，绝难攀跻，而且是雪崩最频仍的所在，又时时有飘石飞堕，镗嗒有声，连岩脚也不可久留，只好脱帽瞻仰而已。”[①]最后，他们被雪鹿峰西北面一座近2000米深的断崖阻挡，无法继续上行，只得放弃登顶的努力。这次攀登，虽然未能征服绝顶，却是有历史记录的人类第一次有组织地攀登玉龙雪山的壮举，显示了登山勇士的决心和勇气。

他们下山回城时，“受到丽江父老英雄般的欢迎”。文化界在黑龙潭内的民众教育馆举行“记起今宵话玉龙”的座谈会，请他们讲述登山的经历和见闻。正在丽江考察的国立艺专的画家李晨岚、李霖灿参加座谈会，被他们的壮举所感染，当即表示要参加下次登山。他们拍摄的照片被制作成幻灯片，由周善甫在黄山幼稚园播放、解说，玉龙雪山的细部情况第一次逼真地展现在人们面前，很多人来观看，引起轰动。周善甫的学生和中孚回忆说：“几乎全城的人都赶来，黄山幼稚园都要被挤炸了。”[②]

这次登山，令人难忘，回来第二天周霖作画并题诗《忆游雪山》：

昨自玉龙踏雪归，连宵作梦亦崔嵬。
难忘绝壑云埋竹，更忆危岩树着衣。
放步登临晶世界，纵怀眠食玉周围。
此情难向外人道，画与同游认是非。[③]

“绝壑”就是雪鹿峰西北面那座近2000米深的山谷。他们登临了别人从未看到的景观，人生的胸襟气象自此不同。

周霖还有《月夜登玉龙雪山》记此事：

① 周善甫：《绿雪奇峰》，《春城晚报》1991年6月18日。
② 孙炯：《周善甫先生的故事》，《风雅儒者》，第158页。
③ 赵银棠：《纳西族诗选》，第295页。

万里晴天月一轮，危楼独上对嶙峋。
金刚浩气盘荒漠，铁甲寒光镇大钧。
绕膝有云堪作雨，凌空无物但存神。
年年我向山灵拜，今昔才教认识真。[①]

两首诗都写登上洪荒以来从未有人类触及的玉龙雪山腹地所见的壮丽景观，山峰崔嵬，白雪晶莹，明月朗照，或白云绕膝，如在仙境。头上是寥廓无垠的太空，让人“独与天地精神往来”。广漠之中，保持了自然最本真的状态，凝聚着浩然正气，展示了宇宙之大美。王国维称赞谢灵运“明月照积雪”、杜甫“中天悬明月”是“千古壮观”。[②] 周霖这两首诗写月光照耀下的亘古不变的大雪山，也堪称千古壮观。他们通过登山，认识了玉龙雪山的真面目，周霖的歌咏，则开拓了诗歌的新境界。

1939 年秋末，周氏兄弟第二次组队攀登玉龙山。他们从东南麓上山，经过两天跋涉，到达海拔 4500 米的铁杖岭西北面的最高峰。他们又遇到了断崖深谷。为了观察深谷，对什么事情都很好奇的周善甫沿着石壁匍匐爬到悬崖边俯瞰，哥哥周霖则在后面死死抱住他的双脚。他发现“那真是深不可测的晦暝世界，根本看不到沟底”。抬头看扇子陡，晶莹剔透，遥不可及。“家兄、我及同行的朋友们都再次沉入了这太古冰雪的寂静中，耳旁只有呼啸的风声。……玉龙雪山的顶峰永远神秘地令人仰望，永远不受尘世之手的触摸。”为了弥补不能登顶的遗憾，他和同游的李士臣举起来复枪瞄准扇子陡各发一颗子弹，让子弹代表他们去“触摸”“自洪荒太古以来从无人类企及的扇子陡”，并向雪山神圣的峰巅致敬。[③]

1942 年，在李霖灿、李晨岚“怂恿”下，他们哥俩又组织了一次玉龙雪山之旅。他们雇了一小帮马匹，驮上帐篷铺盖、炊具食物，带

① 孙炯：《周善甫先生的故事》，《风雅儒者》，第 165 页。
② 王国维:《人间词话》，王幼安校订，《蕙风词话人间词话》，人民文学出版社，1982 年，第 216 页。
③ 孙炯：《周善甫先生的故事》，《风雅儒者》，第 159 页。

上枪支画具，连马哥头共6人出游。第一天住雪嵩村，再雇请两名健壮的当地向导，第二天穿过干海子到白水河边宿营。第三天拂晓从营地按照李晨岚所作的标记向目标攀登。他们披荆斩棘，速度很慢，到中午时分，穿过密林，“云杉坪”蓦地闯入他们的眼帘。

云杉坪海拔3240米，位于主峰扇子陡半山腰，这是一个雪山草甸，周围古木参天，优美、宁静，一尘不染。纳西名为“达绕郭”，意为“地神下降的草甸”。[①] 他们陶醉于自然大美之中：

> 身入这样壮丽的自然宫阙，大家先是一怔，随即都疯开来：哥哥先跪了下去，在开满鲜花的草地上放声呜咽；我和霖灿则翻筋斗、立蜻蜓，遍地打滚；而晨岚则着迷发呆，坐下来“啊”个没了。
>
> 那未经人类文明所搅动的氛围，一下子唤醒了史前记忆，进入老子所说“致虚静，守静笃，万物并作，吾以观复”的玄奥境界，说不清是甜蜜，是感慨，还是懊恼。难怪黄龙大师登上峨眉绝顶，就曾说“身到此间，别无可说，惟恸哭足以偿之耳”了。[②]

他们如痴如醉地回到白水河边，计划第二天把营地迁到云杉坪，可是下了一夜雷雨，山洪暴发，无法再去，只得出山回家。

他们共同讨论，把它命名为“雪山锦绣谷”。1940年，植物学家秦仁昌准备在玉龙雪山下创建国家植物院，他命名了云南杉，因为山谷周围云南杉旺盛茂密，参天耸立，于是被称为“云杉坪”。但“雪山锦绣谷”更富有诗意，所以雅人高士仍喜欢采用这一称呼。“云杉坪”今天成了玉龙雪山最重要的旅游景点之一，游人如织。纳西人认为，通过云杉坪，可以进入无忧无虑的“玉龙第三国”。

---

① 杨福泉:《李霖灿埋发玉龙雪山》,《丽江岁月与海外萍踪》, 云南人民出版社, 2006年, 第116页。

② 周善甫:《重上云杉坪》,《云南日报》1997年7月27日。

三　结缘十六世东宝·仲巴呼图克图洛珠绕色活佛

丽江靠近藏区，藏族文化对丽江有很大影响。周善甫和当时两位藏传佛教高僧、丽江藏传佛教大寺普济寺四世活佛圣露呼图克图，第十六世东宝·仲巴呼图克图洛珠绕色有交往。“呼图克图”是蒙古语，意为“长生不老”、“圣者”，是清朝晚期和民国初期授予藏传佛教高级喇嘛的职衔，地位仅次于达赖喇嘛、班禅额尔德尼。

东宝·仲巴呼图克图是藏传佛教嘎玛嘎举派活佛转世系统，住锡于丽江中心大寺指云寺。指云寺在拉市海旁，藏语名吉东峰卓林，意为“追求美好真理”。第十六世东宝·仲巴呼图克图洛珠绕色是第十五世东宝·仲巴呼图克图白玛赤烈旺修尊者的转世灵童。白玛赤烈旺修诞生于木府，是晚清民国时期滇西北地区藏传佛教高僧，他在滇康藏交界地区弘扬佛法，广行善德。他接受近代禅宗大德虚云长老的请求，说服康区藏族权贵归顺国民政府，避免了战争，维护了康区稳定与民族团结。国民政府授予他“特等文虎勋章”，并封为“丽江、永胜、中甸、维西、德钦、宁蒗及藏边黄、白两教宣慰大法师”。十六世东宝·仲巴呼图克图洛珠绕色，七岁被认定为转世灵童，在指云寺坐床。三江流域十三大寺喇嘛推举圣露活佛和指云寺高僧桑布为正副经师，指导他系统学习。

洛珠绕色俗名张象海，又名姚全孝，丽江人习惯称为张大喇嘛。1930 年出生于丽江名门望族，他的曾祖父张润曾任鹤丽镇总兵、镇雄参将，祖父张文湛是名书画家。他是张灿琪、张慧琪姐妹的堂兄。[①] 周家与张家是世交，周善甫是张氏姐妹的远房表叔，还当过张灿琪、张慧琪的中学老师，因而与洛珠绕色也有一定的因缘。

1938 年秋天，24 岁的周善甫与 8 岁的洛珠绕色相识，此后 9 年时间内，周善甫经常到指云寺与洛珠绕色聊天，并向他赠送《古文观止》、《昭明文选》等汉文典籍，使他“在佛法之外又认识了一番学问的新天地”，加深了对祖国和故乡的情感。十七世东宝·仲巴白玛塔清

---

① 张慧琪：《丽江古城往事——张氏五姐妹的传奇人生》，云南民族出版社，2010 年，第 22 页。

说："1956年康巴地区发生藏族上层武装叛乱，我的前世为维护汉藏团结，表现出了卓然的爱国气概，为免一方生灵涂炭费尽心血。虽然住世仅32年而且后来遭受了许多不公正的对待，但他终究不悔。这是大觉悟者明心见性的佛法体现，是与他的儒学朋友周善甫先生所传授的伟大的中华文化的精诣分不开的。"[①]

周善甫和洛珠绕色的老师圣露呼图克图也有一定的交往，他从圣露活佛那里获得佛教知识。

四　结识洛克、顾彼得、李霖灿、李晨岚

20世纪前期，国际国内学术界开始关注丽江和纳西文化，一些专家到丽江从事调查和研究，其中最著名的是约瑟夫·洛克、顾彼得、李霖灿和李晨岚。青年时代，周善甫与他们交游，获益良多。

约瑟夫·洛克（Joseph F. Rock 1884-1962）博士是美籍奥地利学者，著名探险家、植物学家和纳西学家。1884年1月生于维也纳，1905年移居美国，1913年加入美国籍。1922年至1949年之间，他受美国三个权威机构国家农业部、国家地理协会和哈佛大学植物研究所支持，在丽江先后生活27年，跑遍了丽江及其周边地区的山山水水，开展了广泛深入的植物学、地理学和民族文化调查及研究，留下大量文字和图片资料，他在美国《国家地理》发表了许多文章和图片，对向欧美国家介绍包括丽江在内的金沙江上游地区起了重要作用。

洛克在丽江的时间长了，对纳西文化产生浓厚兴趣，于是把工作重点转移到纳西文化研究上。他在东巴和诚、和华亭及其子和作伟帮助下，学习东巴文字，研究东巴文化，撰写了一系列著作，其中影响最大的是《中国西南的古纳西王国》和《纳西英语百科辞典》两本巨著。洛克在东巴文化研究领域作出突出贡献，产生很大影响，被西方学界称为"纳西研究之父"。

美丽的自然风光、简朴真诚的生活，让洛克感到快乐和自由。他

---

① 东宝·仲巴白玛塔清：《圆觉智慧者的法缘——虔述周善甫先生与十六世东宝·仲巴呼图克图的因缘》，《风雅儒者》，第19页。

对丽江一往情深，念念不忘，在他告别人世的前夕写给友人的信中说：“与其躺在夏威夷凄凉的病床上，我更愿意死在开满鲜花的玉龙雪山怀抱中。”充分表达了他对丽江的无限眷恋。1962 年 12 月 5 日，这位著名学者在檀香山去世，享年 79 岁。

1944 年，经在丽江的俄国人顾彼得介绍，周善甫认识了洛克，时有交往。1948 年 3 月，周善甫赴南京参加完国民大会，回到昆明后，美国驻昆明总领事罗素为这位纳西族历史上的第一位国大代表举行了欢迎舞会，次日约瑟夫·洛克邀请他与顾彼得一同搭乘包租的军用飞机回丽江，使他得以第一次从空中鸟瞰玉龙雪山和虎跳峡。

1948 年秋，洛克、周善甫和丽江文化界邀请美国驻昆明总领事罗素到丽江旅行。罗素偕夫人，以及美国《国家地理》高级编辑爱福森乘“昆明”号飞机抵丽江，周善甫率领纳西族乐队到白沙机场欢迎，深受领事赞赏。

洛克曾与周善甫谈起，他想把他所有的藏书献给丽江，在古城旁的狮子山上建个图书馆，然后在丽江玉龙雪山下要一小块墓地，他以后想长眠此间。“对照洛克离开丽江后对纳西人和丽江的殷殷思念之情，甚至在病榻上都还向往着死在开满杜鹃花的玉龙大雪山怀抱，从善甫先生所讲的事中可以体会到这位美籍奥地利学者对丽江的一片挚爱深情。”①

顾彼得（Peter Goullart 1901–1975）是俄国人，1901 年出生，1917 年俄国革命后，他随商人母亲流亡中国。1924 年母亲去世，他孤身一人在上海谋生，担任过公司会计、导游。他有虔诚的宗教感情，对道教、佛教都有学习和理解。他有语言天赋，懂俄语、英语、法语和汉语。1939 年，他受雇于中国工合，到康定、重庆、昆明、保山、腾冲等地工作。

1941 年，受到在重庆主持超度抗日阵亡将士法会的圣露活佛指引，他向往丽江，于是从财政部长兼中国工合理事长的孔祥熙那里得到工合丽江办事处主任的任命，到了人间净土丽江。顾彼得谦逊诚实，在丽江

---

① 杨福泉：《怀念周善甫先生》，《丽江岁月与海外萍踪》，云南人民出版社，2007 年，第 273 页。

积极开展工合运动，发放低息贷款，提供技术指导，培训技术人员，帮助创办了40来个民间合作社，促进了丽江手工业的发展，使工合运动在丽江取得显著成功，他也成为中国工合的先进典型。他写了反映纳西社会的名著《丽江 1941–1949：被遗忘的王国》，1955年在伦敦约翰·默里出版有限公司出版。这本书描写了丽江惊人的美和他的经历感受，写得感情真挚，生动活泼，趣味盎然，把丽江推向世界。它和洛克的《中国西南的古纳西王国》一样，是了解纳西历史文化的不朽经典。

中国工合全称是"中国工合国际委员会"，是为促进中国工业合作社运动而建立的国际性民间组织。由宋庆龄和国际友人，新西兰的路易·艾黎，美国埃德加·斯诺、海伦·斯诺等发起，1939年成立于香港。"工合"是"工业合作社"的简称，它的口号是"努力干，一起干"。当时美国驻华武官卡尔逊被工合的团结奉献精神所感动，把它介绍到美国并将"Gong Ho"（工合音译）一词作为美国海军陆战队卡尔逊突击队的口号，以鼓舞士气。该词广泛传播，后被列入英文词典，意为"团结、献身"。

周善甫是顾彼得在丽江开展工合运动的积极参与者。1943年，他在顾彼得的帮助下，创办棉毛纺织社，采用机械纺毛机。1949年，他还创办丽江消费合作社。据和中孚回忆，合作社设在一座小楼里，墙上挂着二战后世界"四大领袖"蒋介石、罗斯福、丘吉尔、斯大林的画像，还有"人人为我，我为人人"的标语，以及一把梵阿铃（violin，小提琴）。

顾彼得在雪社听纳西古乐演奏，对周善甫说："西方人的音乐在人的肌肉中跳动，纳西人的古乐则是在人的血液中流淌。"[①]

李霖灿（1913–1999），河南辉县人。国际知名的中国美术史家、中国古书画鉴赏权威，艺术家和散文家。在国立杭州艺术专科学校毕业后，供职于中央博物院。1949年后，随博物院到台湾，曾任台北故宫博物院副院长。他的著作有《玉龙大雪山》、《麽些象形文字谱》、《麽

① 和毓伟：《凡弟与棠姐的故事》，《风雅儒者》，第122页。

些研究论文集》、《麽些经典译注九种》、《中国名画研究》、《中国美术史》、《艺术欣赏与人生》、《西湖·雪山·故人》等。

受中央博物院派遣，1939 年至 1943 年之间，他到滇西北民族地区考察民族文化，在丽江生活、研究四年。这四年给他留下刻骨铭心的印象，除有关纳西文化的学术著作外，他还写了许多优美的散文表达他进入人间仙境的感受。李霖灿对丽江一带的风光和文化，有着近乎虔诚的爱。他在《玉龙大雪山——霖灿南游记》一书的序言中说："希望这本集子能把云南的瑰奇景色介绍给未曾到过的朋友们，使他们知道祖国锦绣河山之可爱，尤其是金沙玉龙之间，真的是美绝人寰，比之我所游过的世界名山大川，一点都不逊色。"他把自己的书斋命名为"绿雪斋"。

李霖灿对玉龙山有无限深情，对纳西文化的研究和传播作出了重要贡献，被誉为"玉龙雪山的知音"。他开展纳西象形文字研究，使这一神秘的文字为世界所知，因而又有"象形文字教主"、"麽些先生"的雅称。晚年，他把自己的一缕白发剪下，寄给正在德国科隆大学协助印度学系主任雅纳特（K. F. Yanert）教授整理东巴经的纳西族青年学者杨福泉，请他把头发埋在玉龙雪山。同时托人带了 100 美元给当时在昆明旅游机构工作的孙炯，请他转给杨福泉作为回丽江瘗发的旅费，1991 年 4 月，杨福泉等四位纳西族乡亲将苍苍白发庄重地埋在了云杉坪开满鲜花的大地上。这位老人的灵魂永远与玉龙雪山相伴。

李霖灿在丽江时，经常到万梓桥边的周家，是周家的座上客，"与周霖、周凡兄弟过从甚密，有过乐山乐水、诗画唱酬的难忘交游"。他们一起做了好多事。一天，他和周家兄弟豪饮，酩酊大醉，就睡在"观我轩"，听了一夜水声。1991年，李霖灿在《画家有深眷，月下玉龙山》中说：

> 在这一条名符其实的玉河之上，有我好友周慰苍兄（即周霖）的船斋（原名观我轩），小轩伸入河上六七尺，窗明几净，我曾有诗曰："船斋借我游仙枕，好放江南入梦程。"可以想见其高致。慰苍兄善画，曾在一九三八年，先我而登雪山看杜鹃，为雪社书画之中柱；其弟善甫，书法名世，今日尚在有信来保有他弟兄俩登玉

龙山之俪影照片。一谈到丽城，便有无穷文思“剪不断”也。

1949年以后，周善甫和李霖灿的联系中断。20世纪80年代中期，随着海峡两岸关系解冻，他们恢复了联系，鸿雁传书，互赠著作，传递着乡情与友谊。杨福泉说，1984年，他在科隆大学专门写信到台北与时任台北故宫博物院副院长的李霖灿联系上了，他万里来函，在信中就提到了周霖、周凡兄弟的事情。1987年11月20日的来信中说：“周霖（慰苍）据说已归道山，今生今世，希望还能再遇到几个当日的友人一话平生。”杨福泉写信告诉他，周霖先生已经去世，其弟周善甫先生和纳西族女作家赵银棠先生尚健在。他大为高兴，委托杨福泉回国时专程向周善甫以及周霖的后人问候，并寄来一本《艺术欣赏与人生》，要杨福泉回国时面交赵银棠。[①]

1991年，周善甫在与李霖灿的书信交流中，深为老友对丽江的一片深情所打动，于是他决定倡议地方政府授予李霖灿“丽江纳西族自治县荣誉公民”称号，并领衔向丽江县人大常委会提案，并派和中孚骑自行车登门拜访纳西旅昆文化名流，请他们在周善甫起草的提案上签名作为联合提案人。恰好当年纳西“三多节”在云南省民委礼堂举办，旅昆纳西同乡少长咸集；出席全国“两会”的丽江人大代表、政协委员也参加。和中孚便向时任丽江地区行署专员的木荣相等代表做了许多宣传、说服工作。在周善甫、和中孚的努力下，他们和赵银棠、李群杰、和万宝、郭大烈、杨福泉、和钟华等数十位旅居昆明的纳西族知名人士联名致函丽江县人大常委会，建议授予李霖灿荣誉公民称号。丽江县人大常委会审议通过，由县政府授予，以感谢他对研究纳西文化作出的卓越贡献。杨福泉把荣誉证书和象征可以随时打开丽江大门的铜制钥匙寄到台北。那时大陆和台湾的关系还很敏感，人们对“台湾人”避之唯恐不及。周善甫的提案有胆识，是超前的，圆了李霖灿与丽江半个多世纪的情缘。1994年2月20日，李霖灿致函和中孚说：“荣誉公民之由来，

① 杨福泉：《尘缘片羽识周霖》，《云南日报》2008年12月4日。

从凡翁起草，多得乡亲远近奔走，才得完成，我在这里向你道谢！”[①]

李晨岚（1910–1981），河南省罗山县人，1934 年进国立北平艺术专科学校进修绘画，1938 年毕业后留校工作，抗战时随校南迁至昆明。1940 年，他与李霖灿一起赴丽江考察，为雪山的美所震撼，立志开创“雪山宗”画派，探索一条中国画的新路。他的作品得到朱自清、沈从文、董作宾等人的肯定。上世纪 50 代起，李晨岚在云南省文联工作，作品经常参加云南、西南及全国美展，1957 年，他的作品入选文化部在莫斯科举办的新中国画画展。他是最先以画笔描绘云南美丽风光和民俗风情的画家之一，创作了一批写实功力深厚、具有创新品质的中国画。他以中国传统山水画技法为基础，结合西画的透视和用光，独创多种国画皴法，在中国山水画革新上非常成功，是当时国内在这方面处于领先水平的少数山水画家之一。[②]1957 年后在没完没了的政治运动中，他屡受到冲击，失去了创作的条件，才华未能得到充分展现，是一位被埋没的优秀画家。1981 年，李晨岚在河南老家寂寞去世。

李晨岚在丽江时，和李霖灿一样，与周霖、周善甫昆仲结为好友。一同游玉龙山成为他们生活中永恒的记忆。1997 年 4 月，84 岁的周善甫重登玉龙山，抚今追昔，半个多世纪前登临玉龙雪山的情形仿佛就在昨日，一时间感慨万千，他脱略形骸，面对苍岩、白雪、巨松、流云，昂头高呼：“霖兄、晨岚、霖灿，魂兮归来！”山鸣谷应，久久回响。这是周善甫对玉龙雪山的最后话别。

与国内外名流的交游，给周善甫多方面的教益，包括文化观念的调整。过去丽江纳西族汉化的士大夫一般看不起东巴文化等民间文化，以为是下里巴人，而周善甫重视民间文化，敬重民间艺人，包括东巴巫师、民间画家等，著文表彰，高度评价，把老东巴和开祥演唱的纳西古歌与荷马史诗相提并论。[③]这直接受到了洛克、李霖灿等重视东巴文化研究的影响，让他具有开放的文化胸怀。

---

① 据和中孚 2014 年 7 月提供资料。

② 李开义：《李霖灿李晨岚艺术研讨会举行》，《云南日报》2012 年 9 月 24 日。

③ 杨福泉：《怀念周善甫先生》，《丽江岁月与海外萍踪》，云南人民出版社，2007 年，第 273 页。

五 国大代表

1946年，国民政府决定召开国民大会，制定宪法，施行“宪政”。国民大会代表根据分配名额选举产生。选举时间全国统一为1947年11月21日至23日。全国应选3045席，实际选举2961席。

云南1市112县16设治局，应选国大代表129名。云南省成立了选举委员会，由省政府主席卢汉任主任委员，杨文清为委员兼总干事。最后选出129名国大代表，其中有卢濬泉、张维翰、曾泽生、熊庆来、李宗黄、周锺岳、杨如轩、董泽等各界名流。

丽江县的当选代表是和志钧（字石衡），候补代表依次为周善甫、李汝炯和方国瑜。这是中国历史上第一次直选民意代表，每个县得票数最多的当选，并按照得票数多少确定一定的候补代表。

周善甫当时年仅33岁，任省立丽江中学教员。当时任丽江县参议长的姐夫习自诚提议他参选，妻子杨佩兰给了他经济支持。他于是投入选战，最后以得票数第二，列在候补代表第一名。

和志钧是丽江束河人，毕业于北平法政大学，曾任云南宾川县长、永胜县长、景东县长、丽江县参议会议长，民望极高，是周善甫老师一辈的耆宿，以最高票当选。他当选后，1948年春天突发脑溢血病逝，按规定由周善甫递补，于是周善甫成为正式国大代表，赴南京出席国民大会。

当时已是国共两党为中国前途命运展开对决的时候，政治形势极不明朗。因为国民党撕毁了国共两党重庆谈判协定，发动内战，共产党拒绝承认国民大会的合法性，不派代表参加；当时的第三大党中国民主同盟，以及其他民主党派也拒绝参会，所以国民大会的合法性与权威性受到质疑和削弱。

在要不要参选的问题上，周善甫和哥哥周霖有严肃的讨论，看法分歧。周霖认为，读书人应该坚守本分，清白为人，“出山不比在山清”，参与政治难免同流合污，有玷清白；身逢乱世，更不可为官，所以反对他参选。而周善甫认为，读书人应该心忧天下，“国家兴亡，匹夫有责”，于是不顾胞兄的劝阻毅然参选并胜出。[①]

① 孙炯：《周善甫先生的故事》，《风雅儒者》，第15页。

曾经见过选举的和中孚说："善甫先生是中国首次推行民主宪政时的丽江代表。后来按政治化的解释，说那是一次假民主宪政。且不论真假，还是运动群众，依我所见，选民用公投的方式，产生出代表那是真的。既然是代表，对民情、民意都要有所了解。"[①] 周善甫能够当选，表明他的人品、学问、能力、声望得到地方公众认可，在当时的丽江，他是众望所归的社会贤达。

在赴南京参加国民大会路经邓川县（今洱源）时，经中共党组织同意出任邓川县长的表兄李群杰在县署设宴欢迎"国大代表"，夜里则作了推心置腹的促膝长谈。李群杰作为云南中共地下党的负责人之一，从党的立场和使命出发，从两家的世交和情谊出发，坦诚地表达了自己的意见。他们对当时哀鸿遍野、民不聊生的社会都极为不满。可贵的是都有一颗忧国忧民之心，从不同角度展望国家民族的前途。50 年后他们白发满头，重逢于翠湖畔时，还常常忆起那一夜长谈。[②]

1948 年 3 月，周善甫在南京参加国民大会。会议之暇，他游览南京景观，拜谒中山陵，并与各界名流交游。云南鹤庆人、曾任国民党云南省党部主任、省政府代主席的李宗黄赞赏其青年才俊，邀请他出任无锡县长，被他坚决拒绝。时任行政院副院长的著名学者和社会活动家王云五向他了解当时发生于滇川藏地区的民族纠纷，他对民族问题的见解得到王云五肯定。

李宗黄（1887–1978），字伯英，白族，云南鹤庆县人。国民党陆军中将。担任过国民党中央执行委员、常委，参加过辛亥革命、护国运动、护法运动。李宗黄追随蒋介石，深得蒋信任。1945 年，蒋介石武力改组云南省政府，免去龙云省主席职务，由李宗黄任国民党云南省党部主任、民政厅长代理省主席。代理期间，昆明发生了"一二·一惨案"，酿成声势浩大的学潮。李宗黄和云南警备司令关麟徵被认为是幕后主使，受到西南联合大学、云南大学等学校师生谴责，引起全国民主阵营的公愤，蒋介石被迫撤销他的本兼各职，调任国民党党政工作考核

① 和中孚：《古道随想录》，和中孚提供《丽江文化》稿。

② 李群杰:《飘飘何所似天地一沙鸥——纪念周善甫先生》,《云南文史》2003 年第 2 期。

委员会秘书长。在国大代表竞选期间，他以鹤庆县名额当选。国民党在大陆失败后，他到了台湾。晚年反省自己对国民党的溃败负有责任，“洁身引退，让贤补过”，出任“总统府”国策顾问。李宗黄对昆明的学生民主运动处置失当，酿成惨案，使国民党大失人心，削弱了其政权的合法性和权威性基础，确实加速了国民党政权的灭亡。

鹤庆县民国时期属于丽江府。李宗黄与周善甫是同乡，而且他的儿子李文化是周善甫在开远农校的学生，师生间相交甚笃，所以李宗黄一直敬重周善甫，他说“儿子的老师也是我的老师”。国民大会结束后，周善甫在南京就下榻在李宗黄公馆，期间李宗黄专门陪他晋谒中山陵，叙乡情，谈政治，赞赏他的风范和才学，想着意培养，于是有想委派他为无锡县长的提议。幸好周善甫没有答应，否则 1949 年后他更说不清了。

在南京参会期间，周善甫观察到，党国首领乖戾无癖，感叹说：“人无癖不可交，以其无深情也；人无疵不可交，以其无真气也。对自己尚且如此苛刻，况乎于子民庶众？”[①]“人无癖不可交”以下四句出自晚明张岱《陶庵梦忆》卷四《祁止祥癖》。因此，回到丽江后，他或渔猎自娱，或寄兴山林，或弹奏古乐，或醉吟狂啸，过了一段放浪形骸的生活。

周善甫当上“国大代表”并参加会议后来成为严重的历史问题，让他历尽了坎坷和磨难。这是他始料未及的。

六　逃出丽江

丽江自 1948 年中期至 1949 年 7 月初，近一年时间，旧政权风雨飘摇，新政权还在孕育，新旧政治力量博弈，社会较为动荡，帮会林立。1949 年 5 月 1 日，中共地下党组织有进步倾向的帮会，发动大游行，大批农民、帮会弟兄，部分“护卫营”官兵，手持大刀、长矛、木棒、锄头，还有为数不多的持枪械，在古城游行示威。这是丽江和平解放的序

① 和中孚、孙炯：《平凡而又不平凡的人生——善甫先生的书品和人品》，《云南文艺评论》1998 年第 2 期。

曲，有其进步意义。但运动也有左的偏差，“暴力行动”肆虐城乡。暴力锋芒，除对准“阶级敌人”外，也投向知识分子和商铺的小业主，他们都被列入“剥削者”范畴受到冲击。一些旧党政公职人员，成了惊弓之鸟。国立丽江师范学校的老师都跑完了。当年在丽江策动这场运动的一位领导，回忆录中也承认了革命初期发生的极左乱象。

周善甫当时是国立丽江师范学校教师，身处这样的环境，喜忧参半。喜的是他根深蒂固的家国情怀与道的承载实现有期。他常说：个人受点冷落或屈辱是小事，他最大的诉求是国家的统一，民族的兴旺。他最感欣慰的是，丽江将获得和平解放，他所钟爱的丽江古城已不会像毗邻的剑川县城毁于战火。忧的是他在旧政权时期担任过政府公职，曾当选为“国大代表”，并出席在南京召开的“第一届国民代表大会”。人们将他视为地方少壮派的精英，是国民党方面的人。满城传言他已被列入“抓捕名单”。[1]

一天，村里开会，要选村长。有人提议让李觉民当。李觉民说：“我现在还是丽江中学校长，分不开身，还是让善甫当吧。”当时有个重要人物说：“选村长的事改日再议。”当晚有个朋友到周善甫家里说：“那个重要人物说，周樊是反革命分子，不能选他。”周善甫听了这话，立刻感到事态严重，觉得家乡不能再呆了。虽然现在上有老下有小，但顾不了那么多了，决意趋利避害，出走丽江。

他要走的事家里一个人都不知道。那天晚上，杨佩兰睡觉前去上厕所，看见柴堆上有个包袱，外面有一条毛毯包着换洗的衣服，她不禁惊叫起来。周善甫听见了，连忙跑出来，叫她不要喊，说怕妈妈知道，他现在只有走，家也顾不了。杨佩兰理解他，第二天一早，她煮好早点，有个亲戚过来了，一起吃完早点，趁天还没大亮就出门了，“在临走之前丈夫轻轻地吻了一下背在我身上的女儿，说乖女儿，不久我们会相聚的。”

有个熟人杨医生要去昆明开会，周善甫就请他多雇一匹马，约定在鹤庆汇合。那个亲戚把他送到鹤庆逢明，马帮已在那里等着，亲戚就回

---

① 和中孚：《“胜利大逃亡”》，手稿，2014 年 9 月。

来了。他说：这一天刚好碰上街天，一路碰上许多赶街的人从鹤庆贩货回丽江来卖，其中有不少熟人，他们都问：你们去哪儿？我们都说去前面那个村子里办事。

到了昆明，周善甫写了封信回来，叙述了此行的经历。信是托人带回来的，因为从邮局寄怕惹麻烦。信中说，他跟马帮走了几天，到了大理。当时大理还没有解放。他住在一个朋友家。第二天，有个同乡来看他，说帮会里的人今晚要来抓你。他一听，觉得此地不可久留，于是向朋友借了 20 元钱，连夜坐船到了下关，第二天直接坐上汽车，走了三天到昆明。①

汽车将抵昆明，由于不了解城中情况，机灵的周善甫，在距昆明 25 公里的读书铺突然下车，在此稍作停留，打听省城近况。晚饭后，他走过那条杂石铺就的小街，沿街辨读了几块字迹斑驳的石碑，步随古驿道走出村庄。忽然见一位山村少女迎面走来，头戴斗笠，手端一盆待漂洗的衣物。一阵风来，掀起斗笠，露出脸庞。善甫先生惊讶，这山坳里竟有这样妙龄美人！仿佛是再现曾在梦里邂逅的苏小小，又恍若重逢青春年少时的眷恋，也想起他为丽江洞经乐曲填配的古词《水龙吟·白莲》，眼前的情景不正是一朵如词中所说“浣纱人，褪红衣”的白莲吗！那“闲情淡雅，冶姿清润”的风姿，那“隔浦相逢，偶然倾盖，似传心素”的情景，令他魂牵梦萦。为能再见美人一面，他多停留了一天。奈何，“多情却被无情恼”，正如那首词的结尾：“绿云十里，卷西风去”，美人已杳然无影。

人在逃亡途中，前路不可期，置于此时此境还有这般雅兴，这是性灵使然，只属于周善甫。

后来读书铺通了火车，车站曾属和中孚供职的车务段管辖，车务段的“五七农场”在站旁的山谷。有一年秋收时节，和中孚邀约他重访故地。他拒绝了，说：“瞬间曝光心底的美好记印，是无法拷贝的，也不会重现，如果贸然去了，物是人非，反会将深藏心里的曼妙底片曝黑了。”和中孚用《随园诗话》中的《蜀柳》比喻他读书铺之行：“高出

---

① 杨佩兰：《佩兰回忆录》，第 109、110、111 页。

军台迎远桥，贼兵曾砍火曾烧。风流性在总难改，依旧春来万千条。”又说：“不俗即仙骨，多情乃佛心。”已是暮年的周善甫听后拊掌哈哈大笑，他说：“知我者，中孚矣。”[①]

他到昆明后，寄居于同乡江继虞家。江家做面条卖，他有空就帮他们摇手摇擀面机。经人介绍，有说是宗亮东的赵姓亲友推荐，[②]任护国中学数学教师。这时李文化也上昆明来了，他又介绍周善甫到曹钟瑜家做家庭教师，吃住都在曹家。

周善甫这次重返昆明时，正值昆明“黎明前的黑暗”，和平起义与反起义正进行着激烈的暗斗，发生了许多重要事件，如“7·15”事件，“九九整肃”等。那时，市里特务横行，周边州县土匪称霸，城乡居民人心惶惶。周善甫曾经“上涉庙堂，下临江湖”，对新政权将诞生时的阵痛，有清醒的认识，故此，他闭门教学，冷眼静观世上浮云。他这一处变不惊的态度，为平安度过解放初期大张旗鼓进行的“清理”、“整肃”、“镇反”等运动，起了自我保护作用。[③]

据杨佩兰回忆，周善甫走的当天中午，姐姐周静芳就来了，很高兴地对她说，二舅有工作了。和福果到剑川开会，跟欧根谈二舅的工作问题，欧根说，暂时叫他管松香厂，等专署迁到丽江后，再重新安排。周静芳说，欧根是哥哥周霖的同事，听周霖说周善甫是个很能干的人，所以“我们要用他”。听了这些话，大家都说赶快把周善甫追回来。但杨佩兰想：“出去了也好，一个人在外边，生活不会成问题。留在家里，麻烦事也不会少。所以我说不必追了，到处都可以找生活。哥哥也同意我的看法。不久那亲戚回来了，问他要不要去追小爷回来？他说不必了，小爷主意已定，不会回头了。”[④]

---

① 和中孚：《“胜利大逃亡”》，手稿，2014年9月。

② 宗亮东，江苏无锡人，生卒不详，北京师范大学研究生，教育部边疆教育研究员，曾任丽江国立师范校长。1945年奉令赴台湾改造日本教育体制，后任台湾师范大学教务长，学术著作颇丰，为著名教育家，1964年曾代表中华教育界出席巴黎世界教师组织13届年会。在丽江与周善甫私交甚好。——和中孚注

③ 和中孚：《“胜利大逃亡”》，手稿，2014年9月。

④ 杨佩兰：《佩兰回忆录》，第110页。

欧根是中共地下党滇西地区负责人之一，是政策水平较高的干部。云南大学附中毕业后参加革命工作。1948 年 5 月，任地下党滇西工委副书记，领导了剑川起义。1949 年 9 月，任滇西北地委副书记、行署专员。1956 年任大理州委第一书记、州长。1979 年后任云南省民委副主任等。1983 年 12 月病逝。虽然欧根重视周善甫的作用，并作了安排，但后来政治风云变幻，欧根也难以左右，恐怕他未必真能保护周善甫。就像黄平、和万宝等给了习自诚郑重承诺，最后习自诚仍被判为“反革命分子”遭受厄运一样，这是不以黄平、和万宝的意志为转移的。“文革”中，欧根也受尽迫害与凌辱。从这些情况分析，周善甫当时的选择是明智的。杨佩兰也是聪慧的，如果丈夫留在家里，“麻烦事”真的不会少。

杨佩兰后来的遭遇也证明，如果周善甫留在丽江，难以得到善果。一次，有人来搜查她家，她满足不了要求，被抓起来关了 16 天。最严重的是下面这次：

> 那天晚上東河开斗争大会，大家都去了，我没有去。有一伙小孩民兵叫我去交代，这句话是他们的口头语。我说全部交完了。七八个半大伙子，就把我老鹰抓麻雀那样抓了去，拎着我的脚去烤。我无法反抗，只有叫救命。开斗争会的人可能知道了，很多人来了，大家都忙着找药，有人说仙人掌的水可以擦，这样水泡不会起了。毒在里面脚不能站起来，第二天妇女主任背我送回来，疼得要死。晚上也不能入睡，外面是滑滑的，不像是烫伤的脚。去医院没有钱，怎么办？想来想去只有请阿叔少安。我请婆婆去请习少安，看看我的脚，回去拿药还是膏药，有一尺八寸宽的带了两张膏药来，有点白面药撒在上面，贴在两只小腿。第二天膏药半夜脱下来了，现出伤口，我吓着了，不敢看，用块新布包起来。医生来了，看着伤口说是这些农民太毒狠了，烧都烧了，起个泡还好办，虽然泡是没有起，但毒在里面作怪。他把昨天的膏药和溃烂的皮都剪下来了，我一看大哭起来。阿叔少安说这下不怕了，慢慢地医，今天还是用膏药来拔毒生肌。他替我医了一个礼拜，都是用

> 拔脓生肌的膏药，一天比一天好，伤口只有一半了，我问他能不能用鸡蛋油和烧大便，他说这是很好的药物。过了半个月后，小腿烫伤的伤口基本好了，可是不能站起来。我很担心，肌肉烧断了，那就会瘫痪活不成了。更麻烦的是每天的大小便，家里又没有厕所，每天都是婆婆去倒，厕所又远，两个孩子还不会做事，我心里怎能安？①

伤口是治好了，可是腰直不起来，很长时间走路只能弯着走，不过没有瘫痪已让她万幸了。善良的刁少安是城市贫民，不收分文治好了杨佩兰的烧伤。杨佩兰万分感激，本来“应该报答他老人家，可是我本人不敢去，我虽然不是地主，可是国大代表的妻子，成分比地主高，不能影响别人，很是惭愧。”②这些苦难都是“国大代表妻子”的身份导致的，如果“国大代表”本人，又怎么能轻饶？

七　推动丽江现代文明

周善甫有一张青年时在狮山下试骑自行车的照片，这辆自行车是他通过马帮从昆明驮回丽江的，是丽江有史以来第一辆自行车。这件小事有象征意义，表明周善甫对现代文明的向往和追求。青壮年时代，在力所能及的范围内，他竭力推动丽江的现代文明。

1937 年冬，在省立丽江中学当老师的周善甫与和蕴光等老师主演熊佛西的剧作《洋状元》。“火辣辣地鞭笞了一个崇洋媚外的‘留学生’。使观众在嘲笑之余，增强了民族自尊心和爱国精神。对当时那些‘恐日病’患者也是一付镇静剂。”1939 年他们又演出了吴祖光的《凤凰城》。“以‘中国少年铁血军’领袖苗可秀被日寇俘虏，坚贞不屈以身殉国的壮烈场面，歌颂了民族气节，鼓动了抗日救国的激情。”③

1941 年，周善甫从昆明回到丽江，任省立三中数学教师。此后，

---

① 杨佩兰：《佩兰回忆录》，第 122 页。

② 杨佩兰：《佩兰回忆录》，第 123 页。

③ 曾广鑫：《抗战时期丽江教育文化纪略》，《丽江文史资料》第 5 辑，1988 年 6 月。

他一直在丽江工作，直至 1949 年。在近十年的时间里，他从事教育，出任政府公职，关心文化，服务社会，展示了热忱，显示了能力，取得了业绩，成为丽江有声望的青年才俊，1947 年脱颖而出，当选为国大代表。

1942 年，在植物学家秦仁昌帮助下，周善甫聘请江苏人冯顺清、冯国清到丽江开展木材加工业。他们在大研镇下八河建成水力木作场，加工木制栏杆，生产木制纺羊毛机。周善甫曾请秦仁昌撰写《丽江植物志》，作为县志的一部分，书稿在土改中遗失。

秦仁昌（1898–1986），江苏武进人，是中国蕨类植物学的奠基人，世界著名的植物分类学家。抗日战争期间，他辗转来到云南，1938 年创建静生生物调查所云南丽江植物工作站并任主任，到 1945 年。1941–1944 年兼任农业部丽江金沙江流域国有林区管理处主任。在云南期间，他充分利用植物王国的有利条件，不畏艰难困苦，走遍了云南，广泛调查和采集植物标本，展开植物学研究。他建立了一个崭新的自然分类系统，被国际上统称为“秦仁昌系统”。1940 年，他对云南杉进行了命名。玉龙山“云杉坪”就是根据他的植物学命名确定的。

1943 年 2 月，周善甫到昆明培训半年，回丽江任丽江县训所教育长，一直到 1945 年 5 月。县训所全称是“地方行政干部训练所”，是干部培训学校，职能是培训乡、保公务人员和教员。丽江县训所是新办，周善甫在黑龙潭龙王庙找到办学地点，又买了很多办公用品、课桌和其他上课必须的东西，聘请了教师。他把县训所办得有声有色。

他在下八河南门桥附近，用从白沙机场美军废弃的飞机上拆下来的电线电缆和自行车轮等材料，制成一个小型水力发电机，用发的电照明，成为丽江民间使用电灯照明最早的人家。他们的电还供给黄山幼稚园，照亮了丽江地区最早的现代幼儿园。

1945 年 6 月，他被任命为丽江县建设科科长。他主持修建过古城内的几条石板路，如四方街科贡坊顺狮子山脚的一段。

德国地质学家约瑟到滇西北考察地质，他的行李和资料在石鼓被抢劫。周善甫帮助他找了回来。为表示感谢，约瑟把部分观测资料送给他。他依据这些资料开始考察关坡水力发电工程。

中甸（今香格里拉县）人马铸才是当时茶马古道上富甲一方的藏族商人。1921 年，他定居印度噶伦堡，成为当地侨领，倡导团结爱国，支持国内建设和抗战。1946 年，周善甫积极促成马铸才在丽江落户，开展业务。为了表示感谢，马铸才赠送一台荷兰制造的 10 万千瓦水力发电机，以支持丽江建设。第二年运至广西时遇到战乱而未能运到丽江。

1946 年阳春三月，丽江在黑龙潭举办庙会，因为是抗战胜利后第一次庙会，格外热闹。省立丽江中学的学生张煜琪、张静琪、张慧琪姐妹和祖母参加庙会。她们在远房表叔周善甫和李育南搭的彩棚中休息玩耍，彩棚里铺着松针，张灯结彩，挂着字画。张慧琪回忆说：

> 我们的周表叔，那时很年轻，但多才多艺，很幽默风趣。我在这里第一次看到他拉小提琴，也是第一次看他与外国人讲流利的英语。当时他建议他拉我唱，我唱了《送别》一曲。他说："小石呀，你唱的歌，每个音符都似通过头发丝发出，飘到天上去了，真好听！"说得大家鼓掌笑了。[①]

周善甫和李育南为她们自制汽水。张慧琪祖孙是第一次看自制汽水。开盖时，气压太大，瓶内的汽水直射到棚顶，落下的水滴洒在她们脸上，大家捧腹大笑。周善甫笑着说："不成功，再来，再来。"她们终于第一次品尝到冲得鼻子酸溜溜的汽水，奶奶大声说："洋人这玩意儿哪有我的丽江雪茶好喝呀？"引得大家又开心大笑。李育南买了一只黄色的小汽船，张氏三姐妹和周善甫、李育南一起在黑龙潭划船，这也是姐妹们的第一次。

这个时期，中国遭遇的内忧外患都很严重，丽江处于边陲，相对平静，但也非世外桃源，加上经济社会发展滞后，要做出大的事业，势所难能。尽管如此，周善甫凭借对桑梓的热爱，凭借他大学获得的现代科学知识，发挥聪明才智，努力工作，做了一些在丽江而言具有创新意义

① 张慧琪：《丽江古城往事——张氏五姐妹的传奇人生》，云南民族出版社，第 100 页。

的事情，对丽江的教育文化事业和经济发展产生了积极影响。他后来总结自己青年时期的经历道：

> 我早岁便也是个“狂徒”，组织过球队，演过戏，闹过学潮，办过刊物，蹲过监牢，领导过庞杂的地方群众团体，创制过迫切实用的脚踏纺毛机，修过桥，补过路，兴建过小水电站和水力木作坊，领先攀登过五次玉龙雪山，办过牧场，试种过高寒药用植物，促成过有效的水利工程，抵制过荒唐的公路建设方案，作过保护森林的尖锐斗争，维护过地方名族的声誉，参与过大规模的“竞选”活剧，扯拉过投选“总统”的小帮口……经营过消费合作社……真叫五花八门，无所不为。就在中年以后局限较大的环境下也还不甘冷落，甘当出名的“右派”，参与某种金属“稀有”的试采、试选和试销，钻研苹果的嫁接与育种，仿建旧式水碾房，试办街道木工厂，组合集体施工队承揽基建工程，设计和施工颇具规模的体育场……这些还仅是就不无社会意义的活动来枚举，还没有提上谲奇幻化的本身职业与私生活，及千奇百怪的个人爱好，要统加描述，就是一部令人眼花缭乱的传奇，足以典型地活画一个颇富生命力的个体以其很不稳定的性格在社会巨变中，杜绝任何指引，自行其是地左冲右突的场景。[①]

话语俏皮，不无自得。先天的禀赋和后天的努力都发挥得很充分了，这样的青壮年时光真可以自豪。

① 周善甫：《致学生李晖的信》（八），《风雅儒者》，第352页。

第三章
磨难岁月：倒过脑袋从胯裆下欣赏风景

1949 年 10 月，中华人民共和国成立。1950 年，云南和平解放。历史进入全新的阶段。建国之初，国家循着正确的轨道前进，新社会的活力充分释放，人民群众心情舒畅，呈现出前所未有的团结、自信和豪情，经济得到迅速恢复和发展，中国实现了独立、统一、团结和进步，欣欣向荣。作为赤诚的爱国者，周善甫欢迎新国家的诞生，期望新社会能够造福国家和人民，也期望自己能发挥作用，为社会主义作贡献。

但是，作为民国时期的基层政府官员和“国大代表”，周善甫按照当时流行的阶级斗争理论和阶级分析方法，属于对立的阶级和斗争的对象，他就不可能像普通人一样完全被新社会接纳，更不可能像革命者那样享受胜利的果实。因此，在国家发展偏离正确轨道，政策越来越左倾，偏激的政治运动愈演愈烈的时候，他的人生之路也就越走越逼仄，最终成为污名化的“右派”，被抛进社会的底层，遭受了近 30 年的磨难。总的来看，他的中年时期是在颠沛坎坷中度过的。

从 1950 年到 1977 年的 27 年间，他大部分时间漂泊于昆明、个旧、丽江之间，过着劳改生活，失去了应有的尊严、自由和权益。人生最富于创造力的时代也在磨难中无奈流走，损失无法挽回。这是他最痛心的。1983年5月，他对学生李晖说："我真正有所怨艾的，却在于获到重当正式社会成员的佳期，毕竟是来得过迟了。若早个十年八年，凭我丰富的生活阅历，自信还堪致力于'老有所传'的事业，现在呢，机会迎着我笑，而我却老本蚀尽，精力日亏，只有迎着机会苦笑而已了。"①

但他心胸豁然，深悟穷通之理，所以泰然面对冷眼和打击，在逆境中继续感受和发现世界之美，努力工作，赢得了难得的尊重；并深入思考人生、社会、文化、艺术问题，为晚年的研究和写作进一步积累了阅历和启悟。他关心青年，指导他们学习，启发他们正确对待人生和社会。在磨难中，他仍然保持了爱心、品格、智慧和情趣。

一　革命大学的改造

1953年，周善甫从护国中学进入西南人民革命大学云南分校学习两年。

革命大学是中国共产党在夺取全国政权过程中，为治理新解放区而举办的干部政治学校。到1950年，全国行署以上单位举办的革命大学有57所。②革命大学主要有两个职能，一是培训革命干部。新中国建立，需要大批各方面的管理干部，干部原有的素质能力不能满足新形势的需要，必须通过培训加以提高，使他们从革命者转变成建设者，能够胜任国家管理工作。二是改造各阶层代表人士的思想，特别是民主人士和旧社会上层分子，具有统战性质。建国初期，高级知识分子和各民族、团体上层人士多被送到革命大学学习改造，然后重新工作。革命大学以短期培训为主，学习内容主要是政治理论，特别是毛泽东的著作和思想。革命大学诞生于特定历史时期，发挥过一定作用，也存在一些问题。在新旧社会转型的过渡期完成后，革命大学就纷纷停办或转

---

① 周善甫：《致学生李晖的信》（八），《风雅儒者》，第353页。

② 周震：《新中国成立初期革命大学研究》，中共中央党校博士论文，2012年，中国知网学位论文库。

型了。

云南没有建立独立的革命大学，云南的革命大学是西南人民革命大学的分校，设在昆明西山之麓，即今云南省委党校所在地。西南革大设在重庆，刘伯承、周保中担任过校长。后来在其基础上办了西南政法学院（今西南政法大学）。周善甫进的革命大学就是西南革大云南分校。周善甫是以第二类人的身份进去的，在这里接受审查、再教育、从事生产劳动两年，在校时间是比较长的。

杨佩兰回忆说，周善甫在革大“坐下来学习三个月”，学习结束后，学校组织一个工程队，替人家盖房子。得来的钱，做伙食费。周善甫当施工员，他曾写信叫杨佩兰去当炊事员。“我考虑一下，革大只是一个好听名字，实际上是改造单位。我的孩子小小年纪在这些地方成长，对孩子不利，所以我决定不去。”①

和中孚认为，周善甫在革大时间较长，主要原因是他是有关方面确定的保护对象。据当时任省人民政府委员、省文教厅主持工作的副厅长的李群杰讲，为纠正左的行为，拯救大批个人历史有疵点，但爱国守法的旧公教人员，省人民政府副主席周保中曾与他多次商量如何化消极因素为积极因素，让这批人尽快投入新中国建设。李群杰说，周保中征求他及副省长杨一清、文教厅长龚自知等人的意见后，列过一份大名单，云南约有 3 万人需要保护。和中孚问：“善甫先生列入其中吗？”李群杰回答：“我记得丽江有范义田、李寒谷、周樊（即善甫）、余仲斌、余佰平、陈可轩等二十余人。按政策，可酌情入革大学习或就地改造，都分配工作。”②

在改造期间，周善甫的母亲杨艳开于 1953 年在丽江去世，享年 75 岁。杨艳开解放后阶级成分被划为地主，分家时分给小儿子周善甫，因为周善甫逃离丽江，她就和杨佩兰及孙儿周孚政、周永福相依为命，生活极其艰难。1953 年生了重病，没有钱看西医，两个月后去世。杨佩兰回忆说：

---

① 杨佩兰：《佩兰回忆录》，第 149 页。

② 和中孚：《“胜利大逃亡”》手稿，2014 年 9 月。

婆婆去世了，婆婆有两个儿子，一个女儿，但她死时一个都不在身边，连买棺材的钱都没有，只有她睡的那四块板子，我又向人家借了两块板子，请木匠做了一口白木棺材。第二天，请几个“四类”抬到南口祖坟与爷爷合墓。请“四类”干这些抬死人的活儿，只需一餐中饭，一些茶水。葬了婆婆，吃完中饭，我去向抬棺材的人叩头，大家说：孝子来叩头了。当时我十分伤心，婆婆这一辈子也曾是有头有脸的人物，然而死时这么凄凉，一个孝子都不在身边，这也许是命吧！①

地主婆去世，人们避之唯恐不及，只有找“四类”来抬埋。“四类”就是“地富反坏分子”。“文革”当中，周善甫被遣送回丽江，也以这样的身份帮别人抬死人。

革大学习改造结束，周善甫重新获得工作权利，1955 年被分配到个旧市第一中学任数学教师，并被选为个旧市人大代表和政协委员。这是一种政治安排，是对他的统战人士身份的认可和尊重。但是好景不长，他很快便沦为异类。

二　沦为右派

1957 年是新中国历史上十分特殊的一年。毛泽东发动整风运动，号召各界人士给党提意见，“大鸣大放”，帮助共产党整风。各界人士出于对党的信赖和进一步搞好工作，按照要求发表了意见，一些批评性意见还很尖锐。当政者认为这是对党的“猖狂进攻”，于是发动“反击”，组织了“反右派斗争”，各级各类勇于直言的人士 50 多万人被划为“右派”，遭受厄运。

周善甫就是其中的一个。他在个旧市政协整风会上发言《反对一窝蜂》，说：“搞建设不可一窝蜂，一窝蜂起，一窝蜂落，只求轰烈，安能成就大业乎？”发言内容还在《个旧日报》全文发表。形势急转直下

① 杨佩兰：《佩兰回忆录》，第 139 页。

以后，新账旧账一起算，“历史反革命”加上“反党言论”，他被贬为“一窝蜂”先生，随后被划定为“右派”，强制劳动教养3年。与他相关的人则被罗织为“一窝蜂集团”，罹难者达数十人，成为滇南一大冤案。晚年的周善甫曾向弟子孙炯回忆过当时的情景，那天开会临出门时忘了拿发言稿又转回家拿却又随手打碎了桌上的玻璃杯，当时就有种不祥之感。开会本来不想发言，但临场又忍不住要讲了……位卑不敢忘忧国，这就是中国传统读书人矢志不渝的精神。

此后，他作为个旧文教界的大右派在个旧矿山、蒙自卧龙谷农场等地劳教。1963年，劳教期满后无处可去，留队劳动。

周善甫在作为右派和“反革命分子”被批判期间和劳改期间，遭受了很多精神和肉体的磨难。1958年秋天，杨佩兰收到他寄来的一张明信片，说是生病了要去住医院。母子三人很着急，杨佩兰去找大兄弟杨焕文商量，杨焕文给了他50元钱，她又从单位借了30元，第二天就赶到个旧。他到了丈夫的住处，看到的景象让她吃惊：

我在他住处看到的一切，完全出乎我的意料。整个房间凌乱不堪，床上的被褥衣服、裤子全是脏兮兮的。我借了个大盆，先把衣服泡上，因为这么脏的衣物，不泡上天把是洗不干净的。房子里还臭气熏天，我一找，才发现床底下有一个脸盆，里面有半盆大便，而且都干了。这脸盆泡了几天才洗干净。我不知道丈夫是病成什么样子才被送到医院的。

周善甫得的是严重的痢疾，属于传染病。杨佩兰到传染病院去看他，问他难道劳教所里没有医生吗？他说有：

但那些人也都是劳教人员，他们以前当过医生，人家生了病，叫他们看，这些人都很怕事，有问题也不敢向上面反映。我是病实在不行了才跟那个给我看病的劳教人员医生说：你能不能医好我的病？如果医不好，我死了，你不会有好日子过的。目前我是个平常人，如果我死了，因为我是个有影响的人，你怕担当不起啊！他听了我这么一说，才连忙去向领导反映，他们才决定马上送我去医院。那张明信片是我去医院的路上写的。[①]

这反映了他处境的艰难，而他给劳教人员医生讲的话，体现了他的机智。

1964年秋，周善甫被释放，这时，原来的学校不可能再接收这“有罪”之人，他只得回昆明投靠老妻。

回到昆明的周善甫失业了，居委会介绍裱水泥袋的零活，工资很少，杨佩兰说：“能找点烟钱就行了。”[②]他做手工的情况，儿子周孚政的中学同学、《云南日报》编辑杨伊达多年后记忆犹新：

> 大约是1965年的冬季，我第一次见到了善甫老伯。那天去到周家，突然发现多了一位中年男人，黎黑的脸面，显示出饱受了风霜之苦，在小桌旁边与周伯母一起糊火柴盒。孚政介绍：我的父亲。我恭敬地喊了一声“老伯”。老伯抬起脸来，热情地邀我坐下，说：伊达吧，常听老八（孚政的乳名）提起你。
>
> 写到这里，不禁一下子心里颤抖，眼眶发热。我从小崇仰大学问家，而我第一次认识善甫老伯这位大学问家的时候，他竟然是一位刚以“右派”身份“劳教”期满，回昆明定居的失业者，为了生计而认认真真地糊火柴盒子。而从老伯满脸的笑纹却表现出来，他很满足于眼前这得以重享的天伦之乐（当时孚政的小妹永福也在一旁跟着做活），看不出丝毫的凄切神情。在那以后的十来年中，虽然老伯又多次地遭遇颠沛凌辱，在我面前总是若无其事一笑了之。甚至在“文革”中被逼敲锣游街，回家后也是笑着说：我那面锣太厚，音不脆。[③]

① 杨佩兰：《佩兰回忆录》，第163页。
② 杨佩兰：《佩兰回忆录》，第177页。
③ 杨伊达：《善甫老伯》，《云南日报》2003年8月5日。

这反映了生活的艰难，也表现了周善甫的豁达与坚韧。父母亲和小妹一起糊火柴盒的场面十分温馨。

1965年，儿子周孚政在昆明市纺织工具社做临时工，不久周善甫也去了，因为有学土木工程的专长，不久做了厂里的绘图员。

1966年，“文化大革命”的狂风暴雨席卷全国，周善甫再一次失去了自由。9月的一天，街道贴出大字报，勒令他“滚回老家去”。他只得回到丽江，在监督下劳动改造。“他们叫他去果园种包谷，可是没有工资，一年到头都要上班，没有休息日。”[①] 他没有家，先是寄居在哥哥周霖家里，后来则在工地住。

1968年，遇到清理阶级队伍运动。清理阶级队伍是“文化大革命”的又一高潮，它的要求是：“必须继续在工厂、人民公社、机关、学校、一切企事业单位、街道等各个方面，认真做好清理阶级队伍的工作，把躲在广大人民群众中的一小撮反革命分子挖出来。”周善甫作为“地富反坏右”五类分子的一员，在这样的背景下，无疑也难逃厄运。丽江方面放出风声，“又要搞一次镇压反革命运动”，而他“又是运动的对象了”。于是他再次逃离丽江。

在昆明住了一段时间，公安局贴出布告，“所有黑人黑户，限20天内离开昆明”。周善甫的户口在丽江，他属于黑人黑户，全家人又陷入忧心忡忡之中。他们忙着为周善甫办户口，还没有见效，一天晚上，派出所查户口，说是公安局要来抓人了，赶快收拾行李走。杨佩兰帮他捆好行李，家里剩下的70元钱都给他带上，她用单车替丈夫驮着行李，母子三人送他到派出所指定的地点。那里已经有三个人在等，后来又陆续来了一些人。周善甫说，看来今晚不会走了，你们回去吧。于是母子回到家里。三弟杨焕兴问给了他多少钱，杨佩兰说70元。杨焕兴说，看来他们一下子不会走，这些钱说不定会被人收走，赶快拿回来，给姐夫10元就行了。她又跑回集合地，这时已经来了三四十人。她用纳西话把这意思告诉丈夫，趁人不注意，周善甫悄悄把钱还给了她。

① 杨佩兰：《佩兰回忆录》，第182页。

他们被关押在昆明火车站旁边的和平旅馆40天。杨佩兰每隔一天去看他一次，“等于去探监”。最后由军人押送回丽江。回丽江的有两人，除他以外，还有一个是丽江地委的宣传部长。一路上都戴着手铐，一到丽江就被抓去游街。那个宣传部长反抗了一下，就有几十个人围上来打。有人递了一面锣给周善甫，叫他边走边敲，但没有打他。[①]

这段日子是比较艰难的，1969年11月，他在给女儿周永福的信中说：“想到去年在和平旅店的日子，能得这样在秋天的阳光下操操锄头，看看玉龙新雪，也就感到蛮不错的了。”[②]他没有多少文字谈及这段历史，但通过阳光下有限的自由和被关押时的处境的简单比较，他当时的惶恐屈辱亦可窥见一斑。他第二次提到这件事是1997年，那年春天，云南省文史研究馆组织馆员到丽江考察采风，回来后他兴高采烈地对蓝华增说：“‘文革’中我被警察押送回故乡，此次竟以警车开道重返丽江，真是天翻地覆！”[③]世事翻覆，白云苍狗，有如此者。

“文化大革命”期间，周善甫在丽江干过很多活，当过林业局苗圃园丁，管过水磨坊；当过木工，在大研镇七一建筑队上班，分别在丽江县粮食局面粉厂、汽车队、副食品厂，丽江地区外贸局肠衣厂、商业局机关等单位施工。“1971年秋天到1978年秋天的七年里，我们基本上都没有条件和家人在一起，只有我们师生朝夕相处，多数时间我们吃在建设单位食堂，住在施工现场工棚。”[④]遇到大的政治运动，他就要接受批斗和游街。“那些管他的人，希望永远搞‘文化大革命’。”[⑤]

在大研镇北门坡荒山上开辟的果园里培植和看护林木时，他工作十分认真，栽培嫁接果木，还写了一些植物学方面的读书笔记。树木长得欣欣向荣，他从中获得快乐。滇军将领孙渡的妻子，他早年的学生张灿琪挑大粪去菜地浇菜，有时会遇见周老师，她回忆说：

---

① 杨佩兰：《佩兰回忆录》，第191、192页。

② 周善甫：《致女儿周永福的信》，《风雅儒者》，第330页。

③ 蓝华增：《周善甫学术思想探源》，《风雅儒者》，第53页。

④ 李晖：《我永远的老师》，《风雅儒者》，第140页。

⑤ 杨佩兰：《佩兰回忆录》，第182页。

> 我与周老师在苹果园见到面，他穿着短衣，头发梳着，很潇洒的样子。我在上面劳动，周老师向我挥挥手喊我。我带来一些吃的东西也拿给周老师一些，他问我习不习惯，（昔日的官太太）挑大粪也挑得挺好的嘛，不错。我说周老师不要笑我了，我们的命运都成这样子了。也就是说说这些开玩笑的话。[①]

他曾在大研镇南桥水磨坊管水磨，有关方面给街道居委会打招呼，说他一天24小时独自呆在那里，什么人和他来往，不好控制。1971年秋，居委会重新给他安排工作，把他调到建筑队木工组劳动。

周善甫在“文革”中的生活态度，和中孚作了准确的概括：

> “文革”中“死老虎”也面临新的灾难，他透过宗教礼仪般庄重的表层，看到背后的荒诞与可笑，故以“知者不惑，仁者不忧，勇者不惧”的心态面对一个令人困惑、忧愤、惊悸的时代。强令他写交待，他觉得自己没有可以遮盖的历史，是真实的历史也就没有必要以朝令夕改的方针路线去歪曲它，鞭笞它，去强就方针路线。所以他带着一种遣玩意兴或者叫含泪的微笑，一写洋洋数万言，写得真实，连遣词造句、书写笔划也讲究章法。交待书常被人视作“宝贝”私藏，因为它不失为一份上涉庙堂、下临江湖可读性强的历史记述，一份可供遣词用句的写作范例，一份可供赏玩的书法佳品。我的父亲调侃他：“善甫是一个不可救药的乐天派，还有阿Q的遗风。”其实他们心有灵犀，在乐天、阿Q遗风的后面隐含着对荒诞丑恶的轻蔑与讽刺。[②]

和中孚的父亲是教师，丽江的文化人，中学与周霖同学，和周善甫也是知交。

---

① 孙炯：《丽江张灿琪老人访谈》手稿，2009年4月4日。

② 中孚、孙炯：《平凡而又不平凡的人生——善甫先生的书品和人品》，《云南文艺评论》1998年第2期。

三　劳改中看到兄长的画眼泪与汗水和流

1959年，作为右派劳改的周善甫在个旧矿山干重体力活，与世隔绝，身心困顿。一天傍晚，他和所在分队被派加班，到火车站搬木料。他们每人扛一根枋木，四五个人鱼贯而行，穿过市区回去。走近大街，一声口令，大家放下木料坐在街边歇息。在周善甫的身边，站着一个年轻人，背叉着手在等什么，手里卷握着一本杂志。周善甫一眼看去，认出封底上印的那幅彩画，很像兄长的笔路，便不怕冒昧，向青年人借来一看。书是本《边疆文艺》，是云南省作家协会主办的杂志，也是当时云南最重要的文艺期刊。那画果然是哥哥周霖画的，印得十分精美。画的是满幅盛开的海棠丛中，伸出段水槽，正流淌着清清的水。水槽上有一对鹡鸰在嬉闹戏水。看到这片氤氲春光，恍如重睹十年未见的旧容，而哥哥的画作之被彩印出版，在周善甫还是第一次得见，他不禁激动得"啊"出声来。画上题了一首五绝：

梯田灌溉足，豆麦正青青。
活水长流处，深山见鹡鸰。

周善甫说：

> 当时匆匆，便不记得其他字句，只末了一句，却一瞥难忘，深触五内。因为，由于《诗经》里有"鹡鸰在原，兄弟急难"这样的句子，所以在诗文里历来都把"鹡鸰"二字，作为兄弟情谊的象征。如今我在这样的逆境中，见到这显有寓意的美好画作，真是百感交集，难以忘怀。还了书，扛上木料，又重行登程。叨念骨肉情深，眼泪与汗水和流，连举步也为之模糊了。[①]

这是一个让人心酸而又不乏温馨的故事。

1965年，围绕另一张画，又有一个兄弟间温馨的故事。当时，周

① 周善甫：《深山见鹡鸰》，《昆明日报》1991年3月2日。

善甫结束了在个旧七年的颠沛生活，回昆明定居。回到家里是幸运，但他过得仍不愉快，年过半百，却没有工作，没有经济和社会基础，处境十分窘迫。而周霖正当声誉日隆之际，北京画展取得成功，返滇后众望所归，又有全国政协委员、云南美协副主席、丽江县副县长等身份，可以说成了云南文艺界的头面人物了。

由于这种身份和政治地位的差距，在当时的社会条件下，即使是亲兄弟也不能正常交往。周善甫说：

> 当时他住文联，和我同在翠湖北岸，相去只一箭之遥。可是生活处境既有云泥之别，政治立场又要作断然之分，所以处事面人，便只好视若路人，一似了无干系。
>
> 可是，骨肉而兼师友的半生情谊，哪里会说了就了。薄暮酒余，他也不时会觑间独到我的小屋来。烹茶相对，抵掌巨谈，欢洽不减早岁在玉龙山下，成为又一值得追忆的旧梦。

一天清早，周霖兴冲冲由云南省文联的寓居来到弟弟周善甫翠湖北岸的小屋，刚坐定就从袖中拿出一小幅画，画面是一块直立的峭石，两朵枯瘦的茶花从岩石上伸下来，地上是一只健壮的公鸡。周霖对他说："昨晚我趁兴画得这一小张。自以为佳，题上了两句诗送给你。"题的诗是：

> 茶花鸡壮茶花瘦，共领春风报岁华。

茶花鸡是云南的一种土鸡，据说它的打鸣声像是"茶花两朵"，故名。周霖指点着画解释说："当前，你是处在困境；我呢，似乎还略强一点。鸡壮、花瘦，虽出现一时的差距，还是阳光普照，雨露无私，祖国和人民也同样给每一个人以煦育，仅是形式有所不同而已。虽然遇上了料峭春寒，也还要振作起来，以初志相报。这里，我要表达的，就这番意思。上款嘛，就省掉也算了。"

周霖这番话，表现了"亲长不拘于得失荣辱而尽其在我的卓越情操”，周善甫欣然领受，并高声背诵杜甫《北征》诗中的句子：

山果多琐细，罗生杂橡栗。
或红如丹砂，或黑如点漆。
雨露之所濡，甘苦齐结实。

表示要和兄长一样，在雨露的滋润下，有所作为，结出果实。周霖听了拍膝首肯：“对，对，就是这个意思。”其实，周善甫当时并没有真正得到“雨露”的滋润，但兄弟二人无所怨怼，从积极的方面着想，体现了豁达的胸怀和顽强的意志。周善甫尤为感动，他说：“那以后，我们又都遭到更为困难的境遇，但这种寸草春晖之思，终究维系着生活的情志，一步步走了过来。即便白首，也难忘这些亲切的劝勉啊！”[①]

周霖说上款“就省掉也算了”，是怕被人发现，造成不必要的麻烦。当时政治高压下亲人间表现出的谨小慎微，可以通过这个细节窥见一斑。

四　抬死人

在“文革”中，周善甫作为右派分子，处在社会的底层，是可以随意被人使唤的，在丽江，他多次被叫去出义务工抬死人。

1969年5月5日，本来是节日休假期间，“四类分子”不得享有正常人的休息，还得按规定到丽江古城北门坡上干义务劳动。下午一点，五一街的女街长忽然来叫出公差，去抬死人。

原来，古城八一街死了个人在医院里，抬埋的人手不够，就到北门坡找四类分子帮抬。别的人调不开，就叫周善甫与和述孝两人去。到医院后门，看到一个黑棺材正在套大索，一些妇女在哭嚷。数数男人，只有10个，加上他们两人共12人。8个人抬一班，凑不足两班人，还要抬到6公里以外的赖子山去。别的几个人比周善甫年轻力壮，还在嘀咕没有信心。周善甫心里也不踏实，前年他参与过几次抬死人，都是

① 周善甫：《一幅旧画的怀思》，《春城晚报》1990年1月13日。

二三十人抢着换班抬，路程也短，不觉得难。今天是个磨不开的“硬活儿”，自己困居半年，腰腿还剩不剩点劲，他心里没底，所以看着粗笨的抬杠发愁。

时间已经两点半了，还没有动静，再拖下去，将回不了头，于是大家殊无信心地起杠了。周善甫到底是在个旧山上抬过大磨的过来人，抢先掌住棺材后杠，和述孝也掌了另一个尾梢。一起肩，他心里就踏实了，因为肩头的重量不过30来公斤。挣扎上公路，就更觉得平坦好走了。凉风从背后送来，大有胜似闲庭信步的感觉。但前面的六个人走不上半公里，就闹着要换人，他们当中的许多人连在行进中掉肩头都不会，老要停下来嚷作一团。周善甫与和述孝好整以暇，默默地看他们气喘汗流，换来换去。因为他们是四类分子，就应该多干，谁也不来替换他们。他们胜任愉快，也犯不上强人所难要求卸肩，便老老实实从头到尾顶下来。“半途以后，就好像蹄子已经跑热的马，浑身活络，根本忘记了是在羁縻之间，大得游目骋怀之乐。最后穿过了一处荼蘼馥郁的村庄，靠上一座小山坡脚，也就到了。卸下抬杠，点燃传来的一支香烟，谢绝了吃点粑粑的邀请，屁股也没有落地，就折回头走了。”

周善甫在“羁縻”之中，干的是劳累郁闷的活，但他爱美、善于感受美的天性仍然顽强地流露出来，他写道：

> 出了瓦窑村，便是我不曾前游的地方，豆麦离离的田畴，绿影婆娑的村树，石骨嶙峋的岗峦，“三外”的大片新屋，对我这久不涉足原野的人，真是处处入胜，目不暇接。
>
> 回来，当然先到后门外河边洗脚手，尽管说每天例行的事，而每次浸润到这清澈的寒泉，总感到激动和新鲜。这几天河底的藻荇绿透了，特别像翡翠一般媚，又流得这般欢畅，不仅涤除了汗垢，也的确能洗掉烦累，在柳荫下把手脚泡在如许明丽溪水里，什么棺材、索杠、尘土、渴热都淡忘得似发生在两个世纪以前了。啊，玉河，玉河！

在面对黑棺材，沉重的杠杆压在肩上的时候，能有如此闲情逸致，把艰辛的历程转化为审美的过程，庆幸得以观览以前未曾到过的地方，真是高人。后一段更是诗意盎然。

1979年4月14日，他在致李晖的信中说："苏轼《赤壁赋》有：'夫天地之间，物各有主，苟非吾之所有，虽一毫而莫取，惟江上之清风，与山间之明月，耳遇之而为声，目遇之而成色，取之不尽，用之不竭，是造物者之无尽藏也，而吾与子之所共适。'有这么一副襟怀，始能落落大方，庶成佳士。不然，蝇营狗苟，惟俗务之所訾争，岂能邀致明慧？"[①] 他有苏东坡的气质和襟怀，于是便有了这一份旷达和明慧，能感受世界的美无所不在。

他还向儿子剖白了这次抬死人的感受：

> 从果园奉命出发，到放下杠子，我就半句话儿也未曾讲，倒也不是谁限制自己或使性子，而是出于近来对许多事都漠不关心的倾向。连这位被我抬到他最后安息地方的死人，我也无心去知道他是男是女，姓什名谁，夭寿穷通。只觉得人死了，总得有人把他抬去埋掉，甚至感到我是参与处理一件已经没有人要的东西而已。就只是抬着不太重，便不管他是人是物了。回想以前总认为"生死亦大哉"，看到一个生命的萎谢，即使事不关己，也老有些许震动感触，连对林黛玉葬花，也曾寄予无限的同情。现在则葬人也无动于衷，这究竟是得以超脱小资情调了呢？还是落到了麻木不仁，自己也说不清。[②]

他本来是一个富于爱心和激情的人，经过政治运动的折磨，变得"对许多事都漠不关心"。这实际上隐曲地反映了改造、批斗对人性的侵害和扼杀。而他对是"超脱小资情调"还是"落到麻木不仁"的困惑，则表明他的良知还没有被磨尽，他内心还在坚守和抗争。所谓"小资情调"

---

① 周善甫：《致学生李晖的信》（一），《风雅儒者》，第333页。

② 这个部分是根据周善甫《致儿子周孚政的信》（二）写的，引文见《风雅儒者》，第320–322页。

往往是美的敏感、情的丰富和趣味的雅致，要把它改造掉，足见当时社会的病态。

五　用手推车推周霖看红叶

在被遣返丽江监管劳动的时候，周善甫和一些优秀然而命运同样不幸的人相处。杨超然、和吉鸿夫妇是当时丽江最受百姓欢迎和爱戴的儿科医生，民国时期他们募集资金创办了丽江第一个幼儿园——黄山幼稚园，当时周氏兄弟和他们就是好朋友。他们爱美，即使是“文革”时期，和吉鸿一年四季总是穿着一件淡青色的旗袍，在当地可真是仅此一人，与周围环境形成鲜明对照。周善甫很尊重他们夫妇的人品，从来不和他们随便开玩笑。张墨君是几个老朋友中最为活泼的一位，记性特别好，许多地方历史事件和人文掌故他都可以侃侃而谈，从无差错，被周善甫称为“丽江的活字典”。周善甫喜欢鼓动他哼戏文，只要他在，整个气氛都非常活跃。吕少康是四川人，因政治历史问题在邮电局卖报刊，周善甫经常去报刊亭，与他结识。他喜欢写旧体诗，常常拿诗作来请他指教，他的行草体钢笔字很漂亮，也经常参加周善甫他们的郊游踏青。杨绍书是优秀的民间画家。[①] 这些人都是“地主分子”或者是“坏分子”，受到不公正对待，但他们都心地善良，坚韧乐观，互相慰勉，继续从事高雅的文事活动，大家在一起温暖而快乐。

一起监管劳动的“四类分子”，什么人都有，在辛苦而无聊的生活中，有的人喜欢讲脏话粗话解闷，周善甫从来不讲，而讲一些高雅有趣的故事。时间长了，大家受他影响，也变得文明起来。

距离大研镇 10 余里笔架山下的山坡上，有个地方叫长水村，周围长着很多梨树，每到深秋，梨树叶红透了，彩霞半坡，锦绣一片，十分壮美。

1973 年 11 月 3 日，听说长水村梨叶红透了，周善甫和杨超然、和子强等几位老友决定第二天星期天前去游览，做好了准备。没想到夜里吹了一夜北风，洒下满天寒雨，约集好的老友，只能呆在杨超然家的火

---

① 李晖：《我永远的老师》，《风雅儒者》，第 143 页。

盆边叹气，都认为这次机会一失，等到下星期天，红叶肯定零落了。

11日又是星期天，天气不错，周善甫和杨超然等七个老人抱着晚点也要去的决心，奔长水而去。一出郊原，远远看见西山脚下一带红霞，知道为时不晚。到了林边，果然才恰到好处，于是大家兴高采烈地上到长水寺后面的高地上，在霜林搭就的锦帐之下，烹茶喝酒，畅快地玩了整天，非常尽兴。儿子周孚政喜欢画画，前不久刚走，未能见到红叶，周善甫为他惋惜，别的老人也为他惋惜，一位老友说："老八爱油画，是个'好色'之徒，如此天下殊色，却不留下欣赏摹绘，真是可惜！"

这一天恰巧是周善甫的60岁生日，大家为他举杯祝寿，好几位还即兴赋诗。和子强的两首是：

先生六十非虚度，惊梦经历实可歌。
天相吉人有此日，祝君康乐有三多。

酒斟祝寿青山里，红叶飘飘照眼明。
群雁几多来拜客，知君今日是主人。

周善甫觉得，这野外的欢宴和雅趣，胜过华堂高烛。

回家讲给大家听，"却早逗恼家里这一位一生嗜游的大爹，拍案叫嚷他也非去不可"。"大爹"指哥哥周霖。他有这样的兴致，大家都乐于凑趣，于是再次张罗出游。周霖因为遭受迫害而半身不遂，行动不便，枯坐家中已有四年，要远足郊游甚为不便。他的长子周孚信和次子周孚敬想出了办法，他们找来一辆手推车，绑上家里的铁椅子，将老人扶上去，坐得端端正正的，膝前抱进两个小孙女，身后装满酒食，然后由两个得力的儿子推上笔直十里的柏油大路，车旁陪着五位昔日共游的老友，浩浩荡荡地奔向长水村。杨超然是十八年从来不迟到早退一天的医生，今天"也旷了工"，周善甫则是丢下纷然大忙的工地，追随着周霖。

这时正是深秋，天空清澈透明，玉龙雪山格外晶莹，让人心旷神怡，逸兴湍飞，周霖更是欢快无比，周善甫写道：

> 天高日晶，玉岳皎洁，雁阵横空，原野疏朗，坦坦荡荡的公路两旁，人们正忙着秋冬季节的紧张营建，田地里拖拉机也正坌土运稻，好一派承平活跃的风光，映入这位病蛰斗室已达四年的老人的耳目，其精神的振奋焕发，简直就像吃进了灵药仙丹，记忆力也出奇地恢复了，高声畅吟“停车坐爱枫林晚，霜叶红于二月花”和“沿江百里红满楼，纵有黄花不敢开”，整日的情绪不曾有瞬时低落。不仅把车推进了长水村里的红叶深处，还硬叫扶夹着登山，非到前日我们所据坐饮的坡头不可。本来也要到那里才囊括胜概。[①]

周善甫感叹说：“叫我还怎样描述呢，事情的本身就是动人的画幅啊！”景美、人美、事美、文美，实在是美不胜收。

在政治运动的高压和阴霾之下，如此的心胸情趣，证明周氏兄弟确实是人中龙凤啊！他们的旷达胸怀和对美的痴情，可以直追苏东坡。苏东坡正是在人生困境中不懈地感受宇宙之美，而放出人性的万丈光芒。

六　教李晖从胯下倒观玉龙山

李晖是周善甫 1971 年在患难期间结识的白族青年。李晖当时 15 岁，人很机灵，他和年近花甲的周善甫有共同语言，从此结下了终身的师生情谊。周善甫以他渊博的学识教育李晖，循循善诱，更以他高尚的品格感染李晖，使李晖在逆境当中不坠志向，不废学习，最后茁壮成长。周善甫是他“永远的老师”。李晖后来深情地回忆说：

> 那是一个在政治上十分黑暗，生活又非常困难拮据的年代，但老师豁达乐观的性格和精神，渊博的知识，使我们在辛苦劳作的同时，日常生活也充满了情趣。许多事情今天回忆起来仍然历历在目：地区外贸局肠衣厂的工地里，休息时老师在晾晒肠衣的大理石

① 周善甫：《致儿子周孚政的信》（二），《风雅儒者》，第 323、326 页。

> 板上蘸着水练字，同时教我读唐诗；在地区商业局工地，午休时我们躺在香樟木的刨花堆里读老师刚刚完成的《西湖游记》；在县副食品厂的工地，休息时在旁边油菜地田埂上，老师让我背对雪山从胯下倒观玉龙，欣赏花在上、山在下的景观，让我学会从不同的角度观察事物和现象；在林业局苗圃工地，老师给我讲对米丘林学术观点的不同看法，让我知道了科学是不能被政治所代替的；在体育场老师教我黄金分割法，教我做跑道的弧线界条模板。……“三年广学殖，五年脱粗腐”（老师《送李晖出山求学》），是老师教会我做人，教会我认识人生和社会。①

这些事迹，都极感人。而最别致的是从胯下倒观玉龙山，它显示了周善甫的睿智、洒落和在人生逆境中的旷达情怀。这在当时的知识分子中是不多见的。

这一故事颇似禅宗公案，在不合常情的言行中蕴含极深的哲理。也让人联想到王梵志的“翻着袜法”。唐王梵志诗中有一首：

> 梵志翻着袜，人道皆是错。
> 乍可刺你眼，不可隐我脚。②

后来，“翻着袜”就成了文人津津乐道的掌故。黄庭坚《山谷题跋》卷六《书梵志翻着袜诗》说：“一切众生颠倒，类皆如此，乃知梵志是大修行人也。昔茅容季伟，田家子尔，杀鸡饭其母，而以草具饭郭林宗。林宗起拜之，因劝使就学，遂为四海名士，此翻着袜法也。今人以珍馔奉客，以草具奉其亲；涉世之事合义则与己，不合义则称亲，万世同流，皆季伟之罪人也。”明人《比事摘编·颠倒见》说：“人不胜事实，可笑窳其中而美其外，岂非颠倒见乎？谢上蔡有言：今人做事，只管夸

---

① 李晖：《我永远的老师》，《风雅儒者》，第141页。

② 项楚：《王梵志诗校注》，上海古籍出版社，2010年，第319页。

耀别人耳目，浑不关自家受用处。”①

翻着袜，就是把袜子反过来穿。这似乎不合情理，怪诞可笑，但细细想想，不合情理的倒是世俗之人。古代袜子是用粗布做的，袜子外表光滑漂亮，里层有线头及缝合的沟痕，穿起来不太舒服。世人只顾把漂亮的外表给人看，宁愿忍受脚的不舒服，这是本末倒置的。王梵志关心的是让脚舒服适意，不在乎别人的看法和讥议，这才抓住了穿袜子的本质。因此，“翻着袜法”就是用逆向思维的方式去思考问题，将习以为常、“众生颠倒”的世俗偏见重新颠倒过来。惠洪《冷斋夜话》说：“东坡评诗，以奇趣为宗，以反常合道为趣。”“翻着袜”就是“反常合道”。

周善甫教李晖从胯下倒过来看玉龙雪山，也反常，但因此有了新的观察角度，得到的感受会不同，处理问题的方式也会不同。人间的很多事情都是这样。这一点，周善甫也十分得意，1982 年 12 月，他在给李晖的信中说：“试回忆：在田埂上教你从胯裆下欣赏风景和教唱 1212 的上海话歌的我们这号人，比之我们身边的许多‘先生’，就是更富有生活的意趣而存在显然的差别。师徒俩，中午休息，滚在香樟木刨花堆里读书的那番情趣，不是你们师院的博学鸿儒可得而理会的。”②1988 年 10 月，他在致李晖的信中又说：“记得我在酱菜厂后面的田埂上，教过你怎样倒过脑袋从胯裆下欣赏风景，那当然会有意外的效果。其实，关于社会生活，又何独不然？能换个不常用的视角看看，同样会别有妙趣。”③

这个故事有妙趣，也有哲理。从此可以看出，周善甫真“是大修行人也”，真不愧“为四海名士”也。

七 建设丽江体育场

1974 年，丽江地区体委决定修建地区体育场，因为周善甫是学习

① 转引自项楚：《王梵志诗校注》，第 319 页。

② 周善甫：《致学生李晖的信》（七），《风雅儒者》，第 348 页。

③ 周善甫：《致学生李晖的信》（十二），《风雅儒者》，第 359 页。

土木工程的，在劳动改造中表现很好，于是与他所在街道协商，请他主持修建的技术工作。周善甫关心学生李晖，向体委提出要同时聘李晖去做施工管理；体委同意。于是他和李晖成了建设体育场的骨干，李晖同时做木工。他兢兢业业，进行规划设计。此后五年时间，他们都在工地上辛勤劳作，吃在食堂，住在工地。

丽江体育场所在地原来叫民主广场，是一个开万人大会的场所，也是丽江当时的"杀场"。因为要让出施工的地方，他们的工棚就搭在行刑之处。周善甫、李晖等带领一伙来自丽江金山乡东元村的白族农民工人队伍和许多零星工人平整场地，开山劈石，用最低的成本完成了体育场建设，建成了丽江第一个拥有标准足球场和400米跑道、十二级看台、主席台的体育场，以及宿舍、食堂和市内乒乓球馆等附属设施。这座体育场，现在还在用。

同时他仍要接受批斗。那儿的街道居委会，白天组织群众到北门坡挖清代进士和庚吉的坟，晚上专事批斗周善甫。一次，蓝华增去体育场工地木棚内找他，他说街道居委会勒令他晚上去接受批斗，得早点吃晚饭。第二天他说："批斗过了，还是那些调调。"满不在乎。[①]李晖也记得当时受歧视的情况：

> 印象最深刻的是在体育场时，旁边一个大企业的许多家属子女，在我们初到时经常用石块打我们住的工棚，还常常骂"×××，反革命"，我忍受不了要和他们论理甚至打架，都被老师严厉制止了。后来，就这些小孩都经常来我们工棚，听老师讲故事和道理，帮助我们做事情。有一个解放前当过妓女的河北籍老人，几乎所有人都看不起她，但老师还是同样地善待她，她也非常尊重老师，什么烦心的事都愿意和老师说。她后来曾经向师母谈起，是老师给了她继续生活下去的信心和勇气。[②]

---

① 蓝华增：《周善甫学术思想探源》，《风雅儒者》，第53页。

② 李晖：《我永远的老师》，《风雅儒者》，第141页。

他以宽厚和善良赢得了尊重。

1969 年 12 月，杨佩兰也在劫难逃，被下放回丽江，理由是她是“当过小姐太太的”。有一年，她得了重病，做了大手术。身体稍微恢复后，她回昆明。但昆明连保姆的工作都找不到，呆了一段时间，她听说丽江“卖工”的机会多，又跑回老家。周善甫安排她和老友张默君挖沙子，要跑好远的地方。一位管体育场的“周大爹”请她去体育场筛沙。她说丈夫在那里，不想过去，怕人家说闲话。周大爹说，这是归我管，跟他没有关系。于是她去体育场筛沙、挖跑道、铺石头。周善甫知道后，问她为什么来，为什么不去找他。她说：“我是无粮无户的黑人黑户，怕影响你，干活都是躲躲藏藏的，生怕别人发现，还敢去找你吗？”李晖关心她，照顾她一些活。她拼命干活，累得直不起腰，一个月挣了 77 元钱。七一街道有人嫉妒，开会斗争她。周善甫请了几个白族人去斗争会里看，如果她被打伤了不能走，就请他们把她抬回来。幸好没有打，回到家时，周善甫已经把饭做好了。杨佩兰不怕批斗，“我堂堂正正地做人，靠劳动力吃饭，我怕什么？”她担心的是批斗影响子女婚姻，“一次次的斗争，哪还有人敢和我做亲家？我的子女不比别人差，可我的名誉受损，会影响到我的子女。”①

工作之中，周善甫保持了一颗诗心。体育场位于古城狮子山后面，他把他们住的地方叫“幼狮岗”。幼狮是力量和希望的象征。他带领李晖共同登上幼狮岗，迎接 1976 年元旦的朝阳，为新一年的到来欢呼。是年 1 月 8 日周恩来总理逝世，举国悲痛，他们共同创作悼念长诗。

周善甫出色的工作得到了认可。当时丽江县体委有一个领导，最初轻视他是右派，很不客气，直接叫他“周善甫”，见他修建体育场技术高超，领导有方，改称“老周”。他的冤屈得到改正后，改称“周老师”。再后来在昆明翠湖边见到已享有盛誉的老先生时，敬称他为“周老”。②

主持设计并参与修建丽江体育场项目是周善甫自认为在“文革”中

① 杨佩兰：《佩兰回忆录》，第 213、225 页。

② 蓝华增：《周善甫学术思想探源》，《风雅儒者》，第 53 页。

做的较见成效和有意义的一件事。他自己很重视，他曾要求李晖“把参建体育场作为一番事业”。1980年，在和李晖讨论生活的趣味和意义时，他说：“你说这是‘为了使生活更有趣一些，更有吸引力’，这却仍是邪门。应该把有趣二字改为意义！这绝非‘教条’。理由很简单：没有意义的东西，就绝不会真实的有趣。当然，意义二字的范畴却也不易，还得自己于学习和社会实践去摸索出来。”[①] 修建地区体育场，就是一种“社会实践”，它确实能产生“意义”。

二十多年的批斗、检讨，二十多年的折磨凌辱，虽然他能调整心态，乐观面对，但英雄无用武之地，毕竟是极大的痛苦，所以有了承担如此重要任务的机会，在当时的背景下，他一定是倍感鼓舞的，所以要郑重其事地把它“作为一番事业”做。最后他们交出了满意的答卷，证明了自己的能力，实现了自身价值。

而修建过程中，他把“意义”和“有趣”是统一得很完美的，真正是“饱受生活的甘苦，享领生命的欢乐”。[②] 这是一种极高的人生境界，体现了他永不衰竭的生命热情，以及对真善美的不懈追求。

八　助推纳西古乐复苏

纳西古乐是汉族道教洞经音乐和纳西族民间音乐结合而形成的，历史悠久，古朴典雅，具有鲜明的特点，是中国重要的大型古典管弦乐之一。现在演奏的纳西古乐由古老乐谱、古老乐器和高寿艺人有机统一，被誉为丽江的“稀世三宝”，成了丽江古城世界文化遗产的组成部分。凡到丽江的人必欣赏古乐，古乐队也到国外演出，受到欢迎。纳西古乐成了丽江的亮丽名片。

纳西古乐能重放异彩，许多人付出了心血。老艺人们口传心授，使古乐得以代代传承。专业工作者进行整理研究，1962年，中国艺术研究院音乐研究所、云南省歌舞团、丽江地县音乐工作者发掘整理了《白沙细乐》的总谱。而让古乐大放光明的是宣科。宣科以他的奇才对古乐进

① 周善甫：《致学生李晖的信》（四），《风雅儒者》，第343页。
② 周善甫：《致学生李晖的信》（八），《风雅儒者》，第352页。

行了重新打造，使其名扬四海。给宣科较早启发和指点的则是周善甫。

周善甫爱好音乐，青年时他和周霖分别参加堂经班和皇经班纳西古乐队演奏古乐。1942年，他以南宋词人张炎的词《水龙吟·白莲》填配洞经音乐《水龙吟》成功，传唱至今，为纳西古乐的发展作出贡献。词唐宋时代是配乐演唱的，所以又叫“曲子词”。元代以后，唱法失传，只在南宋姜夔的词集《白石道人歌曲》中保存了17首词的自注工尺旁谱，这是宋代流传下来的唯一词乐文献。另外就是在张炎的《词源》中还可以依稀考见词的唱法。

张炎（1248–1320）是南宋末期词人和词学家。他的《词源》是中国最早的词学专论。他的词中有一首《水龙吟·白莲》，描写白莲花，形神兼备，十分优美：

> 仙人掌上芙蓉，涓涓犹湿金盘露。轻妆照水，纤裳玉立，飘摇似舞。几度消凝，满湖烟月，一汀鸥鹭。记小舟夜悄，波明香远，浑不见、花开处。
>
> 应是浣纱人妒。褪红衣、被谁轻误？闲情淡雅，冶容清润，凭娇待语。隔浦相逢，偶然倾盖，似传心素。怕湘皋佩解，绿云十里，卷西风去。①

周善甫填配洞经音乐受到著名古典文学专家、云南大学教授姜亮夫的启发。姜亮夫在丽江听到洞经音乐，认为是“唐宋遗风”。周善甫受到启示，很快以张炎的《水龙吟·白莲》填配古乐中的《水龙吟》。这“使姜亮夫等人激赏不已，认为这是中原音乐于14世纪流落丽江五百多年之后的第一次填配成功，中华唐宋雅乐终于得到了复建。这件事居然是由一位数学教员完成的。须知，历史上许多中国大音乐家都曾尝试过，只是未能成功。”②

“文革”后期，周善甫对纳西古乐的恢复演出也发挥了积极作用。

---

① 唐圭璋编纂，王仲闻参订：《全宋词》第五册，中华书局，1999年，第4388页。

② 宣科：《人子》，《云南文艺评论》1998年第2期《悼念周善甫先生逝世专辑》。

他与老朋友和国伟、张墨君、和汉杰、和毅庵、杨万宇等老艺人经常在节假日一起演奏古乐，自娱自乐。自此，经历了浩劫的丽江洞经音乐演奏活动开始复苏。就是这个时候，宣科向周善甫学习古乐。他和宣科从20世纪40年代起就有师生关系，宣科一直得到他的提携和扶持，两人感情很深。宣科在1954年因故入狱，监禁在个旧。“文革”后期，他被释放回到丽江，与周善甫过从甚密。当时没有多少人与宣科来往，而周善甫作为父贽和老师，力所能及地帮助他，包括经济上的接济。宣科经常向周善甫谈自己的想法，向他请教。李晖回忆说：

> 宣科刚从个旧回乡，他和老师在解放前就有师生情谊，所以经常来向老师请教。纳西古乐的演奏也就在这时期开始在老师和他的朋友组织下逐渐恢复起来。我的木工师傅杨万宇先生是胡琴高手，也经常参加他们自娱自乐的演出，后来也成了纳西古乐队的元老。别看宣科对什么人都不服气，再有成就的人他都要挑出许多毛病，就我知道，他只有在老师面前是“服服帖帖”、“规规矩矩”的。一直到今天也由衷地敬佩老师。宣科自己今天也十分喜欢使用的一个头衔“鬼才”，就是老师在《乐也，药也》里首次提出的。[①]

1993年，纳西古乐的影响越来越大了，在当地政府支持下，宣科、和毅庵、杨曾烈等行家带领乐队，选择若干乐曲，斋戒沐浴，肃整衣冠，在雅静的古寺内，供花、上香，虔诚演奏，录制了第一盒古乐磁带，公开发行。出于对周善甫的尊敬，他们请他作《丽江洞经音乐首盒磁带引言》。在引言中，周善甫指出洞经音乐是过去知识界借道教仪式所作的礼乐活动，兼有儒门敦睦人伦及道家颐养身心的功能，明清以来风行于全国各地文化层，但清末西学东渐之后，这项活动逐渐衰竭，洞经音乐成了广陵绝响。“而云岭深处的丽江，则因偏僻幽静，鲜接时潮；加以喜文嗜乐之风，历不后人，故竟克将洞经音乐之原型，完整保

① 李晖：《我永远的老师》，《风雅儒者》，第144页。“一直到今天”几句在该文集中被删除，据手稿打印稿和网络版补入。

存至今。此实中华雅乐之活化石，亦音乐世界之鼎彝法器也。”他还说：“乐犹药也，能活人，亦能杀人，奏赏之者，不可不慎！”[①]纳西古乐是“能活人”的音乐。

大研纳西古乐会成立，礼聘周善甫为名誉会长。

1994年，宣科率领大研洞经古乐队到香港演出，取得成功，回来路经昆明，在翠湖宾馆向恩师周善甫，以及李群杰等乡长者介绍此行的经过、见闻和观感。周善甫勉励宣科等人要牢牢守护纳西古乐，让玉龙山下的这颗瑰宝走向全国，走向世界。1994年，他在《玉龙山》发表《乐犹药也》，继续为纳西古乐加油。他留下遗嘱，去世后，不要哀乐而要奏纳西古乐为他送行。

如今丽江纳西古乐名满天下，其中有周善甫默默的贡献。1998年1月6日，周善甫在昆明逝世，大研古乐会会长宣科及全体会友发出唁电，高度评价他在古乐复兴方面所作贡献：

> 惊闻善甫大师仙逝，纳西一颗巨星陨落，大师生前荣任我会名誉会长，时常为纳西古乐的传承弘扬，挥笔著文，摇旗呐喊；如今纳西古乐已走出国门，声名远播，享誉中外，其中凝结着大师的汗水和心血；大师不幸仙逝，使我们失去了一位好会长，好会友。[②]

九　丽江要做“儒家文化的诺亚方舟”

在“文革”当中，国家陷入浩劫，中华文化特别是儒家文化岌岌可危，周善甫身处逆境，自身难保，但“身际困穷，心忧天下”，他深入思考民族文化的命运问题，和一群志同道合的“文革”落难者、一群草根文化人提出把丽江变成“儒家文化的诺亚方舟”的设想。宣科回忆说：

> 周善甫先生在七十年代末期，每晚与笔者、杨绍书、张默君、

① 周善甫：《丽江洞经音乐首盒磁带引言》，《善甫文存》，第165页。

② 李晖、孙炯、和中孚等编《周善甫先生荣哀录》，内部资料，1998年，第27页。

吕少康、李晖等人在体委一间陋室中围炉相聚，谈古论今，吟诗作赋，更多的是“设计”丽江的未来。我们终于有了如下的信念：1. 中国绝不会走回头路。2. 丽江作为西南边陲的一方净土，将来会变成“儒家文化的诺亚方舟”，肩负起弘扬祖国优秀传统文化的重任。3. 丽江在今天和今后唯一的选择是保护人与自然的和谐，并把现代机械文明中的垃圾坚决清除出去。4. 趁丽江还有许多受过传统文化熏陶的人士，他们造成了一种至今还在运动的“惯性”，在这种“惯性力”的驱使下，很容易把这部“儒学”引擎再次发动起来。[①]

在举世癫狂妖魔化儒家、“儒家文化”已经被彻底“打翻在地”之际，几个身处社会底层、无权无势的“政治贱民”却在边地大山里高谈阔论民族文化的存亡，并要让故乡特别是故乡文化人担负起拯救民族文化命运的重任，他们的想法与现实是多么格格不入，多么不自量力，显得那么天真。但正是这份“天真”的执著和不变的“痴心”凸显了他们的责任感和使命感，凸显了他们的文化自觉。中华文化也正是因为有这么一些文化人，才得以历经劫难而绵延不绝。宣科感慨地说：“真是一群忧国忧民的仁人志士！”

打造“儒家文化诺亚方舟”的设想一直贯穿到周善甫的晚年。1995年，他筹建丽江雪山书院，想“以端大之规模、诚意之感召、务实之工作来推行传统之道德教化，移风易俗，克臻丕治。”筹建书院，天时、地利、人和皆已具备，但最终办成，也非易事，所以他不无悲壮地说：“即使举世之沉沦竟不可免，亦或堪为仁德文化之‘方舟’也。”[②]

这段材料表明，周善甫在“文革”中就开始思考重新发动“儒学”引擎的问题。所以在处境改善以后，他就竭忠尽智研究儒学，为儒家文化复兴作出贡献。

---

① 宣科：《人子》，《云南文艺评论》，1998年第2期《悼念周善甫先生逝世专辑》。

② 周善甫：《筹建“雪山书院”拟议》，1995年8月，李晖提供打印稿。

十　经济困境

在“文化大革命”期间，周善甫因为是右派，基本权利被剥夺，经济陷于窘迫，许多时候靠家人接济或借贷维持生计。而家里仅仅靠妻子杨佩兰做手工活得到微薄的收入，也竭尽全力支持他，十分艰辛。尤其是清理阶级队伍运动那几年，窘迫状况到了让他心慌的地步。

1968 年 9 月，他被从昆明押送回丽江不久，生了一场病。家里给他寄 15 元钱，他感到十分温暖和不安，用这些钱看病，也适当改善生活，将养身体。而“我的境况，仍无显著变化，没个归著的日子是很难过的，拖了三年，情绪之恶劣，与日俱增。”这是说他的问题久拖不决，工作也没有落实。他把发给他的布票寄给家人，“附寄布票一丈一尺，我留下五尺，以备不时之用。若要替我缝新的，就给孩子们添置好了，我最恰当是穿老八的旧衣便成。”困难的时候，一般是孩子穿大人的旧衣服，现在是他穿儿子的旧衣服，窘迫之状，达于极点。接着在附言中又说“希望寄点粮票和钱来”。杨佩兰的妹妹杨佩金生病，他十分挂念，但“我无条件作任何馈赠了，空言致贺，惭愧”。[①] 他在丽江十年，没有买过衣服，经常穿儿子给他的炼钢工作服和解放鞋。回到昆明，杨佩兰会想方设法为他添置新衣服。[②]

1969 年 5 月 5 日给儿子的信中，又谈到经济问题，在附言中说：“刚要封寄，接到汇款十元，其实，我已于二日借领到十五元，连身边所有，除交大妈（按：周霖妻子王富兰）五月份伙食费外，还剩八元钱可用，能早通知，此十元就不用寄来了。既汇到，当六月份用度，无论如何，六月份就不用再寄钱了。下半年，当各有安排，更不用想得过远了。”互相的体谅和关怀固然令人感动，而生活的窘迫也表露无遗。

“借领”是说，这个时候，县里开始考虑他的生活问题。一天，街委会一位姓和的干事来周霖家里找他，“从大门探进半个身子叫了‘周樊，到街里来一下，有人找。’”找他是因为外地来了两个人向他调查

① 周善甫：《致儿子周孚政的信》（一），《风雅儒者》，第 314 页。

② 杨佩兰：《佩兰回忆录》，第 231 页。

情况，当时叫“外调”。在路上，和干事告诉他：“关于你的生活问题，县里将会作出决定，现在先叫街里按每月借支一点，数字是十二元至十五元。”他不理解，问：“借？”干事说：“总会有个安排嘛。”“我当然表示对群众和政府的感谢。”

当天，街里一位姓杨的书记又找他谈话，主要仍然是通报他先借点生活费的决定，有关方面认为，他交代问题主动老实，“还有一定的表现”，所以按政策应该得到宽大待遇。同时要求他“今后还要认真地继续检查，有系统、分性质地跟着写材料，早晚附带招呼一下果园”。临走的时候，还拿了一厚本信笺纸给他。

他的表现得到群众和领导的肯定，前些日子他就听说了。有些单位在会上，把他作为老实交代的好例子提到。上星期，哥哥周霖从干校回家，也说干校的领导对他讲：“你要把问题交代好，无妨请个假回去，向兄弟交流一下经验。”结合今天领导告知的特殊待遇，他确信对他的肯定是真的，这让他“惭愧惶恐”，并表示要进一步“更坦率地去交代问题”。

但借支的问题仍令他不安。他说：“至于对以借支来维持生活的这一安排，领导上自然是有道理的，但自己心里却不怎么落实。我之所以提出要求工作，除了维持生活的必要，也希望有个固定的职业劳动，现在却成了个受周济的局面。即或将来不用归还，问心总不自安。何况既称借款，总是项债务；若说当写材料的待遇，那不仅不安，简直是着慌了。”如果仅仅是因为材料写得好才给的待遇，那就意味着只是暂时的，还可能被取消，所以心慌。“为此，回来在天井里徘徊了好一阵子。”

但究竟是个好消息，“起码也算可以写信告诉我儿，不必过分困难地筹寄我的生活费了，心里也高兴起来。”他又联想到妻儿对他的关心：“要没有你两娘儿的苦苦支撑，半年来将狼狈谋生不暇，哪里还能争取个什么表现？便今天丰富多彩的‘五一节’，也未始不是得处她们的深爱哩。”他富有诗意地写道：“空庭月白，浮想联翩。不知翠湖边的小屋里，今夕有无笑语欢颜？荒野痴女，蕉叶竹楼，已否怡然入梦？归寝拥被，房里点的小绿灯泡，淡淡的青光，尤逗人遐思，不因疲劳而快快入睡。”[①]“荒野痴女”是指女儿周永福，当时她下乡在德宏州芒市当知青。

十一　温馨家庭

1980年12月7日，周善甫在致李晖的信中说：“那是何等漆黑的年头啊！”在那漆黑的年头，无数家庭因为政治高压或夫妻反目，或父子成仇，家庭破裂，情感荡然。这是留在许多家庭乃至整个民族心灵上的伤痕。而周善甫在饱经磨难当中，不但没有被家庭成员以“划清界限”为名抛弃，反而感受到了来自家庭的温暖、慰藉和撑持。这个家庭给了他爱和力量。他也以自己的坚强、乐天、爱心和宽厚给家人信心和温暖，影响家人始终以善良向上的态度面对社会和生活。

周善甫和妻子杨佩兰伉俪情深。杨佩兰1920年出生于大研镇。1942年12月5日与周善甫完婚。她是名门闺秀，父亲经商，开“明春和”商号，讲究信义，生意一度相当红火，实力很强，曾任丽江商会会长。她读到小学五年级，停学以后，父亲晚上还教她一点古文，所以有一定的文化基础。停学后就在自家的铺子里做生意。她性格直爽，聪明能干，识大体，重感情，敢冲闯。她特别能吃苦，经常说：“我这个人，父母给了一双勤劳的手，自己苦来自己吃不完。”[②]正是凭着这种志气和勤劳，在各种打击和磨难中她顽强挺立，维系着家庭生活。

他们是按父母之命结的婚，进洞房之前彼此都不怎么了解。结婚以后由于性格差异，也有些矛盾和争吵，但正如周善甫所说“婚姻不是享受爱情，而是缔造爱情”。在艰苦岁月中，他们相亲相爱，患难与共，相濡以沫，谱写了平凡而动人的爱情故事，“缔造”了真正的爱情。

1950年以后直到1979年周善甫被平反的近三十年中，周善甫都在逆境当中，两人聚少离多。尤其是他的“反革命分子”和“右派”身份，不仅给他造成灾难，也给妻儿带来磨难。他们受到歧视，就业、读书都不能享受正常人的待遇，运动一来更要受冲击、批斗。“文化大革

① 周善甫：《致儿子周孚政的信》（二），《风雅儒者》，第323、324页。

② 杨佩兰：《佩兰回忆录》，第96页。

命”开始的时候，女儿周永福读高中一年级，有个丽江同学揭发她父亲是国大代表、右派分子，使她成了全校的斗争对象，“可是她才15岁啊！”[①]儿子周孚政考大学，比他分数低的都录取了，但因为家庭问题，政审通不过，不录他，只得到工厂当工人。杨佩兰遭受的磨难更多，关押、批斗、打骂、重压之下的重病，风刀霜剑严相逼，但都坚韧地挺过来了，默默地支持着他，哺育儿女成长，她是家庭的顶梁柱。

解放初，杨佩兰和大嫂李承彦（按，周霖第一位妻子）都被关起来劳教。先是关在羊见水，后来关在城里，共8个月。暂时关押在城里牢房的时候，

> 两个孩子跑来了，抱着我大哭。小八鞋子也没有穿，又是冬天，一双脚红通了，裤子穿得半截长。永福生得一头的疮，一头的虱子。我只知道用篦子来篦，可是满头的疮，怎么能篦？我气哭了。关起一起，有个阿荣照她说，不要急，我给你治。她姑娘来送饭时，她叫她姑娘拿一点除虫菊和一点猪头油来。她家邻牢房很近，一下就拿来了。我的两个孩子也送饭来，我把一小点除虫菊撒在姑娘头上。第二天两个孩子来了，看看姑娘头上的虱子多半都不在了，只有死的虱子，每个疮的周围都有几个。我把一个个都挑完，借个脸盆给民兵要点热水洗洗头，然后那些疮一个个上面搽上猪油。她那几根卷毛，可以说不在了。搽上药后，可能很辣大哭。过了个把钟头，可能好点了。第二天疮的壳都起来了，搽上第二回就好了。同住的人说，过一久头发剃光了，又长出来就好了。[②]

可见社会变革给他们这一阶层带来的磨难。杨佩兰在昆明拉大粪的时候，孩子很懂事，一双儿女都帮她。“我儿子一到礼拜六晚上跟我抬粪桶上车。我怕遇上熟人，告诉他不要去了。他说怕什么，一个人学习

---

① 杨佩兰：《佩兰回忆录》，第181页。

② 杨佩兰：《佩兰回忆录》，第128页。

好，不做坏事跟着母亲帮忙怕什么！”[①]女儿也是这样：

> 那时女儿才8岁，星期六或节假日要帮我去推车，我不让，她一定要去。她说，我看见妈妈腰杆是直的，我就不出力；妈妈的腰弯着，我就出力推。我说你不怕脏吗？她说我用纸垫着手就不脏了。虽然每次收工后，我总是把粪车洗得干干净净的，但我总觉得不好受。有一次她帮我推完车，我叫她去休息，等我做完工时，发现她在人家的大门口睡着了。看着这8岁的孩子也跟我一块儿受苦，我心里难受得不得了。我想，孩子的命为什么这样苦啊！[②]

命苦但是品质好，苦难的生活中也有温暖。他们没有以仇恨对待社会，而是以互相的关爱渡过难关。

解放后，周善甫多次写信给杨佩兰，希望她到昆明。1957年初，在弟弟杨焕文、杨焕兴帮助下，杨佩兰带着儿女从丽江到昆明谋生，住进翠湖北路31号后院。当时儿子周孚政12岁，女儿周永福8岁。杨佩兰没有工作，她就自己找，当了环卫站的工人，靠拉大粪、扫大街、割草维持生计等，工作又累又脏，她又有心脏病，但为了维持全家生计，她无怨无悔地干。

周善甫还在个旧任教，他甚至不能到昆明帮助妻子安顿家庭。他担心生长在宁静小镇的“在家”的妻子，能否很快适应喧嚣的城市，适应“出门人”的生活，于是在1957年1月7日给妻子写了一封长信，从思想到身体给予温情的关怀和指点。

周善甫鼓励杨佩兰要积极参与和享受社会生活。他认为社会变革给妇女带来的最大变化就是可以平等、广泛地参与社会生活，参与社会生活是一种权利，也是一种享受；社会生活是个人生活的延伸和丰富，是一种美。他希望妻子“以无限的虚心、无限的好奇、无限开朗乐观的态度来吸取”新鲜事物，“多读报刊书籍，跑图书馆，看展览会，参加居

---

① 杨佩兰：《佩兰回忆录》，第165页。

② 杨佩兰：《佩兰回忆录》，第173页。

民小组，以家长的身份和学校联系，看电影，听报告……走马路，留心各种人们的生活、工作，逛公园就识别鸟兽草木，处处都是学校”，以快速适应新的社会生活。他充分肯定妻子的聪明能干，激发她的信心和勇气：“你历来也不是一个钻在家里的人，在某些方面比我还要冲闯，在生活中是有锻炼的，我相信你一定能做得很好”。这里处处体现出周善甫一颗温暖光明的心，一种时时观察和感受人生社会之美的态度。

他教妻子如何与别人相处：

> 我们在社会上相处，已不单纯是几个固定的亲族邻舍，而是每天接触各式各样的人们，如何与人相处得好就成了一门学问。这不是枝枝节节的方法问题，主要得从个人在社会中所占的地位去了解。我认为（仅仅是我认为）自己在社会中并不具有特殊的地位，而是和其他人一样有着一致的权利、义务的，所以应该根除在社会生活中要求以自己为中心的念头，应该根除老是要别人对自己这样那样，而忽视自己应该对别人怎样的仄隘的方法。如要尽想如何让别人尊重自己，自己也要多尊重别人，主动地关心人，体谅人，帮助人，重视别人的思想感情，就是自己获得关心、获得体谅、获得重视的先决条件。老是从自己身上打圈子，把别人看成自己生活的附庸，就会把自己从社会生活中抛弃出去，弄得寸步难行。……“己之所欲，应施于人”，这就是在社会生活中与人相处问题上应抱的基本精神。再以热忱、坦白、诚恳的态度去待人，我想就没有什么大错了。[①]

这段话的核心是打破自我中心主义，多为别人着想，就能与人和谐相处。如他所说，与人相处不是靠枝节的方法，而是靠对人与人关系的正确理解，靠诚恳的态度和热忱的情感。自我中心，斤斤计较，只会被社会生活“抛弃”。这段话富于哲学意味。

他关心妻子的身体健康：

---

① 周善甫：《致夫人杨佩兰的信》，《风雅儒者》，第306页。

希望你注意身体的健康，初到一地有个水土不服的问题，吃食行动都须加留心。莫说昆明天气好，春初，每天的寒温变化特别大，当地有句老话说："二月的天，小婆娘的脸"，意思是说喜怒不测是很难应付的，早晚要多穿点衣服，新旧好坏都不在乎。生冷和燥热的东西少吃，家乡没有的蔬果也要暂禁一时，尽量避免吃馊饭宿菜。饮用必须是自来水。昆明的井水，不像家乡的山泉甜，也污秽得厉害，生水更吃不得（家乡人是爱喝生水的）。住房找定没有？若没有找定，在可能的范围要注意阳光和空气的充足良好，房子的好坏倒在其次。昆明最大的问题是地面阴湿，若没有良好的日照和通风，极易得潮湿等病痛，所以宁可在房租上多花上几文，就不必担负医药的费用。此地近来发现白喉，在昆尤是一种春天的地方病，多替小孩留心。[①]

这些极家常的絮叨，饱含着他对妻子的无限深情。看得出来，他当时可能不太能够自由行动，不然妻子到昆明这样的家庭大事他应该全力以赴，但一切困难都要妻子自己解决，包括租房、孩子上学。

他说："思想和身体都健康，生活就愉快幸福了。其他，还愁什么呢？你看我们正当壮年，还来得及从头建立自己的生活，子女的拖累也不大，兄弟姐妹都生活得平平正正，在巨大的社会变革中我们都受到了严峻的考验和锻炼，可能而且应该去掉一切包袱。"这里透露了他们的家庭出身、他过去的经历在新社会成为"包袱"，压迫着家庭。但他不忧愁，不抱怨，而是以积极的态度对待，接受社会变革的考验和锻炼，希望"从头建立自己的生活"。而不管社会如何变，追求"平平正正"的生活是他不变的信念。

周善甫在信中说他"依靠你这种可贵的精神品格才度过了这些年艰苦岁月"，1957年1月，反右运动还没有开始，之前的"艰苦岁月"和后来相比，简直就是小巫见大巫了。到下半年形势急转直下，周善甫被划为右派之后，更大的磨难不断袭来，他的处境越来越艰难，直至被

① 周善甫：《致夫人杨佩兰的信》，《风雅儒者》，第307页。

剥夺人身自由和工作权利，甚至有被杀头的恐惧。是杨佩兰支撑他度过了这一劫难。

他曾写信告诉杨佩兰，说暑假回昆明。暑假到了，不见人影，过了几天，他写信说昆明也来不了了，汇来30元钱，说他被打成右派，先在学校里批判了好几天，过了两个月，个旧一批问题大的人都要到人民代表大会上接受批判。过了三天，又来一封信说："我的问题是交代不清了，只有一条死路。两个孩子你替我扶养成人。你年纪还轻，我死后你要改嫁。"

杨佩兰意识到问题的严重性，拿着习自诚的儿子习家鹏给他的10元钱做路费，不管人生地不熟，第二天独自赶到个旧。到了个旧已是晚上9点，她担心丈夫是否还活着，问个旧一中的守门人，门房打量她好一阵才说他开会去了，她心上的一块石头才落了地。她找到郑校长，[①]校长问："是他叫你来的吗？"她说："不是，他不知道我会来。他原先写信说三个月就交代完了，现在四五个月都过去了，我母子三人在昆明，他一个月带给我们30元钱，怎么生活？我是来问问他怎么办。"校长说："不会有多大问题，你不要去逼他。"郑校长带他去见周善甫：

> 我两人一见面，彼此都呆住了，半天说不出话来。还是郑校长提醒他："老周，你去打点水，给嫂子洗脸。厨房里没有饭了，去外面买点吃的吧。"听了这番话，丈夫才如梦初醒，出去打水去了。郑校长说："他这个人没有受过这样的刺激，我是怕出意外事故。"我说："不怕，我会帮助他的。"校长走后，丈夫打水回来，洗完脸，我说，我晕车，吃不下饭。这里郑校长进来说，找着一张双人床，你们去拿吧。丈夫说不用了。等校长走后，他说："抬大床来，你走后，谁来跟我抬回去？右派在群众中是受孤立的，谁也

① 杨佩兰的回忆录中没有给出"郑校长"的名字，查有关资料，应是郑道津。郑道津，安徽六安人，1917年生于天津，毕业于西南联大物理系。在联大时，参加地下党活动，建国后长期担任个旧一中校长，对这所滇南名校的发展贡献很大，深受尊敬，曾任大个旧市政协副主席。在反右时人人歧视周善甫的情况下，他表现了关心和温情，尤为难能可贵。2010年6月去世，享年93岁。

> 不准跟右派讲话。我们可以睡地铺，楼板拖得干干净净就行了。”
>
> 第二天上午八点，丈夫又去人大接受批判，一天批判会开八个钟头。我问他什么事难于交代。他说，他们要我承认，等于我是反革命分子，承认了是要杀头的。我说，你可以去承认，何况还是“等于”呢。如果共产党要杀你的头，就不会这么客气了。你去承认，如果他们要杀你的头，我就去替你。你告诉他们，这句话是我教你说的。[①]

大床抬来后无法抬回去的细节，说明了他受孤立的严重程度。此时杨佩兰的到来，不知给了他多少温暖和信心！杨佩兰准备替丈夫去“杀头”的话，显出对政治的陌生，杀头是不可能“替”的，但正表现了她性格的勇毅和对丈夫无私无畏的爱。

杨佩兰在个旧住了五天，帮他洗衣服、被子、床单，缝缝补补，“也算解决了一些问题”。第六天她回昆明，周善甫把她送到车站。她说：“不管怎样处理你，你好好接受改造去，我把两个孩子扶养好，组织好一个小家庭，等你回来，你还是这个家的父亲。”[②]

杨佩兰靠当环卫工人的微薄收入维持全家生计，节衣缩食把孩子送进学校。在周善甫监督劳动的岁月，还寄钱给他作生活费、医药费。这个时期，更是靠了杨佩兰的“可贵的精神品格”和无私无畏的爱，周善甫得以渡过劫波。

周善甫的智慧也给艰苦的生活增添了乐趣。李晖说：

> 平时老师的幽默风趣和机敏也是有名的。记得师母来了以后有一次为了点琐事不高兴，说受了老师的气，老师就说“你的名字就取得不好，你这只羊（杨）配（佩）上我这只狼（兰），当然要受气了。”师母哈哈大笑，气也就消了。[③]

---

① 杨佩兰：《佩兰回忆录》，第 155 页。

② 杨佩兰：《佩兰回忆录》，第 157 页。

③ 李晖：《我永远的老师》，《风雅儒者》，第 142 页。

杨佩兰也富有幽默感。1978年，“四个现代化”是最流行的话语，她对周善甫说：“样事都要现代化，现代化的生活就是不崇尚抽烟。”周善甫于是把整整抽了半个世纪的香烟都戒掉了。他说：“形势的发展，真的喜人，行见美好事物不断涌现，活下来欣赏是值得的，为了想康乐地再活几年，我把整整抽了半个世纪的香烟都戒掉了。”[①]他还劝诫儿子周孚政和学生李晖也戒烟。

“文革”结束后，周善甫的生活有了根本改善，尤其是退休回昆明后与家人生活在一起，有了写作的条件，埋头于著述。杨佩兰和他十二年“秤不离砣”，朝夕相伴，悉心照料。“他每天上午写文章，下午写大字，四点后钟约我到翠湖里坐坐玩玩。”他还让妻子看《说唐》之类的小说。

周善甫晚年身体不好，平均每年要住一次院，只要一感冒咳嗽，就容易转化成肺炎或肺气肿。“丈夫有个毛病，一打吊针，不能吃饭了，住进医院去时，生活完全自理，还可以出来走走。十天以后，生活不能自理了。”回家来，不打吊针，又想吃饭了。杨佩兰精心安排饮食，慢慢调理，一般半个月后就好了。1992年，78岁的他得了肺结核，住进安宁长坡医院，身体一天比一天弱。医院院长说没有希望了，不必回去了，年纪大的人得了这病，医好的没有几个。杨佩兰硬把他接回家，回家时“单独不会走路了”，经过她的服侍，几天后就可以下床走动了。“两个礼拜后，我牵他又可以走到翠湖边，晒太阳。一个月以后，又可以去到文史馆上班。”“医生判了死刑，这个病人我又接回来慢慢地调理又活过来了。”[②]她把他从死亡线上拉了回来。“丈夫从个旧回昆明那天起，一直到他去世那天止”，她都要炖一小锅骨头汤或鸡汤，于是他每餐有一碗汤喝，[③]对保养身体大有助益。

到周善甫名望日隆的时候，杨佩兰则静静地退到了他的身后。李晖说：

---

① 周善甫：《致周孚政、周永福、李晖的信》，李晖据手稿整理打印本。

② 杨佩兰：《佩兰回忆录》，第309、310页。

③ 杨佩兰：《佩兰回忆录》，第286页。

> 老师的晚年名气越来越大，翠湖边那陋室常常是高朋满座，纵论古今。湖边的翠云楼餐厅也是我们常去的地方，好几回老师还趁兴唱起雪山下的歌。为了他的健康，家人早就不让老师喝酒了，但只要我去，老师总会和师母说，阿晖来了，怎么都应该让我喝上一杯吧。有时周末去到那里，师母会悄悄地用纳西话和我说，那些“疯子”又在这里吹牛了，恐怕今天又是没有你的座位。我常常是静静地在旁边呆上一会，听着老师像往常一样议论艺术、人生、哲学、典故。[①]

杨佩兰悄悄用纳西话说“那些疯子又在这里吹牛了”的细节，特别有味，她对丈夫的理解、爱怜，甚至不无得意，都含蓄地表现出来。

1992年12月，是周善甫和杨佩兰金婚纪念，至亲好友和学生为他们举行庆贺活动。在云南大学一间简朴的小食堂里，大家纷纷举杯祝愿二老健康长寿，晚年幸福，赞美他们甘苦与共、忠贞不渝的爱情。周善甫晚年相交甚笃的友人，时任《春城晚报》副刊部编辑的诗人黎虹问他们有何感想，杨佩兰说：“塞翁失马，安知非福！”周善甫说：“梅花香自苦寒来，患难夫妻情意深嘛。”[②]杨佩兰在回忆录中还说：“这一天，也是难忘的一天，原因是丈夫九死一生的病当中，又活过来，又可以办金婚，怎能不高兴呢？”[③]周善甫对李晖说：“这是半生铸就的情感，远非‘柔情蜜意’所可比。”[④]

1994年初，周善甫书写流行歌词“与佩兰老妻同赏”：

> 风是秋后爽，月是十六圆，花是老来俏，瓜是苦后甜。经历岁月久，得遇知己难。泪眼同欲笑，纯美是中年。几十年风风雨雨，更加懂得真情暖，贴心贴肝，知冷知暖。几十年甜咸苦辣，洗亮了

---

① 李晖：《我永远的老师》，李晖手稿打印本。

② 黎虹：《患难情深》，《周善甫先生荣哀录》，第119页。

③ 杨佩兰：《佩兰回忆录》，第311页。

④ 周善甫：《致学生李晖的信》（七），李晖据手稿整理打印本。

一双眼，缘分注定，坎坷同担。[①]

虽然是别人的歌词，但极其恰当地写出了他们的命运和心声。

纳西女子以健壮爽朗、热情质朴、善良贤惠、勤劳能干、执著坚韧著称。杨佩兰是这些女子中的普通一员，她也拥有这些美好的品质。她又是她们中不平凡的一员，她在艰苦岁月支撑了一个家庭，她以自己的坚定、爱心和搀扶，陪伴丈夫走过风雨人生，她把纳西女子的美好品质发挥得更充分。

受到丈夫的影响，杨佩兰晚年也勤于写作，出书。周善甫去世后，她在电视里“看家常戏，发现我坎坷的一生，也来写写”。于是在做家务之余，翻着《新华字典》，撰成20多万字的《佩兰回忆录》。这本书写了从她出生到2002年回丽江80多年中她的经历、见闻和感受。这是一本她自谦为“平铺直叙”的书，“抵得流水账”，[②]但由于她一生是如此曲折丰富，即使平铺直叙也波澜起伏，是一个坚强女性的苦难史和奋斗史。书写出了时代风云变幻对人的命运的簸弄，通过一个人和一个家庭的命运反映了社会现实、世态炎凉。全书完全从她的立场和视角观察生活和社会，没有多少背景及前因后果、价值意义之类的介绍评判，也没有内容的提炼和美化，更没有任何做作和夸饰，就是原生态的呈现，真实性和细节感很强，语言完全口语化，还有纳西语和汉语方言的夹缠，有种独特的意味。这是一本真实、坦率、净美的书，价值很高。这书和周善甫的书一样，都是由家人支持，自费印行，只印了19本，在至亲好友间传看。全书由周永福编辑，周孚政完成书法电脑制作，儿媳张丽萍、孙女周芍、外孙木其坚电脑录入。2009年她还完成一本《明春和旧事》，介绍她娘家的历史和经商情况。已经94岁高龄，她仍在写书。2014年9月23日，我们去拜访她，李晖问她在干什么，她说：“写书，写一本《做媳妇》，从进周家写到周老师去世，咋个在周家做媳妇。”她说：“我是个勤劳的人，我有一双勤劳的手。我这个

① 杨佩兰：《佩兰回忆录》，插页。

② 杨佩兰：《佩兰回忆录》，第331页。

人有点硬气呢。”

周善甫关心子女的安乐和成长，教育他们始终要做一个正直勤恳的人。他和儿子平等地、推心置腹地讨论爱情，指导他建立正确的爱情观，阐明要有一个好妻子，自己首先要做个好丈夫。他说：

> 一个理想的伴侣，至少有一半是靠自己去“创造”的。从前有个聪智的人答复“怎样才算一个好妻子”的问题时说：“好妻子是一个有着好丈夫的女人。”这话是很有道理的。你想有个好妻子便先要自己准备做个好丈夫，只想挑拣，就想达到美满婚姻，是行不通的。①

在1957年1月7日给妻子的信中，他谈到子女时，说了一些深情而富含哲理的话：

> 佩金的信里提到说“阿八、阿福都很健康，可惜阿八的脚□了一点”。偏偏中间这个重要的字看不明白，到底是脚怎么样了呢？是不是跛了一点？真够急人，快快明白告诉我！阿八淘气一点，是不好的，要纠正，但莫要采取随事干涉制止的粗暴办法，主要是应该诱导走上好的道路，过分担心也可不必。正如佩金所说，环境一变，情况也就会有所不同了，所以我们应该把他安排在一个良好的环境当中，“麻生丛中，不扶自直”。至于将来的成就如何却是别人勉强不来的，我们的责任是把他培养成一个正直勤恳的人，随事做他们的好榜样，在他们的品格上不使留下污点，在他们的道路上不使留下太大的缺陷，这就是了。老是由我们为他们排定生命日程是不必要的，为此而焦虑苦恼更是不必。
>
> 阿福听说极为温柔活泼，甚好，女孩子可以对她宽一点，只要不恶俗就得了。她和吉森是很好的吧，吉森十分聪明，肯读书，就是有点调皮，不能过分夸奖她。

---

① 周善甫：《致儿子周孚政的信》，《风雅儒者》，第318页。

孩子上学的事有头绪没有？恕我远道帮不了忙，多拜托佩金和焕兴了。[①]

阿八是周善甫的儿子周孚政，他在周氏大家庭中排行第八，故昵称阿八。阿福是女儿周永福。吉森是杨佩兰大弟杨焕文的女儿。从对杨佩金信中看不明白的一个字的急切追问，可以看出他对儿子身体状况的极度关心，一种感人的父爱强烈表现出来。这里谈的儿女的教育观，反映了周善甫的精神境界和人生观：对后代，最重要的是培养他们成为正直勤恳的人，品格上没有污点，不“恶俗”。而要做到这一点，父母要为孩子们创造良好的环境，在为人上做出好榜样。至于孩子们的具体行为，不必动辄横加干涉。在当时的人生境遇当中，周善甫仍然葆有如此纯净宽厚的情怀，实在令人感动和温暖。

他为孩子们的点滴进步而高兴，及时加以鼓励。1973年12月5日，他在给周孚政的信中夸奖他信写得好：“来信写得得体，我念给大爹听，他也认为简明通顺，很表高兴。行文之事，首先就在命意对头，率真出之，就差不了。”[②]大爹就是周霖。他对“行文之事”的看法，十分精辟。

女儿周永福“文革”中到德宏傣族景颇族自治州芒市当知青，写信向他讲述工作生活情况，他为女儿的成长祝福，也指点她为人处世的态度：

接到来信，首先触目的是照片，看自己分别已快近一年的女儿，那样神飞色阔地跟伙伴们在一块，做爸爸的哪能不喜上眉梢，连那两位不曾相识的同学，也因看来和你如此融洽，都感到分外亲切，祝福你们，孩子！

来信谈了你们这样度过中秋和国庆，字里行间洋溢着青春的欢笑，与集体生活的愉悦。芒市大河的波光云影及遮放街头的歌声喧哗都绘声绘色，见诸纸上，让我这孤寂的老头儿，也分享了边地的

① 周善甫：《致夫人杨佩兰的信》，《风雅儒者》，第308页。

② 周善甫：《致儿子周孚政的信》，《风雅儒者》，第325页。

景色乐趣。人老了，儿女的幸福就是自己的幸福，莫忘记常常这样讲给我。

信末，你提到在日常处人问题上的一些苦闷，同学间的争执，靠那一边都不好等等。我认为，首先，应该肯定“争端”是群居生活中必不会少的，应付自然麻烦，着恼却可不必。其次，不要软弱地希望别人照顾自己的情绪，而要坚强到能照顾别人的情绪。再呢，还可以告诉你一副古老的对联：“传家有道惟忠厚，处世无奇但率真。”狡狯和手段是永远吃不开的。①

这时，他被遣送回丽江，和家人分离，是他最落寞的时候，女儿的青春朝气给了他安慰，所以深有感触地说“儿女的幸福就是自己的幸福”。对如何处理与人相处问题的看法，具有哲学的高度，体现了他一贯严于律己、宽以待人的处世态度。即使吃尽了苦头，他也不怀疑“忠厚”、“率真”这些美好的人生准则，不认可“狡狯”和“手段”这些负面的却在一定时候能给人带来实惠的东西。

周永福《祭父》回忆了全家在特殊年代艰难而温馨的生活，以及父亲给她的教诲和力量：

我初次见到您，
是在我出生十多年后的一个夜晚；
您衣着俭朴，肩扛甘蔗。
但潇洒飘逸确是相册中的那个“爸爸”。
数十年风刀霜剑，
神清骨秀如同母亲描述一般。

从此欢声笑语充满我家，
尽管贫穷也常与我们相伴。
迟归的燕啊，

① 周善甫：《致女儿周永福的信》，《风雅儒者》，第329、330页。

精心营造着温暖的小家。
夏日，柳树下，
我们同吟《琵琶行》
冬夜，炉火旁，
您把我长满冻疮的小手放在胸前腋下，
窗外，映出的是一个幸福家庭的窗花。
不想乌云滚滚天色暗，
黑云压顶四妖狂。
您在“横扫”中恨别妻儿，
我为接受再教育远离爹娘。
十年不过弹指一挥间，
而离愁别恨却是如此绵长。
只有一封封珍贵的书信，
传递着无限的思念与牵挂。

当我对生活感到无望，
您告诉我人生如同四季一般，
处于春末夏初的我，
有暴风迅雷应视为平常。
已过六旬的您
带着满身的创伤回到玉龙山下，
面对故乡母亲，
您愿为它付出一切。
短短几年，
您把北门坡变成瓜果乡，
荒地变成体育场。[1]

就是这样，周善甫一家凭着豁达向上的人生观、价值观，以真诚热

① 周永福：《祭父》，《周善甫先生荣哀录》，第23页。

情的态度对待社会和人生，患难与共，互相关爱、激励、搀扶，走过了艰苦岁月。当时他们处于社会的底层，经济生活窘迫，但家庭生活、精神生活是那么温馨和谐，饱满亮丽。周善甫主导了这种家风的形成，这种家风反过来又给他慰藉和力量。

不止妻儿，周善甫的其他亲戚也是这样，即使是在非常时期，也能保持宽容和教养，给周善甫及家人真诚的帮助。“文革”中，周善甫被遣送回丽江，和哥哥周霖一家生活，兄弟俩互相切磋诗书画，有一种别样的快乐。杨佩兰的弟妹们，杨焕文、杨焕典、杨焕兴、杨佩琼、杨佩金在困境中更是与大姐杨佩兰一家相互扶持，经济上帮助，精神上抚慰，帮助他们渡过多少难关。

杨焕典 1931 年 8 月生于丽江，1955 年毕业于云南大学中文系。担任过广西师范学院院长、广西壮族自治区政协提案委员会副主任、中国民族语文学会副会长、广西语文学会会长等。杨焕典是有成就的语言学家，著有《纳西语研究》、《杨焕典纳西学论集》等，主编《广西通志·汉语方言志》。他是周善甫的内弟，也是学术上的知音。在他成长道路上一直得到姐夫周善甫的关心。

由于有这样健康向上的家庭环境和父辈作出的榜样，周善甫的儿女们都自强不息，厚德载物，做出出色的业绩，形成一门隽秀。儿子周孚政由于时代和家庭的原因，没能上大学，高中毕业后做些临时工，后来到昆明钢铁厂当工人，但凭借勤奋，修完云南大学夜大学，先在昆明十四中当美术教师，后调昆明八中任教，成为高级教师、教务处副主任、教研室副主任、昆明市历史教学研究会副会长、云南书画院特邀画家，并从事学术研究，发表文章，并结集为《愚者之虑》，2005 年由云南民族出版社出版。他从小学习绘画，数十年坚持不懈，2014 年 3 月在云南省民族博物馆举办了个人油画展。女儿周永福毕业于昆明师范专科学校（今昆明学院），是云南大学附属中学高级教师，师德业务双馨，被评为全国教育系统劳动模范。女婿木桢曾是云南大学政治系副教授、党总支书记，后来成为云南省民委副主任。儿媳张丽萍是昆明四中教师，十分孝敬公婆。至此，形成连续五代耕耘乡梓的“纳西族周氏教育世家”。周善甫晚年为此深感到自豪。

第四章
晚年华章：正派地享有每天到来的日子

"旋值四妖亡，万类庆复苏。"[①] 1976年10月，"四人帮"被粉碎，"文革"结束，国家迎来了转机，开始逐渐走上符合中国国情、顺应世界潮流的发展轨道。1978年12月中国共产党十一届三中全会召开，冲破了长期的左倾束缚，拨乱反正，作出了工作重心由阶级斗争向经济建设转移的重大决定，作出了实行改革开放的新决策，国家实现了伟大历史转折，进入改革开放时代。这个时期，政治开明，经济发展，文化环境宽松，激发了全社会的活力，国家进入了建国以来最好的发展阶段，迅速崛起。每个人的命运也因此而改变。

1979年9月，在胡耀邦的推动下，中共中央作出了对全国"右派分子"全部摘帽改正的决定。邓小平在谈到改正右派问题时说，反右运动使很多人"多年受了委屈，不能为人民发挥他们的聪明才智"，"这不但是他们的损失，也是整个国家的损失"，因此，"给右派分子全部摘掉帽子，改正其中大多数人的处理，并给他们分配适当工作，

① 周善甫：《送李晖出山求学》，《风雅儒者》，第294页。

就是一件很必要的、重大的政治措施。”[①] 55万多“右派分子”的悲剧命运终于结束，“获得重当社会成员的佳期”，可以“正派地享有每天来到的日子”。[②]

周善甫的命运也发生了根本性变化。面对国家经济社会的快速稳定发展，国力的逐渐强大，周善甫“沉醉在快乐之中”，因为过去吃过苦，他更珍惜今天的甜，他深情地说：

> 我一生热爱我们民族博大精深的文化，挚爱着故乡云南这块红土地和生我养我的父老乡亲。中华民族旗帜下的每个公民，无论职位高低都要身体力行，以满腔热情投入自己的工作，懂得察民情、感民生、识民意、谋民利，不能忘了忧国忧民。你我之辈虽然为国家、为人民办不了什么惊天动地的大事，但应尽职尽力工作，力所能及地为人民做点事。[③]

对他而言，“尽职尽力工作”、“为人民做点事”就是“为天地立心立德，为世人立言立说，乃是文化人的一种天职”！[④] 正是出于这种家国情怀，出于公民的本分，出于文化人的天职，他以一介布衣“尽职尽力”工作，进行中华文化研究、文学创作、书法艺术创作和研究，在晚年绽放出文化创造的华彩。

周善甫也谈到反右运动的教训，谈到1958年的“大跃进”以及“文化大革命”的灾难，他没有过多纠缠个人得失，而是着眼于国家民族命运，他说：

> 我们国家再也不能折腾了，这些频繁的政治运动使国家经济建设至少滞后了20年，这些教训是极其深刻的，每个有良知的公民

---

① 邓小平：《目前的形势和任务》，《邓小平文选》第二卷，人民出版社，1994年，第243页。

② 周善甫：《致学生李晖的信》（一），《风雅儒者》，第331页。

③ 杨志华：《我与周善甫先生相识的岁月》，《风雅儒者》，第170页。

④ 华莹：《永远的良师益友》，《风雅儒者》，第83页。

都不能忘记这段历史。[①]

至于个人，他认为个人的苦难遭遇算不了什么，我们可以从中悟出很多道理来供后人借鉴。

他衷心希望中国共产党总结经验教训，领导国家"踏实"开创新局。1983年，他在给李晖的信中，推心置腹地说：

> 中国共产党不仅有着光荣伟大的素质与历史，而且还仍然是当前中国人民的领导核心，这一核心的任何动摇，都将会带来动荡与苦难，所以拥护党的领导这一原则，无论入党与否，都应该加以坚持，而眼前党所推行的政策是实事求是的，应该诚意地推行。可是，直到现在各级从政党员的思想与作风，仍然普遍令人失望，举国人民都以怀疑的眼光注视着，迫切期待着党能在过去十年的满目疮痍之后，重振雄风，领导全国人民，以这临了的一次机会，踏实开创个新局来。[②]

这是私人通信中说的，但高度理性，是金玉良言。中国共产党不负人民期待，实行改革开放，开创了中国崛起的新局，把中国带上复兴之路。

饱经忧患以后，周善甫终于可以"正派地享有每天来到的日子"。他由一个长期受人歧视和受社会冷遇的另类，变成了受政府礼遇的社会名流与受公众敬重的学者和艺术家。他有了安定的生活，有了能够自由思考和表达的社会环境，于是他的学养和智慧凝聚为学术成果和艺术成果，爆发式地展现出来，成就了他的一世英名。

一　第二度个旧岁月

1979年10月，有关部门落实中央政策，改正周善甫的"右派"

---

① 杨志华：《我与周善甫先生相识的岁月》，《风雅儒者》，第170页。

② 周善甫：《致学生李晖的信》（二十五），李晖据手稿整理打印本。

问题，安排到个旧市第二中学任高中教师，这时他已65岁。但到11月份，“结论”还没有下来。24日他在给李晖的信中说：“我的‘结论’还没有下来，但有消息说已经批了，正在打印，作为错划改正云云，看来已不致有特殊变化，但既未落实到手，心中仍不免耿耿耳。”[①]可见他的期盼和忐忑。

个旧二中拟让他担任高二班的语文课，但还没有正式上课，他就蛰居斗室，充实自己的语文基础知识。“近日主要是阅读云大夜校的《现代汉语》讲义，这种机械的基本功夫正是我历来所缺而又为教学上所必需的。对它，我心里并不以为果有切实用，学着又枯索无味，但究属通用规程，于学生的理性认识也不无小补，只好耐心学下去。”[②]

他的生活条件还没有改善，个旧二中在山坡上，他的宿舍在最高一层台地，冬天峡谷的寒风从门窗前猛烈吹过，寒冷难当。他枯坐硬挨，瑟缩无状，邻居蒋老师看不过，同情他，给他送了一盆火。他也买了点栗炭，于是一室春融了。屋里贴有唐人杨巨源诗“诗家清景在新春，绿柳才黄半未匀。若待上林花似锦，出门俱是看花人”直幅。邻居的关心给他温暖，“绿蚁新醅酒，红泥小火炉”颇为惬意，后来他经常谈起这段美好的记忆。

1980年上学期，他担任一个班的语文课并充班主任。不久一位老师请假，学校要他代上一班高二的语文课，担子加重一倍，他也胜任愉快。为了提高高考升学率，他请李晖寻找复习资料，妙手空空，很难应付总复习。他虽然反感为升学而读书，但迫于环境，他只能“先把‘敬业’做到为好”，[③]老老实实按照高考要求进行教学。因为他课教得好，校外还请他上补习课。

1981年1月5日，他带领学生出游。他们爬上高高的个旧老阴山绝顶，他披襟高歌，心情舒畅，拍了照片。他自诩身体硬朗，参加个旧市元旦登山比赛，和几百青壮年爬上陡峭的老阴山，在晓日初临的红旗

① 周善甫：《致学生李晖的信》（三），《风雅儒者》，第340页。
② 周善甫：《致学生李晖的信》（三），《风雅儒者》，第339页。
③ 周善甫：《致学生李晖的信》（十一），李晖据手稿整理打印本。

下，“昂然”接受记者们的拍照，“一时颇以为自己是不老之仙”。[①]

1983 年 4 月，个旧二中举行全校教职工环金湖赛跑比赛。周善甫不顾年老，参加比赛。在一百多号人中，他是最年长的一个，凭借先天的良好体质和浓厚的兴致，他以 42 分的成绩，跑完 6 公里的全程，“搏”得中游，拿了“特奖”。不仅如此，完成比赛后，他又陪几位校外的老友畅游老阴山下段，下午又一起去爬老阳山，夜里还在朋友处大喝啤酒，直到末班车停开，才步行回家。劳累一整天，但他少有疲乏之感。而不少中年同事却一圈环湖就跑伤了，几天都拖着脚走路。他庆幸自己的身体好，“感谢上苍的恩典”。这可能是他长期的劳改所赐，所谓因祸得福。

他的社会地位越来越高。1982 年，他成了云南个旧市政协委员兼文史委员会负责人，这是对他社会影响的认可。1985 年，他发起并和个旧文教界政协委员 10 人联名提案，建议在个旧建立“北回归线标志塔”，得到采纳。他在提案中描绘了“北回归线标志塔”和“线际公园”的蓝图，又配合个旧市政府请来时任中国美术家协会副主席、中国美术馆馆长、著名雕塑家刘开渠指导。经过多方努力，这个愿望终于实现了，市民为之欢欣鼓舞。周善甫很欣慰，微笑着说：“我心上仿佛荡起一池春水。”[②] 他还建议把“七层楼”命名为“燕子楼”。这些是他“重返个旧的纪念”。

七层楼是个旧市政府的办公楼，这里燕子云集，多的时候达上万只，遮天蔽日，令人叹为观止。燕子在楼上筑巢，市政府工作人员爱鸟，长期保护鸟类，就是打扫卫生也不伤害鸟巢和鸟类。燕子和人形成亲密的关系，有时和人擦肩而飞。称为燕子楼，名副其实，而且富于诗意。

1984 年 5 月，在云南省书法家协会成立大会上，周善甫当选理事。次年，又当选个旧市书法家协会主席、红河州书法家协会名誉主席。1985 年，刘开渠邀请周善甫到中国美术馆举办个人书法展，被他婉谢，

① 周善甫：《致学生李晖的信》（二十三），李晖据手稿整理打印本。

② 华莹：《永远的良师益友》，《风雅儒者》，第 86 页。

而建议举办《锡都书画摄影展》，被采纳，于是《锡都书画摄影展》得以晋京展出，这在当时云南艺术界是件影响很大的事，这是周善甫作为书法家协会主席发挥的作用，也显示了他的襟怀。

更可喜的是，他可以自由地写作并发表，他的才华和学识有了展示的机会。1981 年，中国最权威的书法期刊《书法》发表了他的行书作品杜甫诗《登楼》，标志着全国书法界对他作品水平的认可。这是云南健在书法家首次在《书法》发表作品，显示了他的实力。

这里还有个故事。郁达夫的侄儿郁新民解放初期由内地来到个旧锡矿当工程师，1957 年被划为右派，与周善甫一起劳改，成为难友。他非常尊敬周善甫，一直以师礼相待。他曾作《运笔生奇气，斯人有古风——记著名书法家、学者周善甫先生》一文发表于《个旧报》（1992 年 10 月 30 日），赞扬老师的人品和书法。他一直很推崇周善甫的书法，1981 年趁他回昆明休假期间，自作主张寄了三幅老师的书法给《书法》杂志。周善甫知道后埋怨他冒昧。没想到杂志社很快回信，说“作品具有一定水平，现已拍照，以后决拟选期出版。”他没有那么乐观，对李晖说：“事固还未可必，但也是件值得高兴的事，不然，屡遭白眼，连继续写字的兴趣都几乎败了。”①《书法》果然在 1981 年第 5 期选了其中一幅杜甫《登楼》发表了，他更感欣慰，10 月 24 日写信告诉李晖，并表白心迹：

> 在一生沉没草莱之余，得此请益于全国书林的机会，说并不沾沾自喜，也就未免矫情了。特别对你，为更应表示自以为正当的兴奋。回想在酱菜厂陶滥泥的日子，何曾想到开这么一小朵老圃黄花呢？当年你常常把玩着我的书法习作，为我抱屈，现在要是看到了，也将为我浮一大白吧。②

他的书法第一次公开发表，而且是在全国最高的书法专业期刊上，这是

① 周善甫：《致学生李晖的信》，李晖据手稿整理打印本。

② 周善甫：《致学生李晖的信》，李晖据手稿整理打印本。

对他的书法水平的认可。他是把声名看得很淡的人，现在有抑制不住的喜悦，是因为在长期的打压之余，自己的书法水平终于得到证明。他说得好，此时一定要做出宠辱不惊的姿态，“不沾沾自喜”，就矫情了。他不加掩饰地表达了“正当的兴奋”。“浮一大白”就是喝一大杯酒。

《书法》发表作品的效应日渐显示出来。红河州举办书画展，他的参展作品被评为第一，还被某单位以高价买去。华东政法学院（今华东政法大学）举办书画展，经上海的书法评论家洪丕谟推荐，专函请他写字。《云南日报》的《文化生活》函约他写刊头。云南人民出版社派专人以较高的稿酬请他写春联收入春联集出版发行。他的多幅作品入选云南省各类大型书法展览，向他索书的人也多起来。

1984 年初，已经担任丽江地区师范学校副校长的李晖请老师为学校题写校名，学校用他写的字体制作的校徽一直使用到学校撤并。李晖还请老师写了“太阳下面最光辉的事业”几个大字竖立在学校大门口，激励学生热爱教育事业。周善甫的书法为学校增添了文化气韵。1983 年，他还为丽江教育学院（今丽江师范高等专科学校）题写了校牌。1983 年，华坪县新图书馆建成，请他写了馆名。

此外，他在《云南日报》、《滇池》、《玉龙山》、《语言美》等云南很有影响的报刊上发表了一些学术性评论和散文随笔。

1985 年，他趁假期完成了第一部《四书选读》，选取《大学》、《中庸》的全文，和《论语》、《孟子》的部分，加上简明注释，并以按语形式揭示选文的内涵和他的体会。《论语》、《孟子》选文每段都加上概括选文主旨的标题，便于理解。他把书稿寄往北京向梁漱溟请教，当时已 90 高龄的梁漱溟回信给予肯定，并题写书名。梁漱溟被美国哥伦比亚大学教授艾恺称为“中国最后的儒家”，[①] 周善甫后来被学术界称为“离我们最近的儒家”，他们的思想是相通的。梁漱溟的题签，给他很大激励，“不仅增加了我治学的信心，也提高了该书的身价。另外，昆明的老实业家周润黄先生，读到样本后，也极赞赏，自己花钱复印了

① 〔美〕艾恺：《最后的儒家——梁漱溟与中国现代化的两难》，王宗昱等译，江苏人民出版社，2011 年。

几十本赠送友好。凡此种种，都说明有益人群的文化活动，是永远不会孤独的。语曰：‘德不孤，必有邻。’足以自勉。”[①] 那时离批林批孔运动过去还不到十年，人们的思想还被禁锢，对孔子和儒家学说更是抵触，可以说没有多少人能够真正理解他所做的工作。《四书选读》2003年收入云南民族出版社《大道之行——周善甫国学论集》正式出版。

他有许多著述计划，渴望把被耽误的时间夺回来。先是拟编一本《对联选》，选些好的对联，加上评注。1980 年 12 月，他曾托李晖到丽江县图书馆和丽江地区中学图书馆找相关材料。他写出两篇样稿，与云南人民出版社接洽出版事宜，结果与一位大学教授的选题重复，发生“撞车”，只得作罢。又准备编《书信名篇选》，花了不少精力编好目录，拿去出版社洽谈，出版社“深致惋惜”，因为他们正在编一本同名的新书，是由一位“姓曹的老女同志着手编写快要竣稿了”，把目录给他看，大体类同，再次“撞车”，他只好“怅然作罢”。[②]他又想编《诗话类摘》，写出提纲和样稿与出版社洽谈，“颇受重视，总编室同意上稿”。但由于“中年失学”，动起手来，“大觉力有未逮”，加上在“方向、分量、内容和供读水平诸方面，和出版者的意见还有不尽一致的地方。既不欲草率从事，又不愿削足就履”，[③] 最后还是未能完成。

他引用泰戈尔的话说：“不必停下来把花朵摘下珍藏，因为一路上都会有花朵不断开放的。”他一方面“因为前路毕竟有限，有花总也不多了”，于是“勾起了对自己的满腹怨艾”，心想如果年纪轻一些，那该多美；[④] 另一方面，他确实没有停下脚步，而在后面的路上采摘了不断开放的鲜花，出版了一系列更有价值的著作。

周善甫年近古稀，1982 年就申请退休，但个旧教育当局舍不得放他走，他也还想努力做点事，“不无恋栈”，于是继续工作。到 1986 年，他又提出退休，个旧方面还想请他承担编写地方志的工作。他感慨

① 周善甫：《致学生李晖的信》（三十五），李晖据手稿整理打印本。

② 周善甫：《致学生李晖的信》（二十），李晖据手稿整理打印本。

③ 周善甫：《致学生李晖的信》（二十三），李晖据手稿整理打印本。

④ 周善甫：《致学生李晖的信》（二十四），李晖据手稿整理打印本。

地说："工作的机会，对我是到来得太晚了，每每为之怃然。"[①]

1986年7月，周善甫以72岁高龄终于获准从个旧二中退休。从1979年到1986年，是周善甫一生中第二次在滇南重镇个旧工作，共七年，和建国初期的约九年相比，已经有了根本变化。他可以有尊严地生活，可以自由地写作，为晚年的创造力爆发开了个好头。

二　幸福之旅

"文革"后，周善甫获得了自由，经济条件有了很大改善，他可以带妻儿出去旅游。1981年暑假，他拿出补发的900元工资，加上杨佩兰补发的300元，他们和女儿周永福首次出门旅游。他们到了北京，住在姐姐的女儿刁玉树家里，刁玉树的丈夫梁家骥是北京大学教授。他们在北京12天，游了故宫、中南海、天坛、长城、香山、圆明园。然后南下山东，登泰山，到曲阜参访孔庙，游济南、青岛。又继续南下，游览上海、杭州。

1982年暑假，个旧二中组织教职工游桂林，周善甫带杨佩兰一起去。他们30余人8月5日乘火车出发，经两夜一天到达桂林，作了四天游赏。归途坐慢车，在柳州、贵阳、安顺都小住游玩，并专程探访黄果树瀑布，一了多年的夙愿。他描述桂林之游的感受说：

> 峰壑河池之美是足副其盛名的，比我原所设想的要好得多，特别是洞府石室的离奇瑰丽，简直是阆宫梦境，置身其间，恍疑非复人世，大呼值得，不更以暑热为苦了。漓江一日游，放舟直达阳朔，在现代化的游艇里举名酒，吃活杀鲜鱼，指顾笑语于轻音乐旋律中，老夫妻依舷絮语。回首前尘，个中况味，就非一般游客所可领悟了。[②]

1984年秋，杨佩兰拿出补发的1000元工资，周善甫拿出300元，

① 周善甫：《致学生李晖的信》（三十四），李晖据手稿整理打印本。

② 周善甫：《致学生李晖的信》（二十），李晖据手稿整理打印本。

老两口出去作长途旅游，畅游 47 天，行程 16000 余里。他们先到四川登峨眉山，看乐山大佛，游览成都武侯祠和杜甫草堂。再到重庆，然后顺长江东下，游览了岳阳、武汉、九江、芜湖、南京、无锡、苏州、杭州，欣赏了长江三峡的壮美，领略了太湖的浩淼波涛，登览庐山、黄山、九华山，参观吴楚名城，主要的江南名胜基本囊括。又绕道南宁探望妻弟杨焕典一家，欢快相聚。这是“一次自发、自力，一气呵成的快游”，情志豪，举措健，时会佳，兴致浓，收获富。为了纪念这次快游，周善甫制作了影集，命名为《江南行》，并写引言，交代畅游的过程和感悟。他自豪地说：

> 两个人，一个年迈七十，另一个也已六十六岁，竟在一无照料、斧资不充的情况下，踏上陌生的长途，忍疾苦，甘粗淡，互相扶持着，领略千叠云山，万处阎闾，而不以为苦。不少人每因半日郊游呼累；而我们却了无宁晷的撑持了一千三百小时的马拉松竞走。这，非得要有几分夸父的狂妄、吉卜赛的旷达；还得有点徐宏祖的执著，郑板桥的随缘；乃至怡红公子的痴顽和拉兹的剽悍不可，并非人人都能做到。因此，我们此番的得意处，就在于此；真获会心之处，也在于此！[①]

“怡红公子”是贾宝玉，“拉兹”是当时很风靡的印度电影《流浪者》的男主角。这次畅游反映了他们矍铄的身体状况和昂扬的精神面貌。

三　与白桦的交游

白桦是当代著名电影剧作家、诗人和小说家。他心灵纯净，风骨坚毅，作品美丽。白桦和云南有密切关系。他 1947 年参加中原野战军，1949 年加入中国共产党。建国后曾在昆明军区和总政治部任创作员。1958 年被划为右派，开除党籍、军籍。1979 年平反，恢复党籍。1985 年任上海作协副主席。他是当代杰出的电影剧作家，他创作的电影剧本

---

① 周善甫：《〈江南行〉影集前言》，《善甫文存》，第 155 页。

名作有《山间铃响马帮来》、《曙光》、《今夜星光灿烂》、《孔雀公主》、《最后的贵族》等。反右运动以后，他失去了发表作品的权利。“文革”结束，他痛定思痛，以反思极左路线的危害为主题，写出了许多有影响的作品。1980 年至 1981 年，长春电影制片厂根据他的剧本拍摄的电影《太阳和人》（剧本名《苦恋》）被批判，还没有公映就被封杀，他再一次受到重创。

《苦恋》的电影剧本最早发表于 1979 年 9 月出版的《十月》第 3 期，《个旧文艺》加以转载。剧本写知识分子的爱国情怀，以及这种情怀得不到理解的痛苦，是反思性作品，开头就是屈原诗“路漫漫其修远兮，吾将上下而求索”。电影被批判后，《个旧文艺》名声大振，登载剧本的那一期一本难求。刊物也因此受到指责和停刊整顿。

白桦的战友、军旅作家彭荆风当右派期间，和赵银棠同在大理州宾川县华侨农场劳改，得以结识。1982 年 5 月 30 日，白桦在彭荆风陪同下到丽江黑龙潭县图书馆拜访年过八旬的赵银棠，了解丽江历史文化情况。赵银棠向他介绍了周善甫。当时周善甫在个旧二中教书。白桦给周善甫去信，交流观点，并寄去自己的作品，表达了希望得到周善甫书法的愿望。周善甫于是书写了屈原《离骚》长卷。白桦收到后，致函感谢，并赠送一张照片和数种著作，赞扬他的书法有诗一样的真情，诗一样的美。[①] 周善甫说这“也属番可喜的交游”。[②]

当时白桦是有争议作家，是“敏感人物”，正受到高压，周善甫选择《离骚》作为书赠的作品，应该有其用意。一方面是表达对白桦“信而见疑，忠而被谤”的同情和不满，另一方面，是以屈原高洁的情怀和“路漫漫其修远兮，吾将上下而求索”；“亦余心之所善兮，虽九死其犹未悔”的精神慰藉和鼓励他。白桦对周善甫书写的《离骚》爱不释手，展挂于室。他给周善甫回信感谢，并赠送作品。

1983年春，白桦到个旧开会，在云南作家张昆华陪同下，和夫人、剧作家王蓓专程到个旧二中周善甫的小楼上拜访他，表示感谢，交谈多

① 和万炯：《健笔凌云意纵横——缅怀周善甫先生》，《云南画报》1998 年第 2 期。

② 周善甫：《致学生李晖的信》（二十），李晖据手稿整理打印本。

时，十分愉快。

周善甫早就关注白桦的作品和言论。1979 年 11 月 24 日，他在给李晖的信中谈到对白桦的《没有突破就没有文学》的看法。

《没有突破就没有文学》是白桦在第四次全国文艺工作者代表大会上的发言。四次文代会 1979 年 10 月 30 日至 11 月 16 日在北京召开，来自全国的文学家、戏剧家、美术家、音乐家、表演艺术家、电影工作者和其他文艺工作者的代表 3000 多人参加会议。中共中央副主席、国务院副总理邓小平代表中央、国务院向大会致祝词，为新时期文艺发展指明方向和任务。这次大会是中国当代文艺运动史上一次重要的会议，它在一定程度上反思和批判了建国以来文艺界长期存在的“左倾”思潮，特别是“文革”的文化专制主义造成的危害，强调解放思想，发扬艺术民主，切实保证人民有进行文艺创作和文艺评论的自由，创造一种适宜文学艺术发展的气象。

白桦的发言慷慨激昂，振聋发聩，是对文化专制主义的深刻批判。其中的一些话掷地有声：“历史不会埋没李白、杜甫、司马迁，但历史埋没了和李白、杜甫、司马迁同时代的显赫一时逆历史潮流而动的权贵”；“诗人同志们，我们千万不要再去歌颂什么救世主”；“毁誉、荣辱的标准的制造者从来就是历史和人民”。他的发言引起绝大多数与会者共鸣。《人民日报》11 月 13 日用整版发表了这篇发言稿，国内外许多媒体都作了报道。

周善甫指出白桦文章有气势、有神采、有风骨，达到文章的“极则”。他说白桦由于“挨的痛”，讲的是肺腑之言。[①] 因为他作为右派也像白桦一样“挨的痛”，所以他的感受与白桦相通。

四　文史馆馆员

1987 年，鉴于周善甫是学术界名宿又是纳西族代表人士，经云南省文史研究馆名誉馆长李群杰推荐，省政府聘请他为云南省文史研究馆馆员，云南省省长和志强向他颁发了聘书。这是他一生中最高的学术荣誉。

① 周善甫：《致学生李晖的信》（三），《风雅儒者》，第 340 页。

文史馆是党和政府为团结和安排老年知识分子而设立的、具有统战性、荣誉性和学术性的文史研究机构。它的宗旨是“敬老崇文，存史资政”。馆员都是耆年硕学之士、社会名流和专家学者。其中许多是巨匠级人物，领一代风骚。文史馆有中央和省两级。

中央文史研究馆是毛泽东、周恩来亲自倡议和创办的，1951 年 7 月成立。首任馆长是符定一，叶恭绰、柳亚子、章士钊为副馆长。1958 年，又增聘徐森玉、陈寅恪、沈尹默等为副馆长。后来，省级行政区也建立了文史研究馆，其宗旨和功能与中央文史馆一致，就是团结有“德、才、望”的文化名人；开展文史研究和书画创作；开展统战联谊和促进祖国和平统一；推动文化建设和社会文明进步。

云南省文史研究馆成立于 1954 年 7 月，首任馆长是著名学者和政界耆宿由云龙。周锺岳、方树梅等被聘为首批馆员。云南省文史馆集中了云南各个时期才高德劭的文史名家、书画名家，是云南历史文化研究基地和书画艺术创作基地。云南省最优秀的学者、书画家往往集中在文史馆。与周善甫同时受聘的还有马子华、王樵、王白纯、黄继龄、张苇研、段雪峰、雷声普、邢孝移、顾峰、朱明、孙太初等人。

关于文史研究的意义，国务院总理温家宝 2011 年 9 月 6 日在中央文史研究馆成立 60 周年座谈会上的讲话讲得十分透彻。他指出：国家发展和民族振兴，不仅需要强大的经济力量，更需要强大的文化和道德的力量。文化是一个民族的灵魂。文化对一个国家发展进程的影响，比经济和政治的影响更深刻、更久远。如果说，经济发展改变的是一个国家的面貌，那么文化繁荣则可以化育一个民族的风骨。文史研究的主要任务，就是总结提炼民族文化历史的精华，古为今用，增强民族自信心和凝聚力。一个民族如果忘记自己的历史文化传统，就不可能深刻地认识如何创造未来。那种对本民族的传统不知爱惜，动辄全盘否定，实际上是自毁根基。只有加强文史研究，保存历史记忆，洞悉历史规律，才能鉴古知今、熔古铸今，开辟新的未来。①

① 温家宝：《在纪念中央文史研究馆成立 60 周年座谈会上的讲话》，《光明日报》2011 年 9 月 23 日。

周善甫晚年的国学研究，完全体现了文史研究的精髓，与温家宝的讲话精神完全一致。他所孜孜以求的就是护住民族文化的根脉，重建中国民族自信心，开辟新的未来。

周善甫进入文史馆，对他开展学术研究和书法创作是十分有益的。一是文史馆的职能之一就是开展文史研究，传承和弘扬优秀传统文化。这正是他的优势，他可以发挥特长，大有作为。二是文史馆的又一个重要职能是支持书画创作，他的书法专长也可以发挥作用。他是馆内为数不多的学术研究与书法创作两栖的馆员。三是文史馆集中了云南学术界、艺术界一流的人物，形成良好的人文氛围，互相切磋激励，有利于水平的提高。四是文史馆组织各种活动，包括学术研讨、诗词书画笔会、考察采风、学习交流等，可以广交游，拓视界，获取新的信息，激发思想火花，也能够扩大影响。

周善甫的朋友、文献学家王樵回忆说：

> 1987年我们同时被聘为云南省文史研究馆馆员，每逢星期二馆员活动日，大家都欢聚在一起，或议论国事，或进行学术研讨。善甫先生那时刚过古稀，给我的第一印象是他那清癯而庄肃的容貌、诚挚而幽默的谈吐、简朴而得体的衣着，都无不透发出一股洗尽装饰、摒弃浮华的儒雅本性。他看上去不争不伐，谦逊下逮，似对万事了无成见，可时间久了，你会发现他骨子里有一种疾恶如仇的方正耿直，有一颗忧国忧民的博大爱心。①

他的儒雅风趣和谦让，书法篆刻家段雪峰深有同感，并举了一个例子说明：

> 周老长我8岁，虽大半生饱经磨难，但晚年儒雅风趣的性格依然，他给人的印象最深刻的是待人真诚厚道，宽博大度。记得有一次《文史丛刊》举行编委会，有一位比他年轻许多的馆员因为一篇

---

① 王樵：《诗文赫赫一家风》，《风雅儒者》，第176页。

稿子的取舍竟同他争执起来，会场气氛顿然有点尴尬。且不论彼此看问题的立场有高低之别，只基于敬老尊贤的基本道理就不应该与长者纠缠，因此在座的诸老心里都颇为不乐，但只见周老谦虚地一笑，起身向对方鞠躬相谢，揖让间引来春风满座，也就化解了一切。事后大家谈起都很钦佩周老的大家风度。[①]

《文史丛刊》是云南文史馆主办的刊物《云南文史丛刊》的简称，当时周善甫是编委。该刊后来改名《云南文史》。

有一年，贵州文史馆和云南文史馆在贵阳举行书画联展，周善甫到贵阳参加交流活动，以文会友，结识了新朋友，互相唱酬，十分快意，他有感而发，作《贵阳书画联展即事》：

以文会友盛情隆，修禊联省今新逢。
画意联翩喜脱俗，人皆俊逸共推崇。
华堂挥毫临同砚，飞瀑摄影接异虹。
快意此行难表达，共吟新句代豳风。[②]

1990 年 4 月，周善甫应有关方面邀请到顺德讲学，并参访了改革开放的前沿重镇深圳、珠海，进行文化交流，与当地企业家毛润添、何佑等探讨传统文化和现代企业管理的关系，倡导“福慧双修”的观点，取得很好效果。并到广州拜访岭南派绘画大师黎雄才，相互切磋。[③]

1992 年 5 月 18 日，顺德企业家何佑专程到昆明感谢他，送他一方名贵端砚，并在翠湖之滨蛮苍园酒家设席宴请周善甫及其他书画名流。[④]那天风和日丽，绿柳拂水，海棠正艳，周善甫、王白纯、黄继龄、张苇

① 段雪峰：《回忆老友周善甫》，《风雅儒者》，第 104 页。

② 《善甫文存》，第 84 页。

③ 张曦红：《著名书法家周善甫赴粤参加文化交流》，《春城晚报》1990 年 4 月 21 日。

④ 周善甫赴广东的时间，《周善甫年谱》记为 1989 年，见《风雅儒者》第 373 页；段雪峰的回忆为 1990 年，见同书第 106 页。根据《春城晚报》的报道，当为 1990 年。

研、段雪峰、关山月、邢孝移、谭久思、梅肖青、刘傅辉、华莹、顾峰、张聚星、曹钟璞等书画家和文史馆馆员，以及年近九旬的女诗人赵银棠，云南省委原副书记、云南省书法家协会名誉主席高治国等参加。大家吟诗、作画、挥毫，欢笑之声远达户外。黄继龄、关山月、刘傅辉、张苇研、谭峰、梅肖青共绘《南园春意图》。《春城晚报》记者、作家黎虹即席赋诗："蛮苍无烟雨，满室翰墨香。留得青山在，高歌对夕阳。"[①]周善甫最后以简草书写"春花双城艳，盘珠一江连"对联，赞美两地朋友的友谊。

1996年，文史馆馆员李瑞得到一方广东近代金石名家蔡守赠给赵藩的大端砚，还没有砚铭，恳请周善甫撰铭并书写。周善甫说："作铭不敢。且铭砚文字已为古人道尽，大抵不过夸赞石质如何好，传世如何古，雕凿如何精美而已，著作多落俗套。今为老弟书古人格言一则于上，置之座右，时而温之，可受用一生。"文曰："为天地立心，为万民立命，为先圣继绝学，为万世开太平。"李瑞刻好后，珍藏不离座右。[②]

周善甫题的几句话出自北宋大儒张载《张子语录》，文字略有出入，"万民"原文为"生民"，"先圣"原文为"往圣"。也许是记忆有误，也许是有意更改，不过都无伤大雅。这是中国古代大儒的文化使命和文化担当，是一种伟大的胸怀和气象。周善甫认为这几句格言"可受用一生"，表明他也有这样的情怀和担当，这对理解他的学术研究和文化创造至为关键。"横渠四句"他一生念念不忘。

五 创造力爆发

从产出的学术成果和艺术成果看，1987年后的十余年是周善甫一生的黄金时期，大器晚成。长期的积累，磨难中的沉思，老年人深湛的智慧，在这个时期汇集，爆发式地呈现出来。他差不多以一年一本书的

① 孙炯：《春花双城艳，盘珠一江连——蛮苍园赠砚酒会侧记》，原载《春城晚报》，《周善甫先生荣哀录》，第104页。

② 李瑞：《铭之金石的友谊》，《风雅儒者》，第168页。

速度，撰写了约一百万字的著作，并产生了一定影响。“半生萧瑟，暮年诗赋动江关。”[①]

学术研究成果不断涌现。1993 年，《善甫文存》印行，收录已发表的各种文章。1995 年，《大道之行》杀青并印行，深得好评。1996 年，撰成语言学著作《骈拇词辨》，表达他对语文问题“颇不平常的认识与领悟”。1997 年，《老子意会》成书。此外，他还发表《论“文”》、《析“性”》、《“格物”议》等长篇学术性论文，对中国文化的一些核心概念进行穷原竟委的剖析，揭示其准确含义和特征，阐明其现代价值。这些论著都是独辟蹊径之作，具有振聋发聩之功。《北京师范大学学报》、《新加坡国立大学学报》也转载过他的学术论文。

《善甫文存》刊行后，《云南文艺评论》开设“海内外学者笔谈《善甫文存》”专栏，发表李霖灿、左治生、杨光汉等 6 位学者的文章。台北故宫博物院副院长李霖灿说：“由加拿大（10 月 17 日）回来，见到您（9 月 8 日）寄来的《善甫文存》，快读一过，高兴得大叫起来，真是好书，多少好文章、好书法、好掌故……必传世无疑。吾兄有此著作，可以无一丝遗憾矣！”[②] 台湾淡江大学教授申庆璧说，《善甫文存》表明，周善甫“乃真性真情之人”。[③]

《云南文艺评论》1996 年第 4 期再次开设“笔谈《大道之行》”专栏，发表广西师范学院院长杨焕典、新加坡国家历史博物馆馆长林孝胜、新加坡水彩画学会会长王金城等 8 位学者的评介文章，高度评价《大道之行》的成就和意义。该刊的编者按语说：

> 《大道之行》是周善甫先生多年来呕心沥血撰写的研究中国传统的集大成之作，也是近年来思想界一部有相当力度的论著。……新加坡大学、北京师范大学、广西师范大学、香港中文大学以及海外最大的华人文化研究中心——加拿大中国城都来函或派人采访周

---

① 蓝华增挽周善甫联，《周善甫先生荣哀录》，第 11 页。

② 李霖灿：《致周善甫先生的信》，《风雅儒者》，第 14 页。

③ 申庆璧：《台湾淡江大学教授申庆璧致周善甫先生》，《云南文艺评论》1996 年第 4 期。

> 善甫先生，认为《大道之行》是一部“属于世界华人社会的具有特殊启迪意义的好书”。[①]

可见其影响。

书法艺术炉火纯青，佳作层见迭出。他的书法成为当代学人书法的代表，进入中国当代优秀书法家序列。出现于公共领域的书法作品增加，许多作品被国内外博物馆和书法爱好者收藏。文章和书法珠联璧合的《春城赋》为他赢得广泛声誉。《简草谱》正式出版，使他成为当代重要的书法理论家。

他所钟爱的对联艺术也有了用武之地。一方面，他用对联抒情言志，勖勉友人，撰写了许多情深意美的佳联。另一方面，随着他社会地位的提高和书法声誉的隆盛，邀请他撰书楹联的公共机构增多，他拟制了一些精美的行业联，悬挂于风景名胜区或历史纪念地。

实至则名归，他的影响越来越大，他成为人们公认的“文化名人”。1988 年，他被聘为云南省老干部诗词书画协会顾问和昆明市书法家协会顾问。1993 年，被聘为云南省诗词学会顾问。1994 年，又被聘为云南省民族学会顾问。1996 年，云南省民族艺术研究会和云南省南社研究会推举他为顾问。这些顾问自然都是虚名，但反映了对他的学术成就和地位的认可与尊重。中国的学会顾问，不外两种人，一种是高官，一种是众望所归的学者，周善甫无疑属于后者。

媒体对他的报道和评论越来越多。《云南日报》、《春城晚报》、《云南政协报》、《丽江日报》、《红河报》等关注他的行踪和学术、书法动态，不时加以报道。1995 年，云南电视台拍摄并播放《云南文化名人周善甫》，1997 年 6 月，上海东方电视台和丽江电视台拍摄并播放《周善甫先生的人生三部曲》，介绍了他 65 岁后由教师而书法家，而国学家的三部曲。通过现代传播媒介，他的事迹、学术成就和思想为更多的人所认知。

---

① 《云南文艺评论》1996 年第 4 期。根据刊发的文章，“广西师范大学”当为“广西师范学院”，前者在桂林，后者在南宁，是两所学校。

1995年6月16日，《光明日报》以《以国学和书法扬名四海的周善甫》为题对他进行报道：

> 周善甫1914年出生于丽江县的一个书香世家，祖父、父亲都是清朝举人，兄周霖是我国著名的画家。周善甫由于受家学影响，自幼打下了坚实的国学基础。毕业于东陆大学（云南大学前身），从事教学工作，1986年以72岁高龄退休，从此离开了讲台，开始了国学和书法的研究著述，近10年间，撰写发表了近百万字的诗文，影响波及海内外。他编著的《四书选读》，深受国学大师梁漱溟的推崇，《论“文”》、《“格物”议》等文体现了他独特的国学见解。周善甫是中国书法家协会会员，其书法秀丽飘逸。他对简化草体进行了多年研究，出版了《简草谱》，为简字的规范化作出了贡献。①

这也是对他晚年创造力爆发的总结。

六　父子出版社

周善甫生前，除《简草谱》由四川美术出版社正式出版外，其他著作包括《善甫文存》、《骈拇词辨》、《大道之行》等都是自费内部印行的。这样做的原因，一是成本低，效率高；二是能保证不被出版社编辑任意删改。

1993年，《善甫文存》印行。他当时重病，住在昆明长坡医院，《文存》由儿子周孚政负责编辑。因为当时寻求正式出版手续严格，周期漫长，于是找到一种快捷的出版路子，就是申请内部准印证，作为内部资料，自费印刷。

从1993年到去世的五年中，周善甫的著述以专著为主。当时周孚政已经学会电脑录入，他写出一章，周孚政录入一章，他在打印稿上修改，书稿完成，录入和校对也就同时完成，可以直接拿磁盘送印刷厂付

① 金羽：《三位纳西文化名人小记》，《光明日报》1995年6月16日。

印，大大提高了写作进度和出版速度。这种出版方法还保存了著作的原汁原味。周善甫最烦编辑自以为是的修改，儿子编辑就没有这个问题。周善甫把这戏称为“父子出版社”。[①]

编辑的删改让周善甫不快，是他早已表达过的。20世纪80年代中期，《云南日报》“文化生活”版请他开专栏，他拟了《翠堤清话》的栏名，打算每周写一篇。他寄出几篇，报社方面觉得“文气太重”，改在《花潮》版发表，另拟《金碧杂叙》的栏名。但编辑对稿件任意删改，使他没有继续写作的兴致。他说，已发表的两篇《丑年说丑》、《屠苏》“被任意删改，不仅内容，连题名也改得大走其味，深觉不快，再写的兴致，至少目前是没有了。越来越觉得，来日无多，年命促迫，得把力量集中在更有益于自己的钻研上，不能再搞插科打诨的玩艺了。”[②]

内部印刷有优点，也有不足，就是不能公开流通，除熟人外，一般人无从购买和阅读，限制了影响面。也许还有无奈，就是苛刻的管理体制和高额的出版费用，把一些有价值的书籍挡在了出版社之外。

在这样的情况下，清贫的周善甫以“父子出版社”的形式把自己的著作刊印出来，堪称当代学术史上的佳话。

令人感动的是，全家人都理解、支持他的学术创造，或帮助他工作，或节衣缩食资助他印刷著作，满足他的心愿。编著《简草谱》时，“丈夫很细心，怕别人看不懂，所以买了几本《新华字典》来，每个简草字上，贴上一个正字，字典里剪下来贴上去的。一家人很高兴的剪贴，连我也在内。”[③]这一细节和场面，同样温馨动人。正是家人的支持，使他的心血之作能够流传下来。他们全家都为中华文化的传承和弘扬作出了贡献。

七　满室生香的翠湖小屋

诗人杨伊达说：“翠湖北路31号，周家所租住的小院内，那条黝

---

① 据周孚政2014年7月提供资料。

② 周善甫：《致学生李晖的信》（三十三），李晖据手稿整理打印本。

③ 杨佩兰：《佩兰回忆录》，第282页。

黑的小通道，那两间斑驳逼仄的小屋，成为我心中一块永远的净土，一个化解不开的情结。”那个“破旧的小院”，因为是周善甫的晚年寓所而“备受景仰”。[①]

翠湖北路31号后院，是周善甫的家，一间不满10平方米的小屋是他的卧室兼书房。自20世纪60年代杨佩兰从丽江到昆明租住在这里，周家的住处就没有变过。那是一个老旧、狭小的空间，却是周善甫全家安身立命之所。过去他从个旧、丽江回到家里，便有无限的温暖和舒适。1986年他从个旧退休回昆明，社会地位、经济条件都有根本性改观，他依然住在这间小屋里，著书，写字，接待客人，创造了奇迹，从而使这间小屋有了浓厚的文化意味。

一位朋友送他一个约60厘米长的低边盆景，浅水小石间配有六棵堪称袖珍的五针松。周善甫把它放在狭窄的通道旁，屋檐下用塑料雨篷搭的小屋称“六松堂”，他自号“六松堂老人”。颇有“色静深松里”，“心远地自偏”之感。

小屋的简陋，主人的品格，小屋中的文化气韵很容易让人联想到刘禹锡的《陋室铭》。当别人这样比喻时，他却不以为然，他认为《陋室铭》太居高自傲，而且被用得太多太滥，已经俗气了。他自称“雅阁”。雅阁是他把纳西语音译为汉文，“雅阁”在纳西话中的意思是“家”。因此，这一名称兼具汉语、纳西语双重含义，都很贴切、雅致，他曾多次书写赠与乡人。小屋里谈笑有鸿儒，往来“多”白丁。无论新知与旧交，他都乐意接待。街坊邻居、乡村野老、故土亲朋都自由出入小屋，跟他闲聊，他视为乐事，笑称是“走群众路线”。[②]

这间小屋在很多人心目中是一块精神净土，是文化圣地，竞相趋谒，请教者不绝，求书者不绝。其中有文化名家、党政官员、商界人士、莘莘学子；有国内的好学士，也有海外的仰慕者，美国、法国、荷兰、日本、新加坡和台湾地区的学者都到访过这间小屋。小屋里常笑语融融，情致盎然。

---

① 杨伊达：《善甫老伯》，《云南日报》2003年8月5日。

② 据和中孚2014年7月提供资料。

许多人写到对小屋的观感。李群杰说：

他的晚年是真正做到了薄于物质重于文化、轻生死而重精神，并在古稀之年全身致力于对祖国传统文化的研究，取得卓著的成就。记得每次到翠湖北岸他那间陋室探访的时候，总是见他伏案写作。有一次我曾以东坡《戏子由》中的诗句戏谑他："宛丘先生长如丘，宛丘学舍小如舟。常时低头诵经史，忽忽欠伸屋打头。斜风吹帐雨注面，先生不愧旁人羞。"博得他哈哈一笑，而我要说的是最后两句："门前万事不挂眼，头虽长低气不屈。"的确，善甫从72岁起，在其后的12年时间里先后撰著了《简草谱》、《春城赋》、《善甫文存》、《骈拇词辨》、《大道之行》、《老子意会》等百多万字的论著，在海内外学术界反响甚大。[①]

作家华莹（黎虹）说：

记得20多年前，当一位年青友人带我第一次去小屋看望他的时候，想不到一见如故。他秋霜尽染的鬓发，清癯瘦削的脸庞，一身浅灰色的衣装，含而不露的神色，坦诚亲切的笑容，幽默风趣的谈吐，一看便知是一位饱经忧患、满腹经纶的学者。小屋虽然简朴，但四壁书画溢满一股浓浓的书香气息。他随和地为我沏茶递烟，促膝而坐，推心置腹地畅谈人生，畅谈文学艺术……这次初识留给我印象最深的一句话是："为天地立心立德，为世人立言立说，乃是文化人的一种天职。"[②]

原中共云南省委副秘书长李森说：

---

① 李群杰：《飘飘何所似，天地一沙鸥——纪念周善甫先生》，《云南文史》，2003年第2期。

② 华莹：《永远的良师益友》，《风雅儒者》，第84页。

> 1988年春，周老以渊博的学识，在传统赋体文的基础上，精心构思，以“春城无处不飞花”为韵，写了《春城赋》，邀我去阅读欣赏。我自知才疏学浅，后又约了时任云南省人民政府秘书长的吴光范同志（后为云南省人大副主任）一同，连续三个晚上到周老翠湖北岸的陋室拜读，并聆听周老的教诲。[①]

他的弟子和中孚、孙炯说：

> 在翠湖北岸一院孑然独存老屋，每当在院落中一间约八平方米兼作书斋、客厅和卧室等“多功能”的房间里，会见纳西老人周善甫先生，往往想起《兰亭集序》中的“晤谈一室之内，放浪形骸之外”。聚晤于狭窄小屋，谈资海阔天空。我们想像周老那样学养精深、思维敏捷的学者，恰如莎士比亚笔下的哈姆雷特所说：即使将他放进“取灯”（纳西语：火柴盒，《红楼梦》中也称“取灯儿”）里，也是个有着无限空间的主宰者。[②]

美国普利策新闻奖得主、《纽约时报》高级记者布鲁士·察尔顿、意大利都灵大学留学生艾玛一行五人、都灵大学博士嘉科莫、加拿大皇朝石油公司高级工程师黄齐生、新加坡国家历史博物馆研究员张学权、日本书法家石川寿子等都曾来过这间小屋，拜访周善甫，瞻仰他的风采，聆听他的高论。

在小屋中，周善甫以读书著述为乐，每天与古圣先贤相伴，再把心得写入论著。他说：“比此再大的乐趣没有了。”他认为，那些为私利读书的人，一辈子将一无所得。因为沉浸于精神生活中，简陋的物质生活他也感到满足，他笑称自己是“最后一代住平房的人”。一天晚上停电，在写作的周善甫兴致正高，放不下笔，于是抬一只小板凳，坐在房门口屋檐下继续写。此情此景，被来访的一位友人看到，迅速拿出相机

---

① 李森：《怀念周老》，《风雅儒者》，第76页。

② 和中孚、孙炯：《国学·取灯·火》，《春城晚报》1995年10月8日。

拍摄下来，题名《周老檐下笔耕图》。周善甫把它放在书桌上，看到的人都要议论一番。一个亲戚说："您看您多寒酸。"孙女周芍说："谁说爷爷可怜？这是可敬。"外孙木其坚说："本来就该这样，哪能停电就不工作？"周善甫听了各种说法，往往莞尔一笑，而他更同意孙子的意见。

1938年，钱锺书在西南联大任教，住在昆明文化巷一间陋室里，他写了一组文章，以"冷屋随笔"为总题发表于钱端升主编的《今日评论》，其中一篇是《论快乐》，其中说：

> 发现了快乐由精神来决定，人类文化又进一步。发现这个道理，和发现是非善恶取决于公理而不取决于暴力，一样重要。公理发现以后，从此世界上没有可被武力完全屈服的人。发现了精神是一切快乐的根据，从此痛苦失掉它们的可怕，肉体减少了专制。[①]

文章不乏钱锺书式的俏皮，但他的议论精妙绝伦。

周善甫的小屋和钱锺书的"冷屋"，空间距离不过几百米，虽然钱锺书是名满天下的名人，而周善甫仅仅是一介布衣，但他们的人生追求和精神境界是相同的，距离也很近。他们都不再受"肉体的专制"而获得"精神对于物质的大胜利"。钱锺书耿介绝俗，特立独行，热爱人生而超然物外，洞达世情而不染一尘，世俗的热闹一概置之度外，成为胸襟、气象和成就与一般学人迥不相侔的"文化昆仑"，标志着一代学人的精神高度和学术高度。周善甫也成就了他的高洁人格、亮丽胸怀，成就了卓然自立的人生气象和学术光辉。

八　不将俗物碍天真

如何对待得失、能否参破义利之关，是衡量学者品格高低的重要指标。义利之辨是人始终要面对的根本性问题之一，也是儒家思考得最为深入的问题之一。孔子的名言"君子喻于义，小人喻于利"表明了他们

① 钱锺书：《写在人生边上人生边上的边上石语》，三联书店，2012年，第21页。

对这一问题的基本态度。孔子、颜回物质生活十分艰辛，而他们却恬然自乐。“孔颜乐处”成了宋儒着意参究的话头，结果是：人都生活在物质世界和精神世界当中，物质的满足和精神的满足对人都必不可少；但人的物质需求是有限的，我们所能获得的物质财富也是有限的，而精神世界却有着无限可能。所以儒家把精神满足看得比物质满足更为根本和重要。孔子“朝闻道，夕死可矣”的名言就是把闻道而获得的精神满足视为人生的最大幸福，死亦无憾。

义利之辨，周善甫关注最多，相关的论述很透彻。他按照儒家义利观做人行事，“不戚戚于贫贱，不汲汲于富贵”，印证了“君子坦荡荡”的名言，一生清贫而富有，清贫而快乐，放射出动人的精神光华。他是真正的德艺双馨的艺术家。

他做学术研究没有任何功利考量，即使是奇货可居的书法创作，也不以之贾利，说“不将俗物碍天真”。他的《简草谱》在四川美术出版社出版后，很受欢迎，印数较多。有人说出版社不是按版税制付稿酬，他吃亏了。他一笑了之：“我要几文版税做什么？只要在书法上有所贡献，就心满意足了。”①

他说：“书乃心声，不将俗物碍天真。”②因此，他的书法作品大量无偿赠送给爱好者，包括素不相识的人。向佑铭说，一次，他的一个朋友向周善甫讨字，周善甫欣然提笔书就，朋友当即取出1000元作为报酬，周善甫拒不接受。朋友又索要一本《善甫文存》，周善甫却让他照付书款6元。“这算是善甫先生不愿用书法去‘运智’的一个最好的例证。”③孙炯说，老师曾告诉他，他的书之所以要钱，是因为赠送的书人们往往不读，自己买的书才会认真读。

周善甫健在时，他的书法已有较高的市场需求和价格。昆明的几家画廊找到他，说愿意经纪他的书法，前提是他不再随便给别人写字，试

---

① 秦昕：《真情注春城》，《云南政协报》1996年1月19日。

② 中孚、孙炯：《平凡而又不平凡的人生——周善甫先生的书品和人品》，《云南文艺评论》1998年第2期。

③ 向佑铭：《一辈子不丢书不丢笔——访纳西族书法家周善甫》，《东陆时报》1995年4月20日。

图通过垄断经营来获得更好的收益。这是符合画廊运作规则的。周善甫说，我可以给你们卖我的书法作品，不过别人要我的书法，我照样写。画廊的条件他没接受，他则照样随要随写，机关单位也好，个人也好，有求必应，概不言利，这在今天的人看来是不可想象的。

20 世纪 90 年代，中国人民银行云南省分行在昆明正义路的新大楼落成，时任银行行政处长的关鼎学请周善甫题写了大楼名，巨大的金字已经制作好。后来行领导又请省长和志强题写楼名。最后形成“周书和题”的有趣局面，当然这也就是一种中国特色了。有学生抱不平，周善甫对此一笑置之。和志强也是纳西人，尊老敬贤，关心周善甫，字也写得不错。周善甫宅心仁厚，他尊敬和志强，理解官场习气，不去较真。

加拿大华裔石油工程师黄齐生敬重周善甫，来昆明参访期间看到他生活条件太差，主动提出愿意资助几十万元为他购买一套房子，改善住宿条件。他断然谢绝，说如果有心，可以拿这个钱帮助建设丽江书院。

“不将俗物碍天真”一语，凸显了周善甫的思想境界迥出尘俗。取之有道的名利固然不是坏事，但如果名利之心、物欲之求塞心梗腹，则这样的人必无境界，必无事业，也未必有快乐和幸福。周善甫经常说：“红尘万丈，许多人常被名利所累，令人嗟叹！”[①] 妥善处理“利”的诱惑，遵守“义”的原则，不苟且，不贪佞，凌辱自然远离，就能维护人的尊严。反之，见利忘义，贪得无厌，斤斤计较，就会无所不为，使精神陷入蔽囿、枯竭和焦虑状态，幸福自然远离。亚里士多德说：“幸福是灵魂的事。”幸福和物质财富以及其他世俗功利的拥有量并不是正比关系。

“天真”使他以赤子之心待人，没有“防人之心”。即使有的人冲着他的书法与他结交甚至巴结，他心中也有数，依然坦诚相待，赠送书法作品，满足其并不正当的要求，并进行引导，规劝其抛弃尘俗气。周善甫说他“从来没有见过一个真正的坏人”。这颇有苏轼的胸怀，“东

① 华莹：《永远的良师益友》，《风雅儒者》，第 87 页。

坡眼前，见天下无一个不好人”（贾似道《悦生随钞》）。这不是没有是非，而是一种雍容大度，一种大慈大悲，一种卓越的心灵境界和人生境界。

九　能咏善唱的歌手

周善甫曾说有的人认为他们这类人“迂腐”，如果说这是指他的思想学说不为俗世所容，或许有一定道理，“至精之理岂可接至粗之人”？如果说是指他的为人，则是大错而特错。他告诫弟子为人为学要力戒酸腐，“活跳跳”地治学和生活，他自己更是心灵阳光，思想通达，行动鲜活，与迂腐绝不搭界。他热情洋溢，多才多艺，掌握多种乐器，能咏善歌，人性发展得较为充分圆满。他的歌声情真意切，感动了许多人。和中孚、黎虹、夫巴等人都有他纵情高歌的描写。他的歌声反映了他风流倜傥、狂放不羁的一面。他不仅可敬，而且可爱，好玩。

1995 年夏天一个夕阳明丽的黄昏，弟子孙炯邀请周善甫和十余位知交在翠湖边云南大学旁的翠云楼聚会。当大家酒已微醺、兴致酣畅的时候，周善甫双手一拍，满脸笑容地说：“灯火融融，相聚难得，趁此良宵，让我这个八十老叟，为诸位献上一首旧曲。”满座喜出望外，掌声四起。于是他深情地演唱了《长夏的玫瑰》。

《长夏的玫瑰》英文名为 *The Last Rose of Summer*，通译为《夏日里最后一朵玫瑰》，是一首情歌。这首歌是 19 世纪爱尔兰诗人和歌唱家托马斯·穆尔根据爱尔兰民歌曲调改编填词的。它旋律优美感伤，得到许多音乐家喜爱，贝多芬曾加以改编，门德尔松用它写过钢琴幻想曲。这首歌传入中国较早，最先是由刘半农译配的，他的翻译十分古雅。当代一般人认知这首歌，则多是通过 20 世纪 80 年代翻译到中国的德国电影《英俊少年》，其主题曲是根据《夏日里最后一朵玫瑰》的音乐重新填词的。

周善甫 20 世纪前期就学会了这首歌，他在小说《西湖游记》中曾写到男主人公“我”“低音吟唱了”此歌，“词儿用的是严译五古”：

长夏发玫瑰，至今只剩汝。
汝境绝凄凉，四顾罕旧侣。
旧花无复存，新花不再吐。
长叹无和者，往事向谁语？
留汝在枝头，徒有离索苦。
殷勤摘汝下，置汝安乐土。
从此敛荣华，默然以终古。①

今天他动容动情地唱，感染了所有人。参加聚会的作家黎虹观察此时的周善甫，“只见他秋霜覆盖的那张清癯俊瘦的脸上，隐隐泛出几许微黄的红晕，一双明亮的眼里似乎燃烧着一团火。”“只觉得有一股清凉的秋风从远方徐徐吹来，柔和中缠夹着一种哀婉的韵味。”他把歌本身的美传达得到位，也融进了自己的青年回忆，格外动人。

1996 年深秋一个微雨黄昏，他们再聚翠云楼。周善甫病体初愈，穿厚棉衣，披风衣与会。他神态安详地讲了这些年来撰著出版《春城赋》、《简草谱》、《大道之行》、《善甫文存》的情况，然后不胜欣慰地说：“我虽暮年，童心未泯，真情犹在。如今欣逢盛世，尚能有所作为，实为万幸！”黎虹提议他唱歌，他也不客气，解开衣扣，举杯啜一口酒，一边轻击桌子，一边轻而有力地唱起了他用张炎词填配的古乐《水龙吟》。黎虹“凝神静听，老人婉转起伏的歌声里，流淌着一种眷乡恋土的感情，有如蔼蔼白云缭绕于千古秀美的玉龙雪山之间，令人神思飞越。一位毕生坎坷的老人，在苍茫暮色中尚能留住一片灼热的赤子情怀，怎不教人钦叹！”

1997 年又一个风和日丽、晚霞璀璨的日子，远道而来的纳西姑娘习梅英邀约大家相聚，仍在翠云楼。83 岁的周善甫满面春风，兴致勃勃地参加聚会。窗外的翠湖彩灯闪烁，翠云楼里分外温馨。酒过

---

① 周善甫：《西湖游记》，《风雅儒者》，第 276 页。从歌词看，这是刘半农的译文，他误记成严（复）译。

三巡，周善甫引吭高歌，唱了清代丽江诗人马子龙作词、周霖谱曲的《玉龙白雪歌》：

看山爱白雪，看雪爱白云。
高歌白雪曲，相赠云中君。
云中君，不我顾，
歌声破空云飞去，招来明月挂高树。

黎虹描述听歌的感受说："随着这依依惜别的歌声，我仿佛飘游于白云悠悠的太空，瞥见了一幅玉龙山上白雪白云交织而成的绝美画图，瞥见了诗人那皎如明月的高洁情怀。"

这就是黎虹听到的周善甫的三次歌声。黎虹感慨地说：

如果说诗言志诗缘情，那末歌声又未尝不是言志缘情呢？奇怪的是，三年来我从这位饱经忧患、历尽沧桑的纳西老人的歌声中，听到的并非是一支低沉、苦涩的人生哀歌，我所听到的却是一曲曲发自心灵深处，渗透真情、感人至深的生命之歌！这位纳西歌手也并非是一位风烛残年的老人，而是株容光焕发、挺拔屹立的红枫！①

黎虹把周善甫唱歌的事写成文章《纳西老人的歌声》，发表于《春城晚报》。周善甫感谢他，撰联相赠："白首放歌无旧侣，青灯相对有新篇。"

《玉龙白雪歌》是周善甫特别喜欢唱的一首歌。听到丽江古城列入世界文化遗产名录的消息，他放声歌唱。纳西族作家夫巴也记录了他唱这首歌的情景。1995年初秋的一个下午，旅美纳西同胞杨丹桂从美国回故乡，在云南大学举行国际纳西文化研究情况座谈会，并设宴招待与会者。周善甫出席。席间，大家兴致很高，歌舞助兴，跳起丽江的"阿

① 黎虹：《纳西老人的歌声》，《周善甫先生荣哀录》，第203、204、205页。

里里”。周善甫被感染，扶座而起，唱了《玉龙白雪歌》。夫巴谈自己听歌的感受说：“果然清音流韵，古色古香。再看周老，以手击节，抑扬顿挫，悠然飘然，精神意气，不逊年轻人，完全是一个风流倜傥、狂放不羁的才子形象。”[①]

十 魅力与气场

周善甫的魅力征服了很多人，许多人服他敬他，“他的周围聚集了越来越多的崇拜者和学生”。[②]他的身边实际上形成了一个强大的气场。“他的亲人、朋友和学生，每个与他相处过的人，每个了解他的人，每个获益于他的人，每个领略过他的思想与艺术的人，不管年轻、年老，心中都如有春风拂过。”[③]他的光彩照亮了世界。

国内是这样，国外也是如此。国外和港台地区的学者向他请教，直至立雪门下。海外媒体对他进行专访，报道他的学术成就和思想观点。

1990 年 4 月，台湾《联合报》集团专员何泰生来云南旅游期间得以结识周善甫，后来曾多次专程前来拜访，并投师门下研习儒学。7 月，台湾师范大学副教授吴仁斌率领台湾青年教育工作者一行 23 人来昆明进行文化交流，听取他“运智与运慧”的演讲。8 月，意大利都灵大学留学生艾玛一行 5 人由他旅居罗马的学生温中由专程陪同来昆明，跟他研习中国传统文化。他给每位留学生书写书法作品一帧。

1994 年 7 月，马来西亚侨领、华人企业家陈晴川、黄秋一行到昆明拜访周善甫并进行交流。9 月新加坡华文教育工作者陈隆庆、佘佩君、吴毓先一行 7 人来昆明拜访并从周善甫学习中国古典哲学。

1995 年 11 月，周善甫在翠湖宾馆与美国国防部前助理部长、哈佛大学费正清研究中心高级研究员傅力民交流，他阐述了“中国五千年来行的是天下为公、世界大同之道，而不是富国强兵、役民称霸的方略”

① 夫巴：《古稀犹发少年狂——记纳西族文化老人周善甫》，《云南日报》1996 年 2 月 12 日。

② 李晖：《我永远的老师》，《风雅儒者》，第 147 页。

③ 汤世杰、郭大烈：《儒者的风雅》（代序），《风雅儒者》，第 1 页。

的观点，并向傅力民赠送《大道之行》和《春城赋》。

此外，海外一些媒体对他进行采访报道。1988年，《纽约时报》高级记者、1983年度普利策新闻奖得主布鲁士·察尔顿前来拜访他，他向察尔阐述了“中华自古是以文化代宗教”的观点。1991年12月，台湾《中国新报》社长兼发行人张其彬对他进行专访，他阐述了“以传统价值观来促进当代中国精神文明建设，以重振民族自信心”的观点。

周善甫之受国际范围内的关注程度，是许多大学教授不能比的。他没有大学之间的体制化交流渠道和各种学术联系，要进行国际交往本来十分困难，但靠他个人的影响力，也得力于弟子孙炯、李晖的穿针引线，他被国外和台湾、香港地区学者，以及媒体瞩目，如果没有过硬的功夫和独特的魅力，是不可想象的。

周善甫的魅力和气场来自哪里呢？汤世杰、郭大烈认为来自他的“儒者的风雅”：

> 风雅，无疑是一种学识，一种精神。……“凤仪与秋月齐明，音徽与春云等润”。他从不耽于个人享乐，尽管他性情豁达，情感细腻；他从不自卑自弃，尽管他曾几度身陷囹圄；他从未稍有懈怠，尽管他为后人留下诸多著作；他从不乞求名利，尽管他也曾受到过不公正的待遇。
>
> 风雅又是一种性情，一种生命状态。善甫先生是位大学者，也乃性情中人。……作为哲人，其思索常常翔于高空极顶，遨游八荒。……至于平日，赴宴饮酒，唱酬应和，引吭高歌，谈笑风生，指点江山，无不爽朗豁达，收放自如，不拘于形。一个人活到如此境界，既自由自在，又思也无极，行又有止者，世上竟有几人？
>
> 风雅还是一种气度，一种追求。……他信奉的是那种简单的快乐，追求的却是那种昂贵的、心灵的宁静。有了那种快乐与宁静，便有了他看待世上人与物的博大的胸怀，平和的目光，对世间一切发自内心的谦恭与豪放。他善待他生命中的每个访客，乐于与他们一起探索真理、艺术与人生。一个人，有了这样的气度，便可气吞

山河，上天入地，来往古今而后快。[1]

郎森认为是因为他身上体现了谦恭的人性之美，体现了人类“理想的理性与和平的尊严”：

> 我渐渐明白谦恭是种享福，是千百年来中华民族崇尚的礼性，是传统文化的人格追求。谦恭也是全世界共诩的人性之美，是人类理想的理性与和平的尊严所在。我坚信周善甫先生的人生所求就是人人谦恭的世界、温良祥和的世界。

在“势利有理、权重压人、财大气粗、痞俗横行、斯文扫地的世态下”，[2] 这种谦恭就显得稀缺而尤为人们珍惜和敬重。

杨伊达认为是因为周善甫有引领人生大智慧的能力：

> 善甫老伯是我的恩师兼忘年益友。引领我实现大智慧、大幽默的人生况味，引领我以超脱的眼光看人间，看世态。[3]

十一　丽江情结

周善甫是丽江之子，对故乡有深厚的感情，形成化不开的情结：

> 在他的感情世界中有一团无法化解、天天萦绕心头的情结，那就是久久不能忘怀的对故乡的眷恋。一说起故乡心境格外澄明，感情既澎湃也很脆弱。早年他曾倡导丽江古城采用丽江特产五花石修桥铺路，在“遣送回籍”的日子里对故乡一往情深，还精心设计并参与修建了丽江体育场。这一切如同为母亲补缀衣著，融入他的心意。周夫人杨佩兰大姐告诉我，周老越是晚年对故乡越像依恋母亲

---

① 汤世杰、郭大烈：《儒者的风雅》（代序），《风雅儒者》，第 1–3 页。

② 郎森：《春光的享福》，《风雅儒者》，第 75 页。

③ 杨伊达：《善甫老伯》，《云南日报》2003 年 8 月 5 日。

的孩子，感情越加脆弱，动辄流泪。我知道他的一眶眼泪一点也不浑浊，清澈得能看见他的心底。每闻乡邦兴旺，他热泪盈眶。每知故乡灾害，潸然泪下。传来故知噩耗，老泪纵横。前年丽江大地震，并不富裕的他，钱和着泪一次次接济灾民。去年83岁，重上云杉坪，哭之，笑之，歌之，蹈之，留下爱乡入魔的佳话。今年欣闻丽江列入《世界文化遗产名录》，又泪水泉涌，高歌《玉龙白雪曲》……这泪是童心，是情的升华。[①]

周孚政谈到父亲对家乡的情怀时也说："在他八十四年的生命之中，不管身处何地，不管境遇如何，无时不在挂念家乡的一切。每每听到家乡的讯息：丽江古城被联合国教科文组织列入世界文化遗产名录而被保护起来、重建木府……老人热泪盈眶。父亲经常对我说'要克隆一个丽江古城非常容易，但要找一个如此清澈、如此脉脉含情的玉河非常之难。"[②]

"文革"时，当时地方政府要修建直通四方街的公路，把中间的玉河变成暗河。周善甫痛心地说，许多城市把臭水河变成暗河，是不得已的事，而丽江却把世界上最明亮的河流变成阴沟暗河，真是太可惜了，太可惜了！改革开放后，这段暗河重见天日，为古城增添无限妩媚。

晚年，他的故乡情更浓郁。他关心家乡的教育、文化、旅游和生态环境，思考，呼吁，建议，多有真知灼见，更见赤子之心。

他为丽江绝美的自然环境而幸福而骄傲，希望乡人像爱护眼睛那样爱护故乡的自然环境，保护好举世无双的山水风光。

赵银棠在昆明居住，被推举为"丽江旅昆老人诗书画联谊会"会长。1986年6月，他们举行第一次联谊活动，老人们热烈座谈。一位乡亲兴冲冲地"报告一个振奋人心的好消息"，他说："丽江新闻纸厂原有设备和规模均不足以提供市场需求，现在地方政府已正式通

① 中孚、孙炯：《平凡而又不平凡的人生——善甫先生的书品和人品》，《云南文艺评论》1998年第2期。

② 周孚政：《儿子眼中的周善甫》，《丽江日报》2004年2月7日。

过该厂第二期工程设计方案，并决定尽快上马。”他不无激动，向大家算了一笔账，说工厂投产后，可以创造多少万元的财政收入，能够提供多少就业机会，可以促进家乡发展，等等。在座的许多人都为这“好消息”而欢欣鼓舞。

周善甫却高兴不起来，他有深层的思考和忧虑，站起来双手抱拳作揖说：“饶了，饶了！每年能增加财政收入，又可提供就业机会，这当然好。但发财的门路都瞄着那几棵树，却未必是好事。”他说：“我们来算另一笔账，看看又会是如何？你可知每年要砍伐多少万立方栋梁之材？你可知江河中要排入多少万吨酸碱废液？森林毁坏了，山水污染了，你可知其后果将会是一幅怎样的景象？”他引述《参考消息》的一则报道，说某生态研究部门对环境恶化地区的一份研究统计表明，男人的精子数锐减了 20%，活力也显著下降。他提高嗓门说：“毁坏森林，污染环境，是断子绝孙的做法！”

他建议说，只要把山水保护好了，纳西仍将是一个优秀的民族。只要把农业和水力搞好了，我们丽江就能抵御天灾。我们可以发展畜牧业、药材业、家具业、旅游业……这些行业都是大有可为的。良好的生态环境和世代承传的民族文化是无价之宝，这是用金钱买不到的。丽江经济开发要与名城保护和环境保护统筹考虑，不可为眼前的蝇头小利而毁了长远利益。他最后风趣地说：“不要看今天沿海地区发了大财，若干年后，他们就会背着一口袋一口袋的人民币，到丽江‘购买’新鲜空气，‘购买’甘美泉水。我们有钱了，就能够扩大再发展。”听了他的话，老人们觉得在理，欢呼扩建的人也有所悟。

赵银棠刚从延安回来。1942 年她去重庆，本来想到延安参加革命，未能实现。1986 年，她以 80 多岁高龄参访延安，完成“补课之旅”，了却夙愿。她以延安的过去和现状对比，论证环境保护的重要。

她说，唐宋以前，陕北黄土高原林茂草丰，农业发达，牛羊遍地。由于高原上覆盖着浓密的林草，山清水秀，延河四季清流不断，即使下大雨，也很少发生洪水，更无一泻千里之灾。后来经过长期征战，砍伐破坏，自然生态失去平衡，水灾就频繁出现，灾害多了大了，延安也就难保了。1986 年她所看到的延安，是这样一幅图景：“走在前往枣园的土路上，找不到一棵遮阴的树。漫游古城的市井，尽是一列列等候接水的长龙。登高望远，看不到树林。俯视市区，到处浓烟笼罩。贯穿全城的延河，也是苟延残喘，面临干枯断流的威胁。”“延河苟延残喘”是非常形象而逼真的描述，足见延安环境恶化的程度。

她说：“两者比较，我们的家乡是多么得天独厚呀！我们确实需要科学规划家乡蓝图。”她说：“我们的传统文化，既重社会伦理，亦重环境生态伦理，因为只有和谐，才能安定，才能更好地发展。”她提议说：“善甫谈得很全面，我们应该向地方呼吁，提请重视这些问题。”

赵银棠写了一首诗，记下这件事。诗前有小序说：“今闻丽江新闻纸厂第二期工程行将上马，众乡亲会友反响强烈，有感抒怀。”诗云：

八三补课慰平生，感慨倍添故乡情。
四面山峦常锁翠，千寻玉龙永晶莹。
百川委曲吟天趣，万类和谐共奏鸣。
欲使名城千古秀，中庸取法保平衡。[①]

诗说她参访延安，了却心愿，看到延安自然环境之荒凉，更加感到丽江美丽和谐的自然环境之可贵，增添了保护好丽江的感情；而要保护丽江，使其美千古长存，就要妥善处理好各种关系，保持生态平衡。

在国人生态意识和环保意识还极其薄弱甚至没有的20世纪80年代中期，周善甫却有如此敏锐而高远的眼光，实在难能可贵。

丽江古城成为世界文化遗产后，世界各地的游客纷至沓来，无不为丽江美丽的自然风光和独特的民风民俗所陶醉，旅游成为丽江的支柱产业，周善甫的预言变成了现实。

1996年丽江地震发生后，周善甫十分痛心。云南省社会科学院举行重建丽江古城讨论会，他在会上作了《故乡震灾后的忧思与畅想》的发言，说地震灾害对纳西民众来说，既是严厉的挑战，也是绝佳的机

① 和毓伟《凡弟与棠姐的故事》，《风雅儒者》，第115–118页。

会。是祸是福，取决于本地人和关怀者的志向。他希望丽江发展旅游业，也要发展农业，打牢发展的基础，保护好生态环境，保护好丽江这块世界净土。

周善甫热爱纳西文化，写丽江的历史掌故和传说，为丽江优秀人物立传，借此留下故乡的历史文脉，弘扬故乡文化。故乡不仅仅是地理空间，还是文化空间，故乡的历史、人物、文化构成独特的精神气韵，成为家乡人的情感依恋和精神寄托，形成地方认同，进而转化为恭敬桑梓的感情和建设故乡的行动。正如周善甫所说："对于祖国和故乡的浓郁情感，非仅出之于山川和人事，其最深挚的尤在于日与啜息的文化源流及其所形成的意会和氛围，当最容易为文化所启迪。"[①]

周善甫热爱纳西民族，谆谆告诫故乡同胞发扬纳西民族的优良品德。他撰文表彰纳西族主神恩溥三多，希望以之激励民族精神。

恩溥三多是玉龙雪山之神，也是纳西族的战神和全民信仰的护佑神，被尊称为"恩溥三多"，又译为"阿普三朵"。"恩溥"又写作"恩普"，意为"祖先"或"爷爷"。元世祖忽必烈曾封三多为"大圣雪山石北岳定国安邦景帝"。20 世纪 80 年代末，丽江重修三多祠。1987 年，他为旅昆丽江老人联谊会撰书《重建丽江三多祠献联》，此联悬挂于北岳庙大殿正楹：

恩溥是善耕牧、善歌唱、善战斗的神祇，曾为斯士洒热血；
纳西乃多英雄、多才俊、多能手之民族，愿以自强荐心香。

北岳即玉龙雪山。胡蔚本《南诏野史》载："德宗甲子兴元元年，牟寻迁居史城，改号大理国，封岳渎，……又封南安州神石亦为南岳，越赕高黎贡山为西岳，嶲州雪山为北岳。"[②]北岳庙在玉龙雪山山麓，是祀奉三多神的庙宇。1986 年 8 月 29 日丽江县第八届人民代表大会常务委员会议通过决定，每年农历二月初八为法定的纳西族传统节日。并

① 东宝・仲巴白玛塔清：《圆觉智慧者的法缘》，《风雅儒者》，第 18 页。
② 木芹：《南诏野史会证》，云南人民出版社，1990 年，第 86 页。

于1989在北岳庙古刹中，重塑了毁于“文革”的三多塑像。三多节成为纳西儿女美好的节日，每到节日，玉龙雪山下的人们汇聚到北岳庙，祭祀三多神，尽情狂欢，从而增进了民族感情和民族认同。

关于此联，周善甫有按语说：

> “恩溥·三多”乃纳西人一致信仰的守护神。旧时白沙有崇祠，后废。今告重修，乃为旅昆老人联谊会撰书此联。寄悬大殿正楹。由于此联大体还能以人们所熟习的体例颂神，而指出了“三多”之特具其他天神所没有的人民性；“三多娃”为边民，而表现出其他边民所不及的卓异资质，两者都言之有据，并非溢美；而崇英烈、荐蒸尝，也出于更高的理念与情感，一洗往日献牲帛、祈福佑的陈套，是不无新意的，故颇得邑人首肯。[①]

他的楹联赞颂恩溥三多是全能的神，为开拓丽江、护佑纳西族作出重大的贡献，赞颂纳西族是优秀的民族，告诫同胞要继承传统，自强不息，以告慰祖先。文字通俗易懂，用意深长。

周善甫1987年还写过《恩普三多事迹述闻》，发表于《玉龙山》第2期。文章叙述了三多神的来历、特性，三多崇拜和祭祀的风俗。他说：

> 长期以来，在大致等同的社会条件和史、地处境中所共同体认到的德行，如忠勇、好义、热情、爽朗之类，也便被人们最理想地塑造于三多身上，共加钦服。并且反过来又起着表率作用。正面的要求，虽然会有差等，而反面的恶行，如虚伪、怯弱、偏私和阴忍等，则一直为族人所共弃，这在周近的民族之林是颇有口碑的。[②]

他希望纳西后代能够继承和弘扬这些美德，鄙弃反面的恶行，继续成为自强不息的民族。

---

① 周善甫：《重建丽江三多祠献联》，《善甫文存》，第99页。

② 周善甫：《恩普三多事迹述闻》，《善甫文存》，第124页。

周善甫关心家乡经济发展。1990年，时任丽江地区经济贸易委员会副主任的李晖，主持进行一次“为丽江工业经济献计献策”的征文活动，随手给老师寄了一份征文通知。周善甫郑重思考，提出建议：

> 亚运会期间，《丽江纳西族东巴文化》在京展出，给中外观众留下了深刻印象。建议开发东巴地毯和挂毯，相信会有一定的市场。同时永胜瓷厂的产品，如挂盘、花瓶之类，是否也可装饰上东巴字画作为旅游商品；其他地方产品的包装也可酌用。另外，东巴经的复制，也可设专门作坊，仿古造纸，绘书彩色文字，精装成册，也会成为颇受欢迎的旅游纪念品。

这些建议，突出了丽江的文化特色和地方特色，也考虑了市场需求，是高明的。李晖感叹说：“在丽江的旅游前景还没有被外界所重视，旅游产品几乎是空白的当时，这些建议是具有多么超前的意识啊，对丽江旅游产品的开发也起到了非常重要的启发和影响。”①

十二　重上云杉坪

文史馆有不少调研采风活动，周善甫因为年龄关系，一般都不参加，但1997年的丽江采风他却坚决要求参加。

1997年暮春，云南省文史馆组织部分馆员到滇西北考察采风3周，这时周善甫已84岁高龄，馆里考虑他的安全，没有把他列入名单。他主动要求参加，领导被他的精神感动，同意了他的要求。在大理逗留了十来天后，4月16日，他终于踏上已多年未得亲近的故土。

他兴致高，体力健，在丽江的一个内容是游览玉龙山云杉坪。他们坐车到白水河，接着要坐缆车登山上云杉坪。大家担心他的身体，劝阻他，文史馆馆长沈家明也劝他，他想“酒到唇边，又怎能不饮”，便果决地说：“请带上把锄头，死便埋我。”有阮籍生死不予挂怀的洒脱。“仗着这把牛劲”，他终于坐上了“吊兜”（缆车），只十多分钟，

① 李晖：《我永远的老师》，《风雅儒者》，第146、147页。

就到达了岗头。然后沿着新铺的栗木栈道，步行600多米，穿过云杉林，再度来到了“梦魂为之颠倒了55年的‘萦翠谷’，一下子真有‘疑仙凡之无别，识觉梦之俱非’的感受”。

他观察到，云杉坪的景物，半世纪恍如昨日，依旧是苍岩、白雪、巨杉、流云，廓大爽朗，是风景中的奇观。所以游客纷至沓来。“可也正因受日益繁剧的现代生活所搅动，已仅是徐娘之不无余韵而已；昔日那不待‘脂粉’而风神绰约的处子，则已‘脱有形似，握手已违’了。何况自家也不复葆有返虚入浑的赤子之心，终于未能招致期待中的一番陶醉。”

虽然有点失落，但他仍以豁达和辩证的态度对待这种改变：

> 检点此游，虽因怀古情殷，而对人文活动不免有“为者败之”的怨尤，但平心而论，若干生活设施，又岂容少得？要没有公路和索道，我这糟老头，休想重上玉龙。对有些为了存真守朴的设施，更无可厚非。如那条新建的栗木栈道，耗材虽奢，但不仅可让众多游客平坦舒适地穿逾这原始丛莽，有如闲庭信步；更可取的是两侧结实的栏杆，禁阻着人们四处乱闯，玷污了山林的清白。两边夹道的丛莽，就如自然博物馆里巨大无朋的陈列橱窗，可以逼近观察，而不容侮慢亵玩。就主事者也任其自然，不作任何主观摆搭，连倒下的枯木，也听其自朽，未予触动。于是草木丰茂，好鸟时鸣，浓阴匝地，惠风时来，耳目所及，无非一片生机。这就大大满足了众多仓皇于现代生活的人们，渴求一返自然的迫切愿望。
>
> 《老子》说：尚无以观妙；尚有以观徼。自然与人文应于辩证中求其和谐，是谓“天人合一”。这一了悟，不是我一向那么枯索于青灯黄卷间所取得的，因而不虚此行。这正是：
>
> 雪山朗若，巨杉沃若，
> 采此惠风，贶我劳人。[①]

---

① 周善甫：《重上云杉坪》，《云南日报》1997年7月27日。《云南日报》发表此文后，周善甫又在报纸上作了一些增改（或许是编辑擅改而周善甫又改回），最后四句公开发表的文章中没有，是手写的。这里根据周善甫哲嗣周孚政提供的周善甫修改稿复印件转录。

而这次上山的“全盘心思，却为怀旧伤逝的情绪所涌溢”。当年他们走下云杉坪，都信誓旦旦地表示一定再来，但世事无常，谁都没能实现心愿。“晨岚先于‘反右’中早逝；哥哥也于‘文革’末期含憾去世了；霖灿呢，寄居海外，音信断绝了三十余年，于改革开放后，重获联系，在近十年的书信往还中，他总信誓旦旦地宣称必当重上玉龙山。地方政府也赠予了他荣誉公民的称号。但于去年也在加拿大瘫倒了，只剩他所寄来的一绺头发，遵嘱瘗（掩埋）于云杉坪，象征他的来归。青林黑塞，伊人天涯。这才是‘若说没奇缘，今生偏又遇着他；若说有奇缘，如何心事终虚化’？”当认出了李霖灿头发的掩埋之处时，周善甫的耳畔隐约萦回着“昔日畅叙幽情，即在此境；谁人叫你复来，旧地重伤心”的歌声，他不禁喃喃呼唤三位同游者的名字，心思阵阵潮涌，终于挥泪高呼：“魂兮归来，魂兮归来！”①

丽江考察结束后，其他考察团成员还要到宁蒗泸沽湖，周善甫则留在家乡，沉醉于乡亲的浓浓情意之中。住在古城，时常有亲朋故旧、文士学生来看望；丽江文化部门安排欢迎会、座谈会，待为上宾。“所谈话题，除了亲情乡情，便是书法、诗词、孔子、老子。闲暇时，则穿街过巷，悄然步入熟人之家，使主人又惊又喜，恍如梦寐；时而在月季花下留影，时而在紫藤架下品茗。”②

经过改革开放，丽江已经发生了巨大变化，城市旧貌换新颜，故旧半已为鬼，故乡既亲切又陌生，周善甫欣慨交集。和中孚记述说：

> 他到我家的故宅，只见紫藤花开依旧，但已不见故人面，怅然在紫藤架下拍了数帧照片带回来给我，以纪念往日在紫藤花架下，同周霖及我的父亲深酌浅饮，品味世况、纵谈古今的赏心乐事。这次故乡行，放达的周善甫先生始终被新的感动与旧的怀念

---

① 周善甫：《重上云杉坪》，《云南日报》1997年7月27日。周善甫说李晨岚在“反右”中早逝，记忆有误。据有关资料，李晨岚去世于1981年，比周霖还晚些。他在“反右”中落难但幸免一死，“文革”后在落寞中病逝于河南老家。

② 夫巴：《壮心作伴好还乡》，《云南日报》1997年9月25日。

交织着。①

他们万梓桥边玉河的老宅，保存完好，被地方政府确定为保护民居，后来挂"周霖故居"牌匾。每年都有很多仰慕者或游客参观。周善甫感到欣慰。

他到南口祭扫祖坟，释放了日积月累的"庐墓之思"。他还到长江第一湾的石鼓寻根，看望亲朋，察看祖父留下的印迹。"沐浴着故乡的薰风，早年的冤屈与不快都随风吹散，只留下朗朗晴日，浩浩乾坤。一己之私，如同这江湾沙粒，巨流水滴，渺小而微不足道。"②

回到昆明，他乘兴挥笔写了《重上云杉坪》，发表于1997年7月27日的《云南日报》文艺版上，这是周善甫最后发表的作品。负责发稿的编辑杨伊达评价说：

> 云杉坪之大美，美得令人痴狂，美得令人震撼，震撼得无言无语。在未开发或刚开发之际，那就简直如同天籁圣土、蓬莱仙境。真是天成巧合，或是情缘所归，善甫老伯的绝笔，写的竟然是云杉坪。这是一篇情透纸背、魂透纸背的散文极品，它如同老伯的生命写照，冰清玉洁而又幽奥高深。③

此次丽江之行，成了他对故乡的最后告别。

十三　魂归故土

1997年11月，周善甫患感冒，转成肺炎入昆明医科大学第二附属医院住院治疗。由于年事已高，经多方诊治而病情却是每况愈下。1998年1月2日下午他对从迪庆高原赶回来探病的学生孙炯说，还有很多事

① 中孚、孙炯：《平凡而又不平凡的人生——善甫先生的书品和人品》，《云南文艺评论》1998年第2期。

② 夫巴：《壮心作伴好还乡》，《云南日报》1997年9月25日。

③ 杨伊达：《善甫老伯》，《云南日报》2003年8月5日。

没做，真是可惜了！1月4日他对守护在侧的学生李晖说："我哥叫我了，我要走了！"1月6日6时46分，周善甫走完曲折的人生历程谢世，享年84岁。

这一天，一向晴朗的昆明响起冬雷，降下大雨，当天故乡的玉龙雪山也降下了冬天的第一场大雪，似乎也在为民族优秀儿子的去世而悲痛。云南师范大学教授余嘉华挽联说："雷声祭师宗天公有情；泪雨奠英杰地母含悲。"自注云："1月6日周老仙逝，风云为之变色，雷雨并作，感而成联，用以志哀。"[①]

但他本人是走得安详的。十多年前，和中孚为油画家高临安所作"周善甫肖像画"写像赞时，草拟一首七绝，赵银棠润改其中两句成为"清高洒脱云间鹤，旷达逍遥无尽天"。他看到后非常喜欢，欣然命笔书就，交给和中孚，说："此联他日可挽我也。生死是人生必然之道，'仰不愧于天，俯不怍于人'，就是死的时候也是心地安然的，何况有这样的挽联！"[②]他住院前对学生孙炯曾豁达地说："医生只医病不医命。如果我再有点时间，那就太好了。"

"如果我再有点时间，那就太好了"，不是留恋生命本身，而是遗憾还有很多事没有做。一是雪山书院还未建成，二是计划撰写的两本书没有完成。一本是《挽联佳作百例》，一本是《老有所传》。前者试图选编关于孙中山、周恩来等现代仁人志士的一百副挽联，借以展示民族脊梁的人格力量和对联的艺术魅力。关于第二部书，他已着手写老友杨超然的传记《雪麓仁人》，去世前三天还在写。他认为，人生三阶段，应该是"青年有所学，中年有所为，老年有所传"。他晚年做的就是"有所传"，传中华文化，传人格风范。这些极有价值的著作，都随着他的离去而永远失去了。

临终之际，周善甫念念不忘的依然是中华文化。1998年1月4日，他在病床边接受仰慕中华文化的意大利人李威特为弟子，在感到欣慰的

---

① 《周善甫先生荣哀录》，第10页。

② 中孚、孙炯：《平凡而又不平凡的人生——善甫先生的书品和人品》，《周善甫先生荣哀录》，第77页。

同时，也为不能亲自指导李威特研读《老子意会》而叹息，嘱咐弟子们今后要帮助他学习中国文化，并说："我深信21世纪的世界将会认识到中华民族文化的巨大价值。"①

他也牵挂着自己的著述，留下遗嘱希望妻子帮他出版。住院期间，杨佩兰照样为他煨汤送饭，她相信丈夫还能像过去那样，打打针，回家调理一阵就能好。但周善甫知道自己病入膏肓，将不久于人世，他向妻子交代后事：

> 他自己也知道，反病难医，含着眼泪求我一定要跟他去。他说昆明墓地也很挤，我俩都回丽江南口祖坟里去，妯娌之间有这样那样的矛盾，那也是各家各的，而且周家这块坟地也是好几家人的，都是好处，我们这个宽阔的祖坟又是松林。他含着眼泪要生离死别的时候了，我也不固执地答应了。还求我他写的《大道之行》正式出版，还要替他出版文存续集，稿件儿子会收的，钱存在银行那本活期存款里还有五千元，存在家的书可以卖五千元，这一万元可以够了。我答应下来，那天是住院九天了。②

恳求妻子百年后一定要跟他回丽江一起安葬，到死都有一种依恋，这是至死不渝的爱情。话说得很家常，但真情流溢，感人至深。

周家在家里设置灵堂供各界吊唁。当晚学生李晖、孙炯、李文化、郭志华在遗像前点香燃烛为老师守灵。1月10日上午，遗体告别仪式在昆明油管桥殡仪馆举行。学生关鼎学拉来两卡车松柏陈放在吊唁厅，他安详地睡在鲜花翠柏丛中。云南各界人士自发前来向他告别，在签名簿上签名的就有700多人。殡仪馆负责人说，如此众多的人来吊唁，在殡仪馆的历史上只有两次，一次是著名京剧表演艺术家关肃霜遗体告别仪式，再就是周老这一次了。随后遗体被送往跑马山火化。

周善甫的女婿木桢、学生李晖和杨福泉等在医院陪伴他度过弥留之

---

① 和中孚、孙炯：《雪山的记忆——悼周善甫先生》，《春城晚报》1998年4月2日。

② 杨佩兰：《佩兰回忆录》，第320页。

际，并参与料理后事，谈到周善甫的遗体告别仪式时说：

> 几天以后，在昆明殡仪馆举行了葬礼，在昆纳西乡友和各界人士用无数的挽联挽诗和花圈送别善甫老人，连殡仪馆的工作人员都十分吃惊地问这位逝者是个什么级别的干部呀！殊不知，这是一介纳西布衣文士周善甫，他以他的学识和人格魅力，吸引了那么多的人来为他送行，而且是非常典雅的送行。[①]

遗体告别仪式上，挽联挽诗、唁电唁函、花圈挽幛布满殡仪馆。送花圈和发来唁电唁函的有各级党政机关、学术团体和亲人、生前友好及学生，还有海外人士。他们均表达了对周善甫的高度敬仰和沉痛悼念，肯定他的道德文章将与世长存，表示将继承他的遗志，致力复兴中华文化。

台湾联合报集团的何泰生的唁电回顾了他与周善甫的交游和周善甫给他的教益，认为周善甫逝世是“中华文化界一大损失”：

> 惊闻噩耗，一代大师周善甫先生仙逝，悲痛莫名！先生之早逝，实系中华文化界一大损失，令人扼腕。数度拜访先生于翠湖滨，如沐春风，受益良多。翠云楼上诗酒流连，酥油茶余香犹存，此情此景，只待追忆。今黄泉路远，天人永隔，不胜唏嘘！[②]

李群杰挽联对他去世太速深感惋惜，而又为他的成就感到欣慰，他将如玉龙山、金沙江一样不朽：

> 聚首昔言欢，孰料送岁迎春，遽尔魂归玉龙；
> 伤心今永诀，幸留著作华章，卓哉名垂金沙。[③]

---

① 杨福泉：《怀念周善甫先生》，《丽江岁月与海外萍踪》，云南人民出版社，2007年，第273页。

② 《周善甫先生荣哀录》，第28页。

③ 《周善甫先生荣哀录》，第10页。

诗人唐仿寅的挽联对他的坎坷遭遇、思想取向、人生实践、卓越才情和成就作了精辟概括，赞扬他最终登上云南思想文化的高峰，足以雄视一切：

秉乾坤正气，志宗孔孟，以原圣道，虽饱经忧患，总不改小庶民平生怀抱，终如玉龙山上雪，巍峨雄主云岭脉；

承天地浩灵，行践仁义，而弘大德，纵历尽坎坷，竟大展老布衣耄寿才思，恰似虎跳峡中涛，奔腾汹涌金沙江。[①]

云南省作家协会副主席汤世杰的挽联回忆在翠湖小屋听周善甫畅论古今，如闻天籁，而他追求以大道行于天下，终于成就峻伟风范，气壮山河：

门前有湖耶，小巷深抵陋室，惜吾竟晚至，数度欲结笔墨情，闻天籁、话人间、评说世界一方土，直识得鸿儒真怀抱，思来也是缘分；

天下为公耳，大道遥臻化境，叹君何早行，几番未来求索，阅诸子、倡百家、挥洒上下五千年，终垂成伟范壮山河，此去无非暂别。[②]

纳西族作家夫巴的挽联写出周善甫狂狷的性格和以天下为己任的担当，概括出他的“三气”“三品”。孔子说“狂者进取，狷者有所不为”，这在他的身上都有体现：

狂狷者自许，有所为有所不为，纵横玉龙滇海，有恃者：才气、志气、豪气；

天下为己任，无所求无所不求，遨游儒学玄经，无憾也：作

① 《周善甫先生荣哀录》，第10页。

② 《周善甫先生荣哀录》，第11页。

品、书品、人品。[①]

和中孚的挽联赞美周善甫将与纳西民族和东方文化共存：

凡翁不凡，与纳西民族同在；
周老不老，与东方文化共存。[②]

挽诗有老友吕少康的《悼念周善甫老师》、云南省社会科学院研究员赵橹的《悼善甫兄》、学生杨志华的《赞恩师周善甫先生》和《悼恩师周善甫先生》、李桥的《挽凡翁善甫先生》等，旅居日本的学生李淑写了《我的恩师周善甫老师啊！》四首。

周善甫去世后，《光明日报》、《云南日报》、香港《文汇报》、美国《国际日报》、《春城晚报》、《云南民族报》、《滇池晨报》、《云南政协报》、《云南画报》、《云南文艺评论》、云南《文学界》、《云南文史丛刊》等国内外报刊发表了一系列纪念文章，缅怀他对中国文化所作出的贡献。

周善甫生前留下遗言，希望他的骨灰能安葬在“世界上最干净、最圣洁，也是他终身爱恋的地方”——丽江。[③] 1999 年 4 月 1 日，杨佩兰和儿女把他的骨灰护送回丽江，家乡父老数百人到古城边的玉龙桥边迎接，沿途见者无不肃立。骨灰先安放在他的玉河边的老宅正堂屋，供人们凭吊。

4 月 4 日，丽江各界人士 200 余人在丽江大研镇纳西古乐宫隆重举行“国学大师周善甫先生追思会”。纳西古乐会会长宣科主持追思会并作《人子》的主旨演讲，丽江行署副专员解毅出席追思会并代表地方政府讲话，儿子周孚政代表家属讲话，孙炯代表学生讲话，缅怀他对中国文化的贡献。古乐队演奏纳西古乐为他送行，周氏兄弟谱曲或填词的作

① 《周善甫先生荣哀录》，第 11 页。

② 《周善甫先生荣哀录》，第 9 页。

③ 夫巴：《一代英才魂归玉龙山：周善甫先生在昆明逝世》，《丽江报》1998 年 1 月 8 日。

品演奏了两遍。人们所表现出来的失去乡贤的悲哀之情，为丽江数十年来所罕见。

4 月 5 日清明节，家人遵周善甫的遗愿将骨灰安葬在丽江县南口祖墓。陪葬的是三本书：《简草谱》、《春城赋》和《大道之行》，还有两支他用过的毛笔。墓旁有一棵盘曲遒劲的老松，宣科指着老松对专程赶来丽江参加葬礼的孙炯说：“那棵松树代表了周老师不屈不挠的精神。”

他的墓石上，刻着两副对联。一副是儿子周孚政和孙女周芍合撰的：“意会圣贤道；文存天地心。”一副就是他自书的：

清高洒脱云间鹤；
旷达逍遥无尽天。

周善甫的英灵将与祖父、父亲和兄长永远相伴，继续享领无边的宽厚和教养，享领故乡的美丽风光。他将如云间清俊、高洁、潇洒的仙鹤，翱翔于丽水金沙之间，翱翔于玉龙山皎洁的冰雪世界，翱翔于中华文化的辽阔天空！在那里，他将和他心仪的先贤们相聚，并像他们一样，成为灿烂的文化星座！

第五章
平民教育家的风范和成就

教育家通常是指那些影响较大的教育界领袖和杰出的教育学研究家。周善甫没有当过学校领导，不专门研究教育学，在世俗的眼里，与教育家相去甚远。但他学而不厌，诲人不倦，以知识和智慧启迪学生，以人格和思想熏陶学生，春风化雨，桃李芬芳，取得突出成就。他像孔子一样，是平民教育家。

一 周善甫的教育观

周善甫有成熟的教育思想，有教育家的境界和风范。他对教育的目的、功能、方式方法等都有独到的见解。他认为教育最重要的作用是明道修身、进德修业。“修道之谓教”，他说：“教育的目的，就在促进道德人品的修养。”[①] 所以，他一方面有古代贤哲的自信和担当，既坚信自己所持之道是人间正道，便理直气壮地传播自己的学说，要求学生学习和信守；另一方面以身作则，践行自己的学说，以浩然之

① 周善甫：《大道之行：周善甫国学论著》，中华书局，2010年，第140页。

气、和煦之风感染学生，以高尚的品格与高雅的气质熏陶学生。他善于因材施教，激发学生的潜质，使其按性情特点自由成长。孔子弟子赞扬他“夫子循循然善诱人”，周善甫也有这样的风范。“桃李不言，下自成蹊。”周善甫被弟子们由衷尊敬和爱戴，并按他的要求立身行事，弘扬他的懿范和学说。

周善甫教育学生要有远大的理想、高尚的情操、出众的能力、活泼的心胸和快乐的生活。他虽然饱经磨难，看透了人世间存在很多丑恶和阴暗，但他的心灵没有被丑恶和阴暗污染，更没有被吞噬，他始终坚信人性的善良和可塑，坚持以正大光明的正向价值教育学生，绝不以阴谋诡计为高明，绝不以世故迁就世故。他在个人的生活境遇上是随缘任运，但在处世原则上绝不随波逐流，更不同流合污。从他那里，学生们得到的是精神的洗礼、智慧的启迪和境界的提升。学生们跟他在一起，往往如沐春风。

周善甫教导学生要有振兴民族和民族文化的责任担当，看问题要从大处着眼。李纲、秦朝辉回忆说：

> 周老可敬，敬在忧民。1997年底，周老已疾病缠身，但仍笔耕不辍，其忧国忧民之心更见迫切。那天早上，我们去看望恩师，只见他老人家斜靠藤椅上，被书占了三分之二的案头置有一幅墨迹未干的书作：“当救世，不救世，则无以救国。”我们劝他先安心养病，但他仍以微弱的声音再一次教导我们：“我们应尽力振兴自己的民族，自己的国家，其道路只有一条‘救世’。而救世的方法，是从我做起，‘修身为本’，眼界要看得深远，中华文化，即乃人类文化之正源主脉，把中华文化发扬光大，让世界都感受其乐融融之福。”这既是周老一贯教导我们的思想，又是对我们的期冀。[①]

面对当代中国严重的道德危机，他希望通过修身挽救世道人心。这里强

① 李纲、秦朝辉：《天雨流芳——忆周善甫先生二三事》，《周善甫先生荣哀录》，第87页。

调的是心性之学。

周善甫推崇中国古代的书院教育。书院教育的特点是不计功利地进行学理探讨，“正其谊不谋其利，明其道不计其功”，重视品德修养和人格完成，敦品厉行，培育纯正、活泼的心性与进取、担当的精神，教学形式则自由自在。他说：

> 书院的主持者们，一般并不以干禄攘权为目的，而别具一副远较纯正的从格、致、诚、正到修、齐、治、平的热肠。他们以天下为己任，倡言存天理、去人欲，以先忧后乐的存心来讲学传道；他们既具清明的理智与学养，又兼有宗教的热忱，因此都颇有声望。①

他特别推崇著名学者、清乾隆朝礼部侍郎、昆明五华书院山长尹壮图为五华书院撰书的对联：

> 鱼跃鸢飞，活泼泼地；
> 日华云烂，纠缦缦天。②

这样一种光明、自由、从容、活泼的境界，是从孔孟开始，儒者一直追求的，而尤为宋儒所致意。在育人工作中，周善甫追求的就是尹壮图对联所描述的境界。早在1982年，他在给李晖的信中就强调了教育的关键是要培养人的鲜活心性、开阔胸怀、创造精神，快乐地生活：

> 来信谈到“粗、腐”二字，真的，这是求学的大忌。但依你当前来说，所该招防的，似不在此。四年来的大学学习，加上眼下受着的职业熏染，颇有趋向“经院”的可能，所以倒要脱去“细”和“板”。“细”就是不够开阔粗犷，不从大体和方向上去理解和

① 周善甫：《大道之行》，第150页。

② 周善甫：《大道之行》，第152页。

认识学问，欣羡某些饱学老儒，和他们在“记问之学”上的工夫，认为学问就是指精细地翻、记书本。“板”就是不够生动灵活，没有创造性地、惟陈规戒律是依。因为几年以来你们便被严格地这样要求（那该说是必要的过程），今后还将这样严刻地要求学生（这也该说是合理的），所以，这倾向无疑会值得警惕地存在着，而已不同程度贻误着（过）大多科班出身的青年教师，也许是一个阶段，也许毕生。

说得那么严重！那么，贻误了个什么呢？

生活，贻误了的就是生活本身。在我先后五十多年的教书生活中，眼见凄惨地把生命枯干在教学“岗位”上的学究，前后左右，真是成千累万，触目惊心！就眼下，你、我身边不正有大量这种可怜虫吗？别说混日子的，就认真工作的，若不留心脱去细、板二字，还更容易卡死在“水晶板凳”之上。在我，这一厄，是靠有点不羁的天性和所受的频繁冲击而跳出来的。

当教师，本身就是一个特别丰富的生活，一理解成教书，就糟了。要教人……生活！像在你我中发生过的那样，一代挽着一代，活跳跳地走向壮丽的生活，这样的从事教育生活，才不会成为“只是照亮别人的蜡烛”。①

他不否认严格的学术训练的意义，但特别警惕“经院派”的流弊，反对把学问仅仅当成“记问之学”，以琐细和古板遮蔽学问的真精神，扼杀创造性；主张为学要识得“大体和方向”。他指出，“学究”式的琐细和古板贻误了很多人，让人享受不到学问和教育的乐趣，“卡死在水晶板凳之上”。当教师本身就是特别丰富的生活，也要教人学会生活和享受生活。教师要“一代挽着一代，活跳跳地走向壮丽的生活”，这句话写得生动，而更重要的是它道出了教育的真精神。

周善甫就是以这样的热肠和担当从事作育人才的工作。他退休以后的教育活动，就是书院式的。没有学籍，没有正襟危坐的上课，没

① 周善甫：《致学生李晖的信》（七），《风雅儒者》，第348页。

有教科书，没有功利目的，没有“有计划有程序地灌输”，而“重在感染”，[①]在自由自在的交往交流之中，传递着情感、思想、道德和智慧。他以传道授业解惑为乐，绝不考虑任何物质实惠，诲人不倦，循循善诱。是“道”把他和学生们绾结在一起，是“道”让师生共享精神之美，同臻人生美好境界。

周善甫认为，教师是“值得为之鞠躬尽瘁”的职业，是快乐的职业。“教师的社会地位不高，前途一般有限，待遇也较菲薄，工作也较烦琐，按说不是一个好行业”，但只要“以仁存心”，以诚恳的态度关心、帮助、理解学生，“勉人为善”，促进学生的成长，那么就能享有“得天下英才而教育之”的人生大乐。这样的教师赢得“来自学生和社会的真诚敬重，非其他行业所可企及”。因此，他非常反感和不能理解有些教师把自己的职业当苦差事，怨天尤人，闷闷不乐。他也特别反感“把学业当作商品，称求学为‘知识投资’”的言行。他说，如果这样看，“那么，大学教授也不过是居奇计赢的小老板，而中、小学教师则降格成为知识小贩罢了。师生之间就成为顾主与店员的关系，还有什么尊重和情谊可言？”教师不自重，“以知识商贩自居”，使得“师道扫地”。为解决这些可悲可叹的现象，除政府要改善教师待遇以外，“要紧还是教师自己要坐回到为人师表的交椅上来”。[②]

周善甫重视家教，在《大道之行》中作了独到的阐述。

一是母教。他认为母教对孩子天性的成长有着最重要的作用。母教的时间越长，孩子葆其善性也越稳定。过早失去母爱的人，生活能力也许更强，但品性每多暴戾乖张，虽然这不是绝对的，但概率确实很高。所以母教不仅是决定孩子毕生品性的重要因素，而且对社会来说，人们要以善意和睦相处，第一课也要由“伟大的母亲”执教才有效，绝非任何专家所能取代，“因为母亲，只有母亲之对孩子，才真正体现了率性的良知良行，才是不学而能，不勉而中的最高品德的样板，其于人类社会所呈现的功勋，不是任何名师可与比肩的。”中国因为有重视母教的

① 周善甫：《大道之行》，第153页。

② 周善甫：《大道之行》，第144、145页。

传统，所以成功的历史人物的背后，大都有位贤明的母亲。这样的良母也得到家庭、社会乃至朝廷的尊重。但在近代以来，在反传统背景下，“随着妇女走向社会，母教也渐告废弛”，家庭和学校都更多关注智育，德育则“荒芜”了，有的母亲“有意无意地彰扬狡狯谋私的恶行，视忠诚善良为庸愚，结果，每是父母自己先受其祸。”因此，他呼吁重建“以品德为中心的母教”。[①]

二是祖教。“祖教”是周善甫创设的概念，指祖辈对孙辈的教育，是对中国传统教育成功经验的总结。他认为，孙辈出生的时候，父母正在为事业而奔忙，而祖辈多已退居林下，有优裕的时间精力来教育孙辈。这是古来不成文的惯例，一般有学养的人，大都有过亲承祖训的往事。祖父母人生经验丰富，气质也与孙辈契合，所以教育效果较好。而当代人却很少有人重视祖教的作用，因为大家普遍认为，现代的科学技术、生产生活、审美观点，都是日新月异，老人的经验和学识已经过时作废，不再值得学习。而祖辈也自认迂拙，识趣地退出孙辈的教育。于是晚景落寞寡欢，不能像传统社会的前辈那样“怡然自信”地享受课孙之乐。他认为，科学确实发展很快，老一辈的验方旧法无法对付，“但论心性之道，却依然守恒”。只要有人类社会，则出乎人性的仁义道德，必然还是“不二之道”。那么，人类精神生活的基本经验、老人饱经风霜以后获得的“原则与明哲”对教育孙辈就很有益了。“加以老年人肝火已平，人情练达，施教之际，比爹妈更觉蔼然可亲。”因此，他也倡议“规复自古就倍加重视品德教化”的传统，发挥祖教的作用。[②]

周善甫批评中国现代教育出现严重偏差，就是重视知识技能之传授，忽视道德人品之涵养，教师仅属授业之傅，而非传道之师。他指出，“自清末以来，西风一阵紧似一阵”，教育也走上“全盘西化”道路。

重视有关物质之理智，放弃有关人伦之性情。主要课业在于生

① 周善甫：《大道之行》，第 146 页。

② 周善甫：《大道之行》，第 147、148、149 页。

> 产生活之知能的学习，而旧日以为主要任务的道德人品的修养，则弃而不顾了，行之已近百年，谁都未曾对现行的教育制度提出任何犹疑。可是，‘德先生’和‘赛先生’仍还姗姗来迟，而道德人心却每况愈下，除了20世纪50年代曾由革命的激情，显示出突发的振奋外，经眼的这四五代人，莫不是一代差似一代。至今，随着物质生活日趋富裕，人心之败坏已触目惊心。来日如何，犹令人忧心忡忡。虽然政府也提出了建设精神文明的号召和反腐倡廉的措施，社会上也多重视道德的舆论，可是要以物境之理智，向上求取人境之性情，境界既格，便实有难能了。

他指出，中国“创业未半”，为了富国强兵，“与国际接轨的现行教育制度诚属不容动摇”，但要以“历有显效的传统道德教育”补救它的不足。[①]

可见，周善甫虽然不是职业教育家或教育研究者，但他对教育的认识和理解，特别是对中国传统教育的优长的理解，达到很高境界。他的教育思想对纠正当代教育的偏失有借鉴意义。

二　一代挽着一代，活跳跳地走向壮丽的生活

周善甫不仅有独到的教育思想，而且把这些思想付诸实践，取得很好的育人效果。他一生从事得最长久的职业是中学教师，他曾执教于丽江县立中学、省立第三中学、国立丽江师范学校、开远农业学校、昆明护国中学、个旧一中、个旧二中等，在本职岗位上，兢兢业业，滋兰育蕙，培养了很多人才。“文革”结束，“云开日出，先生已逾花甲。先生本教数学，改教语文，解文释义，卓有见地。仁德施教，妙语连珠，大受学生、家长垂爱，一再挽留延教，至年过古稀，方允退休。是以高级教师，载入地方志。”[②]退休以后，由于他的渊博学识和人格魅力，又有不少人自动拜在他的门下，执弟子之礼，这个时期，受他熏陶影响

① 周善甫：《大道之行》，第141页。

② 和中孚等：《为人师表风范千秋——痛悼善甫先生》，《周善甫先生荣哀录》，第7页。

的学生成效更显著。

周善甫认为教育“要点是打心里爱护学生，青少年们会加倍地酬偿你，这就是教书育人的美处”。[①]这揭示了教育的真谛和魅力。他以大爱对学生，学生以大美“酬偿”他。

周善甫教的学生有学校学生和校外学生两种类型。

从民国到共和国，他教的学生很多。如宣科，张灿琪、张慧琪、张静琪姐妹。宣科回忆说：“在四十年代初，他作为一名数学教员在‘省立丽江中学’任教，我作为他的学生，看到的却是一位‘音乐教师’。教的是三角，做的是音乐。”[②]表明他的多才多艺。

周善甫的母亲杨艳开和张灿琪姐妹的祖母赵爱英情同姐妹，赵爱英经常带孙女们到周家做客。当时周霖、周善甫都在省立丽江中学任教，他们才华横溢，酷爱书画、音乐。张氏姐妹在周霖的画室看他画花鸟，听周善甫讲时局。张慧琪说：“现在想来我老祖母真是用心良苦，她是带我们到纳西族最有名望的书香门第，去受熏陶与启迪。”周善甫常说：“女子要独立自强，就得读书受教育。”张氏姐妹的聪慧常常受到周氏兄弟的赞扬，张灿琪、张煜琪、张静琪都进入丽江中学，成为他们的正式学生。张家姐妹是周家的常客，周家用纳西族的好客热情接待他们。张慧琪回忆说：“当夜深人静时，我的表婶（周霖夫人）就会为我们准备一束松明火把照路回家，这火把伴随着我的童年，照亮了我的人生，让我成为一个独立自强的女性。”张慧琪考上辽宁师范大学，长期在大连任教，是中学高级教师，著有《丽江古城往事》等。张灿琪因与国民党高级将领孙渡的婚姻而甘苦备尝。张静琪毕业于天津航空学校（今中国民航大学），最终成长为气象专家，在上海民航局工作，担任过上海市民委委员、人大代表等。

“文革”后他在个旧二中任教，责任心强，教学水平高，受到师生敬重，学生爱之如父。一次，他生重病，严重的痢疾，发高烧，拉肚子，裤子上、床单上都是污物，他当班主任那个班的学生照顾他的生

① 周善甫：《致学生李晖的信》（二十），李晖据手稿整理打印本。

② 宣科：《人子》，《云南文艺评论》1998 年第 2 期《悼念周善甫先生逝世专辑》。

活。杨佩兰去看他，感慨地说："我在个旧时，也看出来这十来个姑娘，当做他的女儿一样，洗洗补补都是学生替他做的。有一天任琼英洗的衣服裤子，床上的洗好送来。太感谢她了，一个小姑娘不嫌脏太难得了。"① 他的老学生方宝善也在个旧矿山，每到周末就来照顾他。

1981 年，蒙自师专（今红河学院）学生到个旧二中实习，他是指导教师，认真辅导实习生。学生完成任务返校，他写诗送别：

喜到来得宜，
怅归去得急。
奔四化，征程难系。
试看满园桃李映春晖，
要你循循善诱，
他总紧紧相随，
纯真堪爱。
方融洽，又将别离，
最难忘三十天晴窗共析疑。
接力棒儿紧递与，
起步休迟。②

诗表现了他和实习生短暂相处结下的深厚情谊，阐明当老师的荣耀和快乐，鼓励学生接好接力棒，在四化征程中纵情驰骋。这里包含他认为教育就是要"一代挽着一代，活跳跳地走向壮丽的生活"的理念。

校外学生有各方面学者、党政官员、企事业单位负责人和好学青年。他们都是被他的人格和学识所感染而自觉立雪周门，他们的师生关系是智慧和精神的纽带联结而成的。这样的师生关系就有古代书院教育的遗风。

李晖是周善甫在患难中在故乡丽江结识的青年，相处 27 年，情同

① 杨佩兰：《佩兰回忆录》，第 266 页。

② 周善甫：《赠别蒙自师专来个实习诸师友》，《善甫文存》，第 83 页。

父子。在逆境当中，周善甫给他开导和激励，并辅导他考上大学；学习和工作中为他指点门径，解决思想困惑。李晖不负恩师厚爱，自强不息，厚德载物，有思想，有才情，有担当，在学习和工作中取得业绩，担任过丽江师范学校副校长，云南华坪县副县长，丽江地区经济贸易委员会副主任，云南省外事办公室处长、新闻发言人、副巡视员等。

周善甫去世前半年给李晖书写了一副对联：

发上等愿，结中等缘，享下等福；
择高处立，寻平处住，向宽处行。[①]

这副对联是晚清名臣左宗棠为无锡梅园题写的，体现了一种人生哲学，“极高明而道中庸”。华人首富李嘉诚的办公室里，挂着的唯一对联就是该联，他以此作为为人处世的原则。周善甫希望心爱的学生志存高远，脚踏实地，走一条平坦宽阔的人生之路。因为李晖青少年时期磨难太多，对他的叮嘱更有特别的意义。

李晖爱戴老师，为弘扬老师的道德文章做了大量工作。周善甫去世后，他写了挽联，深情悼念“永远的老师”：

幼狮岗朝夕相处，怀煮茶论今古，温酒谈人生，倒观玉龙，锡都慰疾，廿五载师徒情厚；

翠湖畔辛勤耕耘，览驿拇辨老庄，文存行大道，笔赋春城，简草创新，百万言国粹精深。[②]

李宗黄的儿子李文化是追随周善甫近半个世纪的老学生。李宗黄是鹤庆辛屯人，距丽江较近，周善甫到南京开国民大会时，得到他的许多关照。李宗黄器重周善甫的人品学识，会后，把两个儿子托付给他，请他辅导，尤其是次子李文化。新中国成立后，李宗黄留在大陆的两个

① 李晖：《我永远的老师》，《风雅儒者》，第150页。

② 《周善甫先生荣哀录》，第15页。

儿子都被关押。李文化性格内向，木讷寡言，自小不太被父亲宠爱。在革命大学时，李文化和周善甫在一起，后来被送去劳改队。周善甫则分到个旧一中当教师。那时他没有给家里寄过钱，却向学校申请家庭困难补助。学校批了一百元，他把这一百元寄给了在劳改队的李文化。这事被学校查出，决定追回补助，从他的工资里每月扣十元。[①] 李文化晚年在昆明金马机械厂当工人，终生未娶。他到周善甫家最多，因为排行老二，周家儿女都称他为“二叔”，真诚相待，视为家人。李文化也感激周善甫，20 世纪 80 年代，周善甫的论著要自费印刷，李文化每个月存 50 元钱，积攒起来资助老师。周善甫去世后不久，已是古稀老人的李文化也辞世。

蓝华增也是“文革”时期得到他教益的学人。他“文革”期间在丽江地区一中任教，经常到体育场工地和周善甫聊天，有段时间反复和他讨论对意境的看法。蓝华增也把丹纳的《艺术哲学》一类书给周善甫看。因为周善甫的特殊身份，为了避免引起麻烦，蓝华增一般都是晚上去，而且都要带上个大口罩，把自己隐藏起来。1978 年底，新成立的云南省社会科学院招考研究人员，蓝华增以全省第一名的成绩被录取。[②] 他厚积薄发，发表了多篇研究意境的高水平论文，并结集为《意境论》出版，成为“文革”后最早研究意境理论并取得突出成就的学者之一。他发表第一篇论文很高兴，专门送给周善甫看。他还出版了《云南诗歌史略》、《诗论》等著作，成为著名的文学理论家。他担任过云南省地方志办公室副主任，是云南省文史馆馆员。

“文革”期间，蓝华增用旧木料做了一个书柜，请周善甫书写王国维学问三境界的名言，即《人间词话》所说：“古今之成大事业、大学问者，必经过三种之境界：昨夜西风凋碧树，独上高楼，望断天涯路，此第一境也。衣带渐宽终不悔，为伊消得人憔悴，此第二境也。众里寻他千百度，蓦然回首，那人却在灯火阑珊处，此第三境也”，刻在书柜门上。周善甫说：“你是第一个看得上我的书法并且第一个找我书

---

① 杨佩兰：《佩兰回忆录》，第 158 页。

② 李晖：《我永远的老师》，《风雅儒者》，第 145 页。

写的人。”[①]

“文革”后期，政局有所松动，拜访求教周善甫的人多起来，除蓝华增外，后来成为丽江教育界中坚的纳西族青年赵亮兴、和振荣都是常客。在那个知识困乏的时代，周善甫丰富的知识和不凡的见解给了他们滋养。后来，赵亮兴当了丽江一中的校长，和振荣则是优秀的语文教师。

周善甫善于因材施教，无论是当年执鞭讲台时的学生，还是晚年从游的弟子以及许多海内外慕名而来的求教者，他都能根据各人的天性、气质而因材施教。对待学生他也是一直以彼此淡泊宁静、宽容大度的态度相砥砺。孙炯回忆道：“在我印象中，凡是与善甫先生相交的人，不论长幼尊卑，都能与他成为金石之交，并产生出极为深厚的情谊。”

孙炯是周善甫晚年最得意的弟子之一。当时他家住在周善甫翠湖北路寓所对面的昆明市体委，读高中时，一次偶然的机会年轻的孙炯结识了周善甫，被他的人品、思想、学识、智慧和气度倾倒，于是拜在周善甫门下。因为与老师家相隔只有百米，这天然的优势，使青少年时期的孙炯几乎天天可以到老师家里盘桓，周善甫一家人对这个冲闯的年轻人从没有倦烦之意，还经常留他在家吃饭。孙炯考上云南大学经济系，在后来的交往中更理解老师思想精神的卓然不凡。周善甫很喜欢这个与同龄人相比似乎早慧些的孩子，认为他具有“慧根”，一直勉励他能成为“有文化、有理想、有才干的年轻人”，孙炯从他那里得到终身受用不尽的教益。

孙炯回忆起与恩师相处时说：“善甫先生教化学生并不是课堂上那种正襟危坐般讲课，在翠湖北路那间名为‘六松堂’的小屋内，老师和学生彼此清茶一杯，就一个问题，能畅意抒怀地谈论起来。这种有如当年孔子课徒的教学方式，将中国人文精神中那点点滴滴的温润风范化散在传道授业的过程中，让学生在掌握知识，领受文化之余，自然地沐浴在中国文化温馨悠然的氛围中。”这种气氛在青少年时代的孙炯身上铸下了深深的烙印，也影响了他后来的为人处世。

---

① 蓝华增：《周善甫学术思想探源》，《风雅儒者》，第52页。

在师从周善甫12年的时间里，给孙炯留下最深印象的是，他强调学以致用，从来没有陷溺于书本之中，而且他向来反对只成天钻研书本、不问世事的做法。他认为“传统的儒学，往往流于空谈，近代的一些学人专门以考据的态度引经据典，兀兀穷年，并以此为荣。试问于世事民生何益？”穷经据典，“为学术而学术”自有其价值，周善甫出于他的社会使命感，出于对“世事民生”的关切，强调身体力行、学以致用，也有其道理。正因为如此，他的晚年生活显得异常忙碌，他不愿做一个退隐林泉的老人，他觉得应该著书立说，以思想和学术推动社会进步。弟子们按他的指引投身社会，勤勉工作，以期有利于“世事民生”。

孙炯确实是才华横溢的青年，他27岁那年因为成功策划将迪庆藏族自治州中甸县更名为“香格里拉”而广为人知。这一更名，使云南藏区成为世界级旅游目的地，全国和世界各地的游客蜂拥而来，为香格里拉带来巨大社会效益和经济效益。这一策划成为了20世纪文化创意领域的传奇和经典案例。

“香格里拉”（shangrila）是英国作家詹姆斯·希尔顿（1900–1954）1933年创作的长篇小说《失去的地平线》中描绘的位于中国西北藏区的人间净土，这里雪山与草原相互辉映，多种族多宗教和谐并存，人民在“适度”的原则下优雅地生活，长生不老。该书由伦敦麦克米伦出版公司一出版，立即畅销世界，随即获得英国著名的霍桑顿文学奖。“香格里拉”从此成为宁静、和平、永恒的象征。《不列颠百科全书》称该书的功绩之一，是为英语创造了“世外桃源”这一新词。四年后，美国好莱坞拍摄了同名电影，再次掀起世界性“香格里拉”热。1991年2月，《失去的地平线》中译本由广东旅游出版社出版，书名改为《香格里拉》。

1995年春，孙炯在云南一家国际旅行社任市场部经理，到北京参加全国优秀导游考评，其中一道试题涉及《失去的地平线》。回到昆明，他找到小说，看后萌生了在云南寻找香格里拉的念头。孙炯和周善甫、高世忠、和中孚、朱运宽、汤世杰、张福言等一批作家、记者和旅游专家，不时在昆明翠湖边的翠云楼聚会商谈，初步形成了将香格里拉定位在云南迪庆藏区的策划。一个偶然的机会孙炯把这一创意向当时任迪庆州委书记的格桑顿珠作了汇报，得到大力支持。1997年在迪庆藏族自治州建州40周年庆典期间，云南省副省长戴光禄在"云南迪庆香格里拉旅游资源开发"新闻发布会上宣布："举世寻觅的世外桃源香格里拉就在云南迪庆"。这一消息瞬间传遍了全世界。2001年12月，民政部批准中甸县更名，2002年5月，举行更名庆典，中甸县实现了华丽转身，成为世界闻名的"香格里拉"。这是一个"美丽的策划"，是20世纪最后十年中国大地上轰动一时的文化创意，至今仍是典范。

担任过云南省政府香格里拉工程课题组专家的和中孚回忆说：

> 1995年深秋的一天，在距周老昆明的寓所不远的翠云楼聚会，其弟子孙炯谈起拟在迪庆构建香格里拉的想法，老人于是回忆起他曾看过的电影《桃源艳迹》，那是根据英国作家詹姆斯·希尔顿的小说《失去的地平线》改编的。酒酣耳热时，老人唱起了20世纪30年代风靡华人世界的《这美丽的香格里拉》，老人对整个歌词已记不全了，但还能唱出"这美丽的香格里拉，这可爱的香格里拉，我深深地爱上她，爱上她……"等句，而且还唱得很有味道。这是我听到这首歌最早的"版本"。也是在这次聚会上，他道出了那句"过了金沙江，人就进入了神的世界，在滇西，金沙江是人与神的分界线"这样振聋发聩的妙语。他解释道："所谓神的世界，即是宗教家所言之极乐国土，神灵所居之地也。"这恰同康巴藏区后来传唱的《香巴拉并不遥远》有异曲同工之妙。……几年后受周老的启发，迪庆州将虎跳峡景区取名为"天界神川"。[①]

"香格里拉在迪庆"的策划出来后，引起热烈反响，出现了多个地方争夺"香格里拉"的所有权的事，有的人批评这是"炒作"，讥为"荒唐"。周善甫鼓励孙炯说：

---

① 和中孚：《隽语启人心——忆周善甫先生与香格里拉》，《迪庆日报》2002年5月5日州庆特刊。

一旦认定自己的方向，不要迷惑于蜂起的是非，一个拥有独立见解的人，一定要自持特立独行。他引用韩愈的话说：“士之特立独行适于义而已，不顾人之是非，皆豪杰之士，信道笃而自知明也。”老人的谆谆告诫，使我们获益不少。不论香格里拉的研究处于高潮与低谷、成功与挫折，乃至受到不同观点者的诋毁、攻击或者说善意的劝说，我们能一如既往，痴心不改地守望着心中的香格里拉。[①]

周善甫看问题全面，有前瞻性。他指出，香格里拉品牌在云南的打响，无疑是20世纪末期祖国边疆的一项伟大的扶贫工程，但同时蜂拥而至的游客必将踏上那片净土。旅游业的兴起会带来财富，也会带来破坏，如果狂热而缺乏远见地进行旅游开发，必将给不可再生的资源带来厄运。自然天成的风景在低层次的无序开发下，会丧失自我保护、自我完善、自我发展的能力。1997年8月，孙炯被云南省委组织部派到中甸县工作，先后担任县长助理、副县长兼县旅游局局长，迪庆藏族自治州政府副秘书长，负责迪庆香格里拉系统策划和建设。在启动项目的最初阶段，周善甫经常提醒孙炯，要吸取许多旅游开发中“杀鸡取卵”、急功近利的失败教训。如今香格里拉品牌一旦落户云南，就不能从我们手中失去。和中孚说，在香格里拉研究和开发之初，这些“嘉言懿语”是可贵的，而且将警示香格里拉的未来。[②]

1997年夏天周善甫专门作对联“送孙炯贤契赴香格里拉之任”：

且喜雪巘归管领；
莫愁高处不胜寒。

---

① 和中孚：《隽语启人心——忆周善甫先生与香格里拉》，《迪庆日报》2002年5月5日州庆特刊。

② 和中孚：《隽语启人心——忆周善甫先生与香格里拉》，《迪庆日报》2002年5月5日州庆特刊。

这副对联十分巧妙。孙炯负责香格里拉县旅游规划，香格里拉雪峰林立，美景众多，都在旅游规划之内，所以说“雪巘归管领”。用了拟人手法，妙趣横生。下联有两层含义，一是说香格里拉海拔高，二是说孙炯在藏区担任副县长，在民族地区的基层也算是位置较高的官员。这里融入了苏轼《水调歌头·丙辰中秋》词“我欲乘风归去，高处不胜寒”词意而反用之，鼓励孙炯以坚毅积极的态度面对工作。孙炯秉持老师的执着精神，在高海拔缺氧的藏区坚持工作了整整六年半，不负恩师教诲。

后来，孙炯在城市开发、文化创意和旅游规划方面做了很多工作。担任云南文化产业投资控股集团文化创意公司总经理，云南文投集团党委委员、副总经理期间，为云南文化产业发展付出辛劳。

孙炯从复兴中华民族优秀传统文化的高度看待老师的学术业绩，老师去世 16 年来，他一直不遗余力弘扬老师的学术思想，撰写了很多关于老师的研究文章，主持收集整理老师遗著，策划了一系列纪念活动，推动了一部部周善甫著作出版。孙炯对师道的尊崇和为弘扬祖国优秀传统文化所表现出的强烈的历史责任感，谱写了一段当代难得的师生情谊佳话。

丽江“口书书法家”和志刚也是周善甫熏陶出来的一个纳西族学子。和志刚 1968 年 12 月出生于玉龙山下的向阳村，11 岁时不幸遭到高压电击失去双臂。面对如此打击，他没有颓丧，以百折不挠的毅力，学会了生活自理以及一些家务和农务活，并坚持学习，读完了高中。他立志练习书法，没有双手，就以口代手写字。刚开始用口含笔写字时，每天都练习几个小时，经常练到痛得张不开嘴。经过一段时间苦练，他终于练就用口自如写字的本领。1987 年周善甫看到和志刚的书法作品，予以鼓励并收他为学生。周善甫不仅指导他书法，还教导他读中外名著，背唐诗宋词，研习中国古代对联，使他的文学修养得到提高，学会了自撰联语。可以说恩师周善甫使和志刚在人格和精神上得到启迪和提高，今天他已成为远近闻名的“口书书法家”。他用口咬笔写字，也成为丽江古城一景。和志刚的精神和业绩得到了人们的尊敬和社会的认可，获得很多荣誉，被评为“中国十大杰出青年”、“全国自强模范”等。

周善甫教育学生，真正做到了“有教无类”。郭志华是昆明市官渡区六甲乡农民，20世纪80年代初他还是个小青年，骑单车进城收废品。受父亲熏陶，自小喜欢书法。有一天他收酒瓶到了翠湖北路31号，看到房屋内有一位老人在伏案写字，这时正在洗衣服的周夫人杨佩兰告诉他家里没有废品。郭志华回答说自己不是来收废品，只想看老人家写字。周善甫抬起头来对他说：“小伙子给是喜欢写字？喜欢就进来看。”郭志华进屋后，周善甫就把笔递给他看他写，指点他，又问他有没有上过学。郭志华说上过小学。郭志华呆了一阵，心满意足地离开了。从此结下师生之缘。走时，周善甫告诉他：“以后进城就到家里来看我写字。”郭志华不好意思打扰他，直到三年以后，周善甫从个旧退休回来，他才带着自家种的蔬菜水果来看老人家，一见面周善甫就问他：“给还写着呢？”他们此后就保持密切往来。周善甫教他写字做人，送他书法作品。郭志华说，老师教导他要学文化，“姑娘没有文化像僵尸，鲜活丽人要学文化”，写字也是这样。后来郭志华结婚时，周善甫率领妻子儿女，全家坐马车到郊区的六甲乡参加他的婚礼，书赠作品。后来，郭志华成了当地的文化人，书法作品参加官渡区书法展，并负责村文化室工作。通过拼搏奋斗，他还成了小有名气的农民企业家。郭志华感激老师，爱戴老师，周善甫去世后为他守灵。结识周善甫改变了郭志华的人生。这个故事温馨感人，传为佳话。

杨志华是周善甫的晚年学生，当时已经年过半百了，他自幼喜爱诗词和书法，但因家庭贫困，小学未读完就辍学回乡务农。1965年应征入伍，军旅生涯持续了20年，后转业到云南省烟草公司工作，担任行政处长。几十年中一直无缘再进学校。为了提高自身素质，适应社会发展需要，1995年初，经友人介绍，他正式拜周善甫为师，成为周善甫晚年所收不多的几个学生之一。他和周善甫交往只是短短的三年，时间不长，但“与君一席话，胜读十年书”，他从周善甫那里获益匪浅。他经常去周善甫的小屋里请教，师生见面总有说不完的话。周善甫教他如何通过深入生活来进行文学创作，还教他如何修身，后者给了他更多的思想启示。杨志华说：

> 老师的教诲和鞭策，使我受到很大的激励，短短几年内，我利用业余时间撰写了数百首（副）诗词（对联），并在国内外各种报刊上发表。在老师的指导下，我写成了个人诗集，并由云南美术出版社出版。这些成绩的取得，离不开老师的关爱和教诲。在学习中，我时常把自己撰写的诗稿送给老师审阅，老师也曾将我撰写的几首诗词写成书法作品送给我。这对学生是多大的激勉和鼓励啊！

周善甫“生活条件那么简朴，耄耋之年仍不忘国家与民族，笔耕不辍，向社会索取得很少，却为社会创造了宝贵的精神财富”的精神，启迪杨志华思考人生中“索取”和“贡献”哪个意义更大的问题，下决心要为社会做力所能及的事情。周善甫去世后，杨志华在悼念缅怀“这位为民族文化事业倾尽毕生心血的文化老人”的时候，表示“恩师的丰富学识、宽广胸怀、进取精神、高尚品德将永远值得我们学习，并永远激励着我们前进”。[①]

20世纪90年代中期，云南省文联文艺理论研究室主任、中国摄影家协会理事、文学评论家朱运宽，毕业于陕西师范大学考古专业的《云南文史丛刊》编辑室主任汪宁，当时在省政府办公厅工作的何金明，原来都不认识周善甫，他们是从报刊杂志上读到周善甫的各类文字，尤其是《大道之行》，深为他的渊雅学识、精辟论述所折服。机敏的汪宁于是节选了《大道之行》中的部分章节在《云南文史丛刊》连载，一时间洛阳纸贵，很多人都来索要这几期刊物。朱运宽排除困难在他任主编的云南省文联机关刊《云南文艺评论》1996年第4期上开设“笔谈《大道之行》”专栏，发表了广西师范学院院长杨焕典，新加坡国家历史博物馆馆长林孝胜等9位海内外读者的评介文章，产生很好反响。在何金明的敦请下，周善甫后来写下了《五华山赋》。朱运宽、何金明、汪宁这些有思想的中青年文化工作者，由此与周善甫熟悉，开始密切交往，结下了一辈子的师生情缘。云南省社会科学院研究员赵橹、作家黎虹等

① 杨志华：《我与周善甫先生相识的岁月》，《风雅儒者》，第171、172页。

一些长期以来习惯于否定传统文化的文艺工作者，也因读周善甫的论著开始反思对传统文化特别是儒家思想的态度。

学生时代的孙炯经常带着同学、朋友去看望周善甫，其中有的后来也成了周善甫的门生，杨勇明是其中一位。学生时代的杨勇明数学成绩特别好，对哲学尤其是梁漱溟的《人心与人生》、《中国文化要义》等论著也非常感兴趣。在交往中周善甫很喜欢杨勇明的机智敏锐、好学深思，根据他的气质性格因材施教，多次告诫他为学不仅仅是独善其身，而且还要出世，以所学用之于易俗化民的经世大用。在大学读书期间，杨勇明经常在周末陪周善甫到翠湖和讲武堂散步，听他讲述昆明历史衍变、城市沿革。周善甫谦逊、安静、雍容、淡泊的气度，以及缜密做事，诚恳为人，多为别人着想的品格，深刻地影响着杨勇明的处世为人。他现在是昆明市负责城市规划建设的副市长，不论工作多忙多累，回到家一杯清茶在手，还是习惯翻翻老师的书，看看挂在墙上老师写给他的书法，又仿佛听到了老师的娓娓言谈和谆谆教诲。

20 世纪 80 年代中期，儒学在国内悄然复苏，不少有识之士开始关注儒学。省外也有一些学子因仰慕周善甫而写信向他求教。北京师范大学教育系学生李党帅“偶读先生《大道之行》几篇文章，惊喜难抑”，写信向周善甫表达感受并求教。他说：“先生之文，真博大精微，而又平和稳重，学生读而慕敬，想先生必亦如南怀瑾先生一般，为一宏富通达的蔼然长者乎？”表示自己要向周善甫学习，“就有道而正焉”，“欲在大学下一番功夫，首先是为了澄清自己在思想上的困惑，自己安身立命之所究竟何在？其次，这固有宝藏的命运如何？我国家民族乃至世界人类的前途如何？中国传统文化于我国于世界究竟有何价值、作用？怎样发掘它、阐释它、振兴它、传播它？”“国故的整理，以及如何适应时代需要，都需要默默去做和努力探索。学生今欲身入其人之列，为此‘安定人类社会的大事’尽一己之力。”

阚友钢是唐山人，在南开大学攻读哲学，先后获哲学硕士、博士学位，大学毕业后在商务部工作，现任云南省工业投资公司副总经理。20 世纪 90 年代末，他读到《大道之行》，十分佩服和心仪。他到云南工作，时任云南省委副书记王天玺曾介绍他去拜访周善甫，还未实现，周善甫已经仙逝。2010年，《大道之行》在中华书局出版，他积极支持，承担校勘之责，并写了《后记》。他高度评价周善甫的人品、思想和学术，并为能参与整理其遗著使之发扬光大感到“极大荣耀”。[①] 2011年，他又在《云南日报》发表《一个读书种子的最后贡献——追忆一代哲人周善甫先生》，论述他对周善甫的人生道路和《大道之行》的感悟，深情地说“先生本质是读书人或爱国者。在先生的心思中，民族的命运是无比神圣的。凡是对国家和民族有利的，都会倾心赞成拥护”。“这大概是最后的大儒了，贡献着最后的良知。”“就现在的情况看，善甫先生的生命没有幻灭，而是在延展的，因为有先生的思想在流传。先生是为文明而生。”[②]

经过周善甫熏陶的学生，不少是社会中坚。受过其教化的人，多有温润的性格，良好的操守，自强不息的精神和成功的事业。薪尽火传，他们都在继承老师的风范，弘扬老师的学说，履行自己的社会责任。

周善甫倡导祖教，晚年，他身体力行，辅导孙女周芍、外孙木其坚课外学习英语、古文，收到很好的效果。他“教小孙女英语，每晚都教。爷爷替孙女，英语打字机他买来两台，一台送给永福，一台孙女用。爷孙两个上英语课，在我房间里，有一张小方桌，爷孙俩对面坐着。她爷爷念一遍，解释一遍，她会读了，也会打字了。第二天来上课，她完全会读会背诵了”。[③] 他的正直品德影响了孩子们。女婿木桢1997年在云南省第一次公开考选厅级干部时，考上云南省民委副主任。上任时，只有13岁的木其坚郑重地对父亲说：“爸爸，我要提醒你，一不要积财，二不要积怨，光明正大地去，两袖清风地回来。这样，我做儿子的也光荣。”[④] 这样的话出自少年之口，虽显稚嫩，也说明正直的品性自小扎下了根。

---

① 阚友钢：《重印〈大道之行〉后记》，《大道之行》，第25页。

② 阚友钢：《一个读书种子的最后贡献——追忆一代哲人周善甫先生》，《云南日报》2011年8月5日。

③ 杨佩兰：《佩兰回忆录》，第283页。

④ 张文凌：《周善甫老先生的晚年生活》，《东陆时报》1997年11月4日。

三　走进高校

周善甫的影响力延伸到了高等学府，云南大学、云南师范大学、云南民族大学的师生都请他讲课，或指导校园文化活动。

1991年，云南师范大学中文系为全省师范学校办书法教师培训班，邀请云南书法界名家周善甫、李群杰、刘正强以及杨修品、冯国语、赵翼荣等为书法班开课。周善甫以他的运智与运慧理论讲述书道，并教授具体的书写技法，使培训班学生获益良多。

1992年岁暮，云南民族大学书画协会举办辞旧迎新笔会，想请几位书法家指导和联欢。当时经费有限，条件不好，连请柬都是学生自己设计制作。他们很想请周善甫参加，但考虑到他已年近八旬，笔会时间又安排在晚上，他不一定能来。他的学生李纲、秦朝辉怀着忐忑的心情到了他的翠湖小屋，说明来意，周善甫爽快地答应了，并说他的家离民族大学不远，不要车，步行过去即可。冒着初冬的寒风，他步行走到学校。看到近60个书法爱好者聚集一堂，他倍感高兴，只要有人求教，他都耐心讲解，毫无倦意，并提笔书写"自胜者强"勉励学子。晚九点半，又黑又冷，李纲、秦朝辉请他坐车回家，他一再坚持走路。他的简朴和蔼感动了所有人。①

1997年，已经83岁高龄的周善甫应邀到云南大学，给化学系和物理系师生作《修身与人性》的专题讲座。他扼要评介了中华文化的辉煌历史，说明弘扬民族文化、塑造民族自尊心自信力对精神文明建设的重要意义，阐述了"治国必先以修身为本"的道理，期望青年学生从日常生活中的一点一滴做起，为构建中华道德体系而努力。他的真知灼见和幽默风趣的讲述，感染了师生，让他们得到一次精神的洗礼。

对中小学生周善甫也倾注了关爱。李启斌在昆明八中读高中的时候，和同学编全市几所中学的文学小报《疾风》。为了扩大小报的影响，他们决定请周善甫书写刊名。"《疾风》是校刊，根本不入流，我们这些毛孩子，周先生会答应吗？怀着忐忑不安的心情我们叩开了周先

① 李纲、秦朝辉：《天雨流芳——忆周善甫先生二三事》，《周善甫先生荣哀录》，第86页。

生的门，没想到周先生欣然提笔，为我们写下了‘疾风’两个字。”[①]

四　海外学子

周善甫的学生还有港澳台地区和国外的，对他而言，桃李遍天下不是套语。

1993 年 2 月，意大利都灵大学汉学家嘉科莫博士一行由他旅居意大利的学生温中由陪同专程来华访问周善甫，向他请教《运智与运慧》的思想。1994 年，在北京大学留学的嘉科莫和两位同学再次来到昆明，在他指导下研习老子。

1994 年 9 月，新加坡华文教育工作者陈隆庆、金俊升、蔡木河、陈传桂、吴毓萱、潘钟英、梁耀威、佘佩君、梁智疆、梁智琪一行 7 人来昆明拜访他，向他学习中国古典哲学。11 月，新加坡国家历史博物馆研究员张学权专程前来拜访，他请张学权将《大道之行》及书法作品转赠馆长林孝胜，林孝胜予以高度评价，认为这部书能让人们对历史和未来有信心。

1996 年，日本学者、女书法家石川寿子参加的文化代表团来云南访问，在云南省政协大楼与文化界交流，与周善甫一见如故。周善甫热忱地向她讲述中国文化。石川寿子为其热情和风采倾倒，衷心赞叹说：“先生之道德文章，可为风范矣”，[②] 于是师从他学习国学。次年，石川寿子一家再次来到昆明看望周善甫。

意大利汉学家李威特是周善甫收的最后一个弟子，喜爱老子思想并颇有研究，他慕名来到昆明拜访周善甫。1998 年 1 月 4 日，84 岁高龄的周善甫已经快走到人生的尽头，他在病床边收李威特为弟子，李威特向他行跪拜大礼。这时他已预感自己将不久于人世，特意叮嘱李晖、孙炯今后要继续指导李威特研习《老子意会》。1 月 6 日清晨他就与世长辞了。

周善甫去世后，李威特撰写挽联：

---

① 李启斌：《艺术是被逼出来的》，《周善甫先生荣哀录》，第 124 页。

② 华莹：《永远的良师益友》，《风雅儒者》，第 86 页。

见大人如飞龙，一视而无，其恕神妙，用之不勤；

万世万物有道，其理不易，而居其间，允执厥中。[①]

李威特虽然只做了两天的学生，但对周善甫极为服膺，他后来用法文写了《圣人之形象——怀念周善甫老师》，发表于法国《TAOYIN》双月刊，后来又由他本人翻译为中文收入《风雅儒者》。文章比较了东西圣人的特点，推崇周善甫为当代圣人。在文章中，李威特说：

周先生以教书为业，退休后，定居昆明，在翠湖边一所老房子居住。其言、其行皆有圣人的形象，谦虚、谨慎、雍容、安静。其文其字皆有简朴之美，静笃守中，淡泊超然。其桃李遍天下，周老之学生极多，皆有其缘分，并在各行各业都有其成就。他修身养性，重视做人的根本，并以此为育人的基础。[②]

这就是周善甫的魅力和气场所在。李威特对周善甫的观察和评价非常准确。

新加坡陈隆庆、佘佩君、吴毓先等华文教育工作者得知他去世的消息，也共同发来唁电，表示要像他那样走人生正道，乐天知命：

翠湖边，敬受教诲，匆匆四载，惜哉前辈驾鹤西归！众晚生重吟，“归去来兮，乐乎天命复奚疑”，以慰前辈在天之灵！[③]

学生李淑崇敬老师，曾资助20万日元帮助老师印行《大道之行》。他在日本听到老师去世的消息，深情地写了四首挽诗《我的恩师周善甫老师啊！》，表达了失去恩师的悲痛：“隔山隔海渺苍茫，仰天长啸悲泪饮”；回忆了和老师一起在丽江欣赏霞光、共同学习的美好时光；赞扬老师的品德：“桃李花香飘宇宙，枫叶遭霜色更红”；称美老师著

---

① 《周善甫先生荣哀录》，第14页。

② 李威特：《圣人之形象》，《风雅儒者》，第83页。

③ 《周善甫先生荣哀录》，第29页。

述丰富，“书法文章高声誉”，“流芳千古声名传”。[①]

五　筹建雪山书院

周善甫高度推崇中国古代的书院教育，晚年非常希望在丽江恢复雪山书院，作为实践他的教育理念、传授和研习国学的基地，作为弘扬中华文化的“创造性实验区”。

加拿大华裔高级工程师黄齐生爱重祖国文化，义务兼任卡城中华文化中心秘书长，因公来滇，数次到翠湖北岸拜访周善甫，请教中华文化，十分投机，“晤谈甚惬”。周善甫向他讲了创建书院的设想，他深表赞同，并答应奔走。他很快找到自己的昔日同学、香港巨商霍震宇商谈。霍震宇慨然表示支持，愿意捐资玉成此事。“此事便由空想跨入了现实的考虑。”

得到霍震宇初步同意后，1995 年 8 月，周善甫拟定了周密细致的方案，阐述了办书院的原因、宗旨、工作内容、筹创程序、经费预算及书院选址等，展望了可能有的效果，也虑及存在的困难，提出解决的办法。

他论述办书院的缘起和宗旨，说是“时势之应然”。中国的物质文明建设已取得显著进展，与此同时，举国一致要求还必须建设精神文明，而中华传统教化在精神文明建设中能起到切实深远的作用，这是“高瞻者之共识”。书院的宗旨是“在‘建设有中国特色社会主义’的总纲领下，以中华道德教化与现代社会生活之妥善结合为理想，来为精神文明作一学研兼实践的试点。希望能以修身为本的德化教育，克服当前种种令人忧虑的不正之风，并以继承和弘扬伟大高尚的中华文化以跻世界大同为职志”。

他重视把理论变成现实。再高明的理论如果不付诸实践，都毫无意义。他说，他的《大道之行》从历史实践、现实问题、生活理想和教化方向等方面论证了中华文化的价值和中国应走的路径，得到大家的认

① 李淑：《我的恩师周善甫老师啊！》，《周善甫先生荣哀录》，第 19 页。

同。但“撰文立论，总属纸上谈兵，陈义再高，也无补实际，势非着手社会实践不可”。因此产生了“试办一项社教实体的设想”，而宋明时期行有显效的书院，是“大可取法的制式”，这是“合理而富有中国特色的思路”。

他坚守书院的自由特性，一是内部事务自主管理。书院是独立法人，享有法人的权利与义务。地方可以“监督辅导”，但不得干涉内部事务。二是院务人员和传习者以“共同的道德信念保有持久的良好的情谊与协作”，不靠“任何政治性或商务性”相维系。如果不能做到这两点，那么书院与普通私立学校没有区别，就没有必要大费周章。

他列举了书院的13项职能，归纳起来，有三个方面，一是学术职能，开展研究、交流、弘扬中华文化工作，保存国学旧籍和皮藏地方文献文物，出版弘扬国学的书籍、期刊、录音带、电视等。二是教育职能，作为当代学童假期读经励志的学塾，成人业余敦品尚行的进修所，海外宾朋游学中华文化的咨询台和宾馆，中华先圣和地方乡贤的祠堂。三是一般社会职能，要把书院建成“享有高雅清正的传统文化生活的俱乐部”，让人们欣赏音乐、诗书画、影视，开展手工艺、技击、宴饮等活动。还可以“作为以典雅仪式举办婚、丧、寿、祭等集会的礼堂”。并动员人们开展地方公益事业，甚至是“中体西用的医疗保健站”。

他认为丽江是书院的理想之地。丽江自然风光优美，生态环境良好，文化积淀深厚，古风犹存，根器尚在，“凡此佳况，皆与宁静淡泊的传统意兴相协调”，并能得到“普遍的诚心协作”。而且，丽江游客云集，文化交往频繁，“旅游与教化，可以相得益彰，物质与精神，当可互为促进”。

关于书院的前景，他持乐观态度。他说：“凡是人群，都不能没有道德教化。教化可隆情尚美，充实精神生活；教化可劝善惩恶，维系社会安宁。”这些都非财富的激增和法治的严明不足为力，故历受人类社会所重视。以宗教达成这一效果已不现实，重振中华文化的教化传统则是可行的途径，如果大家共勉，这一宏图不难实现。他指出，创办书院所需资金和人力固然不菲，“但也仅与建造一辆现代战车相当，彼足以摧毁一片，而我们则可能带动全盘走向吉祥，即或效法无人，也堪以之作为中华文化仅存之活样板及世纪末之一片净土。”

他清醒地认识到办书院，“有待排除种种成见，应估计到阻力和困难亦复不少。可是它既只是个不涉政治的文化团体，不牟利、不争权，唯以修身劝善为职志，诚以持己，仁以待人，成见的化除便是本身的任务。道必不孤，虽有困难，是终必有济的”。他满怀信心。

关于院务组织，他主张设立董事会，负责重大事务决策。由董事会聘任山长（院长），负责掌教；聘任主持一人，负责操办，并作为法人代表。他表示自己愿意义务担任山长，推荐在云南外事办公室工作的学生李晖出任主持。①

他们和地方政府洽商，城建主管者表示可以考虑把书院设在狮子山头。周善甫说，“此乃重大突破，值得高兴。”李晖致函黄齐生，对方案作了进一步说明，强调“书院的创立实为一弘扬国学、利世利民的大好事”，值得共同努力促成。②

由于周善甫的突然去世，建院工作只得终止，这一美好的设想未能变为现实。

2008 年 6 月，国际奥委会主席罗格检查北京奥运准备情况后，乘坐香港巨商、国际奥委会执委、霍震宇的弟弟霍震霆的私人飞机从河南少林寺直飞丽江，后又到昆明石林。当时李晖作为工作人员陪同云南省副省长在丽江、昆明接待。在玉龙雪山下，李晖抽空询问了霍震霆是否记得此事，霍震霆惊讶地回忆道：“是啊，是有那么回事。后来听说老先生过世了，事情就搁浅了。”③

当代中国教育弊端重重，道德状况岌岌可危，从上到下都不满意，但苦无应对良策。书院教育在历史上被证明是一种较能体现教育本质——自由探索，明德新民——的模式，它不一定能解决当代教育和道德问题，但进行探索当是有益的。雪山书院功败垂成，不仅是周善甫的遗憾，也是教育界的遗憾。

---

① 周善甫：《筹建“雪山书院”拟议》，李晖提供打印稿。

② 李晖：《致黄齐生先生函》，李晖提供打印稿。

③ 李晖 2014 年 7 月 1 日提供手稿。

第六章
书法艺术独树一帜

周善甫无心做书家，但他以他高洁的品格、豁达的心胸、渊博的学识从事书法艺术创作，“欣然于偶得”，逼近“艺海漫游”的真谛，不染尘俗之气，形成温文儒雅、平淡率真的独具一格的学人书法。他对书法理论作了深入探索，倡导简草书并在实践中取得实绩，在中国书法史上作出重要创新。因此，他在云南当代书坛乃至全国书坛占有不容忽视的地位。

第一节 周善甫的书法历程

云南虽处于西南边陲一隅，但也有书法的悠久传统和杰出的书法家，积淀了深厚的书法艺术土壤。古代云南书法最杰出的是《两爨碑》、释担当和钱南园书法，都代表了其所在时代的高度，在全国范围内广受推崇。近现代则以赵藩、陈荣昌、袁嘉谷为代表。这些云南先贤崇尚气节，追求人格的健美和艺术的崇高，人品书品高度统一。

当代云南书坛的情况，云南省书法家协会副主席王献生有精到的概括："新中国成立后的相当一段时期，由于历史的原因，云南没有出现过在全国具有影响的书法家。直至'文革'结束，经过拨乱反正，书法艺术才开始复苏，出现了一批成就高、造诣深的优秀书法家，其中周善甫、李群杰、周岳年、黄继龄、尚文等五老是代表人物。"①

周善甫一空依傍，戛戛独造，在当代书坛自成一家，创造云南书法艺术的新成就。他的书法是20世纪中国文人书法的代表。他研习书法，既有和一般书家共同之处，而由于中年时期经历坎坷，也有可惊可叹的地方，颇不平凡。他的书法历程，明显地呈现出阶段性。

一　苦难风流

周善甫把书法首先视为一门技术，技术是通过无数遍的重复获得的。所以，他像所有书法家一样，从临摹和训练开始掌握书法的基本技巧。所不同的是，他练习书法，是在磨难中坚持下来的。

周善甫出生于书香之家，从发蒙开始就进行书写训练。他在祖父周兰屏和父亲周冠南督责下练字，打下"童子功"。他从唐楷入手开始学习，这是一般习书者的惯常路径。长大后他喜欢王羲之、王献之、赵孟頫和唐寅书法，着意摹写，并练过智永《千字文》，对唐寅的《落花诗帖》尤为着迷。

《落花诗帖》是明代诗人和书画家唐寅的传世书法代表作之一，用笔圆转妍美，丰满润泽，潇洒倜傥。周霖曾劝他放弃这种取径并不算高的做法，也许周善甫喜欢唐伯虎"不拘格套，独抒性灵"的性格，未忍舍弃。他早期工行楷，具有神清骨秀的特点。

50年代以后，周善甫的处境每况愈下，但对书法的痴情不改，一有空就用秃笔废纸练字。1957年，他被划为右派，成了另类，难与人交往，想看的书也不能看，茕茕孤影，思想苦闷，精神压抑，于是找来废报纸，买来笔墨练习写字以消磨时光。他曾在一年中将颜真卿《争座

① 王献生：《一代学人书法的代表——周善甫先生的书法艺术》，《创造》2010年第5期。

位帖》临写了100多遍，这对提高他的书法水平起了作用[①]。

《争座位帖》又称《论座帖》、《与郭仆射书》，是颜真卿写给定襄王郭英义的书信手稿。信笔疾书，姿态飞动，奇伟秀拔，是行书的最佳范本，与王羲之《兰亭集序帖》、苏东坡《黄州寒食诗帖》并称行书中的三件极品。

60年代中期，周善甫劳改释放后回到昆明，靠打零工维持生计，生活极其困苦，购买纸笔墨都成问题，然而他因陋就简，坚持练字。杨伊达回忆他的见闻说：

> 其间，每日帮伯母做些杂活，然后习字，一摞一摞的旧报纸，铺开在他那张不大的桌面上，呷一口酒，一写就是几个小时。老伯说：在劳教队的时候，争着去写一些通知、布告之类的东西，就是想闻闻墨香，握握笔杆。现在能放开来写，过瘾啊！[②]

"文革"当中，周善甫第二次被遣送回丽江监管劳改，他依然千方百计寻找写字的机会。李晖回忆说：

> 老师的书法在这时期开始有机会得到不断的训练，因为体委许多运动会和体育队伍集训都是由老师书写各种标语和通知、奖状。老师也才有了大量使用笔墨纸张的条件，但老师仍然非常节约用纸，我今天还留着几份当年老师用剪裁下来的纸角书写的书签和一份用写废了的运动员奖状背面写的毛泽东词《贺新郎·读史》。[③]

杨伊达的父亲是西南联合大学国文系毕业生，喜欢写字，家里有成摞的宣纸。他偷出一封四十来张上海朵云轩的水印宣纸笺送给周善甫，说："您如此漂亮的字，写在废报纸上，写了又丢了，太可惜。"周善

---

① 袁宏：《学书在人，妙在其法——周善甫和他的"简草"》，《周善甫先生荣哀录》，第109页。

② 杨伊达：《善甫老伯》，《云南日报》2003年8月5日。

③ 李晖：《我永远的老师》，《风雅儒者》，第146页。

甫接过素笺，连连称喜，说："你的纸，就写了送你。"十来天后，他就把写好的一摞诗笺给了他，一帖一帖写得工工整整。因为只是16开纸，不大，所以写的都是唐人七绝或五绝名篇，还有毛泽东《十六字令》、赵朴初的《某公三哭》等，没有落款，也未钤印。

"文革"当中，他一面奉命写"毛主席语录"和各种标语口号，丽江七一街所有街道巷口的语录都是他写的。另一方面也在按照自己的喜好写古人语句，用以寄托情志。他曾书写儒家"虞廷十六字"和白居易《与元九书》中的段落赠送和中孚的父亲，并幸运地保存下来。"虞廷十六字"即儒家十六字心传："人心惟危，道心惟微。惟精惟一，允执厥中"，出自古文《尚书·虞书·大禹谟》。《与元九书》是下面一段：

> 古人云："穷则独善其身，达则兼济天下。"仆虽不肖，常师此语。大丈夫所守者道，所待者时。时之来也，为云龙，为风鹏，勃然突然，陈力以出。时之不来也，为雾豹，为冥鸿，寂兮寥兮，奉身而退。进退出处，何往而不自得哉！

在要把儒家思想"批倒批臭"的年代，周善甫书写这些语句，让后来读到的和中孚感到"吃惊"。[①] 书为心声，周善甫书写这段话，正是借以表达自己的处世态度，追求"自得"，并期待"时之来"。

60年代周善甫流传下来的书法作品有《写白居易画竹歌诗意》等。该书品作于60年代末，纸本，宽26厘米，纵70厘米，钤朱文篆书"周善甫印"一方。《画竹歌》是白居易为萧悦所画竹题写的七言古诗，赞扬他画的竹逼真而灵动，同时感叹其绝妙的画少有人赏识："幽姿远思少人别，与君相顾空长叹。萧郎萧郎老可惜，手颤眼昏头雪白。自言便是绝笔时，从今此竹尤难得。"周善甫选书这首诗，可能不仅仅是喜欢，应该别有寄托。在当时受压制和歧视的处境之下，他的艺术才能乃

① 中孚、孙炯：《平凡而又不平凡的人生——善甫先生的书品和人品》，《云南文艺评论》1998年第2期。

至整个人生抱负无法施展，他也许借此抒发知音难觅之感。从书法角度看，用行草写成，结体平稳工整，气韵流畅。但行笔略嫌拘谨，学赵孟頫、董其昌的痕迹了然可见，它的力度与成熟期作品相比，还是有明显差距的。

周善甫公开发表的第一幅书法作品是1980年元旦在个旧写的杜甫诗《登楼》：“花近高楼伤客心，万方多难此登临。锦江春色来天地，玉垒浮云变古今。北极朝廷终不改，西山寇盗莫相侵。可怜后主还祠庙，日暮聊为梁甫吟。”[①] 发表于1981年《书法》第5期。《书法》是中国最权威的书法专业期刊，发表他的作品，标志着全国书法界对他作品水平的认可。这是云南健在的书法家首次在《书法》发表作品，显示了他的实力。

此件书品为行书，自然舒展，端庄俊美，有浓郁的书卷气，周善甫的个人风格开始显示出来了。作品原件为云南省文物鉴定委员会收藏。它预示着周善甫书法创作的成熟期到来了。

二 探索简草

这个时期大致在20世纪80年代。周善甫被平反恢复正常生活后，创作条件大为改善，他可以从容地进行书法创作，并向往更高的艺术境界，不满足于书法现状，而思考有所创新，推动书法艺术与时俱进。这十年，是他投入书法精力最多的十年，除完成教学任务、写一些短篇文章外，其时间精力所投注，多在书艺。所以，他的书法创作和书法理论建构都有显著成就。

云南省书法家协会首任主席李群杰指出了周善甫书法在“文革”结束后的改变：

> 他在花甲之年冤案得以平反，这才真正可以从容地捡起笔墨，

① 《周善甫年谱》、《风雅儒者》第126页涉及此诗，以及其他人论及此事者，均题为《登高》，误。《登楼》作于唐代宗广德二年（764），是杜甫在成都草堂登楼的所见所感。《登高》则是在夔州作的“风急天高猿啸哀”那首。

并在砚田中注入了自己半个世纪风雨人生的情志，故而其书法的结体显得苍老峻峭，用笔犹如老藤盘石，具有天趣。有时看他挥毫，笔酣墨畅之际，往往毫随神驰，给人的感觉已不是在写字而是在写意了。[①]

这里包含了他晚期的书法神采，不限于80年代。

“文革”结束不久，全国掀起了书法热，书法艺术创新受到格外关注。周善甫也以极高的热情和理论自觉研究书法创新问题，他找到的路径就是“简草”。他在于右任《标准草书》的基础上，进一步优化，纂成《简草谱》，经成都体育学院教师杨尚孔介绍，1990年3月由四川美术出版社出版。“这是建国四十年来国家一类大型文艺出版社首次出版我省书法家的专著”。[②]《简草谱》是当代中国书法理论史上重要的著作。

为撰写《简草谱》，周善甫花了五年的时间。他在1988年10月12日致李晖的信中说：

过去两个月，我忙于把《简草谱》的定稿写出，那是极为繁琐又无可取巧的工作，最后是全家动员才勉强把它弄好，总算按约期寄达四川美术出版社了，能否就此问世，仍还是未知数。此书已先后花了我五年时光，这真如陈寅恪所叹息的“盖棺有日，杀青无时”，不免为之慨然了。[③]

可见他的认真和付出的辛劳。引用陈寅恪的话略有出入。陈寅恪1949年后任职于中山大学，因为他属于“资产阶级知识分子”，要出版著作很难。1962年初春，中共中央书记处候补书记胡乔木到广州，在广东

① 李群杰：《飘飘何所似天地一沙鸥——纪念周善甫先生》，《云南文史》2003年第2期。

② 孙炯：《省文化界举行酒会，祝贺周善甫〈简草谱〉出版》，《周善甫先生荣哀录》，第96页。

③ 周善甫：《给学生李晖的信》，《风雅儒者》，第359页。

省委书记陶铸陪同下去中山大学看望他，说到著述出版的事，陈寅恪感叹说："盖棺有期，出版无日。"[①]周善甫担心自己心血灌注的著作像陈寅恪的一样，到死都出版不了。好在书顺利出版了，这是他第一部正式出版的著作。

为祝贺《简草谱》出版，1990年5月18日，云南文化界举行酒会，中共云南省委原副书记、书法家高治国，作家赵银棠，云南省政府参事室副主任张聚星，云南省美术家协会副主席梅肖青等和新闻界40余人出席，大家充分肯定《简草谱》的成就和出版的意义。云南省文史馆名誉馆长李群杰、云南省委民族工作部原副部长和万宝专门托人致贺。

同时，周善甫大量创作简草书法。他的书法趋于成熟，个人风格日渐显露。这个时期的书法作品清正而格局大气。他的作品经常出现在各种展览会和公共场所，求书的人络绎不绝。他的艺术成就得到社会公认。他担任了云南省书法家协会理事、个旧市书法家协会主席、红河州书法家协会名誉主席、云南省老干部诗词书画协会顾问、昆明市书法家协会顾问等。1984年成为中国书法家协会会员。

1990年，云南省举办老年书法家作品邀请展，周善甫用简草书写《正气歌》，写得飘逸、俊秀、洒脱，受到广泛赞誉，证明他的简草是切实可行的，一定会为大众所接受。[②]

这个时期的代表性作品可以《前赤壁赋》为例。苏轼是周善甫最钦佩的古代贤哲之一，周善甫尤其喜好《前赤壁赋》，多次书写。他1982年72岁时为弟子孙炯精心书写的长达7米的行书手卷《前赤壁赋》是炉火纯青的作品。其后十多年的时间内，孙炯请画家赵正能配画，请马曜、李群杰、袁晓岑、王天玺、段雪峰、尚文、姚钟华、郎森、朱明、王献生等题跋，于是琳琅满纸。著名画家和雕塑家、云南艺术学院原副院长袁晓岑跋说："善甫老友丽江纳西族人，道德文章冠绝当世，为一代博学鸿儒，早岁即与其胞兄周君慰苍并获誉为玉龙双璧。是卷为其古

① 蒋天枢：《陈寅恪先生编年事辑》（增订本），上海古籍出版社，1997年，第171页。

② 袁宏：《学书在法，妙在其人——周善甫和他的"简草"》，《周善甫先生荣哀录》，第111页。

稀法书精品也。”段雪峰题“不废江河万古流”，并说“此卷为其古稀妙墨，堪称翰苑精品”。书法家尚文题“真水无香”。书画家朱明说：“善甫先生一代宿耆，书坛大家，人格书品堪称风范。是卷法书，遒劲飘洒，笔墨足以光华照世也。”[①]

三 光华照世

20世纪90年代以后，周善甫的主要精力转入学术著作的撰写，完成了《大道之行》、《老子意会》、《骈拇词辨》等著作，形成对中华文化的系统而独到的见解，他的思想和人生实现了升华，可以进入当代最智慧的人物之列而无愧。

此时他人书俱老，精品迭出。一方面，在著述之余，他把挥毫作书当作休息，留下的书品不少。另一方面，他的声望臻于隆盛，国内外求书者更多，他精心书写，留下许多佳作。他的人格学养流入书法，使书法流光溢彩，高风绝尘，赢得很高声誉，奠定了他在当代书坛的重要地位。

王献生毕业于浙江大学，是书法篆刻家，他的书法受业于沙孟海，对书学亦有研究。他评论周善甫书法说：

> 周老在去世前半年所书《朱子治家格言四条屏》和《行书胡志明对联》可视为这一时期的代表。其书法结体虽仍有唐寅《落花诗帖》之行迹，然用笔之生辣自然远非六如之熟媚笔法可与相比，更不同于一般斤斤计较于笔法的书家。此时，先生的书法更具文士所独有的大气从容、苍朴清正的风骨。因此称先生的书法为“一代学人书法的代表”当不为过。[②]

《朱子治家格言四条屏》周善甫原作题名《朱伯庐先生治家格言》，行楷。《行书胡志明对联》是他1989年霜降后一天书写的。胡

① 《周善甫行书东坡赤壁赋》手卷，《风雅儒者》，第10页。

② 王献生：《一代学人书法的代表——周善甫先生的书法艺术》，《创造》2010年第5期。

志明联句云："自供清淡精神奕；处世从容日月长。"纸本，宽28厘米，纵134厘米。对联富含人生哲理，反映了越南现代杰出政治家胡志明的精神境界。书法也是从容舒展，风骨遒劲，与内容高度契合。此件书品为新加坡国立博物院收藏。

《春城赋》是周善甫的得意之作，曾多次书写。考古学家、国家文物鉴定委员会委员、云南省文物鉴定委员会主任委员张永康分析1992年云南人民出版社《春城赋》出版的行书册页说：

> 纵观全篇，文辞婉丽，书法秀雅，其行气、布局流畅自如，给人一种舒适悦目的感觉和一种美的享受，这是第一印象。再仔细欣赏和品味，其章法严谨，笔有出处，且能融会贯通为我所用。究其结体，内擫外拓，方圆并济，运用自如。品其布局行气，疏朗大方，敧侧方正，井然有序而变化万端，这是他不为俗羁，简淡平和的超然境界的自然流露。①

90高龄的著名中国经济史学家、诗人，西南财经大学教授左治生说：

> 前年书暨尊著《春城赋》印本，如获至宝。……法书笔力遒劲，气势磅礴，显系凝神一气呵成之作。非数十年之博学无以成其文，非数十年之功力不能有此字。似此金翅擘海，宝象渡河，飘逸俊秀，神完气全之作，文字既已优美，书法更臻神妙，装帧犹复精美，堪称艺林三绝。当世袭而珍藏之，作为传家之至宝也。②

《春城赋》文学和书法珠联璧合，相得益彰，受到有关单位和收藏家的重视。2003年12月，在周善甫诞辰90周年之际，他的家人把他手

① 张永康：《一代书法大家周善甫书法艺术赏析》，《云南文史》2003年第3期。

② 《左治生教授致周善甫先生》，《云南文艺评论》1993年第4期。"世袭"原作"什袭"、"至宝"原作"致宝"，不通，疑为排印错误，据文意改。

书《春城赋》原稿慨然捐献给云南省博物馆，旋即被审定为国家三级文物，永久收藏。《春城赋》最大的12条屏，是90年代中期为布置云南省政府大楼，由当时的省政府办公厅请周善甫精心书写的，刻石悬壁。为此他不收润笔费，在学生何金明的陪伴下用了整整三天时间一气呵成，原作藏于云南省政府办公厅。此外，云南省文史馆收藏有一件，台湾和新加坡藏家收藏了他书写的手卷和册页各一件，周善甫家属藏有1件册页。

2004年，《春城赋》被云南省博物馆、云南省文物鉴定委员会和云南省春秋文化艺术公司制作成珂罗版100册，限量发行，受到藏家欢迎。张永康说："用珂罗版工艺限量复制大师的代表作，这种方式国内外很流行。当代绘画大师李可染、吴冠中、丁绍光的代表作都曾用这种工艺限量复制，再由大师本人签名或盖章。这次限量复制周善甫先生的《春城赋》，并用周老先生的印章和印泥加盖，有较高的艺术和收藏价值。"①

2008年5月，《春城赋》被北京钓鱼台国宾馆"藏珍馆"永久珍藏，并在国宾楼陈列。钓鱼台国宾馆是党和国家领导人从事外事活动的重要场所，收藏和陈列了不少名人的书画佳作，如吴昌硕、齐白石、黄宾虹、徐悲鸿、潘天寿、刘海粟、傅抱石、李苦禅、李可染、吴作人等，荟萃了20世纪中国美术的"巅峰之作"。"藏珍馆"用于展示馆藏珍贵文物，以供下榻于国宾馆的各国领导人及知名人士在公务之暇，欣赏代表中华传统文化的各类古物珍玩和代表近现代中国最高水平的书画艺术品。

钓鱼台收藏的《春城赋》是写于一张8尺玉版宣纸上的行草书法，节录了《春城赋》第一节。整幅墨宝行笔潇洒苍劲，结体高古飘逸，书卷气浓郁，格调极高。鉴审会上，国家文物局、国家文物鉴审委员会和中国书法家协会的专家对《春城赋》给予很高评价，认为《春城赋》收藏进"藏珍馆"，填补了"20世纪西部地区书法家名作名品"在钓鱼台藏珍系列的一项空白；也是继沈尹默、郭沫若、林散之、舒同、陈叔

① 翟腊阿娜：《纪念周善甫：用永恒留住永恒》，《春城晚报》2004年1月7日。

亮、沙孟海、启功、刘炳森、沈鹏之后又一位 20 世纪书法家的作品入藏，非常珍贵。[①]

1994 年，日本友好人士照井千乡赠送云南省外事办公室一套日式榻榻米居室。李晖请周善甫题写室名。他用繁体字写下“云乡”二字，把云南和日本友人的名字巧妙地结合在一起，而且让人联想到云蒸霞蔚的美景，诗意盎然。居室落成时，20 多名日本友人前来参加典礼，行云流水般的书法和名称的创意让他们赞赏不已。[②]

1994 年，他为石屏袁嘉谷纪念题写“圭璋特达”匾。袁嘉谷是 1903 年经济特科状元，曾任浙江提学使、布政使，东陆大学教授，诗词、书法和学术成就很高，是云南近代杰出的文化人和教育家。此语出自戴圣《礼记·聘义》：“圭璋特达，德也。”“圭”、“璋”都是美玉。“特达”是非常出众。周善甫用这句话赞美袁嘉谷德才卓绝，与众不同。字为行书，遒劲挺拔。

1995 年底，云南省外事办公室主任冯树森被外交部任命为驻美国洛杉矶大使衔总领事，赴任前周善甫为他书写了“忠信笃敬”四个大字，取意自《论语》“忠信笃敬，虽蛮貊之乡可行”。冯树森把它挂在官邸会客室正中。他告诉云南省外办新闻处处长李晖说，刚到洛杉矶时，台独势力比较强，工作困难很大，但他以此四字为座右铭，打开了各种局面，取得很大成绩。[③] 这四个字对作外交工作来说，是不易的法则。

2008 年 3 月 30 日，《光明日报》以整版篇幅发表周善甫的 7 件书法作品和他本人的照片，并登载张永康、王献生、余良毅的评介文章，文章说：“晚年的善甫先生著述之余，常爱临池握管，一无羁牵地随性挥洒，每每满纸琳琅。他常说写字是自己最喜爱的一种休息方式。正是因为以这样一种心境在写字，其书法不求工而工，由纯熟而返生涩，平淡天成。加上先生丰富而深厚的学养，其精神和素养自然融入笔端，每当笔酣墨畅之际，往往毫随神驰，给人的感觉已不是在写字而是写意

① 《周善甫墨宝〈春城赋〉入藏钓鱼台国宾馆》，《云南日报》2008 年 5 月 9 日。

② 李晖：《我永远的老师》，《风雅儒者》，第 147 页。

③ 李晖：《我永远的老师》，《风雅儒者》，第 147 页。

了，故能行笔清正融和，无一丝火爆气；谋篇布局浑然天成，直臻化境，格调甚高。”

第二节　周善甫的书法观

由于终身劳瘁，也不打算以书法立身，周善甫对书法理论著作没有系统研读，但他对书道有深刻的理解，对书法创作规律作过认真的思考，对自己的书写经验也有所总结，发表过一些谈书法的文章，或有些私下的议论，这些文章和议论表现了他的书法观。他是云南书界理论自觉较强的书法家。

观察和分析周善甫对书法的论述，可以看到一个明显的特点：破除书法的神秘化。周善甫对艺术和人类的一切心智创造都深怀敬意，但他不认为美好崇高的东西就一定是高不可攀的，而认为它们就在生活之中，就在日常人伦之间，是人们可以去感受和追求的，重要的是人要努力“尽性”，把人的天赋之灵和美德发挥出来。因此，对书法，他一直以平常心看待，不故弄玄虚，不强化师承，不讲究纸笔墨一定要多么高级，等等。这与某些见识浅陋而虚荣心强的人故意神乎其技，以显示自身的非凡而自抬身价、以求世人仰视形成鲜明对照。

周善甫谈书法论著除《简草谱》外，还有单篇文章《“简草”之试尝》、《书法师承论》、《运智与运慧》、《“方”“法”纵横谈》等。他的文章不是学院派论文，讲的都是他自己的体悟和见解，每有别致的观点。如“运智”“运慧”之说就别出心裁。周善甫说：“书法是隐含人生与时空的哲学。”[①]《运智与运慧》用哲学思想分析书法，观点很有新意，产生了较大影响。台湾《雄狮美术》曾加以转载，引起海峡对岸书法界的关注。1996年秋天，解放军总政治部原副主任、中国老年书画研究会会长史进前到昆明，专门向他请教“运智与运慧”的道理，并赠送“老当益壮，再创辉煌”的条幅。晚年，他不时受邀到各地讲课，

① 孙炯：《笔底荡漾起生命的灵光——记著名书法家周善甫先生》，《周善甫先生荣哀录》，第102页。

教授书法，讲得最多的就是“运智与运慧”。可见这是他很得意的独家悟解。“运智”与“运慧”应该作为当代书论的原创性理论加以重视。

一　运智：书法先是门技术

周善甫认为，学习书法，首先是运智，就是从技术性层面认识和学习书法。“智是认识、理解和利用客观世界的能力。基于物质，所据者理，驭之以科学。”物质的东西，具有客观的规律，可以用科学加以认识和把握。书法中的“运智”就是掌握书写的基本技能，这是技术层面的东西。因此他说书法首先是技术。技术就可以通过反复的训练获得，那么，学习书法，就要下无数遍重复的死功夫，掌握基本书写技能。

针对书法界有些学书者热衷研究“书学”，而不在练字上下苦功夫的现象，周善甫说：

> 从底里说：书法，先该是门技术。关于技术，有名言说它是“无数遍重复的成就”。因此，书法技术的培训，也先有待执起笔来做无数遍的重复书写。写熟了，熟则生巧。临摹起古碑帖来，眼锐手准，尽管徒言形似亦足以乱真，即此便是技巧，便是功底，也便是初学的不二法门。
>
> 书法在初学阶段之不合视为一门学问，就如孩子咿呀学语之不合视为一门学问一样。只管让孩子无数遍重复地听和说，耳顺嘴熟，自然就辩才无碍了。没有谁先让孩子研究了语言科学，又才按语法的规范要求来说话。①

“书法先是门技术”的观点，在书法界可能是惊世骇俗的。学习书法需要无数遍重复练习、临摹大概没有人怀疑；书法涉及结体、笔法、墨法、章法等技术性问题，也是书家承认的，但自从书法被确立为艺术以后，恐怕就没有谁敢如此直率地一语道破，理直气壮、旗帜鲜明

---

①　周善甫：《运智与运慧》，《大道之行》，第460页。本节后面的引文出于本篇者，不再出注。

地说书法是门技术了，认为这样说等于降低了书法的身价，似乎亵渎了艺术。

其实，说书法是技术只是说出了一种常识，不是什么孤明先发之见，也不是怪诞不经之谈。宋陈思《墨薮》载王羲之《书论》语："夫书者，玄妙之伎也，若非通人志士，学无及之。"[①]这段话的真伪存在争议，但系古人语则无疑。"伎"就是"技"。"玄妙之伎"自然是超越了一般的技艺，但首先它还是"技"。

对于初学者来说，这个提醒十分重要。周善甫指出：

> 现时有某些学书者，方才入门，就一头扎进书法的议论中。找书籍、访碑版、听讲课、求名师，用力不为不勤，就单单放松了踏实临摹的基本功。于是眼高手低，谈理说道，倒也陈义高轩、入木三分；可动起笔来，就心疲腕弱，不能成字倒甚至以歪论自圆，以新奇藏拙。自误之深，莫此为甚。索其病根，就在以脑代手，运智不运慧。这可能是崇智计、重权宜的时风，在书法领域的反映。

书法理论自有其价值，但如果志在学书法本身，不练好技术，只热衷于"找书籍、访碑版、听讲课、求名师"，漂浮于外围，是不会有什么出息的。

二　运慧：书法是艺术中最艺术的品种

如果书法仅仅停留于技术，那确实不能成其为艺术。艺术是对技术的升华和超越。所以，周善甫进一步讨论书法的艺术性问题，提出"运慧"理论：

> 书法，是门艺术，而且是高度抽象的形象艺术，比国画还要玄乎。……它是艺术中最艺术的品种，是去理最远、离情最近的艺

① 宋陈思《墨薮》、朱长文《墨池编》，上海书画出版社编《历代书法论文选》，上海书画出版社，1979 年。

术。因而最宜运之以慧，动乎情，得乎心，又克应之以手，能感人于法理之外，这才是技进于艺的书法之道，作者也才会有“为之四顾，为之踌躇满志”的艺术享受。

在这里，他把书法摆在了艺术的最高位置，原因一是书法具有比图画更高的抽象性，是形象性和抽象性的辩证统一；二是它的主观性更强，是“离情最近的艺术”。在正统的西方式的艺术理论里，最高层次的艺术被认为是音乐与诗歌，原因也在于它们的抽象性（对于具象艺术而言）和抒情性。周善甫的看法不一定被所有人认同，但并非没有道理。西方没有书法，他们的艺术理论自然不会讨论书法。把最具中国特色的书法艺术抬上艺术的最高殿堂，体现了他对书法的热爱，也体现了他超卓的艺术眼光，是一种理论自觉和创新。

周善甫把书法的地位置于绘画之上，与李苦禅的看法相同。80 岁时他曾书李苦禅语：

中国文明最高尚者，尚不在画，画之上有书法，书法之上有诗词，诗词之上有音乐，音乐之上有先圣的哲理，那是老、庄、禅、易、儒，故倘欲画高，当有以上四重之修养才能高。了无中国文明的自尊心者，与其无缘，勿与论者。[①]

李苦禅的话引起他的共鸣，于是写为法书品味。李苦禅强调要画好画，必须有“中国文明的自尊心”，尤其让他心折。

既然是最高层次的艺术，那么，对书法艺术的创作就有更高的要求。周善甫把这种要求称为“运慧”：“我认定：书法宜运‘慧’以求，而不可‘智’取。”

至于“慧”的命意，与其获致之由，虽涉玄识，亦可习之于实

① 田丕鸿编：《天雨流芳——周善甫书法作品集》，云南美术出版社，2008 年，第 181 页。

践，简而言之，慧，是与生俱来，人莫不有的良知。恃之，能直辨真、伪，善、恶与美、丑，厥功至大。但每易为自我的物欲所蒙蔽，遂多晦而莫显，而致所见每迁。这，自为艺术活动之大忌。去翳之道，当诚而行之者有二：

一、是对人富于热情；

二、是对己淡于私欲。

行之不舍，是曰养慧。到积善成德，便能意境卓越，神识清明。以之运乎艺事，始克出真知，见性情，感人于最直接处。试观天下名作莫不如此。即使我们自己，尽管修养还差，但一时忘怀物我之作，也总觉得意。这该是不自欺的体验。

虽然把书法摆在最高位置，但对书法创作的路径和方法依然讲得很平实。他也提到达到最高境界有玄妙之处，但并不认为高不可攀。他认为通过实践可以获得“慧”。“慧是澄清、感悟和享领主观世界的禀赋，基于心性，所依者情，表之以艺术”。慧是与生俱来的良知，是分辨真伪、善恶、美丑的禀赋，人人具有。但在后天被物质欲望障蔽和污染。“运慧”就是要通过道德修养、人品提升把这种障蔽和污染清除，使“慧”重新显现出来，“积善成德，神识清明”。以此来从事艺术活动，才能“出真知，见性情”，创作出感人的作品。

高层次的艺术，需要高境界的创作者。他认为，心地的晦暗污浊、见识的浅薄庸俗是艺术创作的大忌。这是人心被“蒙蔽”的结果，要祛除这种蒙蔽，要真诚地践行两点，一是对人富于热情，二是对己淡于私欲，总之就是一个人格修养的问题。这两点很平实，要做到也不容易。但努力“诚而行之”，就会有效。超越于名利之得失，“物我两忘”，追求艺术真谛，才能创作出优秀的作品。他强调这是“不自欺的体验”。因为在书法活动中，他不求闻达，确实没有名利的考量。

他谈自己的写字体会说：“文字内容符合自己的意思时，字写出来也不同。如写《道德经》时，自己的境界提高了，字就写得好。假若让我写一段无聊的广告，一定写不好。”[1]

因此，“运慧”说到底就是做人的问题。做一个品格高尚、心胸亮丽、气质高雅的人，才是人生大智慧。有此大智慧，才有真艺术。他在《道德与文章》中说：“作者在仁爱之心所鼓舞的道德意志下，才能写出至情至性的文章。”[2] 书法创作也是这样。

这一点也为书法史所证明。周善甫说“试观天下名作莫不如此”。颜真卿的书法取得集大成的成就，负天下重名，与他的品格密不可分。颜体书法体现了书法艺术中的崇高之美，与他高尚的人格契合，是书法美与人格美统一的典范。欧阳修说：“颜公书如忠臣烈士，道德君子，其端严尊重，人初见而畏之，然愈久而愈可爱也。”钱南园书法为天下所重，同样是因为他的正直和勇毅。近代云南书坛三大家陈荣昌、赵藩、袁嘉谷都崇仰钱南园之为人，人品高，书品亦高。

三　反俗：批评书法界的邪门歪道

基于书法“是艺术中最艺术的品种”和他的“运慧”理论，周善甫反对书法界的庸俗现象：

> 若反此而行，老是盘算得失、计较锱铢、考虑时尚、剽据理论、祖述师承、伤脑筋、逞智谋，去“科学地”、“机智地”写字，那只能“机关算尽太聪明”，“七窍尽开而混沌死”。不论你是如何谨严的“传统派”，抑是如何狂怪的“创新派”，终将只能留下些无关乎己、无动乎人的墨鸦而已。

这段话批评了书法界的不健康现象。“机关算尽太聪明”典出《红楼梦》，后面还有一句“反误了卿卿性命”，这是人们熟知的；“七窍尽开而混沌死”典出《庄子·应帝王》，都是说自作聪明，是取死之道。

---

① 向佑铭：《一辈子不丢书不丢笔——访纳西族书法家周善甫》，《东陆时报》1995年4月20日。

② 周善甫：《道德与文章》，《大道之行》，第448页。

最大的俗是利欲熏心，把书法作为牟利工具。书法作品是艺术品，有一定的商品属性，严肃认真地创作，转化为经济效益，天经地义。但如果唯利是图，一手拿着算盘，一手写字，恐怕就会堕入恶道，字也写不好。书法创作说到底是精神创造，人格的高度决定着作品的艺术高度，书家应该保持精神的纯洁性和超越性。庸俗的观念和生活必然淹没美好人性，也淹没艺术。周善甫批评的正是那些以营谋混迹于书法界的人。所谓“智取”，所谓“机智地写”，都是指俗虑填胸，以非艺术的手段追逐声名、地位和金钱。

黄庭坚是中国书法史上最杰出的书法家之一，他认为学习书法胸中要有道义，还要有“圣哲之学”，摆脱尘俗之气。《跋周子发帖》说：“若使胸中有书数千卷，不随世碌碌，则书不病韵。”又《论书》说“学书，须要胸中有道义，又广之以圣哲之学，书乃可贵。若灵府无程，政使笔墨不减元常、逸少，只是俗人耳。余尝言，士大夫处世可以百为，唯不可俗，俗便不可医也”。元常是钟繇，逸少是王羲之。“俗人”是周善甫所藐视的。他所说的“老是盘算得失、计较锱铢、考虑时尚、剽据理论、祖述师承、伤脑筋、逞智谋”的人就是黄山谷说的“俗人”。他们败坏书坛风气，危害不小。所以一向与世无争、温文儒雅的周善甫也忍不住要予以严厉批评。

周善甫批评唯利是图的书家说：

> 现在有些人喊着要为艺术献身。其实，他们走进艺术的殿堂总想捞点什么，根本不是为艺术献身，而是艺术为他献身。艺术就是孤独，艺术不是学来的，艺术是被逼的。[①]

话说得入木三分。

周善甫坚持“书以载道”的观点，反对“不可读的书法”和“无标题书法”。他认为，“文以载道，文章要作为装载道德（真理）的

---

① 李启斌：《艺术是被逼出来的——记著名书法家周善甫》，《周善甫先生荣哀录》，第125页。

车辆，空车无用；字以书文，故字以载道。”练书法的人，划些什么自己也不知道，这种倾向是错误的。搞书法，即使写的是一个字，如“龙”“虎”，你说不是文章，不对。“龙”“虎”自有它所象征的东西，“虎虎生气”嘛。假使什么字都可以写，那为什么不写个“猪”字“狗”字挂起来？所以字一定要载道。[①] 对于人们不写“猪”字悬挂的道理，周善甫不只一次讲到，除上面引述的外，他还对媒体记者李启斌说过：“书法是一种气势，是一种人的思想力量。人们喜欢写一个大大的‘虎’字挂在屋子里，显示着一种生机，但从来没有人写一个大大的‘猪’字挂在屋子里。”[②] 书法就其造型美来看，有一定的抽象性，“无标题书法”只要表现出线条自身的美，固然可以聊备一格，但究竟不是书法的正途，难成气候。书法载道的功能应该肯定和坚持。

周善甫还指出了书法界一种不正常又让人无可奈何的现象：书法的依附性。1981 年 10 月 24 日，他在致李晖的信中说：

> 书法这玩意，似乎不成为一门独立的艺术，不跟声望、地位或其他艺术成就相附丽，便极难出现仅以书法著称的书法家。所以，我在这方面所能得有的高兴，也不过就此而已了，殊无必要对此作更多的抱负和沉溺。大概欣然于偶得，却并不去汲汲以求，才是漫游艺海的真谛，甚至对一切成就都应作如是观。这是东方人特有的哲学和风貌。[③]

这段话最有意思的是，他说破了书法界的一种现象：以书法成名的人往往是声望、地位高的人，单靠书法成就而想成为书法家“极难”。书法附丽于书写者的地位和声望得以认可和流传，古代不少见，当代书坛更是相当普遍。一些位高权重的政治人物写的字根本入不得书法之门，但

① 向佑铭：《一辈子不丢书不丢笔——访纳西族书法家周善甫》，《东陆时报》1995 年 4 月 20 日。

② 李启斌：《艺术是被逼出来的——记著名书法家周善甫》，《周善甫先生荣哀录》，第 125 页。

③ 周善甫：《给学生李晖的信》，李晖据手稿誊清打印稿。

遍布街市报刊，被追捧颂扬，被高供于书法家协会。这是一种恶俗，是对书法艺术的亵渎，但大行其道，实在可悲可叹。书法成了附庸，成了阔人的伪风雅，所以他说“书法似乎不成为独立的艺术”。

这一看法，一直到晚年都没有改变。田丕鸿回忆说，一次他去看周善甫，“他对中国书法作了精辟的剖析，坦言其弊病，存在着因人而显，因人流传的陋习。其实有些人的字根本称不上好，但因位高权重，故时人争相媚誉，人云亦云，是经不起时间的检验的”。[①]

但可以放心和欣慰的是，真正的书法有它的艺术尺度，要经得起时间的考验还必须靠过硬的本事，靠书家的人品风范。周善甫书法的成功，也证明了这一点。他“不去汲汲以求”，“欣然于自得”，参透了艺术创作的真谛，从容洒脱，从事非功利的创作，因此，他不依附于特殊的身份地位，而终有大成。

四　创新：倡导简草　迥出新姿

周善甫自觉进行书法理论和创作的创新，主要表现为对简草的倡导和实践。

1987 年，他参加云南首届书学研讨会，提交《“简草”之试尝》论文，阐述了他关于简草的基本理论和设想，受到一些人的质疑，也得到一些书家肯定和鼓励。他继续深化研究，撰成《简草谱》专书，系统阐述简草理论，标准化草书字形，为创作简草提供规范。

他熔“章草”“今草”和“行草”于一炉，形成独树一帜的简草。章草一般认为是产生于西汉的字体，其后直至东晋，四百多年间都较流行。它是隶书的便捷写法，是隶书的简化和草化，更为实用。章草带有隶书笔意，但圆转自然。今草是对章草的革新，它适应隶书向楷书和行书的变化，进一步减省了章草的点画波磔，成为更加自由便捷的字体。东汉张芝、东晋王羲之父子是今草圣手。周善甫简草“以简求便，以约求美”，追求简化与美化的统一。逐个的字，易识便写；集字成章，洒脱疏朗。

---

① 田丕鸿：《深切缅怀周善甫先生》，《天雨流芳——周善甫书法作品集》，第 26 页。

他的《简草要则》阐明了简草书写要领：

> 笔画务求简便，落墨力避多余。勤于提按，自踊跃出精神；惜墨如金，以气势见联贯。重法则以利通入，容变异以谋演进。用规范来要求站稳脚步，用效率来体现时代精神。洒脱疏朗，迥出新姿。①

这里有几点值得注意，一是创作简草是为了体现时代精神，谋求书艺“演进”。刘勰说“文无新变，不能代雄”，书法也是如此。只有与时俱进，谋求创新，才能建立自家面目，推动艺术进步。现代社会的特点是讲求效率，要适应社会需求，书法创作也要有所改变，它的社会价值才能更好实现。这种认识与于右任是高度一致的。二是以笔画的简便寻求“新姿”，即创造新面貌、新风格。简草不会削弱书法的美，应用得好，可以形成“洒脱疏朗”的新面貌。三是注意了传统和创新的统一，变异和规范的统一。不遵守基本书艺法则，以畸变为创新，就是吴玉如说的“妄逞险怪，是诚书法之恶道”。周善甫要求简草书在掌握基本法则的基础上谋求新变，既不乏超越传统羁绊的通脱，也有遵守艺术规律的稳重，是比较平允的。

周善甫认为，简草为书法家开辟了新的艺术疆域：

> 在掌握其字面框架的基础上，进而赋予它以自我情志所要求的血肉与气质，也完全可具有与其他书法等同的表现力。而且它的结体也更符应现代洒脱利落的审美心理所要求，足以成为富有生活气息而任君驰骋的书法新疆。只会扩拓而不致拘束书法创作的可能。②

他按照自己的简草理论进行书法创作，写了许多简草作品，灌注了了他的自我情志，形成鲜明的个人风格。

---

① 周善甫：《简草谱》，四川美术出版社，1990 年，第 3 页。

② 周善甫：《简草谱》，第 5 页。

他的探索得到一些书家肯定。书家杨光宇跋周善甫书《老子道德经选读册页》说："是册书老子道德经选读，凡三十三页共二千六百多字，为周老善甫先生晚年简草之精品。善甫先生集书法家、书法理论家、文学家于一身，放眼当今书坛，亦为罕见。其《春城赋》享誉海内外，《简草谱》独树一帜于寰宇，于是善甫先生书名愈久而愈大。"[①]书家陈绍元题该册页诗云：

人品文章一代宗，即论简草亦为雄。
春城赋传誉海内，独树一帜唤东风。[②]

第三节　周善甫书法的特征

周善甫一生命途多舛，没有多少时间职业地研习书法，书法很多时候只是怡情养性的爱好，但由于禀赋高，路子正，写得勤，他的书法形成了鲜明的特色，是公认的当代具有独创风格的书法家。

一　学人之书，人文底蕴

中国书法家协会理事、云南省书法家协会主席李群杰说周善甫是才子型、学者型书法家，他的书法是"当代中国学人名士的书法"。这一看法得到李霖灿、周岳年、袁晓岑、黄继龄、张苇研、尚文等书画艺术家的认同。[③]李霖灿说："乡兄之书法是大学者的翰墨，而非仅书家之字也。"[④]张永康进一步把他定位为"20世纪中晚期中国学人名士书法的代表"。他列举这一类型的书家有陈寅恪、容庚、沈从文、周汝昌、朱家溍、王世襄等。[⑤]

学者型书法，大概有两层含义，一是不刻意作书，作书只是学术之

① 田丕鸿编：《天雨流芳——周善甫书法作品集》，第76页。
② 田丕鸿编：《天雨流芳——周善甫书法作品集》，第75页。
③ 李群杰：《飘飘何所似　天地一沙鸥——纪念周善甫先生》，《云南文史》2003年第2期。
④ 转引自和万炯：《健笔凌云意纵横——缅怀周善甫先生》，《云南画报》1998年第2期。
⑤ 张永康：《一代书法大家周善甫书法艺术赏析》，《云南文史》2003年第3期。

外的“余事”；二是书法中书卷气浓郁，人文底蕴深厚。重点是后者，着眼于学人的精神气质在书法中的体现。

周善甫说他对于书法没有“更多的抱负和沉溺”，只是“欣然于偶得，却并不去汲汲以求”，这是一种超然淡泊的态度。到他成名以后，这种态度也没有改变，不止一个人谈到，他不认为自己是书法家。和中孚、孙炯等说：

> 善甫先生在著书立说之余，把自己的“休息”和“工间操”积聚在毛笔和翰墨中。铺开宣纸，从从容容写了过去，他说这是愉悦的“休息”，心手双畅的“工间操”。因此，他的书法不着意求工，不囿于碑帖的束缚，显得自然、随顺、淡远、飘逸。他常说：“写几个字，那是副产品。”的确，他有一个庞大的学术著述计划，没有多少时间耗于书法艺术的琢磨。但他凭借慧悟，在披阅中国传统文化之时，已将中国所独有的书法艺术沉淀在胸，了无声息地汇聚百家，溶出一个卓然独立的书法大家。“书如其人”，在随意书写中，也点画出了乐观、潇洒、纯气的整个生命形态，流露出精神世界中美的活跃精灵。国际著名的钢琴演奏大家傅聪在英国获得周善甫的书法，他赞扬道：这是如歌的行板，波动着流畅的旋律。[①]

把写字当作休息，是因为别有怀抱。他的名山事业是研究中华文化，促进中华文化再展鸿猷，有种以天下为己任的担当，因而不会在书法之得失毁誉上计较。这种内在的超越，这种不带功利目的、随心所欲的挥洒，正契合艺术创造需要自由自在的心境之“真谛”。所以他的书法举重若轻，妙造自然，潇洒飘逸，不求工而自工，不求名而实至名归，形成鲜明的风格，有很高的辨识度。

书卷气与“粗俗气”、“脂粉气”和“工匠气”相对，是书法作品中高远清雅的韵致，大方舒展的气质。它是作者的精神、学养在书法中的自然流露。书卷气是书法艺术的高境界，向来为书家所推崇。清陆时

---

① 和万炯：《健笔凌云意纵横——缅怀周善甫先生》，《云南画报》1998 年第 2 期。

化《书画说铃序》云："各立一法，以自成家，归于有笔墨神韵而具书卷气者，其传必远。"

书卷气通过品格修养和文化熏陶获致。这要通过大量读书，涵养宽广明亮的胸怀，拥有渊博的学问和超拔的识力。黄庭坚说："余谓东坡书，学问文章之气，郁郁芊芊发于笔墨之间，此所以他人终莫能及尔。"[①]又《跋东坡墨迹》："至于笔圆而韵胜，挟以文章妙天下、忠义贯日月之气，本朝善书，自当推为第一。数百年后，必有知余此论者。"[②]宋朝书法，苏黄师徒之间，谁为第一，论者各有所见。山谷谦虚，推老师为第一，而后世也有人认为他超过乃师者。这且不论，他指出东坡书之不可及处，在于他的学问文章、忠义之气超越流俗，并"郁郁芊芊"表现于笔墨之间，是至当之论，为后人一致认同。

周善甫曾书写过黄庭坚"人不读书，则尘俗生其间，照镜则面目可憎，对人则语言乏味"。可见他佩服山谷书论，厌恶"尘俗"。1993年10月26日，他在致田丕鸿的信中说："我很欣赏你崇文爱艺的雅志，但有时也不免落于俗套，这要从勤读书去澡雪之。"[③]以读书"澡雪""俗套"，与古人的看法是一致的。

周善甫之魅力就在于他追求精神世界的丰美并形成高洁的人品，心胸如光风霁月。而他又是以豪迈气魄来从事文化思考并卓有建树的学人，不是他一再讥讽的"酸秀才"，立品高，眼界广，识解强。又经历过生活的磨难，阅尽世间百态，了悟人生真谛。这一切表现于书法之中，就有一种高情逸韵，一种光明磊落的气象，一种"云在青天水在瓶"的自然从容。他的器识学问也是"郁郁芊芊发于笔墨之间"的，所以脱尽"市俗之气"。他的书法，"放到哪里都是一缕文气"。[④]

这一点得到研究者的高度认同。袁晓岑说：

> 《春城赋》不但文采好，书法也是一流的。可以说是具有俊秀

① 黄庭坚：《跋苏轼书远景楼赋》，《山谷题跋》卷五，丛书集成初编本。
② 黄庭坚：《跋东坡墨迹》，《山谷题跋》卷五，丛书集成初编本。
③ 周善甫：《致田丕鸿信》，《天雨流芳——周善甫书法作品集》，第201页。
④ 杨伊达：《善甫老伯》，《云南日报》2003年8月5日。

潇洒、灵气十足的神韵，书卷气很浓。这是学养很深的结果，非常难得。[①]

王献生说：

> 周善甫先生从不以书家自居，他晚年总是谦虚地说自己算不上书法家，回顾自己的艺术生涯，他曾说自己甚至没有用太多的时间去刻意临帖习字。但周老确确实实是一位功力深湛、成就卓著的书坛大家。他的一生饱经忧患，可以说很少有时间坐下来从容挥毫，但也正是那半个多世纪的人生风雨铸就了他超拔、自然的书风。他的书法中没有所谓“书法家”常有的市侩俗气和江湖习气，多的是大学问家所独有的一股清刚之气、儒雅之气。周老的一生并不以研究书法为目的，但却也印证了中国书法所特有的“艺术性”与“非艺术性”共有的二重本质。他研究书法所花的时间不是很多，甚至也非各体皆能，但先生字外的修养博大，正因为“功夫在诗外”，使其书法的格调和境界达到了当代多数书法家所未能企及的“恬淡冲融”的高妙境界。[②]

现代书法名家沈尹默《书法论》说：“书学所关，不仅在临写、玩味二事，更重要的是读书、阅事。”周善甫“没有用太多的时间去刻意临帖习字”，这个方面他可能不如职业书家，但在“读书、阅事”方面，他却不是一般书家能比的。“非艺术性”王献生说是指“艺术性的进一步升华”，也许就是周善甫说的“运慧”的一面。他的书法中有一种恬淡的心境，一种文化气息。

二　温文儒雅，平淡率真

“温文儒雅，平淡率真”是对周善甫书法风格的总体概括，是他的

① 翟腊阿娜：《纪念周善甫：用永恒留住永恒》，《春城晚报》2004年1月7日。

② 王献生：《一代学人书法的代表——周善甫先生的书法艺术》，《创造》2010年第5期。

学人书法在风格上的具体体现。他的书法笔致简约，潇洒飘逸，结构布局疏朗大方，清新流美，赏心悦目，字里行间，洋溢着厚重的人文底蕴和鲜活的时代气息。

作出这一概括的是张永康，他说：

> 善甫先生书法的用笔、气势和整体风格，可用八个字来概括：“温文儒雅，平淡率真”。这是善甫先生基于对书道的深厚功力和深邃的理解而形成的一种新书风。
>
> 善甫先生的书法根基是建立在“二王”基础之上，又博采众家之长，以其细腻的用笔和多变的结体，从而在顿挫提按中达到秀美的效果。然善甫先生并非一味临帖而“食古不化”，而是化古而用之，在他的书中，有王字的温文儒雅，有怀素的袅娜变化，有米黄字的狂放不羁，有明人的盘曲多姿。他的每个字，是用“心”来写，意在笔先，没有花架子，更无火爆气。仔细读来有一种古朴、深幽、冲融、飘逸、性灵之气四溢而又具有鲜明的时代气息。这种墨含韶华，笔致简约，章法严谨，收放有度，神采飞扬的书法创作风格，我以为，这就是“温文儒雅，平淡率真”的风格。[①]

“没有花架子，更无火爆气”是很形象的说法。周善甫书法“洗尽铅华呈素姿”，平实雅致，宁静恬淡，不虚张声势、刻意求奇求怪以耸动视听，从容不迫中自有一种大家气象。近代书坛大家吴玉如说：“今日作字，剑拔弩张，功夫不到，妄逞险怪，是诚书法之恶道。……不多读书者，书法也不能佳（《书法》1986 年第 6 期）。”“妄逞险怪”的“恶道”往往是那些人品不纯、学养不佳而企图剑走偏锋猎取名利的“书匠”所为。这就是王献生说的“江湖习气”。周善甫书法则是“淡泊以明志，宁静以致远”，沉着稳健，和美飘逸。

王献生也说：

① 张永康：《一代大家周善甫书法艺术赏析》，《云南文史》2003 年第 3 期。

书法仅作为先生著述疲劳休息时放松的一种消遣，正因为是以这样一种心态写字，其书法不求工而自工，平淡天成。加上先生深湛的国学功底，其素养、其精神自然融入笔端，意在笔先，行笔清正融和，无一丝火爆气；谋篇布局浑然天成，其书境直臻“清水出芙蓉，天然去雕饰”的高妙境界。[①]

无独有偶，他也用了“火爆气”一词。

“腹有诗书气自华”。周善甫的书法就是这种诗书之气的流溢，所以自然、冲融、舒放。周善甫喜欢署名晚唐司空图作的《二十四诗品》，曾精心书写。《二十四诗品》的美学思想对他的影响是很大的。其《自然》一品云：

俯拾即是，不取诸邻。
俱到适往，著手成春。
如逢花开，如瞻岁新。
真与不夺，强得易贫。
幽人空山，过雨采苹。
薄言情语，悠悠天钧。

周善甫就是以“自然”的态度和法则，自由自在地书写，不苦思焦索，不图名图利，于是“春色盈握”，“自然佳妙”，完成“有恒久生命力的真正的艺术创作”。清孙联奎《诗品臆说》云：“惟其与道俱往，故能著手成春。春以著手而成，无少作为，自然极矣。”周善甫的书法，确实有“著手成春”之妙，而达到“自然极矣”的艺术效果。

三　沉着遒劲，风骨凛然

这是指周善甫书法的内在精神和艺术力度。周善甫说：“士之为

① 王献生：《一代学人书法的代表——周善甫先生的书法艺术》，《创造》2010年第5期。

士，总是要有点风骨的。”他为人儒雅温润，待人接物谦逊和蔼，同时他有强烈的“道德意志”，在人格操守、文化见解、人生价值等方面有不随俗俯仰的定见和定力，有着高远的追求，表现于书法中，就形成刚健的力量和凛然的风骨。张永康说：

> 周善甫先生终身为一介布衣。他的艺术思想秉承了中国传统经典主义的精髓，他有先哲深湛高古的感悟，有史家渊雅隽逸的沉思，有诗家豪迈雄健的气质，更有读书人博大宽厚的胸襟，故而他的书法魂依骨存，骨附魂立，每一笔的点画都有飞动的灵采，都有凛然的风骨，都洋溢着诗情和韵律感，而通幅观来又构成笔墨、线条、意境的高度统一，真可谓字与字都亲和如一家。[①]

文天祥的《正气歌》是演绎中华民族浩然之气的名作，是名副其实的民族正气歌。它所颂扬的人生理念和道义担当是周善甫深为服膺的，他曾多次精心书写，以寄托自己的情志。1994年，他80岁时书写《正气歌》和另一件书法作品，为云南建水县一位书法爱好者田丕鸿收藏。这两件作品“古色古香，字字珠玑，真乃周老的精品力作呀，和古代大名家相比毫不逊色”。周善甫本人也很满意这两件作品，对田丕鸿说：“这可是我的得意之作呀，和于右任的简草相比不让半分。”[②]田丕鸿装裱后悬挂书房，蔚为壮观。他评价《正气歌》：

> 既具有“清水出芙蓉，天然去雕饰”的魏晋风韵，又洋溢着“威武不能屈，富贵不能淫”的浩然正气。每个到过我书房的人，无不被那气势、那笔法、那内容所折服，发出由衷的赞美。即使不懂书法的人，也能在这古纸黑字之间，欣赏到一种线条和空间的美，很抽象的美，领略古迈多姿，出神入化的妙趣，在世俗尘埃中，培养静雅的心态，感悟周老这位书法大家在上面留下的性格

---

① 张永康：《一代书法大家周善甫书法艺术赏析》，《云南文史》2003年第3期。

② 田丕鸿：《深切缅怀周善甫先生》，《天雨流芳——周善甫书法作品集》，第26页。

和天才。[①]

周善甫在书品后加跋语说："丕鸿贤契出其珍藏古楮索字，乃奋力以简草写文信国公正气歌与之，盖亦欲其略出古道照颜色之效果云尔。"这件书品力透纸背，风骨凛然，而且章法、结体、用笔出神入化，无可挑剔，书写的内容和书法完美统一，确实是神品，与古今诸大家优秀之作相比，不遑多让。田丕鸿的评价中有一点需要指出，周善甫希望田丕鸿体会"古道照颜色"，就是要求效法文天祥（信国公是他的封爵）那种至大至刚的浩然之气，一种傲岸磅礴的民族精神，坚守为人的节操，说欣赏这件书品能"培养静雅的心态"，恐怕理解还不到位。

滇人书写的《正气歌》，古有钱南园颜体书，今有周善甫简草书，均为上品，先后辉映，堪称双璧。

他为画家陈蜀尧书写的《后赤壁赋》"行笔点画，骨血森森"。[②]1993 年盛夏，他 79 岁时，又"挥汗"书写简草前后《赤壁赋》。田丕鸿请广西画家黄必济为作《赤壁夜游图》，四川书家陈楚题跋，说："善甫老先生人书俱老，其简草独树一帜，书入神妙，刚健婀娜。"[③]

四　清新流美，亲切近人

周善甫倡导简草，并身体力行，他的书法作品很多是用简体字写成，以行书和草书为主。这是他在书法艺术上的创新。在崇尚写繁体字的书坛，这是一种挑战和叛逆行为，需要很大的勇气。周善甫倡导简草，起初得不到某些书家理解和认可，但他既无心与书家争一日之短长，也就不顾及书坛的冷眼和毁誉，率性而行。他经常提到《中庸》"天命之谓性，率性之谓道"，并解释说"道，指生活的正路，指人类生活的正路"。"率性之谓道"是说"只要顺着人的本性去做，就合

① 田丕鸿：《深切缅怀周善甫先生》，《天雨流芳——周善甫书法作品集》，第 26 页。

② 陈蜀尧：《清风明月人归去》，《风雅儒者》，第 138 页。

③ 《陈楚为周善甫先生书前后赤壁赋手卷题跋》，《天雨流芳——周善甫书法作品集》，第 159 页。

乎正道了”。[①]这种思想体现在书法创作上，他把写简体字视为当代社会书法发展的正道，所以就顺着自己的性情坚持写了。

周善甫简体书法的章法、结体、笔法、用墨保留了传统书法的特质，只是笔画减省，显得单纯。但是线条（点、划）灵动流畅，更具力度和韵律，是一种“有意味的形式”。笔画少，结体也须更用心，周善甫的作品点划的搭配适宜、得体、匀称。通篇则气韵贯通，“洒脱疏朗，迥出新姿”，给人极佳的视觉享受。运用简体书写，书法的美不但没有受到损害，反而更容易接近，更有亲切感和亲和力。周善甫的简体书给书坛吹进一股清新之风。

周善甫80岁时，用简草书写了老子《道德经选读》册页，由田丕鸿收藏。田丕鸿应书友要求复制数百本，供书家赏鉴和临摹。李群杰为之题笺。田丕鸿请一些书家题跋，他们均给予很高评价。王乃智说：“周老善甫先生人品书品高雅，令人钦羡。其简草独树一帜。”孙琦说：“周善甫先生为吾滇当今书坛第一流人物，人品甚高，故晚年书入神妙，此册书道德经选读，刚健婀娜，望之使人增敬。”劲草说：“吾滇丽江自古文教昌盛，人才辈出，昔著名纳西族画家周霖大作曾震烁画坛，今其弟周凡先生又于当代书坛大放异彩，简草谱独树一帜，春城赋名闻遐迩。是册书道德经选读，为其晚年简草，益臻神妙，足为后学法则。”[②]

上述诸方面统一，使周善甫书法呈现出鲜明的个性，在当代书坛独标一格，成为原创性较强的书家之一。

第四节　简草的书法史意义

“书谱”是古人表达书法理论的一种体式，有两种类型，一种是专谈理论，如唐孙过庭《书谱》，南宋姜夔《续书谱》；一种是直接书写典型字体作为示范，如智永《千字文》。近人于右任把这两种类型结合

① 周善甫：《道德与文章》，《大道之行》，第447页。

② 《天雨流芳——周善甫书法作品集》，第69、71、73页。

起来，组织团队编纂《标准草书》，既有理论阐发，又有书写示范。书谱类论著指导性、示范性强，在书法史上影响极大。孙过庭《书谱》理论精，书法美，尤被后世书家奉为圭臬，反复临写。

周善甫继承于右任的做法，撰写了《简草谱》。以“谱”命名自己的书法著作，可见他的志向，就是效法古人，追求不朽之盛业。确实，《简草谱》在中国书法的现代发展史上踵武前贤，别出新姿，对标准草书的普及具有积极意义，对书法艺术与时俱进作出贡献。张永康认为，周善甫创立的简草“是中国书法史上一项承前启后的大工程，也是滇中文化界的骄傲”。[①]

书法是艺术，不以实用为目的，而以审美为圭臬。汉字在中国大陆实行简化之前，都是繁体字（正体字），简化以后，大陆的实用文字就统一为简体字，港澳台和海外华人依然用繁体字。历史上书法家们用繁体字进行书法创作是顺理成章的。现当代书家延续这一传统，继续用繁体字创作也有其合理性。同时，也要看到另一面，古代书家也使用简体，在草书和行书中尤其突出，实际上形成另一个传统，用简体进行书法创作并不是现代人的异想天开。

古人虽有实践上的成效，但没有理论自觉。随着社会的发展，用简体字进行书法创作才成为自觉的追求。20世纪30年代，“当代草圣”于右任着力推动标准草书，提出主张，研究规律，编制字表，形成了颇有影响的标准草书运动。

于右任是革命家，国民党和国民政府元老，他致力标准草书不仅仅着眼于书法本身，而有高远的目的。他在《标准草书自序》中说：

> 文字乃人类表现思想、发展生活之工具。其结构之巧拙，使用之难易，关于民族之前途者至切！现代各国印刷用楷，书写用草，已成通例；革命后之强国，更于文字之改进，不遗余力。传云：“工欲善其事，必先利其器。”此事虽细，可以喻大。且今之所谓器者，乃挟之与各国各族竞其优劣，观夫古今民族之强弱，国家

① 张永康：《一代书法大家周善甫书法艺术赏析》，《云南文史》2003年第3期。

之存亡，天演公例，良可畏也！然则广草书于天下，以求制作之便利，尽文化之功能，节省全体国民之时间，发扬全族传统之利器，岂非当今急务欤！[①]

于右任从文字发展规律、国际竞争、民族前途的高度来看待文字使用问题，认为使用简易的文字有利于节省国民时间，发挥文化功能，也有利于中华民族在激烈的“各国各族”竞争中立于不败之地，因而大力提倡标准草书。

为了使草书由繁而简，由难而易，由苦而乐，由纷歧而趋于统一，由虚玄而归实用，1932 年 12 月，于右任组织刘延涛、刘海天、曹明为等人在上海成立“标准草书社”，“整理那千头万绪、茫茫无所归的中国草书”，他们按照“易识、易写、准确、美丽”四个原则进行整理，从古代数十万字的草书作品中筛选出一千多字作为规范字体。1936 年 6 月完成，出版了《标准草书》。于右任十分兴奋，说“今者代表符号之建立，经历来圣哲之演进，偶加排比，遂成大观，所谓草书妙理，世人求之毕生而不能者，至今乃于平易中得之，真快事也。”

于右任也认识到标准草书还不被所有人理解，甚至还被部分人所轻视，但他坚信“此非妄言，实含至理，有志竟成，功在不舍”，希望“当国运重新之时，知必为进步之国人所接受也”。1955 年，刘延辉在台湾出版《草书通论》，于右任为之题诗：“理有相通期必至，史无前例费深思。定知再造山河后，珍重光阴或赖之。”肯定这是史无前例的事业，今后大家要节省时间或许会依赖标准草书。推行标准草书，是于右任孜孜以求的文化事业，在耄耋之年，他仍然念兹在兹，作《百字令·题标准草书》，重申他在《标准草书序》中的观点，并把弘扬标准草书的使命托付给后人：

草书重整是中华文化复兴先务。古昔无穷之作者，多少精神贯注。汉简流沙，唐经石窟，实用臻高度。元明而后，沉荒久矣，谁

① 于媛：《于右任标准草书范本》，金盾出版社，2009 年。

顾？试问世界人民，超音争速，急急缘何故？同此时间同此手，且莫迟迟相误。符号神奇，髯翁发见，标准思传付。敬托同志，来为学术开路[①]。

标准草书创立后，产生了广泛影响。《标准草书》在大陆和台湾反复印行，总发行量达百万册。大陆和台湾都有人研究、书写、推广标准草书。1984 年，全国政协副主席、于右任女婿屈武及于右任弟子胡公石倡议恢复草书社，在赵朴初、启功等书法家支持下，全国性社团“中国标准草书学社”得以重建。日本、韩国及东南亚书法界也予以采用。

但标准草书在书法创作界被真正接受和采用是有限度的。一些书法界人士认为，草书“标准化”与书法的艺术性是相悖的，“实用”不是艺术创作的内在要求；艺术创作需要个性化和多样性，统一标准不应该也不可能；笔画减少影响字的结体，削弱了“美丽”，“标准草书”构型并不美。因此，书法家真正写标准草书的并不多。还有学者和书家认为，标准草书运动是失败的。[②]

周善甫不是于右任“敬托”的“同志”，却是在他开辟的道路上勇敢前行的书家，是他的异地知音。他的《简草谱》是在于右任提出标准草书半个多世纪后的有力回响和进一步推进。他说：“古来就有许多识者不断进行过草书定型的努力，近代于右任先生所提倡的‘标准草书’更具创见，都曾有一定的成效与影响。因此，沿之以求草书的标准化，乃是行所当然的急务。”[③] 他还提到：“周总理曾勖勉书法界，对写好简化字作出创造性努力，可是我们却漠然置之。”[④]

《简草谱》包含“绪言，要领，研习、效能与展望，简草的组件，常用字简草谱，钢笔书例，毛笔书例”七部分。从这些内容可以看出，写这部书谱，他是精心考虑的，并且侧重于运用。

---

① 于右任：《百字令·题标准草书》，《标准草书》，上海书店出版社，1983 年。

② 参阅贺文荣：《为什么说于右任的标准草书运动可以说是失败的》，新浪博客“贺文龙国画书法”http://blog.sina.com.cn/suyefeixie。

③ 周善甫：《简草谱》，四川美术出版社，1990 年，第 2 页。

④ 周善甫：《“简草”之试尝》，《云南文史丛刊》1987 年第 4 期。

周善甫阐述了创立简草的理念，是谋求书法的与时俱进，一是汉字源远流长，使用人数达十多亿，在可预测的时间内，它将继续存在下去；二是与所有事物一样，它必然不断变化；三是它发展的趋向，为其本身的“巨大势能”所决定，亟待完成早已出现的由楷至草的合理过程。因此，写简草，“就是说应谋草书的普遍通用”。[①]

要完成“草书普遍通用”的任务，一要简化，二要标准化。各种草书在书法界广泛运用，但千奇百怪，往往难于辨识，也无法通用。他说：“历来习草之士，乃执意表现自我，诡异博变之风既炽，统筹共用之功遂疏。人各创型，幅各异制，于是莫衷一是，习读为难。去通用愈远，则其声势愈孤，徒尔徘徊自赏，萧然在野而无所用世。”[②]创制标准化草书，就解决了这一弊端。

制作简草的目的，一是顺应时代需要，提高书写效率，“用效率来体现时代精神”。现代“社会发展如此剧急，文事接触如此频繁、生活节奏如此迫促”，简化字体，提高书写速度，才能满足社会需要。“时运既要求速度，草书便近乎理想。”[③]二是与时俱进，实现书法艺术创新。他认为，笔画的由繁趋简是汉字发展的基本规律，书法艺术要适应这一规律，因应现代社会重视效率的要求。当代青少年写字混乱潦草相当普遍，这固然令人头痛，但反映了“草书通用化的自发要求”，想叫大家回到规规矩矩写楷书、行书的老路上，是顶风行船，殊难奏效，对多数书写者来说，也无必要。因此，最好的办法，就是“因势利导，催化这一倾向，整顿草书，让它出而当家”。[④]

周善甫制作简草的路径，一是单形字（非由偏旁组合者），亦即独体字，从古人习惯用的多种旧草式中筛选笔画最简、造型最美的，约同袭用，以重文字的承续性。二是联形字（由偏旁组合者），亦即合体字，整理固有的偏旁草式，并援用于右任的“代表符号”，“综列定格，约同循例组装，以求系统识记之效”。三是把已经广泛使用的简化字引

① 周善甫：《简草谱》，第 1 页。

② 周善甫：《“简草”之试尝》，《云南文史丛刊》1987 年第 4 期。

③ 周善甫：《“简草”之试尝》，《云南文史丛刊》1987 年第 4 期。

④ 周善甫：《简草谱》，第 1 页。

进草书，使得绝大多数中年以下的国人，都可驾轻就熟地掌握草书。

为了便于掌握，他下很大功夫归纳了联形字中所共用的固定笔画，作为书写的“组件”。只要掌握了组件，就可以随机应用，写出很多合体字。他总结的组件共有 243 个，然后制成《简草组件表》，供书写者研习。这个部分最见功力，应用价值最高。

关于简草的效能，周善甫认为，对一般书写者而言，只要通过不太繁重的努力，掌握基本原则和组件，就能把书写效率显著提高，从而也提高文字工作效率。对于专业书法家而言，它拓展了书法创作空间。同时他也认识到，这是一件新鲜事物，还不完善，但确实是“可信的方向”，需要广大书者不断实践开拓，“玉成社会的美举”，“共跻佳境”。

简草书写的效率，周善甫曾在中学生中做过实验。他先叫三个学生抄写王勃《滕王阁序》，跑表计时。他们伏案疾书，搁笔时感慨地说：“又要写快又要写好，实在费劲。”然后叫他们按《简草谱》练习两个月，再来写《滕王阁序》，依然跑表计时，结果抄写时间比原来缩短三分之一。他向出版社陈述出版《简草谱》的意义时，这是支持的论据之一。[①]

针对有的人担心简草影响书法美的顾虑，周善甫指出：

> 这，也许会引起艺术表现呆板化的顾虑。其实，书法的审美要求，更深沉地存在于结体、行笔、用墨和手法呼应之间；至于字形的多样，则仅属表层权宜，未可视作不二法门，倒是跳出象牙之塔，广求识赏，却尤足获致艺术表现的无限生机。
>
> 简草所要求的一致与通用，是从实用出发仅就字体框架的制例而言；而从书法艺术论，其表现的形式，则仍略无拘束，尽有赋予不同风骨、性格和情志的充裕可能。犹如楷书虽也有其严格定型，但也不妨碍王、颜、柳、欧等之各有千秋。艺术和社会效果两者，只能是相辅相成，相得益彰；并不存在互相矛盾，顾此失

① 苏碧波：《提起“简草”》，《周善甫先生荣哀录》，第 97 页。

彼的问题。[①]

他的论述深谙书法创作和审美之道，可以打消顾虑。笔画多少确实不是书法美的根本性问题，书法是“有意味的形式”，真正体现书法水平和美感的是书写者的情志、风骨，以及结体、行笔、用墨等手法，这些元素才能给“形式”灌注“意味”。所举楷书的例子很有说服力。

《常用字简草谱》书写了三千个常用字的简草样式。加上《简草组件表》中的约两千个独体字组件，共有近五千个常用字，基本能满足日常书写的需要。选用的简草样式，以简单、常见、易识、美观为原则。《钢笔书例》书写了他的《书法师承论》中的一段，《毛笔书例》是他书写的苏轼《前赤壁赋》的一段和范仲淹《岳阳楼记》全文。都简洁明快，流畅生风。

周善甫倡导简草，起初也得不到理解。1987年冬天，云南省书学研究会成立大会暨首届书学研讨会在楚雄召开，周善甫参会并在会上宣读《简草之尝试》论文，阐述了他的简草主张及所作的尝试。他的主张和尝试，认同者甚少，甚至被目为“迂腐”。参加会议的王献生说：

> 当时，书法界正进行传统与创新的大辩论，在研讨会上的注目点也在如何创新这一题目上。对于右任书法也推崇其魏体行书胜过其成就巨大的草书，尤其对其“标准草书”微词颇多。因此，对周老推行“简草”之举，与会许多同道和浅识者如我等都曾暗笑先生“迂腐”。

王献生后来看到“一代草圣”林散之所说“书法要实用，要让人看得懂”，有所触动，随着年龄增长和对书法本质的理解的提高，他改变了对简草的看法，对周善甫增加了“崇敬的心情”。[②]

书法家张诚在楚雄会议上结识周善甫，对他的简草尝试“极为首

① 周善甫：《简草谱》，第2、3、5页。

② 王献生：《一代学人书法的代表——周善甫先生的书法艺术》，《创造》2010年第5期。

肯”。周善甫说：“倘要推广简草，尚须评介。”[①] 张诚便写了《周善甫及其简草》，发表于《春城晚报》，介绍了草书简化的历史和《简草谱》的特点，说：“实践证明，正确地使用《简草谱》，可迅速准确地掌握规范简草的写法，实用功效亦颇显著。”[②]

周善甫的简草书理论和创作成效得到一些书家的肯定，称誉其在书坛“卓然而立”。2008 年 3 月 30 日，张永康等在《光明日报》署名发表《周善甫书法》，充分肯定他的简体书法理论和成就：

> 善甫先生在书法理论方面造诣很深，并致力于草书的标准化推广，所创“简草”书体熔章草、今草、行草于一炉，墨韵纯厚，风格独特，以其浓郁的书卷气卓然而立于20世纪的中国书坛，被誉为一代学者型的书法家。他的简草对联《骏马秋风冀北杏花春雨江南》行笔潇洒苍劲，结体高古飘逸，可谓人书俱老；他的行草《马子云别玉龙山诗》谋篇布局清新自然，笔墨中流露出神清骨秀的儒雅之气，十分难得。

尽管标准草书和简草存在争议，但传统艺术如何与现代社会相适应，是个关系书法前途的大问题，于右任和周善甫等人进行的探索为思考这一问题提供了启示。事实上，不管人们承不承认，使用简体字进行书法创作已经是相当普遍的现象，简体字不等于标准草书和简草，但在适应社会发展需要方面，内在的精神是一致的。

书法的美主要在于书写本身的美，但与书写的内容也有密切关系。书写是形式问题，如果与内容高度统一，则一件书品无疑更有价值，更能发挥它的审美功能、娱情功能和化育功能。那么，写的是什么，就要让人看得懂。“书法纵使具其卓绝的艺术性，但亦基于它之所从出的实用性。要是写出的字全非鉴赏者所可识，便先失其存在的依据与活力，

---

① 张诚：《忆周善甫先生》，《春城晚报》1998 年 1 月 12 日。

② 张诚：《周善甫及其“简草”》，《周善甫先生荣哀录》，第 95 页。

更无所附丽其审美观点。”[①] 简体书便于辨识，有利于欣赏者更好地领略书品的内容，以发挥其社会作用。所以，用简体字进行书法创作，是站在更好发挥书法作用和欣赏者立场来思考问题，有一种艺术民主的诉求在内，也体现了周善甫“去书法神秘化”的开明态度。

标准草书和简草是现代书法艺术因应时代发展变化而出现的，是书艺的新变。艺术创作追求多样性，标准草书和简草固不必人人信奉和遵循，但别为一体，亦有意义。它们为书法艺术多添了一份异样的美，让现代书法多了一条发展的路径。

① 周善甫：《“简草”之试尝》，《云南文史丛刊》1987 年第 4 期。

第七章
文学创作的别样风光

周善甫在文学创作方面也有出色的成就。他不是职业作家，他按照中国传统文学的观念进行写作，有所为而发，有所感而发，不为创作而创作，不“为文而造情”，这样的作品往往情理充实，有“别人见不到处”。[①]他采用的文体有诗、赋、小说、散文、对联，每类数量不算多，却均有佳作。意蕴的深厚，艺术的精熟，典雅的形式，使他的作品在文坛呈现出别样风光。其中的优秀之作“可以不朽于吟坛”。[②]

第一节　周善甫的文艺观

周善甫是善于理论思考的文化人，做每一件事，他都会追索其意义、功能、原则和路径，把它想透彻，还往往以文字的形式把思考所得表现出来。在文学艺术上也是这样，他深入思考并形成自己的一套看

① 周善甫：《给学生李晖的信》（十二），《风雅儒者——文化名人周善甫诞辰 90 周年纪念文集》，云南美术出版社，2003 年，第 359 页。

② 王樵：《诗文赫赫一家风》，《风雅儒者》，第 176 页。

法。这些看法，有的是结合时代特点重申传统观点，有的是自家感悟所得。把握他的文艺观，对理解他的文艺创作有重要意义，对更深入地认识文艺的价值、功能和特点也不无启示。

一　坚持传统“文章”观，倡导“今文”写作

周善甫最具特点的文学观是他不认同在西方影响下形成的新文学观，而坚持传统的“文章”观，提倡“今文”写作。中国传统文学属于“杂文学”，包含的面极广，除诗词歌赋以外，还有大量的说理文、经世文（实用文）、随笔尺牍、对联等。而西方的文学观是纯文学观，文学体裁只承认诗歌、散文、小说、戏剧等。中国人接受了西方文学观而且比他们走得更远，所以文学的范围越来越小。高等院校和科研院所的文学研究、作家协会系统的文学创作和批评，都只着眼于纯文学。这就使大量文本被排斥在文学之外，使文学的路越走越窄。这确实是中国当代文学中一个很大的问题。周善甫观察到这一问题，并作了深度分析。

周善甫论述了中国“文章”和西方“文学”之不同，追溯了现代意义上的“文学”一词的来源及其含义的变迁：

> 大抵旧中国之称为“文章”者，几乎全是理性的经世之篇。包括如学术论著、法律章程、公务文件、私人信函、指导评论、抒怀志感的诗词、序铭庆吊的词章……等，直接充作生活和思想的手段，并谋藉以产生具体的社会效益与影响者。
>
> 西方之称为“文学”者，在英语为literature，其广义也与我们所称的“文章、文献、作品……”差不多。但其现代常用义却专指描述生活和思想的文艺作品。日本人就此义译为“文学”，我们又从日本引进了这个词。具体是指小说、戏剧和诗篇、歌词而言，大抵全是不直接插入生活的意创之作。从荷马到杰克伦敦之名著，无一而非生活的侧写，俱为感性的述世之作。[①]

① 周善甫：《论“文”》，《大道之行：周善甫国学论著》，中华书局，2010年，第388页。

这里论述了中国传统的“文章”的特点：范围广，直接用于日常生活和表现思想情志，经世作用强，社会效用明显。而经日本翻译并被中国接受的“文学”偏于虚构，不直接“插入”生活。照西方的文学标准衡量，中国的很多作品就被排除在“文学”之外。

他认为，文章的功能在于论道、言志、明情、辨理。中国传统文章就是往这些方面着力，社会作用发挥得充分，于是塑造了一个文明大国：

> 历数古来文章名家，几乎都是在职或离职的大、小官员，乃至帝、王、将、相。即或偶有山林处士，也总非受治于人的一般庶众。他们既属治人者的阶层，固然享有特权，但也有领导社会的责任，和求取稳定现状的主观要求。所以研求和行使治道，进行教化便成为主要的写作动机。当中固然也出现许多干禄欺世、歌功颂德、荒淫腐朽、颓堕自甘的作品，一如近百年来所痛加诟病挞伐者，但也应看到：文章之士，一般不无认真、清明和耿介的一面，因而也不乏出于性情而兼具真知灼见的作品。其传世之作，更是历经淘汰的精金美玉。不论作者本人是否意识得到，大体都能在不同程度上，贯穿着整个民族所赋予文章的“为天地立心，为生民立命，为先圣继绝学，为万世开太平”的宏大无比的写作要求。……堆垒既盈四库，便积善成德，而终现飞龙在天了。虽说去宏愿大誓仍还遥远，但时越千载，空综百国，一步一个脚印地建成了这个举世第一、文明鼎盛的泱泱雄邦。重理性，乐教化，一直抑制着宗教的扩张。其间文章之为用，厥功至伟，美之曰：“文治”、“文明”、“文化”。目文章为“经国之大业，不朽之盛事”。成功的作者们生前或死后，莫不受到朝野最高的礼遇。论文章身价之高，该获举世之金奖。
>
> 作为文字，更重要的是继承、探索、整理、表达、传输思想，来指导和促进生活。并作为生活的重要手段之一。如前所论，它所服务的疆域越广，其所敛聚和沉淀的文化堆垒越厚，也就越宜作抽象的概念思维，越宜在更高更广的文化层次发挥其论道、言志、

明情、辨理的功能。而这正是举世无双的由形基发展而来的中文所独擅。[①]

中国古人的写作以行使治道、进行教化为主要的动机，有“为天地立心，为生民立命，为先圣继绝学，为万世开太平”的崇高目的，所以优秀的作品积累丰厚，作用于社会，推进了社会的文明进步，“建成了这个举世第一、文明鼎盛的泱泱雄邦”。因此，中文和中国的“文章”是值得珍视的优良传统，“其涘涯之际，正不容崇奉西学者以为天下之美尽在‘文学’也”。

总之，西方意义上的“文学”范围窄，中国的“文章”范围广，西方的“文学”不能括尽“文章”之美。因为我们不从中国实际出发，以西方观念套中国文学，削足适履，于是文学的领域缩小，文学的功能就减弱，文学的价值和地位也就随之降低。

表现于社会生活和文学本身，就出现了如下现象：

> 文章乏才。尽管文学院系并不少办，但所修多以“文学”为主，而少涉“经世”文章，当前迫待把司法、行政、外务、新闻、公私企业等等纳入正轨时，急待加强文事工作。而不可或缺的秘书人才，却一时成为奇货，而且赶训不来。甚至有不少科学者，常常难把自己的论文或实验、调查的报告妥善简明的写好。这些现实情况，都不能不大大影响整个社会的健进。
>
> 即便半个世纪来所执意培植的“文学”一道，没有出现多少与这个伟大时代相副的伟大作品。
>
> 过去各种阶层都有以文字为“材料”的文娱活动——如诗词的吟咏、楹联的撰述、巧语妙句的传抄、文虎灯谜的猜拟、戏文曲词的欣赏，以及书法、篆刻、乃至金石文物的爱好等等，咸为个人及群众生活中隽永、健康、有益和相当普遍的活动，有助于雅驯祥和的社会风气的形成。现在却因文化程度的一般趋低而逐渐少见了。

① 周善甫：《论“文”》，《大道之行》，第389、390页。

不少年轻人的“八小时以外”的兴致，便不能不向舞厅歌楼、赌场酒局，乃至色情放荡中去找刺激。其奢靡恣纵的社会后果是深堪顾虑的。[①]

文学院系的教学以纯文学为主，不重视“经世文章”，于是满足不了社会需要；即使是纯文学，也难有大作为；传统的文学活动被削弱，导致社会风气的庸俗化。

因此，周善甫倡导建立“今文”。他所说的“今文”，根据其论述，主要有两方面内涵。

一是采用“略有文采的语体”或“合时的简易文言”。这是针对白话文过度强调书面语和口语的一致而言的。他承认白话文有“适时性、亲切性和普及性”的优点，但在承续性、维系性和成长性方面存在不足，“不断沉积着矛盾，而且是些宏观的、带有根本性的问题。”所以，不能认为白话文的形成，“便已是文体发展已够理想的终点”。换言之，中国还应该继续探索文体的发展，继续寻找建构新文体的可能性。写作“今文”就是他作出的探索。他的文章语言不是完全口语化的白话文，是“略有文采的语体”或“合时的简易文言”。具体表现为喜欢用古代词汇和句式，文白间杂。这容易造成生硬，甚至不伦不类。但周善甫腹笥富，才华高，能够从心所欲地调遣词汇表达现代内容，所以他的语言典雅流畅，恰如其分，形成浓郁的文化韵味和鲜明的文字风格。

二是拓展文学的范围，从西方式的文学观念回归中国传统的“文章”观念，除纯文学之外，还要把经世文、说理文纳入文学范畴。他举例说，冯友兰的《国立西南联合大学纪念碑》、廖承志的《致蒋经国先生书》，以及他自己的《春城赋》都属于“今文”。这些作品表明今文“已有‘草色遥看近却无’的早春物候了”。对于“今文”不须什么重大的推行措施，只是不要再做禁止文言的事，在文学写作中容许文言存在，“人民便能创造出更善、更真、更美的文字制式，不待斤斤然为

① 周善甫：《论“文”》，《大道之行》，第394页。

之立法”。[①]

周善甫希望，中国在“向两个文明进军的时会”，“共建‘今文’。从语、文的互济中来兼收普及和提高之效。这样才能使‘文章’与‘文学’交相竞上，庶见水火既济，文运天开，以宏展有中国特色社会主义大业”。[②]

周善甫从中国文学、中国文化发展，“大开文运”的高度来思考语言和文学体式问题，所论未必无瑕疵，但确实有卓然不俗之见。认为白话文不是文体发展的终点，就是惊世之论；敢于倡导“今文”尤须抱负和胆识。

文学观的狭隘导致文学创作和研究之路愈走愈窄是当代中国文学一个很大的问题。特别是从所谓形象性、情感性、虚构性、非实用性等理念出发定义文学，就把大量既有思想深度、情感浓度，也有艺术高度的说理文驱逐出文学领域，造成严重弊端。这类文本的价值绝不在纯文学之下，但由于文学观的狭隘，被摒弃在文学研究之外。其实，西方的文学观也并非如此狭隘。叶公超在西南联大时就发表文章指出，我们的散文观太偏狭，没有注意说理文的价值。他建议要学习西方的文学观，把说理文纳入散文范畴。其实中国传统的散文观就是杂文学，专述义理的文章也在散文之列，它包括的范围比新文学家确立的纯文学的散文观要广得多。新文学家和现代文学研究家画地为牢，守着那有限的纯文学空间，把大量言之有物、思想深刻、义理考据辞章高度统一的文本排斥在外，于是文学就显得那么酸腐和狭隘。

周善甫的《论“文”》发表于1989年，他倡导的“文章”观念，重点是建立“大散文”观。20世纪90年代以后流行的所谓“文化散文”，“大散文”，就是对狭隘的新文学散文观的突破，一定程度上证明了周善甫的文章观念适应了时代要求。

当然，由于“文学”已经约定俗成地成为与历史学、哲学、艺术等相区别的学科概念，我们不一定重新回到古代的“文章”概念，但文学

① 周善甫：《论“文”》，《大道之行》，第397页。
② 周善甫：《论“文”》，《大道之行》，第397页。

必须涵盖古代的“文章”范围，是应该接受的、对文学自身和社会文化发展有益的见解，并在文学创作和研究中加以体现。这样，文学会拓展出一片光辉灿烂的新天地。

要求突破新文学建构的散文观，回归中国传统散文的观念，不只是周善甫一个人的诉求，其他文学家也有呼吁，而且取得显著成效。

2014年，华东师范大学教授胡晓明发表长篇论文《略论后五四时代建设性的中国文论》，总的思想是中国已经进入后五四时代，中国文化要从革命性转变为建设性，要重新认识中国传统文学的特点和价值，对外国文学“尽量输入”，对中国文学“不失本来地位”，重构中西，融通古今，参与当代中国与世界文化交流大势。他强调中国传统文学的雅正追求、人格尊严和道义担当，强调中国传统的“大文学观”；强调确立文学的尊严，凝聚共识、切近人心，才能重建政治与道德的基础。许多看法，与周善甫可谓“英雄所见略同”。这表明在超越五四时代，重新评价中国传统文学和文化，实现传统之创造性转化以大开文运等重要问题上学术界共识度的不断增强。

胡晓明提出了“文体的再解放”命题，就是突破新文学狭隘的文学观和文体观束缚，重新回到传统中华“文体”，并与时俱进创建新文体，实现文体的第二次解放。胡适说，五四新文学运动最主要的标志是“文体的解放”，即从文言文解放为白话文，这自然是一个伟大的革命。但是，新文学运动以西方文学为标准建立的“文学”概念，即小说、散文、诗歌、戏剧四分法，以虚构性为主的文学定义，实际上使文学变得狭隘。但在社会生活中，“当今最活跃、最有人气、最受社会关注的文学写作，并非新文学所定义的狭义的虚构类文学写作，并非诗歌、戏剧、小说或抒情散文，而是以非虚构的历史叙述和非虚构的时事评论见长的文体”。中国文学是“杂文学”，包括经史子集中有思想内涵和文学内涵的文章，它看重的是思想和文采，而不是虚构。“中国文学概念，原来是一个大文学概念，与五四新文化以西方文学为标准树立的文学概念大为不同”。“近十年来中国思想文化的大量事实，以及近十年来全球化背景下知识大众写作与阅读的大量实践活动，已经产生了‘范式与数据的不吻合’，即：虚构为主的文学，不如非虚构为主的文学活动更日常、更普及、更深入人心而更有活力。因而，新范式必然会随时出现。由此可见，'文体的再解放'意义重大。这标志着文学重新回落历史真相，中国文学的主流传统得以复苏。……长远而观，其意义不亚于五四文学革命时代的文体解放"。"若干年后再看，这无疑是后五四时代最令人惊奇的文体再解放"。[①]

如果说这些是"近十年"发生的，那么，周善甫在20多年前的1989年发表《论"文"》，就提出按照传统文章观对待文学，并提出创建"今文"的设想，就有令人惊叹的先见之明。他思想的深邃、对社会和文学发展大势的观察和把握，确实有过人之处。这就是他作为思想者的品质和能力。

周善甫的文学作品或"文章"就是按照他的"今文"标准写的，内容多论道、言志、明情、辨理，以有益世道人心为旨归；语言典雅，隽永，风格鲜明，"辨识度"极高——与千篇一律的作品形成显著区别。张永康说："善甫先生集哲人、诗人、思想者于一身，有心娴万卷的渊博和搜幽阐微的实践。他站得高，想得深，故而他的文字风神万种，精光四射。"[②] 读起来非常舒服，并给人教益，特别是给人精神提升。

本书论述周善甫的文学创作，就是按照他的文学观念进行的，说理文、对联等都作为研究对象。

二　提倡文学风骨，追求文学的精神力度

"风骨"是中国古代文论、古典美学的核心范畴之一。刘勰最先以"风骨"论文，在《文心雕龙》中专门作《风骨》篇，对"风骨"问题进行系统论述，提出了"风清骨峻，篇体光华"的风骨论。陈子昂在《与东方左史虬修竹篇序》中加以继承，他反对绮靡柔媚的齐梁诗风，提倡具有明朗刚健之气的汉魏风骨，并提出了"骨气端翔，音情顿挫，光英朗练，有金石声"的诗美理想，认为诗歌应具备骨气从而富有生命强度。对于刘勰、陈子昂文论中的"骨"、"风骨"之类概念的内涵，

① 胡晓明：《略论后五四时代建设性的中国文论》，《文学遗产》2014年第2期。

② 张永康：《一代书法大家周善甫书法艺术赏析》，《云南文史》2003年第3期。

学术界众说纷纭，莫衷一是。各家的解说尽管有差异，但有一些要素是大家公认的，“风骨”一定是正大、刚健、峻拔、光辉、有力的，“是人内在的生命所喷发出来的打动人心的力量”，是“一种高品味的审美境界”。①

周善甫继承了古代“风骨”思想，认为好的文章是有风骨的。1979年11月24日，他在给李晖的信中说：

> 白桦的《没有突破就没有文学》，似已受到普遍的重视与赞扬。论内容，也只我们所常想及的东西，而可贵是他侃侃而谈，不扭捏作态，一扫二十年来一般“大会发言”的那种八股成章，期期艾艾，周到圆滑，半吞半吐，冠冕堂皇的流风，替人们扶吐了在喉骨鲠，耳目为之一振，精神为之一爽，自然就博得满堂彩。这正叫“人人意中所有，人人话下所无”。他之所以能够出此，也绝非全凭胆气学养和技巧，要点在他挨的痛，筑的紧，识之深，筹之熟，得其地，遇其会，欲吐者切，所言者真，鼓之以积愫，舞之以热情，便觉天风琅琅，水流花放，嬉笑怒骂，皆成文章，有气势，有神采，这便是文章的极则，未可以逻辑推理、章法修辞求之者也。除了理解他所谈的内容之外，望你还从文章本身的风骨去领会我这番意思。②

这里评论白桦的《没有突破就没有文学》，归结到文章的“风骨”。从周善甫的论述看，他理解的风骨，有三方面：一是文章内容要真实，富有热情。白桦在第四次文代会上的发言，表达了对“左倾”文化专制主义的反思和批判，呼吁文学创作的解放和自由。把人们长期压抑在心中的话痛快淋漓地说出来，引起普遍共鸣。而且讲得直率，不扭捏作态，扫除了周到圆滑、冠冕堂皇的官八股流风。其中饱含对中国文学发展的

① 童庆炳：《中国古代文论的现代意义》，北京师范大学出版社，2003年，第220页。就文意看，这里的“品味”当为“品位”。

② 周善甫：《致学生李晖的信》（三），《风雅儒者》，第340页。

热切期盼，一种无所顾忌的率真。二是要有气势和神采。白桦抓住思想解放的“时会”，指斥时弊，笑傲王侯，激情洋溢，所以文章“天风琅琅，水流花放”，达到文章的“极则”。三是要有胆气、学养和经历。白桦在当代文学界，以勇于探索、敢于突破著称。在此次发言中，他凭借自己的胆气，讲出了“人人意中所有，人人话下所无”的内容。他深刻的认识和无私无畏的勇敢来自痛苦的经历，他渴望悲剧不再重演，他希望中国文学摆脱束缚创造辉煌。

刘勰说“刚健既实，辉光乃新”，风骨是一种阳刚之美，是主体正大刚健心灵的表现，是一种强大的精神力量。白桦不圆滑，不冷漠，不颓唐，“他歌颂自由，考察善恶，鞭笞愚昧与昏睡，敏锐而犀利，情感与哲理相融。他把爱当作信仰，坚信‘自由意志的伸展就是飞翔’，期盼着将悲歌化为欢歌，黑暗变成光明。他给文学注入思想，给诗歌注入精神内核，给小说和戏剧带来精神高度，依靠自己至情至性的作品为时代立传”。[①] 这一切构成他作品的风骨。文艺理论家、北京师范大学教授童庆炳说风骨“是人内在的生命所喷发出来的打动人心的力量”。这句话用来概括白桦文章的特点和周善甫的评论是很合适的。

周善甫评论白桦的这段话表明了他的文学观，他自己的文学写作就是在这种观念指导下进行的。他的作品，重在表现情志、思理和智慧，有益世道人心，义理正大，情感真诚，不拘格套，独抒己见。行文如行云流水，自然自由，决不搔首弄姿。所以“有气势，有神采”，有风骨。许多作品确实达到“天风琅琅，水流花放”的文章“极则”，让人耳目一新，精神一爽。

三　澄清文道关系，重申文章的伦理价值和道德担当

周善甫是儒家人文主义者，特别重视道德在人类社会中的作用。《道德与文章》是作家汤世杰给周善甫的命题作文。汤世杰编云南省作协的刊物《文学界》，请他写这篇文章。汤世杰说，古人称美一个文人，常爱把道德文章并提，说他如何高尚，似乎两者必然有相辅相成的

---

① 蔡毅：《用生命歌唱——读白桦两本新书》，《文艺报》2009 年 12 月 19 日。

关系；而当代人总觉得“道德”要求的是循规蹈矩，“文章”要求则是推陈出新，两者又显然是矛盾的关系。古今看法竟然如此截然不同，究竟谁是谁非呢？在建设精神文明当中，如何摆对两者的关系呢？对文艺工作者而言，这“更是待澄清的问题”。他考虑周善甫“是一位既崇尚古老的儒家而又酷爱现代文学的人”，所以请他写文章谈他自己“如何处理或平衡”道德与文章的关系。[①]

这是个古老的话题，也是需要不断言说的话题。改革开放以来，中国经济飞速发展，人们的物质生活水平显著提高，思想道德亦有进步，但二者并不是正比例地同步提升，在某些阶段、某些领域，道德甚至有下滑趋势。文艺工作者本来是从事精神创造的，是人类价值的阐释者和守护者，应该有很高的道德要求，但某些文艺工作者唯利是图，把文艺作为沽名钓誉的工具，崇尚金钱和权力，藐视道德，亵渎崇高，把道德视为说教，弃如敝屣；或者表面冠冕堂皇，内心污浊不堪，言行不一；或迎合世俗，随波逐流，无原则，无操守，无担当。这些都加速了社会的道德下滑，让某些人或某些行为“向‘兽性’回落”。所以周善甫说，道德与文章是个“扣得紧，而又不容回避的问题”。

周善甫从人性的本原和人类文明的发展来阐释道德，说明遵循道德是人类文明、幸福和发展所必须。“道，指生活的正路，指人类生活的正路”。孔子说“率性之谓道”，即指顺着人的本性去做，就合乎正道。“道”并不是外在于人性的东西，它就是人性的自然发展。当然，这里的人性，不是自然之性即动物性，而是社会性。人在社会中生存，是“万物之灵”，就必须有关心群体和他人的“亲善欲”。他说：

> 在社会生活的个体，除了关心自己，还得关心群体和他人。大家相互关心，社会就能存在和发展，而社会的存在和发展，又正是人类得到文明、幸福和发展的本初依据。故依循这种关爱他人的群体的亲善欲（儒家名之曰“仁”）做去，则社会发展，生活幸福；违之则社会丧乱，生活艰危。积累这种可靠的经验，达数万年之

① 周善甫：《道德与文章》，《大道之行》，第446页。

久，便凝铸成了有关心态的遗传密码，而成为唯人独有，并为人人所皆有的“人性”。因此，所谓“道”就是要求顺循这人皆有之的人性去做。

故在行动上能爱护、帮助、尊重和体谅别人或群体的便是善；反之，若欺侮、掠夺、轻蔑或敌视别人或群体的便是恶。善恶分明，无由差错，这便是德。

因此，“道德”便是本着仁爱之心，去参与社会生活的做人道理。传统道德观，就是如此简单明确，无可置疑。且因出于人的本性，而非外力强加于我，故行来并不勉强，乃至若有成果，还甘之如饴。而这也就是人类文明之所以得到不断上升的动力。[①]

说得高屋建瓴，而又平实亲切。道德并不是高不可攀的东西，也不是外加的沉重的负担，它是让人快乐、上升的美好之物。

在此基础上，周善甫讨论道德与文章的关系，认为表现道德是文章的天职，“作者在仁爱之心所鼓舞的道德意志下，才能写出至情至性的文章”。这样的文章才能达到文学的“优美境界”，引起读者共鸣，达到最好的社会效果。他说：

“文章”自古就视作行施教化的手段，故有“文以载道”的传统训诰，一致认定没有道德意志的作品就不足取。因此道德出于人性，而性又本善，故“善善，恶恶”（两者都是动宾词组，前一字分别读作赏与误。意为奖赏彰扬好的，厌恶抛弃坏的）就成为文章之天职。

从而，文章之是否出于性情（道德），其丰啬怎样，就成为文学评论的最高标准。

且“文如其我”还定要作者在仁爱之心所鼓舞的道德意志下，才能写出至情至性的文章。要这样的文章，才是作者与读者之间频幅皆调的载波，才能触发心灵间的共振，而进入一个优美的境界，

① 周善甫：《道德与文章》，《大道之行》，第447页。

> 并由此达成广施教化的社会学效果。
>
> 这就是对道德与文章之关系的传统认定。且因它是植根于人性的，所以只要过着社会生活的人，不论古、今、中、外，都难自外于这一认定。无论佛陀的慈，孔子的仁，基督的爱，安拉的善，他们的经典，尽管为不同的人群所奉持，仪文也颇不一样，但莫不以与他人亲善的人性为归依。因此以文载道（性情），以道（性情）衡文，乃是“放诸四海而皆准，置诸百世而不惑”的必然关系，是无可置疑的。[①]

这些讲的都是传统观点，但有他切实的体悟。从人需要“修道”以克服兽性、强化和美化人性来谈文章的教化功能，肯定文以载道的正当性和必要性。总结古今中外经验，斩钉截铁地认定道德与文章的统一是“无可置疑”的。

当然，肯定“文以载道”和“道德意志”对于文学创作的重要性，并不是说所有文章或文学作品都要板着面孔论道，都要有道德元素，而是说文章或文学要有正确的道德取向和价值取向，不能违背人性和文明。否则，就会把人引向邪恶、猥琐和堕落。

针对一些人对中国文学“文以载道”传统的不满和质疑，周善甫肯定“文以载道”传统的“建设性教化作用”，指出对中国“传统文章”也就是古典文学应该“信任”：

> 原先中国文章之积极肯定道德，并非路线的错误。相反，正靠它建设性的教化，才让中华逐步形成了伟大的国家，无论其历史的长久、幅员之广大、人口之众多、生活之祥和、生态之宁谧等成就，直至今日，举世也无出其右者。可见积极肯定道德，乃是人类社会发展所必由的正路。而消极抵制不道德，则仅属亦不可无的补助手段而已。故对传统文章，是可以有，而且应该有足够的信任的。

---

① 周善甫：《道德与文章》，《大道之行》，第446页。

从国家发展来看文章的“建设性教化作用”，是高远的眼光。中华之“逐步形成了伟大的国家”，原因很多，文学发挥了“建设性教化作用”无疑是其中之一。

当然，说中国“生态之宁谧”“直至今日”“举世无出其右者”，现在看来不合实际，中国“今日”生态失衡、环境污染之严重恐怕才真是“举世无出其右者”。不过，按照周善甫的理路，这恰恰是中国没有依循先贤的训诲，而效法西方的掠夺式发展观念和发展方式造成的恶果。

周善甫反思了我国的文艺工作者接受全盘西化的观点，抛弃“善善”的传统，改趋“恶恶”的新姿，为了“革命”的需要，全力从事揭发、批判与打击所有传统事物，在对革命作出贡献的同时，也留下后遗症。文学的善恶标准混乱不得，遗弃不得。

周善甫的文章，“弄清了作为中华基本特色的道德观念”，以及文道关系，视野开阔，立意高远，切中时弊，对文艺工作者从深层次理解这一问题，从而自觉增强文学的道德担当大有裨益。

四　求之于动：艺术的重要准则

1979 年 6 月 7 日，周善甫给刚刚进入大学的李晖写了一封长信，谈学习问题，谈对当时热映的两部影片的女主角，外国的《巴黎圣母院》的艾丝美拉达和国产片《黑三角》的刘佳的看法，其中关于艺术鉴赏、艺术创作的一些观点颇为深刻。下面几段话阐述“求之于动”是艺术的重要准则：

> 你读过罗丹的《艺术论》，当会记得他所阐述的创作和欣赏的要素中，“求之于动”是很关键的一点。刘固然鲜艳，但即使在动的影片中，也只给人以陈列着一系列好看的照片的感觉，是“静物”，而艾呢，其美，正可求之于蕴藏无尽的动态之中，不仅影片是动画而得充分发挥，即使截其图片，也不失其活的生命气息。中国画的经典准则称为“六法”，六法之首，便是“气韵生动”，同样说明这个意思。

传统论美，常以“形”、“神”二字论高下，似觉立论玄奥，不易理解。其实，形仅是基础，具形而能生动，便是谓之有神。雕塑和绘画是静定的事物，但艺术家还苦心孤诣地求赋予它求之于动态的生命气息；活人，本身便具有生命，更怎能缺少气韵生动呢？剧中人物，乃是艺术的造型，就更应该“出神入化”。这就是艾女之为绝色的我的分析。

旧说：张旭看了孙大娘舞剑之后，书法大进。以前，曾以为谈之遇玄，最近，在银幕上多欣赏了几遍艾丝美拉达的舞，真的，我自己的书法，竟也获得一定感染。夜里观剧归来，其婆娑舞姿仍还回萦脑际，便信手提笔写了一小帧，似觉能仿佛其一二。前此，我是不能写出这样气脉走流，洒落曼妙，而又不缺乏泼辣劲健的东西的。可惜信封太小，不便寄给你作一个有趣的参证。而这一印象也旋得旋失，不能长久把握，现在屡次重写，总不克重获此曼妙的意境了。这也是限于功力而已。

“求之于动”——在变化中去表现和理解事物，不但是艺术的重要准则，也即是辩证法的基础要求，是有其普遍意义的。就以你学习历史说，这也是不可或违的手段，形式逻辑地片面地去认识和理解历史，哪能不陷入公式的泥坑？目前你碰上的学问上的苦恼，不是就在这里吗？不在乎另去找公式来替换公式，更重要的是求之于动，也便是“活学活用”（当然不是林贼那样的话），就会脱出迷障，境界开阔了。[①]

他说的动是“活的生命气息”，是“气脉走流、洒落曼妙，而又不缺乏泼辣劲健的东西”。“求之于动”就是“在变化中去表现和理解事物”。他指出罗丹的《艺术论》、古代中国的“气韵生动”都是讲“动”是艺术的基本准则，表明这不是他的孤明先发之见。但在概念化、公式化、教条化极为盛行，而使艺术变得虚伪、死板、沉闷、乏味的时代，强调这一点并非简单的老调重弹，而实在是追求艺术的鲜活生命，追求“深

① 周善甫：《致学生李晖的信》（二），《风雅儒者》，第335页。

沉的内在的神韵”，追求艺术的创新。他在1980年1月27日写的另一封信中说，好的文章是“谈文章而没有学究气，谈思想而没有醋腐气，老实而不顽固，生动而不顽皮”，[①]这也可以作为“求之于动”的注释。

周善甫的文章或“文学作品”就是“求之于动”，有鲜活的生命气息，一是理念的通脱，二是语言的别致，二者结合，确实显示出“气脉走流、洒落曼妙”的风姿。即使是论述千百年来被反复强调的一些人生理念、社会规律、文化事象，也是那么灵动，没有“学究气”和“醋腐气”，能够感荡心灵。

第二节　现代都城赋杰作《春城赋》

赋在中国文学中有悠久的传统。五四新文学运动以后，赋淡出文坛。在赋体文学长期沉寂以后，周善甫的《春城赋》横空出世，惊采绝艳，为当代都城赋写作提供了成功样本，唤醒了都城赋的复苏。

一　中国都城赋的传统

赋是介于诗和散文之间的一种文体，骈散间杂，押一定的韵，有一定的对仗，讲究文采，喜用典故，往往用“主客问答，抑客伸主”的结构模式。读起来铿锵有致，便于记诵，白居易《赋赋》称它为“斯文之美者”。赋是汉语文学独有的文体，在文学史上占有重要地位，名篇很多。

五四新文化运动以后，传统韵文文体被认为僵化腐朽而不再被现代人重视，赋也就逐渐淡出文学界，完全边缘化。加上赋的写作需要很高的才情和功力，一般人无法驾驭，所以赋的写作一段时间完全沉寂。即使有些标名“赋”的文章，如峻青《秋色赋》、杨朔《茶花赋》，其实也只是散文而不是真正的赋。

都城赋是描写城市景观和城市生活的作品，在中国有悠久历史。东汉班固作《两京赋》，夸耀东都洛阳、西都长安之繁华，为都城赋

① 周善甫：《致学生李晖的信》（四），《风雅儒者》，第344页。

的名作。张衡《二京赋》继其踵，而篇幅更为巨大。西晋左思撰《三都赋》，一时洛阳纸贵，传为佳话。这些赋都体现汉大赋的特点，极尽铺张夸饰之能事。

都市往往标志着一个时代物质文明和精神文明发展的高度，优秀的都城赋记载了城市的辉煌，一定程度上也反映着时代的辉煌，所谓“润色鸿业”正是在这一意义上讲的。

二　传世华章《春城赋》

《春城赋》作于1988年春天，周善甫退休后的第三年，这时他定居昆明，享有一生中难得的宁静和悠闲。此时改革开放已初见成效，国家呈现出生机勃勃景象，昆明也“发展尤速”。出于对这座城市的热爱，对时代的感动，他写了这篇赞美昆明自然风物、历史人文和发展成就的赋。如数家珍，纵横铺衍，物象纷呈，闳中肆外，激情洋溢。著名历史学家和民族学家、云南民族学院（今云南民族大学）原院长马曜称赞它“构思缜密，立意高远，思想深刻，语言精湛而清新”。马曜是诗人，也是赋家，写过《洱碧湖赋》，他的评价是行家之语。袁晓岑称它是“能传世的名作华章”。杨焕典认为“《春城赋》是昆明的瑰宝，云南的瑰宝，更是属于中国当代文学的瑰宝”。[①]

这篇赋写了昆明的地理环境、气候特征，赞美昆明是“人间之福地，伊甸之乐邻”，令人心驰神往：

> 美哉昆明，爽适无伦！山横水颠，开川原之奇局；钟灵毓秀，见先民于鸿钧。南近回归，朔漠之寒流弗届；高拔千九，亚热之蒸暑不巡。四季无非艳阳；湖山莫不长春。况乃舒澄湖于高原，千顷似鉴；展绿野于山国，极目如茵。秀嶂环拱，爱雨林之畅茂；甘泉交注，喜物类之咸臻。于是，阳和催百花，碧波跃锦鳞。孔雀舞，宝象驯。金马绝尘，碧鸡来宾。信人间之福地、伊甸之乐邻也！

① 翟腊阿娜：《纪念周善甫：用永恒留住永恒》，《春城晚报》2004年1月7日。

描述昆明的地理位置近于南回归线、海拔较高，既有一年四季的灿烂阳光，又没有酷暑严寒，于是“四季无非艳阳，湖山莫不长春”。它处于滇池平原，周围群山环绕，林木茂盛；坝子中则五百里滇池一平如镜，碧波荡漾，还有广阔平畴，绿色覆盖。昆明周围是一个完美的生态系统，钟灵毓秀，吉祥瑞应，各种美好的事物聚集在这里。

写了昆明因为地处边远，山川阻隔，交通不便，与内地往来困难，内地人不太了解情况，于是赐以“不毛之地”的恶名，加以“夜郎自大”的讥嘲，如美人衣褐、璞玉蒙尘。诸葛亮征南中，到不了昆明。西汉中央王朝已经给滇王颁发金印，实行治理，但仍被视为蛮荒落后的地方。宋王朝不重视云南，弃置境外。夜郎自大的讥嘲就像刺在犯人额头的字，耻辱难以洗刷。云南成了流放罪人的地方。元朝则有民族之间的纷争。虽然遭到轻视和嘲笑，但昆明及云南以优美的形象和品质忠诚于国家。通过这些历史事件的叙述，写出昆明开拓之艰难。

写了昆明的开拓历程及人文底蕴，歌颂昆明发展史上的杰出人物和文化成就。他采用以点带面的写法，表彰昆明历史上的俊杰之士。战国时庄蹻王滇，披荆斩棘，建设且兰城。唐代南诏王凤伽异经营昆明，建设拓东城，设为东都。唐宣宗年间大匠尉迟恭韬修建东西寺塔，成为昆明标志性建筑。元咸阳王赛典赤·瞻思丁主政云南，疏浚海口，治理昆明六河，昆明得到进一步发展。马可波罗到昆明，称赞它是“壮丽之大城”。从此以后，昆明的杰出人物连续不断地涌现。明代兰茂的《滇南本草》在李时珍《本草纲目》之前出现并受到重视。郑和七下西洋，远至东非，大扬国威。担当和钱南园的书画，孙髯翁的大观楼长联，黎广修的筇竹寺塑像，杨一清的诗歌，还有聂耳的音乐，杨丽萍的舞蹈，水平高超，享有盛誉，都是祖国的文化明珠。昆明实至名归，名闻遐迩。

写了近现代昆明的发展和影响，赞扬昆明的现代工业文明和爱国民主精神。他说，近代，昆明自行开放，设置商埠，大量外国、省外商号云集昆明，推动昆明的现代化、国际化进程，初现繁荣富庶的景象。滇越铁路修通，打通昆明出海通道，昆明对外交往得到显著改观。于是工矿业大发展，开风气之先。中国最先的水电站石龙坝水电站得以建立，无线电厂、自来水厂、航空署等纷纷建立，居于周边各省领先的位置。

云南陆军讲武堂培养军事将才，消除萎靡之气，大震雄风。西南联合大学刚毅坚卓，创造高等教育奇迹。护国运动，再造共和，彪炳史册。闻一多最后一次演讲，斥责专制独裁，震撼全国。云南和昆明为抗战胜利作出巨大贡献，获得抗战基地和民主堡垒的盛名。这些事件大大提升了昆明的地位和美誉度。

写了昆明解放后的进步，重点写改革开放以来的飞速发展。他说，此时的昆明，交通畅达，形成海陆空立体交通系统。经济繁荣，人口密集，高楼林立。教育发展，莘莘学子，弦歌不绝。工农业兴旺，特产名牌众多，流通海内外。城市绿树成荫，环境优美。市民性情淳厚笃实，生活富足，治安良好，民族团结，社会和谐。昆明人脸上都有欢愉怡然的表情，很少暴戾之徒。昆明还是一座时髦的城市，充满活力。赞扬它不愧为历史文化名城。

写了昆明风景名胜，赞扬昆明美景如画，美名得到公认，传诵人口。写了翠湖、圆通山、滇池、西山、金殿、黑龙潭、植物园、路南石林、安宁温泉等景观。抓住特点，要言不烦写出各处景观的美丽之处和赏玩内容，突出人与自然的和谐，文笔生动，引人入胜。

写了云南的花事，赞美昆明是春城，也是花城。他说，特殊的地理位置和气候，使昆明适宜植物生长，各种名花汇集，绚丽似锦。具体写了兰花、山茶花、报春花和杜鹃花“四大名花”，它们遍布昆明，争奇斗艳，令人陶醉。指出欣逢盛世，才有如此美丽的景致和昆明的发展。这继承了汉赋“曲终奏雅”、润色鸿业的特点，也是写实，是作者对改革开放取得的成就的由衷赞叹。

《春城赋》是都城赋的杰作，精辟地概括了昆明的特点：地理环境得天独厚，自然景观美不胜收；历史文化积淀丰富，经济社会发展欣欣向荣；民风淳朴，社会和谐；敢为人先，领导风气；人与自然友好相处，祥瑞幸福；从古至今，享有很高的知名度和美誉度。它汇聚众美，爽适无伦，是“人间之福地，伊甸之乐邻”，并世无双。古往今来，没有哪一个文学文本把昆明写得如此美好动人。所以，它被公认为是继孙髯翁《大观楼长联》之后，吟咏昆明的最佳文学作品。由于文体的关系，它远比孙髯长联丰富。

《春城赋》有高超的艺术手法和突出的艺术成就。周善甫学识渊博、才思敏捷，即使戴着镣铐起舞，受制于赋体的诸多束缚，然而凭借高超的艺术技巧，刻画了钟灵毓秀、美丽绝伦的昆明形象。作品词汇之丰富、句法之灵活、笔力之矫健、气势之磅礴，令人叹为观止。

首先是以卓越的驾驭能力剪裁材料，在有限的篇幅中包含广博的内容，恰当地表现昆明之美。周善甫继承了传统都城赋的基本特点，又有所超越，作品蕴涵博富，洋洋洒洒，行文却详略有致，意简句健。在传统都城赋中，言地理必是山石水土，讲方位必是东西南北，喜堆砌罗列各种山川湖泊、亭台楼阁、鸟兽草木、饮食舆服等天人物象，极尽铺张扬厉之能事，读起来十分费劲。周善甫舍弃了此种写法，不专事铺陈而言其必要，使文章视野广阔、气势恢宏，却无堆砌词藻、炫奇耀博之病。

其次是语言生动流美，极富感染力。一方面作品保持了赋的文体特点，多采用对仗句，并且押韵（周善甫特别注明“以‘春城无处不飞花’为韵”），所以句式虽有参差，但主体工整，铿锵有力，韵律谐美。另一方面文字生动传神，表现力强。虽然用了许多典故，又要兼顾对仗，但由于作者才华横溢，能用典雅别致的语音叙写，化解了板滞晦涩，并且情景交融，而使文章摇曳生姿，妙曼妩媚。达到如此境界，确实非大手笔不能办。

周善甫还利用他擅长书法的特点，精心书写，文学与书法珠联璧合，相得益彰，使《春城赋》受到广泛欢迎，传播海内外。就这个意义上说，云南现当代文学作品，没有哪一篇的影响有如此之大。《春城赋》已经成为昆明的亮丽名片。

《春城赋》首先发表于《云南日报》。之后不胫而走，被北京《团结报》、《云南文史丛刊》、台湾《云南文献》等7种报刊转载，还被选入云南省金碧诗社编《昆明风物诗词选》、张文勋主编的《云南历代诗词选》（云南人民出版社，2002年）、蔡正发等主编高校教材《古代汉语》（云南大学出版社，2007年）、陈友康编著《云南读本》（云南人民出版社，2008年）等。

1991年，云南人民出版社出版周善甫手书《春城赋》，并附翻译家、云南师范大学外语系教授刘钦的英译，云南文化研究专家、云南师范大学中文系教授余嘉华的详注，作为第三届中国艺术节的官方文化礼品，广赠中外人士。

昆明南屏街、昙华寺、云南艺术家园都有《春城赋》的碑刻，供市民和国内外游客欣赏。《春城赋》已经成为昆明公认度最高的现代文化元素之一。它对宣传昆明、认知昆明，激发热爱昆明和建设昆明之情所起的作用，确实是不可低估的。

2013年12月，云南省重点文化工程云南艺术家园区建成开放，《春城赋》以巨型碑刻的形式植入园区，成为“最引人注目”的景观：

> 园区内，花香沁脾，草绿如染，自然景色优美；各具特色的博物馆、纪念馆、艺术品展厅鳞次栉比，让人目不暇接，文化气息浓郁。但最引人注目的还要数园区中刚落成的《春城赋》巨型碑刻。碑刻坐落于园区内世界最大彩雕艺术群中代表中国的东亚区中，四周花海簇拥，溪流依偎。这块由周善甫家人提供行书手稿，经云文创意园林公司按原文手迹在长达4.2公尺，宽2.8公尺，重达21吨完整巨石上完成的巨型碑刻，为艺术家园区又添一抹历史人文重彩。
>
> 周善甫先生的《春城赋》与清乾隆年间名士孙髯翁的《大观楼长联》一道被国家规划部门批准为未来昆明环滇池城市区域建设的两大人文元素而列入新昆明城市规划。[①]

《春城赋》不仅得到专家的好评，也受到普通市民的喜爱，认为它是现代昆明的基本文化元素。《春城晚报》报道说：

> 不少市民认为，石林、西山、云南陆军讲武堂、文庙等景点彰显了春城丰富的自然景观和深厚的历史文化底蕴。但是，除了这些，市民对我国现代文化史上著名学者、教育家、书法家周善甫推

① 邓珍真：《周善甫与〈春城赋〉》，《云南日报》2014年1月5日。

崇备至，更对国学大师周善甫先生以颂扬春城昆明风光、历史、文化和发展的辞赋名章《春城赋》书法墨宝钟爱有加。[①]

《春城赋》产生的反响是周善甫没有预料到的，对其成功的原因，他生前也对诗人、云南南社研究会副理事长彭华林谈到过：

> 假使赋允略有可取之处，那是因为：1.昆明本是值得赞美而又是正在向前发展的壮丽城市；2.赋体宜于赞颂，而我们今天所处的光辉盛世，正是值得赞颂的；3.中国文字有最成熟的表现功能，正是由于有了这样的好题材、好形势和好手段，我才试有此作，并得到了对这三者都有好感的读者的点头，多承肯定，实非我始意所及。[②]

他归结为好题材、好形势、好手段，是经验之谈，自然值得尊重。这个心得，他还跟郭鑫铨交流过。他认为，一般的文章，做到辞达气畅、内容充实，就是合格，而精彩妙文，是可遇而不可求的。“我写《春城赋》，是得了天时、地利之助。这叫做：文章本天成，‘幸运’偶得之”。因此，澄江县主事者看到《春城赋》风靡一时，想请他写《澄江赋》，说碑石已经准备好，将把文章刻出，永传后世。周善甫笑道：“我对澄江不熟悉，实在写不出来。”“费了很多口舌，才算把这盛情之请推辞掉了。”[③]这件事也反映了周善甫的实诚，不沽名钓誉。

三　唤醒当代都城赋之复苏

《春城赋》取得了巨大成功。它表明，都城赋在当代社会仍可以发挥作用，仍然有存在空间。它为当代都城赋写作提供了成功样本，事实

---

① 申时勋：《春城印记要从人文春城讲起　市民力推周善甫名篇〈春城赋〉》，《春城晚报》2006年12月20日。

② 彭华林：《美哉昆明，美哉此赋——访〈春城赋〉作者周善甫同志》，《周善甫先生荣哀录》，第117页。

③ 郭鑫铨：《识荆散记——与周善甫先生交往的几件小事》，《风雅儒者》，第134页。

上成为当代中国都城赋复苏的先驱。

《春城赋》发表约20年后，中国文学界掀起了都城赋创作热潮。2007年，《光明日报》开辟"百城赋"专栏，以"存史、资政、传承、励人"为宗旨，发表大量当代人撰写的都城赋，以传统赋体形式描写城市的风光、人情、历史、文化和新发展，引起较大反响。共发表160多篇，并结集为《百城赋》上下编由光明日报出版社出版。中国最重要的城市差不多都有赋。"百城赋"在社会上引起多方关注和反响，每篇赋问世，都受到读者热议。一些城市把自己城市的赋列入中小学备选教材或参考资料。有的城市在显眼的地方将赋勒石，使之成为城市文化景观。写得好的都市赋往往成为城市名片

2007年7月，《光明日报》、中国人民大学、中央电视台等单位在九江白鹿洞书院召开"百城赋研讨会"，肯定都城赋的积极作用和取得的成绩，认为用堂皇大气、优美华丽的赋来真实生动地反映时代的进步和风采，反映城市的繁荣和变化是对民族文化的弘扬，是构建城市精神的有益尝试。同时使赋这种传统文体得到传承和发扬光大。[①]

改革开放以来，中国城市发展速度之快，恐怕是亘古未有的，从东到西、从南到北，短期内崛起了座座现代化城市。城市依然是社会物质文明和精神文明最重要的载体，是国家繁荣的集中体现。都城赋的大量涌现，正是基于这一现实。这一宏伟事业，是需要文学加以表现的，赋承担了这一使命，从一个侧面反映出中国历史上一个突飞猛进时代的卓越成就，它也因此而获得新生命。

《春城赋》不仅开当代都城赋创作之先河，而且质量是当代都城赋之翘楚。将《春城赋》和《百城赋》中的作品比较，它在立意、才情、结构、文辞等方面都是佼佼者。许多赋有赋之名，无赋之实，更是相形见绌了。《春城赋》之广受推崇和传播，是由其卓异品质决定的。

---

① 胡晓军等：《"百城赋"研讨会在白鹿洞书院举行》，《光明日报》2007年7月10日。

第三节　诗歌和小说

周善甫写的诗不多，不以诗人著称，但他是真正的诗人。他具有诗人最重要的品质。他有限的诗歌具有独到的思想、深厚的感情和醇美的艺术。他没有什么宏大的诗歌理想，他的诗只想“多让几位乡人看看”。[①]然而只要认真品读他的诗，即使不是乡人，也会喜欢。

谈论周善甫的诗，要从“何谓诗人”和“诗歌何为”说起。这两个诗学的根本性问题，古今中外阐述极多，各有所见，而论说最惬人意者，是老舍的看法。1941年，重庆文艺界举行诗人节活动，老舍发表《诗人节献词》，讲了他对诗人的理解：

> “诗人”与“文人”似当有别，但广泛地说，凡属创作的想象的文艺作品通可称之为诗；同样的，凡气度崇高，富有创造力与想象者统可被誉为诗人。……所谓诗人者，非谓在技巧上略知门径之诗匠也。诗人在文艺上固有所表现，其为人亦须与诗相备配。诗所以彰正义、明真理、抒至情，故为诗者首当有正义之感，有为真理牺牲之勇气，有至感深情以支持其文字。诗若是天地间浩然的正气，诗人也正是此浩然正气的寓所，只凭排列平仄，玩耍文字，而自号为诗人，则既不成诗，复不成人，还成什么诗人？有人于此，终身不为一韵语，而爽朗刚正，果敢崇高，有诗人气度，即是诗人。反之，其为人心地狭浊，而终日填词制律，以猎虚名，或以干禄，是诗匠诗贩，非诗人也。

这段论述极其精辟。诗人是一种精神品质、人格境界，不是技师，并不是会把字排成诗行的人就是诗人。具备正义感，品格高尚，是成为诗人的前提。这样的人即使不写诗，或写诗不多，他也具有诗人的品质而可称为诗人。那些只会玩弄文字技巧、缺乏担当精神和高远人格境界

① 周善甫：《致学生李晖的信》（七），《风雅儒者》，第349页。

的“诗人”，实际上是“诗匠诗贩”。老舍对“爽朗刚正，果敢崇高”的“诗人”和“心地狭浊”的“诗匠诗贩”的区隔是卓见。现代社会，少的是诗人，多的是“诗匠诗贩”。世俗艳称的很多所谓诗人或“自号”的诗人，无品格，无操守，无才情，唯利是图，实际上是诗歌匠人或诗歌贩子，用老舍的话讲，他们连人都不成，“还成什么诗人”？

以这样的标准衡量，周善甫就是名副其实的诗人。他品格高贵，气质高雅，心胸如光风霁月，对美有敏锐的感受力和出色的表现力，有“诗人的气度”。他本身就是一首诗。他像老舍一样，对“诗匠诗贩”是鄙视的，说“最猥琐无状的是诗人，以最可鄙的冷漠态度对待生活，而又以生活的吟诵者自居”。[①]

周善甫写旧诗，也写新诗。诗不多作，偶有所作，每成佳制。王樵说：“吟咏他的诗词我们会感受到其中所盈溢着的一颗雪涤凡响、棣通太音的诗心，笔墨间总有一缕涵养深厚的诗魂在回荡，让你感受到作者有继承前人又超逾前人的诗胆。善甫的诗少计枝末，但中绳合矩，气度豪迈，格调甚高。于声律多取汉唐正格，押韵多取音节清亮者，极少用僻字哑韵，故而语调流畅，文字洗练，读之颂之深为其严谨的章法，通融的意咏所打动。”[②]

一　义理文辞兼胜的旧体诗

周善甫的旧体诗写得很地道。他自小背诵诗词，至老仍以诗词为伴，虽然不常作，但对诗词的体式、格律、语言等是烂熟于心的，所以，有时情难自已，以旧体诗出之，本色地道。而且在典雅的形式中往往包含现代的内容，传统性和现代性统一得较好。《送李晖出山求学》、《五凤楼行》和《翠湖咏鸥》是旧体诗的优秀之作。

李晖是周善甫“文革”期间在丽江时结识的白族青年。他鼓励李晖参加 1978 年高考，被昆明师范学院（今云南师范大学）史地系录取。恢复高考，对“文革”中饱受磨难的数百万青年而言，是巨大的福音，

① 周善甫：《致学生李晖的信》，《风雅儒者》，第 338 页。

② 王樵：《诗文赫赫一家风》，《风雅儒者》，第 177 页。

它为他们改变命运提供了渠道和机会。李晖准备报考，但他没有读过高中，数学基础极差。周善甫主动辅导他，使他得到迅速提高，金榜题名。李晖回忆说："1978 年 4 月，丽江县公安局为我 10 年前所谓的现行反革命平反昭雪。在老师的鼓励下，我参加了当年夏天的高考。老师要求我在几年内考上大学。老师估计我其他科目不会太差，但数学可能会考零分，所以突击为我补习了二十多天初高中数学，出乎意料的是，我当年就考上了。"李晖固然喜出望外，周善甫也十分欣慰，并不怎么写诗的他，激情难抑，挥毫写成《送李晖出山求学》为他送行。诗曰：

玉龙雪山高插云，虎跳峡水响若雷。
雷云龙虎相搏斗，中间赤足走阿晖。
阿晖才八岁，父沉冤狱母遭摧。
山魈何狞厉？蹴之踏之微命危。
地震山崩犹可活，咬人之齿利于锥。
一纸黑档案，菁莪罹劫灰。
林深崖险无道路，但遇白眼恶睽睽。
谋生伴我抡大斧，心灵手敏耐辛苦。
沉痛但深藏，嫉恶无仰俯。
我亦深山白猿公，青青竿竹教之舞。
三年广学殖，五年脱粗腐。
星垂平野木屋静，活火煮茶论今古。
旋值四妖亡，万类庆复苏。
冤狱概澡雪，选才拓学府。
阿晖入试场，感触泪潸然。
不意十年流浪后，偕与百万学子比翼翔。
奋笔答所问，每欲卷子长。
得分虽不满，领先见汝翩翎强。
雏鹰初出谷，行作读书郎。
幼狮岗头秋云飞，倚杖送汝一举觞。
车后霜雪记困顿，车前雨露辨康庄。

涓涓溪流汇大海，清凛应如在山泉。
勤敏不虑无闻达，愁汝骛高肆轻飏。
浮名功利不足贵，勿令抢飞蓬间堕我前。
坎坷喜汝挺傲骨，坦途却应习抑藏。
从来毁伤化祝福，未可愤世郁肝肠。
敛汝横眉释自负，人间尽多贤哲与善良。
东风浩荡群心恰，共与中华硕彦跻盛昌。[①]

这是一首歌行体诗，内容丰富，情感厚重，见解高超，诗艺圆熟，至今读来，仍给人感动和启示。把它和最好的送别诗相比也不逊色。周善甫说“诗贵出乎性情，犹水贵出乎泉窦。源清则流洁，情真则诗美。”[②] 此诗就具有这样的特点。

诗写了李晖的遭遇和师徒共患难的情况。李晖八岁时，解放前当地下党的父亲蒙受不白之冤入狱，母亲也遭到迫害，他成了无依无靠的少年。他 12 岁时在丽江中学读书，学校出现一条“反革命标语”，查不出是谁写的，就诬陷他，把他打为“现行反革命”，强制劳改，受尽白眼和摧残。周善甫把迫害他的势力比为“山魈”，狰狞凶恶，他微弱的生命被践踏，处于危险当中。那些咬人的利齿比地震山崩还可怕。他呼告无门，只有把痛苦和仇恨深藏心中。他认识周善甫，和他一起做木活。他正直坚强，心灵手巧，吃苦耐劳。周善甫喜欢他，结为患难之交、忘年之交，和他一起谈天，烹茶煮酒，指导他学习，教他为人的道理，切磋文学创作的经验。使他三五年之内，增加了学识，提高了品位，“三年广学殖，五年脱粗腐。”就是指此。“星垂平野木屋静，活火煮茶论今古”写出了他们深夜在工棚里倾心长谈的情景，十分温暖。在世人的冷眼当中，李晖却得到周善甫热忱关爱和帮助，让他终生铭感。这也显示了周善甫的品格和性情。这就是老舍所说的“至情”。

诗赞扬了李晖的勤奋和才华。恢复高考，有了参加高考的资格和改

① 《风雅儒者》，第 294 页。

② 郭鑫铨：《识荆散记——与周善甫先生交往的几件小事》，《风雅儒者》，第 132 页。

变命运的希望，“不意十年流浪后，偕与百万学子比翼翔”，李晖百感交集，潸然泪下。他珍惜得来不易的机会，发愤读书，在考场上出色发挥，脱颖而出，“领先见汝翮翎强”。“翮翎”是翅膀、羽毛。这句说羽翼丰满，翅膀硬了，能够翱翔领先。在当时招考大学生百里挑一的激烈竞争当中，没有出色的才学和刻苦的学习是没有机会获胜的。

诗写了对李晖的深情劝告和勉励。周善甫说秋高气爽的时候，他在幼狮岗为李晖置酒送别，告诫他一是要记住过去的雪欺霜压，颠踬困顿，要在洒满雨露甘霖的前程中找到正确的方向，要保持正直的品格和清洁的精神，这才是人生的康庄大道。“清濛应如在山泉”化用《诗经·小雅·四月》“相彼泉水，载清载浊”和杜甫《佳人》“在山泉水清，出山泉水浊”诗意，希望他上大学以后，不要目迷五色，不要不择手段贪图虚名和富贵，只要勤奋和敏捷，总有出名和腾达的一天。二是要谦下，不要自负和狂傲。他赞赏李晖在坎坷年代的傲骨，但提醒他在人生坦途上要学会谦抑下人，虚怀若谷，不要轻薄傲慢。当时的大学生极为稀缺，考上大学意味着光明前程，有的人往往得意忘形。三是不要因为自己遭受不公正待遇而愤世嫉俗。人间虽然有坏人恶人，但更多的是贤哲和善良的人，值得学习和信任。如果心中被仇恨充塞，会让自己受害。四是遇到大好的时代，要和“中华硕彦”和谐同心，共同推动国家走向繁荣昌盛。说得语重心长，谆谆教诲，入情入理，充满正能量。他还提醒李晖必须志存高远，把握好自己，不能刚刚起飞，又突然跌落在荆棘杂草之间。李晖不负恩师嘱托，自强不息，在学习和工作中取得出色业绩。

这首诗艺术上也很出色。用了一些比兴、象征和典故，使诗意含蓄，耐人寻味。用了描写、叙述和议论等多种表现方式，丰富的内容得到恰当表达。句式和用韵随思想感情的变化而变化，和谐流美。诗歌有鲜明的时代感，但没有当时一般作品中的浅白直露，空洞叫嚣，经得起行家品鉴和时间淘洗。

《五凤楼行》又名《庆五凤楼建成》，是周善甫的另一首古诗，亦属歌行体，作于1978年底，描述五凤楼在新时代获得新生。

五凤楼又称法云阁，原建于芝山福国寺内。福国寺始建于明万历二十九年（1601），原是木土司的别墅及家庙。庙建成后，明熹宗朱由校赐名“福国寺”并书金匾。福国寺于清同治甲子年（1864）正月毁于兵火，光绪八年（1882）重建。“文革”当中又被毁，只有法云阁幸存。1979年，丽江将法云阁搬迁到黑龙潭重建。

黑龙潭的五凤楼，高20米，楼台三层，屋担八角，三层共24个飞檐，就像五只彩凤展翅来仪，故名五凤楼。楼尖贴金。楼内的装饰华丽、精巧，天花板和梁柱、门窗上雕绘有太极图、飞天神王、龙凤呈祥、四季花卉等图案，线条流畅，色彩绚丽，具有汉、藏、纳西等民族的建筑艺术风格。1983年被确定为云南省重点文物保护单位。五凤楼修好不久，香港凤凰影业公司拍摄了一部大型专题纪录片《云南风情录》，开头的画面就是玉龙山和五凤楼，前者作为云南自然景观的代表，后者作为“人文成就”的标志，可见五凤楼的影响。

周善甫是参与营建的人之一，他的一些老伙伴也是建设者，如备受赞誉的彩绘就是杨绍书花三年功夫完成的，五凤楼凝聚着他们的智慧和汗水，所以对它深有感情，“我业操营建，对之为倾心”。楼建成后，周善甫写了《五凤楼行》：

未央宫里繁歌舞，龙凤阁何嵯峨。[①]
阁中帝子沉迷醉，野多乱离沸干戈。
冰山荣华易幻灭，梓泽墟废阿房火。
意匠经营成杰构，当惜惨淡留楷模。
五凤振彩翼，飘举西南逝。
玉龙山下白云深，芝岭丛林稳隐蔽。
沉沉梵唱叹空虚，世事沧桑几更易？
人民世纪终到临，万类滋荣满生意。
人民知凤栖，慰勉出山林，
立之玉河头，玉水洁于醴，

① 《善甫文存》是自印本，时有印刷错误。据诗意和句式，这里可能有脱文，疑为“龙凤阁”后脱“高”字。如无此字，则语意不完，语气不畅。

羽翎伤失色，风骨固神奇，
我业操营建，对之为倾心。
落落盘大地，穆穆五云持，
神朗气端肃，骨秀肌肉匀，
恣意畅树植，炫目严条理，
巨制胡飘渺，细工胡结凝？
庄敬鲁公字，飞扬太白诗。
希腊巴特龙，典范人凭依，
意法多峨特，其邦亦炫奇，
中华文物多瑰丽，有此足以式仪型。
郢斧运良工，体态日肤腴，
彩笔挥能手，羽翼日盈盈，
更有高明勤护惜，行见祖国工艺舞休明。
凤兮复凤兮，盛世宜汝再来仪。[①]

周善甫描写了五凤楼的壮美，称赞它是中华建筑的典范。它位于玉河的源头，扎根大地，直插云霄，端庄肃穆，风骨神奇。他把五凤楼与古希腊的建筑和欧洲哥特式建筑比较，说就像巴特龙神庙和峨特建筑被彼邦人士引为典范、感到自豪一样，五凤楼也是中国建筑的仪型，值得骄傲。“巴特龙”是Parthenon的音译，通译为“帕特农”，是供奉雅典娜的神庙，坐落在雅典卫城，修建于公元前5世纪，是古希腊建筑的代表。“峨特”是英语Gothic的音译，通译为“哥特”。哥特式建筑是中世纪流行于欧洲的一种建筑风格，雄伟壮丽。

诗还赞美了五凤楼建设者技艺高超，是他们的辛勤劳动成就了它的壮美。同时也歌颂了时代，他把当时称为“盛世”，是“休明”的时代，人民的时代。“休明”意为美好清明，一般指太平盛世。李白《古风》其一云：“群才属休明，乘运共跃鳞”，指的就是盛唐。把20世纪70年代末称为“盛世”固然过誉，但与“文革”时期相比，确实有

① 《善甫文存》，第82页。

新的气象和希望了。没有新气象，也就没有五凤楼之重修。

写法上，把五凤楼和未央宫等皇家宫殿对比，认为统治者醉生梦死，导致天下扰攘，最终走向毁灭。原福国寺的五凤楼也经历战乱化为废墟。在“人民世纪”，五凤楼得以重建，惨淡经营，保存了中国建筑的“楷模”。在对比当中，五凤楼的价值得到凸显。还用了拟人手法，说“五凤振彩翼”，飞到西南，又被人民请出来，写得较为生动。

《五凤楼行》写好后，在建设者和友好之间流传。1982 年 12 月 20 日，他在给李晖的一封信中谈到此诗：“在丽江我还写过另一首诗《庆五凤楼建成》，回想也还不无可取。请你向吕绍康老师问找，并通过你大姐夫投给《玉龙山》（以前和该刊洽谈过影印，因篇幅过长作罢，现可作诗篇排印），也好多让几位乡人看看。”[①] 以后他还两次谈到此诗，一次是 1983 年 2 月 24 日：“《五凤楼》一诗，最好先问清有无发表可能。若可，理想的是就由你加上必要评注，作为你所荐介的文章送出（有疑问处可来信问我，或就近向玉生老师或墨君先生领教，因自注其诗，并不得体，出以推介，更显郑重，而你是恰当的推介者，并可借此练练你自家的笔和争取求教公众的初次机会）。”[②] 同年稍后他又说：“《五凤楼》一诗，大概写于 1978 年底，那时工程已最后收尾，下部已开始油彩，故原题为《迁五凤楼工程将竣，作歌柬与役诸友》，似可沿用，若嫌过长，无妨简化，但莫用‘法云楼’这一蔬笋气的称呼，且求与诗句的比兴相符也。能有机会供公众欣赏固佳，但勿强求。”[③]

1985 年冬天，来自西伯利亚的红嘴鸥飞临昆明。昆明温暖的气候，丰富的食物和市民的友好态度使红嘴鸥乐而忘返。此后，海鸥年年如期光临，数量越来越多，在滇池、翠湖、盘龙江等水面上翱翔，成为昆明新的一景，成为云南的“祥瑞之兆”。昆明人热爱海鸥，喂养海鸥，保护海鸥，和海鸥建立了深厚感情，人鸥相亲相近，现实地呈现出人与自然和谐相处的动人景象。冬天昆明天空飞动的这些精灵，为春城增添了

① 周善甫《致学生李晖的信》，《风雅儒者》，第 340 页。

② 周善甫《致学生李晖的信》（二十五），李晖据手稿整理打印本。

③ 周善甫《致学生李晖的信》（八），《风雅儒者》。第 353 页。

新的魅力。

周善甫住在翠湖边，冬天经常看海鸥，海鸥给了他快乐，也给了他灵感，于是写了《翠湖咏鸥》：

曾迎骇浪怒涛飞，风雨雷霆志不移。
去往随缘知物候，是非有别作依违。
高人有幸堪为侣，童稚无知慎莫欺。
当此中兴祥瑞日，柳塘烟水好栖迟。①

红嘴鸥是候鸟，是从西伯利亚经过千山万水、生死考验飞到昆明越冬的，所以首联赞美海鸥的顽强意志。第二联根据海鸥的候鸟习性，加以拟人化，赋予海鸥随缘任运的性格，但这不意味着不分是非，它们会根据人的善恶作出亲近或疏远的抉择。海鸥是通灵的，与善良的人才能和谐相处，所以被视为祥和友好的象征，古诗中多有以鸥为伴侣的描写，雅称“鸥盟”。辛弃疾《水调歌头·鸥盟》是专门写人鸥结盟的名作。周善甫住在翠湖边，以鸥为侣，他感到荣幸。他告诉海鸥，翠湖有水波潋滟，有杨柳依依，可以安心住下。他还告诫人们爱护海鸥，与海鸥友好相处。并从侧面歌颂“中兴祥瑞”的时代。全诗满蕴温情。台湾淡江大学教授申庆璧喜欢这首诗，他说：“璧与先生虽有相识甚久之机会，但相叙之时不多，经一读大作，始知先生乃真性真情之人，书中诗文有许多似为代弟而言。如《翠湖咏鸥》首四句即系弟欲道而说不出者。”②

二　悼周诗文中的杰作：《镇妖安魂祭》

周善甫也写新诗，代表作是长篇政治抒情诗《镇妖安魂祭——周恩来总理逝世一周年纪念》。

1976年1月8日，中共中央副主席、国务院总理周恩来逝世。周

① 《善甫文存》，第84页。

② 《台湾淡江大学教授申庆璧致周善甫先生》，《云南文艺评论》1993年第4期。

恩来功高德劭，鞠躬尽瘁，死而后已，赢得国民由衷敬佩和爱戴，在国内外享有崇高威望，“功盖中华，誉满天下”。他在“文革”中忍辱负重，艰难地维持着国家运转，他代表了当时政治生活中的健康力量，是国家安危和前途所系。因此，他去世后，举国悲痛，悼念诗文如潮似海。由于以王洪文、张春桥、江青、姚文元为代表的极左政治力量压制群众悼念活动，激起民愤，终于在当年清明节爆发以悼念周恩来、抗议“四人帮”为诉求的“四五运动”，形成历史上罕见的群众诗歌高潮。周善甫将其誉为“惊心的义殉，骇目的祭典，千古莫有的荐献”。[①]“四人帮”被逐出政治舞台后，1977 年周恩来逝世一周年纪念还有一次诗歌创作热潮。因此，悼念周恩来的诗歌形成政治史和文学史上的奇观。

周善甫和李晖也合作创作了一首长诗《镇妖安魂祭——周恩来总理逝世一周年纪念》。李晖说：“1976 年 1 月 8 日周恩来总理逝世后，善甫老师要我写一首诗，以示悼念。悼诗完成前后，国家形势不断发生一系列重大事件。76 年底，善甫老师决定重写这首诗，次年 1 月周恩来总理逝世一周年时完稿。这是我所知道的善甫老师写的第一首诗。”[②]

周善甫很珍惜这首诗，1978 年 12 月，他在致儿子周孚政、女儿周永福、学生李晖的信中说：

> 《镇妖安魂祭》已索回，确实颇多可取，比所能看到的一应悼周诗文，似不多让。前孚政说它有嫌刻板和罗列，不少人也有同感。也曾设想改动一下，但它有它的一个整体格式，一动百摇，除非另写才行，而当时的真诚感受，似也不容于今日别作剪裁，似乎仍以存璞为是。这篇作品，即不问世，无论从内容和形式说都是值得保存的，望李晖能在假期中将它再度誊清检收。[③]

他认定诗是“当时的真诚感受”，“颇多可取”，自信和当时所有悼周

---

① 《镇妖安魂记》序，李晖据手稿打印本。

② 《镇妖安魂记》，李晖据手稿打印本，李晖注。

③ 周善甫：《致周孚政、周永福、李晖函》，李晖据手稿打印本。

诗相比，都不差。他也认识到存在的不足，但为了保留历史原貌，没有修改，这是诚实的态度。他强调诗值得保存，坚信它的价值。

这首诗以“赋”的手法，描述了周恩来的战斗历程，歌颂他的伟业丰功。作者选择周恩来各个时期的重要事迹，尽情展示。写了他20世纪20年代留学法国、参加北伐、领导南昌起义、反“围剿”和长征、抗日战争、重庆谈判，到出任国务院总理，治国安邦，展示外交风采，赢得万国景仰。他“数不尽”的功业已经彪炳史册，“将铭刻在亿万善良人们的心上”。

作品礼赞了周恩来的品质和风范。周恩来胸怀坦荡，光明磊落，意志坚强，大公无私，智慧超群，真诚朴素，谦逊和蔼。诗中赞扬他具有完美无瑕的智慧、忠勇和善良，他的一生“就是一首壮丽的诗篇，是祖国千年文化教养的硕果，是人类智慧的花朵”。周恩来是著名的美男子，他形象俊美端庄，风范卓越。诗中描写他青年时雄姿英发，玉树临风；壮年时坚苦卓绝，百炼成钢；老年时端凝磊落，浩瀚如海。他眉头显示刚毅，睫毛透露机敏，鼻梁凸显正义，额头显示威严，口角流露善意，眼睛闪烁人格的辉光，他“是伟男子的标准威仪，是中华血裔的完美型范”。在汗牛充栋的“悼周诗文”中，这样的叙写是不多见的。诗中还写了周恩来和邓颖超的爱情洁白无瑕，“是世人伉俪敦笃的样板”。对他们为了国家人民“辛勤劳苦”，“未把嗣裔放在心上”，导致没有子嗣，感到“心酸”、“惋叹”。“到头来，她霜鬓只影拄杖灵堂上”，这一细节很感人。诗人表示要以周恩来为楷模，以真理为指引，绝不让“生命徒然空过”。

作品控诉了“四人帮”迫害周恩来的罪行，表达了对“四人帮”被打倒的欢欣。《镇妖安魂记》的“妖”就是“四人帮”。诗把“四人帮”比喻为“附生在党中央的心脏上”的“畸变乖戾的癌细胞”。他们“环伺”在周恩来周围，使他“充耳触目”的，“尽是鬼的咒骂，妖的纠缠，毒妇的冷笑，恶棍的狰狞”，使他“破碎的心”，得不到“敬爱您的海洋里的点滴温存”。诗说历史上的“尽多苦节奇冤”，都比不上周“伟大心灵的痛苦”。所以，当“四人帮”被粉碎，“下界的妖雾已正迅扫收捡”，祖国重现“晴空丽日”。

作品表达了人民对周恩来的崇敬和爱戴之情。周恩来的丰功伟绩、崇高品格和风采，赢得了广泛爱戴和尊重，他被称为“人民的总理”。“人民的总理人民爱”是当时盛行的口号，表达了国人的心声。这首诗的两位作者也不例外，他们从边疆人民的角度表达了对周恩来的敬爱和对他逝世的悲痛。总理逝世后，“我们这伙山民的子孙”悲痛欲绝，登上山顶，以巨石为祭坛，燃起大堆松柏，让青烟直上九霄，向总理献上“一瓣心香”。从来不肯弯曲的“中华后代的膝”心甘情愿跪倒在雪地上，对他顶礼膜拜，嚎啕痛哭。写了百万民众十里长街送总理和清明节悼总理的动人景象，“无边的泪泉，足够汇成深情的海，用哀思的白色帆船，满载您的荣光，稳驶上耿耿的银河，和众星一般璀璨。”写得形象，是极美的诗。还说“四人帮”被粉碎后，“天风和畅”，他们“湿润的泪眼”分明看见总理的身影“在晴空雪岭之间重现”，就像生前一样“高大庄严，微笑安详”。

这首诗感情浓烈真挚。炽热的感情滔滔滚滚，一泻千里，具有澎湃的气势和感染力。一些形象化描写独出心裁，提高了诗歌的艺术品质。从“山民”的角度写，体现了云南特征。在山上设置祭坛，焚烧松柏树枝，则具有民族特征。这些使它区别于一般的悼周诗文，有鲜明的特色。

诗也打上了时代的烙印，有那个时代政治抒情诗的共同特点，其历史局限也是明显的。尽管存在某些不足，《镇妖安魂祭》仍然是“悼周诗文”当中的杰作。因为它是一首有“血性”的诗。周善甫自信与其他“悼周诗文”相比“不多让”，是有道理的。把它和《天安门诗钞》收的诗相比我们就能看到这一点。

除《镇妖安魂祭》外，周善甫还写过白话诗《科学啊，金沙江正呼唤你！》。这首诗“1978年春日科学大会胜利闭幕后，作于金沙江畔之幼狮岗”，设想通过科学手段把金沙江水调到北方，实现长江和黄河两条中华母亲河的“拥抱热吻”，让长江水“润泽柴达木，绿到天山南。贡献全人类，中国当富强”。汇合“千溪万壑之清光”到达北京，“桑干供潋滟，雍容朝凤凰”。南水北调让“西北旱魃死，东南恶龙降”，即达到灌溉和防洪功能。作品富于激情和想象。关于此诗的写作背景，李晖说："善甫老师以前曾多次和我提起过虎跳峡电站工程和南水北调的设想。1978年春，全国首次科学大会在北京召开，会议报道的材料里有提到南水北调工程设想方案。于是，老师夜不能寐，两日内写就此诗。20年后的今天，南水北调工程终于被国家提到了议事日程，不禁感慨良多。"①

三　奇幻小说：《西湖游记》

周善甫写了一部四万多字的中篇小说《西湖游记》，这也是他唯一的小说作品。

小说作于20世纪70年代前期，他管水磨房的时候。写好后，他用毛笔工工整整抄写一过。李晖用香樟木做了一个书夹慎重保存这本书，为了避免被"革命者"抄没，周善甫又叫他再抄写一份。李晖在《我永远的老师》中说：

> 在地区商业局工地，午休时我们躺在香樟木的刨花堆里读老师刚刚完成的《西湖游记》，今天留下的老师线装手写本《西湖游记》书夹就是那时我在老师的指导下，用打文件柜时剩下的香樟木头做的。因为担心随时被抄。老师还让我手抄了一份《西湖游记》。②

这部小说只在至亲好友中传看，没有发表，2003年，被收入《风雅儒者——文化名人周善甫诞辰90周年纪念文集》，才公开面世。云南艺术学院原院长、版画家叶公贤曾表示愿意替它作插图，可惜书还没有正式出版，周善甫就去世了。

杨伊达说："这是一部深藏玄机、引人入胜、文笔绚丽、流畅生风的奇书。"1973年6月，他把书给在昆明长坡农场劳动改造的杂文家、《云南日报》原总编辑李孟北看，故意卖关子，不告诉他作者。当天

① 李晖据手稿打印本注。

② 李晖：《我永远的老师》，《风雅儒者》，第144页。

晚上，“孟北整夜未出房门。第二天一早即起敲醒了我：‘谁写的，谁写的？真是奇人奇书，好字好文章’”。杨伊达请他猜，他说：“不用猜，云南的大才子还有谁？肯定是李广田。要不，就是徐志摩、戴望舒的手稿被你小子搞到了。”杨伊达告诉他是周霖的胞弟周善甫，他赞叹“才气逼人”，并表示以后要结识这位“周善甫老师”。[①]可见当时，小说就引起了共鸣和高度评价。

小说用第一人称手法写了一个“横断山脉里”的32岁壮年在世事苍黄的年头到南京公干，公务完成后到杭州西湖游玩，住在一个“干女儿”子慧家里。“我”的纯朴率真赢得子慧的公公、退休将军黄映西的好感，自告奋勇带他游遍西湖美景，还带他参加西泠印社的名流雅集。他展现了诗书方面不俗的才华，得到西泠印社诸名流的肯定。他们游苏小小墓时，他说，苏小小墓不应该是亭子下面一个水门汀墁成的光溜溜的大坟，应该拆掉亭子，剥掉坟顶的水泥壳，让它长出些芊芊青草，上面则覆盖满架蔷薇。他建议黄映西以地方绅耆的身份倡议完成此一美事。他的“狂论”，黄老极表赞同，并指着西泠桥发誓：“不予实现，不过此桥。”

“我”在一个小茶室里遇到一个美丽而忧郁的黑衣女子，她每天到茶室不发一语，对着西湖发呆，或撒糖到湖里，或在报纸上画很多圈。他逐渐接近她，赢得她的好感和信任，她自称“苏小”。他不相信苏小能够复生，但他与黄映西关于苏小小墓的议论、他在西泠雅集的表现她却讲得分毫不爽，让他大为吃惊，以为真的遇着“仙灵”。

一天夜里，“苏小”约他相会，他被引导到一个烟雾迷蒙的神秘地方，一路有着古装的人迎接，到了“苏小”家，豪华气派，仿佛宫殿，并且有很多古装侍女，还有越剧演出、音乐演奏，完全是一个虚幻迷离的境界。

此时的黑衣女变成一个服饰华美、鲜活丰妍的女子。女子就以“苏小”的身份和他谈论生死感悟、怀古幽情、爱恨真谛、现实与虚幻、人生夙因等问题，她自称“浮华世界的最后流连者”，雄辩滔滔，议论精

① 杨伊达：《善甫老伯》，《云南日报》2003年8月5日。

辟，让他既佩服又困惑。她举行豪华的夜宴款待他，招来风流天子李隆基、太真妃子杨玉环、大诗人李白，还有复社名流侯方域、怡红公子贾宝玉、工愁善病的林黛玉、慧眼独具的李香君作陪，他们一无约束地唱歌、痛饮，“浑忘了是真是戏、是人是我，是今是昔”。他演唱了令人惆怅的《最后的玫瑰》，感动了“苏小”。“苏小”则唱了一首白居易《长相思》回报，并送给他一朵珠花作为纪念。午夜时分，一辆轿车把他送回黄宅，“油壁车”也现代化了。

这样荒唐的经历，让他仿佛进入了《聊斋志异》的玄幻境界。他把经过讲给子慧和老亲家黄映西夫妇听，黄映西拍膝大叫“太奇，太妙，太美”，他坚信那个人就是苏小，感慨“天宇之大，何奇不有”，“灵感相召，毕竟不虚”。而子慧却听出了门道，她说，那个女子并不是什么幽灵，而是田惋，给她传递消息的就是黄映西，公公做了她的“报耳神”。

田惋是黄映西的老朋友田岳屯的女儿。田岳屯是杭州巨富，田惋是他的独生女，千伶百俐，田岳屯着意培养她，准备让她继承家业。送她到“沪大经济系”读书。田岳屯还着意栽培一位表侄程先生，并定为东床之选。表侄各方面都很优秀，和田惋斤两悉敌，两人有了深厚的感情。不想这小子抛弃偌大的家产和艳福，在田家妇女出国时，不声不响“跑到延河边当兵抗日去了”。田惋回来时，等着她的是一封硬邦邦的悔亲书信，说他们不是一路人，请莫再指望他。这“就把这位娇嫩的小姐给毁了”。说疯不疯，只管痴痴迷迷。遇到长相像程先生又颇为投缘的“我”，于是演出了这么一本传奇。

子慧揭开了谜底，田惋了解的“我”的情况，是通过田岳屯得知的，因为田岳屯也参加了西泠雅集，黄映西又向他介绍过“我”的言论，田岳屯回家说给女儿听。女儿又从穿着和谈吐上判断在茶室和她相遇的“我”就是那个“云南佬”，于是相与周旋。神秘的地方实际是田家在西湖深处的一座别墅，那些古人是由戏班子扮演的。“病小姐难得有那么兴头玩玩”，老人也就依从她。

真相清楚后，应该怎么办？黄映西主张不戳穿这出戏，有意躲开她，才算有趣。他的老伴则认为，痴癫的田惋遇到“我”就活络起来，建议亲家多和她来往，说不定能完全治好她的病。子慧说，干爸是有家室的年长人了，与她相处，最后还得离开，那么又要让她再寻一次死活，要不得。趸当认个糊涂，信定了遇上苏小小，让她自个躲着乐。

“我”则选择第二天离开杭州，但默然离去，不是道理，于是他给田惋写了一封长信，书写游览西湖的感悟，表达对她的赞美和感谢，以及离开的原因。

半个月后，“我”回到了家乡，亲邻们出来迎接，“早见年轻的妻子挺着健秀的高个儿，擎着满岁还不久的儿子，在人群背后朗笑。“我”走过去，接过孩子，“亲他红润的脸”。“我”回到“妥实不虚的生活之中”。“我”一直珍藏着田小姐的珠花和请柬。

这篇小说出现于20世纪70年代前期，确实让人惊异。它的动人之处，从内容看，一是写出人情之美。他以山国土佬的身份在江南繁华旖旎之地，得到名流真心照拂。二是写出他对历史和现实的思考，现代与传统的思辨。三是写出西湖风光之美。从艺术上看，一是构思巧妙，情节曲折，引人入胜，富于玄幻色彩。二是文笔生动，景物描写、人物描写都很传神，韵味悠然。它反映了作者没有受到时风的污染，保持了自由美好的心灵和高雅脱俗的艺术趣味。

“我”在给田小姐的信中，谈了许多关于西湖命运、国家和民族命运、华夏文化命运的观点，有忧郁，也有希望。虽然这些议论由于前面的故事几乎没有涉及，铺垫不足，因而显得突兀，如“洋人的凌虐”、“狎客醉生梦死的消受”之类，有“思维大于形象”之嫌，但也许正隐含着他对西方中心主义的不满，和对小说写作时国家状况、中华文化状况的忧虑——这些是他后来反复论说的问题，而且思想和文字都很美，所以还是很有兴味，深化了小说的思想内涵。

“我”观察到当时的国人过度沉溺于淫逸享乐，民族变得老态龙钟，华夏文化在风流繁华之地似已沉沦。他在给田惋的信中说，“名胜，每每足以作为一个民族文化的象征”。西湖“既是华夏湖山中的殊色，古国名胜中的首选”，他这个“五溪蛮峒的鞍上娇子”，怀着何等的向慕之诚，老远奔来瞻仰西湖，看到她的灵秀细腻，铅黛绮罗，工颦善媚，“文致都雅”，确非边隅山川的旷野质朴所能比，“初睹乍见，哪能不为你经千载文物所镂刻的华容所倾倒”。但是，他也感受到“笑靥背后的暗泪，清歌之余的呜咽”：

> 我惋惜地发现，我所神往的博大雍容醇厚深沉的古国雄风，业已涣散澌灭，业已为萎靡倦怠的缅于淫逸的末流所取代。所以，人们给你的踵事增华，你给人们的靡丽享受，只会如一个饱历世故的红楼艳女，承欢佐乐有其独到特长，使人不吝一掷千金，博取片刻欢爱，待到席散歌残，便也兴阑意索，与绿窗思妇的温馨，深闺淑女的文静，陌头村姑的天真，都大异其趣，只能是惊艳于俄顷，殊难酝酿就一段钟情。更无由拟之于齐鲁高士，幽燕健儿或方外霞客，足以成白石盟心的莫逆之交。[①]

灯红酒绿，醉生梦死，有靡丽的享受，却没有真正的感情，没有雄健的力量。把西湖象征的文化和齐鲁高士——有担当的文化人、幽燕健儿——英雄豪杰，以及方外霞客比，它已经沉沦了。

不过，他也看到了希望，

> 但，不用悲哀，世界，不似生命个体般总归消灭，一尘一劫，是往复不居的。听！远处的殷雷已在轰隆，电光已在天边鞭挞着大地，盛夏的暴风雨即将来临，在一度威棱万钧的激荡冲刷之后，也许会一元更始，你，凭依着雄邦大国的深厚根器，吴越山川的清妍秀丽，内地人民的聪慧勤敏与教养，下江物产的繁庶和周流，可以期待你仍将再度绮年，落花返枝，春燕重来，更新成世界上最美、最佳、最胜的地方。只要人的好心不磨，终会这样，请勿悲伤！

对时代的变化、国家和人民的健康力量保持信心。“只要人的好心不磨，终会这样”，在充满仇恨和邪恶的“文革”时期，有这样的信念，难能可贵。

---

① 周善甫：《西湖游记》，《风雅儒者》，第286页。以下《西湖游记》引文俱见该书。

信中还说：

> 蒙荷你现身说法，指引我识破迷津，认出其光鲜艳丽的外貌所掩盖的腐朽与腥膻。我这高原居民殊不习于这大堤狎客醉生梦死的消受，无心出岫，倦飞知还。我要翩然归去，去看朝霞掠过雪岭的辉煌，去听急流冲击巨岩的澎湃，我将把追寻陈旧的意念留葬在西子湖边，不再携与俱归。

这里蕴含着边民和边地民族文化还保留着光明和力量的理念，这种生活和文化更健康，能够为重振“古国雄风”输送新鲜的文化血液。再深入解读，可能还包含现代化与传统的深层思辨。现代化可能放纵了人的欲望，伤害了人的本性，让人变得贪婪、淫逸和懦弱。

“我”对未来寄予美好期待，并表示要“重振伟大民族的荣光”来维系彼此的忆念：

> 你说：我们十二年后有缘再见。是的，我们将要再见，可是那时在湖上重遇的，容许不再是老态龙钟的你我本人，而会是我们的幼辈子息，可以假定是我已受高度中土文化陶冶的儿子，和你的经历过长川巨壑的女儿，他们会可以携手偕游于没有洋人凌虐的西子湖畔，尽情欣赏着为人们崇高的意向，鲜活的生命，优美的情感所创造的人间天堂，举杯高歌！
>
> 再见吧，请重振伟大民族的荣光，来绾系我们的忆念，别夷视我们，我们必将重订来期，因为源远流长布泽遐荒的上国楷模，将永为边民所向慕，世界上没有其他邦国的名胜美景曾会如此吸引我们，乃至我们的祖辈和儿女，历劫弥新，直至久远！

这里谈的是边民的国家认同、文化认同问题，具有浓厚的爱国主义情愫。

《西湖游记》有一定的自传色彩，小说中的“我”有周善甫的影子，质朴，率性，才华横溢。“我”江南之行及对西湖的感知，也以他本人1948年到南京参加国民大会的经历见闻为蓝本。他对国家、民族和华夏文化的忧虑则有“文革”现实的折射。

这样的文本把它放回20世纪70年代的文学情景中，不能不叹为奇迹。当时的主流文学充满虚伪和仇恨，概念化、公式化、粗鄙化。而这部小说虽然不乏批判性内容，但主要是表现爱的，真诚、温暖，明丽，个性鲜明。郎森说“文革”后期他曾从朋友手中借阅过手抄本《西湖游记》，“在那个邪恶横行的黑暗年月能读到这样饱含天然纯真、自由浪漫的文字，真是身心一洗，如饮甘霖，故有不畏凶险的良知者敢于悄悄传读，我以为这是享福”。[①] 和中孚也说：

> 有一年被派遣到水磨房里监督劳动，日复一日在单调的磨盘旋转中，不知磨碎了几多稻粱，却没有磨钝自己的感情世界，他用工工整整的蝇头小楷，写了一部爱情小说《西湖游记》，正当年近花甲之躯用笔言情的时候，社会处在一个变态的时代：漫天叫响的“革命口号”，全民口诛笔伐人性论，爱情已被完全禁锢。他在不自由的环境里，抒发着精神世界的自由。小说写的幽艳陆离，奇情勃郁。[②]

手抄本是“文革”文化专制时代特有的文学现象。那些具有独立之精神、自由之思想的作品，不附和政治叫嚣的作品，或沦为政治贱民的作者的作品，不能公开发表或出版，往往以手抄本的形式在民间流传。这类作品与当时公开发表的作品相比，思想性和艺术性更强，价值更高。因此，文学和学术重获自由以后，一些手抄本得到公开发表，当代文学界对此予以关注，把其中影响较大的作品写入了中国当代文学史。

《西湖游记》论其艺术品质，当为当时中篇小说的佼佼者。然而由于作者地处边陲，又不是职业作家，所以它没有得到学界应有的关注

---

① 郎森：《春光的享福》，《风雅儒者》，第74页。

② 和中孚：《平凡而又不平凡的人生——周善甫先生的书品和人品》，《云南文艺评论》1998年第2期。

和评价，未免遗憾。尤其是“文革”时期的云南中篇小说，乏善可陈，有眼光的云南研究者，应关注它并写入云南当代文学史。写入文学史，能为文学史添彩，不写入文学史，也无损于它的光辉。有一次朗森向周善甫谈起读《西湖游记》的感受，“周老笑答那时年少放狂受新思潮影响，没有大意思，倒是真情所在。说着他便爽朗地笑了。”①“爽朗地笑了”，是一种自信，一种气度，大有“意思”。

第四节　散文的哲思与美感

周善甫写得最多的是散文，也就是他所说的“文章”。这里的“散文”不是狭义的散文，而是古代的“集部”类文章，内容丰富，形式多样，大都缘事而发，言之有物。

一　素不多见的文章异格

周善甫的散文主要收集在《善甫文存》当中。《善甫文存》是在旅美纳西族华人、他的表妹杨丹桂，学生李文化、李淑、孙炯及子女督促和赞助下，1993 年自费印行的。儿子周孚政负责编辑，还完成了封面设计和装帧设计，办准印证。云南师范大学教授张映庚负责校对。没有公开出版，绝不意味着它的质量和价值就低。与充斥书肆书库的很多正式出版的无思想、无心性、无才情的所谓著作比，它更有内涵和特色。因为文章好，读过的都心悦诚服，所以在社会上流传颇广。云南大学教授、古典文学专家杨光汉评价说：“先生博学多闻，才气横溢，无论诗书典章、文物掌故、考证训诂，涉笔皆成妙趣。”②

《善甫文存》中的文章，多数是发表过的，并注明了发表的报刊和时间，也有少数作品未注，应为书中首次刊布。原书分为评论、随笔、诗赋、对联、故实、序跋传铭、论著、杂俎八个单元。诗赋和对联本书单独讨论，其他文章按体裁可以归为三种类型，一种是短小的随笔小

---

① 朗森：《春光的享福》，《风雅儒者》，第 74 页。

② 杨光汉：《杨光汉教授致周善甫先生》，《云南文艺评论》1993 年第 4 期。

品，一种是篇幅较大的说理文，还有一种是学术性较强的论文。学术性论文本章也不讨论。

《善甫文存》配入了他发表过的书法作品，图文并茂。虽然印刷质量不佳，但书法本身的美还是掩盖不住的。

对自己的文章，周善甫有充分的自信。他在《善甫文存》“引言”中阐述了文章的特色，主要是三个方面。

一是内容，写出“本身的领受和个人的见解”，俚质泼辣，落落可爱，不同于“八面玲珑的应景时文”。他说：

> 晚年之作，一般总见迂腐颓唐。而在我呢，由于中岁长苦窒默，今得一宣积愫，便不禁尽情倾倒，意兴不减当年。加上惯以狂狷自许；又缺乏查书咨询的条件与精力；还唯恐时不吾予，于是，仅凭本身的领受和个人见解便贸然命笔了。故常不恤前人，多出以“我认为”之类的话头。这固难免粗疏和武断，但也别有俚质泼辣、老气横秋的势态。较之八面玲珑的应景时文，似还有其落落可爱之处。

二是文体，按古代“集部”文章的写法，不受狭隘的“当代”文学观拘囿，“每属经世之作，社会意义多较切实，艺术表现亦较真诚。特具稽实、参考、欣赏的价值”。而且不拘一格，随意闲侃，“不致像堂皇而浮泛的成套文章般枯索乏味，读之令人欲睡”。

三是语言，他采用的语言文白间杂，是典雅而流畅的“今文”。既不同于深奥的古文，也不同于浅俗的口语白话，不存在理解障碍，而又隽永明净，确实更好地体现了汉语书面语的魅力。他说：

> 白话文之通用，已逾半个世纪。如今不但已难见到新撰文言之梓行；就文、白夹用，也在语言专家们的禁阻之列。而我此集里却有不少径用文言试写的篇章，即其他诸作也大都是文、白夹杂，素不多见的异格。便不免令人讶然，似是顽固违时的表现。实则，我平素便认为中文别具其不容忽视的承续力、凝聚力和提升力，乃是

祖国文化存立的本初依托，是未当轻言弃绝的，并有倡用“今文”的拟议。认为只有有利表达，不拘是文，是语或其他，都无妨拉来我用。故我之常用此格者，乃自家立论的实践，是进取的尝试，而非怀古守旧。其所负载的意识也属现代范畴。所以爱赏之者，倒也颇不乏人。①

这些特点确实使他的文章呈现出与众不同的面貌。他所说的“素不多见的异格”，在我们看来，不仅仅体现于语言，而且体现在文章的各个方面，从而形成他鲜明的个性。

二　说理文的睿智与深刻

说理文讨论的是思想文化问题，可以归入现在所谓的“文化散文”。这些散文随笔以思理和智性见胜，他观察现实问题，结合历史经验，进行理性的思考，得出独到的看法。往往是有感而发，言之有物。思想的睿智，态度的诚恳从容，语言的雅驯得体，使这些文章具有很高的品位。

这类作品有《道德与文章》、《运智与运慧》、《真谛和俗谛》、《“方”“法”纵横谈》、《“性本善”讨论》、《“学而时习之”议解》等。在一些“酸秀才”眼里，它们也许不是“文学”。但在我们看来，这些文章既是“文”，又是“学”，是“义理、考据、辞章”统一的好作品，文理并茂，给人思想之美的享受和精神的提升。在这里，仍然用得着老舍的理论：“诗所以彰正义、明真理、抒至情”，这一观点可以推广到整个文学，散文随笔也不例外。这些文章都“敢拈大题目，作大文章”，而且往往别出心解，给人启迪，让人聪明。反思性强。

《真谛与俗谛》是一篇反省历史上各种意识形态争斗和是非的文章，极有新意和深度，它有助于人们辩证地看待意识形态问题。周善甫深刻地观察到，“意识形态恶斗”是历史性、世界性顽症，需要认真思考，找到解决的办法，他提出了自己的意见。全文闪耀着思想光芒，是

① 《善甫文存》，第1页。

反思意识形态恶斗、化解百年惶惑的优秀之作。

文章指出历史上影响广泛的各种意识形态特别是宗教和学说都存在真谛和俗谛两个方面。真谛和俗谛本是佛家语，指人生真理和世俗谬见。历史上和现实中，各种宗教和学说都声称自己所主张及践行的是真理，没有哪一种宗教和学派愿意承认自己在提倡谬见，周善甫利用一分为二的辩证观点，分析了意识形态的复杂性，认为各种意识形态体系实际上都存在真谛和俗谛两个方面，并举了影响最大的一些宗教和学说为例作说明：

> 我以为，凡已有广泛社会影响的意识形态，如宗教和学说等，都同样划分开作“真谛”和“俗谛”来辨识，未可囫囵视作一团。如道家既有道法自然、清静冲虚等的真谛，亦有吐纳导引、禁咒符箓等的俗谛；佛门既有五蕴百法、唯识法相等的真谛，亦有超度施食、水陆道场等的俗谛；儒家既有居仁由义、天下为公的真谛，亦有三纲五常、无后为大等的俗谛；基督教既有拯救人类、平等博爱等的真谛，亦有献盆赎罪、仇视科学等的俗谛；自由主义既有天赋人权、物竞天择等的真谛，亦有自私有理、唯利是图的俗谛；社会主义既有劳动创造世界、反对剥削的真谛，亦有穷光荣、唯成分论等的俗谛……如影随形，几乎没有例外。[①]

周善甫认为，真谛产生于人类理想，代表了人类的应然状态，体现了客观的必然和人性的本质，闪耀着理想的光辉。所以能够为不同国家、民族和阶级的人所理解和接受，它是富于崇高性和包容性的，能够引导人们完善自己、完善社会。如果真正出于追求真理，造就人类福祉，那么，不同宗教和学派之间不应该出现对立和冲突，更不会出现不共戴天的仇恨。但事实上，人类历史上和现实中却充满了以维护真理为名、实则谋求世俗利益的“意识形态恶斗”。这就是俗谛。

周善甫对俗谛的分析是富有新见和价值的。他指出，在意识形态

① 周善甫：《真谛与俗谛》，《大道之行》，第463页。

中，俗谛产生于有关利害的主观考虑，而不是出于信仰。所以，某些人或集团（“组织性的俗谛”）往往为争夺世俗利益而曲解宗教教义和学说，并往极端的方向发展，造成了思想对立和行为上的争斗，而使人类历史充满障碍乃至血腥。尤其是，顽固主张俗谛的人同时往往是权势人物，因为他们从俗谛得到好处，便更加疯狂地歪曲宗教或学说，强化意识形态对立，从中渔利。

> 可是在各种俗谛之间，则彼此都既掺杂了若干有关利害的主观考虑，有的迁就基层徒众之浅薄要求，便不会不曲解原旨，强调独尊，而以排斥异己为务。卒至相互敌视，有你无我，非闹个你死我活不可。
>
> 故，各种意识形态间之相仇互斗，并非由于其真谛间有何不可调和之客观立意，而莫不由于其俗谛间难免有关利害之主观计较。而且使用的手法，一般总是宣扬自家的真谛，而谴责别家的俗谛。自家则愈夸愈觉得神圣不可侵犯，而别家则愈骂愈觉其非人世所可容。并各恃其主身之独佑，即流血而不辞，千年百代结下不可解之怨仇，无计消解。由之酿成的大悲剧，不仅如十字军、蔷薇战争等史不绝书，就而今中东的战乱，也未始不是出于各种俗谛间结下的夙孽，如此恶果，当非各位原创教立说者之初意所及。
>
> 更可悲的是，俗谛的顽固主张者，便也常是由之得势的实力人物。他们莫不运用手中的实力来尽量强化俗谛，以巩固其已有之权势，虽残暴而不辞。而且这种人物，在同一教门或学派中，还常不止一人，各执俗谛而排斥他人，于是分裂成几个宗派，严重火拼。这种派系间的互斗，一般更比教门间的相仇还要激烈。
>
> 这种种意识形态间之恶斗，本不该有，但总不免有，而且是世界性的多发症，直至如今，从未断绝。[①]

事实确实是这样，历史上，某些人或集团常常以冠冕堂皇的宗教

① 周善甫：《真谛与俗谛》，《大道之行》，第464页。

教义或学说为借口谋求个人或群体私利，残民以逞，故意制造、激化人与人之间、族群之间的仇视，直至诉诸暴力，挑起战争。而民众也往往被他们的说教所欺骗和裹挟，投身于无谓的意识形态争斗，造成悲剧。这些做法背离了宗教或学说创立者的初衷，也是对宗教或学说本身的伤害。以宗教教义或意识形态观念为号召，最具魅惑力和欺骗性，对此，人们必须以理性的眼光进行审视，并保持高度警惕。

文中提到中东的战乱。中东战乱是20世纪人类最大悲剧之一，造成战乱连续50多年不停息的原因很多，从思想文化角度分析，就在于当事各方缺乏宽容和妥协精神，一定要拼个你死我活，最终形成冤冤相报、恶性循环。其中也包括了周善甫所说某些人利用宗教情绪激化矛盾，从中牟取个人或集团私利的问题。这是人类历史上“意识形态恶斗”的典型案例。

周善甫对中国文化特别是儒家学说予以高度评价，对它在解决意识形态冲突中的作用寄予厚望。他指出，中国文化对世界历史上屡见不鲜的“意识形态恶斗”这一“世界性多发症”及其引起的战乱“独具抗体”。

这篇文章讨论的问题重大，发表的观点精到，让人似醍醐灌顶，豁然开朗。李霖灿说：“《真谛与俗谛》一文，哲思深邃，我极喜爱，恨不得面谈详尽。”[①]

三　为人物传神写照

记人的文章在古典散文中是一大宗，其内容主要是表现人物的事迹和德业，使其声名不随肉体死亡而飘零，并供后人学习效法。也有写反面人物的文章，则意在惩戒，以为后人镜鉴。周善甫对那些德业俱佳的人始终心怀敬意，他从自己的平民立场出发，写了一些人物传记或人物故事，记下他们朴素而难得的事迹，彰显他们的美德懿行。其中有国民政府“总揆”那样的“大人物”，也有名不见经传的民间“小人物”；

① 《李霖灿先生致周善甫先生的书信》，《天雨流芳》艺术季刊2014年第1期。

有他的亲人，也有一般的人，要在有可亲可敬的事迹。他往往能用很少的文字画出人物的精神。

《利见大人》回忆他 1948 年到南京开国民大会时与王云五偶然相遇并谈论民族问题的故事，文章不长，全部抄录在下面：

1948 年暮春，我赴南京出席“国代会”。会后，受邀移住在京供职的乡先辈李老府上，拟作短期游览。

一个星期天，李老夫妇驱车陪我晋谒中山陵。午后，游到谭坟，行礼之后，便坐香亭小休。

忽然，随着一阵喧笑，亭畔幼柏林间连爬带滚，钻出位只穿着白汗裳的胖老头，仰面躺在茸茸草地上，接着追上来两个小孩子，扑在老头身上，嘻嘻哈哈的闹做一团。

当我正被这和乐的景象所吸引时，李老却连忙起身走下亭子，去向老头作亲切的招呼。老头也爬将起来，拂去身上的枯草，朗然答礼，两人随即有说有笑的走进亭子里来，我当然也起身施礼。

经过介绍，才讶然于这位平凡的老头，竟尔就是当今行政（副）院长、著名学者王云五先生。因为他从一名排字徒工开头，经由个人努力，一步步升迁到国家总揆。他发明的“四角号码”和他所总纂的《万有文库》，对我这喜读的边民，仰慕已久。现在居然有幸亲接风采，哪能不特感欣然，而紧握着他善意地伸过来的手。

当他得知我是一名边地来的年轻“代表”时，便颇表亲切，大家就在亭子里坐下漫谈。记得两位长者一时谈起了当时西康发生的某些民族纷争，王老深深感叹边地问题的难于着力。我于邻境发生的这些事像，倒也不乏了解，便情不自禁地插言：“边地有啥问题？问题在中央！”这样顶撞的话，李老一听，便对我蹙眉示意。而王老却坦然认可说：“对，在中央。”这样我们就一无禁忌的开始高谈阔论，几乎忘却在座的正有一位主持国政的高级领导人。

谈畅了，不觉夕阳已经含山，这才连车回城。

这一邂逅，给我的印象颇深，论此公短暂的政治生涯自不免侏儒失路之讥；而其个人的进取精神，和如此的平易可亲，则仍觉是不可多得的人物。[①]

这篇文章是20世纪90年代初为中央文史馆编的《新编文史笔记》写的。李老就是李宗黄。李宗黄因为制造昆明"一二·一"惨案而声名狼藉，周善甫写这篇文章的时候，他还是大陆忌讳的人物，一提到似乎就有不共戴天的深仇大恨，不能作正面论说。不过，李宗黄尽管犯下历史性错误，但也并非一无是处。他是民国时期地位最高的云南籍人士之一，重乡情，关心家乡晚辈，也属难得。周善甫不便直接说他的大名，但尊为"李老"，也可见他的重情仗义和不受俗见所拘囿。

王云五（1888–1979），广东香山人，是民国时期重要的政治人物。他没有受过高等教育，自学成才，能力超群，热心社会活动。1912年被孙中山聘为南京临时大总统府秘书，同时为教育总长蔡元培所赏识，也请他做教育部秘书。抗战时期任国民参政会参政员、政协会议代表。1946年任国民政府经济部部长，次年任行政院副院长。1948年5月任行政院政务委员兼财政部部长，为挽救濒临崩溃的经济，在蒋介石授意下提出币制改革方案，用金圆券代替法币，结果导致疯狂的通货膨胀，闹得天怒人怨，反而加快了国民政府的崩溃，王云五被弹劾，引咎辞职。1949年去台湾，后来担任过"考试院"副院长、"行政院"副院长等，依然是政坛大佬。

王云五最大的贡献是出版。他长期主持商务印书馆，按照"教育普及，学术独立"的方针，以现代管理理念和方式经营出版事业，策划编写出版了大量中国古典和西学名著、中小学教材。他发明了"四角号码"检字法，主持编纂了《王云五大词典》、《云五社会科学大词典》等。到台湾后，他担任过16年台湾商务印书馆董事长，又策划出版大量高水平著作。王云五对中国现代文化教育事业的贡献是杰出的。

周善甫的文章写出了王云五平易可亲的性格和宽广的胸怀，赞扬他的进取精神，说他是"不可多得的人物"。他在草地上打滚和与孩子们

① 周善甫《利见大人》，《善甫文存》，第129页。

玩耍的场景写出了他的真性情，十分动人。他对周善甫把西康民族问题的原因归结为中央政府的唐突之语，不但不以为忤，反而坦率承认，并与年轻的边民纵论民族问题，显示了他谦冲的胸怀。周善甫强调文章要活，强调表现人性之美，这篇文章就有这样的特点。过去，由于政治立场不同和意识形态的区隔，对立面的人物往往被完全抹黑。他不受政治教条束缚，写出自己真实的观察和感受，为人们认识王云五提供了另一个视角。

《忠信笃敬》记他的老友、纳西族爱国商人李立三。李立三世居丽江，他家是从事滇藏贸易的望族。他聪明强干，经商游历过很多地方，见识和交游很广。抗战时期，中国出海通道全被日寇封锁，西南对外通道只有滇缅公路和驼峰航线，民间贸易更加困难。可是在滇川藏之间还有一条前往印度的民间贸易通道，马帮从丽江出发，到拉萨，再转到印度。这条路往返一次要半年时间，但商人们不计艰险，孤独地行走在雪山草原间的漫漫长途中，获利颇丰，出现了贸易的繁荣。李立三当时正当壮年，在这条路上带领马帮多次往返中印。他觉得旧路太过迂回遥远，总想找到一条近路。

1942 年，他从印度返滇，进行了探路的尝试。他只带少量高档商品，坐火车到印度西北铁路的终点萨地亚，再徒步走到缅甸的野人山。野人山是人迹罕至的地方，基本没有路，巉岩深谷，森林茂密，毒蛇野兽出没，还有蚊虫叮咬，人走都困难，马帮更用不上。李立三重金雇佣当地土人帮他背货物和带路，攀藤附葛，翻越高黎贡山，仅用了 20 多天就回到丽江。周善甫说：“这不仅是一趟生意的成功，也是一条国际商道的初探。独辟洪荒，其意志的坚定与精力的充沛，是深足钦佩的。”

这也为后方找到了一条对外联系的新孔道，在当时的形势下，意义不小。有关方面向上反映，国民政府很重视，下令嘉奖，国民政府主席林森手书“忠信笃敬”四字，盖上国府大印颁赠他。李立三引以为荣，设宴庆祝，邀请亲友参加。周善甫兄弟应邀参加，看到林森题的匾，字体接近赵孟頫，“颇觉清贵”。周霖感叹说：“到底出自国府，不知哪位秘书拟的题词，真见才具！”周善甫说：“也不见奇呀。”周霖就指出这四字出自《孟子》，他才恍然想起“忠信笃敬，虽蛮貊之乡可行”，“不禁也叹赏其运思之警巧贴切”。[①] 1947 年，李立三舍弃世代从事的家业，投身革命，参加边纵七支队，为滇西北解放做了有益的工作。1948 年秋，他“策轻骑”赴中甸策反藏族旧友，遭到反动派暗算，牺牲于金沙江畔。“一代健儿赍志以殁”。[②] 靠了周善甫的文章，他的事迹为世人所知。

《深山完璞——怀念纳西族彩绘师杨绍书君》写了杨绍书的遭遇和绘画造诣。杨绍书一生极其平凡，解放前在丽江开小书店谋生，解放后成分被划为地主，成为事实上的贱民。“文革”中和周善甫等一起劳动改造，沉默寡言，表面木讷，但纯正好学，深富内慧，思敏手巧，能书善画。他严格按照《芥子园画谱》训练绘画基本功，并跟周霖学画，有周霖的画风，山水画相当出色。迫于生计，他以木工为业，成为运斤高手。但限于“地主”身份，生活经常限于困顿。20 世纪 70 年代，丽江重修五凤楼，请他彩绘。这时他年近古稀，得到艺术创作机会，便倾注平生积愫，精心构思绘制，“摧颈折腰，默默以三年功夫完成这一浩繁的杰作”。他把中原画法、西藏喇嘛庙壁画的画法和丽江东巴文化结合起来，用“他那天才的形象思维力与色彩韵律感，和不为得失荣辱所牵碍的情怀，使得许多繁复的创作意向，都和谐融圆地表现在如许观之不尽的绚丽图画的有迹无迹之间，难怪受中外行家赞叹不置”。[③] 五凤楼竣工后，正值建设高潮，他又连续为许多著名建筑进行彩绘，先后达十年。1989 年，杨绍书去世，周善甫撰挽联：“尽暮雨朝云，彩笔长此干气象；是浑金璞玉，木讷如君亦风流。”并写了这篇文章发表在《春城晚报》。一个默默无闻的民间艺术家，靠这篇文章得以传世。杨绍书的儿子看到文章后，给周善甫写了封长信表示感谢，说没有想到他平凡的父亲在死后还因此被人们所认识。[④]

---

① 这句话出自《论语·卫灵公》：“子曰：言忠信，行笃敬，虽蛮貊之邦行矣。”周霖或周善甫说出自《孟子》，是记忆之误。

② 周善甫：《忠信笃敬》，《善甫文存》，第 112 页。

③ 周善甫：《深山完璞——怀念纳西族彩绘师杨绍书君》，《善甫文存》，第 132、133 页。

④ 李晖：《我永远的老师》，《风雅儒者》，第 144 页。

《活荷马》记录末代老东巴之一多亨法师和开详吟诵东巴诗篇的惊人魅力。1990年，亚运会在北京举办期间，有关方面举办东巴文化展，取得成功。多亨法师进京参展。他们凯旋经昆明回丽江时，丽江旅昆同乡宴集祝贺。多亨法师主动提出为大家吟诵东巴诗篇。周善甫发现他已七十开外，细瘦斯文，担心在众声喧哗的大厅，恐怕很难取得好的效果，但他一开唱，就把全场镇住了：

> 在表示欢迎的掌声略停以后，他好像从地层深处掏出了第一声。那音色之奥妙难名，既觉十分生疏，又觉十分熟悉。生疏到不能以任何聆听过的歌声比拟它；但又熟悉到如闻母亲耳畔的絮语。它亲切和谐，绝无伪饰。悠扬而自然，沉郁而洪畅。到底是歌、是咏、是诵、是吟，也无从类归。只觉早先就该如此，不可能再别有妙绪。其朴茂典雅，有如书法中之有甲骨与钟鼎，一下就把众宾朋的喧笑全镇住了。还没等到第一句收声，在座的全成了一群迫待把故事听下去的天真的孩子。[①]

写出了多亨法师吟诵的美妙动人。周善甫说："这是一段没有任何器乐伴奏的徒歌，可以让我享领到人类真正纯净的音乐。"让他联想到《列子》所记的秦青、薛谭"声振林木，响遏行云"的歌声，和古希腊盲诗人荷马的行吟，它们都是"基于人类慧根的朴素的徒歌。其感人之深，远非弄巧逞智、众器繁响的演奏所可企及"。[②]秦青、荷马的吟唱早已成为广陵绝响，而多亨法师的吟唱还活在人间，所以周善甫把他誉为"活荷马"，并书此三个大字相赠。

周善甫写的传记有《教育家周暐先生简传》、《教育家周冠南先生传略》、《国画家周霖传略》等。都是他的亲人，写得平实朴素，没有渲染和夸饰，显示出良好的史德和出色的史料剪裁能力。

---

① 周善甫：《活荷马》，《善甫文存》，第134页。
② 周善甫：《活荷马》，《善甫文存》，第135页。

四 随笔的知识性和趣味性

周善甫的随笔小品谈人生，谈文艺，谈掌故，往往有“别人见不到处”，妙趣横生，启人心智。艺术上则纡徐舒缓，自然亲切。语言是他所自觉追求的“略有文采的语体”，古雅干净。

《亥年赞猪》是周善甫第一篇发表在省级报刊的作品，是应《云南日报》编辑杨伊达约稿撰写的，登在1983年春节前后的《云南日报》。周善甫原来的篇名是《赋猪》，报纸有关负责人嫌篇幅过长，删减了1000多字，连名字也改了。杨伊达对周善甫的手稿十分珍爱，于是把修改稿抄一遍付排，留下原稿。杨伊达说：“《亥年赞猪》虽被删改，但其文通篇珠玑，删后也未能夺其光彩。”他指出以下一段最不应该删：

> 记得早年姨妈来家看望母亲，尽管有着洁净的坐处，可是老两姊妹最乐意的地方还是猪圈旁边，凭栏共赏此憨厚的畜牲，品头评足，逸兴湍飞，不让伯乐相马、林逋放鹤的情致，乃至会失声叫出“生得真好看”来。好看者，美也，称猪为美，常令我弟兄闻而失笑。

杨伊达说这写出“家居生活中何等的温馨自然”。[①] 这段文字的好处，一是真实。在农业社会这是常有的情景，亲戚互相走访，总要谈论庄稼长势收成，看看猪鸡牛马。“把酒话桑麻”诗人写得多，凭栏赏猪牛则未之见。而这一场景确实“温馨”。二是文字的“活跳”。“凭栏”或“倚栏”是古诗词中常见意象，但都很雅，李煜《浪淘沙》“独自莫凭栏，无限江山”；柳永《八声甘州》“争知我、倚阑干处，正恁凝愁”；辛弃疾《摸鱼儿》“休去倚危栏，斜阳正在、烟柳断肠处”；岳飞《满江红》“怒发冲冠，凭栏处，潇潇雨歇”，都是这样。周善甫写“倚栏赏猪”，既是实情，却也和传统的“倚栏”意象形成强烈反差，所以有趣。接着用“逸兴湍飞”写赏猪的情趣，把两位妇女凭栏赏猪与伯乐相

---

① 杨伊达：《善甫老伯》，《云南日报》2003年8月5日。

马、林逋放鹤这些雅事类比，也是神来之笔。这样写，把猪对人们生活的重要性和人们对猪的感情凸显出来了。这样的事，真是大俗而大雅，写得真，写得奇，写得美。

《仁者寿》题目确实是老生常谈，但悟得深，谈得透，入情入理，所以依然给人人生智慧的启迪。追求快乐和长寿是所有人的愿望，但要怎样才能获得快乐和长寿呢？世人追求的倾向有两大类，一类是贪得无厌地追求物质欲望的满足，这是“入世”的；一类是看破红尘，追求虚无的精神超越，这是“出世”的。周善甫认为这两种方式都难达到目的，不是最好的选择。他分析这两类人说：

> 是锦衣玉食吗？是高堂华屋吗？是鲜车良马吗？是歌舞征逐吗？是甜言蜜语吗？是所求如意吗？还是日进斗金呢？都不。这些功利追求，失败居多，不易轻致，去营求它，本就是个重重烦恼的过程，即或得手，又总是得一进二、层层加码，是永难满意餍足的。得失俱属徒劳，实乃无边苦海。虽竞者居众，究无足取。
>
> 于是，古来许多“达士哲人”便自命看破红尘，而求逍遥自在于无何有之乡，如佛家的色色空空，道家的不为不恃，莫不高妙难名，或亦可麻醉兴奋于片刻。实则既无法羽化飞升，便总得托命于物质世界，徒然易滋遁世颓堕之感，闹到计拙营生，便穷愁交至，终无可乐。①

这两种人生取向，确实具有相当的普遍性，但结果如周善甫所分析，未必真正能获致快乐。

在否定了这两种人生取向之后，他说：

> 既然出世、入世，俱无可乐，难道就一无乐境了吗？对此，古来贤哲学者不断作过求索，并从不同的观点，提出了几乎一致的训诲：那就是“为善最乐”。一个人，当很少计较个人得失，愿意尊

① 周善甫：《仁者寿》，《善甫文存》，第38页。

重和帮助别人，热心社会公益时，就也能享有别人的热情和帮助，比自私者更会热爱生活。从而洋溢着奋发有为的情绪，有成，则心花怒放；无成，亦无愧于人。坦坦荡荡，这才足以赢得人生之真乐。此所谓“德润身”、“仁者寿”、“为善最乐”、“美意延年”。[①]

道德和善行能给人快乐和长寿，是中外贤哲早已阐明并被人类实践反复证明的问题，但在滚滚红尘之中，许多人始终不以为然，迷途不返，于是以追求快乐长寿为目的，结果却与之越行越远，收获的是重重烦恼。这也说明“仁者寿”是需要反复言说的问题，它不是教条，更不迂腐，它是人生的真谛。因此周善甫得出结论说：“敦品厉行，并非迂阔，也不‘吃亏’。奉献于人，即所以奉献于己。乃是求谋自身康乐长寿可恃而必由的正道。”在道德滑坡、唯利是图、金钱崇拜已成社会风气而导致人心浮躁、狂乱难安的当代中国，这样的提醒更为必要。

《地行仙》是谈旅游的，这样的题材是写得泛滥成灾了，但周善甫以哲人的眼光看旅游，围绕旅游是一种自由快乐的生活方式展开，谈得机趣横生，令人欣然，进而倾倒。他把旅游者比作“地行仙”，别致而贴切。

他先写“仙”之美好，“尽享最高华的受用，更无丁点子的烦扰。故‘世人皆知神仙好’、‘羽化登仙’，历来为芸芸众生所向往”。但飞升而成仙人，永远是美好幻想。不过，现代社会人们可以在现实世界获得某些“仙人”的“受用”，一定意义上成为“仙人”。周善甫说，在他“游经若干名山之后，一次比一次真切的理会到：‘仙’居然是可登阶而成的”。原因是，旅游者能够自由地漫游登山，在“太平盛世”才能做到；能登山的人，身体健康，经济状况良好，而且是情操与意兴高的人。“自由坦荡，任尔来去”，“无劳为饥寒挂心”，不“再患得患失”，自然有仙人的美好受用。

下面是描写现代“神仙”的生活场景：

① 周善甫：《仁者寿》，《善甫文存》，第39页。

何况：百废俱兴，科学呈奇，鸟道羊肠，处处已是云程达道；野寺茅衡，在在变为桂殿兰宫。千里远途，轻车可接，万仞高岗，一缆扶摇。卧香软，食甘旨，抚电子琴于瀑下，拍彩照于花前，香槟开，迪斯跳，荧屏高张，灯月争耀，这便是现代神仙的排场，不仅已非古人“山石荦确行径微，黄昏到寺蝙蝠飞”的寒伧局面，也远非西方金迷纸醉纵欲者可得同日语。

即此数端，已足证明，在现代条件下的我国旅游者们，方其游目骋怀之际，便已属羽化登仙之身了。我曾在黄山玉屏楼前摄下一帧场景：以庄严的奇峰杰阁为背景，画面上林林总总有百十来人，错落坐立于长松危石之间，有的策杖长吟，有的凝神作画，有的款款笑语，有的喁喁情话，还有集体合唱的，嬉闹追逐的，交杯痛饮的，据石长啸的，莫不衣履光鲜，神采轩昂，活是“虎鼓瑟兮鸾回车，云之君兮列如麻”的写照，确乎恍然天上，非复人间了。

其实，又岂止是陆地神仙，真仙嘛，总还那么清净空虚，终古闲散，屏绝欣戚，百无聊赖。而旅游者呢，在伐毛洗髓地作过一次休整后，还大可重返红尘，再享受那绚丽多彩、丰富充实、喜歌悲吟，生趣盎然，有理想、有建树的激越生活。[①]

这里给人印象深刻的是，旅游的无拘无束。有些人旅游总是喜欢清静，以为在大自然中，应该没有城市的喧嚣，要享受宁静和恬淡，否则就是庸俗。这自然有一定道理。周善甫则从旅游是要获得舒展快乐的角度看问题，宽容地对待人们在旅游中的各种行为，包括“抚电子琴于瀑下”、“迪斯跳”、“嬉闹追逐”、“交杯痛饮”等。玉屏楼是黄山人流密集的地方，许多人可能觉得烦，不能静观大自然之美。而周善甫却以赞赏的笔触生动描绘了玉屏楼前的热闹场景，写出了人们在大自然的怀抱中彻底放松的情态。游人都很快乐，周善甫则因为看到他们的快乐而快乐，颇有欧阳修《醉翁亭记》“乐其乐”的韵味。这样的境界无疑更高一层。

① 周善甫：《地行仙》，《善甫文存》，第59页。

周善甫随笔中有一组是谈诗的，相当于古代的诗话，有《诗文之喻》、《识得诗中味，青山亦朋友》、《诗地相肖》、《俗词入诗》、《冰炭置肠》、《孔砚别解》、《纠误之误》、《陈寅恪教授咏蒙自南湖诗》、《长松巨壑，明月清风》、《为“佛狸”正音》等。宋许顗《彦周诗话》说：“诗话者，辨句法，备古今，纪盛德，录异事，正讹误也。”[①] 朱光潜说：“诗话大半是偶感随笔，信手拈来，片言中肯，简炼亲切，是其所长。”[②] 周善甫的这些文章也具有朱光潜所说的特点，只是篇幅比古人长，说理也更充分一些。这些文章有的品读诗歌韵味，有的探讨诗歌写法，有的记录诗歌掌故，都是有感而发，自然亲切。

《识得诗中味，青山亦朋友》写古人诗词采用拟人化手法写山与人互相欣赏和敬爱、引为知己的例子，揭示以山为友的意趣。涉及的作品有李白《独坐敬亭山》、张养浩《双调·雁儿落带过得胜令》、辛弃疾《贺新郎》和担当赠徐霞客诗“料君世上无知己，除却青山只有吾”（引文略有出入，担当上句为“知君足下无知己”）。如评析辛弃疾《贺新郎》：

> 辛稼轩词《贺新郎》也有名句：“问何物，能令公喜？我见青山多妩媚，料青山见我应如是。情与貌，略相似。”“妩媚”二字是形容女子鲜活情态的词儿，而这里却阴用了这么件故事：魏徵是唐太宗时的名臣，敢于直谏，而形象却很粗拙。太宗曾说：“人言魏徵举动多疏慢，我但见其妩媚耳。”唐太宗能赏识其内心端美，并会风趣地用“妩媚”二字称赏一位粗拙疏慢的老头，这正足窥见唐初治世君臣相得的风规。稼轩是以魏徵的风骨自许，却拉上青山作陪。青山呢，惟我能于重拙中见其姣好；我呢，也只有青山能于狂狷中理解我的气节。引青山为知己，也正以索求知己于千载的读者之中。何等委婉，何等手段，何等“相互抬高”得这般

① 何文焕辑：《历代诗话》上，中华书局，2004年，第378页。

② 朱光潜：《〈诗论〉（抗战版序》，《诗论》，三联书店，1984年，第1页。

妩媚呀！[①]

这样的赏析，有学识，更有灵气。他进一步阐释与山为友的意义：“与山为友，比之热衷权势、昏瞀情欲的杂念，究竟有其清醒超卓的一面。”

“正讹误”的有三篇。《孔砚别解》谈李贺《杨生青花紫石砚歌》中“孔砚宽顽何足云”中“孔砚”的注释问题。古今注家把“孔砚”解释为“孔子所用之砚”，则这句话显示了对孔子的轻慢。清人王琦注李贺此诗，就指责说：“因杨生一砚，而以孔砚为不足云，太无忌惮。”周善甫认为，孔子时代，还是“竹简漆书”时代，作为与毛笔和墨相配的书写工具的砚台还没有产生，则此处的孔砚不能解释为“孔子所用之物”。实际上,“孔”除了用作名词以外，还有形容词和程度副词的用法。作形容词意思是“巨大”，如孔雀之“孔”。作副词，意思是“很”，如《诗经·采薇》：“忧心孔疚”；又《东山》：“其新孔嘉。”高亨注说:“孔，甚也。”所以，这里的“孔砚”就是“大砚”。大概杨生的紫石砚（端砚）比较小但精美，所以此句用否定“宽顽”的大砚来反衬它的可贵。这种解释，顺理成章，也不存在唐突孔圣问题。他的解释，可备一说。

《纠误之误》写于 1984 年 12 月 16 日，是纠正自己的错误，也是纠正宋人洪迈的错误。他在《莫漫挥洒》中针对时人写文章草率的风气，指出要认真才能避免犯知识性错误，举了洪迈批评古人写梅花犯错的例子。这个例子他没有说明来源，考其出处，在《容斋随笔》卷一〇：

> 今人梅花诗词多用“参横”字，盖出柳子厚《龙城录》所载赵师雄事。然此实妄书，或以为刘无言所作也。其语云“东方已白，月落参横”。且以冬半视之，黄昏时参已见，至丁夜则西没矣，安得将旦而横乎？秦少游诗“月落参横画角哀，暗香消尽令人老”，

① 周善甫：《识得诗中味，青山亦朋友》，《善甫文存》，第 40 页。

承此误也。

“参”是星名，二十八宿之一，是猎户座中的主星，十分醒目，一般认为在四更沉没。周善甫认同洪迈的说法，认为“东方已白，月落参横”虽能表现梅花“暗香疏影”的清寒韵致，但不符合星象出没的规律：“在寒梅着花的晚冬，参星初更便没，绝无晓前横天之理”，所以是错误的。后来他发现，自己的认识是“想当然耳”：

> 不意前天凌晨，当我按常在园里练身时，一阵暗香袭来，不由被引到梅树下去，才见不经意间它已缀满了一身新花。天气异常晴朗，严霜正肃。横斜的疏影衬映着小星沉月，便觉端丽清高。正忘形处，猛可注意到星，咳！灿然罗列西天的，不正是猎户座吗！而其最触目的主星，不就是参宿吗！这就使我愕然了。忙着回房细检星图和词书，才知果然纠误有误。[①]

他用“亲证”方法，发现凌晨“参宿”并没有消失，“月落参横”的写法不错。

他进一步分析出错的原因：

> 出错之由，在乎地望，此地僻处西南边隅，时差、物候俱与中原差忒，自不容一概而论。古人限于知识，即有失察，尚属可原，而我们就不容将错就错，何况出现于纠误的文章之中，便尤是汗颜。谨记以自警。[②]

诚恳认错、严于自律，让人感动。而更重要的是，他纠正了洪迈的说法，为正确解读古人相关诗歌提供了科学依据。

《为“佛狸”正音》发表于《语言美》1982年4月10日，是对当

① 周善甫：《纠误之误》，《善甫文存》，第68页。
② 周善甫：《纠误之误》，《善甫文存》，第68页。

时通行高中语文课本的疏漏进行质疑和补遗的：

> 现行高中语文课本第四册里的辛弃疾《永遇乐》一词，有“佛狸祠下”句。这里的“佛狸”是后魏太武帝拓跋焘的小字。佛同弼，应读作 bili，属鲜卑语的人名译音，如万俟卨之类，意义与读音都不可照字面生搬硬套。
>
> 可是课本里的注解，没有提到这一异读；就手边几种教学参考书和一般词书，也没有加以订正。因此，不少教师也就按常读作了 fuli。我认为作为正式教材，是不容传讹的，故提出质疑如上。[①]

如他所说，作为教材，这类细节的准确十分重要。他当时在个旧二中任语文教师，能发现这类问题，说明他知识的广博程度远在一般教师之上。

《陈寅恪教授咏蒙自南湖诗》介绍了陈寅恪在蒙自写的一首诗。蒙自是滇南的一个小城，在滇越铁路线上。1938 年，北京大学、清华大学、南开大学在昆明组建国立西南联合大学，因为昆明校舍不够用，在蒙自设分校，文学院和法学院 5 月至 9 月在蒙自办学，一学期后搬回昆明。于是陈寅恪作为文学院教授和一批文史大师来到蒙自，与郑天挺、吴宓、朱自清、闻一多、刘文典、陈序经、陈岱孙等住在哥胪士洋行。蒙自南湖风景秀美，联大分校就在南湖之畔，课余师生都喜欢在南湖游玩，好几位诗人或学者写了吟诵南湖的诗文，陈寅恪的《蒙自南湖》是最著名的之一：

> 景物居然似旧京，荷花海子忆升平。
> 桥头鬟影还明灭，楼外笙歌杂醉醒。
> 南渡自应思往事，北归端恐待来生。
> 黄河难塞黄金尽，日暮人间几万程。

① 周善甫：《为“佛狸”正音》，《善甫文存》，第 109 页。

陈寅恪是现代学术泰斗，精于隋唐史、敦煌学、佛学、中古文学等的研究，渊博精深，海内外共尊大师，是20世纪中国最具影响力的学者之一，有“教授的教授”和“国宝”之誉。20世纪90年代以后，他的“独立之精神，自由之思想”引起国人共鸣而掀起“陈寅恪热”，使之成为公众熟知的人物。但在之前，他只在学术圈为人所知。尤其是“文革”当中他被作为“资产阶级反动学术权威”受到批判，在屈辱中死去，一段时间人们是忌讳谈论他的。

周善甫这篇文章写于1981年，是作为地方掌故来谈的。文章介绍了陈寅恪的学术成就、诗的写作背景，扼要评析了作品思想内容。在当时陈寅恪还未走近公众视野的情况下，周善甫作为一个边疆中学教师，能够抉发出这一掌故，是难能可贵的，显示了他知识面广，而且有敏锐的眼光和出众的学术判断力。他介绍陈寅恪是“能发千古之覆的史学大师”，“享有国际声誉”；评价这首诗“感情真实，诗律谨细，浑如唐人作品”，[①]都是很到位的。

也正因为写的时间早，而且特殊的历史原因造成资料信息的缺乏，周善甫的介绍和评论也有不准确之处。文章说：“陈寅恪教授是我国著名的历史语言学家，特别是对中近东历史语文的研究，享有国际声誉。”[②]历史语言学只是语言学的一个分支，不足以概括陈寅恪的学术范围和成就。他研究“中近东历史语文”更不符合实际情况，他研究的主要是是中国史和中国文化，对中亚古代语言、梵文也有很高造诣，这些都不属于“中近东”范围，而是“远东”。说“他未能看到党领导的祖国人民所具有的雄伟的抗日力量，便认为抗战的胜利是盼不到的了，结合个人流离困窘的处境，对此美景，只能是一片黯然神伤的心情”，则带有那个时代的思维特点，不必苛责。“北归端恐待来生”正是“感情真实”的表现。

后来，陈寅恪在蒙自的事迹和南湖诗经常被提起，陈寅恪研究者、西南联大研究者多耳熟能详。周善甫作为介绍这个掌故的早期学人，令

---

① 周善甫：《陈寅恪教授的咏南湖诗》，《善甫文存》，第107页。

② 周善甫：《陈寅恪教授的咏南湖诗》，《善甫文存》，第107页。

人敬佩。

谈历史故实的有《天雨流芳》、《研究东巴文化的先驱》、《清末丽江白话报》、《开武亭》等。这些文章，都能发掘某些被淹没的历史事实。《研究东巴文化的先驱》回忆周善甫协助杨仲鸿编东巴词典的情况，《清末丽江白话报》介绍赵式铭开风气之先，在民族地区创办最早的白话报，开启民智的情况、

《天雨流芳》叙说丽江木氏土司署中的一块匾“天雨流芳”。明代，木氏土司雄霸滇西，修建了壮丽的土司署，俗称“木府”，徐霞客称其规模气势“拟于王者”。后来随着木氏势力的衰落，土司署也倾圮了。周善甫小的时候，只看见破败的基座和署前的三座牌坊的框架，匾额都不在了。先辈回忆说，居中牌坊上的题匾是“天雨流芳”四字，字面意思“典雅可喜”，而且还与纳西语“去读书吧”谐音，显示了木氏提倡读书、开启民智的统治理念。周善甫认为，这种“卓越的施为”使丽江“这边远的僻壤居然读书成风，人文蔚起，不亚内地”。纳西族的文化水平至今仍居56个民族的前列，都拜木氏之赐。他特别喜欢这四个字，请“镌刻名手”、后来任云南省书法家协会主席的郭伟雕了一方压角章，经常钤盖于书画作品，以“自勉勉人”。

下面两段话，颇有意味：

> 记得解放前两年，我曾在旧县府里遇到当时世袭在位的“木老爷”，来财政科领取清初改土归流时就规定例给的“土司年金”（名称大意），这在当初既属权力出让的补偿，估计会是一笔不小的数额，可是历经两百多年，货币由银两演变再变，倒当时以贬值出名的“金圆券”，其实际领取值便有限了，大概还值不到一包香烟钱。我当时就曾问他：“这么一点点钱，何苦再来费事领取呢？”他苦笑说：“再少，也是国家颁给木氏的体面钱，例规总不好丢呀！”言下，我也不免为之怃然。
>
> 不过，如今丽江的木氏后裔却仍兴旺发达，广出人才。从长远

看，这又正是：不愚人者，亦即所以不自愚啊！[①]

交代了木氏土司在民国末年的情况，是已经完全没落了，而年金再少，"也是国家颁给木氏的体面钱，例规总不好丢"的话，则逗漏出老贵族的气派犹存。解放后，木氏家族的政治地位是彻底失去了，但仍兴旺发达，人才辈出，这是另一种成功。周善甫从木氏家族的命运总结出"不愚人者，亦即所以不自愚"的规箴，提升了文章的思想境界。

《开武亭》记昆明五华山上的一座亭子。五华山雄峙昆明中央，历来是观瞻所系。康熙二十六年（1687），云贵总督范承勋在山头最高处修了一座壮观的六角亭子，题名"拜云亭"，在其中"隆重地供奉"大清皇帝的万寿牌位，以标志清室皇权对西南边疆的确切领有。还规定总督统帅的大小官员都要在每月初一早晨到亭前按官阶排队叩头，以表示效忠。云南辛亥重九起义成功后，五华山作为军政府的所在地。唐继尧被袁世凯封为"开武将军"，他重新装修拜云亭，更名为"开武亭"。开武亭仍为号令重地。1915 年，袁世凯称帝，唐继尧、蔡锷等发动护国战争，在开武亭前誓师。护国成功，再造共和，唐继尧在近日楼建"护国纪念馆"，其中绘制了两幅巨幅油画，一幅就是誓师图，背景是"金榜高悬"的开武亭。1927 年，北伐胜利，昆明举行提灯会庆祝，还在读初中的周善甫提着红灯笼随队伍上五华山向省府首长致敬，看到了开武亭。解放之初，拆除五华山的亭台，开武亭也被拆除了。文章最后说："百年世事，总算往好边走，倒也无多感叹；只是五华山头，而今新楼匝地，就缺这么个三百多年的故物作装点，倒也不无怃然呢！"[②]开武亭是见证了云南许多历史事件的建筑，没有他的文章，恐怕就没有多少人知晓了。他的"怃然"是会引起大家的同感的。

周善甫的随笔小品，就是这样言之有物，读之有味。曾把他的文章编发在《云南日报》副刊的杨伊达说："就是这些即兴之作，篇篇读来都饶有意趣，老伯的作品似乎出自桃花源中人之手笔，不沾尘气，实属

① 周善甫：《天雨流芳》，《善甫文存》，第 109 页。

② 周善甫：《开武亭》，《善甫文存》，第 131 页。

‘另类’。”“我总以为，善甫老伯的那些小文章，恰恰最能透射出他的大智慧、大才情。检索我做编辑时编发的上述短文，每读一篇，都感到有大奇之气，大趣之味。”[①] 这些感受和评价，并非溢美之词。

第五节 对联艺术

对联是汉文特有的语言艺术，是汉字艺术奇葩。它利用汉字单音节词和四声特点，根据对称规则，造成精巧的对偶句。对联的特点是字数相等、词性相当、结构相称、节奏相应、平仄相谐、内容相关，具有均衡美、声律美与和谐美。它往往与书法艺术结合，珠联璧合，相得益彰。

“滇人善联”，明清以来，云南楹联高手辈出，闻名全国的佳联甚多。担当《罔错斋联语》量大质优。乾隆间孙髯翁作昆明大观楼联、嘉庆间师宗人窦垿作岳阳楼联、晚清赵藩作成都武侯祠联广受赞誉，传遍寰中。近代赵藩、陈荣昌、袁嘉谷都是楹联大家。杨慎寓滇期间，作了很多名联，对云南对联艺术发展亦有很大影响。深厚的传统积淀为云南现当代对联艺术发展提供了肥沃土壤。

一 钟情对联艺术

周善甫钟情对联，理论上有研究，创作上有成就，是当代云南重要的对联作家之一。他创作对联上百副，他的对联自出心裁，“流转浑成，不露雕凿之痕，妙合自然”。[②]

1965 年冬天，他和杨伊达兴致盎然谈论对联和灯谜，就说：

> 这两道小题目要的都是大聪明啊，对联和灯谜，只有中国人能享其妙趣，因为只有汉文字的沃大土壤，才能孕育出这两朵奇

---

① 杨伊达：《善甫老伯》，《云南日报》2003 年 8 月 5 日。

② 王樵：《诗文赫赫一家风》，《风雅儒者》，第 177 页。

妙的小花。[①]

这是极精辟的见解。他当时表示要写篇对联的文章给孩子们看看。

在丽江的水磨坊中，他写出了近两万字的《对联情话》，并把手稿送给杨伊达。《对联情话》以诗话的体例，分“小引”、“迎春之什”、“文艺的市招”、“选盛登临”、“文白之间”、“挽联与史事”等六个章节，从对联在中国的缘起，到对联应遵循的章法、音韵、对仗、平仄等艺术规范，写得有情有理，其中摘引了古今名联近一百副，是一本普及楹联知识、宣讲中国传统文化的极好教材。杨伊达至今珍藏着这部手稿。[②]

“文革”中，他还记录了一些关于对联的笔记。他平反后被安排在个旧二中当语文老师，从丽江搬家到个旧，“此番离丽，旧集联语的笔记均告丧失”。[③]在个旧，他准备编一本《对联选》。他已经收集了一些名联奇联，有的来自古旧书，有的得自老辈的口传。当他和云南人民出版社接洽出版事宜时，出版社告诉他已约请一位大学老师编类似的书，不能重复出版，表示遗憾。他的稿子只能在亲朋间传看，大家认为是本“精美绝伦”的好书。书稿投《语言美》报，发了几篇，就没有下文，全稿最后也丢失了，“这是父亲文稿损失最严重的一次”。[④]

在《大道之行》中，他对对联艺术的特点、功能、普及性作了介绍，予以极高评价，誉为“卓异的艺术形式”，认为它雅俗共赏，与书法珠联璧合，是世界上“规模最大的文艺活动”；清代，能够代表文学最高成就的应该是对联，而不是什么“小说”。他说：

宋以后，尚长短句，对联也便离开律诗而自立门户，而成为楹联，要是前者的对句，只能被目为附丽于律诗的一项特殊句式，至此，便不能不被目为一种独立而卓异的文艺形式了，它常声情并茂

① 杨伊达：《善甫老伯》，《云南日报》2003年8月5日。
② 杨伊达：《善甫老伯》，《云南日报》2003年8月5日。
③ 周善甫：《致学生李晖的信》，李晖据手稿整理打印本。
④ 周孚政：《周善甫先生与楹联》，《风雅儒者》，第210页。

地高张于触目处所，结合优美的书法，成为一项雅俗共赏的综合艺术。

旧时，它无所弗届，上自金銮宝殿，下迄牛圈马厩，都可见到它的身影。它也参与一应社会活动，举凡婚、丧、庆、吊、祝寿、建房等等，也被视为表情施礼的最佳手段。说到名胜风景的题咏，书室厅堂抒情见志的抒发，则更是纯乎其为艺术了。每年春节，千邑万村数以亿计的门楹之上，莫不以猩红的好纸，或新撰、或录旧，结合自己的行业、身份、趣尚，以美好的字迹、吉祥的祝愿，迎春颂岁。春节多暇，人们都乐于负手巡游，激赏评比，这观之不尽的文艺大展，要说世界上规模最大的文艺活动，可信就无逾此者了。

足见对联在文化生活中的声势，是为其他艺事所望尘莫及的。认真讲，继汉赋、唐诗、宋词、元曲之后，在清代擅场当令的应该是“对联”。虽则也有几部好小说，但仅如几株寥寥可数的乔木，比这遍地的蔬菜花草，便毕竟难以视作一代之风尚了。可是我们近代的文学史家们，因查不出西欧文学史里有什么“对联”之说，于是将自己这一巨大的文化存在，也便一笔勾销，而以“清小说”袭位了。

可是客观的存在，毕竟难于一笔抹煞，人民喜见乐闻的佳作，各地仍还盛传不衰；抒写现实生活的新制，依然层出不穷。特别是在改革开放以后，庆、吊、题、讽的对联又在重显身手了。为量之多，不仅远过新诗，怕连所谓当今的小说也当自叹冷落了。旧文体之仍克葆其强大生命力者，当首推此弃而犹活的对联。实情俱在，当非主观偏好之言。①

如周善甫所说，20世纪80年代以后，随着传统文化的复苏，各地掀起了联语热，读联、赏联、撰联蔚然成风。这是追求高雅生活、美化生存空间的好事。但也出现了粗制滥造的现象，他对此并不满意，说：

① 周善甫：《大道之行》，第76页。

“近年所见选集，多有低俗浅白之作。许多风景联，也不过罗列景物，编排文字而已。”他尤其反感一些风景名胜区新制作的楹联，尖锐地批评说，有的人利用某种地位，或者拉扯关系，把自己的对联挂了一处又一处，水平低劣，“不能给江山增胜，而是给江山抹黑”。[①] 这切中时弊，体现了他的胆识。

对联“小题目要的是大聪明”，周善甫有“大聪明”，也能“享其妙趣”，所以他撰写的对联数量多，佳作不少。晚年尤其有相当多的精力投入楹联的创作，撰写了近百副对联，“为中国独有的文学形式增光添彩”。[②]

他的对联类型多样，有哀挽联、祝寿联、赠联、风景联、行业联、杂感联等。内容丰富，既能刻画对象的特点，又能表现他不凡的志向和情趣。形式规范，往往别出心裁，令人叫绝。

二　哀挽联的绝唱

哀挽联是悼念死亡者的对联。周善甫的哀挽联有《挽胞兄周霖长联》、《题朴庵姐丈静芳胞姐遗照》、《挽曹钟瑜兄》、《代萸嫂悼公奇》、《献泰山墓联》、《电唁老友杨超然》等。

周善甫的对联中，广为传诵的是《挽胞兄周霖长联》。1977 年 1 月 13 日，周霖饱受病痛折磨后去世，当晚周善甫就写了悼念兄长的挽联：

半世纪朝夕勤砺，得此艺苑华才于纳西族里。论诗、论书、论画，咸臻妙品。誉重南国，声闻凤城。正挥洒方遒，期趁笔劲墨苍，畅写新天地壮阔波澜。把祖国艺林，移植向西南徼外。那知四妖欺残，遂令十年枯坐，一篑竟亏，独帜未树。到而今，人琴顿杳。泪眼读遗缣，但雪岭云封，清泉冰塞，异卉雾拥，嘉禽露湿，素描粉本，概成广陵绝唱。阿兄真去矣！遗型犹惠风，艺海应拂千帆过。

① 郭鑫铨《识荆散记》，《风雅儒者》，第 133 页。

② 周孚政：《周善甫先生与楹联》，《风雅儒者》，第 210 页。

六十年友于敦笃，享领庭园佳趣于云岭深处。作兄、作师、作友，俱成佳契。义飨北山，情殷鸰原。当蓄素守常，合共萱茂荆荣，乐只故乡原纯朴光景。继父祖遗绪，培植些菁莪蒙童。痛悔歧路乖背，每致千里常违，专业无成，大被终冷。想当日，襟怀恢廓，伤心索旧梦，尽春江楫击，秋山车停，纸窗琴鸣，茶炉香温，常情琐事，难证来生夙因。若弟果难为！支离似疲雁，霜天徒劳一羽飞。[①]

上联写周霖半个多世纪勤学苦练，成为纳西族中的艺术奇才，取得“诗书画三绝”的成就。正当壮盛之年，他希望用画笔表现新中国，把影响扩大到西南边疆之外，却遭受迫害，十年枯坐，无所作为。现在去世了，他的艺术成了广陵绝唱。但是他的美德懿范将像惠风和畅，影响后来者。“艺海应拂千帆过”典出刘禹锡《扬州初逢和乐天席上见赠》：“沉舟侧畔千帆过，病树前头万木春。”“独帜未树”指 1963 年陈毅鼓励周霖在艺坛创造自己的风格，独树一帜。因为遭受迫害，他的理想未能实现，周善甫深感惋惜。

下联写了兄弟间的深情。重点写兄弟共同受难，而情意殷殷。“情殷鸰原”源出《诗经·小雅·常棣》：“脊令在原，兄弟急难。”脊令，也写作“鹡鸰”，郑玄解释说：“水鸟，而今在原，失其常处，则飞则鸣，求其类，天性也。犹兄弟之于急难。”后来人们就用“鸰原”表示兄弟友爱。周善甫说，他本来应该继承家族的传统，一辈子在家乡当老师，培育学生。“菁莪”源出《诗经·小雅·菁菁者莪》，诗序云：“菁菁者莪，乐育材也，君子能长育人材，则天下喜乐之矣。”但他不听兄长劝告，走上一条歧路，最终一事无成，他感到后悔。在伤心之中，兄弟俩在万里长江第一湾石鼓泛舟、一同登玉龙雪山、一同烹茶闲谈和弹琴听琴、他们秋天到长水村赏红叶的温馨往事，一一浮现。他感叹自己现在是一只掉队的疲惫的大雁，已经很难飞翔了。

这副长联发自肺腑，内容丰富，情真意切，对仗工稳，韵律严整，

---

① 《风雅儒者》，第 293 页。

没有绝大的才华是写不出来的。郭鑫铨说："联语288字，在挽联中实属罕见。先生以文入联，写得文气灌注，典雅宏富，真情动人。先生的《春城赋》名闻遐迩，我以为《挽兄长联》可与之相并而为'双璧'。"[①] 雷声普认为"《挽兄长联》无疑是20世纪文学史上一篇具有较高艺术水准且非常的名篇佳作"。[②]

当时，周善甫还是"右派分子"，身份特殊，挽联写出来后，治丧委员会不同意贴在正屋。李晖陪他把它贴在院子里老师住的耳房柱子上。后来在官方召开的追悼会和葬礼上，由于"四人帮"的垮台，周霖重新得到了一定的礼遇。这时周善甫只能躲在角落里，不愿意用自己"历史反革命"和右派的身份去影响已逝去的兄长。他用别种方式悼念兄长，"周霖先生的墓地就在体育场幼狮岗对面的狮子山上，黄昏时老师经常带我上去，自己默默地在墓前沉思，今天我还留着一帧我为老师摄的雪中在兄长墓前的黑白照片"[③]。

周善甫对挽联发表过精到的看法：

> 撰挽联须动真情，有真情方有真文字。人死盖棺定论，为人写挽联，利害已消，前嫌可释，评价往往公允。试将挽一逝者的联语罗列案前，即可见其人品格、得失的大概。挽联且就个人而作，但个人关联社会，从挽联中亦可看到社会潮流、时代风云。所以说，挽联是个大世界。[④]

《挽胞兄长联》就是动了真情写出的"真文字"，评价了周霖的"品格、得失"，反映了时代风云，映射出一个"大世界"。因为真诚、公允，就经得起考验。

---

① 郭鑫铨：《识荆散记——与周善甫先生交往的几件小事》，《风雅儒者》，第132页。

② 雷声普：《长歌当哭　情文并茂——周善甫先生〈挽兄长联〉析评》，《风雅儒者》，第199页。

③ 李晖：《我永远的老师》，《风雅儒者》，第143页。

④ 郭鑫铨：《识荆散记》，《风雅儒者》，第133页。

《挽胞兄周霖长联》后来产生了较大影响。1978 年 3 月 21 日，周霖的学生，云南省博物馆副研究员、书法家孙太初把它公开发表在《春城晚报》，并称赞它“感情真挚，字句工整，堪称佳作”。[①]这在周善甫“非当时写作中望想所及”，他很高兴，“既拿了出去，便不免希望有点回声，即使挨骂，也比泥牛入海受用一些。当然，这样微末的东西是难引起广泛的社会注意的”。所以他希望李晖能写一篇评析文章，在《玉龙山》发表，以期“在故乡的一隅之地”有一定反响。[②]挽联发表后不久，广西大学把它选为修辞学课程的补充教材，《云南社会科学》也有文章提到，加以赞扬。随着时间的淘洗，它的影响越来越大，各种楹联集多有选入，研究文章不时提及，成了 20 世纪中期挽联中的经典之作。李霖灿说：“挽联长句极佳，可与孙髯翁大观楼长句并垂不朽矣！”[③]

还有《挽曹钟瑜兄》：

> 遇何蹇，品何狷洁？尽绛帐尘冷，访旧犹传良师誉；
> 初则友，终则昆季。际滇池月黑，登高弥痛故人稀。[④]

曹钟瑜毕业于东陆大学，受业于袁嘉谷、陈荣昌、秦光玉等，游学于梁漱溟，博学多才，在多所学校任教，官至国民党省党部委员。民国时已是社会名流，1947 年 4 月即被推举为云南大学校友总会理事。周善甫幼年和曹钟瑜的弟弟曹钟璞结为金兰之交。1949 年，周善甫从丽江逃到昆明，在护国中学教书，寄宿曹家并兼家庭教师，在局势动荡之际得到曹钟瑜夫妇的照顾。曹钟瑜 1949 年后遭遇也很坎坷，1951 年被捕，1975 年获释，在昆明市政协从事文史工作，著有《陈荣昌先生与云南国学专修馆》、《袁嘉谷轶事》等文章。他品行高洁，从事教育工作，受人敬重。上联说他去世后，人们仍在夸奖他是良师。下联写两人的关系如同兄弟，曹钟瑜去世了，他感到十分悲恸。“际滇池月黑”隐含了

① 孙太初：《一副挽画家周霖的长联》，《春城晚报》1979 年 3 月 21 日。

② 周善甫：《给学生李晖的信》，李晖据手稿整理打印本。

③ 《李霖灿致周善甫》，《天雨流芳》艺术季刊 2014 年第 1 期。

④ 《善甫文存》，第 96 页。

1949年的往事。1985年，曹钟瑜的学生施菊轩、蒋公泽、马子华等编纂《曹公钟瑜纪念册》，收入周善甫等人的作品。

三　祝寿联的佳品

周善甫寿联的代表作是祝赵银棠90大寿联。1993年，赵银棠90岁华诞，周善甫撰联祝寿：

著冰雪三书，足已传世，况绛帐高风，钦毕生培兰树蕙，阿奶即是文峰，欣兹黄山高会，玉河微吟，雪麓果存当世佛；

越荏苒十熟，便等期颐，忆垂髫冲角，待吾姐咏絮撒盐，若弟许能鄙事，只今鸭池卖文，翠堤倚老，尊前犹是问字人。[①]

上联赞美赵银棠的文学创作和教育成就，认为她一生从事教育，滋兰育蕙，培养人才无数；她是文坛高峰，成就卓越。她心存慈爱，是玉龙雪山脚下的活佛。“冰雪三书”指赵银棠的三部著作《玉龙旧话》、《玉龙旧话新编》和《雪山心影》。“绛帐高风”典出《后汉书·马融列传》：“（马融）常坐高堂，施绛纱帐，前授生徒，后列女乐。”马融是汉代经学大师，受过他教育的生徒有一千多人。他讲学的环境十分华丽。绛帐是红色的纱帐，后来用作讲学授徒的美称。“培兰树蕙”典出《离骚》：“余既滋兰之九畹兮，又树蕙之百亩。”兰和蕙都是香草，比喻人才。“文峰”是双关，既指丽江文笔峰，又指赵银棠的文坛地位。文笔峰纳西语叫“阿奶山”，用来形容已是文坛名宿的赵银棠，十分贴切。

下联回忆姐弟俩从小到老的交往，赞扬赵银棠的才华，自谦是卖文为生的人，并祝愿她寿登百岁。“期颐”是一百岁。“咏絮撒盐”典出《世说新语·言语》：“谢太傅寒雪日内集，与儿女讲论文义。俄而雪骤，公欣然曰：‘白雪纷纷何所似？’兄子胡儿曰：‘撒盐空中差可拟。’兄女曰：‘未若柳絮因风起。’公大笑乐。”谢太傅是东晋政

① 见和毓伟：《凡弟与棠姐的故事》，《风雅儒者》，第107页。

治家谢安，胡儿是谢朗，兄女即谢道韫。谢道韫的比喻更能表现雪的神态和美，所以后人以“咏絮才”比喻才女。这里以谢道韫比喻赵银棠。“能鄙事”典出《论语·子罕》：“吾少也贱，故多能鄙事。”这是孔子自谦的话，此处用以说明自己饱经忧患，只能做低贱的事，也是自谦。鸭池是昆明。“尊前犹是问字人”是说直至晚年，他仍把表姐当老师，向她请教。

他的《八十自寿联》表现怡然自得之感，写得很好：

曾有五十年教龄，衣钵新传贤弟子；
难得八十翁就养，湖山旧识老诗人。①

晚年，有不少贤能之士拜在他的门下，可以传承他的学术，他感到欣慰。在饱经忧患之后，他能够安享晚年，与翠湖相伴，面对一湖烟雨，也是莫大的快乐。最后一句，用拟人手法写翠湖，反宾为主，颇有机趣。

四　赠联流光溢彩

赠联往往用于赞颂、祝愿和勉励对方。周善甫的赠联能写出对方的特点，赞颂之语得体。

李群杰和周善甫是同乡世交，又有表亲关系，青少年时代就很友好。后来，李群杰参加中国共产党领导的革命，周善甫则担任过国民党的国大代表，路径有所不同，但为国家民族服务则殊途同归。建国后也有相似的遭遇，彼此的理解就更深，晚年他们来往密切。周善甫赠李群杰一联，赞美他在两次囹圄生涯中表现出铮铮铁骨，祝愿他们在太平时代共享美好生活。联云：

曾惊阶前铁骨；

① 周孚政：《周善甫先生与楹联》，《风雅儒者》，第217页。

愿共天下清风。[1]

李群杰（1912–2008）是纳西族著名学者和书法家，是中国共产党云南地方组织早期重要领导人，为云南地下党的建设作出重要贡献。1936年毕业于中山大学政治系。1937年5月加入中国共产党。云南党组织1930年遭到破坏后一直未能恢复，中共南方工作委员会派遣李群杰回云南，秘密发展党员，恢复党组织。经南方工作委员会批准，成立中国共产党昆明支部，李群杰任书记。后来，中共云南地方组织几经变动，李群杰都任书记。1942年以后，党组织鉴于他的社会关系，决定他潜入敌人内部，专门从事统战工作和情报工作，出任昆阳、洱源县长。1949年9月，云南“九九整肃”，他被捕入狱，几遭不测。经组织及社会贤达营救，卢汉于12月同意保释出狱。卢汉宣布云南起义，李群杰任“云南临时军政委员会”文教处处长。1950年，解放军进入昆明，成立昆明军管会，任文教接管部副主任。后任云南省人民委员会委员、云南省文教厅副厅长。1952年任省民委副主任，主持日常工作。1955年奉命参与筹组云南省政协，任秘书长。1958年受到错误处分，蒙冤24年，度过20年的铁窗生涯。十一届三中全会后平反昭雪。1982年任云南省政协常委。历任云南省文史馆名誉馆长，中国书法家协会理事、云南省书法家协会主席，云南中共党史学会会长等。著作有《李群杰文集》、《李群杰书法作品选集》等。

周善甫赠联中广为人知的是书赠弟子孙炯的一副：

不可夺者匹夫志；
最难得是美人心。[2]

这副对联是对晚年所收的学生孙炯的赞赏和勉励。上联自然是出自《论

---

① 李群杰：《飘飘何所似　天地一沙鸥——纪念周善甫先生》，《云南文史》2003年第2期。

② 周孚政：《周善甫先生与楹联》，《风雅儒者》，第211页。

语·子罕》："三军可夺帅也，匹夫不可夺志也"。但仅看到这一点是不够的，其中还包含对梁漱溟的敬佩和效慕，希望弟子像先哲们那样始终保持大丈夫志节，同时也是自励。梁漱溟是周善甫心悦诚服的思想家和学者，周善甫的《四书选读》得到梁漱溟的肯定和题签，终身引为光荣。晚年教育弟子，经常以圣哲的行止来激励他们。

梁漱溟是中国现代特立独行的思想家，他服膺和践行儒家学说，养成浩然之气和铮铮傲骨，一生磊落宁折不弯，捍卫了士人的尊严和思想的尊严，而在万马齐喑的时代为中国当代思想史留下一点亮色，为知识分子争得一点尊敬，成为鲁迅所说的"中国脊梁"式人物。他一生为民主政治和国家富强、人民福祉而奔波。"上个世纪中国人格成就最高的无非鲁迅、梁漱溟两人而已，鲁迅的博大深邃与梁漱溟的明朗正大相互辉映，是上个世纪最为灿烂的生命奇观。"[①] 在"批林批孔"运动中，他在举国滔滔攘攘"批孔"的情况下，声言只批林不批孔，并作《今天我们应当如何评价孔子》的长文和演讲，为孔子辩护，在全国政协学习会议上受到围攻，他以"三军可夺帅也，匹夫不可夺志也"应对，违千夫之诺诺，作一士之谔谔。这是表现他风骨的著名例子，是当代思想界的美谈。

"美人"，周善甫怕人误解，专门加了按语："此言'美人'，非仅指'美女'也。""非仅指"就是既指一般意义上的美女，又有别的所指。两面都要看到，才全面，才符合他的本意。第一个层面，男人遇到红颜知己，相爱一生，风雨同舟，患难与共，是难得的，也是幸福的。第二个层面，就是品行高洁、志趣高雅的贤者，或者是美好的理想。中国文学有比兴传统，《诗经》《楚辞》中都有"美人"。《诗经·邶风》："云谁之思？西方美人。"郑玄笺："思周室之贤者。"屈原诗中更多，《离骚》、《思美人》、《抽丝》等诗都有以美人比喻贤人志士的例子。

孙炯珍爱这副对联，2004 年为纪念周善甫诞辰 90 周年，他又分别请 93 岁的历史学家马曜、91 岁的书法家李群杰、86 岁的画家袁晓岑等

① 梁卫星：《改造中国的实践——梁漱溟传》，中国友谊出版公司，2012 年，第 168 页。

书写，他们的书法各有千秋，而都有高寿文化老人们“绚烂之极归于平淡”的从容和厚重。有了他们的加持，这副对联更加流光溢彩。把它推为当代对联中的“佳作极品”当不为过。[①]

五　风景名胜联的美丽

风景名胜联是对联中的一大类型，遍布全国风景名胜区。它描写景观，借景抒情，起到引导人们观赏、丰富和提升景观人文意蕴的作用。

周善甫的风景名胜联佳作亦多。《乙丑重九，昆华文士高会大观楼，应约缀联》、《重建丽江三多祠联》、《题大姚磐锤塔》、《题昆明群艺馆（文庙）某阁》、《代昆明中草药研究所拟献兰芷庵祠堂》、《题抚仙湖临深亭》等都属于此种类型。

1985 年，他为大观楼撰联《乙丑重九，昆华文士高会大观楼，应约缀联》：

临滇池大观，抚今追昔，溯千载开发勋劳，不叹英雄空逝；
续髯翁遗韵，对菊持螯，喜万家悠游丰足，高歌盛世欣逢。[②]

这副对联和孙髯长联有密切的互文关系，内容对孙联既有呼应，亦有解构。撰这副对联的时候，是中国改革开放取得初步成效，人民群众心情舒畅，国家欣欣向荣的 20 世纪 80 年代中期，所以他在肯定“续髯翁遗韵”的同时，也从孙联中翻出新意，颂扬历代开发云南的勋劳，不认为英雄业绩最后都是空无，情调高昂。秋天菊花盛开，螃蟹肥美，赏菊吃蟹是古人雅俗，既有物质生活的享受，又有精神生活的快乐，这是一种悠闲而富足的生活。“对菊持螯”是重九诗常用的典故。“螯”就是“蟹”。宋苏辙《次韵张恕九日寄子瞻》“无限黄花簇短篱，浊醪霜蟹正堪时”；清张维桢《湖上竹枝词》“船住柳荫齐煮蟹，大家清赏菊花天”，都是把赏菊吃蟹对举。周善甫既写了这种雅俗，也切合大观楼

① 周孚政：《周善甫先生与楹联》，《风雅儒者》，第 211 页。
② 周孚政：《周善甫先生与楹联》，《风雅儒者》，第 215 页。

面临滇池，螃蟹多的特点，亦关合孙髯联之“蟹屿螺洲”句。

兰茂（1397–1470）字廷秀，号芷庵，嵩明县杨林人，是明代著名的医学家、音韵学家和诗人，也是理学宗匠。著有《滇南本草》、《医门揽要》、《韵略易通》、《声律发蒙》、《悬壶集》等。他去世后，人们立祠纪念。1988 年，杨林重修兰茂祠，周善甫应昆明中草药研究所之邀，为该所代拟对联，悬挂于祠堂：

一堂荐馨香，咸钦良医高风，大儒学问；
六诏穷考索，绍启炎皇圣业，东壁伟篇。[①]

周善甫有按语说：“兰茂所著《滇南本草》载药物 544 种，为有地方特点的药物专著，成书比李时珍（字东壁）的《本草纲目》尚早百余年。”这副对联赞扬了兰茂的医德医风、儒学造诣，高度评价《滇南本草》的功绩。

他为丽江石鼓铁虹桥撰书的楹联语言简洁，而风景如画：

杨柳两行青；
水天一色明。

抚仙湖在玉溪市澄江县，其北岸禄冲是抚仙湖旅游的重要景点。禄冲有座山峰，山峰陡起，形如笔架，故名笔架山。登笔架山览抚仙湖，水天一色，美不胜收。1991 年，为了丰富笔架山的文化内涵，澄江县政府邀请周善甫、李群杰、赵翼荣等书法家游赏笔架山，为新建的楼台亭阁题写匾额和楹联。周善甫撰书《题抚仙湖临深亭》联：

碧沉千寻，域中深渊此第一；
潋滟万顷，并世清波今无双。[②]

① 《善甫文存》，第 104 页。

② 周孚政：《周善甫先生与楹联》，《风雅儒者》，第 214 页。

既写出了抚仙湖的特点，又有时代感，十分精致。抚仙湖是全国最大的深水型淡水湖，平均深度为95.2米，最深处有158.9米，故云“域中深渊此第一”。这是写实，并非夸饰。湖的面积216.6平方公里，碧波万顷，湖水清澈透明。当代大多数湖泊被严重污染，抚仙湖的清就更是鹤立鸡群了，故云“并世清波今无双”。它暗示人们，游览抚仙湖，不仅要赏美景，还要珍惜美景，增强环保意识。

六　杂感联的韵味

杂感联不指向特定对象，带有比较单纯的文学创作色彩，往往用它来抒发人生感悟，表达某种哲理，或咏物抒情，或劝喻讽世。周善甫喜欢写杂感联，其中佳作耐人寻味。

1985年，周善甫作了三副赞石联，托物言志，借抒写石头的特性，赞美人的品质。后来成为云南省书法家协会主席的郭伟当时刚在云南书坛崭露头角，爱刻印章，有石癖，收藏了一些奇石，专门请他撰一副咏石的楹联，他于是写了《为郭伟赞石》：

泰然受长揖；
轻易不点头。[①]

上联用米芾拜石的典故。北宋大书家米芾是“石痴”，性格古怪，好石成癖，喜欢鉴赏、收藏奇石。《宋史》列传二百二《米芾传》说他任无为州监军：“无为州治有巨石，状奇丑，芾见大喜曰：‘此足以当吾拜。’具衣冠拜之，呼之为兄。”“具衣冠”就是换上官服官帽。他还自己画了拜石图。米芾拜石是中国艺术上的美谈，许多画家以此为题材作画，如明陈洪绶、晚清任伯年、当代李可染等都画有拜石图。下联用生公讲经的典。生公是东晋高僧竺道生。传说他在苏州虎丘说法，感动顽石，为之点头，这就是“生公说法，顽石点头”的故事。

周孚政解析这副对联说：“父亲把石头当第一人称写，从石头的

① 《善甫文存》，第98页。

角度来演绎这两个典故，就别有情趣。石头自古以来受到中国士大夫们的喜爱和尊崇，所以受米芾一拜，也泰然受之，而下联就有更丰富的哲理，人贵有独立的见解，不宜人云亦云，轻易点头。”[①]“泰然”原作“安然”，是接受周孚政建议而改的。

周善甫意犹未尽，又作《咏石》：

> 乃有情物，故可补天，胡丑胡美无可弃；
> 是不老身，即以维地，亦顽亦贞永不离。

有按语云：

> ①女娲所补，乃可老之情天也，岂得以无情物补之乎？②供石贵具皱、瘦、透、漏，谓以丑为美。老子曰：“知天下之美为美，斯恶矣。”焉得为之准绳哉？③虽经防风触折，地维始终不老。④曰顽石、曰贞珉，无非凭人之主观爱恶以为毁誉，与石何尤？⑤《石头记·金锁铭文》：“不离不弃，芳龄永继。”[②]

这一联主要表现三层意思，一是石头的品质，它刚强、忠贞，有情有义；二是它作用大，可以补天，维系大地，并与天地永存；三是石的美丑不能以常情衡量。江南地区的观赏石，以皱、瘦、透、漏为美，跟一般审美所讲的均衡、协调等标准有所不同。它的美不是庸常之美，贵在奇特。这也是一种品质。当然，所谓美丑、顽贞都是审美主体——人——赋予石头的，周善甫已经指出这一点，并用“亦顽亦贞”揭示，这就使意思显得鲜活，不迂腐。这一联在咏石联中气魄大，境界阔，笔法活，亦属佳联。

第三联进一步拓展，补足前两联的意思：

---

① 周孚政：《周善甫先生与楹联》，《风雅儒者》，第212页。

② 《善甫文存》，第98页。

可取不可弃；
最丑亦最美。

上联说石头值得珍惜，深层亦隐含人应该学习石头的品质，刚强、忠贞、重情这些品质不可丢弃。下联表达美丑辩证统一的观点。

《偶成》：

不智乃存未白发；
长贫渐现不俗身。[①]

上联是自谦自嘲。“未白发”有写实的成分，周善甫耄耋之年头发仍黑，一头青丝，所以他跟多人开玩笑说：“这把年纪了，鬓发未华，这也是‘不白之冤’啊。”[②]语含双关，可见他的幽默。下联是自信自负。在长期的清贫当中坚守为人的品质，不庸俗的一面逐渐显现出来。“路遥知马力，日久见人心”，长贫当中逐渐显现的“不俗身”更可信，更值得敬佩。

《自勉》：

无求每觉人情厚；
能让方知世路宽。[③]

上联是清人赵雪松诗中的一句，原诗云：“无求每觉人情厚，有志方觉我计疏。”周善甫借用赵诗为上联，配上下联，于是意蕴更深厚，境界也得到拓展。关于赵诗，他在给儿子周孚政的信中有过评论：

于首句深以为然。较之“无求品自高”的谚语，觉得敦厚多

① 周孚政：《周善甫先生与楹联》，《风雅儒者》，第217页。
② 和万炯：《健笔凌云意纵横——缅怀周善甫先生》，《云南画报》1982年第2期。
③ 《善甫文存》，第98页。

了，不知古来几多“人情浇薄”的叹怨，是出于自己对他人的希求过高哩；这为了要“品高”而“无求”，也是令人不耐的买卖腔，到赞美人间关系，才所谓不失诗人之旨。[①]

这显示了他的宅心仁厚，在人际关系中，不以自我为中心，而多从他人方面着想，多尊重、关心别人，自己也就会得到同样的对待，于是感受到的就是人情之美，人生的路就会越走越宽，而不会感叹“人情浇薄”。他对“人到无求品自高”的别解，表明他的人生境界更高。

《乙丑秋夜梦中偶得》：

问故乡奇景无恙乎？尽游天下名山，总难忘玉岳停云，金江激浪；

岂今日之风采颓哉？编检滇云笺牍，竟无过南园枯树，孙髯长联。[②]

上联表达对故乡的热爱和怀念，下联就有讽世之意。南园即钱澧，善画瘦马枯树。他和孙髯代表了云南历史上文艺创作较高的成就。周善甫认为，当今云南的文艺创作呈现衰颓之势，翻看很多文本，竟没有什么杰作。云南文化，说去说来，还是钱南园、孙髯翁。颇有“今不如昔”之感。这是“夜梦”之偶感，不能视为对当代云南文艺创作之全面评价，但他指出的问题发人深省。

周善甫曾用简草书写这副对联送赵银棠，赵银棠悬挂于家中。书法家李时中去看望赵银棠，见到周善甫的对联，看了又看，读了又读，不忍离去，感叹说：“周老不仅书法炉火纯青，文字亦精彩绝伦。”于是即兴赋诗二首表达对周善甫诗书的赞叹之情：

笔底风云纸潺潺，轻如流烟重如山。

① 周善甫：《致儿子周孚政的信》，《风雅儒者》，第320页。

② 周孚政：《周善甫先生与楹联》，《风雅儒者》，第217页。

雾出远地飘逸去，梦落清潭空灵还。
山水入诗书添趣，风骚在怀笔入椽。
呼出尺牍游四海，风举云鹏寻子安。

读帖犹自梦仙山，峥嵘迷离大自然。
喘息雷神倚危石，出浴太真步玉堂。
天地翻波龙上下，玉女吹箫音短长。
人道周公得仙骨，东游蓬莱又西还。[①]

1991年，周善甫针对社会上金钱崇拜之风大炽，有感而作《志感》一联，“为‘有钱能使鬼推磨’解嘲”：

财货只役鬼；
精诚可通神。[②]

古往今来，总有一些人眼里只有金钱，信奉金钱万能。现代社会，金钱至上更有市场，颠倒无量众生。金钱崇拜既让很多人威风凛凛，也让很多人万劫不复。周善甫不相信金钱万能，指出金钱并非无往不胜，它只能役使鬼，但无法腐蚀正直的人。所谓“鬼”实际上是邪乎的人，无原则无立场无操守的人，唯利是图的人。而正直的人凭借意志与诚恳可以通达神灵，这实际上是说“精诚”有比“财货”更强大的力量，“魔高一尺，道高一丈”。这副对联哲理性强，它解构了“有钱能使鬼推磨”的价值观，现实的针对性和批判性也强。

夫巴的《巧对见功夫》一文记录了周善甫的一联巧对：

溯源流，汰清浊，汇江海，众生赖水；
想忠恕，思感應，念慈悲，三教同心。

---

① 和毓伟：《凡弟与棠姐的故事》，《风雅儒者》，第128页。
② 《善甫文存》，第103页。

上联是一位远客带来的，说是联语巧妙，无人能对，请先生赏玩。[1]巧就巧在前三句每个字都带“水”，而且语义连贯，所以难对。周善甫很快对出下联，前三句每个字都带“心”，而且意思深邃，和上联契合。可见他才思敏捷，是撰联高手，而且表明他念兹在兹的始终是中华文化。中华文化也是源远流长的水，滋养了众生。夫巴说周善甫的下联“堪称绝对”，确实不为过。

七 行业联的正气

行业联是指内容为针对某一行业、部门或领域的对联。过去，商铺、药店、餐馆酒楼、茶室等，都有对联，平添一份文雅之气。现代，行业联仍有生命力。

晚年，周善甫名声越来越大，书法的身价越来越高，加上云南省文史研究馆馆员的身份，经常被邀请到各地参观，或参加各种笔会，这种时候，往往要求现场挥毫。他才华横溢，文思敏捷，结合东道主的行业特点，能迅速想出恰当的对联书赠对方。如《题赠昆明磷酸钠厂》：“以科学创财富；化腐朽为神奇。”《题赠大板桥农场桃园》：“秋实王母羡；春花渔父迷。”《题赠华宁柑橘研究所》：“一年好景君记取；四海佳种我能移。”《题赠雅乐饭店》：“雅兴不浅；乐在其中。”《为丽江大研中学题辞》：“品高志大；博学深研。”都贴切，言简意赅，有的还颇为风趣。

1982 年，昆明新文化宫建成，矗立在市中心东风广场，成为昆明的标志性建筑。他为文化宫撰书《昆明文化宫鼎建志喜》：

工人乃开天辟地巨灵，愿勿自弃；
文化是穿金贯石利剑，一任君挥。[2]

高度赞扬工人的力量、文化的力量，气势恢宏，力重万钧。

---

① 夫巴：《巧对见功夫》，《春城晚报》1999 年 1 月 3 日。

② 《善甫文存》，第 96 页。

1991 年，撰书《贺云南人民出版社四十周年社庆》：

笔阵堂堂信不惑；
滇云灿烂进文明。[①]

这副对联立意很高。出版社以出版书籍为业，而书籍是人类进步的阶梯。云南人民出版社建社四十年，出版了大量书籍，推进了云南的文明进步。

1992 年，个旧市编纂完成《文化志》，请他题词，他撰书《个旧市〈文化志〉索题》：

个人何足道哉？尽物华天宝，还必须力汇心融，方克富强臻大治；

旧事不可忘也！纵人杰地灵，当常记筚路蓝缕，才知欢快乐小康。[②]

这是一副嵌字联，上下联首句把“个旧”两字镶嵌进去。指出个旧市物华天宝、人杰地灵。方志有存史、资治、育人的作用，所以强调所有个旧人要记住前辈披荆斩棘的开拓历史，凝聚智慧和力量，共同奋斗，才能实现繁荣富强，过上快乐的小康生活。此联切合方志的特点，含义深刻，鼓舞人心。对联刊载于 1992 年出版的《个旧市文化志》扉页。

第六节　书信的情趣与透脱

20 世纪 90 年代以前，中国普通人还用不上电话，更没有电子邮件，人们之间的异地沟通主要是写信，通过书信传递信息，交流思想感情。周善甫当时和所有普通中国人一样，用书信和家人、亲戚、朋友、

① 《善甫文存》，第 102 页。

② 《善甫文存》，第 97 页。

学生联系，写了一些书信。其中致妻子杨佩兰、表姐赵银棠、儿子周孚政、女儿周永福、学生李晖的部分信件在他去世后被编入《风雅儒者——文化名人周善甫诞辰90周年纪念文集》，公之于世，使我们能够看到他的私密写作，也看到他的生活、思想和品格。

一 周善甫“就是这封信写得比谁都好”

书信是一种实用文体，除现代一些刻意把它当文学来写的所谓“书信体散文”外，真正的书信都是私密的，不是狭义的文学创作。但好的书信因为包含了精致的思想、真挚的情感和出色的叙述和修辞，也能成为极好的文学作品。中外文学中，都有书信构成的文学作品系列。

中国的书信体文学源远流长，自汉代以后，差不多每个名作家的文集中都有书信，历史上的书信名篇数量是巨大的，排除这些书信，中国的古典文学会黯然失色。现当代作家中，鲁迅许广平的《两地书》、《傅雷家书》、《沈从文家书》都是散文杰作。

书信因为是在私密空间的个人交流，一般不会搔首弄姿，而是坦诚亲切，文字上有鲜明的个人风格。其内容可以反映写信者的人品、学识和思想，也可以反映当时的社会情况，所以具有较高的史料价值和文学价值。在学术研究中，“书信常被视为真实可信，这也是在研究中书信常常被赋予超越文学价值的原因所在。在探讨时代史和生平研究时，书信成为意义重大的资料来源。常常是书信这样的个人化文献才会展露出从人格到生平乃至作品的信息和想法”。[①]

周善甫是把书信当作有价值的文学作品对待的。“文革”结束后，他曾想编《书信名篇选》，因与他人选题撞车而放弃。书没有出成，自然遗憾，但足见他对书信的喜爱。

但这不意味着他要把自己的书信写成公开发表的文学，那就俗了。鲁迅曾经说日记都不准备给人看，所以真实可信，也可爱，但如果写日

---

① 〔德〕顾彬、梅绮雯、陶德文、司马涛著，周克俊、李双志译：《中国古典散文——从中世纪到近代的散文、游记、笔记和书信》，顾彬主编：《中国文学史》四，华东师范大学出版社，2008年，第252页。

记时就想着要公开，因而端着架子写，那就讨厌。晚清“极风行”的李慈铭的《越缦堂日记》就属于后者。鲁迅在《怎么写（夜记之一）》中批评说这部日记“每次要留给我一些很不舒服的东西”，“早给人家看、钞，自以为一部著作了。我觉得从中看不见李慈铭的心，却时时看到一些做作”。书信也是这样。周善甫身后公布的书信，多是他落难时期写的，他一介凡夫，甚至是一个“贱民”，压根没有想到书信还有公开出版之一日，也就没有“做作”。其实，他的书信就是按家常信件来写的，本色自然，能够看见他的“心”。周霖曾不无爱怜地对他弟弟说：“你呀，什么本事都不大，就是这封信写得比谁都好。”①

周善甫的信每每得到宝爱。方宝善是他20世纪30年代在丽江中学任教时的学生，也是历史学家方国瑜的亲侄，与他一起登过玉龙雪山。方宝善毕业于云南大学文史系，曾在个旧工作。1990年，他把周善甫给他的十余通信函编为一辑，“爱藏之”，请老师题跋。周善甫先是哑然失笑，觉得谈的都是寒暄琐细，没有多少收藏价值，方宝善“错爱”了。得闲时重新阅读，又发现这些信中，“无一处是有心伪饰的话头，乃至还偶有率尔出诸性情的言语”，悟到这就是方宝善宝爱的原因，“信则善，善则美，美则可宝”。②“信”在此处是诚恳、真实。他的信都有这样的特点：诚恳、善意、美好、率性，所以值得宝爱。

德国现代著名诗人赫尔曼·黑塞在谈到诗人戈德弗里德·本的书信时说：

> 人们会在他的书信中遇到一个桀骜不驯、愤世嫉俗的遁世者吗？不过情况并非如此，这些书信展示出的他是一个还是充满了人性，富于爱和忠诚，令人爱慕也令人钦佩，坚定执著的人。……读这些书信让我受益。③

---

① 李晖：《我永远的老师》，《风雅儒者》，第150页。
② 周善甫：《方集拙函索记》，《善甫文存》，第164页。
③ 转引自顾彬等《中国古典散文——从中世纪到近代的散文、游记、笔记和书信》，《中国文学史》四，第252页。

读周善甫的书信，也给人这样的印象。他是那么富于人情味，那么丰富又单纯，那么平凡又脱俗，那么豁达又执著，那么可爱又可敬。读他的书信，同样让我们受益。

阅读周善甫书信，是一种令人愉悦的审美之旅、思想之旅、情感之旅，往往让人在不知不觉中陶醉，然后豁然开朗。他的书信，谈人生，谈爱情，谈文艺，谈历史，谈人物，谈学术，谈自然，谈家常，谈时事，娓娓道来，智慧横溢，见解通脱，诚恳亲切，妙语连珠，文笔灵动，是真文字，美文字，它给我们的是那种我们在最好的文学中才能触摸到的东西。

二　谈婚姻：婚姻不是享受爱情，而是缔造爱情

1968年9月14日，在儿子周孚政准备寻找配偶的时候，周善甫给妻子和儿子写了一封长信，谈他对爱情和婚姻的看法。

"欧风东渐"以来，"爱情至上论"在国中颇有市场，"有了爱情才能结婚"成为天经地义的信条。通过男女双方自由恋爱的"新式相亲"被认为是先进的观念得到广泛尊崇，中国传统的通过父母理性的比较确定子女配偶的"旧式相亲"被认为腐朽落后而被嘲笑和抨击。

周善甫对此颇不以为然，他认为由于东西方社会结构不同，导致了在爱情和婚姻安排上的差异，"西方是要求双方有了爱情才结为夫妇，东方却为夫妇才来缔造爱情"，两者"各有千秋，本没有哪一种方式更高明合理的问题"。在理想与现实、浪漫与严肃之间，还有很多问题需要考量和面对，所以他不迷信"有了爱情才能结婚"的"西式教条"，明确说"'爱情是结婚的基础'这提法是可以怀疑的"。因为是对妻儿说话，是在谈论爱子的婚姻问题，不是无目的的空谈，所以他讲得严肃实在，是肺腑之言。如分析传统婚姻方式的优缺点：

> 我们这个比较实际和老练的民族却把爱情的取得，安排在既经结婚之后。就是说，西洋把结婚视作爱情的终结，而我们的老规矩却把结婚视为爱情的开始，这种晚熟的爱情，虽有逊于浪漫和新鲜，但其雍和坚实，则同样非西方人所能理解的。就如春花的鲜

妍和秋花的芬芳各有千秋一样。由于阶级社会的不合理，许多罪恶藉之而行，但它毕竟对这伟大民族的形成和发展，也起过肯定作用的。两个并不深识或全然陌生的男女青年，由其长辈以负责的态度，用较为练达的眼光，冷静客观地经过多方面的内调外查，全面衡量了对整个家庭的宜否，在本人不太反对的情况下，把他们较硬性地结合在一起（丽江话叫“潘潘”——捆缚之义，很形象化），置之同舟，去开始生命远航，这严重的关系，却非少男少女月下花前卿卿我我的调情戏所可比拟了。在漫长的人生波涛中，甘苦相同，爱乐与共，通过无数大大小小的矛盾争吵的过程，达到优缺无隐的相互了解，而社会的制约，子女的连锁，使关系一天比一天紧密，愈来愈少松脱的可能，双方都不得不从主观上努力，去求取相互的谅解甚至体贴，尽管两个人之间的矛盾仍不会不有，但他们在社会生活中的义务、权利和荣辱，是共同负责共同享有的。现在总认为是封建的一套而予以等同的抛弃。

之所以要笔谈这一大堆，是希望孚政在议婚中不太斤斤计较于“爱情”之说，进而了解结婚不是享受爱情，而是要缔造爱情，世界上原没有可以现成享受的东西，要经过一番努力得来的东西才是真货。……人和人的思想总是随着客观存在不断变化的，莫说理想的佳偶，难逢难遇，就算找得了也不可能一生全不走样。就自己的“理想”也不见得合理得一成不变，许多形而上的“条件”的“订立”是极固执荒谬的事情。找个活人共同生活不像买块手表，好就好，坏就坏，就是买得块表，还要学会使用和保养。所以一个理想的伴侣，至少有一半是靠自己去“创造”的。[①]

把传统婚姻的合理性及美满姻缘靠自己创造讲得很透彻。爱情婚姻自由是五四以来中国社会最强烈的诉求之一。传统婚姻由于没能充分尊重青年男女的自主权，有时难免造成一些悲剧，所以提到“父母之命，媒妁之言”，现代人便嗤之以鼻。周善甫承认它造成了某些罪恶，但不认为

① 周善甫：《致儿子周孚政的信》（一），《风雅儒者》，第318页。

传统婚姻就一无是处。悲剧是在少数极端情况下才出现的，大量的婚姻家庭是“雍和坚实”的，绝大多数夫妻都能“甘苦相同，爱乐与共”，创造稳定和谐的家庭生活。他的论说是对中国传统婚姻家庭成功之处的很好总结，是平情入理之论。

三　谈花事：舒息于大自然所给予的纯厚的恩惠之中

在现存周善甫信件中，给学生李晖的最多，共有50多封。在周善甫鼓励和辅导之下，李晖考上大学，离开丽江，他开始给李晖写信。李晖毕业后，一个在个旧或昆明，一个在丽江，依然需要书信交流。周善甫和李晖情同父子，他在信中无所顾虑地倾心絮谈，释放出多少惊人的智慧和美丽！

为了便于直接感知它的美，下面我们大体以写作时间为序，引用较多的书信，然后略作点评。

1979年4月14日他给李晖的信，完全是一篇绝佳的美文，为了便于赏鉴，把正文全部抄在下面：

> 我从昆还乡，又快两个月了，生活照旧平常，只是工作进展迟缓，春游也不畅快，还闹了一阵牙痛和感冒，就似乎不如过去那么兴头了，这中间，大概年龄也有关系，六十六岁了，仍还耽于这样那样的理想，究竟不是时候了。躺下来要赖，却也不行，振作起来正派地享有每天来到的日子，这是我目前的生活态度。
>
> 今年丽江的花信有些紊乱，桃花抢在杏花前面，山茶却和海棠齐开，蔷薇至今才姗姗来迟，牡丹却早于元宵节不速而来，闹得我尽失惯常的游春章法，顾得一头，顾不得另一头。专程出游，几乎只有和体委同事们在三八节上玉峰寺走了一遭，茶花虽依然繁艳，但韵友无多，只算应了个故事。接着几个老友轮流闹病，连普济的梨花海棠也便闪失错过了。十年来跟花神的一次失约，至今心情犹自歉疚。乃至案头瓶花也时有时无，也非往岁的富丽可比，这两天倒拿出兴致上狮山头里采撷得些野桂花和蔷薇，满插三瓶供诸案头，妙香馥郁，绝色解语，顿使老人的孤居，平添无限生趣。此刻

就是在灯下花前执笔写信的，外面正寂然落着初降的春雨，湿润宜人，远远间闻女孩子的笑歌，默对如此美艳的绝色，真不信她竟不通情，低头又和你断断续续地随意笔谈，也算饱享着妙趣幽情了。立刻，我斟上一杯小酒，就谁也不能笑我是孤独者了。可惜，春意业已阑珊，总惋惜春游不似往年尽兴。

其实，这也仅指本地而言，连同早春在昆的漫游，倒数我还更胜一筹。春节年初一，金殿的几株山茶盛开，几盆仙客来特旺，是我们共赏了的。可惜，那天没有能坚邀你同上黑龙潭去，我们却探着机会溜进了植物园，不仅畅游于千株茶花林下，就百株红梅也还开得正欢。一家人那么高兴地徜徉于万花丛中，生平也算首次。为了你有女伴，两边都竟庸俗地拘礼了，坐失难得的偕游机会，如今想及，都还不免懊恼。那以后，也还看了几处好花，如像大观楼温室外面那一角虚窗疏梅的布景，就让我留下极美的印象。话说回来，尽管前面讲了些不知足的怨言，今春竟没有虚度。

我就是那样爱花，弥老愈甚，自个也说不清道理。

你就欠了，素昔于此道并不特别感兴趣，小时看我们远路寻芳，你还讶问“有啥看的？”后来，渐涉文艺，便也似渐渐略晓其甘美，乃至也开始殷勤种花，你去年初夏栽的那一行草花，春来又是热闹了，忒好的是几株虞美人，现正开着大如芍药的巨型花朵，今年主任还特嘱要保留种子呢。狮子头和状元红也同样欣荣绚烂，顶上的花砖栏杆已经砌好，更加陪衬出着意经营的丰姿。食堂阶侧花坛里你所种的两株玫瑰，去年却被成了帮派的大丽花欺凌，抬不得头，前礼拜，我把大丽花的块茎如数挖出（竟有三大撮箕），整土重栽，目前正该玫瑰得到解放。我今天施工路过，留神看看，她不仅枝叶扶苏，还结了四个硕大的蓓蕾，天可怜见，莫让野孩子扯了，十天内还将可一赏你所栽培的象征爱情的名花呢。世上最不负心于栽培者的，谁知还是这些多情的花呀。

花，有芬芳，有佳色，有情谊，真值爱赏，愿你也循序渐进，对她培育就一段真切的因缘，于俗务倥偬之暇，略得舒息于大自然所给予的纯厚的恩惠之中，岂非大佳？

春天，我曾亲赴你们学校巡礼一周，庭院亦殊不恶。就梅花说，绿萼、玉蝶、胭脂等丽江稀见的佳种全有，其他佳卉似都经高匠栽培过，虽说荒芜多年，未能荣盛，但课余观赏，似也不乏佳境，要看自己能否尽心领略，你重视她，她也便会报你以倾心之笑，让你得于苦当经史子集的蛀虫之余，一领生命的丰富与欢乐。这等闲事，对提高自己的文事意境，有未可言传之益焉。

如花之类，美好的爱好正多，大抵都能移人性情于人我得失之外，使人淡泊于无限物欲的追求，从而得以平心静气地潜心于学业，固未可以“玩物丧志”而鄙弃也。要说清这当中的道理也难，故古人有诗云“问余何事栖碧山，笑而不答心自闲。桃花流水窅然去，别有天地非人间”，还约道出个中消息。

苏轼《赤壁赋》有：“夫天地之间，物各有主，苟非吾之所有，虽一毫而莫取，惟江上之清风，与山间之明月，耳遇之而为声，目遇之而成色，取之不尽，用之不竭，是造物者之无尽藏也，而吾与子之所共适。”有这么一副襟怀，始能落落大方，庶成佳士。不然，蝇营狗苟，惟俗务之所誓争，岂能邀致明慧?

是故，雅人深致，美意延年，连形象和风度都能拔脱于伧俗之俦，自是完成自我修养的一面。

过去，一说到“风雅”，便被讥为剥削阶级的玩意；现在呢，老是以“大老粗”自诩之风也该略煞了。春夜微醺，对花捉笔，和正多火气的小伙，作此清凉的漫谈，当不以“外国”笑我也。[①]

解读这个文本，有四个关键词：“生趣”、“明慧”、“襟怀”和“灵动”。

即使是在监管之下，周善甫也没有颓丧之气和庸俗之念，“心心”没有枯萎，[②]依然保持了高昂高雅的精神状态和生活情趣，每年踏春寻芳，平时栽花赏花，痴情于花事，在平凡的生活中寻求诗意。花是自然生机

① 周善甫《致学生李晖的信》（一），《风雅儒者》，第331页。

② 周善甫《致学生李晖的信》（八），《风雅儒者》，第26页。

之流露，是自然美之精华，周善甫在对花的鉴赏之中，获得了心灵的愉悦和自由。这使孤独寂寞的生活“平添无限生趣”，也使迫害相形失色。

周善甫在生动的花事叙述当中，时有三两句简短的议论，点醒爱花的原因和作用，这些议论精辟独到，是自家感悟所得，体现人生大智慧。如“世上最不负心于栽培者的，谁知还是这些多情的花呀”；“如花之类，美好的爱好正多，大抵都能移人性情于人我得失之外，使人淡泊于无限物欲的追求，从而得以平心静气地潜心于学业”；“雅人深致，美意延年，连形象和风度都能拔脱于伧俗之俦”，等，有“雅人深致”才会这么痴迷于花事，而爱花赏花，领受“大自然所给予的纯厚的恩惠”，又能熏陶、强化“深致”和“美意”，让人心志脱俗，追求本真的生活。在苏东坡《前赤壁赋》基础上的几句议论，亦是大彻大悟之言。“蝇营狗苟，惟俗务之所暂争”只会障蔽和扭曲人的心性，自然与智慧和幸福无缘。最后一段以调侃的语气讽刺了 1949 年后长期把“风雅”当作资产阶级腐朽情调而否定嘲弄的做法，表明长期的改造并没有动摇他对美好事物的“定见定力”。

这种审美感受力和人生感悟力，都来自光明磊落、生机盎然的襟怀和积极乐观的生活态度。“美意延年”的“美意”是美好的念头，不管外部世界如何喧嚣阴暗，心中始终充满美好，向着美好的一面努力，则阴暗被心灵的阳光驱散，生活依然展现出美丽的风景。生命在美好心灵的指引下在美丽风景中从容前行，自然能延年益寿，充实而有光辉。审美给人自由，给健康的心灵提供了精神能量。

此时周善甫已经是 66 岁的老人，而“一家人那么高兴地徜徉于万花丛中，生平也算首次”，表明长期以来，他的正当权益被剥夺，他不能“正派地享有每天来到的日子”。但即使是在这样的情况下，他的心灵依然是那么阳光、活泼和温暖。现在形势有所好转，他将以“振作”的态度对待生活，而生活展示给他的将是更加明丽的春光。

“灵动”是指文笔。这个文本，无论是描写、叙述，还是议论，文字都鲜活灵动，具有宋儒所说的“活泼泼生机”，[①] 感荡心灵。关于花

① 参见钱锺书：《谈艺录》，中华书局，1984 年，第 230 页。

信的描写，多用拟人手法，赋予自然景物情感和灵气，营造出可亲可爱的纯美世界。这应该算天地间第一等好文字。

1980年1月27日的信中，他向李晖要水仙花：

提到水仙，你师母来信要我打个旧带几棵水仙回家，个旧从前确有极香的品种，可惜现在却影也不见了，苦于无所应"命"，而我自己也怀念她——水仙。你到丽江如果还来得及（总迟了），且能遇上带的巧机会，请寄昆一两芽，以美吾家春节。（不必强求）

伙着小伙伴们看茶花，喝野酒（加一朵新开的蚕豆花最富新春气息）也是难得的乐事。①

1983年2月24日的信中，他向李晖寄牵牛花新品种：

春节，也没有什么礼物赠你祝岁，附信寄给你几粒新种牵牛花籽，可于春暖霜停以后，播在当阳的窗前隙地或花钵内，可望于初夏每天欣赏到一朵简洁明净的新花，也许还足托为师近来对生活的佳致呢。②

一片深情寄送，亲切叮咛如何栽种，向往花开的美丽，纯然是一颗诗心。

同年6月29日的信中，又提到这种牵牛花的情况：

牵牛花受了误毁，你急得怨人愚昧，这可不必，想宿命论者的说法，一花一叶的显现，都有其前定的因缘，时遇不到，便强求不来。今夏你们该乐意地欣赏友人好意送来的花，明春我当再次把种籽寄来，那时，时运对头，又大赏特赏也正未为晚。前番寄种我曾分寄给赵玉生老师几颗，请便道去问问看她种下的花开了没有？该

---

① 周善甫：《致学生李晖的信》（四），《风雅儒者》，第344页。

② 周善甫：《致学生李晖的信》（二十三），李晖据手稿整理打印本。

种白石老人曾以入画，题词是“梅婉华（兰芳）家有牵牛，花如碗大，闻乃外来种也。”久羡，无缘得睹。80年初见之于昆四中永福的窗前，果然落落可喜。81年由师母携籽来播于个旧校内，容易地成活了若干株，让它攀附在我的后窗洞口，日开数朵，颇惹人艳羡。去年繁殖不少，故寄种希以美饰故乡的篱落。虽有延搁，明年必会实现，异地引种是最值一做的美事呀。[①]

交代所寄牵牛花是外来的名贵品种，为齐白石和梅兰芳所喜爱，大有来头。不过，他的种子不是什么名人赠送，只是在女儿周永福所在的学校不经意看到，然后收集种子，由老伴带到个旧细心培植，并把它引种到故乡去。还不忘分给赵银棠（玉生）。这一片爱花美意十分动人。李晖栽种的花被人误毁了，李晖气恼，他虽然如此珍爱这种牵牛花，却不急不恼，还以禅理开导李晖，这一份胸怀何等的豁达淡定！这就是王右丞“行到水穷处，坐看云起时”的境界，随缘任运，无所挂碍，从容不迫。

四　谈知识分子：士之为士，总该有点风骨

1978年，国家形势有了转机，周善甫和他的家人、学生为改变他的处境而向有关部门申诉，由于左的阻力仍大，结果并不满意。12月，他给周孚政、周永福、李晖写信，谈了他的感受和今后的想法：

关于我的事，老八远赴个旧，李晖也抄示文件，俱见用心，但我自己却越来越萌退志，很想不再去找麻烦了。一来看这些现在掌事的干部，对起用人才他们打跟就不乐意，自觉不自觉的加以抵制。请求刚硬些，他们就说你“翘尾巴”；请求婉和些，他们就说你“摇尾巴”。好在于自己的生活历程说，确然也已只是个“尾巴”问题，不愿“摇”，也不欲“翘”，想就“藏”着些算了。再说，自个也该至少有“自知之明”，既决不是四个现代化中的有用之材，又还非一直挂着历史黑牌不可，恃着一点起码的文化水平，

① 周善甫：《致李晖的信》（二十六），李晖据手稿整理打印本。

四出打干，讨碗老来的饭吃，事情本身就大足齿冷。

“士”之为士，总该有点风骨。既不自知，又不知人，唯贪得是务，就不是知识分子了，还落什么实？有人说，这是体现国家政策嘛，主动一点，岂为卑鄙？主动，对的，我认为主动的方式，应该是尽力之所及的去承担工作，所以近来我晚上都热心地替集训运动员辅导文化课；图书馆要清理孤本善本，我也同意尽义务参加；地方基建有所见商我也竭智提供意见……尽其在我算了，而“主动”跑衙门，托人情，则不干了。前此所曾向地委和个旧写的两个申请，已属违心之举，连带老八也去讨些闲气，他们既不置理，难得再去“善附”，所以，吩咐你们即日停止为我的问题再作任何请求打干的活动。至于个人的生活出路，过去铁锅罩顶，也活过来了，今后若真的把锅揭得了，我自个一点简单生活，仍还颇有信心，身不入公门，名不隶卯册，自愿和自由地为社会尽我余力，岂不大佳？若遇困于病疼，成了你们的包袱，为日也不会长，也当为你们所乐于承担的。因而，希望能体谅爸的这番意思。[①]

这段文字，有几点值得揭出，一是知识分子要有风骨，不能奔走权门，摇尾乞怜。只知道贪求名利，不择手段，就失去了知识分子的资格。二是知识分子主动参与社会的方式是尽力之所及承担工作，自由自愿地尽力。三是把风骨和自由视为最高价值，视为知识分子的根本特征，不愿为“打干”而让其受伤害。“打干”就是古人的“干谒”，向当权者求情。“善附”是云南方言，意为“跪求”，这是他断然“不齿”的。他想好了最后的退路，在今后的“生活历程”中，最坏无非是像过去那样艰苦，过去都活过来了，即使不改变处境，在有限的后半生中仍然能活。想透了，就无所畏惧，就不会患得患失，就不值得再去受“闲气”。这就是“贫贱不能移”。要指出的是，这并不是愤世嫉俗之言，而是理性的思考。“反右”和“文革”并没有让他变得颓唐和乖戾，他仍然满腔热情地为社会工作，心平气和地分析问题。所以，他在这封信

① 周善甫：《致周孚政、周永福、李晖》，李晖据手稿整理打印本。

中还说："形势的发展，真的喜人，行见美好事物的不断涌现，活下来欣赏是值得的。"他始终对生活抱着"欣赏"的态度，既投入又超脱。

周善甫后来给孙炯的赠联"不可夺者匹夫志"就有他的"风骨"垫着，不是唱高调。这点"风骨"和"匹夫志"是维护知识分子尊严的最后防线，否则，知识阶层就整个崩溃了。

周善甫极为敬佩的另一个学人陈寅恪《阅报戏作二绝》诗云："弦箭文章几时休，权门奔走喘吴牛。自由共道文人笔，最是文人不自由。""在这里，他揭示了文人与自由的悖反及其原因。原因一是外在的，'弦箭文章'即指外缘所逼；二是内在的，'权门奔走'即指精神的病态，心灵鄙吝，患得患失，蝇营狗苟。真正自由的实现，离不开外在环境，但如果没有内在自由，人们也会把自己变成奴隶。"[①]周善甫终身保持了士人风骨和匹夫之志，保持了内在自由，所以一辈子舒展而亮丽。

五　谈读书：再你谈得冠冕堂皇，只要羼假便非好书

周善甫终身以读书为乐，对读书有独到的感受，他在给儿女、学生的信中，多次谈到读书，指点门径。

1978年，李晖上了大学，周孚政进了云南大学夜大学，周善甫12月给他们写了一封长信，谈如何读书学习。

> 孚政能争得去上夜大学，是大大的好事，这不仅是职业资历上的必要，也是认真为学的开端，望珍重这得之不易的机会，一改过去从兴趣出发的读书姿态，啃些硬的，闯些难关，才能进入更大的趣味之域，不应让自己老满足和滞留于已曾尝到的零星"小吃"之中。[②]

---

① 陈友康：《陈寅恪"热"在何处》，《方法》1998年第7期。又见丁东编：《反思郭沫若》，作家出版社，1998年；傅国涌、周仁爱编：《回到启蒙——〈方法〉文选1997-1999》，经济科学出版社，2013年。

② 周善甫：《致周孚政、周永福、李晖的信》，李晖据手稿整理打印本。

书中的“小吃”，就是小说、诗歌、故事一类书，以及报刊文章，人们青少年时代，都喜欢读这类书，轻松有趣，但属于非专业的阅读、浅层次的阅读。“硬书”中才有大智慧、大趣味，所以他要求上了大学的他们“啃些硬的，闯些难关”，这样“才能进入更广大的趣味之域”，也才是读书的高层次。

什么是“硬的”？从他1979年6月7日给李晖的另一封信中可以得到悟解：

> 你现在既已觉专注课程的单调，就大可挪出部分精力，作较有系统的广泛阅览，如找几种著名思想家的原著试啃（不要经由别人评介的——必要的注解则有用）。若“眼观四路，耳听八方”，则智慧之来，当如行山阴道上，应接之不暇，哪还有功夫苦于无聊？眼下再你有人要“收”，关于阅读，则究竟大大解放，远远不同于三年之前了，要善于利用这得之不易的条件，而学生时代主要也重在吸收，尚还不忙表白，又何必以表白尚有一定限制而大感苦恼也。[①]

据此，“硬书”就是“思想家的原著”。历史上有定评的思想家的原著，包括哲学家、历史学家、美学家、文学家等的理论著作，往往代表了人类思想和智慧的最高成果。这些著作抽象性、思辨性强，有的可能还不乏晦涩，所以需要“啃”。但如果多读这类书，智慧的到来，就像行走在山阴道上，美景令人目不暇接。

当时李晖给他写信，一方面对大学课程单调感到不满，老师们“不过尔尔”；另一方面听说形势要收紧，人们不能自由地表达，感到忧虑，觉得苦恼甚至无聊。所以周善甫开导他，即使有人要收，而阅读的条件比“三年之前”——即“文革”之中，大大好转，要珍惜来之不易的条件，广泛读书。至于表达，不是学生要刻意追求的，学生最重要的是吸收知识，因此劝告他不必苦恼。

---

① 周善甫：《致学生李晖的信》（二），《风雅儒者》，第334页。

1982年7月，李晖转眼要大学毕业了，写信向周善甫汇报读书情况，他回信希望他继续关注西方名著之类“硬书”：

> 你们也快要毕业了，这段时间，你常去省图书馆翻翻书，抓书籍方面开拓眼界的机会，是做对了。你问要留意些什么？我一时也开不上个目录。可以建议的是以浏览西方名著为中心，特别是以后在州县难得寓目的卷册。因为即使有伤自尊也罢，无法不承认近三百年来的世界文化，是以西方文化为主流。我们所议章的马恩学说，即其一端。而在其前、其间、其后的学术思想实极其繁富绚烂，绝非仅此一家。作为一个学人，实非大体了解不可（并不为了怀疑革命原理）。当然，在你们的课程里，或近来的书刊里也不无介绍。但经选辑评骘，毕竟已非原貌，要能用此机会找上几种早年的译本看看（如严译名著丛刊等），是会颇扩视域的。至于古籍则不必去忙它，因为，一般的，丽江也可以找到；冷僻的，你也还用不着。有时间，去翻翻目录卡，大体有个轮廓概念也就罢了。总之，多见多闻，是开拓思想的基础，革命虽贵专，治学却非博不可。望留意焉。[①]

可以看出，周善甫对西方学术是颇为熟稔的，对西方文化在世界的地位也有清醒的判断。尤其是他指出在马恩学说之前之后和同时，西方“学术思想极其繁富绚烂”；读书要读原著，“经选辑评骘，已非原貌”（这与前述第二封信“不要经由别人评介”一致），在当时，不能不称为卓识。

“严译名著丛刊”是商务印书馆1981年前后出版的严复翻译的西学名著丛书。严复是近代杰出的思想家和翻译家，为了启蒙国人，他翻译了赫胥黎《天演论》、亚当·斯密《原富》、斯宾塞《群学肄言》、约翰·穆勒《群己权界论》及《穆勒名学》、孟德斯鸠《法意》等书。这些书都是西方最“绚烂”的经典。20世纪80年代初，商务印书馆把

① 周善甫：《致李晖的信》（十八），李晖据手稿整理打印本。

它们汇编为“严译名著丛刊”重新出版，风行一时，进行了第二次启蒙。它们毫无疑问属于“硬书”，它们对“开拓思想”的作用，已被历史所证实。

把当时某些大学教师经过长期的规训以后变得思想僵化、知识浅薄、谨小慎微、无特立之见，无鲜活之气，讲课只会灌输教条，与周善甫的博识宏通相比，确实“不过尔尔”。李晖受教周善甫于先，接触平庸之大学老师于后，自然难免有“曾经沧海难为水，除却巫山不是云”之感了。

但周善甫是高度理性的，看问题客观公允。他告诫儿女和李晖，要正确看待别人和自己，正确处理学校课程和自主学习的关系：

> 你们三个在入学之后都会在自我衡量上摇摆于两个极端，时而觉得所遇到的师友多不过尔尔；时而觉得自己空虚得要命，两者都有一定的实情，但光看这面，就会颠簸于自大和自弃之间；要对人，对己都善于发现特长，对两者都宁可估计高点，切忌闹到既不满意别人，也不满意自己。[①]

> 自来，学校课程之于学问，是“必需”的，但远非“充足”的，许多时候甚至是矛盾的。
>
> 其所以是必需的，因为它是社会发展中某一阶段意识形态的固定，是安定地从事共同生活和工作的基础。
>
> 其所以不是充足的，因为它一则并不赅括已曾有过的思想成果；一则它并不代表前进的探索。
>
> 故：要尊重学校课程；同时广为吸收和探索。即便是“两条腿走路”，一脚落地求稳；一脚迈开求进。譬诸奏琴，既要调弦定音，又不能胶柱鼓瑟。孔子曰：“学而不思，则罔；思而不学，则殆”，讲的也就是这个道理。[②]

---

① 周善甫：《致周孚政、周永福、李晖的信》（二），李晖据手稿整理打印本。

② 周善甫：《致学生李晖的信》（二），《风雅儒者》，第334页。

尽管对学习的理论方向，不无存疑，但既作在校学生，就势必把规定学的学好，到羽翼丰满，又才自行其是。否则老想先定方向路线，乃至纠缠于理论的大是大非之中，却是蹉跎了可以踏实学点东西的岁月，倒是不上算了。[①]

这些议论，精辟辩证，永远给人教益。

李晖工作以后，周善甫仍然与他交流读书的看法：

你能不断读书，很好！找些前所未读的书来读，更好。如像《郑板桥全集》、《曾文正公（国藩）家书、日记》等，其政治路线固然不对，而对人处事，却也不乏已被人们忘怀的可取的东西。择书不妨杂点，奇书，但求其真切。再你谈得冠冕堂皇，只要羼假便非好书。时日可贵，不可取以自欺。多数报刊，也只消遣之具，不应以之多费时间，见解比自己还差的电视节目也宜尽量少看。有时间，宁可找些生活经验不同的人聊聊天，还会更多进益呢。[②]

“文革”当中曾国藩是被作为“反动派”定性的，是“镇压太平天国革命运动的刽子手”，一无是处，某些学者对他竭尽辱骂之能事。在1987年，周善甫就肯定他的家书日记“不乏已被人们忘怀的可取的东西”，提醒阅读，体现了他的胆识，虽然他不得不加上一个“政治路线固然不对”的应景之语。现在，曾国藩家书铺天盖地，广受国人追捧，誉之为“做人处世之典范，修身养性之圭臬，为官从政之精髓，治国安邦之箴言”，[③]“曾文正公”的思想发挥了大作用。除此之外，这段议论后面越出越精，是何等的明慧！

---

① 周善甫：《致李晖的信》（十一），李晖据手稿整理打印本。

② 周善甫：《致学生李晖的信》（十一），《风雅儒者》，第358页。

③ 张智编译《曾国藩家书》，中国画报出版社，2012年，封面。

六　谈独立思考：莫让一时一样的潮流把自己带走

独立思考就是对各种事件和思想进行理性的考量，慎思明辨，择善而从，不随大流。这是知识者的可贵品质，陈寅恪的“独立之精神，自由之思想”之所以广受尊崇，就是因为他揭示了知识者的这一根本特征。周善甫是终身践履这一思想的。1978年12月26日，他在给周孚政、周永福、李晖的信中，谈到这一问题：

> 近来形势发展真的又巨大，又迅疾，很难估计它影响所及的深度和幅度，突破了一潭死水，总的令人振奋，外面的情况，此间当未了了，但大有眩目之感了，当次时会，如何安顿自己的意识形态，无疑值得深思，我以为：过去，在很大的思想钳制之下，我是曾对你们鼓励作独立思考的，也曾因之少受许多残害；现在，将要出现一个自由放任的时期，则我倒要告诫你们应把自己的思想注意约制在一定的轨道上，不能“go with the wind”——“飘”——随“风”而去，不能再放野马，这并不出于招防以后一着的世故顾虑，而是要留心莫让一时一样的潮流把自己带走的意思，也是类似“富日子当穷日子过”的意思，须知：约束的不快是易于感受的；而放纵的危险则常被忽视——这里说的危险不是指挨别人打板子，而是指自己奔错了道，在学问上尤其要慎思明辨，择善固执，莫目迷五色，朝秦暮楚，宁失之古板，勿失之轻佻，赴新鲜趋时髦终无成就，稳筑基础，有板有眼的妥时前进，虽似迂迟，终必不败也。[①]

1978年，是中国社会的过渡期，刚刚走出“文革”，而仍未摆脱“文革”的羁绊；已显示出社会转型的迹象，而前景仍不明朗，但比起“文革”的“一潭死水”，确实有了“巨大”“迅疾”的变化，给人希望。当时周善甫还以戴罪之身在丽江，所获资讯是极其有限的，但他对形势的观察判断十分准确，预测“要出现一个自由放任的时期”。过去，他要求儿女和弟子独立思考，使他们免受专制思想的毒害；现在，他提醒

---

① 周善甫：《致周孚政、周永福、李晖的信》（二），李晖据手稿整理打印本。

他们不要被一时的潮流所迷惑和裹挟，“应把自己的思想约制在一定的轨道上”，稳妥地前行。他强调，这不是为了提防受迫害的消极考虑，而是凡事皆须独立思考，正确选择。对一切时髦，皆须冷静。这是一个饱经忧患的智慧老人的经验之谈。

七　谈理想：理想普遍成了笑料是民族国家的最大悲剧

1980 年 1 月 27 日，周善甫在信中谈到了当时人们尤其是年轻人理想缺失的情况：

> 过去，你们每讶异我们老一辈总抱有些不着边际的理想，其实，这是正常的，可取的心理现象。只不过被“文革”这一浩劫所诋毁，——人，怎容有自个的“理想”，只应按“神”的意旨行事！有了，就打屁股，谁敢？某些人（像你爸和我）惯性地还留有一点。自家也觉得未免不识时务，有时不仅透露一点，总有那么羞人答答的情态。你们小一辈呢，在浩劫中，心理遭受的摧残更为酷烈，较敏感一些的（如你），便多以“看破红尘”的哲人自居。——能得安定混日子就算好样。“理想”？没领教过，挨揍的些老傻瓜才信它。提到这两个字，你们是用鼻子发音的。加上我们的“理想”确也有许多不着边际，不达时务，习旧守常，于是就成了你们的笑料或稀奇。理想普遍成了笑料，这是民族国家的最大的悲剧，也是青年一代最大的创伤。
>
> 你的青少岁月，是在我身边度过的，（那是何等漆黑的年头啊！）要说我还曾给你什么好处的话，今天想来，仍该数我残存的理想习惯所自发地给你的影响，如像：我曾要你接受把参建体育场作为一番事业的观点；我们也共同创作过悼念周总理的长诗；我们也曾登幼狮岗头迎接 1976 年元旦的朝阳……凡此种种，都默默护住了你一线理想的生机，就同一个水仙花的球茎，表面虽干枯，毕竟仍深藏有内在的生机，接着春天来了，你被盛养于大专的花盂之中，得到灌溉，生机萌动了。一年，两年嫩绿的芽就必然茁壮地破锋而出。于是，你这次来信便说了“……似乎隐隐约约地又出

现了——应当有自己愿意为之献身的理想——”，哦，李晖呀，这是多么美丽的诗篇，这对我是多大的喜悦！不必再为此而有任何腼腆，尽管理直气壮地发展它，因为它本身便是生命的价值！可怜还有许多你周围的同辈人，在过去那可怕的岁月里，连心心都枯萎了，以至成为社会难于治疗的灾难。至少值得为自己庆幸啊，李晖！[①]

“文革”导致理想的破灭，于是出现了理想的虚无主义倾向，周善甫感到忧虑。他分析了理想破灭的原因在于“文革”对人的摧残，“理想普遍成了笑料，这是民族国家的最大的悲剧”，这句话振聋发聩。“理想本身便是生命的价值”，理想是“美丽的诗篇”，它把人引向更高更美的境界。所以必须坚持理想。他在“文革”中呵护青年人的理想，现在又激励青年人“理直气壮地发展理想”，拳拳之忱，令人动容。水仙花球茎的比喻十分贴切。

“理想本身便是生命的价值”，是对理想的重要性的卓越洞见，是对人类理想的深入理解和透彻认识，它为人在任何情况下都应该坚持理想提供了价值依据。在那时能悟出这一点，表明周善甫的睿智和深刻确实有过人之处。

后来，哲学工作者、复旦大学教授张汝伦有一段类似的论述：

理想是人之为人的标志，动物才没有理想。理想体现了人的高贵、尊严、智慧和进取心。理想是人类希望不断完善自己和改善自己处境的产物。没有理想的推动和支持，人类文明不可能发展和维持到今天。理想既是人类追求的目标，又是人类超拔自己的动力。没有理想，人类就没有希望；理想的丧失，是人性的丧失。

作为人性自身的需要，理想不应该，也不可能是灌输的产物。随大流盲目接受的东西岂能是理想。理想乃是灵魂长期求索的收获。它是思想的产物，而不是迷信的结果。一旦获得，就不会轻易

① 周善甫《致学生李晖的信》（四），《风雅儒者》，第342页。

放弃。当然，理想形成之后，还须不断地培养、充实，使之最终成为安身立命之本，也成为自己的人生境界。

我的理想并不形成于阳光灿烂的日子，而形成于流离困厄之中。从那时起，与古今中外的巨人大师的不断对话，使我对人类的理想逐渐有了深入的理解和认识。前辈先贤的品格风范对我是永远的激励。他们非凡的人生给我的最大启示便是理想的力量。面对他们的英灵，一种崇高的勇气——坚持理想的勇气油然而生。[①]

张汝伦这段话写在1996年2月，比周善甫更为周全和明朗。不过，两者确实有异曲同工之妙。张汝伦的理想“并不形成于阳光灿烂的日子”，周善甫呵护理想在“何等漆黑的年头”，都是“形成于流离困厄之中”，都是“灵魂长期求索的产物”。张汝伦理解的理想不是“灌输”、“随大流”和“迷信”的结果，周善甫理解的理想也不是“神”的意旨和恩赐。他们坚持理想，都是要实现人生和人类的“超拔”，都有崇高的指向。当然，周善甫不在张汝伦所说的“巨人大师”之列，但他的“品格风范”不在“巨人大师”之下。

近几十年来，相当一部分国人，包括精英人士，理想缺失，市侩主义、犬儒主义盛行，蝇营狗苟，得过且过，毒害社会甚大。重读周善甫、张汝伦关于坚持理想的论述，仍能给我们启示和力量。

八　谈历史：你们所学的历史，未始不一片模糊

李晖是学历史的，他们的通信中谈历史的颇多。周善甫对历史的看法，有惊人的洞察力，远远超出当时一般历史研究者的认识水平。

他不满意当时的历史学，指导李晖学会慎思明辨。他在1980年12月21日的信中说：

即便你们所学的历史，也未始不一片模糊。要在于一片模糊中，能别有一番会心处，便是善学的了。它有为政治服务的一面，

① 张汝伦：《坚持理想自序》，《坚持理想》，上海人民出版社，1996年，第1页。

也有为真理探索的一面，两者，有时统一，有时对立。强调前者，谓之投机；强调后者，谓之背时。子曰：“故君子和而不流，强哉矫！”读历史的人，特别要会慎思明辨的，就在这里。[①]

“文革”中，影射史学盛行，历史研究多有“投机”行为，造成极大学术混乱和现实危害，造成“一片模糊”。在这样的背景下，历史学要坚持追求真理的本性，只会“背时”。一些历史学家之被迫害，就是“背时”的结果。历史学的政治性“投机”和真理性探索的矛盾，可能始终存在，只是程度轻重不同而已，那么，学习历史，永远要保持“慎思明辨”。

1979年11月24日函谈论对太平天国和石达开的评价：

你们在读近代史，来信对太平天国的失败作了些不落窠臼的领会，读书要能这样就好。以大量的研究工作去纠缠于个别人物的功罪问题，确是浪费精力。谁的表现，都出于意识形态的必然，而这又多决诸其见识与学养，并不全然形成于阶级地位，征诸天国诸王，确是历历不爽的。

至于石达开其人，不仅你，历来都受民间的欣赏和惋惜。其原因呢，主要就在于他是个明是非，晓利害，有能力，有文采的迥异于蒙昧诸王的知识分子，错咎不出于他，而意识到悲剧真正苦味的又只有他，就一致寄与他末路英雄的感慨，不是仅从成败论英雄，也就是历史的多情之处，人非太上，也就不免意有偏属了。

乃至进而以“分裂主义”的帽子加之于他，则尤欠允当。杨韦内讧之际洪氏已自迷为神，唯冥顽不灵的安、福二王是任，韦昌辉又杀红了眼，他迟走一步就要挨杀头，难道要守着挨杀，才是“团结主义”吗？可是他在惨遭灭门眼看大势可危之后，仍还举太平旗帜，进行所可能的游击战争，以牵制和阻击清军，没有投降，没有独树一帜，直到力竭赴死，这也算是忠义凛然了。……若当

① 周善甫：《致学生李晖的信》（六），李晖据手稿整理打印本。

时真有这顶帽子要找主，则应属之洪氏；石是戴不上的。帝舜的爹名瞽叟，愚而暴，常要无端打儿子。帝舜是出名的孝子，但也有个对策，叫“小杖则受，大杖则走”，也不失其为圣人。石当时眼看要挨的是灭门大杖，挨了还要坏大事，那得不走？走了，又不背叛共同事业，岂能说是石的大罪而用史家之大笔，再补敲他一大棒使死，“不让我痛快地把你一大棒敲死，你就是不孝，你就是分裂主义”，这是瞽叟的逻辑，也是“四人帮”常用的逻辑。

苛责古人，美之曰“严史”，个中统治者会别有用心，即“孔子作《春秋》（严史也），而‘乱臣贼子’惧”，应会留神。[①]

从孙中山开始，太平天国作为所谓“近代三大革命高潮”之一，被无限拔高，颂扬之不遗余力。“文革”中更是极尽美化之能事。实则太平天国亦有其腐朽和邪恶的一面，对中国当时经济社会破坏之大，对中国发展进步阻碍之大，事实俱在，未可无意忽略或有意掩盖。20世纪70年代末，史学界讲天国大致还未脱“文革”窠臼。关于“天王”之堕落乖戾的材料普通人无从知晓，还被供奉于神龛。信中说李晖“对太平天国的失败作了些不落窠臼的领会”，不知具体内容如何，如果已经对“天国”“天王”有不同于流俗的见解，那真是难能可贵的。

周善甫重点谈了对石达开的看法。石达开在“文革”及以前的近代史学界，被作为“分裂主义分子”大加挞伐。以洪秀全之是非为是非，他就犯了“路线错误”。周善甫从情理之常论石达开，把他定位为“旧历史中一个理想角色”，肯定他“是个明是非，晓利害，有能力，有文采的迥异于蒙昧诸王的知识分子”。他出走“天京”的错误不在他，分裂主义的帽子只能戴给“洪氏”。他牵制和阻击清军，没有投降，没有独树一帜，力竭赴死，“忠义凛然”。对他是选择出走，还是“守着挨杀”的辨析，最是精微，合情合理。否定史家违背情理“苛责”古人，指出某些政客及其帮闲“苛责古人”，是“别有用心”，更是深谙中国当代史学之幽暗面的精辟之论。

① 周善甫《致学生李晖的信》（三），《风雅儒者》，第340页。

历史是由权势者书写的，历史便难免被任意剪裁和装扮。周善甫看惯了“统治者”的翻云覆雨，播弄是非，但并没有因此而失去对历史的信心，他以他一贯的明亮乐观心态，欣慰于历史有它的“多情之处”。这些议论，把它放回70年代末的历史情景之中，我们不能不感叹周善甫的观点之超迈流俗。这些观点当时不可能在公开场合谈论，因为是和共过患难的最亲密的学生私下交流，他才敢畅所欲言。周善甫经常讽刺“经院”“学究”的抱残守缺，“唯陈规戒律是依”，[①]没有或不敢提出独立的见解，是有他的底气和道理的。当时大学近代史讲的多是陈腐之说，根本听不到这样通透明哲的议论。

九　谈交游：体现青年人头角峥嵘的气象

1981年6月25日在回李晖的信中，周善甫谈了对人际交往的看法：

来信讲了你寒假回乡，苦于人事应酬的情况。其实，这学期来，我也同样为交游所苦。不但旧识师友，来往常密，就慕名见访的，也颇不乏人。小楼之上，几乎每天都有佳宾存临，自己也便不甘寂寞，日以交游酬酢为乐。加上和同学们的课外周旋，逐日光影，便这样悠悠忽忽的晃过，不免还得备课、改本、看电影、处理生活琐细，作真还要忙着一点。于是，不但写作钻研的夙愿，全都搁置；即便书信往来，也总见拖延。多日未给你写信，自己检查，就是这个原委。

我俩师徒，都有个相同的特色，就是容易讨得周围人的好感。即便不是“讨”，甚至还常对人不逊，但好心的人们，总不以为忤，反给予更多的信任与亲切。自己检点，又却无啥好处可说，可以名之，大概也是种“特异功能”吧。一笑。

当然，科学的解释，仍然是自己本身就是个爱交游的性格，对自己的静习潜修，无疑很多不利，正如目前我们所遇到的烦恼。但也未可把它当做一宗恶习，痛加革除。因为既在人所组成的社会中

① 周善甫《致学生李晖的信》（七），《风雅儒者》，第348页。

> 生活，人才是生活的主要对象，而文不过是它的影子。一般读书人，多以浮沉卷籍为能事，其实，“青春作赋，皓首穷经”吟哦，似也学富五车，而经世致用，冲折尊俎，却每木讷无能，徒为书呆、书虫，究竟有何意趣？“天命之谓性，率性之谓道”。就自已的天性，加以正确引导，似乎正是发挥特长，殊不必硬加抑制，定要成为学究也。所以你在学校里被要求从事一些群众性或社会性的活动，也大可不必视为额外负担，要能既不违心，又不违时地做好一些工作，岂不也是“学问”，乃至还是青年应具的头角峥嵘的气象。但，现阶段尚该以读书为主要手段，充实自已而已。
>
> 至于我呢，已濒临暮岁，能得这样不太冷落的过日子，已觉幸运，毕生的生活，固多委屈，而屈志却还未曾。故此后之余年，亦聊谋畅吾之志趣，岂复孜孜于得失之际哉！[①]

谈得入情入理。社会上有些人，一说到交往应酬，便认为是庸俗，是恶习，是浪费时间精力，嗤之以鼻。生活中确实有功利主义的庸俗交往，酒肉征逐，相互交易，这是必须否定的。哈贝马斯曾谈到不健康的交往是受控制或被扭曲的交往，认为“受控制或被扭曲的交往应该遭到谴责，这不仅因为它是无自由、受宰制或压迫的证据，而且也因为它破坏了稳定而又成功的人类互动的基础”。[②]

受控制和被扭曲的交往应该谴责，但自主自由的交往，正常的人际交往，是生活世界的必然现象，是生活的一部分，给人快乐，畅人志趣，对此，周善甫是肯定的，认为是“率性”之表现。“人才是生活的主要对象”特别深刻。参加群众性、社会性活动，是广义的交往，能得到多方面锻炼，青年人应参与，以展示“头角峥嵘的气象”。同时他也指出，青年学生要以读书为主。

青少年要有“峥嵘气象”是有来历的。苏轼晚年教侄儿作文，说：

---

① 周善甫：《致学生李晖的信》，《风雅儒者》，第346页。

② 汪民安主编：《文化研究关键词》，江苏人民出版社，2007年，第134页。

凡文字少小时须令气象峥嵘，采色绚烂，渐老渐熟乃造平淡；其实不是平淡，绚烂之极也。汝只见爷、伯而今平淡，一向只学此样，何不取旧日应举时文字看，高下抑扬，如龙蛇捉不住，当且学此。只书字依然，善思吾言。[①]

苏东坡谈的是写文章和练字，做人更应该如此。“爷”指苏辙，“伯”即东坡，想哥俩年轻时随父亲赴汴京应试，同榜高中，“曾闻父子入京都，倾倒天下豪杰，一朝声名鹏奋起（赵藩题眉山三苏祠联）”，是何等气象！青少年就老气横秋，无疑是可悲的事。

值得注意的是，周善甫始终对知识分子变成“学究”保持警惕和批判，在这里再次提醒学生注意。读书人既要有专业精神和专业素养，但也不能因此轻视社会交往，把自己的生活变得枯寂无趣，把学术研究搞得迂腐不堪，与现实社会格格不入。那是人性的扭曲和病态，也不是学术的高境界。

十　谈中国女排夺冠：民族国家的得意

1981 年 12 月 10 日，他在给李晖的信中谈了对中国女排首次夺得世界冠军的看法：

你对中国女排的大魁天下，和国人对之普遍兴奋的表现，均申述了极大好感。这，对！青年嘛，就该为此等事动心，这不仅是竞技上的成功，也是国势重兴的征兆，连我这老头子也曾屡屡在电视机前呼喊叫跳，重要的几场比赛，几乎都没有放过。“人生得意须尽欢”，个人的小得意尚自会享受，民族国家的得意，当然更非尽欢不可。尽欢就难免有些狂肆，可又引起某些君子的隐忧，听说北京就曾有些紧张，这是原可不必的。当前青年们的真正殷忧，是对荣誉感和事业心缺乏激情，一旦出现了，那是国家民族的祥瑞

① 苏轼：《与二郎侄一首》，孔凡礼点校《苏轼文集》第六册，1999 年，中华书局，第 2523 页。

之气，正该导之扬之，使之更加澎湃昂藏，化作无穷力量，才是正办。求其“彬彬有礼”是大可不必的。[①]

1981 年 11 月 6 至 16 日，第三届世界杯女子排球赛在日本东京举行。中国女子排球队和来自巴西、苏联、保加利亚、古巴、韩国、美国、日本等 7 个国家的排球劲旅进行了 11 天角逐，经过激烈争夺，最终战胜上届冠军日本队，以七战七捷的成绩首次获得冠军。夺冠以后，举国若狂。许多大城市的大学生举行游行庆祝。在昆明，云南大学、云南师范大学、昆明理工大学、云南民族大学等高校的学生也举行了声势浩大的庆祝游行，到邮局向女排和政府有关方面发电祝贺，表示向女排学习，团结奋斗，振兴中华的决心。

李晖在致老师的信中描述了这方面的情况，周善甫在回信中于是有这一段评论。读了他的信，我们再一次被他的卓识所倾倒。他把女排夺冠视为民族和国家的“得意”，这是非常精彩的表述。女排夺冠是“国势重兴的征兆”的判断，是对历史走向的准确把握和乐观预测。后来中国女排连续五年夺冠，创造了体育奇迹，而中国也在大踏步前进，迅速崛起。既然得意，就须“尽欢”，所以对学生们狂欢游行的举动他表示理解和赞许，认为是大学生荣誉感和事业心的表露，是应该引导和发扬的激情，这种激情是“国家民族的祥瑞之气”。在狂欢过程中即使有些过激行为也是正常的，不必忧虑，他不认可当时北京方面的“紧张”。其实，各地大学生游行都是井然有序的，“某些君子”的忧虑确实多余。这里体现的是周善甫的一种大眼界，大格局，非气小识浅者能比。

十一　谈体育运动：青壮时期的最大受用

周善甫精神饱满，具有多方面的爱好。1983 年，他在给李晖的一封长信中谈了对体育运动的看法：

让我最高兴的，是你紧张的生活节奏，功课那样繁忙，还能不

① 周善甫：《致李晖的信》（十六），李晖据手稿整理打印本。

断参与各种学习及活动，说明保有高亢的志趣和旺盛的精力，毕竟与一般苟安者不同。如像参加球队，角逐于绿沙场中，博取名次之必得，活动本身，就便是青壮时期的最大受用。此种情味，我是领略过来的，认为无论荣膺九锡或垂纶绿淆都难比一脚好球的爽心适志，所以年过花甲，还曾重温旧梦，甩上两脚，这是你所曾见的。现在，当你在比赛场上，一局既赢，揩过汗，仰喝丽英给递来的一瓶汽水，满场兴奋的脸，横天淡淡的云，该有多美！要是你们的小宝宝出世了，能够在看台上陪妈妈喝彩了，又会平添多少情趣啊！这种新家庭的美满劲，是绝非局促于30平方米的安逸巢者所可得而领略的。同时，运动场上的一员悍将，在青少年中是别具威信的，还足以增强你在教学上的效果。

凡此种种，不一而足，我敢说古希腊辉煌的精神文明，与其竞技运动的兴隆是分不开的，因为它直接显示了一个国家的体力状态和精神面貌。一个民族的希望要是寄托在眼下流行的一批硬啃几本专业书，便想名利双收、吃遍天下的人的身上，那是没有希望的。因之，能说你参加这一活动是浪费精力和时间的吗？不，甚至还可以多方面结合起来，进行有血有肉的社会活动以及文事活动。譬如眼下你就可以写篇别出一格的文章——《丽江足球史话》，历数二十年代以来直到今天的地方足球界的风流人物、逸闻韵事和他处稀见的球迷大众，以证实“足球之乡”的雅号得之不易，是值得珍重发扬的。岂不比翻东巴经，汇土传说更有现实意义，更富有生活气息吗？诸如此类，该做和可做的，真是不胜枚举，而比比皆是的只会随风应声之徒，却老觉路仄道险，徒多无由施展的感慨。所以，一个人，别的不难，难在器识与理想。①

对体育带给人的成就感和快乐，阐述极其到位，而且亲切。其中一些细节，如妻子和小宝宝看爸爸踢足球，尤其熨帖人意。说“古希腊辉煌的精神文明，与其竞技运动的兴隆是分不开的”也显示出他的大眼光。后

① 周善甫：《致学生李晖的信》（八），《风雅儒者》，第350页。

面关于学术研究即他所说“文事活动”的看法别具只眼。“一个人，别的不难，难在器识与理想”，洞见真理。

十二　谈社会活动与研究学问：参与炽烈的生活，才算不虚此生

1983年，在“假日无事”而纵笔畅谈的一封给李晖的长信中，周善甫谈了他对从事社会活动与做学问的看法：

> 这里，就可以接上谈做学问乎，抑做“社会活动”乎的问题。我从前说过你更宜于从事后者的话。来信你自己也复述了这一点。我的本意是以“高纲领”期待你，但际“惟有读书高”有一番新局面下，说你不适搞学问研究，便也许误解为受到贬低。
>
> 其实，古称有“三不朽”——立功、立德、立言。当中以用行动直接为人群造福的立功领先，而研究著论则毕竟居于末从。孔子是学术巨子，但他仅在奔走列国，其道不行的晚年，才退而著述的。其他历史英杰谁都不曾老早便以著述为初志。因为真知识只能来诸实践，特别是社会学科，谁要是一来就埋首书本，青春作赋，皓首穷经，即便著作等身，也只能是迂阔之谈、剿袭之论。其所立之言，若不形成影响，还自罢了；若不幸而被视作不刊之论，信奉有徒，利用有人，则传播愈广，坚信愈笃，便总归为祸愈烈了。千古荒唐，莫此为甚！
>
> 即便是艺文末事，也只能反映生活，总结实践，说它能创造性的改变现实，真是夸夸其谈。许多年轻人连“三门”都未跨出一步，便许下以创作为毕生职志的宏愿，能不是自欺欺人吗？即便倚杖小慧得投机于一时，也只会是画饼充饥，终于一无所得。古语不云“行有余力，则以学文”吗？两者的去取，并不是一种选择，而是有主从先后的程序性，欲有大成者便非先由社会的实践开始不可。所以对具有较高禀赋和客观条件较好的人，首先应期望和规勉他正当地、热情地、机敏地直接参与生活，创造生活，立功人群。即便是研究和学习也应以丰富的实践为启迪、为参证、为归依。这

> 才是以大志相许。当然，有志竟酬者，总是百难得一，“造次必于是，颠沛必于是”，不知要吃多少苦头与挫折，到头还每是一无成果，但终是参与了炽烈的生活，才算不虚此生，到那时又才退而从事研究和创作，就便资本绰绰，游刃有余，一言之立，也庶堪藏诸名山了。
>
> 至于对一般根器略差的人，则为了不使其伦于庸俗不文，勉他读书写字、怡情于卷籍之中，或整理和阐扬前贤的文化成果，或烹调点有味的精神食粮，或充行动者的幕府参谋，或揄扬成功者的丰功伟烈……也自无可厚非，但已属“低纲领”的要求了。
>
> 十年师生，我对你气质的了解，自信不致大错，以立大志相期，要你主攻社会活动，而不欲你就此便当起酸秀才、迂学究来，便是爱惜良材的意思，全无褒贬的命意。可是一般人历来把蛀书虫认作清高的世业，把求取用世视为鄙俗的仕途，因而也许会有误会，信笔一谈，以求把我的理认略求讲得更为清楚。[①]

这些话，是本“因材施教”之原则，根据李晖的气质禀赋，激励他从事“社会活动”，所以强调了“立功”的重要；也受到当时真理标准问题讨论的影响，强调了社会实践的绝对性，“意有偏属”，说法就不无偏至。关于“三不朽”的顺序记错了。“三不朽”出自《左传·襄公二十四年》：“太上有立德，其次有立功，其次有立言，此之谓三不朽。”在儒家的思想体系中，“立德”始终居于优先考量的位置，而不是“立功领先”。

不过，周善甫针对“惟有读书高”，把“求取用世视为鄙俗”的另一种偏至，强调人应该投身“炽烈的生活”，建立事功，造福社会，也让自己的人生充实丰满，是有道理的。他关于社会实践和研究学问的关系的阐述是深刻的，总结了历史经验和自己的生命体验。从事学术研究，要做出有价值的成果，确实不能终身只会在象牙塔中当酸秀才、迂学究，埋头故纸，皓首穷经，写一些“迂阔之谈、剿袭之论”，虚耗生

---

① 周善甫：《致学生李晖的信》（八），《风雅儒者》，第 351 页。

命，甚至为祸社会。学者也应该“正当地、热情地、机敏地直接参与生活，创造生活”，不能当生活的旁观者和局外人。参与生活才能让人生和学术鲜活，更有意义。

他关于以大志相许，而最后的成功者“百难得一”，但仍有意义；文学能改变现实是“夸夸其谈”，没有社会实践而要当作家是“自欺欺人”、“画饼充饥”；对“根器略差”的读书人应该干什么的论说，都讲得很好，剀致妥帖。

十三　谈环境：生态失调令人类难堪

生态失衡、环境破坏是20世纪以来人类面临的严峻问题。中国最近30多年的高速发展也是以严重的环境污染和巨量的资源消耗为代价的，面临着不可持续的问题。早在1983年，周善甫就对这一问题发表过看法：

> 你谈及丽江也闹水荒，令人愀然不乐，故乡如此，我居家的翠湖，和工作所在的个旧湖都趋向涸竭，连以泉城著称的济南和甲天下的漓江清波，我们发现也全都大非昔比，全球性的淡水危机，看来确实客观存在，生态平衡失调的最令人难堪者，莫此为甚。回忆半世纪，金沙江流域的蓊郁葱茏，水流花放，曾经何时，便“江山不可复识了”，不仅愚昧者对林木的妄事摧残令人切齿，即对现代科技发展的盲目性，和人们趋之若鹜的现代生活方式，也全让我情不自禁的怀疑。在我涉足颇多的生活体验中，总觉上海豪华夜总会的红灯绿酒或今日三套间里的软椅电视，都远不如在莲花山的石上清泉里掏摸石蚌那样令人身心俱泰，这种念头，也可能是我人老了，不免会产生的自然主义，你以为如何？[①]

这是1983年6月29日给李辉的信中说的。他从当年的水荒联想到生态失衡，从金沙江流域的今昔对比看出生态的日渐恶化，并指出其原因是

① 周善甫：《致李晖的信》（二十六），李晖据手稿整理打印本。

对森林的大肆砍伐、现代科技发展的盲目性和现代生活方式的掠夺性。如果说肆无忌惮地砍伐森林造成生态失衡是当时一般人能直观地感觉到的，那么后面两点就不是庸凡所能梦见。周善甫实际上已经揭示了生态危机的根源，暗合了国际潮流。

现代生态主义思想随现代工业和现代科技的发展而产生，其核心就是对物质主义人生观和技术乐观主义的批判。物质主义人生观把欲望的无止境满足、财富的无止境占有和物质生活丰裕舒适度的无止境提高作为人生目的，于是疯狂地掠夺自然资源，造成资源枯竭和环境破坏。技术乐观主义是指迷信科学技术的能力，以为它能解决一切问题，包括环境问题。科学技术的力量确实是巨大的，它可以保护人类保护地球，也可以毁灭他们。有些环境问题是不可逆转的，一旦破坏，再发达的科学技术也无能为力。[①]

与对物质主义人生观和相应的生活方式的批判相一致，生态主义思想家倡导一种自然简朴的生活，“与之相适应，人们的价值观也应发生全面的改变：奢侈享受和高档消费不仅不再令人羡慕，而且令人反感并受到指责，因为那是掠夺、消耗和浪费了更多资源并更多地污染环境的耻辱标记；相反，有利于环保的、消耗资源和污染环境最小的简朴生活方式将成为光荣的象征，精神生活的充实和有益于人类和自然万物生存的思想创造和科技发明将受到最高的赞誉”。[②] 因此，周善甫质疑大城市人们趋之若鹜的“红灯绿酒”的奢靡的现代生活方式，向往“自然主义”的生活方式，不仅不是“人老了”的颓唐，而是进入了世界生态思想前沿的“有益于人类和自然万物生存的思想创造”。

而 20 世纪 80 年代初的中国，还没有现在由我们自身造成的触目惊心的生态危机；国门初开，西方的生态思想也没有进入中国，但周善甫已经悟到了造成生态危机的根源，可见其思想的穿透力。

---

① 参阅王诺：《生态危机语境中的生态意识》，《欧美生态文学》，北京大学出版社，2005 年，第 242 页。

② 王诺：《生态危机语境中的生态意识》，《欧美生态文学》，第 242 页。

十四　谈当官：没有任何公职是可以玩忽的

周善甫一生没有当过什么大官，但他通过自己的历史洞见和对现实社会的观察体会，对官员的道德品质、政治操守、工作能力有独到的见解，在致李晖的信中，他谈了这些见解。

1984 年，李晖被任命为丽江师范学校副校长，3 月 13 日，周善甫写信表示祝贺，并提出建议：

> 知你荣任副校长，祝你有机会为公众事务初展才华，连我也觉荣耀，望靖恭尔职，以期不负群众、领导和亲人们的期望！
>
> 本来，"三十而立"，到你的年纪，也该是有所建树的时候了，承担这么个任务不为过早，尽可拿出睨视一切，目无全牛的气概，行所当然地君临自己的任务，切忌怯场，先自折了锐气。只要在具体工作上坚持明、勤、慎、公、廉去行事，就不用俯仰由人、患得患失了。以上任一天起，就存有随时可以罢官的心思，行正道之所当然，坦坦荡荡，就无入而不自得了。也才能超脱于官场暮气，踏踏实实，做出点事功。年来国家起用黑头人，也正为了重视此中英锐之气，希望你们这批被培养的年轻人，有个风流倜傥的姿态，点燃三把火，不能坍这个台。[①]

这封信重在鼓劲。李晖初次任职，没有经验，难免心虚，所以周善甫给他加油，鼓励他展现"英锐之气"，以豪迈的气概开展工作。同时忠告他要"坚持明、勤、慎、公、廉"的做官原则。"以上任一天起，就存有随时可以罢官的心思，行正道之所当然，坦坦荡荡，就无入而不自得了"，最是精警。最后说要努力干出业绩，不负国家培养使用年轻干部的用心，"不能坍这个台"，深明大义，表达得别致感人。

1986年，李晖任华坪县副县长，当了"国家的'正印'官儿"，"参'专城'之任"，周善甫在"拈须欣然"之余，又致函教诲：

① 周善甫：《致学生李晖的信》《九》，《风雅儒者》，第 355 页。

> 不论分管文教或生产，当“官”主要都在管人。要管好人，却首在正己，正己之道，端在治心。先把自己的思想端正了，自己的言行才能光明正大，以无所愧怍的身姿，去诚心实意的处世接人，才能赢得上、下、左、右所有接触的人的信任、依靠与敬服。这样，工作就易推动而取得真实可靠的成绩。
>
> 这些，虽全是老生常谈，但也就是民族教养的经典立论，其效用之显著，有如麦粟之于人体，不容因其平常，而须臾或离。这不仅是我生平得失的体验，也当为你过去虽还不多的生活历程所证实。当你在这初涉“宦途”之际，实有不避迂阔地再加强调的必要。因为权利之所在，总有人品之浊流，是颇不容易洁身自好的。
>
> 当然专业的知识，管理的学科，治事的权宜及政策法令等等都要着定修习，乃至处人应事也应有其机变，但凡此种种要是操之不得其人，则统统无济于事。此所谓：“自天子以至庶人，一是皆以修身为本。”
>
> 日本的中曾根，自己标榜他所组的内阁是“阿信内阁”。《阿信》这部电视剧想来你也看过，它塑造了基于东方人文思想的模式人物，让我们注意到当代社会对自我品质仍有切实的要求，望你能予三思。[①]

这里强调的是官员的品质，要修身正己，光明正大，诚心实意，俯仰无愧怍，指出这是“民族教养的经典立论”。在此基础上，可以根据具体情况变通处理。原则性和灵活性统一，是通达之论。

1987 年，政治局势较为复杂，李晖感到苦恼，写信倾诉困惑，周善甫回信指点：

> 善于对付困境，也就是一个好干部的可贵处，万事顺理成章，什么都可照章程办事，那么还要能人干什么？所谓“对付”，不是看风使舵，漫无定见地搞机会主义；而是要有自己的卓识和定见，

① 周善甫：《致学生李晖的信》（十），《风雅儒者》，第 356 页。

有理想有品格地去完成职能所要求的工作，不怕难，不计一己之得失，如是而已。

假如一个时候，自己未能有断然的主张，而积极地去推动工作，那就先要求自己不去违心地做不正当的事情，尽量避免趋时投机，损害了一时不合时宜的好人。好比过去在“反右”和“文革”中，就有不少干部仅仅为了表现积极，就不顾损人害事，到头来，事过境迁，而自己却留下无可悔赎的罪愆，这应引以为戒。千万注意莫损了好心的革新者，尽管他不无这样那样的过失。甚至在自己力所能及的范围内，要像周总理在“文革”中一般，保住一些受屈者过关。现在又有一些投机者，借反对“自由化”之名，又重新操起大棒想打击革新者了。这却是要认真对待的。多有一点正气，便少一点歪风，身为正印官儿，尤为含糊不得！[①]

这里强调的是官员的“卓识和定见”，在形势复杂的时候，不能趋时投机，要守住底线，不能伤害好人。官员“多有一点正气，便少一点歪风”精警之至。在当时的时代背景下，说出这番话，表现了周善甫的睿智和胆识、正气和担当。

1988年，李晖任丽江地区经济贸易委员会副主任，在地方上位置更高，权力更大，周善甫在信中又提出忠告：

古语云：“见大人易小之。”我以为不仅见了大官要把他看小了，就自己当了任何大的官也要学会把它看小了。要有“治大国若烹小鲜”的气度，何况行事三十，即使任个专员，实在也并不为大。老嫌自己官小的人，固然不好；但总爱标榜自己官大的人更不可耐。记得我在酱菜厂后面的田埂上，教过你怎样倒过脑袋从胯裆下欣赏风景，那当然会有意外的效果。其实，关于社会生活，又何独不然？能换个不常用的视角看看，同样会别有妙趣。

所谓要把官看小，是指对个人地位说，要是从所承担的事来

① 周善甫：《致学生李晖的信》（十一），《风雅儒者》，第357页。

说，却轻视不得，没有任何公职是可以玩忽的，何况要你协调滇西偌大地区的所有经济生活，当然应该谨慎戒惧，全力以赴。我希望能看到你不同凡响的工作成果！[1]

“见大人易小之”出自《孟子·尽心下》：“说大人，则藐之，勿视其巍巍然。”周善甫是见过“大人”的人，想当年参加国民大会，国民党的一干“大人”是全见过的，甚至还投票选举过国民政府重要官员，所以这番话也不是“穷措大”，所以他对那些热衷摆谱，“总爱标榜自己官大的人”感到“更不可耐”。官员做人要没有“当官”的意识，要对一切人真诚平等相待；做事则必须有“当官”的意识，因为负有责任，要敢作敢当。这里仍是精彩迭现，无待多言。

周善甫关于当官的上述议论，都是光明正大，又通情达理，坚守的是“民族教养的经典立论”和为官的品格理想，提供的是正能量。其中不少句子，看法深刻，涵义隽永，表达别致，可以当格言警句读。

周善甫的书信具有一般书信体散文的特点，真诚、坦率、朴实，不同的是他的睿智。这种睿智首先表现为思想的独到、深邃与鲜活。他每谈一个问题，往往都有灵心慧解，超凡脱俗，具有直指人心的力量。二是他的情感始终指向美好向上的一面，给人温暖和信心。他虽然遭到了不公正对待，承受很多磨难和痛苦，但在信中几乎看不到怨言，看不到圆滑和玩世不恭，总之看不到负面情绪，始终恬淡、乐观、和谐、正向。他的心中阳光明媚，他的信中温情和煦。三是语言的机智，美妙的词汇和句子联翩而来，赏心悦目。不少篇章可以和《傅雷家书》中的优秀篇什媲美。

① 周善甫：《致学生李晖的信》（十二），《风雅儒者》，第359页。

第八章
语言问题的灵心慧解

周善甫是顾炎武所说的“通儒”，他治学不囿于特定的范围，只是从问题出发，从有益世道人心出发，从自己的感悟出发，发为议论。语言学在人文社会科学中，是专业化最强的学科之一，一般人不便置喙，而周善甫从自己语言运用的切身感受，发现了中国现代语言学的一些问题，不吐不快，于是撰为论著，申述己见。他的见解是“颇不平常”的，也是深邃的，对认识中文的特性、功能、价值和前途等根本性问题有启示意义。

一　重建中文自信

就像中国是世界各文明古国中唯一保持了历史连续性和文化连续性的国家一样，中文也是世界上唯一保持了连续性的文字，它对中国之国家形成和文化发展发挥了重要作用，而且对东亚地区产生了重大影响。新西兰学者史蒂文·罗杰·费希尔说：“汉语成了东亚的‘拉丁语’，对所有的文化产生了启迪，其程度远远超过了拉丁语对西方的影响。”[1]但白话文运动之后，一些学者按照西方标准衡量汉字，认为它是原始、落后的文字，要对它进行改造，甚至要置之死地，中文的地位迅速降低。

周善甫不是职业语言学家，他实际上是一个语言人文主义者。语言人文主义是以洪堡特为代表的欧洲语言学思潮，它强调语言和民族精神、民族历史、民族文化的密切关联。它是一种人文科学语言观，和语言学科学主义有不同的关注点和研究方法。洪堡特认为，语言是一个民族所必需的“呼吸”，是民族的灵魂所在，通过一种语言，一个人类群体才得以凝聚成民族，一个民族的特性也只有在自己的语言之中才能获得完整的映照和表达。语言文字是最带有民族性的东西，民族的语言就是民族的精神。周善甫的语言观就是典型的人文主义语言观，他不是对语言进行技术分析，而是出于对民族文化和民族命运的关切，才来研究语言问题。科学认识汉字的特性，重建中文自信是他的苦心孤诣所在。

周善甫是从文化角度谈语言的，是反思性和辩护性的：不满于白话文运动片面强调口语和书面语的统一，或如他所说“语”和“文”的统一，片面强调拼音化，进而质疑中文阻碍了中国的进步，必欲把中文改得面目全非，“要求干净割断文言的脐带”，极端者甚至要废除汉字，实现彻底的拉丁化，于是挺身而出，为中文辩护。倡导中文改革者试图通过语言文字变革推动中国的现代化，也拯救中国文化。周善甫维护汉字的稳定性，也是为了拯救中国文化，维持中国文化之延续。用心相同，而结果却可能相反。

否定中文（汉字）的优越性和继续发展的正当性，说中文原始、落后，难认难写，不能适应现代社会需要，因而必须进行彻底的变革是20世纪语言学界和文化学界的一种思潮，并一定程度上成为现实的语言运动。如钱玄同说：“欲使中国不灭，欲使中国民族为20世纪文明之民族，必以废孔学、灭道教为根本之解决；而废记载孔门学说及道教妖言之汉文，尤为根本解决之根本解决。”汉字这个“老寿星”“不合

① 费希尔：《阅读的历史》，转引自张伯伟《再谈作为方法的汉文化圈》，《文学遗产》2014年第2期。

时宜”，“过不惯20世纪科学昌明时代的新生活”。[①]瞿秋白说：“汉字真正是世界上最龌龊最恶劣最混蛋的茅坑。”[②]鲁迅甚至说：“汉字不灭，中国必亡。”

中文落后论及拉丁化诉求是在中西文化碰撞中产生的，周善甫说：

> 在数百千种的世界文字之林，中文，是于今还在通用的唯一形基文字；其他则几乎没有例外地统是音基文字，不免让人觉得它梯突、很碍眼。加以其他部族在很早时期也同样出现过象形文字，而终竟改走了音基之路，视似改革有成，后来居上，便使人觉得中文乃抱残守缺、不求上进的落伍东西了。
>
> 产业革命以来，使用拼音文字的泰西诸国，无论在军事、经济、政治，乃至学术、文艺诸方面，都以优越的实力与态势，高居津要，宰割全球，令人不胜景羡。即其语言文字也随之而有先进之目，甚至认为是促成他们先进的有利条件之一。而今日许多实用创新的信息，以及谋取财货权力的机会，也尽得横行文字之中。因而方块字之无用更被坐实。“汉字拼音化”作为“西化”的必施工程之一端，也便被行所当然地提了出来，不少学人为此倾注了毕生的精力，套种嫁接，认定有朝一日必将弃方块汉字若敝屣，走上“拉丁化”的正道通途。[③]
>
> 国人一贯顺适地使用中文达数千年之久，初未发觉有何窒碍，乃至还以之树立了高明博大的文化体系。其社会功能和文化效果，都从未受过怀疑。直到19世纪末，开始正面接触到西方的语言文字时，见到他们各都有一套体例俨然的语法，这才猛地省识到自家的中文竟一直不曾有什么成法可言，不免愕然困惑，莫名其妙。
>
> 而当时又正值西方以其优越的科技成就、经济实力、武装威势，乃至光鲜的文明君临世界的时代。自己则一切相形见绌，每愧

---

① 钱玄同：《致陈独秀》，《钱玄同五四时期言论集》，东方出版中心，1998年，第63页。

② 瞿秋白：《普通中国话的字眼的研究》，《瞿秋白文集》文学篇第三卷，人民文学出版社，1989年，第247页。

③ 周善甫：《大道之行：周善甫国学论著》，中华书局，2010年，第358、359页。

> 弗如，便丧失了所有的自信。文之无法，也便成了落后得刺眼的一桩。乃至不少人还把落后的原因就找在这连文法都有不起的方块汉字上。于是，当洋大人鄙夷它还只是处于蒙昧状态的“婴孩语”时，也就俯首愧赧，而觉无地自容了。直到今天，这种自卑感仍还普遍存在。①

这些分析，深中肯綮。

汉字落后论五四新文化运动中是第一个高潮，钱玄同、陈独秀、鲁迅等都主张拉丁化。20 世纪五六十年代又是一个高潮。著名语言学家、北京大学教授高名凯、石安石主编的《语言学概论》编成于 20 世纪 60 年代初，是高校权威教材，他们说：

> 几千年来，汉民族使用非拼音的汉字辅助语言进行交际……但是它还不是拼音文字，这毕竟是它的严重缺点。到了鸦片战争以后，特别是新中国成立以后，非拼音的汉字就显得更不适合社会发展的需要了。为了在我国建成社会主义和共产主义，我们必须扫除文盲、普及教育。可是方块字记起来、写起来都很困难，使扫除文盲、普及教育工作进行起来相当费事。正是因为汉字的繁难，我国的学生需要 12 年的工夫才能学完普通教育的课程，比许多使用拼音文字国家的学生要多用两年。汉字的繁难成了儿童教育、成人教育、扫盲工作的沉重负担……汉字的非拼音状态终将结束，汉字必将改革成拼音文字。②

话说得斩钉截铁，可见建国后汉字落后论仍然影响极大，拼音化则不仅是学者的观点或纸上空谈，而且变成了一个时期国家的文字工作取向：“汉字必须改革，要走世界文字共同的拼音方向”是国家语言文字工作方针。

① 周善甫：《论“文”》，《大道之行》，第 380 页。

② 高名凯、石安石：《语言学概论》，中华书局，2010 年，第 195 页。

怎样看待汉字是关系“中文”存废、中国文化乃至中国前途的大问题。由于对中文没有科学的认识，在20世纪以来的语言文字研究、使用和社会生活中造成很多混乱。周善甫观察到，新文化运动以来，大力推广白话文，倡导拼音化，对于普及教育和文化确实起了积极作用，但也产生一些弊端：传统中文的优点没有得到很好继承，中文的提高性功能没有得到充分发挥，整个社会的表达能力和人文素养反有下降趋势；民族凝聚力和文化认同、国家认同有削弱倾向。他对此感到难受和忧虑，因此，撰写了一篇《论“文”》的长文和《骈拇词辨》的专书，阐述他对语言问题的看法。这两篇文章实际上建构了具有鲜明特色的语言文字观，而核心就是科学认识中文的特性、功能和价值，重建中文的自信，继承其优长，更好地发挥其作用。

《论“文”》作于1989年，发表于《云南文史丛刊》1989年第4期，1990年第1、2期，1993年收入《善甫文存》，2010年收入《大道之行：周善甫国学论著》。文章对“文”的一些基本问题进行了阐述。李群庆评论说：“尊论《论‘文’》一文于‘语’‘文’‘字’之剖析，精到极矣，前于《云南文史》即已三复斯篇，以为不易之论。”[①]这篇文章是慎思明辨之作，每节都有独到之见，确实精彩纷呈，当得起“精到极矣”四字。

《骈拇词辨》完成于1996年3月，分内篇、外篇，共7万字，集中论述在《论“文”》中提出的词的骈拇问题。这是一部精心结撰的著作，体例古雅。以内、外名篇，始自《庄子》，后来有的子书沿用。周善甫此书，外篇从语文的得失提出一些不容忽视的现实问题，内篇从哲理的高度提出有关传统文化的问题。有实例之罗列，也有理论之阐发和提炼。关于书的撰著目的，周善甫说是因为观察到词的骈拇现象（“夹缠的词”）很多，造成表达的混乱，不能不引起重视：

> 这种夹缠的词，要是为数不多，也就不必计较了；但我触类检点，竟乃俯拾即是。而且我发觉它在语文的提高和哲学的认识上，

① 《李群庆先生致周善甫先生》，《云南文艺评论》1993年第4期。

> 都起着不容忽视的混淆作用。因而称之为“骈拇词”，并时加留心。为日既久，果然由之得到若干颇不平常的认识与领悟。凡所触及，除已曾于多篇文章中提到外，犹觉此事所涉甚广，实有专题论列的必要，故试写此一小册，择要而辨析之。并兼陈自己的一些初步见解，希望能获得有关学人的注意。[①]

他的目的似乎没有达到。除一些熟人发表文章评价、推介外，专业的语言学界没有反应，“有关学人”保持了沉默。这可能是因为他不是学院派语言研究者，他的成果难以进入语言学界的视野；也可能是这部书最初不是正式出版的，流通不广，读到的人不多。但无论怎样，这都让人惋惜。认真阅读这部书，倾听周善甫的论述，我们不能不承认，这是一部严肃的、有思想、有新见的著作，值得认真对待，没有理由忽视它。

关于《骈拇词辨》的特点，郭鑫铨下面的评述得其要领：

> 周善甫先生眼光锐利，探颐索隐，常从细微处发现重大问题；而思考之精密，论证之周到，又可谓旁征博引，言简义丰。对汉语汉字特点及使用规律的揭示，不仅显示了深厚的知识功底，而且表现了极大的学术勇气。至于对优秀文化传统的关注，以及对社会现实问题的忧思，则是一位学者爱国热忱的深情表露。[②]

周善甫认为，中文是走了一条独特的道路，具有拼音文字所缺乏的优势，这不仅不是它的错误，反而是值得珍惜的地方。它和拼音文字不是同一条路上的两个阶段，而是两条平行线，因此不能以是否实现拼音化来判断谁先进、谁落后：

① 周善甫：《骈拇词辨》，《大道之行》，第292页。

② 郭鑫铨：《尊重汉语汉字继承文化传统——读周善甫先生〈骈拇词辨〉》，《风雅儒者——文化名人周善甫诞辰90周年纪念文集》，云南美术出版社，2003年，第200页。

其实，中文走上这条独特道路，并非由于路线选择的乖谬或发育的滞顿，而是由于中国文明早启，远在语音科学还未开蒙以前，社会生活便对文字提出了较高要求。据最近出土的文物证实，距今六千四百年前，方块字便已大致定型了。到了周初便已在相当广袤的幅员上普遍通用，甚至已形成一种由它所负载的文化体系。到能掌握记音手段的时候，它已积重难返，并也意识到它本身又自有特长，遂尔仍其旧贯，盈科而进，开拓了它自具规律和特性的道路。

至于其他众多的拼音文字，则大多形成于既经掌握了拼音规律之后，在有限的时、空范围和一定程度内，创制、熟悉和使用音基文字，无疑都方便得多，自然就乐于搭此便车了。虽然更早的年代，某些地域也同样出现过象形文字（如埃及、亚述等），但毕竟还欠成熟，应用亦未普遍。政局既迁，也便不难改弦更张，舍难就易，而改适拼音了。

因之，方块字与拼音字显有不同，是分别出于其历史条件之所当然。乃各行其是的两条道路，都属合理存在，并将各就其势能分别发展下去，而非一条路上的两个阶段。故亦无法裁定谁先进、谁落后，更不必效颦改辙、李代桃僵。[①]

以拼音文字为先进，实际上是西方的标准，有“西方中心论”的明显痕迹。中国现代语言学以西方语言学观察、分析、评价中文，固然取得一些成绩，但也有削足适履之弊，造成的问题不少。跳出西方中心论，不在其预设的标准中绕圈子，则我们就获得别样的眼光和不同的结论。

原来倡导汉字拉丁化，一个重要原因是方块字妨碍信息化，即难以进行计算机处理，进而“窒碍”现代化，这确实是个大问题。随着信息技术的发展，这一难题已经迎刃而解，汉字的数字化处理不再有任何技术障碍，它完全能够适应现代化的需要。20 世纪 80 年代，有论者说：“历史将证明：电子计算机是方块汉字的掘墓人，也是汉语拼音文字

① 周善甫：《论“文”》，《大道之行》，第 358 页。

的助产士。”[①] 而现在的事实是，电脑接受了汉字，而不是电脑改变了汉字。则支撑汉字落后论的重要理据自然坍塌。

经过近一百年的争论和实践，汉字原始论、汉字落后论、汉字拉丁化被证明是极端的、片面的，人们能够更加理性、科学地对待汉字。汉字不是现代化的阻碍力量，它可以和现代化相适应。随着中国的崛起和发展，汉字的优势及作用将进一步得到发挥，我们有充分的信心相信汉字将伴随中华民族继续走向未来。

二　辨析“语”、“文”之异同，反对以语代文

周善甫讨论语言问题的理论基点是“语”和“文”是既有密切联系又有很大区别的两种信息传递方式，它们各有自己的特性和规律。因此不能以“语”的特点衡量“文”。如果把“语”和“文”混为一谈，要求“文”完全向“语”靠拢，谋求“以语代文”，就走入了误区。

他观察到词的骈拇枝指现象，为了避免“夹缠”，他往往用单字表意。他说的“语”相当于语言学说的口语，“文”就是文字，是书面语。不过，他定义的口语不是自然口语，而是经过“文”的反馈得到提高和丰富的口语，这和一般语言学家讲的口语有微妙的区别。他这样做，是想强调“文”的提高性和重要性。

他从“体”“用”两方面论证二者的不同。从“体”来看，语以声音传递信息，使用的人体器官是口和耳，不须借助其他工具，不需要专门学习，是只要在特定的语言环境中生活就自然就能获得的基本能力。文以形象传递信息，使用的人体器官是手与眼，还要辅之以其他工具，是必须通过专门的训练才能获得的能力。二者差别明显，不可等同，就像歌唱和图画不能等同一样。

从“用”来看，语是共时性的，语在现代音像技术出现以前的漫长历史时期，都是面对面的交流，便捷及时，而且可以借助说话的环境，说话人的表情、手势、语气等，使信息更为充分呈现，所以灵活生动，很少隔阂。语出现早，是传递信息的“本初方式”。文则进而谋求间接

① 陈明远：《电子计算机和汉字改革》，《语文现代化》1980年第1期。

传输，可以把信息传递到不同的地域和不同的时代，具备了历时性特点。它追求简练准确，能够表达较为繁复的情况与思想。虽然是后起的方式，但适应社会发展需要，所以也有顽强的生命力。二者各有所用，不可等同，就像不能把车和船等同一样。

他分析了语的特点，归纳为多样性、变异性和普及性。多样性是说不同民族、同一民族内部、不同地域都有不同的口语。变异性是说口语会随时代发展而变化，个人的语言也在变化之中，这种变化是持续不断的。普及性是说口语在同一社会中，不分社会地位、行业，都通用无阻。“并且只能迁就水平较低的一面说话，所以要求一般化的浅近易懂而具有不求高深的普及性”。[①]语言的这三种特性，使它持续获得强大的创造力、适应力和表现力，而成为其存在和发展的依据。

“文”的特性，他也概括为三方面：一致性、稳定性和提高性。他说：

> 首先，它既被课以传输于异地的职能，就当力求避免各地必有之分歧。它所服务的区域越广，对其通用的要求就越著，与其逐个小区的方言相去就越显，而被赋有一致性。
>
> 其次，它既被课以传输于异时的职能，就当力求避免因时代而迭起的不断变化。它所服务的时间越久，对其少变的要求就越著，与其逐个时期的口语相去就越显，而被赋有相对的稳定性。
>
> 再则，它既用以间接传输，便当力求简洁扼要，又无可借助于表情、手势、语气、音调与场景，便要求准确、生动和有条理。再因客观事物与心理活动的日趋繁复，更当力求其深刻、精致与丰美。所以文字就必然由简趋繁，由浅及深，由具体到抽象，也就难免由易趋难了。且因它还每每使用于学识或专业大致侪偶的不同群落之间，不妨各有差等，并不强求普遍通晓，可以由一般升向独到，而具有可堆垒的提高性。
>
> 文字的这三种特性，也正是让它牢靠地获有充分的维系力、承

① 周善甫：《论“文”》，《大道之行》，第354页。

续力和成长力的根源，而成其存在的发展的依据。[①]

关于二者的关系，周善甫进行了辩证而深刻的阐述：

> 不难看出，语言的这三个特性和文字的这三个特性，竟刚好逐一成对，两两相反。可是，也应该看到，两者并不因此互斥而不相容。由于这三组矛盾都统一于传递信息的功能之下，因各有所用，而互为补充；各有所长，而互为提携。它们的兼存，有如平行承重的双轨；它们的互济，有如交替前行的两脚。语言，由其基于生活，得以无尽的创造力，不断对文字提供丰沛的坯料；文字，便把这有如源头活水的流状半成品，加上滤凝，模铸成相对固化的定型，用以远输和久储。接着，文字再把其中业已形成通用规格的成品，反馈给语言，又使语言越加丰富多彩，使它更能适应日益繁复的生活（一般所谓的“语言”，指的大体就是“口语”在获得文字反馈而有所提高的梯级）。两者就这样，踏稳一只脚，让另一脚迈进。相辅相成，相得益彰，来共同作为促进社会发展的重要动力之一。
>
> 这才是“语”和“文”既不容混同，又不可独擅的确切情况。是典型辩证的客观存在，真实不虚！

语言和文字互动互济，促进其信息传递功能提高，推动社会发展，这是科学的看法。他的论证形象生动，有说服力和感染力。

当然，周善甫探究语言的目的，是针对中国现代语言研究和语言使用中存在的问题，试图有所救正。他阐述二者关系，不是为了纯粹的学术探讨，而是替为“文”辩护、为“中文”辩护奠定理论基础。

推行白话文运动和口语化运动者的理论根据就是书面语和口语应该一致，以减少学习和使用书面语的障碍，提高效率。周善甫认为，这实际上是把“文”和“语”等同，“轻谋互代”，客观上做不到；强求

① 周善甫：《论“文”》，《大道之行》，第354页。

一致，是由高以趋下，把提高性的“文”降低为“粗放”性的“语”，不利于民族心智的提升。事实上，由于过度强调“文”与“语”的一致性，甚至把口语的优越性凌驾于书面语之上，已经产生一些负面效果，骈拇词——词语的夹缠，以及由此造成的文字所载之道的“含糊”，就是一个显例。

三　中文是华夏旧邦命脉之一

周善甫反对用是否为拼音文字判断文字优劣的观点，不认为中文没有演化为拼音文字是“发育滞顿”。他从中文形成的社会环境，中文的历史功绩等方面论证了汉字具有特殊的禀赋，指出中文是“世上最成熟、最典型并一直坚持形基的文字，从而就特有作文字所必具的稳定性、一致性和提高性，积时既久，便充分发挥其承续力、凝聚力和成长力，而且成绩斐然。这远非‘语之笔录’的一般音基文字之可企及”。[①]

周善甫提出中文具有“承续力、凝聚力和成长力”，这在语言学研究中是新颖的见解，它为我们认识中文的特点、功能和价值提供了别样的视角和坚实的理论依据，进而获得语言自信。

承续力是基于中文的稳定性而产生的一种传承力量，这是“中文值得惊奇的异秉”。中国文字由于有较为稳定的形态，所以数千年前的作品至今仍能顺畅地认知，感受其意蕴和美。古文当中的大多数著作，都是显豁易懂的，不会造成太大的接受障碍。即使有少量极为难读的古文，“其难读之处，十有八九乃属专名专论之因古今悬绝而出现的知识性隔膜，或作者自炫博雅而故为造作的词语；其出于文字本身的碍难者并不太多，且一般都不难修而习之”。[②] 这种“知识性隔膜”在任何时代、任何语言中都存在，都必须通过学习获得，现代自然科学、社会科学和人文科学都有很多深奥的概念，不修习无从知晓。所以，古文中的“知识性隔膜”并不是语言自身的问题。此外，古文的大量成语和名句活在现代口语和书面语中，大大增强了语言的说服力和感染力。

---

① 周善甫：《论“文”》，《大道之行》，第 360 页。

② 周善甫：《论“文”》，《大道之行》，第 360 页。

周善甫说“这在我们虽常习而不察，但只要和别国人对该国古文的写读能力对比，便不得不承认这种承续力是中文值得惊奇的异秉了”。他举希腊的例子说明：“要是柏拉图的《理想国》并未屡经翻译，而直接以其原文要求今日的希腊学生去读通它，那简直是不可想象的。即或他们深研古代文字的专家，或能勉强释其崖略，但也不会谈得上钦服和感染的。”在他看来，希腊文古今差异太大，承续力相对就弱一些。加拿大汉学家施吉瑞对中文贯通古今的生命力也大为惊叹，称为“文明的奇迹”，他说：“两千年前的诗体不仅可以儿童随意诵读，而且可以大量写作，对比欧洲古典拉丁文的死去，真是一个文明的奇迹！”①

周善甫把中文视为贯通古今的经线，是“国人之承续继志和爱国思想的本初依据之一”，中华民族的历史有多长，中文的存在也就有多长。反过来说，中文的存在有多长，中华民族的历史也就会有多长。中文是中华民族的命脉，应该给予最高的礼赞。他说：

> 中文这种独秉的稳定性，固不免为文化之严重束缚；但另一方面，它既克直接说事理、通情志于古今，而殊少隔阂，积时既千百十年，自然就凝结为一种特定的思维方式，它所传递的信息，也就成为其士人的心理素质，进而成为特定的社会传统，最后成为一道异常坚韧的文化经线，直贯古今。纪共识、传情谊，历久弥笃！正所谓：“每揽昔人兴感之由，若合一契。”
>
> 所以，中文是华夏旧邦的命脉之一，当与江、河、衡、岱，以及丝、瓷、长城等同受礼赞，而坚定固执，不容迁坠的。②

中文的另一种“异秉”是凝聚力。它的凝聚力是指建立在文字的一致性基础上的横向的统合力量。它把占世界人口五分之一强的、不同民族、不同信仰、不同地域、不同族语方言的人民联结为一个整体，共同建成一个“大莫与京的国家”。周善甫认为，形成这个大国的原由颇

① 转引自胡晓明：《略论后五四时代建设性的中国文论》，《文学遗产》2014年第2期。

② 周善甫：《论“文”》，《大道之行》，第361页。

多，而大体通用同一种文字是“主要的链键”。中文是“维系民族团结的异常牢靠的纬线”。

周善甫说，统一的中文对社会的影响巨大而深刻。它超越于各种民族语言和方言口语之上，形成共同的交流工具。“因为语言发生于特定的自然条件之下，发育于不同的生产关系之际，使用于变化不居的生活之中”，所以语言总是趋向于“各就所宜”，千姿百态。在现代“电传音视”出现之前，不可能“要求众多民族通用同一种语言”，大家都是各说各的话，不同民族、不同地域的人的语言难以互相沟通，造成交流障碍。即使在“电传音视”普及的今天，人们日常生活中还是各说各的话，除了作为工作语言讲普通话之外，人们都倾向于说方言或乡音。语言基本规律是“尚异”，而文字的规律是“贵一”。中文能够为讲不同语言的人认知和使用，具有统摄的力量。他说：

可以设想，要是千百年前境内诸多民族和乡贯各就其族语方言，分别创制和发展各种音基文字，则这么一个伟大的民族大家庭的形成是绝难想象的。世界上也绝少似此而成功的例子……因为不仅信息交换的困难，且无由形成个兼容并蓄的文化体系，来倾注和表达共同的信念与意志。

形基的中文，就正能克服这种异化的倾向。说归说，写归写，异语而同文。同文而化，斯谓“文化”，这个看似陈旧颟顸、不同寻常，而为今日所诟病的方块字，正是这个伟大国家不同寻常的同化力和凝聚力的底里关键。[①]

他认为，中文的承续力作为经线，凝聚力作为纬线，纵横交织，发挥“宏大的功能”，而形成了中国这一“泱泱雄邦”。世界上没有那种文字有如此巨大的力量：

就这样，经纬交织，而形成这上下五千年，幅员千万平里的泱

① 周善甫：《论“文”》，《大道之行》，第362页。

泱雄邦，使十亿人民在同具颇为接近的价值观与生活理念下融洽共处，应该肯定方块中文的这种勋绩是不可磨灭的！世界上还未曾有第二种文字起过如是宏大的功能，吾人平常之少言念及此者，仅如水之于鱼、人之于空气一般习焉不察而已。①

中文的“异秉”之三是在提高性基础上生成的成长力。在长期的发展和使用过程中，中文积淀了深厚丰富的文化，掌握了中文就一定程度上掌握了其蕴含的文化信息，所以中文能提升人的认知水平和思想境界，使其不断地继长增高，这就是周善甫说的“成长力”。他说：

凝结于文字身上的，就是文化的成果，故历时愈久的文字，所沉积的文化就越厚越高。中文的稳定性既有利于文化的积累，其一致性又有利于兼收并蓄，故其文字本身的提高性同样也是突出的，从而它的成长力也为世界文字之最。

这说法，会不免令人怀疑，一个贫穷落后的老大国家，怎么可能倒会有高水平的文字呢？

皮相地说，这似是个据实提出的质难。但，当中一是错把生活水平和文化水平之间划了等号，于是出现了“富者即高明”的推理；二是错把科技成就与思想境界二者进行量的比较，于是出现了“能者即居尊”的推理；三是错把学习的难易作为评价的标准，于是出现“易者即可取”的推理。若竟据这三项推理来度量中华的一切，那就凡百无非落后，遑论文字之独高了。

可是稍加熟思，就不会贸然同意这些急功近利的推理，并据以论断数千年来祖国文化的成败，从而也否定中文之有其不可及的禀赋。

“文化得于积累”则是真切的。悠久则高明，高明则博大，博大则精深。中文之精深，惟进之愈深者始能感之愈切。中间大有足

① 周善甫：《论“文”》，《大道之行》，第363页。

供吾人深求者在。[①]

中文确实有一种魅力，对它理解愈深就会愈喜欢，愈趋向于它的典雅的韵致，而致力于更高文字境界、文化境界的追求。他对三个错误推理的归纳，深刻地揭示了近代以来某些国人觉得“凡百不如人”的心理原因。跳出三个错误推理，不从百年成败论优劣，而从数千年文明史看得失，则中文自有其过人之处，不必妄自菲薄。

国际上有些学者从拼音文字优越论出发轻视中文，也有一些学者从中文在历史上发挥的巨大作用这一事实出发，高度评价中文的优越性。这可以支持周善甫的观点。

日本学者铃木修次认为汉字是“中国文明的最高智慧产生的杰作”，具有无与伦比的表现能力、信息容量和经济潜力，他肯定汉字超越时空的能力，认为汉字对于中国的统一和绵延不绝的历史发挥了重要作用：

> 从古至今在中国有过各种方言，但在书写不同方言时，却没有形成不同的语言。这不正是方块字的优点吗？从标记这点说，中国是统一的。大胆说一句，有这样悠久历史的中国，所以能作为一个统一体保持到今天，就是由于有汉字的缘故。
>
> 经过漫长的时代，生活用语是不会不变的。然而以汉字书写的古文尽管语言本身不断地在变化，它却在形式上仍原封不动地保留至今，人们仍能读懂，这种现象超越了人类的合理思辨，在超越时间的记录上，汉字书写方式确实发挥了难以想象的效果。[②]

法国当代著名哲学家德里达也认为，汉语超越了时间、空间和历史的限制，特别是汉字不必亦步亦趋唯“声音”的马首是瞻。他认为汉字是一种哲学的文字，原因是它同声音分离开来，因而具有恒久性，本身

---

① 周善甫：《论“文”》，《大道之行》，第363页。

② 铃木修次：《汉字的特征》，《国外语言学》1986年1期。

成为一个自足的世界，澄怀观道，独立于绵绵的历史之中。[①]

英国著名社会学家和人类学家、剑桥大学社会人类学系教授艾伦·麦克法兰（Alan Macfarlane）说：

> 在过去两三千年中，通过建构考试体系的儒家教育、一以贯之的中文以及对中华文明的认同，中国人一直和谐地团结在一起。以一种和平的方式将如此大规模的人群维系在一起，这是目前全世界都需要寻找的方法。[②]

如此，则我们应该为中文骄傲，根本没有理由自我矮化，自暴自弃。我们不必说中文是世界上“不可企及”的文字，但也不必自惭形秽，而要坚信它是有鲜明优点和顽强生命力的文字。增强中华文化自觉，重建中华文化自信和文化自尊，理所当然地包括对中文的自觉、自信和自尊。

四　词的骈拇问题之发现

《庄子·骈拇》云：“骈拇枝指，出乎性哉，而侈于德；附赘悬疣，出乎形哉，而侈于性。……是故骈于足者，连无用之肉也；枝于手者，树无用之指也。”骈拇指足的大拇指和食指相连。枝指是手的大拇指或小拇指旁边长出来的手指。对人体来说，它们都是多余的，无用的。“侈”是过多，“德”同“得”，“侈于德”即多得而无益。

周善甫发现，在现代汉语词汇中，有些由两个意义相近的字合成的词，其中一个字是多余的，类似于骈拇枝指的情况，他把它称为“骈拇词”。他说：

---

① 刘军平：《从哲学的名实、言意之辨看中国翻译》，冯天瑜主编《人文论丛》2003年卷，武汉大学出版社，2003年。

② 艾伦·麦克米兰：《解决世界六大问题可向中国取经》，《中国社会科学报》2014年3月24日。

在文言里已够清楚的单音词后，再饶上一个近义字，来迁就语词多音的惯例，是种撮合近亲，欲显反晦的办法。在语言环境里，固然可以起到说清听明的作用。但写之为文，则其中总有一字如骈拇枝指，留之，既不顶用，且足碍事；去之，又觉“不像话”，故常拿它作难。①

骈拇词的结构方式是“撮合近亲”，本意是要使意思得到强化，听起来明白，但实际结果“欲显反晦”，在书面语（周善甫称为“文”）中，原来明白的意思反而隐晦、混乱了。骈拇词不但没有达到强化的效果，反而“徒增夹缠”。

他发现，这种骈拇词“俯拾即是”，“不可胜数”。他举了近50个常用词进行细致的辨析。这里举两例说明：

美丽：言“美”，在话语中也常增上个“丽”字，说成“美丽”。其实，也同样欠妥。“美”，兼及心赏之佳；“丽”，徒言触目之绚。“美人”和“丽人”就不相同。如杜甫的名篇《丽人行》，写的是唐明皇时杨氏诸姨的盛贵与骄纵。虽极尽渲染，但绝无赞许之意。写到“切莫近前丞相嗔”，则已表示厌恶了。而《楚辞》里的“日月忽其不淹兮，恐美人之迟暮”之“美人”，则倾心慕惜，爱憎大有不同。正如遍街的艳妆妇女，称之为“丽人”，倒还差不多；但堪许以为“美人”者，就百难一见。混称“美丽”，就不免夹缠了。

旧时，“美”除了眼见之佳美外，还兼言心许之“善”，如好品德曰“美德”，好职位曰“美差”，好饭食曰“美食”等。更早些时候，连品德好的男子也叫“美人”，如《诗经》、《楚辞》里提到的“美人”，说的是“好人”，不像如今只称漂亮姑娘。

这说明中国有个“以善为美”的思想传统。故“美”与“丽”，相去尤远了。

① 周善甫：《骈拇词辨》，《大道之行》，第291页。

> **丑恶**："美"之反为"丑"，本也一字就足表明，可是用话来说，只好再加一音，说成"丑恶"或"丑陋"。"恶"是凶残，"陋"是粗俗，近"丑"而不等同，不加还好，加上倒足添乱。嘴说耳听，固然出于无奈；而手写目视，多出此一字，便岂非既费事又添乱了。所以，我以为：在行文时，是丑说丑，何必再说他恶？世上貌丑心善的人正复不少呢。①

这类词语，人们已经习以为常，不觉得有何问题，但经他一辨析，就有豁然开朗之感。他的辨析，从无疑处见疑，启人心智。"从来如此"的认识，未必就对。细致的分殊，有益于思想的缜密。

骈拇词的存在，导致语言的累赘、含混，进而导致思想粗疏、浅薄乃至于混乱。周善甫说："骈拇词的存在，不仅如上篇所谈，在语文关系中形成若干碍难；就在下篇这些哲学思维的领域里，也形成如此不应有的困惑，当中不少问题，还成为千百年来缠讼不清的学案，甚至成为大道难行的理论弱点。"② 骈拇词"夹缠可厌，非留意不可"。③

造成混乱的情况，他借辨析"奇怪"举了书画界的例子：

> **奇怪**：口语说的"奇怪"，也是个夹缠的骈拇词。"奇"与"怪"虽都用来形容不寻常的事物，但"奇"，一般指比"正常"还要好的独到事物而言，如"奇景"、"奇文"、"奇才"等，都是往美好一边理会的；而"怪"则多指不够"正常"的变态而言，如"怪事"、"怪胎"、"妖怪"等，都是往丑恶一边理会的。"奇文"就值得共赏，"怪话"就最好少说，一褒、一贬，两者不容等同。
>
> 莫道一字之差，干系不大，就说当前的书法界，就充斥着"奇"、"怪"不分的闹剧：有不少人字还写不端正，便想"逞奇"，"逞奇"又无功底，便只好"作怪"，胡涂乱抹，老想以"反

① 周善甫：《骈拇词辨》，《大道之行》，第 298 页。
② 周善甫：《骈拇词辨》，《大道之行》，第 345 页。
③ 周善甫：《骈拇词辨》，《大道之行》，第 292 页。

常”来欺世骇俗。还拿什么“灵感”啊、“个性”啊、“前卫派”啊、“后期印象主义”啊等歪理自欺欺人。其实奇者美好，怪者丑恶。美丑、善恶，客观自有明鉴，是无可冒充的。而一入魔道，便终难自拔者，比比皆是。其他诗人、画家、歌者、建筑师、服装设计师等中因“奇”“怪”不分，而致以丑为美者，同样大有人在。形成审美意识中的又一项“不正之风”，故一字之歧别，亦非同小可焉。[①]

周善甫认为，“白话之文”大量使用骈拇词，造成两个问题，一是词义模棱两可，模糊不清，吃力不讨好。“在对视觉已称足够和准确的各个独字词后，逐一系上这么个为听觉而设的骈拇以模棱之，多费了力而讨模糊”，[②]就是“欲显反晦”。进一步言之，这会阻碍人们对思想、文化的理解。“‘文以载道’，文词既有欠明确，则其所载之‘道’，也便自然含糊”。[③]二是泯灭了一部分单音词（“独字词”），“让祖国文词贫血”。“这种徒滋扯皮的骈拇词，习用既久，年轻一辈对所撮合的两字，就渐渐不能确辨其区分，乃至把当中一字本曾作为独立词的资格，也给吊销了。我曾发现不少高中生已不能理会‘责任’的‘责’、‘借贷’的‘贷’、‘疾病’的‘疾’。这样泯灭了的词，到数以百计，便足成为让祖国文词贫血的一项不容置疑的原因。”因此，这样的语言现象，虽然人们“习而不察，约定俗成，行所当然”，但“岂可谓为进步”？[④]“骈拇词在字、词、句的认识和运用上，都埋下了许多蒺藜，成为提高语文品质的障碍”。[⑤]

骈拇词是在文言文向白话文转换过程中产生的。中文是象形文字，文言文以单音词为主，每个字就表示一个完整清楚的意思，“故文字之常单音，而不必再加拖带，亦出乎其体用之有应然”。“所以语、文分

① 周善甫：《论“文”》，《大道之行》，第395页。
② 周善甫：《论“文”》，《大道之行》，第366页。
③ 周善甫：《骈拇词辨》，《大道之行》，第312页。
④ 周善甫：《论“文”》，《大道之行》，第366页。
⑤ 周善甫：《骈拇词辨》，《大道之行》，第306页。

辙，多音、单音各行其是。古来都文了文，语了语，不仅没有乖讹，还曾让各自更充分地发挥其应有功能，而成为奠定中华文化的重要基石”。近代以来，由于“羡慕西方”而进行的白话文运动，却要求以多音的口语词汇替换单音的书面词汇，于是在“对视觉已足够的各个独立的字词后面都系上一个为听觉而设的衍音词”，[①]构成双音词或多音词。其他类型的双音词问题不大，但在近义字合成的词中，就出现了骈拇枝指的情况，埋下“语文转换中的隐患”。[②]

白话文“贸然掀起以语代文的高潮”，[③]切断了和文言的联系，只准喝洋奶，不准喝或不愿喝母奶，是造成骈拇词的原因之一。因此，解决骈拇问题之道，周善甫提出“重按语、文双轨的程式”[④]来发展中国的语言文字，要依据“语”和“文”的不同特点和功能，按照一分为二的辩证方法，各行其是，不能强“文”以就“语”。“语”不妨多用双音词，而“文”可以保留言简意明的单音词。

文字传达的信息，首先要求准确。骈拇词造成词义的夹缠和混乱，在文字运用中，确实值得注意。周善甫这一发现，在语言学研究中，是孤明先发之见，值得语言学家重视。

五　倡导创建“现代中文”

周善甫反思书面语彻底白话化之流弊，辨析骈拇词之缺陷，是为了“正确认识文字——特别是中文的传承关系，谋求其健康地向前发展”，要实现这一点，他还有更高远的目标：创建“现代中文”。他认为，白话文并不是现代汉语发展的最终结果，它还有提升的空间和必要，要努力形成一种比白话文更优秀的书面语，这种书面语，他命名为“现代中文”或“今文”。

他所说的“现代中文”是一种文白兼擅的书面语。他肯定白话文在

① 周善甫：《骈拇词辨》，《大道之行》，第290、291页。
② 周善甫：《论“文”》，《大道之行》，第362页。
③ 周善甫：《骈拇词辨》，《大道之行》，第348页。
④ 周善甫：《论“文”》，《大道之行》，第396页。

因应西方挑战，推动教育和文化普及方面取得的成就，但指出由于白话文运动对文言的态度过于决绝，只强调横向移植——“喂洋奶”，而忽视了纵向继承——“不许吮吸母奶”，于是中国传统语言的长处中断了。在白话文初创时期，为了从文言文中挣脱出来，这种激进的做法情有可原，但当白话文取得统治地位以后，就应该谋求中文的更高境界。接受“母奶”的哺育，就是提升中文之道。他说：

> 当然，事到而今，也绝不容重倡文言之复辟。但在现已大体成型的白话文的格局中，应容许因袭旧文言的若干长处，如以独字组词、运用成语、对偶排比的适当援引等，以求形成一种文白兼擅的“现代中文”，来适应日趋繁剧的社会生活，和日趋高深的学术探讨的要求，这应是在普及的基础上，继承前修以谋提高的应行和可行的正办。
>
> 在推广白话文的初期，为了务求“像话”，而要求干净地割断文言的脐带，规定不得羼杂文言词语。时当分娩之际，作此要求是可以理解的。但在业已形成新体制的如今，仍以洋奶喂之，而不许吮吸母奶，则显难健佳了。所以，无须别的措施，只要解除掉近百年来基本不习文言，不许文白夹杂的禁阻，使能充分利用中文之所独擅，便足收提高之效，以副世界卓识之士寄予汉文的重大期望。
>
> 当然，蓦地去这么做，必然会闹得非驴非马，抵触不通，乃至笑话百出。但“诗从胡屁起”，百务都不免有其稚拙可笑的初期，不能因噎废食。只要容许自由探索，可以相信一种更优秀的“现代汉文”，即将于承先启后的客观要求下，很快形成。[①]

继承文言的长处，发展“现代中文”，他具体提出三条路径。

一是“独字组词”，保留单音词，一方面可以避免词的骈拇枝指现象，使语言表达更准确明晰；另一方面可以发挥单音词的优点，撰写骈偶语，使中文的音韵之美得到保留。

---

① 周善甫：《骈拇词辨》，《大道之行》，第 308 页。

二是运用成语。世界各种语言都有由习惯形成的成语，“由于它能如是简单和意蕴深长地表达一大段不易直讲的心意，而成为不可缺少的语言手段”。中文得天独厚，成语众多，既便表达，又意蕴丰富，言简意赅，韵致雅洁，“故自古以来，便深为撰文者所乐用。虽然冬烘先生的肆意堆砌掌故，固也令人齿冷，但若用得其宜，终不失为汉文的有效特色之一”。“可是在白话文运动中，倡言之者，片面追求浅显易懂，便将掌故或成语统予否定。加以普通话的普及为时尚浅，尚少出现通用的新成语，于是便只有用多数的语句直白，但‘话多不甜’，文章大多成为一大碗没有菜肴的清汤”。[①] 因此，成语掌故的功能不容否定，在文章中合宜使用，可以增强文章的表现力和意蕴。

三是运用对偶。文言文中，骈偶句式是普遍的存在，其原因一方面是中国传统哲学看问题往往受阴阳观念影响，万物总相对峙；另一方面是汉字“独音成词”，便于词义和音韵的调整呼应。因此，中国很早就出现了对仗排偶的句式，唐宋则高度成熟。对偶句声情并茂，这是“举世各种语言所没有”。“可是在白话文运动的时潮下，单字成词既被否定，多音词便很难要求对仗了，加以西方又无对联之说，于是对偶句也便当成‘封建尾巴’割去了。在现代中小学教科书中，就很少涉及这一重大的文艺存在，而自动抛弃了历来行之有效的文艺手段。到如今，不但一般人对之全然陌生，就专习汉语的文科师生，也很少擅长此道的了”。改革开放以来，社会安定，物质生活略见充裕，文化生活出现多样化，于是旧诗和对联开始复苏。但因为丢弃对偶业已过久，青年人缺乏文言素养，“对偶是建立在单字成词的基础上的，在习用多音词，乃至安于骈拇词之夹缠已数十年之后，蓦然又想学搞对偶，其困难就可想而知了。故习者虽多，佳作乃至合格之作仍殊寥寥”。[②]“对偶与排比的句式，只有单字成词、词必有偶，并可做到平仄呼应、义意颉颃的中文始克臻此。为多音节拼音文字所无法做到，所以不可通译、不可仿拟，是弥足珍贵的异秉，而我们却因其独特不凡，而弃之唯恐不远，无

① 周善甫：《骈拇词辨》，《大道之行》，第 305 页。

② 周善甫：《骈拇词辨》，《大道之行》，第 305 页。

乃过分盂浪欤！”[①]“现代中文”要从汉字特点出发，继续发挥对偶句的作用，体现汉语的声情之美。

当然，这三种语言现象，在白话文中并没有绝迹，但周善甫的议论明显是针对文化激进主义者的。胡适在《建设的文学革命论》中提出“八不主义”，其中三条是：“不用典；不用套语滥调；不重对偶：——文须废骈，诗须废律。”[②]前两条就是指成语掌故。“不许文白夹杂的禁阻”也就来自激进主义者。在这种思潮的影响之下，中文的文采确实有所削弱。

他的态度是理性的，既不主张文言文复辟，又建议在白话文大体成型的格局中重新审视单音词、成语和对偶问题，“得宜”地采用，以提高现代汉语书面语的表达能力和美感。在文化多元主义得到广泛认同的今天，他的主张不失为值得尊重的一家之言，沿此路径探索，也许真能为现代汉语书面语开辟出一片新天地。

六　中文难学论是伪命题

对语言学界和社会上颇有市场的中文特别难学之论，周善甫是不认可的。他指出，中国人从小到大学英语，投入大量时间精力，但效果不佳，“除了极少数略有语言环境者外，究竟能有几人攻下这个洋文关呢？当然在沿海城市，能讲点‘洋泾浜’的也不太少，但能命笔成篇的，就毕竟是凤毛麟角了。以这样迫切和长久的声势去普天搞洋文，而成功率之低竟百无一二，已是足够丧气的了，而执意颂扬拼音文字者，却不屑留意这些事实，徒然叫嚷中文之因不洋而难，这是否出于‘洋月特亮’的惯性推理呢？”至于中文，他说：

> 反过来，西方有若干仅以阅读为目的的中文学习者，倒常取得成绩。人数即便极少，但其成功率，恐远比前者为高。近来国誉日

---

① 周善甫：《论“文”》，《大道之行》，第379页。

② 胡适：《建设的文学革命论》，姜义华主编：《胡适学术文集·新文学运动》，中华书局，1998年，第41页。

> 隆，学中文的外人也续有增加，间常听到因能短期掌握中文而感欣然的自述，一般说，感到困窘的比感到兴奋的为少。
>
> 我本人是个少数民族，童年生活在并不使用汉语的家乡，可是和许多同学一样，在学龄前期便已初识中文，读起古诗文来，能朗朗上口，还在学会汉语以前就一般都可以缀篇短文了。在印象里，并不觉得怎样淘神费力。也足说明，中文并不特殊难学。问题在于有待重树对中华文化的信心而已。[①]
>
> 关于学习拼音文字和学习中文孰难的问题，显然的事实是：把前一阶段认拼外语字母和识记汉字作比，前者固然要轻松得多；但后一阶段呢，以两者的组词、识词、用词难易比，则中文却又容易多了。要是能各把前、后两阶段所用的功相加，那么，两个和当会相差不远。按事同则所用的功也相同的常理，我们也许可以有个假设：对学习文化水平略同的各种文字说，若事先都未熟悉该种话语，则其所须付出的功是守恒的，从而，“中文难学”这一常谈，是未可轻信的。[②]

在他看来，中文难学是个伪命题。说中文难学，往往是西方人的言论，也没有经过科学的验证。西方人以居高临下的心理看待其他语言，很难做到虚心学习，下够功夫，稍有障碍可能就以轻慢的态度断定中文落后难学。不止中文，也许所有非西方语言在他们看来都是难学的。这里有西方中心主义的影子。而中国人以西方为先进，唯西方之马首是瞻，也就跟着“叫嚷”，于是中文难学“为举世所熟知”。这可能是三人成虎的结果。周善甫用自己学汉语的切身体会证明，对非汉族人而言，汉语并不像人们说的那样“特殊难学”。他还说，西方有心学汉语的人，成功率远比中国人学英语的成功率高。

与中文难学论相关联的还有“中文包袱论”。一些论者认为，汉字难认，难记，难写，难查，是包袱。包袱就要放下，以便轻装前进。

---

① 周善甫：《论“文”》，《大道之行》，第374、375页。

② 周善甫：《道德与文章》，《大道之行》，第374页。

1985年，美籍华裔记者、政论家梁厚甫在香港《明报月刊》发表《中国文字改良刍议》，内地《汉字改革》1985年第5期和《世界经济导报》等报刊转载，影响较大。梁厚甫肯定："在世界文字中，中国文字是最优秀的一种，能以少数来抵多数。"同时，他也同意"包袱论"，建议通过"简字"和"加词"两种方式降低难度。他认为，方块汉字有类似字母的性质，故应力求减少，主张来个"扫除废字"运动，约集些专家权威来选定三千个基本汉字，其余就一概废除，以减轻"中文这个包袱"，来"救救现代青年人"。

周善甫认为，"这是项未究其所以然的建议。要是我们现在还一字不落地使用着《康熙字典》所收的四万多个方块字，那确实是一个背不动的包袱，就非痛加清洗不可了；可是随着社会的发展，人们是早经自发地做着淘汰更新的工作的。"实际上现代人常用的字"就真只要三千而已"。而且这有限的字由部首所统率，识记辨认并不难。这是"形基文字"的优点。这些常用字"即'形基文字'的精兵锐卒，对有着一般智商而不十分畏难的人，绝非可怕的障碍。"自然也不是包袱。

他还进一步总结"铸字"规律说：

> 铸字运动，犹如地质上的造山运动，尽管曾经出现高潮，但在应该相对地固定下来的要求下，早已趋向减缓。现虽仍有较少新字的不断出现，也不断有旧字的退休、归档和意义转化，但大量创制或废弃的时期，毕竟已经过去。当前常用的这三四千字，已构成中文这一地壳的坚实岩体，已不容凭一时的主观意向轻予去取、塑捏或抢代的了。

周善甫肯定梁厚甫认为"中国文字有创词的本事"是个"卓识"，但他提出"加词"建议"也似多余"，理由有二，一是"语文词组出现，也只依据生活实践的客观要求，并不可能由若干'贤达'得以聚谋其损益"。二是"中文组词之特见方便，正基于个体汉字之有独立意义及数量较为充分，得以进行更简明、灵活地创组大量新词而已，故若减字，便难于加词。而当前亦不存在词不够用、有待批量赶制的问题也”。“总之，字也好，词也好，其为数之多寡，是文化程度的函数。文化趋向繁复，则字数与词数，只会与之俱增，无由反求减少。汉文之妙，就妙在便于创词。”[①] 他的看法和论证都是精彩的。引入“函数”概念，说明字词随生活实践和文化程度的变化而变化尤为别致。

七　慎重人为制作民族文字

从中文能为不同时代、不同地域、不同民族所共享，从而增强文化认同、国家认同及中国民族凝聚力的特性和功能出发，作为少数民族的周善甫，不同意人为制作民族文字。

中国是多民族国家，每个民族（回族是特例）都有自己的语言，有的民族还形成了自己的文字，这体现了文化多样性，自有其价值。没有文字的民族则使用汉字。19 世纪，西方传教士到了民族地区，用拉丁文为部分少数民族创制拼音文字。20 世纪 50 年代，在党和政府支持下，为了发展民族地区的文化教育，部分语言工作者或改造传教士制作的文字，或新创拼音文字，让有的无文字民族有了文字。这种情况在云南尤为突出。

周善甫认为，“中文”不仅仅是汉人的文字，而是所有中国人的文字，境内各民族“与有荣焉”。“它久已通行于境内诸多民族之间，根深叶茂地成为整个中华民族所共创、共有、共享的首席文字。早非由汉族所独用。故宜称曰‘中’，而不宜标曰‘汉’。”[②] 因此，过去没有文字而使用中文的民族没有必要再新创文字。

周善甫是少数民族，他从自己学习中文、纳西族文化人使用中文而增强了对中文所表达的“理性与深情”的服膺，得出中文能增进民族团结、增强国家统一的（“境内各民族向化之稳定度”）看法：

> 即如论者自己，就是个少数民族，而我之粗识中文，竟还在学会汉语之前，且非纳西族中的特例。不少先辈善作登式的诗词，却

① 周善甫：《论“文”》，《大道之行》，第 372 页。

② 周善甫：《论“文”》，《大道之行》，第 357 页。

有终身不能说好汉语者。而我们对中文本身的偏爱，和对他所表述的理性与深情，则是毕生服膺，至老弥笃的。

显然，境内各民族向化之稳定度，得以其使用中文的普及程度度量之；越、韩之引去，也视其自立文字之后而尤远。

因此，中文之凝聚力，又为其异秉之一端，而成维系民族团结的异常牢靠的纬线。[①]

因此，他担心“随着‘文’的废黜，作为‘文’所具有的（特别是中文所异秉的）一致性、稳定性和提高性就不会不相对削弱。从而据之获有的承续力、维系力和成长力又不能不令人怅惋地受到抑制”。他指出：

可以感知的是，由于直接阅读古籍能力的普遍降低乃至消失，使得存储于文字中的民族文化传统迅速涣散。于是必然导致爱国热情的降温（不可能仅用“山河”与“学统”等话头得到充分鼓舞），与民族自信心的亏缺。而这两者却都是当今国际竞争、民族较量之林直关存活的问题。即使仅就人民的品质素养说，也已觉得如有所缺。何况在物欲横流而弊害百出的今天，连西方也有若干有识之士对我们的传统文化相继作出更高估价时，就尤显得自家数典忘祖，而开始出现文化反思的要求，于是尤难自满于日常语言的层次了。

历来由“同文”所绾系的国内各民族地区间的团结关系又会如何呢？对于政治的稳定，当前虽然未出现任何差池，但文字的歧离，每是民族歧离的兆志。韩、越已远，港、台能还，中间不无文字的契因，故未可掉以轻心。可是如今却有一些人偏要兴冲冲地分头忙充为各少数民族新创文字的仓圣。这无乃语尚异而求一；文贵一而务分。急其所不当急，不恤实甚！[②]

① 周善甫：《论“文”》，《大道之行》，第 362 页。
② 周善甫：《论“文”》，《大道之行》，第 394 页。

境内许多原无独立文字的民族，也正酝酿着各创自己的族语文字了。须知：文化、文化，同文而化。故凡此种种，都无非异化的征兆，与皇皇华夏数千年兢兢业业所追求，并已颇有成绩的“世界大同”的理想，是背道而驰的。若计较得失之大小，这才叫“拣了芝麻，丢了西瓜”。①

这些看法，显示了深邃的历史眼光。朝鲜半岛和越南历史上都使用中文，并为中国政教所及，从风向化，后来新创文字，便与中国渐行渐远。它们与中国之疏离，原因很多，文字之变化，导致文化联系、文化认同的削弱确实是重要原因。他坚信“港台能还”，是因为都还在使用同样的文字、拥有同样的文化。他因此得出结论：文字的歧离，往往是民族歧离的征兆。这一看法令人警醒，犹应为当国者所慎思。

周善甫反对当代还有人要充当少数民族同胞的仓颉，在本已通用汉字的民族地区新造文字的观点，得到白族学者李群庆的共鸣，他说：

“文字的歧离，每是民族歧离的兆志。……可是如今却有一些人偏要兴冲冲地分头忙充为各少数民族新创文字的仓圣。”此论深合鄙意。夫车同轨、书同文以达天下一统是理想，也是历史发展的必然趋势，吾人巴不得世界共用一种语言、同写一种文字以期世界大同，试想无语言之隔膜、无文字之歧离，人类将省却多少麻烦（爱罗先珂也说过：“人类的悲剧就在自造畛域，此一民族，彼一国家”），岂不甚善？偏偏今天竟有一些好事者下此之虑，老是喜欢琢磨“民族”两字，遇事都强调“民族问题”，都在突出“民族”上下工夫以炫其特殊。于是，本已通用汉字的少数民族地区，又大倡创其民族文字，据悉，白族的啥“学会”已在进行“创举”（我是白族，从来不在作品前署“白族”一词）。一些白族学者喜欢引用明代大理白族隐士杨黼的“山花碑”以为“宝贝”，实则山花碑不过是用汉字注白族话的一首歌词而已，而竟津津乐道之。我不知道这些白族“仓圣”将用何种字形创造其本族文字，此类

① 周善甫：《骈拇词辨》，《大道之行》，第308页。

作茧自缚的狭隘的民族思想，实不利于祖国语言文字的统一。

此类“仓圣”已不仅白族有，别的民族也闻风起兴，愚意有识之士突起而大呼别搞此类蠢事，不过以鄙见窥之，这种悖时之举未必有好的前景。①

李群庆是白族，这段话又是在私人通信中说的，所以放言无忌，畅快淋漓。他说得确实有道理。“此类狭隘的民族思想”既不利于“祖国语言文字的统一”，也是民族“作茧自缚”，不利于自身发展，是卓见。白族、纳西族在云南各民族中，文化较为发达，民族整体发展水平较高，与“书同文”是有密切关系的。为本民族发展计，确实不宜在使用汉字百千年后（至少在唐朝，大理的南诏王室和白族士子就使用汉字，留下汉文作品），再来新造文字。

八　中文成为世界通用语的愿景

拥有一种国际通用语言文字，以促进世界和平与了解，是人类的美好愿望。出于这种愿望，19 世纪波兰医生柴门霍夫创立了世界语。世界语是目前国际上唯一使用的人工语言，它希望通过使用普世性语言消除民族隔阂，实现四海之内皆兄弟的理想。虽然出发点良好，国际国内都进行了推广，但毕竟是人造语言，使用的人数不多，客观效果并不理想。

周善甫也有这样的设想，他认为，如果真有一种世界性语言文字，那么中文最有资格充当。1989 年，在《论“文”》中，他首次提出这一观点：

我们若能朝这方面做出成绩，则无妨做个大胆的预言：人类社会若无须一种举世通用的文字，还则罢了；若要，则历来就卓然自树于多种方言族语之上，而能成为数十亿人的共同纽带达数千年之

① 《李群庆先生致周善甫先生》，《云南文艺评论》1993 年第 4 期。

久，并藉以建成伟大文化体系的中文，为最具资望的候选者。①

1996年，在《骈拇词辨》中，他继续重申这一看法，并阐明理由：

1. 直到现在，中文仍然为全世界六分之一人口所畅用。

2. 全世界尚可由今人直接阅读的古籍，过半数系用中文所著录。

3. 无论何族何国的人，学习非母语的第二文字，以中文为最少困难（基于单字成词，而尤便合理地组词构句，并不为僵硬的文法所困。前此国内许多非汉语的民族及邻国之易学乐用，即足证明）。

4. 人类所必当追求的和平、善良、美好的前程，其哲理也只有汉文能作出最好的表达（对自然科学的表达，汉文也不稍差）。②

这四条理由，前两条是事实陈述，第三条尚须科学验证，第四条是价值判断。因此，让中文成为世界通用语，除了华人会感到欢欣鼓舞外，其他族群的人未必认同。尤其是第四条，语言只是工具，表达什么内容，是语用的问题，世界上任何一种高度成熟的文字，都可以表达“其哲理”，英语、法语、德语、俄语等都是以善于表达精深的哲理见长，也不乏“追求和平、善良、美好前程”的内容。所以，中文能否成为普世性语言，这四条理由还难以证明。不过，作为中国人，有这样的宏图远志，是令人动容的，也是值得为之奋斗的。

对于汉字具有成为世界通用语的禀赋和前景，其他学者也有类似的看法。20世纪90年代，以语言学家袁晓园为代表的一批文化民族主义者以《汉字文化》刊物为中心，发表文章，开办论坛，抨击汉语落后论和汉字改革的拉丁化取向，倡言“汉字是人类智慧的文字”，“21世纪是汉语世纪”。③由于他们的论说具有过于强烈的民粹主义倾向，他们的意见主流语言学界颇不以为然。

---

① 周善甫：《论“文”》，《大道之行》，第397页。

② 周善甫：《骈拇词辨》，《大道之行》，第307页。

③ 袁晓园主编《汉字汉语国际研讨会论文集》，吉林教育出版社，1991年。

当代具有世界影响的政治家李光耀则认为，语言是中国实现民族复兴的主要障碍之一，因为中文难学，所以不能吸引未掌握汉语的优秀人才进入中国，妨碍了中国的创新能力。他认为，只有像新加坡一样让英语成为“主导语言”，才能解决这一问题。因此，他“曾建议一位中国领导人把英语作为中国的第一语言”，但“对于一个自信的大国和文化而言，这显然是不现实的。但语言的确是一个严重的障碍”。[①]

一种语言的影响力，以及能否成为世界性语言，除了语言自身的优点以外，更重要的恐怕是这种语言所依存的民族和国家的综合实力。中文在历史上成为东亚各国采用的文字，是因为中国的强盛及由此产生的辐射力和吸引力。英语成为现代世界最流行的国际语言，也和欧美国家三百多年凭借强大实力进行全球性殖民、殖民时代结束后又继续保持了国际领先地位有内在关联。因此，单靠语言本身征服世界是不可能的。

中国在21世纪的发展，逐步实现民族复兴，国际地位显著提高，确实为中文在世界范围内发挥更大影响提供了契机。正如周善甫所说：“随着社会的发展和国势的欣荣，形基中文的优势，将会日益显现出来，而成为推进世界文化的劲旅，庶可不必老用惭愧的心情来谈论祖国文字。”[②]在这样的背景下，增强对中文的自信，增强对中文国际使命的自觉，就是很重要的事情。周善甫等人关于中文前景的乐观看法能给我们有益的启示。

---

① 〔新加坡〕李光耀口述，〔美〕格雷厄姆·艾利森等编，蒋宗强译：《李光耀论中国与世界》，中信出版社，2013年，第13页。

② 周善甫：《论“文”》，《大道之行》，第371、372、375页。

第九章
重现中华文化煜煜光华

周善甫有强烈的文化自觉、文化自信和文化担当，满腔热情阐释、弘扬中国文化的价值，挖掘其中蕴含的民族精神、思想精华及世界意义。他从“卫星的高度”观察和思考中国文化及人类命运，针对近代以来质疑、批判、丑化、否定中国文化，使中国文化伤痕累累的状况，以及西方文化侵蚀造成的严重弊端，总结中国传统文化的优长，肯定中华文化的历史作用和现实意义，为中国探寻安身立命之本。这方面的贡献，让他当之无愧地进入当代中国优秀的思想者之列。

第一节　从卫星的高度审视中华文化

一　中华文化的现代困境与突围

中华文化绵延五千多年，发挥其凝聚和引领作用，造成世界历史上兴旺发达的东方大国，一个“难以伦比”的“泱泱雄邦”。它也为人类作出重大贡献。它对东亚文明体系形成的主导作用，众所周知。即使是欧洲，启蒙运动直接得益于它的思想启迪，当时，中国是西方参照和效仿的样板。它的价值、功能、地位过去从来不是问题，成为“问题”不过是鸦片战争后一百多年的事。

这一百多年，中国在外国列强面前处于劣势，面对西方的“排闼直入”，国人手足无措，节节败退，有些人就怀疑中华文化已经不能应对西方挑战，不能支持中国的现代化，它已经衰老腐朽，它要为中国的落后负责，于是批判、否定中华文化。在长期的自我矮化乃至“自侮”以后，中国文化落后成为相当一部分国人的天然意识。“积毁销骨，成见业已如山。”[①]“我们的儒教，在百年来之被捣毁批判得如此彻底，乃至让目下的中年人，只要提到仁义礼智等概念，便条件反应地觉得恶心。”[②]中华文化遭遇有史以来最严峻的危机，几乎成了无家可归的游魂野鬼。

19 世纪末期以来，就中国文化的价值和中西文化的关系、中国文化的出路等根本性问题，人们展开了旷日持久、此起彼伏的争论。关于中国文化的出路，不外三种主张，一种是全盘西化论，一种是中国文化本位论，一种是折中二者的调和论。这些主张各有理据，各有价值，也各有偏误。在学术的范围内互相辩难，有助于深化认识，厘清问题，推动中国文化的进步。遗憾的是，不少人采取二元对立思维看待东方与西方、传统与现代的关系，视为不共戴天；还有“政治暴力直接进入价值转化过程”，[③]试图把传统文化置之死地，于是产生严重偏误，阻碍了中国文化的现代转型和发展，并造成严重的社会问题。

建立在整体性反传统主义基础上的全盘西化论、文化自戕主义一直是 20 世纪影响甚巨的思想潮流。中国现代的整体性反传统是世界上绝无仅有的文化现象。美国哥伦比亚大学教授林毓生研究五四时期的反传统潮流，他说：

这种反传统主义是非常激烈的，所以我们完全有理由把它说成

① 周善甫：《大道之行》，第 4 页。

② 周善甫：《大道之行》，第 142 页。

③ 〔美〕余英时：《价值荒原上的儒家幽灵》，彭国翔编《中国情怀——余英时散文集》，北京大学出版社，2012 年，第 266 页。

> 是全盘性的反传统主义。就我们所了解的世界史中社会和文化改革运动而言，这种反传统的、要求彻底摧毁过去一切的思想，在很多方面都是空前的历史现象。[①]

“空前”本身就说明它是违背了文化变迁规律的，是人为地切断现代与传统的联系。中国人创造的这项“世界纪录”，不是应该自豪，而是必须反思。

整体性反传统和全盘西化不仅没有带来我们所渴望的现代化美景，反而导致“社会性走火入魔”，[②]留下一片“价值荒原”。“经历了百十年的折腾，再回首检验其实践效果，则又岂能尽如人意？”[③]彻底反传统，使中国人失落了意义世界和安身立命之本，很长时期处于文化和精神的无根状态，公众的文化素养普遍下降，整整几代人的精神素质持续恶化。“左倾”政治时代人的兽性之放纵；市场经济时代道德虚无主义之泛滥，权力和金钱拜物教之盛行都是价值荒原的暴露。余英时指出：

> 1993 年以后中国市场经济一天比一天活跃，大陆俨然已是经济大国。但是价值“荒原”（wasteland）或“废墟”（ruins）的状态不仅没有改变，而且日益暴露了出来，官商勾结和腐败的普遍化，学术界抄袭作假的风气，“一切向钱看”的心理等等都是价值荒原的明确表征。这一类不道德的行为，自不是从今日始，也不限于中国大陆。但最大不同之处在于以前或别处凡此等行为，一旦被揭发之后，当事人必感羞愧，无面目见人。今天大陆上的贪官、奸商、知识窃贼等等，不幸而被揭发，受到刑事处分，则只怨自己运气太坏或“关系”不够强大，却全无羞耻之感。这才是价值荒原的中国特色。[④]

---

① 〔美〕林毓生：《中国意识的危机——“五四”时期激烈的反传统主义》，穆善培译，贵州人民出版社，1986 年，第 6 页。

② 周善甫：《大道之行》，第 175 页。

③ 周善甫：《大道之行》，第 3 页。

④ 〔美〕余英时：《价值荒原上的儒家幽灵》，《中国情怀》，第 268 页。

这也是周善甫所深感忧虑并反复言说的。价值荒原之形成，有政治、经济等多方面原因，从文化的角度看，就是因为失去了文化涵养和精神支撑。连起码的耻感都没有，道德底线的全面失守就是必然的事。“无耻则无所不为，人而如此，则祸败乱亡，亦无所不至。”[①] 可怕的是，价值荒原的制造者主要是社会中坚：党政官员、知识精英和商界精英，则社会道德的坍塌，必然一溃无余。在价值荒原上，国家的发展固然大受影响，个人的幸福感也大为降低。中国要摆脱这种状态，必须重建文化价值。中国要成为真正的世界大国，必须获得民族文化和民族精神的支撑。

在全盘反传统的同时，也有学者为中国传统文化辩护，阐明它的特点、正当性和与现代化的兼容性，但这方面的声音是微弱的。20 世纪 90 年代后期以来，在长期讨论、争辩、实践的基础上，随着中国的崛起，中华文化开始摆脱困惑，实现世纪性突围。

虽然对传统文化持批判、否定态度的声音依然存在，但学术界和社会主流能以理性、辩证、平和的态度对待中华文化，对五四新文化运动的传统文化反思进行再反思，中华文化的价值和历史作用得到充分肯定，全盘西化论的影响大为降低，退居边缘。中华文化在增进文化认同、民族认同、国家认同方面的作用形成普遍共识。于是中华文化获得了中国现当代史上空前的重视。

党和政府高度评价中华文化的光辉历史和卓越贡献。中国共产党十七届六中全会通过的《中共中央关于深化文化体制改革推动社会主义文化大发展大繁荣若干重大问题的决定》指出：“文化是民族的血脉，是人民的精神家园。在我国五千多年文明发展历程中，各族人民紧密团结、自强不息，共同创造出源远流长、博大精深的中华文化，为中华民族发展壮大提供了强大精神力量，为人类文明进步作出了不可磨灭的重大贡献。”

2012 年 11 月以来，中共中央总书记、国家主席习近平在一系列讲话中，高度评价中华文化的历史功绩、现实意义和发展前景。他指出，

---

① 欧阳修：《新五代史》卷五十四《冯道传论》，中华书局点校本。

中华文化积淀着中华民族最深沉的精神追求，是中华民族生生不息、发展壮大的丰厚滋养；中华优秀传统文化是中华民族的突出优势，是我们最深厚的文化软实力；中国特色社会主义植根于中华文化沃土、反映中国人民意愿、适应中国和时代发展进步要求，有着深厚历史渊源和广泛现实基础；中华民族创造了源远流长的中华文化，中华民族也一定能够创造出中华文化的新辉煌。[①]

他说，提高国家文化软实力，要努力展示中华文化的独特魅力。在五千多年文明发展进程中，中华民族创造了博大精深的灿烂文化，要使中华民族最基本的文化基因与当代文化相适应、与现代社会相协调，以人们喜闻乐见、具有广泛参与性的方式推广开来，把跨越时空、超越国度、富有永恒魅力、具有当代价值的文化精神弘扬起来，把继承传统优秀文化又弘扬时代精神、立足本国又面向世界的当代中国文化成果传播出去。[②] 这些论述极其独到和精辟。

中共中央文件和习近平总书记的论述标志着党和国家层面对中华文化的充分肯定，它彻底扭转了“文革”思维和“左倾”文化观，从政治层面解决了中华文化的百年惶惑，为中华文化发展指明了方向。

这些论述也有助于我们理解周善甫中华文化研究的意义。他是中华文化的辩护者和阐释者，他为中华文化复兴作出了自己的贡献。

二　扶摇直出风云外，指顾与君说神州

周善甫是自觉地投入中华文化价值和命运这一世纪性问题的思考的学者，而且他的文化觉醒是比较早的，在“文革”末期，他就思考如何拯救儒家文化的问题，产生把丽江作为“儒家文化的诺亚方舟”的设想。晚年坚韧不拔地开展中华文化研究，撰写了系列论著，核心内容都是反对西方中心主义，阐发中华文化之美，期望重建中华文化尊严和民族自

---

① 倪光辉：《习近平在全国宣传思想工作会议上强调胸怀大局把握大势着眼大事努力把宣传思想工作做得更好》，《人民日报》2013 年 8 月 1 日。

② 新华社：《习近平在中共中央政治局第十二次集体学习时强调：建设社会主义文化强国着力提高国家文化软实力》，《人民日报》2014 年 1 月 1 日。

信心。

周善甫“从卫星的高度”观察人类文明的走向，以高度的文化自觉和使命担当，深刻揭示中华文化的特点、功能和价值，充分肯定它在中国和中华民族发展过程中的巨大作用，反思近代以来对中华文化的质疑和批判，抨击以西方标准衡量中华文化、轻视中华文化的积弊，反对对中华文化的“自侮”、“自虐”行为，旗帜鲜明地说“不是我们的祖辈错了，而是西方错了，并使我们上两代人也跟着西方错了”，[①] 希望国人能够走出迷障和误区，复兴中华文化。

周善甫追寻“中华文化”何以成为“问题”？他认为，这一问题之产生原因，就是东西方文化的激烈碰撞与对比。他在《大道之行》前言中说：

> 近两百年来的国家生活，却表现得如此贫、弱、差、乱。与西方相比，就不能不怀疑到会是出于传统文化的劣根了。而论者又全据西方的价值观予以批判，于是越骂越觉其丑恶。异口同声地一连骂了这一百多年，骂得全无是处，甚至有人说它是“无法根治的遗传性恶疾”。终于连最后一点民族自尊心和自信心都骂没了。在这样的心态下，要讲什么爱国主义，那只能是口头禅而已。大家无非一个劲走“全盘西化”的道路。可是经历了百十年的折腾，再回首检视其实践效果，则又岂能尽如人意？[②]

归纳周善甫关于这一问题的论述，可以看出，“中华文化问题”的产生有如下方面的原因。

一是近现代东西方社会发展的落差。西方经过工业革命，以及文艺复兴、启蒙运动、资产阶级革命等一系列科技和社会变革，实现了生产力的空前提高和经济社会的飞速发展，然后通过全球性殖民掠夺获得巨额财富，建立起“光鲜的现代文明”。以此强大实力宰制全球，也叩

① 周善甫：《大道之行》，第 4 页。
② 周善甫：《大道之行》，第 3 页。

开了中国大门。中国却在贫穷、软弱、战乱当中苦苦挣扎，受尽凌辱。两者形成强烈反差。于是产生对西方的羡慕和向往，对中国的苦闷和绝望。于是“怀疑到是文化的劣根性”导致的结果，这是“中华文化问题”产生的社会根源。

二是西方中心主义的影响。由于西方的强势，它成了人们仰望和效仿的样板，人们便习惯于以西方的价值观和标准衡量一切，“唯西方之马首是瞻”，于是就认为中国事事不如人，而产生自卑心理，进而产生文化的“自侮”行为，“异口同声地一连骂了这一百多年，骂得全无是处”，最后摧毁了民族自尊心和自信心。

我们必须承认，西方的崛起和强大，有其必然性和合理性，因为它是建基于以“现代化”为核心的文化理念和制度安排，它使人获得了最大程度的解放和自由，从而提高了生产力和释放了人的潜能。因此，西方始终是中国发展的参照，中国也从向西方的学习中获益，西方文化所高扬的民主、自由、人权、科学、法治等理念促进了中国社会的现代转型和进步。但是，西方文化也有其弱点和缺陷，西方给人类带来福音的同时也造成巨大灾难，以西方之是非为是非，以西方中心观评判一切，包括中华文化，必然出现偏差和错误。

三是绝对化思维。本来，每一种成熟的文化，都有它的优点，也有它的不足，辩证分析，区别对待，就会有科学的结果。不同的文化，有差异之处，也有共同之点，“东海西海，心理攸同；南学北学，道术未裂”。[1]遗憾的是，不少人采取绝对化思维看待东方与西方、传统与现代的关系，“凡旧必恶，凡新必善；凡中必劣，凡西皆优；凡破都对，凡立都错”，几乎“砸断国脉”：

> 在新中国成立以后，百废待兴，应该着意建树了。而理论导向，却仍惯性地朝“破旧”方面倾斜，接连不断的批判运动，不但虚耗了人民对党的充分信仰，也耽误了从事建设的最佳形势。也由之出现了“凡旧必恶，凡新必善；凡中必劣，凡西皆优；凡破都

① 钱锺书：《谈艺录》，中华书局，1984年，第1页。

> 对，凡立都错”等三对“凡是”的机械论断，对所有旧事物，全都莫须分辨地扣上“封建”的帽子，肆意打光砸碎。不但对旧法统、旧礼教坚决给予应有的抨击，就文物与“道德”也统加个“旧”字，同样“理直气壮”地予以捣毁而毫不迟疑，即便尚据良知以处世的人，也几乎难得幸免。其最集中的表现，便是那被称为“文革”的十年浩劫。如今冷静下来，大概就很少有人肯定那几乎砸断国脉的动乱，也仅是“合理冲击”而已。[①]

这揭示了建国以来我们文化工作中的一个重大失误：重破坏，轻建树，过度否定传统文化包括传统道德。这一观察和论断，振聋发聩，只要理性地看问题，我们不能不承认，他说的是事实。要实现中华民族和中华文化的复兴，必须深刻反省、彻底纠正这种错误的观念和做法。既然要建设精神文明，就应该“以‘立’为主”，不能再“耽溺于‘破’的快意”。

周善甫说的三对“凡是”，让人联想到政治学家张奚若 1957 年 5 月对党和政府工作所作的批评：“好大喜功，急功近利，鄙视既往，迷信将来。”[②]都似禅家当头棒喝，直指要害。

“文化大革命”从实物层面到价值层面都对传统文化进行了毫不留情的摧毁。“文革”以破除“旧思想、旧文化、旧风俗、旧习惯”为名，掀起了毁灭传统文化的狂潮。传统文化被视为“剥削阶级”的文化和“封建遗毒”加以彻底否定，作为传统文化载体的文物古迹大量被破坏，古籍文献、书画被焚烧或化为纸浆。民族文化的许多代表人物被妖魔化，亵渎践踏乐此不疲。仁义礼智信等传统价值观、道德观被抹黑，加以讥嘲和唾弃。人的兽性被放纵，野蛮被视为革命，破坏被视为进步，迫害被视为正义，狂怪悖谬无所不在。价值秩序、社会秩序基本崩解。当时的社会成了一个互相倾轧、人人自危的社会。最终留下的不是

① 周善甫：《道德与文章》，《大道之行》，第 452 页。

② 孙敦恒:《刚正不阿的张师奚若》，庄丽君主编《世纪清华》，光明日报出版社，1998 年，第 204 页。

白纸上的最新最美的图画，而是空前的文化荒漠和人性扭曲。说它几乎“砸断国脉”，毫不为过。

需要指出的是，周善甫说的“全盘西化”包括苏联为代表的东欧学说。他说：

> 在大陆，新旧知识分子都接受了改造，崇洋媚外之风，算是稍见收敛。可是传统文化，仍被视为死敌，连“温、良、恭、俭、让”也扬言不必过多。所以虽然大呼“东风压倒西风”，也不过是东欧之西风压倒西欧之西风而已，无非都是西风，并不与我们自家的民族意识有关。而且还把一切扞格难行的原因，仍然找在传统文化上，即便出现权力之争，也坐之以“封建”的罪名，于是掀起了史无前例的“文化大革命”[①]

建国初期向苏联“一边倒”就是典型的“东欧之西风压倒西欧之西风”。苏联以政治垄断、经济垄断和文化垄断为特征的极权主义断送了苏联，也给效法苏联的中国造成众所周知的危害。“东欧之西风”对新中国的负面影响，远甚于“西欧之西风”。看不到这一点，就不能真正理解周善甫思想的深刻性，就不能真正理解当代中国某些问题的根源，也就不能真正理解中国特色社会主义的内涵和价值。至于把现实中的所有问题都归罪于传统文化，更是“今人患病，古人吃药”的“怪事”。[②]这一点，治国者尤当慎思。

马克思主义是真理，本来与中国传统的优秀文化不矛盾，他们还要求辩证地对待传统文化，但在某些时候、某些人那里，他们却成了否定、打击固有文化的工具，以此为口实把传统文化“肆意打光砸碎”。“文革”浩劫就是这样。再也不能把马克思主义和中国固有文化对立起来，而要真正以它为指导，继承、弘扬中华文化，以中华文化作为塑造民族精神的正能量，助推国家的发展繁荣和人民福祉的增进。

---

① 周善甫：《大道之行》，第103页。

② 周善甫：《大道之行》，第103页。

周善甫比较了东西方启蒙运动所要推翻的对象之差异及其不同后果：

> 西方所推翻者是神权，是迷信，是人民头上的桎梏；而我们仿效着进行推翻的则是学说，是理性，是人民内心的向导。他们由这一推翻，结束了中古的黑暗时代；我们则由于这一推翻，结束了数千年的文治光华，脱出了民族文化的常轨。自清末到“文革”结束，那近百年的全盘西化中，我们竟成了没头的苍蝇，瞎飞乱撞，迄无宁日，不仅一事无成，反落得家徒四壁。[①]

对中华文化的蔑视和否定，还导致民族自信心自尊心的缺失，民族精神的萎靡、社会风气的恶化，都与此有关：

> 今天，我们通过百年来艰险备尝的救亡图存运动，总算走上了治国之路。改革开放还不到二十年，物质建设竟取得了举世瞩目的成就，谁不为之欣然？可是与此同时，举国上下都莫不痛感人民道德品质的普遍下降，日益严重的放荡淫佚、贪污腐化、盗窃凶杀、假冒伪劣等层出不穷，无非私心滔滔，见利忘义。不但社会生活难于安生，就经济建设也受到严重干扰。这又让谁都为之忧戚了。[②]

因此，周善甫主张跳出百年迷乱，“从卫星的高度”观察中华文化的价值和命运，重新予以科学认知：

> 要看清这一点，若只管身在此山，老从谷底的风云倏变中，去逐一细察此一时的得失，是远远不够的；而是要跳出变幻莫测的时代风云，从卫星的高度，宏观其大略才成。[③]

---

① 周善甫：《大道之行》，第 109 页。
② 周善甫：《大道之行》，第 123 页。
③ 周善甫：《大道之行》，第 4 页。

"从卫星的高度"是极其形象的比喻，也包含现代性的视角。这一视角，应该包含两个方面，一是不以百年成败论得失，不以百年遭遇否定千年文明。百年在历史上不过是短暂的过程，中华文化近代以来处于劣势，不足以证明它已衰朽无用。要正确看待中华文化的优劣得失，必须跳出百年局限，有更高远的视野，更宏阔的历史眼光，要从中华数千年文明史和人类文明发展史来判断。二是不从细部辨优劣，要从中华文化的根本精神看价值。每种文化都有其缺点，中华文化也不例外。但如果见小不见大，纠缠于某些具体的问题，进而以此否定中华文化，就会犯以偏概全的片面性错误，遗祸甚大。

周善甫还在《大道之行》书前深情题诗一首：

莫道已穷千里目，当知才上一层楼。
扶摇直出风云外，指顾与君说神州。

第三句用了《庄子·逍遥游》的典，即鲲鹏"抟扶摇而上者九万里，绝云气，负青天"；也包含"卫星的高度"，卫星亦是"直出风云外"的，气魄极大。他指出，那些怀疑、否定中华文化的人，不要自诩已经穷尽历史的精奥，断然判定东西方文化的优劣胜负，须知我们才上了一层楼，未来还有漫长的历史继续检验它们。"不畏浮云遮望眼"，我们还须登上"最高层"。确实，从长时段来看，中西文化的角力或竞争还没有结束，匆忙作出中华文化失败的结论为时尚早。而如果这种竞争是良性竞争，则"大道之行也，天下为公"，最后世界真的走上和平发展、和谐发展的大道，未始不是中华文化的另一种胜利。

因此，《大道之行》就是破除西方中心主义，"改用传统的价值观，试来检验四千年祖辈的业绩"。它从宏观角度总结、分析中华文化的特点、功能和价值，重新论定它的正当性和进一步发展的必然性。他站在"卫星高度"，拨开云雾，深情地"指顾与君说神州"。

三 《大道之行》：具有里程碑意义的思想性论著

《大道之行》是周善甫最杰出的著作。这部书1995年3月完稿并自费印行，提交云南孔子研究学会作为会议论文。2003年由云南民族出版社正式出版，2010年作为《周善甫国学论著》的主体由中华书局出第二版。

《大道之行》是精心结撰的著作，论述了中华文化的发展历程、历史功绩、独特价值和现实意义，视角独特，内容博大精深，胜意纷呈，有胆有识，思理深邃，文笔鲜活灵动，风格鲜明，具有强大的思想力量和感染力，应该是在当代儒学史和中华文化复兴史上不可忽视的代表性著作。

著名哲学家、北京大学哲学系原主任黄枬森对《大道之行》予以高度评价，称之为“当代哲学界具有里程碑意义的思想性论著”。他说：

> 我不敢说此书句句是真理，但可以说句句是真情实意的肺腑之言。首先，我为周先生认真刻苦严肃的精神所感动。试想人们的思想还被禁锢的那段特殊岁月，一位古稀之年的文化老人能站在时代的前沿和历史的高度，严肃地对《老子》、《四书》等古代典籍进行解读，又从中领悟中华传统文化的精微奥妙，然后结合自己一生的见闻、感触、坎坷的经历和中华民族遭受的磨难，写成这部在当代哲学界具有里程碑意义的思想性论著——《大道之行》，怎不令人肃然起敬！[1]

黄枬森还为《大道之行》在中华书局重刊题词：“学养深厚，德行高洁。与时俱进，综合创新。”[2]

蓝华增认为《大道之行》“济世匡时，思虑深远”：

> 此书不是某一学术问题的考证与阐发，也不囿于某一学科的专题研究，而是对几千年中国传统文化的纵深探讨，上溯历史源头，支流沟渠广被四野，如网如络，又汇而流向现代，流向未来。它针

① 黄枬森：《忧国忧民的精神凝聚》，《大道之行》，第1页。

② 周善甫：《大道之行》，题词第4页。

对正在中华大地上蓬勃兴起的"建设有中国特色社会主义"的伟大实践，目睹中国世界的科技进步与社会繁荣带给人类福祉的同时，所带来的种种弊端与祸患，于是以对民族、对世界的忧虑，探求精神文化上的缺失，"为天地立心，为万民立命，为先圣继绝学，为万世开太平"，向有关方面，向社会，献去"刍荛之言"。[①]

杨焕典说：

全书从内容说可谓博、大、精、深，涉及的面很广。从历史、哲学、宗教，直至文艺、人类学、思维科学等等都或多或少论及，无论人们如何见仁见智，我觉得总已"成一家言"，也真够得上称为"力作"。[②]

夫巴说：

《大道之行》是周老迄今为止学术成就的集大成者。并因为作者已是年逾八旬的老人，评说议论颇能超脱自身功利，看事看物总有悟道般的洞察与明澈，加上独特的行文风格，正是心如秋水，文如流云，看文而知人，使该书独具魅力。[③]

这些评论揭示了《大道之行》的思想内容、现实关切和行文特点，肯定了它的独创性、价值和地位。"成一家之言"是中国著述的最高境界，周善甫达到了这样的境界。

四 《格物议》：破解孔门学说之"紧要所在"

《格物议》是周善甫1990年12月完成的一篇论文，主旨是考求

① 蓝华增：《周善甫学术思想探源》，《风雅儒者》，第47页。
② 杨焕典：《〈大道之行〉读后感》，《云南文艺评论》1996年第4期。
③ 夫巴：《周凡不凡》，《云南政协报》1996年12月13日。

“格物”的准确含义。他认为，历史上对于“格物”的各种解释都不符合孔子的原意，而这是理解孔门学说的“紧要所在”，是“不容曲解亦无可回旋的关键问题”，于是提出自己的见解。

《大学》是儒者最倚重的经典之一，它提出了著名的大学之道“明德、亲民、至善”的“三纲领”和“八条目”：

格物→致知→诚意→正心→修身→齐家→治国→平天下

八条目逐次以进，“不可造次躐等”，则“格物”就成了“大学之道”最基本的功夫。如果“不予明辨，则其他逐层目便尽失所据，而无从确立”。可惜《大学》提出“格物”的概念，却没有作出解释。在八条目的传文中，自“诚意”以下各条都有解释，唯独格物缺失。这两个词在先秦文献中也没有出现，缺乏参证的材料，于是格物致知的正确义涵成为儒学思想史上的千古谜案。历代都有学者阐释争辩，“陈义玄奥，学案如山”，但谁都没能一锤定音，“尽服千古学人之心”。

“格物”的意思，东汉郑玄注为：“格，来也；物，犹事也。其知于善深，则来善物；其知于恶深，则来恶物。”孔颖达、李翱、程颐、朱熹、陆九渊等都持此说。周善甫认为，郑玄训诂的“格”和“物”两字，了无确据，而且颠倒了物→知的顺序，“未足昭信”。

程颐在把格解释为“来”的基础上，将“格物”解释为“穷理”。朱熹依据程颐的意思，补写了传文第五章，把“格物”定义为“即物求理”。周善甫在肯定朱熹之说有一定合理性的同时，指出他把修身的问题转换为外向求理的问题，同样“打根拌乱了”八条目的次第，“殊难令人信受奉行”。

王阳明在按照朱熹的思路格物失败以后，悟到“圣人之道，吾性自足。向之求理于事物者误矣”，于是提出“致良知”之说，说“为善去恶是格物”。但他对“格物”一语“从旁绕过，不作正面阐明”。而且实践证明，知识的增加，未必导致“良知”的获得。

从明代利玛窦、徐光启开始，到近代李善兰、徐寿、华衡芳等，以“格致”对应西方的科学，将物理学译为格致学，则将它完全纳入自然科学范畴。

在辨析了郑玄、朱熹、王阳明诸家之说不足以服人之后，周善甫提出自己的见解。他认为，《大学》讨论的，不是自然科学，而是修身之道。所谋求的，不是利用厚生所当具的知识技能，而是正心诚意所应有的是非辨别。它讲的是主观思辨的方法论，而不是客观事物的认识论。因此，“讨论自我修身的内向场合”是《大学》的“特定论场”。因此，格物致知也只能在这一场域中进行阐释。

他认为，《大学》所说的“知”不是一般“知识”，而是指对善恶的明辨，也就是“止于至善”的“善”之所在，致知就是“究知人生之真谛”。他说，儒家有一项重要的假设，辨别善恶的能力不待外求，而是人的本性自然具备的，称曰“良知”。当它不受外物蔽障时，是异常清明可靠的，是“明德”的一端。

“物”不是指外在的客观事物，而是“指客观事物在我内心所触发的意念”，它有三个特征，一是“仅我一己之存心，故曰‘私’”。二是“乃对外物（声色货利等）的执著与追求，故曰‘欲’”。三是“总难餍足，故曰‘贪’”。自私、贪婪的物欲，最能障蔽良知，是负面的。而厚生资用的客观物质是正面的，是科学所要解决的问题。二者不能混为一谈。

因此，“格物”就是去除物欲的障蔽。“格”是“去之”，传统的解释是“来之”，恰好相反。周善甫用训诂学方法进一步论证他的观点。传统训诂中，“格”有“抵敌”、“阻隔”、“限制”、“区别”等义项。它的本义是“高树长枝也”。后用作隔开和限制牛马的栅栏，故有“格子”、“格外”、“合格”等常用词。引申为动词，则有“扞格”、“格斗”、“格格不入”等词。把这些词义综合起来，再进行抽象，可以得出“格”有“抵制”、“区分”之义，这“尤近字之原意”。

他还从反面证明“格”作为“推究”之不足取。在各种辞书字典中，“格”字都载有“推究”的义项，但据以立论的都是朱熹对《大学》中的“致知在格物”一语的解释，此外没有别的例证。说明在朱子解释为“推究”之前，没有先例，孤证不能成立，则他的解释“可加以否定”。

在“疏清”“知”、“格”、“物”三字以后，他得出结论：“致知在格物——要明知是非善恶，得先抵制住自我的物欲；物格而后知至——要能把自我的物欲抵制住了，才能获有对善恶的明辨。文从字顺，这才会是经文的原旨。”据此解释八条目，也就次第井然：善恶之明辨，决定意念之诚妄；心术之邪正，决定此身之立毁。他还用古人的言行印证他的论点，孔孟和历代仁人志士都以“抵制物欲”为修身之要。程朱和王阳明，虽然对具体字义的解释不同，但也都认定要去除私欲蒙蔽，才能表现出道德意志，走上人生正道。

将“格”解释为抵御，司马光《致知在格物论》已有论说：“《大学》曰格物致知，格犹扞也，御也。能扞御外物，然后能知至道矣。郑氏以格为来，或者犹未尽古人之意乎？”他认为，正是“物诱之，物迫之”，才使人“善且是者盖寡，恶且非者实多”，所以要“扞御外物”，明了“至道”。[1]近代佛门大德、净土泰斗印光法师也说，“后儒不察，以物为事物，以知为知识”是错误的，他解释格物致知就是“格除幻妄私欲物，致显中庸秉彝知。此物，即心中不合天理人情之私欲。一有私欲，则所知所见皆偏而不正。若格除此幻妄不实之私欲，则不偏不易，即心本具之正知自显，一举一动，悉合情理，了无偏僻。此圣人为后世所立修己治心之大法，修齐治平在是，超凡入圣亦在是。”“以私欲一去，则众恶悉除，众善悉生。”他指出，由于理解错误，把根本当枝末，“致圣人修己治心之道，晦塞不彰，可不哀哉？”[2]

周善甫训“格”为“抵御”，同于司马光；训“物”为“物欲”或“私欲”，同于印光。但他未必读过司马光和印光的论说，他根据自己的体悟感到郑玄、朱熹之常见解释不惬人意，而作了别解。他的论证也比司马光和印光周密，使这一说法得到强化，更为牢靠。并结合现实阐发了这一思想的意义：“一个人，定要滓秽去尽，清光大来，才能树立起坚定的理想，来充实、有力和欢畅地生活下去。”而“格物修身”也成为“整个民族坚定清醒和成功地生活了数千年的教养之依托”。

---

① 司马光：《温国文正司马公文集》卷七十一，四部丛刊本。

② 印光：《复念佛居士书》，《印光法师文钞三编》上，苏州灵岩山寺、弘化社，第435页。

周善甫指出，辨析“格物”的义涵，是确认古人的“原旨”，并据以修身治心，并非不要科学，更“决非反对有计划地进行物质建设，以求不断提高公众的生活水平”。同时他也同意钱穆“近代西方科学的趋势，已有些尽物性而损及人性的倾向了”的观点，提醒人们注意。[①]

第二节　中华文化的真精神

周善甫没有专书或专篇集中阐述中华文化精神，但在《大道之行》和其他国学论著中，却多有涉及，而且是他研究中华文化的焦点。抉发中华文化的真精神，才能揭示中华文化的特点和价值。我们根据他分散的论述归纳出他所揭橥的中华文化“真精神”。

文化与经济社会、地理环境、民族心理是双向互动关系。文化既受后者制约，又反过来对经济、政治、社会乃至自然发挥作用。中华文化的特点、它的真精神形成于中国特定的自然环境、经济形态和社会结构，在历史发展过程中得到强化，又反过来塑造了民族性格、民族心理、社会经济生活，影响历史走向。周善甫正是从文化和社会、民族、环境的相互影响中来观察、分析中华文化精神的。他认为，中国的地理环境和早期文明形成了华夏民族“大体趋向一致的思想意识，也逐渐凝成特定的学说与制度，持续地影响到具体生活”。[②]

一　天下为公的大同理想

《大道之行·前言》第一句说：“《礼记·礼运·大同篇》开篇就说：‘大道之行也，天下为公。’径直揭示了中华文化的真精神。因而即以前四个字，作为本书的标题，意在指出：中华文化，即乃人类文化之正源主脉。”可见周善甫是把“天下为公”视为中华文化最根本的诉求和精神的，强调把握“天下为公”、“世界大同”之大道是理解中华文化的关键。

---

① 本节引周善甫话语，俱见《格物议》，《大道之行》，第426–437页。

② 周善甫：《大道之行》，第7页。

在《“仁”与“个”》中，周善甫引用了《礼记·礼运·大同篇》关于大同思想的论述，并作了阐释。《大同篇》云：

> 大道之行也，天下为公。选贤与能，讲信修睦。故人不独亲其亲，不独子其子。使老有所终，壮有所用，幼有所长，矜孤寡独废疾者皆有所养。男有分，女有归。货，恶其弃于地也，不必藏于己；力，恶其不出于身也，不必为己。是故，谋闭而不兴，盗窃乱贼而不作，故外户而不闭，是谓大同。

他认为，《大同篇》是中国社会理想的“纲领性文件”，“十分正大光明”。它所描绘的公平公正、各尽所能、各得其所、光明祥和的社会，“正是福利社会的理想蓝图”，“与近代出现于西方的社会主义并无根本性的区别”。他也指出，由于文化背景的差异，“大同”思想与西方的社会主义也有若干不同，“其一，‘天下为公’——乃基于全民的无私意志。其二，‘讲信修睦’——系用和平教化的方式。其三，‘选贤与能’——推举仁人和专家做领导。其四，‘亲其亲，以及人之亲’——立于自然层次的施仁。”[①] 这些与西方社会主义所倡导的阶级斗争、暴力革命是不同的。

大同理念和路径使中华文化具有强大的聚合力，推动中国顺适前行，创造世界奇迹：

> 源远流长的华夏文化，特具其强大的集纳功能。因为它是顺乎人性，而在农耕生活中发展起来的。至此已在广阔的疆域中，经受了数千年实践的考验，获得了廓大堂皇的成就。并经历代先哲的不断总结，认定了人类的社会生活，必当以“仁、义”为原则，以“天下为公”、“世界大同”为指归。且据以进行了上千年诚恳而明确的教化，卒由自身的巨大流量和合理进趋，在人文生活的大地上，刻蚀成了一道既深且宽的河床，足以汇纳百川，

① 周善甫：《大道之行》，第118页。

共同滔滔前进！[1]

周善甫认为，这种理念建立在农耕文化基础上，也建立在对人性善的判断和信任之上。他指出，儒家和各种宗教及学说的最大不同之处，就在于“儒家是在人的本位上肯定人生，是以积极乐观的态度，认定人性本善，只要循性而行，便可经过努力在现实世界建成天下为公、世界大同的乐园”。[2]人类美好的乐园不在虚无缥缈的彼岸，而在现实社会当中。儒家以大同理想引领中国人通过自身不懈的努力过有意义的、从容快乐的生活。

“天下为公，世界大同”是一种理想，是人类社会的应然状态，具有“终极性”价值。周善甫认为，远在“二千数百年前，就提出了这么一个清楚的社会理想（主义）”，是十分可贵的。这种理想是民族文化和社会实践孕育出来的，“不是出诸哪位圣哲特殊睿智的异想天开，而是出于民族文化在社会实践中思想发展之所当然。”[3]它引领人类不断走向美好社会。

周善甫指出，大同理想虽然在中国历史上没有变成现实，但它一直为中国人所坚持，引领和激励中华不断前进：

> 作为一个“世界大同”的社会理想，却一直未曾放弃，而且坚持着以教化求达成的决心。故这些学说，仍一直作为“经典”奉持下来，一贯由作为施政者和教育者的士子阶层所习诵、传扬和追求。因此，不仅中华不断前进……即人民的心态，也以克己奉公、服务社会的观念为主流，损人利己的言行，则深为民间所一致诟病。故无论乡、社、宗、行（行业）等社会，莫不遍有义田、义仓、义学、义勇（兵）、义地（墓）及各种安老、恤贫、施粥、施棺等公私组合。都无非是仁人之心的体现，自然也就是

① 周善甫：《大道之行》，第44页。
② 周善甫：《大道之行》，第50页。
③ 周善甫：《大道之行》，第118页。

社会主义的苗头，谁若“为富不仁”，就得受社会严谴。[1]

他的论说是符合历史实际的。中国古代社会，由于生产力低下和战乱，难免有贫困，但常态之下，政府和公众都不乏周善甫所说的“仁人之心”，各种义行很多，施政大致合理，保持了社会的相对公平与和谐。过去把古代社会说得一片漆黑，一无是处，是出于政治斗争的需要和意识形态偏见，并非历史真相。

周善甫认为，大同理想和由此形成的民族心态，是社会主义在中国能够生根并茁壮成长的土壤，“在国人心目中，对社会财富的公有和进行合理分配，自觉本该如此，而行所当然。所以当西方的社会主义新潮涌至的时候，便结合向西方学习的热切要求，就为士子与广大农民大众所欣然接受，掀起了革命的巨浪，而出现了新中国。”20世纪80年代末，社会主义在欧洲崩溃而在中国仍能坚持下来，也与人民的这种心态有关。“在中国却因了执行‘建设中国特色的社会主义’的路线而坚持下来了，乃至还有巨大发展。这除了中央改革措施得力之外，其根本还在于人民所普遍具有的仁人之心。这种基于农耕而由中华传统文化所培育的民族心态，也是社会主义成长的最佳土壤。”[2]

因此，周善甫反对把社会主义和传统文化对立起来的做法：“过去，我们一直以‘封建’斥责传统文化，以之视作社会主义的绊脚石，认定非彻底打垮不可，从而蒙受了许多不必要的挫伤和损失。”要建成中国特色社会主义，必须从传统文化中汲取思想支持。

大同思想体现了文化多样性理念，在全球化背景下，具有世界意义。杜维明认为：

儒家对新的世界秩序的理念典范是“大同”，它与国际形势的关联性倒是越来越明显了。由于各文明之间的冲突和危险越来越明显，所以人们广泛地意识到，要想在不同的族群、语言、宗

---

① 周善甫：《大道之行》，第118页。
② 周善甫：《大道之行》，第119页。

教、国家间解决好紧张、争论、矛盾和对抗，最好和必要的文明手段就是对话。儒家的“大同”思想恰好就是建立在多样性和多元性基础之上的。处理差异的较好办法并不是从外面强加一个统一的判断标准。强制性的统一肯定会导致冲突。“大同”的理想目标是以不同的方式共存并鼓励不同的方式之间相互补充。建立在相互尊重基础之上的多样性和谐是实现国际政治理想的必由之路。不幸的是，现在的世界秩序仍然为单边主义所主导着，这与联合国提倡的对话精神背道而驰。无论如何，儒家的“大同”理念既不是乌托邦式的也不是浪漫主义式的，对于真正的全球化社会远景来说，“大同”的理念又是一种符合理性的、开明的、人道的、实用的策略。①

国际间多一些大同思维，便会少一些冲突和对抗。中华文化如果以“天下为公，世界大同”的胸怀和理想致力于推动世界的和平、繁荣与和谐，继续坚持这一理念，就能给世界造福。

二　德治教化的治国理念

“天下为公，世界大同”是理想，是目标，而达致这一理想或目标的路径就是德治教化。中国传统文化的一个突出特点，是强调个人的道德修养，以德治国。儒家思想作为中国传统文化体系中长期占据正宗和主导地位的思想，在中国历史和中华民族精神的发展过程中发挥了其他思想体系难以比拟的作用。而与其他思想体系相比，儒家尤其强调修身进德，强调德政和德治。

德治就是以德治国，这是儒家主张的基本治国模式。强烈的道德诉求是儒家思想最突出的特征之一，它肯定人性善，主张通过善性之激发和提升来建成自我和社会。道德是内在自律，是人性善之表现。德治本此哲学认知构建治国理政的原则、思路和举措。这样的治国理念，不崇尚暴力和高压，而往往通过道德伸张、道德建设感化人心，让人心悦诚

① 〔美〕杜维明：《面对全球化的儒家人文主义》，《浙江社会科学》2003年第4期。

服，认同治国者，使统治获得广泛的民意基础，进而建立良好的社会、政治秩序，走上优良治理之道。孔子说："为政以德，譬如北辰居其所，而众星拱之"；"道之以德，齐之以礼"；"远人不服，则修文德以来之，既来之，则安之"都是讲德治问题。

德治思想的根本原则是"政治的真正目的是人民大众的福利和幸福"，对此，美国著名汉学家、曾任美国东方学会会长的芝加哥大学教授顾立雅（Herrlee Glessner Creel）有深刻的现代诠释：

> 孔子死后，在他的学说代代相传的同时，儒家也逐渐壮大起来。孔子的学说经过一代又一代的阐释，逐渐发生了深刻的变化，直到他自己恐怕都无法辨认。但是，孔子所坚持的两项原则一直保存着，即：强调不是以出身而是以德行和才能为标准选择从政者，以及政治的真正目的是人民大众的福利和幸福。尽管战争和压迫与日俱增，人民的生活日益艰辛，但后一项原因却使得儒学在普通大众中广为流播。①

顾立雅的解释是准确的，德治的核心就是贤人政治和为公众谋福祉的政治。它要求将政治秩序建立在道德秩序之上。

教化就是以文化人。《周易》说："观乎人文，以化成天下。""文"即文明、文化，它与野蛮相对而言。中国文明早启，居于文明的上游，先贤很早便确立了以文化人的理念。"文"也包括"德"，文明的人，一定是有道德的人。所以，教化就是启发、感化人们追求、扩充善良的本性，做文明人。文明具有感召力，古人所谓"从风向化"就是指此。

周善甫认为，"中华德治教化"是中国长治久安的依据。它发轫于尧舜禹时代。他们悟到了宇宙万物阴阳对立、相生相成的普遍真理，将它推广到对人心的认识，把人的心思分作动物的生性和天命的灵性两个对立面来理解，因此必须明善恶，辨义利，规制动物性，张扬灵性。进而总结出"以'仁'（关爱他人）为本的道德观，作为人立身的正道，

---

① 〔美〕顾立雅著，高专诚译：《孔子与中国之道》，大象出版社，2006年，第4页。

若有国者能执行‘仁政’，便足令天下归诚而莫御”。中华德治教化“数千年一脉相承，成为长治久安的又一依据”。他说：

> 仗着有此广阔的疆土，众多勤劳朴质的人民，得以从事稳定的农耕生活，便逐渐形成一个巨大的邦国，并开创了一个爱和平、乐群居的文治政体。足以融摄周近的部族，而不致形成敌对的强大势力。所以不但不像其他几个文明古国那样受到周近蛮族的摧残与颠覆，还日益开拓和稳定起来，成为古文明的唯一孑遗。甚至广徕远人，而以“天下”自居。[①]

德治教化对内表现为建立文治政体。文治政体是以“仁政”为施政理念，以文士为执政骨干，以和平富庶和人民福祉为目标的国家治理体系，采用的具体手段则是兴办文教，养成君子；为民兴利，令民富庶；兴起礼仪，化民成俗；教化为主，慎用刑罚。[②]文治政体是现代公认的最佳政府形式，它在中国发育很早，运行高效。“近代西方资本主义共和国才试行的‘文官政府’在中国早从汉代起行之已二千年了。在本质上，我们无疑仍遥遥领先。”[③]

周善甫认为，文治政体在尧舜禹时代已经萌芽，在西周大体成型，秦汉继续发展，到唐宋时期臻于高度完善。

周文王、武王推翻商纣王的暴政，拥有辽阔的疆土，庞大的国民，“溥天之下莫非王土，率土之滨莫非王臣”。这是一个复杂的治理工程，而“周天下，八百载”，创造了“举世难找”的执政奇迹。特别是西周三百五十多年中，除了有局部的、暂时的军事波动外，都是安定的，没有出现让人民流离失所的兵连祸结。如此长治久安之局，是政治史上难得的佳话。周善甫认为，从治理思想来看，这一政治成就的取得，“其要领就在于它仍以农耕为主，能恪循尧、舜、禹、汤以来的文

① 周善甫：《大道之行》，第 8 页。

② 姚中秋：《重新发现儒家》，湖南人民出版社，2012 年，第 71–74 页。

③ 周善甫：《大道之行》，第 65 页。

治教化（文化）的传统正道。”[1]

周武王之弟周公姬旦致力于制礼作乐，建立政治和社会秩序。周善甫引用《礼记·乐记》的记载，说明文治的效果：“乐由中出；礼自外作。乐由中出故静；礼自外作故文。大乐必易；大礼必简。乐至则无怨；礼至则不争。揖让而治天下者，礼乐之谓也。暴民不作，诸侯宾服，兵革不试，五刑不用，百姓无患，天子不怒，如此，则乐达矣。合父子之亲，明长幼之序，以敬四海之内，天子如此，则礼行矣。”他评论说：

> 如此立论，乃何等气象，何等规模！以礼乐而代刑罚的理想，在周虽只是局部实现，毕竟是人类所当努力的正当方向。当时就能清楚提出，无疑是世界文化史的奇迹。我国历代圣哲仁人所标榜而致力者，也不外乎此。[2]

秦朝荡平六国，重新使华夏归于一统。汉朝在此基础上，借助士人的力量，建立“世界第一个文官政府”。周善甫认为，汉朝政治的特点是“有文化的自由平民”——士阶层登上历史舞台，按照较有人民性的理念辅佐君王治理国家。他们为帝王出谋划策，制定礼仪规范，权贵的特权受到制约，平民的权益得到一定保障。而“独尊以仁义礼智为本的儒术，是求谋长治久安之宏图大猷”。儒家思想成为统治思想，德治教化的治理理念得到强化。

汉朝重视教育，经过太学培养的士人大量出任公职，优化了政府公职人员的素质，“原来由皇室与军功权门所据有的政府职位，在两三百年间就逐步几乎全由国立太学的毕业生所和平取代，成功地实现了由传统文化指导的、知识分子为骨干的文治政府。这是全世界苦痛地经历了僧侣政府、骑士政府、贵裔政府、财团政府等等直到今日还求之不得的文治政府，我们竟于汉代（请注意还远在基督降生之前）便以当时的最

① 周善甫：《大道之行》，第12页。

② 周善甫：《大道之行》，第15页。

大规模建成了，纵然细节与执行也许不够理想，而其本质与势派，却是无可置疑的。”①

周善甫高度评价士阶层对汉朝文治政府的作用：

> “士”这一阶层，早在周末从贵族中蜕化出来，成为有文化的自由平民，而开始参加政治活动了。经过春秋战国数百年间的历练，得以平民身份逐步掌握了领导权力，乃至成为秦皇汉武的谋主，随时矫正着历史走向，务期趋于文治与和平，至西汉后期终于建成了个大莫与京的世界性国家，并组成民本思想指导下的文官政府。执掌政务的上万名大、小官吏，几乎全是出身平民而由国立大学所培养的士子，整个社会，显现出异常宏大的聚合力、稳定力和发展力。其气象与规模，实非全球任何地方所可并比。②
>
> 使六千万人口的广宇，得有一个统一、安全而有效率的世界第一个文官政府，传统文化正气象万千地滔滔前奔，为全球其他地域的文化治术所望尘莫及。“汉”，本只一条河流的局部称谓，可是直到如今仍还用来自负地指称我们这伟大的民族，这是历史作出的肯定。③

唐宋建立了更加成熟、科学、公平的人才选拔制度，文治政体臻于完善，国家治理更加高效，唐宋时期也就成了中国经济、政治、文化发展的高峰，光耀万邦，流芳千载。

这种人才选拔制度就是科举制度。从国家治理的角度看，科举制度本来是一项卓越的制度创新，对中国及东亚社会之发展贡献甚伟。但近代以来，“在旧事物中，它被骂得最多，多到连它究竟是什么事，人们也不屑再予了解了。其实它既是一项重大的文化史实，就有必要重加审

① 周善甫：《大道之行》，第 41–42 页。

② 周善甫：《大道之行》，第 57 页。

③ 周善甫：《大道之行》，第 42 页。

详”，[①] 于是周善甫用较多篇幅论述了科举制度的基本程序、特点、功能和效果。

他认为，科举制度是“公开竞选的考试制度”，它的出发点是选贤与能，它的制度设计是科学的，保证了人才选拔的公正性。它的功效是卓著的。

首先，科举制度通过考试选拔官员，打破了权贵的权力垄断，实现了社会阶层对流交通，一定程度上保障了社会公正，扩大了统治基础，增强了统治合法性，有助于国家的长治久安。在科举制度下，贫寒人家的子弟可以通过苦读获得功名，进入统治阶层，“朝为田舍郎，暮登天子堂”，“保证了平民入学、从政的均等机会。这无疑大开天下之先河”；而权贵人家的子弟如果骄奢淫逸，不思进取，最终也会沉沦下层。“蓬门出公卿，纨绔少伟男。”“故在社会生活中，富贵与贫贱每常交替浮沉。不像其他社会之或累世盛贵，或数代长贫，而成为不可容忍的不平之局。”[②] 这是深刻的见解。马克斯·韦伯论近代官僚系统的建立时指出，由于行政官吏的任用采取了客观的标准，因而打破了贵族的垄断和私人的关系，其结果是使被统治的人民在政体（即使是专制政体）面前趋向平等。他举的例子就有中国科举制度，他特别指出：“中国的制度至少在理论上更为严格。”[③]

其次，科举选拔社会优秀人才治理国家，形成“具有统一价值观的文官政府”。科举出身的政府官员大多“有理想，有作为，有节操”，能够忠君爱民，“一方面是受雇于皇室的执勤者，另一方面又是人民的保护者”，他们谋求善治，使“政局一般都颇清顺”。他们大多来自民间，知道民众的诉求，能够在一定程度上代表民众的利益。他们与君王共治天下，使“泱泱华夏”走上“长治久安坦坦荡荡的王道”。因此，从优化国家治理的角度看，“读书人做官”、“学而优则仕”没有啥不对。[④]

---

① 周善甫：《大道之行》，第 58 页。

② 周善甫：《大道之行》，第 59、63 页。

③ 〔美〕余英时：《试说科举在中国历史上的功能与意义》，《中国情怀》，第 139 页。

④ 周善甫：《大道之行》，第 61、62、63 页。

再次，科举制度促进了中国教育文化的发展。科举考试要考察考生判断能力、写作能力乃至书法水平，从考卷中观察其“服公治事的抱负与能力”，“本人的志趣与胸襟”，“智商的高低，心理状态的常变，与同生活实践的感受”。考生为了成功，便会在这些方面致力，因而对文学的发展、书法的发展都有重要促进作用。针对今人指责科举赋诗、注重书法是舍本求末，“浮薄无用”，周善甫认为，有文学才华和艺术才华的官员，一般会是“学高品洁”、“谨慎认真”的官员，“使人尤觉可亲”的官员，[①] 不是什么坏事。

最后，科举制度造就的人才，既成为中央政府和各级地方政府的执政精英，也成为地方自治的中坚力量。

> 卸任还乡的大小官员和在乡的举人、秀才、贡士、监生等，便形成一系列大小缙绅，分别在村、乡、州、府、省区，作为各级客籍流官的对立面，既可有效限制其滥用权柄，又可匡正风化教养的推行，在正常情况下，一般都能起到由上而下传达政令、由下而上反映民情的作用。对贪墨官员，常能作出有效制裁，对不法顽民也能进行切实的惩戒，举办道路、水利等设施，组建义田、义仓、义学，保障本境的治安清宁，成为一套出乎应然、行之有效的地方自治制度。比之西方如今的各种民意机构和自治设施及政党参政，似乎尤为和谐生动，气脉走流，而且更易取得效果。虽然官绅勾结，鱼肉乡里，或恶霸一方，横断乡里的坏事也时有所闻，但一般都能以政统和舆论弹劾之，极少由之引发巨大祸乱。这一高明的措施不是凭谁发明和安排的，而是重民尚士的文治精神在长久的历史实践中，逐步改进而形成的。[②]

地方治理是国家治理的难点，政府能力很难包办，地方自治就十分必要。偌大中国，尤其如此。古代中国，依靠乡绅进行自治，确实取得很

---

① 周善甫：《大道之行》，第59、60页。

② 周善甫：《大道之行》，第62页。

好效果。周善甫这段话，揭示了古代地方自治的特点和成效，肯定了缙绅阶层的作用。

因此，周善甫认为，科举制度虽然不能说完美无缺，但它“逐步形成由‘士’为经络的文治政体。大致体现了乡里的自治，和庙堂的政、治分掌。民意未过分摧折，自然就易长治久安了”。[①]“这在人类政治史上是罕可与匹的嘉谟”。[②]对科举制度一味抹杀谩骂，是没有道理的。他感慨地说：“中华在前进，世界在成长！”

中华之前进，固然有科举之功，世界之成长，亦不乏科举之力。17、18世纪，欧洲启蒙思想家对中国通过科举制度选拔官员赞美、仿效，于是才有西方文官制度之建立，进而影响其民主政治之发展。曾任美国联邦人事总署署长的艾伦·坎贝尔1983年在北京“比较文官制度研究班”上讲话时说：“西方所有的政治学教科书中，当涉及文官制度时，都把它的创始归于中国。”[③]顾立雅指出：

> 在法国和英国，人们认为，在儒学的推动之下，中国早就彻底废除了世袭贵族政治，所以，他们用这个武器攻击这两个国家的世袭贵族。在欧洲，对于以法国大革命为背景的民主思想的发展，孔子哲学发挥了相当大的作用。通过法国思想运动，孔子哲学又间接影响了美国民主政治的发展。有趣的是，托马斯·杰斐逊（Tomas Jefferson）曾提议，作为国家的“政治基石”，应该比照中国的科举制度建立一套教育体制。然而，因为种种原因，儒学对西方民主的贡献经常在某种程度上被人们忘却；为此，我们必须审视儒学在西方民主发展过程中所发挥过的适当作用。[④]

对儒学和科举制度给予西方的影响，他们可以忘却，而对中国历史的作

① 周善甫：《大道之行》，第65页。

② 周善甫：《大道之行》，第61页。

③ 转引自刘烨《浅析科举制与现代公务员制度之异同——宏观的维度》，人民网，2013年4月15日。

④ 〔美〕顾立雅：《孔子与中国之道》，第5页。

用，我们自己却不能忘却，不能因为科举被废，就把它说得一无是处。

德治教化表现于个人，就是重视个体的道德完善与文明提升，由内圣开出外王。从性善论和“仁”本位出发，以儒家思想为核心的中华文化高扬道德旗帜，相信通过修教可以提高人的道德品位和文明素质，而道德品位和文明素质高的人不仅可以让个人的价值得到充分实现，而且可以让社会更美好。表现于社会治理，“政府则必须由那些选拔自全体人民中间的、被证明是最有能力和最有德行的人来管理”。[①]“修身、齐家、治国、平天下”是个体成长的合理路径，也是社会发展的良性状态。所以《大学》说：“自天子以至庶人，壹是以修身为本。”

周善甫特别重视这一思想，在《大道之行》中，专门写了《“仁”与“个”》、《修身为本》两章，进行充分讨论。他认为，如何处理人的动物性和灵性（心性）的关系，是人生和社会的根本问题之一。他说：

> 人是从动物“进化”来的，故曰“高级动物”，所以应该肯定，人性就比动物性高级，仗着人性的不断提高，才克形成绝非其他动物所企及的安定、丰足、祥和的文明社会，还正向“参天地，赞化育”的伟丽前景迈进。故人性既有“日日新”——“天天向上”的神圣要求，而又有反本还原的倾向。由于人人都有两重性，故人人都有这一组倾向相反的矛盾时时有待解决。[②]

“反本还原的倾向”就是人性向动物性的下滑。

他肯定人的动物性的正当性，即人追求物质生活和物质欲望满足的合理性，因为这是人生存的前提；但人之区别于动物，在于人是“万物之灵”，他有精神生活，贪得无厌的物欲追求，会障蔽人的精神境界。人的价值之实现，仰赖于精神境界之提升，亦即动物性向仁爱之性的升华。所以，修身就是克制人的物质欲望，提升精神境界，完善道德情

① 〔美〕顾立雅：《孔子与中国之道》，第270页。

② 周善甫：《大道之行》，第139页。

操，更好地服务社会，从而获得真正的幸福。对人而言，这是更当致力之处。

“修身”就是要合理引导人的动物性，遏制其恶性发展；超越于“只满足于物质财富”，消除“物欲之障蔽”，使人的善性得到健康发展，使心灵得到提升、扩大，始终保持强壮有力，而使人类不断进步。人性最大的善就是仁爱。周善甫说：

> 孟子曰：“仁也者，人也。合而言之，道也。”顾念别人的好心，是本乎人性的，是“人皆有之”的，是“非由外铄我”（并非由外力对我施加的锻造）的。包括“仁”（同情别人）、“义”（帮助别人）、“礼”（尊重别人）、“智”（理解别人）都乃“我固有之”的人性。“心之官则思，思则得之，不思则不得”，而无需外求的。《诗经》：“天生烝民，有物有则。民之秉夷，好是懿德。”孔子就赞它是“知道”之诗。故守仁则善，违仁则恶。拿现代的话，便可表达为：为社会服务则善，损人利己则恶。这真是异常卓越而又简当莫二的认定，故历史证实其“放诸四海而皆准，质诸百世而不惑”。全世界都不曾有任何哲理奠基于如此正大坚实的认识上，所以直到如今仍是指导人类生活的最古老而又最可靠的理性原则。即便谈社会主义，中华以“仁”为纲的陈义，便比西方以“个”为纲的陈义，也自高卓得多，也才能据以实现世界大同。[①]

仁爱之心，就是顾念他人，服务社会。周善甫肯定了古人这一认识是“正大坚实”的，是指导人类生活的可靠的理性原则。

所以，教育首先要做的就是“明德”，即提高人的道德自觉和道义担当，促进品格修养。周善甫强调，“修身，乃是视为齐家、治国、平天下所必须的先决条件”，修身是从国家治理者到普通民众都要做的，而且对在上者有更高的要求，因为他们必须为民众作出表率。他说：

---

① 周善甫：《大道之行》，第136页。

> 须知“自天子以至庶人”，都当以“修身”之学为本。按传统教化的理想，子民之所仰望于君主或宰官者，乃是“为之君、为之亲、为之师”。为之君，是要作出保障；为之亲，是要有骨肉之情；为之师，是要能在道德人品上作出表率。作为一位行政领导，若其身正，则不令自行。要是不审世虑，不明国本，不察民情，不修己德，而惟以当前之得失为务，或虚伪地声言“为之仆”，或尽心货利“为之老板”，则尽管鞠躬尽瘁，也实难有补大局。做百姓的，就更如人之细胞，尤非个个健全不可。要是从来大家都保有良好的道德情操，这二十年的经济建设，其成果会比现在丰硕一倍；要是今后仍还不知抓道德教化，那连经济建设也将无法继续下去，这已属通常的认识，更不待于以学说立论了。[①]

这里有非常强烈的现实针对性。

长时期的德治教化养成了绝大多数中国人较强的道德感和伦理意识，养成了注重人格的民族心理。其中的优秀分子成为儒家所倡导的君子，君子具有较为完善的人格。“天行健，君子以自强不息；地势坤，君子以厚德载物。”君子人格是忧患意识与超越情怀、自立精神与进取心态、立己立人与达己达人的统一。中国文化所讲的君子，是既具有超越信仰又有极强的入世品格的有教养的人。这样的人具有丰富的内在精神世界，具有独立的意识和不断进取的能力，与人相处既温文尔雅，又有极强的原则性。心地宽广，与人为善，成人之美，以精神生活为第一性而不沉沦于物质的世界中。这种人格象征着人的完满生活状态。他们是文化的中坚，也是社会治理的骨干，有操守，有担当，有作为，在他们的影响下，中国社会维持了基本秩序，不断取得经济、政治、文化的繁荣。

关于德治的“真义”，姚中秋有精辟的概括和现代诠释：

---

① 周善甫：《大道之行》，第142页。

> 总体上儒家相信，人可具有德，德对于人具有存在论的根本意义，对于治理也是至关重要的——这种观点，完全不同于法家。德治的基础是每个人自治其身，其中有些人的自觉意识较强，而成为君子。他们分散在社会各个层面，成为社会的现场治理者。他们以身作则，化民成俗，养成普通民众也具有底线伦理，从而自发形成秩序。这构成了一种与刑治相对的社会治理模式。德治是中国传统社会治理的基础——事实上，这是任何优良治理的基础，没有道德、伦理及立基于此上之自我治理的社会治理，是不可设想的。即便勉强建立，也是无法维系的。[①]

没有道德伦理基础的社会治理是无法维系的，周善甫也有相同的看法，他说："受物欲役使的心，是无从出现道德意志的，而无道德的社会，是不能存立的。"[②]他在肯定社会治理需要"健全法制"的同时，指出："'徒法不足以自存'，法制本身还得靠人执行，要是人的思想品质靠不住，则诚如庄子所说：'为之斗斛以量之，则与并斗斛而窃之；为之权衡以称之，则与并权衡而窃之；为之符玺以信之，则并与符玺而窃之；为之仁义（教条）以矫之，则并与仁义而窃之。"他联系现实引申说：

> 同样，为之合同以约之，则并合同而窃之；为之专利以保之，则并专利而窃之；为之医药以救之，则并医药而窃之；为之主义以导之，则并主义而窃之；……不一而足。乃至为之设执法人员以治之，则亦并执法人员而窃之。可以想象一位有着正式法官身份，穿着法官衣冠的坏人，其为害之烈，就不知比小偷严重多少了。[③]

---

① 姚中秋：《重新发现儒家》，第 75 页。
② 周善甫：《大道之行》，第 172 页。
③ 周善甫：《大道之行》，第 124 页。

他这里指出的，并不是个别现象，而有相当的普遍性。从道德的角度看，这都是心术败坏使然。“若不能在心、物之间，恪遵先哲的达道，作非常的突破，那么人心愈危，道心愈危，终将无由建树人群的合理生活，还有覆灭之堪虞。”[①] 因此，“以修身为本”，正心、诚意并不是“酸腐”之论，而是必行之“达道”。

总之，德治教化是“中华博大的思想库里”“可靠的验方”，中国历史上借助它建立了有效的治理体系，促进中华之成长；而要解决现实问题，“对付与经济腾飞同步涌起的黑潮”，[②] 它仍然是可资借鉴的治国理念。

三 和平谐进的发展路径

德治教化表现于处理周边民族和国家间关系，是采取和平谐进的发展路径，即以“协和万邦”的思想处理民族和国家间的矛盾，带动他们共同前进。中国历史上也有很多战争，但总的来看，对外战争大多是防御性的，主动挑起的以争城夺地为目的的战争屈指可数，中央政府对周边民族和国家主要采取怀柔政策，“修文德以来之”。中国对外从来没有殖民、侵略、种族灭绝的传统。正如马克斯·韦伯所说，“儒教”本质上是和平主义的。[③]

民族问题是世界上最棘手的问题之一。中国在民族问题上，文化观念重于种族观念，文化界限深于种族界限。陈寅恪说中国古代“种族之分，多系于其人所受之文化，而不在其人所承之血统。”[④] 共同体的价值基础建立在文化之上，而非宗教或狭义的民族观念之上。中原地区以“高程文化”来感化、统合不同的民族，对周边民族宽容、平和，兼收并蓄，吸纳众流，而各民族也“从风向化”，双向互动，形成良性民族关系。这是中国的成功经验。周善甫说：

---

① 周善甫：《大道之行》，第 125 页。

② 周善甫：《大道之行》，第 124 页。

③ 〔德〕马克斯·韦伯《儒教与道教》，王容芬译，商务印书馆，1997 年，第 221 页。

④ 陈寅恪：《白乐天之先祖及后嗣》，《元白诗笺证稿》，上海古籍出版社，1978 年，第 308 页。

民族问题，在世界其他地区，历来都是重大乱因，迄今还仍是难解的结。独有在中华大地上的众多民族，却一直有着融洽同化的趋势。乃至如今作为多数的庞大汉族，也是由众多古老民族合成的。过去也不是没有纠纷，不过总归理顺了，直至今天，境内各民族间并不存在对立交恶的迹象。这在全世界是个特出的表现。

这一成就，我认为仍得诸传统文化的熏陶，与文治政体的感召。只有中央政权能稳定地“为政以德”，便总能使四裔宾服，卒归同化，且绝少分裂背离的史例；反之，若文化偏软，德治不修，便常导致民族间的扰攘弗宁了。史迹斑斑，俱可作证。[①]

他说，民族归化的过程，从上古已经开始，到唐朝开国，由于太宗和宰辅都是以儒学思想为主导的知识分子，所以他们的立国规模，正如杜甫所说“皇皇太宗业，树立甚宏达”，把众多民族融合于同一文化体系，“雍雍穆穆、天下一家的气象更突出了”。于是万国来朝，长安成了“天下首都”，东亚儒家文化圈正式形成。

周善甫举天宝战争为例说明德治教化的感召力。唐玄宗天宝年间，由于边将骄悍，宰相杨国忠愚顽，引起了唐王朝和南诏王朝的战争。唐王朝派数十万大军征战南诏，被南诏击败。而南诏王阁罗凤凯旋之时，不但没有诅咒唐朝，反而在大理城立巨碑《南诏德化碑》，说明战争的起因，表示“不忘大义”，嘱咐后代机缘合适将继续归奉中国。并埋葬唐朝将士，甚至祭祀战死唐将。在南诏处于鼎盛、而唐王朝已无力问边之际，为什么还如此敬畏唐朝呢？周善甫认为，原因已由碑名作出正面回答：“德化”：

蒙氏清楚地理解到：既应感戴中华屡世之德治教化，亦唯有中华之德治教化，始足以为其长治久安的立国之本。显然，南诏所痛恨的，乃是强暴的侵略者；而所应感戴者，则是中华的德治

① 周善甫：《大道之行》，第43页。

教化，两者本该分别对待。[①]

周善甫还以纳西族为例，说纳西族“接受中华文化”，也是顺理成章，并不经由任何强力压服。他总结道：

> 放眼看去，这岂止天南一隅？举凡中华四境的边民及其领导者，都同样作过这一高明妥善的决策。因为在仁爱的王道和暴虐的霸道之间，何去何从，本就不待卜筮。何况有着数千年根器的中华文化，实足倾诚信赖。即使它本身有时也不免逆折与涡旋，但，终如长江黄河之不避千里一曲，总是汇集千溪百川，滔滔东流。正所谓“为政以德，譬如北辰，居其所，而众星拱之”。一千万平方公里的疆土，基本便是这样向化而来的；其他地区那种以武力掠夺而占据之，奴役其人民，消灭其宗族的恶劣行径，实乃我国史乘所未曾有，而西方则视以为常。……虽然西方也曾出现过若干巨大的帝国，但总凭暴力征服和箍拢。只要强制消退，便没有不分崩离析的。而受中华文化所被覆的疆土与人民，则坦坦荡荡，与时并增。亘古迄今，只要我们自己能属循文化之大道而不自弃，那么，从未有过任何业已归化的幅员曾经拂袖离去。[②]

正是这种“仁爱的王道”及“和平谐进”的发展理念和路径，使周边的疆土和人民逐渐融入中国，于是中国的国土和人民“与时并增”，最终形成如今幅员辽阔、人口众多的大国。依据此种历史事实，只要我们不自暴自弃，继续沿着“文化之大道”坦坦荡荡地前行，中国就能继续保持统一和繁荣。

中华文化崇尚和谐思想，主张“和为贵”，“和而不同”。表现于处理民族和国家关系，就是追求民族和国家之间的和谐。江泽民2002

① 周善甫：《大道之行》，第47页。

② 周善甫：《大道之行》，第47页。

年10月24日在美国布什总统图书馆发表演讲，高度评价中国和谐思想的意义：

> 2000多年前，中国先秦思想家孔子就提出了‘君子和而不同’的思想。和谐而不千篇一律，不同而又不互相冲突。和谐以共生共长，不同以相辅相成。‘和而不同’是社会事物和社会关系发展的一条重要规律，也是人们处世行事应该遵循的原则，是人类各种文明协调发展的真理。①

中国遵循这一规律和真理，走出了一条民族和谐共进的成功道路。古代，中国各民族之间也有冲突斗争，但总的来看，是沿着和平谐进的路径逐渐融合。中央政府大体能尊重各民族及其地方政权的权益和体面，尊重他们的文化，同时以“文德”感化和引导后进民族，而各民族也仰慕、追随中原文化，于是超越夷夏之间的民族界限，形成共同发展、共享国家荣光的局面，形成基于文化—价值认同的多民族共同体，即中华民族多元一体格局。

四　诚实平正的民族心理

周善甫认为，中华民族的民族心理是宽容和平、诚实平正。这种心理是由农耕文化形成的。

农耕文化是周善甫思考中国一切问题的基点。他说，中国广袤的地理空间为人们提供了和平生产的条件，各个民族在中国的大地上只要定居下来，都有条件“耕王之野，立王之廷，逐渐归化，共同走向安全和谐的正道”，不需要为争夺生存空间而竞斗。而中原王朝，对“远人来归，莫不欢迎而登诸衽席，教化而‘中国之’。所以疆土日辟，结合日固，不断强大，成为不容轻侮的文化实体”。另一方面，中国的自然环境，包括气候、土壤、水文等自然条件，与世界古代其他文明区相比，只是中等，《尚书·禹贡》说“厥田唯中中”，必须出力耕织，才能不

① 江泽民：《在乔治布什总统图书馆的演讲》，《人民日报》2002年10月25日。

受饥寒；要群体奋斗，才有望丰裕，于是养成崇尚勤俭和看重实际的民风。此外，中国先哲很早就定下“同姓不婚”的制度，这不但达到优生效果，提高了民族身体素质，而且促进了不同民族之间通婚，加强血缘联系，“大有利于氏族间的和平与安定”。加上德治教化的作用，于是中华民族就养成了良好的民族心理。[①] 他在《木本水源》一节中说：

> 这一特性的获得，既不是秉承天神的意旨，也不是依循某位先知的倡率，而是形成于很早便已从事的农耕生产实践中。因农产之丰啬，既有赖天时地利之宜否，亦决乎人力之勤惰，故体验到：大自然有其不易之当然，也有其可易的或然；而人群乃得有参赞化育之应然。所以敬天而不信神，自强而不自恣，相信“天无私覆，地无私载，人无私福”。于是形成安土重迁、乐群尚礼、勤俭好学、诚实平正的心理倾向。这正是人类正常的文化的先机。我们一开头便走上了正道。
>
> 至于其他主要从事渔猎、畜牧和商贸的地区，其文化趋向则显然异趣。因其居处既迁徙靡宁，得失又非力勤所能保证，故不信天道而托命鬼神，不恋故土而乐开新疆。恃勇斗狠，尚力服强。视掠夺为正得，目邻居为寇仇。尚暴力，鄙礼教。重权利，贵自强。以个人之自恣及纵欲为幸福。即便也营群居之生活，亦不过慑服于强大之权力，或勉遵互制之契约。情志被动，旋伙旋仇。生活变动多端，无由堆垒高程文化。并常作为破坏者出现，因而每被目为“蛮族”。但也常起到突破成局、另辟新境的作用，故也未可全加非薄。[②]

“不易之当然”就是自然的必然性，只能遵循，不能违逆，否则就会受到惩罚。这是中国人“听天命”的一面。“可易之或然”，就是人可以致力之处，这是中国人“尽人事”的一面。人应该做的是“赞天地之化

① 周善甫：《大道之行》，第6、7页。

② 周善甫：《大道之行》，第5、6页。

育”，就是遵循规律参与自然界创造多样的、生机勃勃的世界。由于有这样澄澈的理性认知，所以中华民族心态平和，乐群好礼，厚德载物，自强不息。

他对非农耕民族特性的分析，也是有一定道理的。这些地区和民族“无由堆垒高程文化”，是一个独到的见解。反过来看，中国文化之连绵不绝，继长增高，就是在适宜的自然环境和优良的生产生活方式中不断“堆垒”起来的。

周善甫在谈到中华先贤的治理之道时进一步总结说：

> 以这样则天法地、为民立极的达道，来进行治理，就当然会不可干犯而绵续长存了。……在这漫长的二千余年间，这廓大的区域，就只有一位共同拥戴的天子，和一种共同凝就的文化所统驭，故得以“一统天下”目之。唯有这样悠久的时间、广大的空间和忠厚的人民，才能孕育出这样宽容和平的文化；反之，要这样以天下为己任的博大文化，才能摄引如此众多的部族，推诚相与于如此广阔的空间，直达数千年之久。无疑，这在当时便已是人类无与伦比的最高成就了。[①]

对崇尚宽容和平的中华文化和先贤的治理能力予以最高礼赞。

周善甫指出，中华民族诚实平正的心理还与儒家“性善论”的引导和涵养有关。性善性恶，论者各有所主，也各有所据。而从对人性的不同认知和预设出发，会导出不同的人生路径和社会治理理念。性善论使中国人追求自我完善，自我约束，严于律己而宽以待人，对别人放心，于是努力向善，追求“为善最乐”：

> 相信自己和别人都有向善的天性，总是与人融洽相处和自我内心愉悦的有效保证，也总是化除误会、解决争端中可靠的心理基础。反之，若认为别人都坏，不信还有善心，那即使我果独

① 周善甫：《大道之行》，第9–10页。

善，也得随时随地戒备犹疑，茫茫人世，又何有生趣可言？而自己又何从葆其独善之心呢？所以孟子言“性善”不仅出于对人性的正确认识，也足以坚定“为善最乐”的切实理解。[①]

如果预设别人都坏，必然产生猜忌戒备心理，“以邻为壑”，“他人就是自己的地狱”，则争斗必然增加。相信人性善，固然不会争个你死我活，即使有矛盾、误会，也可以通过沟通和让步化解。周善甫在这里对人性善之意义的阐述是极其深刻的，它让人活得“有生趣”，让社会和谐。

中华民族的民族心理表现为“中庸”的处事态度。中庸是追求动态平衡的中道，是儒家核心思想之一。尧以“允执厥中”一语授予舜，舜又以“人心惟危，道心惟微。惟精惟一，允执厥中”四语授禹。朱熹说：“以天下之大圣，行天下之大事，而授受之际，丁宁告戒，不过如此，则天下之理，岂有以加于此哉？”[②]说明中庸在儒家道统中的重要性。孔子倡言“过犹不及”，就是要求“允执厥中”。周善甫讨论了中庸的哲学义涵，认为“允执厥中”就是要在物质生活和精神生活之间找到平衡点，“正确把住两者的中位”。他批评某些人认为“中庸之道”就是“折中主义”、“平庸妥协”的论调，认为这与中庸思想“全不相干”。然后指出：

这种性、命交资，道、理兼重的中庸之道，就成为孔门教学的最高纲领。求实而不逐利，高尚而不虚玄。萌于善，成于物，复进于更善。积极向上，而从容平正。故为百代所信受而不疑。既培育了不可胜数的仁人志士，创造了高度优美的民族文化，也普遍成为庶民立身处世之风规。举世之誉我为有教养的民族者，盖得于此。[③]

---

① 周善甫：《大道之行》，第137页。

② 朱熹：《四书章句集注》，中华书局，1983年，第14页。

③ 周善甫：《大道之行》，第421页。

作为一种“立身处世之风规”，“中庸”就是为人处世恰如其分，恰到好处，不走极端，理性地分析问题，找到解决问题的最佳办法。遇到矛盾，也不激化矛盾，而努力寻求矛盾的合理化解。中庸导出宽容，宽容产生和谐。当然，中庸不是无立场、无原则、无操守，而是依循规律——“天命所当然”——稳妥行事。朱熹说：“中庸者，不偏不倚，无过不及，而平常之理，乃天命所当然，精微之极致也。”[①] 为人处世的最高境界是“极高明而道中庸”，所以孔子说：“中庸之为德也，其至矣乎！”无立场、无原则、无操守的人是“乡愿”，是孔孟所藐视的，斥为“德之贼”。

周善甫指出，中国人的民族心理促进了民族凝聚力、生命力之形成和增强，也有助于增强民族及国家的“自愈力”。宽容便能忍受失误乃至错误，平正便不容易走极端，诚实便勇于反躬自省，最后达成共识与合力，医治好伤痛，重新前进，这就是“自愈力”。他举国人对待“文革”的例子说：

> 十年浩劫的苦难如何，大家记忆犹新，就不忍细说了，无非大革文化之命，几乎葬送了一切！它在国家生活中留下的后遗症，直到二十年后的今天，仍还不易测知其严重的程度。可是当时虽然所有国家机器和现行法规都砸掉了，人人莫不自危，换在任何国家，都非闹得全面崩溃不可。而有五千年文化教养的广大群众却能仅凭传统的人际之应然，自觉谨守社会之基本秩序，明辨善恶是非，终于一举粉碎了“四人帮”，迅速恢复了一个偌大的国家的正常生活，容受了所有折辱、患难与损失，大家又兴致勃勃地奔向明天。这样强的生命力和自愈力要不是宅心仁厚的中国人，是很难想象的。[②]

中国之所以经历“文革”浩劫，人民“容受了折辱、患难与损失”还没

① 朱熹：《四书章句集注》，第 18 页。

② 周善甫：《大道之行》，第 103 页。

有崩溃，是因为国人“宅心仁厚”，一方面自觉遵守社会基本秩序，不致让社会之混乱“伊于胡底”；一方面给治国者留下了改正错误、重回正轨的时间和机会。最后中国在一定程度上医治了“文革”创痛，国人又团结一心，“兴致勃勃地奔向明天”。从民族心理角度分析“文革”未导致国家崩溃的原因，是别具只眼的。当然，这样说，不意味着“文革”的罪孽可以遗忘，“文革”的危害已经过去，他指出“文革”留下的后遗症之严重程度“不易测知”，是冷静而沉痛的判断。

在物质财富的积累已达到较为丰富的程度，国民衣食无虞，中国综合实力已跃居世界前列的时候，国人要提高幸福感，国家要成为受国际尊敬的大国，国民必须继承发扬祖先宽容和平、诚实平正的民族心理，从容、大度、理性地对待社会转型期的各种问题，克服乖戾、狭隘、阴暗等负面情绪，塑造大国国民心态和国民形象，共同团结奋斗，开创更加美好的未来。

五　开放宏阔的文化气度

近代中国的落后和落败，一个主要原因是清政府的固步自封、闭关锁国。一些论者据此认为中国文化有封闭性，不能容忍和接纳他国文化，逐渐丧失了再生能力，终于走向没落。

周善甫不同意这种观点，他认为，中华文化孕育于辽阔的国土，中国人一向有“天下大同”的理想及宽容和平的心态，于是形成了开放宏阔的胸怀与气度。它勇于优容外来文化，并加以创造性转化，为我所用，充实丰富了中国文化。中华文化的开放性和包容性，“在人类文化史中，算是最为突出的”。

周善甫从“宗教融合”来论证这一问题，以佛教、基督教和伊斯兰教的入华为例，阐明他的观点。他在评述了佛教东来的过程、中国僧人把生死置之度外、克服千难万险远赴西天求法的事迹后说：

> 这正说明中华文化始终都极为开放宏阔，对外来文化不但从不深闭固拒，还总以谦抑而开明的态度，虚心引进，诚恳学习。其历史表现，在人类文化史中，算是最为突出的了。其所以能这

样做，首先在于它本是世界性的，故不以民族或疆土自域。再者，它始终是理性的而不是迷信的，即于宗教的引入，也不例外。任何异己的意识形态，只要不无理性的一面，它都以极大的兴趣，引进融化吸收来丰富自己，卒成世界文化的主流。这一点，务请记住，才好明确历史发展的原委，及目前的事象，以至来日的归趋。①

佛教进入中土，拓展了中国人的意识领域，丰富了中国人的精神生活。道教也仿照佛教建立。周善甫曾构拟了“境界图”，把人类生活的世界分为神圣境界、伦理境界和科学境界三大类，然后把几大宗教和重要学说安置于一定的位置，各自发挥其作用。佛教和道教是神圣境界的重要构成元素，儒家思想借助它“上升到前所未欲冒昧轻涉的精神境界”，于是中国人的精神生活更为开阔。他说：

每个人都可在不同的境况下自由地置身于三界之际，相机地处理自我的物质生活、道德生活与精神生活，或如列子御风冷然善也地遨游宇宙，或居仁由义过好社会生活；或利用厚生以遂身命之享有。这对矜严自持、不容稍懈的儒门来说，不啻于宗庙、朝堂之外，别辟了一区水木清华的空阔处所。这于人生的理想，显然是项扩拓。②

而之所以能形成这样的局面，就是因为中华文化对“诸般异教”不加“摒弃排斥”，“恰好相反，它正是以其宽容博大的胸怀，广泛吸收，热情研求，虚心验证，融化会通，既修正了各宗教的义理，也使传统文化更加丰富充实起来。”③

在吸收的同时，也进行了改造和转化，使之更好地适应中土，并获

---

① 周善甫：《大道之行》，第 52 页。
② 周善甫：《大道之行》，第 53 页。
③ 周善甫：《大道之行》，第 53 页。

得提高：

> 西来的佛学，原是在于个体的修持；而传统文化之核心则在克己成仁，是基于群体之偕进的。而人类的文明与幸福既莫不得之于群体生活，故其理想亦必然以群体之执义为优越。所以无论任何意识形态，不能不有所折中于中华的传统文化。故印度佛教原以小乘为正统，但进入中国之后却盛行大乘，由自我解脱的要求，进而要求普度众生，乃有“众生一日不成佛，我佛中宵有泪痕”；“我不入地狱，谁入地狱”等的信誓，便大有儒家“杀身成仁”和墨家“摩顶放踵”的社会意义。这样，印度佛教的芽孢，便嫁接到了中土的砧木上，开创了许多原来印度所没有的新宗派。但无论“天台”、“华严”或其他五门七宗，执论尽管有别，而把佛教教理，应用到实际人生的伦常日用方面来，则显然更富哲学的意味，已不复是印度宗教的原型了。这于佛教本身应该说是获得提高。那以后禅门在中土显然获得发展。倒是仍在印度的佛教，却因婆罗门教的复盛而衰歇了……故佛教之来东土，不是被抗拒和消灭了，而是受到接纳，得到充实，而更好地保存下来。①

佛教在它的祖国早已式微，在中国却得到发扬光大，经过中土之改造后，又继续东流，影响朝鲜半岛、日本列岛和越南。则中华文化对佛教之接纳、转化、弘扬，具有了世界意义。

基督教入华，虽然不像佛教那样高度本土化，与中国传统文化也有所冲突，但也“未视作‘异教’而加敌视”。至于伊斯兰教，周善甫说：中华文化“与伊斯兰教的关系，也同样融洽，不像其他处所之多有抵触。”②

周善甫指出，由于中华文化的开放性和包容性，中国历史上没有发

---

① 周善甫：《大道之行》，第53–54页。

② 周善甫：《大道之行》，第55页。

生过宗教战争，这是世界奇迹。他说：

> 异教间的纠纷，历来是举世难解的结，并常与民族问题纠结在一起。因之而酿致的祸乱，在其他地区真叫史不绝书。即便如今的中东问题，连国际出面解决也是难题。可是在中华大地上，虽然诸多宗教都曾同时并存，却从未出现过有关宗教的对抗性斗争。这在世界史中是个值得注意的特例。[①]

“有关宗教的对抗性斗争”在欧洲历史上是屡见不鲜的，矛盾不可调和时，便爆发宗教战争，不同宗教之间、同一种宗教的不同派别之间都有不共戴天的恶斗。历史上，基督教和伊斯兰教都有强烈的“异教”观念，排他性极强。而欧洲中世纪和伊斯兰化的阿拉伯地区，都建立了政教合一的统治体制，宗教获得生杀予夺的权力和能力，在出现矛盾时，便往往用暴力手段消灭“异教徒”。宗教与“欲望”相交织，战争就不可避免。罗马教廷发动的九次“十字军东征”持续近二百年，欧洲宗教改革期间新教和旧教之间发生的“三十年战争”，都极其惨烈。不同宗教之间的恩怨情仇，至今没有完全化解。中东问题、欧美与伊斯兰世界的矛盾都与他们的文化基因有关。

进入文明时期以后，中国从来没有建立过政教合一的统治体制，虽然汉代以降，儒家成了许多王朝的官方意识形态，但儒家属于世俗思想体系，它的态度是温和的、包容的、理性的，“己所不欲，勿施于人”；“己欲立而立人，己欲达而达人”，“道并行而不悖，万物并育而不相害”，所以没有西方式的“意识形态恶斗”，更没有给人民和国家带来深重灾难的宗教战争。这是中华文化的优良基因。

正是有此基因和宏阔开放的文化气度，五四以后和改革开放时期，中国敞开胸怀接纳西方文化，把自己融入现代化世界潮流，迅速崛起。也是因为有此基因，中国之崛起必然是和平崛起。中华文化对西方文化及其他外国文化的主动接纳，兼收并蓄，预示着文化整合、发展的又一

---

① 周善甫：《大道之行》，第48页。

次大机运。

六 神游物外的艺术精神

周善甫是书法艺术家和文学家，对艺术有敏锐的感受和深切的理解。在《大道之行》中，他写了《艺术之代兴》一节，主要是阐述中国艺术的特点和以艺术代宗教的精神生活方式。

周善甫有一个重要观点，就是中国整个社会“从未向任何教门转化”，避免了非理性化、极端化的宗教流弊，“这是传统文化之莫大成功”。[①] 但人还有超越于现实生活之外的精神生活。人除了五官感知到的世界之外，是否还有个“奥秘的境界”，这是人生的“大疑”。这个问题需要追问，这个境界事实上也对人有慰藉和引领的作用。他认为，中国士人阶层补足儒家过分注重现实、形而上探讨欠缺的路径有两条，一条是在个人生活中研讨佛道真谛，扩充精神领域；一条是从事艺术活动，充实精神生活。所以他说：“中华艺术之兴盛，竟足取代宗教之功能。”[②]

蔡元培曾提出“以美育代宗教”的著名主张。他认为，任何宗教“无不有扩张已教攻击异教”的排他性，而且在现代社会，宗教已渐趋式微，用宗教收拾世道人心已难奏效。“鉴激刺感情之弊，而专尚陶养感情之术，则莫如舍宗教而易以纯粹之美育。纯粹之美育，所以陶养吾人之感情，使有纯粹之习惯，而使人我之见，利己损人之思念，渐消沮者也。”“激刺感情”是指宗教会从狭隘的教派观念和利益出发，煽动、蛊惑人们的感情，从事非理性活动。而美育是“陶养感情”，可以培养人的超越性，让人获得独立自由，变得纯粹高尚。[③] 不过，蔡元培的主张是一种“应然”，即今后努力的方向。周善甫则认为，中国历史上，艺术代宗教是“已然”。梁漱溟则提出中国文化有“以道德代宗教”的特点，[④] 他的思想对周善甫有很大影响。

---

① 周善甫：《大道之行》，第 67 页。

② 周善甫：《大道之行》，第 66 页。

③ 聂振斌：《蔡元培：以美育代替宗教》，《中国社会科学报》2011 年 4 月 15 日。

④ 参阅梁漱溟《中国文化要义》第六章“以道德代宗教”，上海人民出版社，2011 年。

王国维1906年发表《去毒篇》，提出"美术者，上流社会之宗教也"的观点，[①]这也是艺术代宗教的见解。周善甫的观点，和王国维相近。他说：

宗教，一般都有巨大的社会效应，故从事宗教活动，便足以充实其精神生活；而中国士子所吸收的宗教思想，却不能与儒家抗衡而产生社会效应，故只有从事艺术活动，来充实自我的精神生活了。因此，中国艺术便被现实赋予替代宗教的功能，并获致了式如期待的效验。这至少在士子阶层是信而有征的。要是我们把宗教的一切偶像、组织、仪式、法规、戒律等等赋形物，统当作固态的渣，那么，中国的艺术便是溶化于传统文化中的神游物外的宗教思想，因而别有与西方美学大不一样的艺术特色。[②]

他说的"士子阶层"相当于王国维说的"上流社会"。他们都把从事艺术活动作为重要的精神生活方式。所不同的是，王国维强调美术慰藉的现实性，而周善甫强调的是艺术活动的超越性。着眼点虽有差异，内在精神则是一致的。

周善甫论艺术，更有意思的是他对中国艺术特点的揭示。他把中国艺术和西方艺术进行比较，认为中国艺术有天然性、禁欲性、清贫性、悲悯性、苍凉性和悠游性六个特色。

一是中国艺术有其崇尚自然而鄙夷造作的天然性。这指的是中国人亲近自然，歌颂自然，在自然中获得心灵自由和超越。表现于艺术中，就是山水画都只描摹自然景观如山峰、河瀑、植物、动物、云雾等，很少有田地、平坦的路等实用的人工痕迹。这样处理是为了表现"超凡脱俗的仙境"。而西方艺术却"以显示人类造作的业绩为美"，喜欢画雄伟的建筑、笔直的街道和几何式的草坪。

周善甫认为，中国人追求的是人与自然的和谐统一，当人与自然契

① 王国维：《去毒篇》，《王国维遗书》第5册，上海书店出版社，1983年，第45页。
② 周善甫：《大道之行》，第67页。

合无间的时候，便获得宗教般的超然体验，领悟到自然之本心和生命之鲜活意趣。而自然界的美是无穷无尽的，可以供人们自由享用。中国艺术家以自然为师，遵循“外师造化，内法心源”的创作原则，表现出大自然多样的美。

二是中国艺术有其崇尚性灵而鄙夷肉体的禁欲性。周善甫用东西方艺术对待人体的不同态度说明此点。中国艺术重视纯真而自由的性灵，着眼于表现人物“内在精神的卓异”。而西方以“人体为天下至美之物”，所以艺术热衷于表现赤裸的肉体。而历史上男性拥有艺术霸权，在男人眼里，世间最美的就是女体，因而绘画和雕塑中丰满壮硕的女性裸体尤多。

周善甫承认西方艺术一度把裸体“作为美之极致”的合理性，但反对以“贪婪的兽性”和色情的眼光对待人体艺术：“到了教会式微的现代，许多饱暖而心灵空虚的人，淫欲无度，成为比禽兽还低级的色狼，于是曾以作为美之极致的裸体，莫不仍袭艺术之荣名，作为诲淫之手段，加以音视技术之广为张扬，‘女臀文化’便成今日社会罪恶之渊薮。抚今追昔，其能不感慨系之？”[①]

三是中国艺术有其以寒俭为高雅，以货利为恶俗的清贫性。清贫性是说，中国艺术擅长表现清、寒、疏、放的情致，不慕荣华富贵，借以表现遗世脱俗的卓异意境。这样一种意境具有“耿介拔俗之标，潇洒出尘之想，度白雪以方洁，干青云而直上”。

周善甫认为，这是儒道释三家思想共同影响的结果。儒家“忧道不忧贫”，安贫乐道，以追求德性的圆满、知识及真理的拥有为人生最高价值和幸福，所以不戚戚于贫贱，不汲汲于富贵，从容洒脱，欣然自得。表现于艺术，便“盛道清贫，而以荣利为伧俗”。道家有“去甚、去奢、去泰”的主张，佛家有色相俱空的高论。“就三教归一，更乐清贫而弗疑了。”[②] 周善甫认为，这是理解中国艺术的关键，“若不能领

① 周善甫：《大道之行》，第 70 页。

② 周善甫：《大道之行》，第 71 页。

会到这一层，便无由欣赏中国的诗情画意了”。[①]

四是中国艺术有其以感伤为深刻，以欢笑为浅薄的悲悯性。悲悯性是指中国艺术擅长表现人生中忧患、悲情的一面。这体现了中国艺术家对人生的深刻理解。周善甫认为，这种忧患和悲情一方面来自作者的失意处境，一方面是来自宗教性的“悲天悯人”情怀。前者可以说是“诗穷而后工”的体现，后者则是对与生俱来的人生局限之无奈的流露。表现悲悯性的作品最能引起人们的共鸣和激赏。“只要是能通灵见性的成功之作，所能赚取于激赏者的，不是嬉皮士的笑谑，而是莫名的泪水。”“不知道应该嘉勉，还是应当惋惜，中华艺术就是有这种令人怅惘的悲悯之情。”[②]他这一结语，也是“令人怅惘”的。

五是中国艺术有其轻薄青少而屈志老成的苍凉性。这是指在中国艺术中，表现老年情怀的作品较多，深沉厚重，颇多苍凉之感。周善甫说：“人，自少迄老莫非生命的历程，论说在文艺表现中，应该同样关怀，可是西方偏重青春，无论诗、歌、戏剧、绘画、雕塑，总常以青壮的形象与情志为题材；中国则每每反是，许多表现的主题倒常在垂老的景况，与迫暮的情怀。故其兴奋与苍凉便大异其趣。”[③]他分析原因，一方面是中国古代是农耕社会，老年人经验丰富，有助于生产生活，所以形成贵老敬老的风气；另一方面是在中国传统生活制式中，人生不同的阶段有不同的责任和追求。青壮年正是陈力以出、建功立业的时候，难以顾及一己的情感。中老年人年事日衰，即使处境不错，但已属“时不再来”，只有委心物外，在艺术创作和欣赏中寻求慰藉，所以表现的多是他乡白发、故国青山的潦倒情怀。

六是中国艺术有些厌倦紧张、乐于闲适的悠游性。中国人追求空间的宽舒和时间的闲暇，向往自然随性、自由悠闲的生活。而西方人是“繁华竞逐”，追求冒险和刺激。因此，西方人就难以参悟中国艺术的奥妙。他说：“像‘对酒不觉暝，落花盈我衣。醉起步溪月，鸟还人

① 周善甫：《大道之行》，第71页。
② 周善甫：《大道之行》，第73页。
③ 周善甫：《大道之行》，第74页。

亦稀'，这种闲适的情调，过去，只要是中国人谁都不难领会。而换在老外，即便是诗人，也颇难参悟得到。”[①]这种悠闲自由的生活，随着现代化之席卷全球，已经一去不返，人们追求解放却陷入了现代性紧张和焦虑，这才是更“令人怅惘”的。

在分别论述了上述六方面的特点后，周善甫总结说：

> 中国艺术的特色——天然性、禁欲性、清贫性、悲悯性、苍凉性和悠闲性，这些都与西方艺术的重人为、重肉欲、重奢靡、重欢乐、重少壮和重力勤的特色互为反逆。趣尚的相去绝远，是生活态度有消极或积极的不同。因而各有特点。但也只应当作特点看，而不容彼此作为缺点看待，而交相指责。[②]

周善甫谈论的是广义的艺术，涵盖的面广，要进行宏观把握本不容易；而中国艺术的特色，从不同的角度观察，可以有不同的结论。他所作的观察和概括，固然不是金科玉律，但确实是自家体悟所得，不是人云亦云之常论，也揭示了中国艺术某些方面的特征，有助于我们更好地认知、赏鉴和发展中国艺术。他对中西方两种艺术各有特点，不宜以一方之特点为标准否定或指责对方的看法，更是理性、平允的。

周善甫讨论中国艺术，同样有鲜明的问题意识。以一方之特点为标准轻视、指责另一方，更多地发生在以西方标准对待中国艺术上。他上述的话是有感而发。所以，接下来他就讨论中国艺术是否需要在“西学注册”才算艺术的问题。

近代以来，在西方中心论的影响之下，“近代的中国士子”按照西方艺术观衡量中国艺术，于是西方没有而中国独擅的一些艺术形式就被驱逐出艺术王国之外，得不到关注，影响力逐渐降低，如书法、篆刻、对联、灯谜等。

周善甫对此是极为不满的。他指出，中西艺术，除了“趣尚的绝不

---

① 周善甫：《大道之行》，第75页。

② 周善甫：《大道之行》，第75页。

相侔之外，惟以为中国还别有一区独擅其妙的艺术园地，就是以文字为手段的许多怡情寄兴的爱美活动”。这一区艺术和“怡情寄兴的爱美活动”，在西化背景之下，确实被严重边缘化了，于是造成“中青两代的文化天地和艺术情操，都远比其祖辈狭隘和偏仄”。他说：

以文字为创作手段的艺术，本来中西都有，如诗歌、散文、小说、戏剧等举世同然，不用多讲。这里所要说的，却是除一般文学之外，唯中国文字所能独擅的一大类文艺活动：包括书法、篆刻、对联、灯谜、文虎、酒令等等，乃至近体诗和赋等亦有其独到之处，凡此种种，都只能用基于象形、单音成词，而又音韵铿锵的方块汉字才能创作得出来，其他任何一种拼音文字都无能为力，乃至译也译不出来，故为中华所独擅而专美的艺术。不识华文或华语的，便更根本无法领会个中妙理，故西方的美学家和艺术论者，根本不知尚有此一佳境，是难怪的；可怪的是，近代的中国士子，也熟视无睹，认定未经西学注册的，便不是艺术。于是这百十年来，便弃之唯恐不及。居然闹到如今的中青两代对此已成盲哑，于是其文化天地和艺术情操，都远比其祖辈狭隘和偏仄。这是值得惋伤的。

这是一个伟大民族数千年文化积累的具体显现；是唯一非音标文字，从具象到抽象健康发展的硕果。而且由于它是累世民族性格、情感、意境等统一授受方式的程序软件，所以也是作为此等形而上信息的可靠载体。作为数以亿计的人，在数千年的时间内，得以通用为抒发性情的艺术手段，其造诣特高的，甚至可以见性通神，其玄奥的直感，实有未可径以语文道说者。自来与“诗”、“画”鼎足为三，迄无异议。可是现代中国人却与西人同谋，竟将它划出艺术圈外。天下蹊跷之事，当何有过于此者哉？[①]

正如周善甫所说，书法、对联等艺术形式是建立在汉字基础上的

① 周善甫：《大道之行》，第75、76页。

独特艺术，基础广阔，生机畅茂，是“抽象艺术的成功伟构”，在历史上的中国和东亚地区广受尊崇，雅俗共赏，成为生活中触目皆是的文化景观。在西风东渐以后，由于西方没有对应的艺术形式，没有经过“西学注册”，它们在艺术领域的地位逐渐降低，艺术理论不探讨，文学理论不介绍，教材里不收录，“弃之唯恐不及”，研究者少，工其事者更少，甚至连欣赏者也知音难觅了，于是这一曾经显赫的东方艺术竟呈没落之象。“在现行中、小学共十二年学程的语文课本里，就没有一课正面讲到对联和书法，使得近半世纪来的青少年们，对此道全无所知，这是民族情采的莫大失落。也使近两代人丧失了中文所独具的抒情言志的手段。”① 这导致的是文化天地的狭隘和精神之美的流失。抚今追昔，他认为国人应当为中国艺术的现代遭遇而“汗颜泪下”。②

因此，周善甫呼吁要从中国艺术特点出发，把书法和对联作为与绘画、诗歌并列的艺术类型：

> 即便认为字谜、酒令等仅属玩意，未足以艺术言；但书法（含篆刻）和对联（涉及诗赋）的造诣与功能便足以说明中华文化尚别有其以特有文字为材料的艺术品种。其深厚普及，显可与绘画、诗歌等并肩而无愧。不能因为西方之未曾有，而漫谓我们也不该有；有了，就是封建落后的余孽，非驰逐不可。天下哪有如此自侮之理！
>
> 中国艺术既有前述诸多特性，足以轻名利、蔑尘寰，起到宗教超凡出世的作用；又特有以文字为工具的独到手段，于是蔚然成风，无所弗届，特别是诗、书、画三者，以士林为中坚，代代相传，遍及于通都大邑和穷乡僻壤，即便不识字的平民，对之也非全然局外。③

① 周善甫：《大道之行》，第 77 页。

② 周善甫：《大道之行》，第 78 页。

③ 周善甫：《大道之行》，第 77–78 页。

这体现的是艺术自觉，也包含文化多样性诉求。艺术属于文化，文化多样性永远是人类之福。在共享中西方共有艺术的同时，珍视并享用中国特有的艺术类型，保持“怡情寄兴的爱美活动”，亦是中国人之福。

通观周善甫的艺术论，他关注的核心问题还是重建中国艺术自信的问题。他分析西方中心主义在艺术领域造成的弊端，反对艺术的“自卑感”和“自侮”行为，提醒国人不必“因自家的艺术之不洋而惭愧”，[①]彰显中国艺术的特色和价值，希望中国人重新振作，延续传统艺术血脉，弘扬光大中国艺术。所论未必没有瑕疵，而用心之良苦，是应该深怀敬意的。

七 平善自由的日常生活

过去，为了否定中国历史和中国文化，许多论者说中国人在统治者的“反动统治”之下，过着暗无天日、水深火热的生活，中国人似乎从来就没有舒心过。史书也被各种反政府运动所充斥，以“揭露”“批判”反动统治为能事，看不到多少正向和建设性的内容，“形而上学地认定‘凡是’帝王都该敌视，‘凡是’政权都该求其垮掉”。[②]这就是钱穆说的，“对本国以往历史抱一种偏激的虚无主义”，“视本国以往历史为无一点有价值，亦无一处足以使彼满意”；“感到我们是站在以往历史最高之顶点”，“此乃一种浅薄狂妄的进化观”；“而将我们当身种种罪恶与弱点，一切诿诸古人”，“此乃一种似是而非的文化自谴”。[③]

这是纵向维度，还有一个维度是横向的，就是与西方相比。从横向看，中国人在“专制淫威”之下，始终是奴隶，他们贫穷、懦弱、自私、阴暗，尊严和自由被剥夺。他们是世界上“最不幸的一群”。

这是刻意歪曲和抹黑，中国人没有这样不幸和悲惨。天佑吾土吾民，除了在战乱年代和一些特殊时期以外，中国人的日常生活其实是

---

① 周善甫：《大道之行》，第78页。

② 周善甫：《大道之行》，第40页。

③ 钱穆：《国史大纲》，商务印书馆，2007年，第1页。

安定、祥和、悠闲、散漫的，能够享有基本温饱，也享有基本尊严和自由。“人权”是西方概念，按照联合国1948年的共同宣言，人权是对共同人道和人类尊严的双重承认，那么孔孟思想的核心就是维护和彰扬共同人道和人类尊严，人权已经内在于儒家文化之中。[①]“中华文明历来注重以民为本，尊重人的尊严和价值。早在千百年前，中国人就提出‘民惟邦本，本固邦宁’、‘天地之间，莫贵于人’，强调要利民、裕民、养民、惠民。”[②]这是政治理念，也是国家治理的目标和实践。

周善甫说中国是一个“伟大、稳定、祥和”的国家，既基于它的政治治理、经济发展、文化繁荣和国际影响，也基于中国人的日常生活。他说中国“历史之悠久，幅员之广大，人口之众多，文治之修明，生活之暇豫，环境之安宁，……莫不举世无双”。[③]韦伯也说：“相比之下，历史上的中华帝国，虽然屡遭战事，却一直是一个安宁的世界帝国。”[④]

在《大道之行》中，他专门从吃、穿、住、行、文化设施、日用器皿之制作、游乐、医药等方面通过中西对比，论述了中国人的生活特点和成就，阐明中国人近代以来虽然穷了，但“不等于不会过生活，更不意味着我们有关物质生活的文明程度，自古就低劣粗鄙”，而非要赶上他们的那种格局不可。[⑤]例如，他讲中国古人的游乐：

> 城市居民也惯于在假期节日或花候道场，爱到寺庙游赏，一般都要走不远不近的路，有踏青寻芳之趣，而无风尘仆仆之劳。鹫岭在望，祇园不远。疏钟遥闻，呗唱偶作。“曲径通幽处，禅房花木深。山光娱鸟性，潭影空人心。”一经到此，耳目心情，都为之泰然了。何况国人之于佛道，都善自居于若即若离、似信非信的妙境，拜佛礼神，也颇不乏虔诚；求福许愿，也姑信其不虚。清净道

① 〔美〕余英时：《我对中国历史与文化的追索——克鲁格奖演说》，《中国情怀》，第382页。

② 胡锦涛：《在美国耶鲁大学的演讲》，人民网，2006年4月22日。

③ 周善甫：《老子意会》，《大道之行》，第282页。

④ 〔德〕马克斯·韦伯《儒教与道教》，第68页。

⑤ 周善甫：《大道之行》，第84页。

场，一般都少强横放肆；众生平等，大致也少恃富逞强。何况士子多晓释道，空门不乏诗僧，谈玄酬唱，方外不乏好友。

不仅丛林古刹，举国都还有其他纪念历史人物的崇祠，民间的家庙、行会，以及富室的旧园废第，大体也供民众游赏。三里一园、五里一墅，无非花木明瑟，题咏精妙，概可作半日消闲；即城隅村头，也不乏公众聚会乡饮的场所。无疑，这些都是最多、最好、最妙的公园设施。近代国内各处所效学西方而建设的公园，一般也莫非就此等原有名胜挂牌作数的，但一经勉强仿效，常花上不少经费，而倒损伤了原有的韵致与作用了。与西方任何公园作比，其有益人民身心，有裨文化教养的作用，实是难以等伦。[①]

因此，他得出结论说："可知即便是物质生活，中国也历来也不比西方低劣。只是生活的态度有着重性灵或重肉体的差异而已，而从人类整体的前途考虑，中华传统的生活方式，无疑要平善得多。"[②]

针对中国人"这个族群只能过被人管制、奴役的生活，而不可能有尊严和自由的生活"的说法，当代儒学研究者姚中秋说：

对中国历史更为理性、客观的认知，有助于打破这一迷信。为此，我着意于发掘中国历史中儒家所代表的向上的传统。这是客观存在的历史事实，只不过因为理论和激情的遮蔽，而被人们有意无意忽略了。这一传统至少表明，中国人向来都在追求尊严和自由的生活与文明、理性的制度，并取得相当的成就，因而也积累了自由生活的技艺和构建优良制度的技艺。在这一点上，中国人和其他族群没有区别，并且，因为历史漫长而多曲折，而显得更为坚韧、执着。[③]

① 周善甫：《老子意会》，《大道之行》，第 91、92 页。
② 周善甫：《大道之行》，第 96 页。
③ 姚中秋：《重新发现儒家》，第 308、309 页。

他认为，追求尊严和自由的生活并建设相应的制度是“可贵的中国精神”，“构成了真正的中国传统，一种值得今人珍惜、思考、发展的传统”。

周善甫所论证的，就是中国人具有“自由生活的技艺”。中国历史上，确实有不少统治者和富豪骄奢淫逸，这种骄奢淫逸的生活建立在对人民的盘剥之上，“彤庭所分帛，本自寒女出。鞭挞其夫家，聚敛贡城阙。”（杜甫《自京赴奉先县咏怀五百字》）这造成了人民的不幸和社会的不公。战乱年代，人民的基本生活更是难以保障，“乱离人不如太平犬”。但在多数情况下，他们的生活安宁、祥和、悠闲，不追求贪得无厌的物质享受，而追求性灵的滋养和舒展。山高皇帝远，政府的管控也是有限度的，他们拥有基本的自由和尊严。因此，他们“日出而作，日入而息，帝力于我何有哉”，这种生活方式确实“平善”而快乐。

第三节　为孔子辩诬

孔子和儒家思想、中华文化密不可分。对孔子的评价关系到对后二者的评价，同样，对后二者的评价也会影响对孔子的评价。

孔子是中国伟大的思想家和教育家，也是国际公认的对人类影响最大的思想家之一，是人类的导师。1669 年，英人约翰·韦伯说孔子是“最富智慧也最具哲学道德的政治大师”，以及“崇高的、睿智的、脱身于自然理性的最为纯净的”思想典范。[①] 1949 年，德国哲学家雅斯贝尔斯说，世界上有四个典范人物，他们至今对世界还有决定性的影响：苏格拉底、孔子、释迦牟尼和耶稣。[②] 体现孔子思想的《论语》是人类文明史上最重要的经典之一，是“全人类的精神资源”。[③] 孔子是中国文化轴心时代的核心人物，他创造性地转化了过去的文化传统，

① 〔英〕约翰·韦伯：《一篇试图证明中华帝国的语音是原始语音的历史评论》，转引自贺昌盛《现代性与“国学”思潮》，广西师范大学出版社，2013 年，第 152 页。

② 〔德〕卡尔·雅斯贝尔斯：《历史的起源与目标》，参阅杜维明：《体知儒学——儒家当代价值的九次对话》，浙江大学出版社，2012 年，第 161 页。

③ 〔美〕杜维明：《体知儒学——儒家当代价值的九次对话》，第 145 页。

奠定了中国文化价值系统的基本规模，凸显了其中的仁爱精神、民本主义、德治主张与和谐理念。

一　亵渎和凌辱孔子是现代思想毒瘤

在历史上，孔子受到从民间到官方“旷代无俦”的尊崇，但在现代以来，他却受到了最野蛮的亵渎和凌辱。五四时期，他作为儒家文化及中国文化的象征，成为批判的对象，“打到孔家店”成为反传统的响亮口号。特别是“文化大革命”中的“批林批孔”、“评法批儒”运动，把他和毫不相干的林彪捆绑在一起批判，极尽辱骂之能事。孔子于是成了任何人都可以蔑视、嘲笑和侮辱的人。于是，“从1919年起的60年来，中国的反传统运动已经把儒家思想贬斥到了一些中国人耻于把他们的名字和孔夫子联系起来的程度”。[①]

如北京大学、清华大学大批判组（梁效）秉承最高领导的旨意撰写的文章《孔丘其人》，说孔子是“开历史倒车的复辟狂”、“虚伪狡猾的政治骗子”、“不学无术的寄生虫”、“到处碰壁的丧家狗”，从人格到学说，从言论到行为对孔子进行全面的抹黑、凌辱和颠覆。“文化革命的旗手”江青对该文非常满意，她说：“我叫迟群组织写一篇《孔丘其人》的文章，文章写得生龙活虎。”[②]这篇文章最初发表于中共中央机关刊《红旗》杂志1974年第4期，其后被《人民日报》等转载。这还只是一篇，而这类文章，当时充斥各种报刊。大字报对孔子的谩骂更是铺天盖地。这类文章理论病态，内容虚假，逻辑混乱，语言粗鄙，表明当时中国堕落的严重程度。这类大批判，狂言谵语，本不可以学术论，但就是这类文章，拥有广泛影响，产生了极其严重的危害，至今阴魂不散。

“文革”结束以后，拨乱反正，彻底否定“文革”，对孔子的疯狂批判也应该在否定之列。随着学术研究逐渐恢复正常，学术界对孔子的

① 余英时语，见杜维明：《新加坡的挑战：新儒家伦理与企业精神》，三联书店，2013年，第201页。

② 范达人：《“梁效”几篇重点文章的写作经过》，《炎黄春秋》2014年第3期。

评价逐渐回归理性，但某些经过“文革”“洗礼”的人依然对孔子心存仇恨，一些对历史一知半解的人依然把中国当代问题归罪于孔子学说，继续以“骂孔、反孔、批孔”为能事，有论者依然认为“儒生群体归根到底是反人道、反文明、反法律、反宪政的”。[①]对孔子的亵渎并没有终结，孔子及其思想并不是可以理直气壮地崇仰的。儒家思想“在百年来之被捣毁批判得如此彻底，乃至让目下的中年人，只要提到仁义礼智等，便条件反应地觉得恶心。”[②]“目下的中年人”就是在批孔中成长起来的那些人。

对孔子的亵渎和凌辱贯穿20世纪，这是现代中国的一个思想毒瘤。孔子当然不是完人，他的思想也有缺陷，可以进行学理的辨析和批判。但他体现了人的品格与智慧较为完满的发展状态，他的思想体现了人类向善和向上的追求，他是民族文化的标志和象征。蔑视、亵渎、凌辱他，实际上就是蔑视、亵渎和凌辱人类的文明追求和美好价值，蔑视、亵渎和凌辱一个民族的精神史。这颗毒瘤蔓延到全社会，于是社会得了败血症，留下一片价值废墟。

周善甫谈论孔子，有强烈的问题意识，“千载以来，人们所进奉于他的‘大成至圣先师’的尊号，在西学东渐以前，无论朝廷、民间都无异议，也属实至名归的表现。”而西学东渐以后，他像中华文化一样，也成了问题。于是在《大道之行》中，专门写“大哉孔子”一节，阐述他对孔子的认识，辨析关于孔子的各种错误观点，尤其是要廓清“文革”批孔造成的令人窒息的雾霾。

二　孔子是伟大民族的导师

周善甫旗帜鲜明地肯定孔子至今仍不愧为“万世师表”，是“伟大民族的导师，是圣人”：

中华文化有若一条源远流长、水域广阔、为千溪百壑所汇注的

① 张耀杰：《评秋风眼中的本土儒学与西方宪政》，《经济观察报》2011年7月18日。
② 周善甫：《大道之行》，第142页。

巨大江河。其主流河道便是尧、舜、禹、汤、文、武、周公所一脉相承的民族传统。到孔子便总结前修，集其大成，立论垂训，高尚而不虚玄；务实而不逐利。以作“天子以至庶人”的修身之本。并由历史明证，藉此大道，使得中华民族堂堂正正地存在和发展过两千多年来了。所以他是这个伟大民族的导师，是圣人。其学说不容以一个朝代、一个国家或一个阶级的政治得失衡量之。[①]

他从孔子集上古中华先贤思想之大成的角度论证孔子的地位，又从其历史作用证明孔子之道的伟大，孔子思想“使得中华民族堂堂正正地存在和发展过两千多年”。一时的毁誉磨灭不了他的光辉。

周善甫指出，孔子生前就受到“旷代无俦”的真诚“尊仰”，他得到如此尊仰，“一不是为有上帝的顾命，二不是有帝王的扶持，三不靠自己有特异的法术、超群的技艺，或特别能说会道，相反，他终身都谦逊地‘循墙而走’，从未自标高明”，总之，既不靠权势的加持，也不靠权术的操弄和宣传的包装，真正的原因是他的集大成，靠他的思想体现了人类发展的正道，“他能准确地继承和弘扬先古文化的优越传统”。他以“情志的殷切、治学的严谨、天赋的敏慧、生活体验和知闻的广博，倾毕生之力”，[②] 对中华三千年间的大量文献，作了系统的整理，并在此基础上进行总结，升华为思想观念和理论体系。他思想的出发点是建设一个良好的社会，完成智仁勇的个人。

三　孔子思想反映了人类的常规正道

孔子的思想也不玄奥高深，是极其平常的，普通男女都可以认知和实践，而正因为平常，便成了“不可须臾离”的常规正道。

周善甫论述了孔子思想的内涵和儒家思想的根本，重申了仁和礼对人类社会的意义。这两者在对孔子和儒家的批判中，是受攻击最多的。

“仁”是孔子思想的核心，是儒家文化的核心价值。孔子和儒家

---

① 周善甫：《大道之行》，第 30 页。

② 周善甫：《大道之行》，第 18、19 页。

认为，天地有生生之德，所以赋予人仁爱之心。仁爱之心是人之为人的人性论根据。他将宇宙论和心性论打通，奠定道德秩序的基础。关于“仁”的内涵和意义，古往今来有汗牛充栋的论述，而其要在于“爱人”，韩愈《原道》“博爱之谓仁”一语中的。周善甫也是从此立论：

> 所谓“人的本性”也不驳杂。孔子将它归结于一个“仁”字。通俗说，就是对别人的关爱之心，而与私欲对立。人是经营社会生活的，一切高于禽兽的成就和幸福，莫不得诸社会生活；而社会的安宁与发展，又全靠成员之间的相互关爱。人类经万代实践的切感，卒以铸成人类所特具之“性”。所以人人都有本乎人性的仁心。故不倦地诚意行仁，便是做人的正道。[①]

因为“仁”出乎人性，是人的幸福所必须，也是社会健康发展之必然，所以仁是普适性价值：

> “大学之道”就在要求不断显现其人性所本有的仁德，使社会日益文明，而臻于至善，才能长远获得真正的幸福生活。[②]
>
> （儒家学说的根本）这一根本，可以用一“仁”字表达之，因其基于人性之所应然，也便当为古今中外的人类社会之所同尚。实乃“放之四海而皆准，质之百世而不惑”，“修之则存，逆之则亡”的至德要道。尽管孔门论点，很多都遭到批判，而这一根本，却一直没有人怀疑和否定过。因为反之而主张不仁之恶，毕竟是难出乎人嘴的。[③]

“仁”“修之则存，逆之则亡”可能被专制暴君或某些文痞所不屑和嘲笑，却一再被历史事实所证明。贾谊《过秦论》说秦朝灭亡的原因是

---

① 周善甫：《大道之行》，第 19–20 页。

② 周善甫：《孔学易知说》，《大道之行》，第 442 页。

③ 周善甫：《大道之行》，第 20 页。

"仁义不施，攻守之势异也"，确为卓见。若以仁义为迂腐，弃之如敝屣，则历史最终也会将这样的人抛弃。周善甫说对于"仁"，"却一直没有人怀疑和否定过，因为反之而主张不仁之恶，毕竟是难出乎人嘴的"，这一说法过于善良和乐观。"文革"当中，"仁"也在践踏之列，"难出乎人嘴"的"不仁之恶"大行其道，人和社会没有起码底线，所以才说"文革"是"浩劫"。不过，"文革"之不可持续，倒是再次证明了"修之则存，逆之则亡"的规律。

周善甫指出，"道之显现曰'德'，故人人都有内在之'明德'，可以而且应当显现出来。但人毕竟是动物，也必得竞存。故也不能没有'食、色'一类的动物性。而且由于人类具有更高的手段与条件，故也具有较兽类还强烈的私欲，并常常把本有之明德蒙蔽了。这也同样是不容抹杀的现实，所以必得时时省察以修持之。"于是孔子提出了道德修养和道德实践的问题，并构建了"妥实"的进步阶梯供人人拾级而上升。他说：

> 由于他的道是顺乎人性，基于民族心态的。又有从格、致、诚、正，到修、齐、治、平的妥实梯级可以阶登，因之人人都可立即实践躬行。不待具有客观条件，一般都乐于信受奉行，而成为显学了。[①]

任何思想家，都把道德意志作为人性觉醒和社会发展之必须。康德把道德作为"绝对命令"，视为人最应该敬畏的两件事之一："位我上者灿烂星空，道德律令在我心中。"康德是高扬自由旗帜的思想家，在他那里，道德和自由不但不矛盾，而且是自由的内在条件。孔子的修道明德思想，从"仁"的责任伦理出发，要求个人注重自我约束，超越自我中心，积极参与集体的福利和共同的目标，在这一过程中展示个人的能力，实现人的价值。所以，杜维明说："在导致自我实现的意义上，

① 周善甫：《大道之行》，第20页。

孔夫子的哲学是一种解放的力量。”[①] 也就是一种摆脱物役的力量，抗拒暴政的力量，自由的力量。

“礼教吃人”流行一时，提起礼，很多人就深恶痛绝，疾首蹙额。其实这是一种误解或夸大。周善甫指出，孔子创立“礼”的理论骨架也是他的“伟大贡献”。礼是人际交往的规范，是言行之准则。礼之建立，是为了平衡人性和动物性，遏制人向下“沉落”的可能和趋势。他说：

> 关于礼乐，他仍祖述周公行之有效的典则，进而把它理论化了。按说，礼既概指人际交流中应有的举措，则只要本仁爱之心率性而行。即便是道，何必要啥礼？要礼，反觉虚伪了。可是自己和别人都还有个同于其他动物的生物性；而且一般总是呈显性，有似地心引力之于物体。总有向下沉落的趋势，就不得不有所节制了。主动而有节制地，用共同惯用的形式，互相表达善意的举止言行就称礼。
>
> 从纯真的角度说，有节制的“礼”，比率性而行之“道”，应属较低档次，但它既出于平衡人性与物性之所应然，实亦群居生活所必要。故举世也没有全无礼仪的邦国。即使打场足球，也非有双方都乐于遵守的规则与仪态不可。甚至竟可以礼之隆替，来衡量其人、其家、其国、其种族的文明程度。在人际关系中竟至是不可“须臾离”的，不容由主观论其存废。因之，孔子以居仁为上乘之境界；而以执礼为一般要求。所以说：“克己复（实践）礼，天下归仁焉！”[②]

周善甫对礼的定义，及其产生原因和作用都讲得很平实，也很深刻。人是社会性动物，群居生活必须有一定的外在规范。礼保障了人际交往的有序、善意和高效，促进了社会和谐。礼是对人的动物性的遏制，是对

① 〔美〕杜维明：《新加坡的挑战：新儒家伦理与企业精神》，第47页。

② 周善甫：《大道之行》，第21页。

野蛮的规范，则礼也就成了文明的标志。

周善甫批评了“礼”只是用来束缚下层民众的说法。他认为，“礼”是限制上层社会的“栅栏”：

> 作为这一虎柙的结实栅栏的，是千载以来逐步组织完善起来的“礼”。向来总是骂礼是统治者加在人民身上的桎梏。其实，只要略加对照，便不难发现最受礼管制的，倒首推帝王后妃，下面挨次依职位的大小，而为制约的轻重。到山野百姓，便礼不下庶人。“而得与鹿豕游”，击缶而歌“帝力于我何有哉”，才是最潇洒不过的。[①]

礼是一种契约，它规定了人们的权利—义务关系。古代帝王当然有无上权威和自由，但也绝非不受礼法的约束，遵循礼法可以使政治有序。虽然无道的暴君可以践踏礼法，而有道的君王还是要遵循礼法。因此，“礼”主要是规范和限制政权体制内的官员及其他人员。普通民众当然也有要遵循的礼法，但比起官员来确实要自由得多，所谓“礼不下庶人”的本来含义就是指此。

周善甫指出了蔑弃礼给社会造成的危害。他引《乐记》所说“礼崩乐坏”造成的局面：

> 夫物之感人无穷，而人之好恶无节，则是物至而人化物也。人化物也者，灭天理而穷人欲者也。于是有悖逆诈伪之心，有淫泆作乱之事。是故强者胁弱，众者暴寡，知者诈愚，勇者苦怯，疾病不养，老幼孤独不得其所。此大乱之道也。

人经受不住物欲的诱惑，贪得无厌，最后就“化物”，人变成物，丧失其本性，走到人的反面。不受“天理”的节制，任随物欲的泛滥，人的沉落就没有底线，这样的社会就是弱肉强食、冷酷残暴的丛林世界。他

---

① 周善甫：《大道之行》，第63页。

指出，“文革”当中，因为礼是“‘孔老二’所倡率便例加轻蔑，如今我们便大吃名不副实、假冒伪劣的苦头了”。对“仁义礼智信”的讥嘲、否定造成了众所周知的恶果。

因此，对待礼和礼教，要着眼大处，看到它的本质，如果只从因为有人用礼教束缚人，有人错误理解礼教而自我戕害等“表面枝叶”现象立论，说“礼教吃人”，那么，如著名哲学家贺麟所指出：“吃人的东西多着呢！自由平等等观念何尝不吃人？许多宗教上的信仰，政治上的主义或学说，何尝不吃人？”[①]民主也会吃人，苏格拉底被处死就是明证。礼教或礼治是传统中国国家治理的有效举措，它的合理成分仍然值得继承。

四　孔子及儒家思想导致文化专制是中伤之论

周善甫否定了所谓统治者尊崇儒学导致中国文化专制、思想沉寂的说法：

> 儒家与“诸子百家”的关系怎样呢？对，这又是一个值得弄清楚的问题。近代若干史学家和文化人，一般都有个未加深究的看法：认为春秋战国时期，中国本有个“百家争鸣”的大好局面。只因为统治者“罢黜百家，独尊儒术”，才使中国的一切学术都受到长期的压抑和摧残云云。于是把“孔孟之道”视为最堪痛恨必须根除的反动思想。其实这也是别有目的的中伤之论。[②]

周善甫从三方面考察这一问题。一是“当时所齐放者，是些什么家数”，即“诸子百家”到底有多少家？他分析西汉刘歆《诸子略》和司马谈、司马迁父子的记述，认为“若论在哲学范畴能自成一说，且影响及后世的”真正成家的就是儒、道、法、墨、名。“百家”不过是夸饰的说法。二是“要弄清，所争鸣者，是何等内容”？三是“要审详”，

① 贺麟：《五伦观念的新检讨》，《文化与人生》，商务印书馆，1999年，第52页。
② 周善甫：《大道之行》，第24页。

各家“是不是各执一见，非一决是非不可的对立关系”？后面两个问题，他在作了分析论证以后，得出结论说：

> “百家”之不同，仅是他们的为学治事，有着境界虚实的差异，在整体文化生活中各有其存在之应然而已。其根本莫不基于仁爱和平的民族传统心态，而且相互间还有互为依存的关系。所以都沿传至今，变化诚然是有，但何曾消亡灭绝？他们与儒家的关系，有如花果枝叶之于主干，而以孔子直接中华之根本焉。故太史公赞曰：“自天子王侯，中国言‘六艺’者，折中于夫子，可谓至圣矣！”①

在论述儒家和其他各家的关系时，他作了一个《境界图》，把世界分成神圣境界、人伦境界和科学境界三块。神圣境界重在解决人与神的关系，着意辨识美与丑，追求超现实性的精神生活和自由，偏于虚。先秦诸子百家之中，以老庄为代表的道家属于这个境界。人伦境界重在解决人与人的关系，着意辨识善与恶，追求现实性的道德生活，儒家属于此一境界，最切实。科学境界重在解决人与物的关系，追求物质生活，着意辨识真与伪，法家属于这一境界。三种境界反映了人的不同需求和努力方向，各家各安其位，都有其作用。三种境界互动，各家学说互补，人类的精神世界就会更加丰富而鲜活，社会发展就会更加平衡和有力。

关于孔子及儒家思想是否让统治者更专制，答案是否定的。所谓“独尊儒术”只是统治者治国思想之选择，他们确实凸显了儒家的地位，但并没有不容其他各家存在。道家、法家、兵家、阴阳家等始终在延续，至于地位之沉浮隆替，取决于各种因素，并非统治者能完全左右。而儒家“乃代表着中华文化之大流，为历史所肯定、人民所向往的学说。故独尊以仁义礼智为本的儒术，是求谋长治久安的宏图大猷”。②

---

① 周善甫：《大道之行》，第29–30页。

② 周善甫：《大道之行》，第41页。

儒家的恕道即包容性让治国者相对宽容，儒家的民本思想一定程度上制约了治国者的专制。韦伯说：“儒家只有一个始终存在的大敌，这就是独裁制和为其撑腰的宦官政治”。[①] 美籍汉学家、牛津大学教授德效骞（Homer Hasenpflug Dubs）指出：

> 汉高祖的登基标志着儒家思想的胜利，这种思想是说，帝国的权威是有限的，它应该为人民的利益而行使其权力，并且应该建立在公正的基础之上，这就超越了法家的专横和绝对君权的观念。[②]

顾立雅也说：

> 难得有两种政治观点如此明显地相互对立，并且经过了如此彻底的交锋——这是公元前3世纪后半叶的中国所发生的事情。对立的双方，一方是孔子的思想，认为政府的合理与否必须由它能够给与人民的满足（不仅仅是福利）的能力来判定，而国家则是一项协作性的艰难事业。为此，教育一定要普及开来，而政府则必须由那些选拔自全体人民中间的、被证明是最有能力和最有德行的人们来管理。另一方是与此相反的法家的学说，认为每件事情都必须由君主指定或裁决，人民不必理解什么，只需要服从；他们不应该受教育，只要被弄得惧怕法律。对于后一种观点，韩非子作了简洁的表述：“那些对政治一窍不通的人们说：‘君主必须赢得民众的善良意志。’……实际上，这就等于是服从民众的命令！但是，民众的智（慧）是无用的，他们都像婴孩一样（无知）。”[③]

德效骞和顾立雅的表述是对历史事实的概括，“诸子百家”中，最具有专制极权思想的是法家，而孔子及儒家思想具有鲜明的民本观念和

---

① 〔德〕马克斯·韦伯《儒家与道教》，第189页。

② 〔美〕德效骞：《中国人创制哲学体系的失败》，转引自顾立雅《孔子与中国之道》，第278页。

③ 〔美〕顾立雅：《孔子与中国之道》，第270页。

民主色彩，他们固然尊王，但不认为君王的权力是可以不受制约的。君王或者政府的正当性和权威性不是来自绝对权力，而是来自它是否有能力满足人民的需求，是否能赢得“民众的善良意志”，是否把权力“建立在公正的基础之上”。因此，“儒家向来就具有限制绝对权力的意向和精神，并设计不少有效的制度，发展出一套成熟的治理技艺。”①

“儒家文化具有超越时代、跨文化、跨学科的特色，以儒家文化为主要特色的中华文明是一种学习文明、对话文明、和谐文明。”②儒家文化不会排斥、打击别的文化，历史上出现执政者以儒学为口实压制其他思想派别的情况，是统治术的滥用，不得归罪于儒学本身，更不得让孔子承担责任。

五　孔子“受反动统治者赏识”成为显学是谰言

周善甫进一步批判了孔子是“受反动统治者的赏识，才能压倒众芳，独跻显学”的说法，指斥其为“与事况相背的谰言”。孔子生活和儒家思想形成的时代，是诸侯“竞霸称雄”的时代，他的学说被认为迂阔不切实际，难有统治者信从，反而显得寒碜，倒是苏秦、张仪等纵横家“腰金带紫”，孙武、吴起等兵家“挥斥方遒”，韩非、李斯等法家“立法弄权”，他们在“统治者”支持下，叱咤风云，显赫一时。而正当此际，儒家饱受冷落，乃至受到“燔灼活埋”；孔子本人虽然民间对他深怀敬意，但周游列国，屡受困厄，赍志以没。哪有什么“统治者赏识”之事？③

至于后世统治者尊崇孔子，是“社会存在所决定的”。在对孔子的思想作了大致评述后，周善甫总结说：

---

① 姚中秋：《儒家宪政主义之源与流——敬答袁伟时老师》，《南方周末》2011年6月30日。

② 〔美〕杜维明：《体知儒学——儒家当代价值的九次对话》，第28页。

③ 周善甫：《大道之行》，第30页。

仅从以上这些粗浅的陈述来看，已足略窥孔子学说之渊源及其造诣之高深。它显然是前此三千年整个华夏文化的继承和发展，是社会存在所决定的意识大流；而不是个人冥思苦想或掐指一算的主观意念。足以说明他之作为一位平民学者、教育家和评论家，而早在有生之年，便已受到人们普遍的尊仰是理所应然的，儒学之为显学，也是事有必至的，而不是可以凭借任何帝王的权力，可以加强之于亿万臣民的。过去曾那么讲，乃是极大的误会或谣诼。①

在这里，周善甫特别批判了孔子受人尊仰、儒学成为显学是由于帝王操纵的结果的观点，认为这么讲是“谣诼”——造诣毁谤。孔子及儒学的影响是由其内在的品质决定的，他的思想总结了华夏三千年文明史的精华，体现了民族心态，反映了普遍的人性和社会发展规律，导引人与社会向善和向上。这才使之具有巨大的效能和魅力。没有内在的思想品质，任何帝王倡导的思想都只会是昙花一现。帝王之尊仰孔子、提倡儒家学说一般也是出于建设善政善治之考量，不得谓为借“孔孟之道”欺骗人民。实际上，孔孟之道有非常鲜明和强烈的人民本位立场，真正践行儒家学说，最大的受益者是普通民众。

六　孔子及儒家学说成为民族文化主干是思想本身的胜利

经过上述辨析以后，可以得出结论，“孔孟之道”或儒家学说后来成为官方意识形态，成为民族文化主干，成为国民心理内核，是思想本身的胜利，是“人民的选择”，是历史发展之应然。

顾立雅早就指出，说汉武帝“独尊儒术”是为了“增强他的权威”有其真实性，但“更为真实的是”，这是民间“倒逼”的结果：“儒学受到了普通大众的青睐。而正是普通大众经过了多少年的努力，才几乎强迫他们的统治者接受了儒家学说。”② 从这个角度看，独尊儒术之所以能增强汉武的统治权威，不是因为儒学能强化他的专制独裁，而是因

① 周善甫：《大道之行》，第 24 页。

② 〔美〕顾立雅：《孔子与中国之道》，第 270 页。

为他顺应了民意。

孔子思想和儒家文化参与造就了一个强大、稳定、祥和的“泱泱雄邦”，也造就了东亚文明共同体。孔子的名言“己所不欲，勿施于人”已经被视为“金规则”而成为世界公认的普世伦理和联合国遵循的基本原则。“世界上几个著名的《人权宣言》与《世界伦理宣言》，都借取了孔子、儒家价值观的‘仁爱忠恕之道’。”[①]他的思想与人类追求真善美的愿望是相通的，与现代社会是兼容的。

2014年9月，习近平主席在纪念孔子诞辰2565周年国际学术研讨会暨国际儒学联合会第五届会员大会开幕式上的讲话中，对孔子和儒学的价值及作用予以充分肯定，指出，儒学本是中国的学问，但早已走向世界，成为人类文明的一部分，对人类文明进步作出了重大贡献。[②]

孔子是中华文化的象征。孔子思想对中华文化、中国历史和中华民族的影响无与伦比，对孔子及其思想的评价非同小可。恢复孔子的尊严，就是恢复中华文化的尊严，恢复中华民族的尊严，进而为中国进一步发展提供思想和精神资源。

第四节　中华文化的功绩和前途

如何看待中华文化在历史上的作用，是评判其价值、优劣以及未来走向的关键问题。近代以来，受反传统主义影响，在这一问题上产生了很多混乱。周善甫研究中华文化，这也是他的主要关注点之一，他希望通过历史事实的梳理，证明中华文化的历史功绩，给以公正的评价，“望其重现煜煜光华”，[③]并继续发挥好它的积极作用，助推中华走向美好未来。

---

① 郭齐勇：《中华传统文化是社会主义核心价值观的土壤与基础》，《光明日报》2014年4月2日。

② 习近平：《在纪念孔子诞辰2565周年国际学术研讨会暨国际儒学联合会第五届会员大会开幕式上的讲话》，《光明日报》2014年9月25日。

③ 周善甫：《大道之行》，第172页。

一　中华文化的合理性是全面的

在文化激进论者看来，中国文化从根子上就是错的，它充满专制和惰性，反动和腐朽，恶贯满盈，让中国停滞不前，让国人麻木不仁、奴性十足，缺乏进取心和创造力，中国的历史是一部黑暗的历史，于是倡导整体性反传统。在近现代历史上，全面否定中国文化的思潮拥有广泛而深远的影响。

针对整体性反传统言论，周善甫反其道而行之，从总体上肯定中国文化。他说：

> 有名言说："凡是存在的，都是合理的。"像中华这样一个硕大久远的文化存在，总不会全然不合理到如现代国人之所咒骂。因之，我就改用传统的价值观，试来检验四千年来祖辈的历史业绩。竟恍然发现其成就之辉煌、方向之正确，实非西方文化之足以望其项背。而且它的合理性是全面的，不仅"有其合理的一面"。故恍然悟到不是我们的祖辈错了，而是西方错了，并使我们上两代人也跟着西方错了。①

"凡是存在的，都是合理的"这句"名言"出自黑格尔《法哲学原理》，在《小逻辑》中也有引用。但它之所以让中国人耳熟能详，是因为恩格斯在《路德维希·费尔巴哈和德国古典哲学的终结》中引用过。这句话有不同的译文。贺麟译为："凡是合乎理性的东西都是现实的，凡是现实的东西都是合乎理性的。"②《路德维希·费尔巴哈和德国古典哲学的终结》译者译为："凡是现实的都是合理的，凡是合理的都是现实的。"③周善甫可能是凭记忆引用这句话，所以文字上有出入。这句话的内涵，有不同的理解。周善甫引用它，是把它作为论证中国文化

---

① 周善甫：《大道之行》，第 3–4 页。

② 〔德〕黑格尔著，贺麟译《小逻辑》，商务印书馆，1982 年，第 43 页。

③ 中共中央马克思恩格斯列宁斯大林著作编译局：《马克思恩格斯选集》第四卷，人民出版社，1972 年，第 211 页。

合理性的理论依据。很明显，他的引文更接近恩格斯著作译文，表明他的记忆来自恩格斯。不管对这句话的含义有多少争论，用它来说明中国文化存在的合理性还是有道理的。如果它根本没有“合理性”，中华文明怎么能延续数千年，并且成为古代各大文明中唯一不间断地流传至今的文明？

对中华文化这一“硕大久远的存在”进行整体评价，我们当然必须说它是好的。即使存在问题，也是“主”和“流”的关系。在这一前提下再来讨论它的缺陷并改进。如果这一前提不存在，那么枝节的肯定没有多少意义。因此，“它的合理性是全面的”是科学的判断。肯定这一点，我们才能说明中国历史，才能保有民族血脉和精神家园，也才有进一步发展中华文化的立足点。如果得出反面的判断，那么凌辱它、践踏它、抛弃它就是理所当然的了。这其实就是整体性反传统思想的逻辑。而这种思想，是经不起事实检验的，效果也是糟糕的。“过去，我们一直以‘封建’斥责传统文化，以之视作社会主义的绊脚石，认定非彻底打垮不可，从而蒙受了许多不必要的挫伤和损失。”“故论道德表现，现今我们也实不如人。”①

周善甫论证中华文化的“合理性是全面的”，有两点值得注意。一是“用传统的价值观”为标准。也就是摆脱西方中心论的羁绊，不以西方之是非为是非，而从中国文化本位立场出发，实事求是地进行分析判断。二是着眼大处，从它的历史成就和方向进行把握。他观察四千年来中国的历史业绩，发现中国“成就之辉煌、方向之正确”，是西方远远不能比的。如此，则我们有什么理由怀疑自身文化的“合理性”？“我们的祖辈”没有错，他们不应该受到指责和藐视。

中华文化有其光明正大的主流面向，强调“民为邦本”、安民富民乐民和“天下为公，世界大同”的政治思想，仁者爱人、民胞物与的情怀，自强不息、厚德载物的精神，协和万邦、和平并进的国家和民族关系，安贫乐道、谈泊明志、宁静致远的生活态度，经世致用、知行合一、身体力行的实践路径；强调人格涵养、以德立人的德治教化主张；

---

① 周善甫：《大道之行》，第 119、142 页。

强调个人的社会责任和群体意识，强调求同存异、和而不同、和谐相处的思想包容，强调日日新、与时俱进的变革理念，强调居安思危的忧患意识，强调清正廉洁、勤勉奉公的从政理念，强调道法自然、天人合一的生态观念，等等，光芒四射，价值永存。“中国优秀传统文化的丰富的哲学思想、人文精神、教化思想、道德理念，等等，可以为认识和改造世界提供有益的启迪，可以为治国理政提供有益启示，也可以为道德建设提供有益启发”，从而“同世界各国优秀文化一道造福人类”。①

因为认定中华文化的“合理性是全面的”，以及对“历史的温情与敬意”，周善甫反对对传统文化的傲慢态度，批评“取其精华，弃其糟粕”的说法是“庸论”：

> 在近日出现的传统文化反思的新风中，有个几乎众口一词地声称说：“传统文化，至今仍不乏某些现实意义，我们应取其精华，弃其糟粕”云云。听来好像妥当、公允，能兼顾统筹了，比“文革”当年，更算敢讲了。其实是体用混淆，主客不分的庸论。仅就字面说：“其”者，“他”也（或言“他的”），把中华说成“他的”，那只能是忘我而处在洋人立场说话。作为“我”，又岂容他人分割而取弃之？再说，又将由何人以何种标准来鉴定何者为“精华”，何者为“糟粕”呢？言者也许自以为不无仲裁之把握，但若虚心熟思，便不免嗒然自失了吧。
>
> 倒是把西方文化，行所当然地视作非“我”之“他”（其），而言“取其精华，弃其糟粕”却就对了。取其物质生活中的成功经验，为我所“用”，便没有不舍。故“中体西用”之说，实无不对。②

周善甫说的“体用”自然是张之洞意义上的“体用”，即“中学为体，

---

① 习近平：《在纪念孔子诞辰 2565 周年国际学术研讨会暨国际儒学联合会第五届会员大会开幕式上的讲话》，《光明日报》2014 年 9 月 25 日。

② 周善甫：《大道之行》，第 119 页。“舍”原文如此，不通，疑为“对”之误。

西学为用”。他认为，作为中国人，对中华文化，不能站在“客位”立场，冷眼旁观。作为“体”，它是不可能从自身“分割”出去的。“由何人以何种标准来鉴定何者为‘精华’，何者为‘糟粕’”的追问，切中了要害。那些有“仲裁”权力的人，他们作出的取舍往往是精华糟粕颠倒的，“取其精华，弃其糟粕”又怎么靠得住？

近20年后，姚中秋提出和周善甫相同的看法：“取其精华，去其糟粕，这一直是今人对待传统的主流观念。但仔细想来，取其精华，去其糟粕，要么是一个没有意义的想法，要么是一个可怕的想法。”他指出，这样做的人预设传统已经死掉，我们可以站在传统之外冷静地判断选择。问题是传统就活在我们自身当中。他们还“预设当下就是历史的最高处，今人可以站在传统之上，俯视传统，对何为精华、何为糟粕予以鉴定、挑选”。问题是“生活—传统之流，从古到今，无始无终，我们存身的这个时代不过是其中一个渺小的环节而已，有何理由傲视古人”？另外，“假设您确实可以站在传统之外，也确有鉴定的能力，那您按照什么样的标准取、去？当然是按照正确、现代的标准。问题是，您的标准果然就是正确的、现代的标准么？未必。”如果强制以某人或某群人的立场、价值为准，其结果恐怕不是人们愿意看到的。因此，“到了放弃精华糟粕论的时候了，它表明的是理性的自负和权力的自负。……不做这事情，传统自然地在自我更新。”要在现代价值的启发、诱导下，使传统中固有的美好因素成长、扩展，自我与传统共同地“转进新生”。“不需自我鄙视，自我否定，自我仇恨。身在传统之中，而追求美好生活，这就足够了。”[①]姚中秋的论证角度与周善甫是一致的：人不可能站在传统之外，今人对传统没有资格傲慢，谁是判断精华糟粕的主体，以什么标准判断精华糟粕等。如果判断乃至判决的主体是“自负”的“权力”，那么它造成的“可怕的”后果人们记忆犹新。

平心而论，“取其精华，弃其糟粕”不失为对待一切文化，包括传统文化和西方文化的路径当中的一种选项。对待传统文化，也需要跳出

① 秋风（姚中秋）：《走出概念牢笼温情对待传统——与易中天先生商榷》，《南方周末》2011年4月7日。

庐山，多方面观察，理性地研判，适当站在客位，亦无不可。周善甫的论证，也有可议之处。以“其”来指代中华文化，语法上没有问题，但推不出站到“洋人立场”的结论。说对西方文化，只“取其物质生活中的成功经验”，也没有跳出晚清中国文化本位论者的视域。不过，倡导这一理论的人，往往是对传统文化的价值持整体怀疑态度的人，对传统文化否定多于肯定，而且有一种居高临下的傲慢。所以，周善甫提出质疑，希望人们“虚心熟思”也是很有意义的。鉴于此，这一提法的存废值得认真研究。如果能找出更好的表述，则我们对待传统文化的态度和方式会比这一提法更科学一些。

周善甫所说的中华文化的“方向”，就是“大道之行，天下为公”的方向，就是和平发展、和谐共进的方向，也是人与自然友好相处、相亲相近的方向。这一方向与周善甫所说的西方文化“富国强兵、役民称霸的方略”，[①] 或如杜维明所说“竞争性非常强的社会达尔文主义，和以西方为代表的弱肉强食的宰割性非常强的霸权连锁”[②] 相比，确实是更为美善高明的方向，能把人类带向更佳境界的方向。

周善甫在论证中华文化方向之正确时说：

> 20 世纪 80 年代末，全世界健在的诺贝尔奖金得主共 70 余人，曾在巴黎开了个盛会，会后，这些值得尊敬的学术精英共同发表了个宣言，郑重声称说：“要是人类想在 21 世纪找到出路的话，那只能向二千年前的中国孔夫子寻找机会。”这是何等郑重的建言。如此重要的机会又是什么呢？说来也十分简明：夫子之道无他，亦有仁义而已矣！真的除这以外，我也不仅看不出西方的资本主义，会能予人类以理想的前途；就是西方的社会主义，也除了招怨树敌之外，同样难为人类找到妥善的出路。[③]

---

① 周善甫：《大道之行》，第 5 页。

② 杜维明语，转引自汤世杰《现代化与文化中国》，周善甫《大道之行》，第 5 页。

③ 周善甫：《大道之行》，第 120–121 页。

说70多名诺贝尔奖得主“郑重宣言”，是受了媒体的误导，[①]不必苛求，但后面的议论还是有道理的。“西方的社会主义”是指苏联为首的欧洲社会主义阵营，因为苏联也推行“霸道”，所以“招怨树敌”。这一阵营早已瓦解，表明苏联模式的社会主义缺乏生命力，在自己的国家都难以为继，遑论“为人类找到妥善的出路”？“仁义”在被长期污名化以后，某些人听了也会皱眉和冷笑，但仁义的内涵是正向的，用西方话语讲，就是博爱和正义，这是人类永恒的价值。“夫子之道”、中

① 这一说法经媒体报道后，被大量引用。中国社会科学院原副院长、著名学者李慎之感到怀疑，于是进行了查证。他在《读书》1997年第1期发表《诺贝尔与孔夫子》，叙述了自己的查证过程，否定了它的真实性。他先请教研究儒学的权威、哈佛大学教授杜维明，杜维明表示“没有听说”。又请哈佛燕京学社的文献专家林同奇查找相关报道。林同奇查阅了《纽约时报》，发现《纽约时报》1988年1月19至24日连续报道了这次会议，但没有提到孔子。报道说，这次会议是1988年1月由法国总统密特朗召集的，主题为“21世纪的挑战与希望”，有75位诺贝尔奖得主参加。林同奇又通过朋友查找法国《世界报》，把相关报道的复印件寄给李慎之。《世界报》的报道比《纽约时报》详细，但也没有关于孔子的任何信息。因此，李慎之认为这一说法是不真实的。半年之后，《人民日报》记者马为民又在《读书》1997年第7期发表《我可以作证》，以会议采访记者的身份证明会议“根本没有提到孔子”，并说：“至于说20世纪的‘诺贝尔们’把2500年前的孔子哄抬到人类下个世纪精神导师的地位，那就纯属凭空演义了。”在国内最先报道此事的是国家图书馆图书采编部副主任顾犇，他写了《论语在海外的传播》一文，根据《纽约书评》的文章转述了这句话。引起争论后，他找到了1988年1月24日报道此事的澳大利亚《堪培拉时报》，并整版复印带回。《堪培拉时报》由记者帕特里克·曼汉姆从巴黎发出，原话是：Nobel prize winners have suggested that if mankind is to survive it must go back 25 centuries in time to tap the wisdom of Confucius. This was one of the conclusions reached at the first international conference of Nobel prize winners after deliberating over the theme"Facing the 21st century"（诺贝尔奖获得者建议，人类要生存下去，就必须回到25个世纪以前去吸取孔子的智慧。这是第一次诺贝尔奖得主国际会议在对“面向21世纪”这个主题进行探讨后得出的一个结论）。至此，事情已经清楚了，这件事是有根据的，并非胡编乱造，但提出这一观点的是1978年诺贝尔物理学奖得主、瑞典物理学家汉内斯·阿尔文教授，是个人观点，不是75位诺贝尔奖得主的共识或会议的“结论”，更不是大会宣言。曼汉姆的报道说成是会议“结论”，有所失真；国人在引用时，更是有意无意地把它夸大了。但说会议“根本没有提到孔子”也不对。参阅赵鹰、胡祖尧《诺贝尔奖得主们究竟有没有说过——查证“诺贝尔奖获得者认为21世纪人类要吸收孔子的智慧”的报道》，《现代教育报》2003年1月20日；郭玲玲、杨弈霞：《21世纪能否向孔子寻找智慧》，香港《文汇报》2004年10月6日。

华之道，反映了人类的根本性价值追求，自然“方向正确”。

“西方的资本主义”不能“给予人类以理想的前途”，可从如下两段话来理解：

以“发现个性”为理论依据的产业革命之来临是事有应然的。由于科学得到发展，人权获得解放，加以“优胜劣败”进化论，又恰于此时提出，便被机械地套用于人类社会，竞争意识随之增强，从而西方的产业得到迅猛发展，军器也得到无比加强。于是向落后地区四出侵夺，不仅其富裕令人侧目，就其社会的文明与秩序也令人钦慕。尤其让人折服的，是其科学的高度成就与无限的发展远景，让世人都觉得只要顺循西方这条唯“物”主义的现代化的路线走去，人类就能征服自然，可以得到随心所欲的物质享用而无比幸福了。这已成为近现代多数人的坚定信念，尤其为饱受凌辱和掠夺的发展中国家所仰慕追随。

可是现代这由反对“唯心”发家的“唯物”思潮，也同样因“唯物”而酝酿着更大危机。人们日甚一日地漠然于“人性”的秉赋，而以个人主义为论据，以无情竞斗为手段，以满足无限的私欲为目的，进行尔虞我诈财货竞逐，这不但急剧败坏着人类托命的自然环境，也不断腐蚀着人类希求亲善的天性。列强间的逐利竞斗，已触发两次酷烈的世界大战，而数百个跨国规模的军火商，仍无孔不入地在国家和民族的分裂中谋取暴利。科技的首项尖端成就，莫不首先作为杀人的手段。元首所控核按钮的任何一偶然误会，都足以毁灭整个人类的文明。虽然，西方百多年来的富强令人艳羡，但不难说明，其富裕是建筑在落后国家急剧贫弱上的。要是这些国家也追上来了或领先了，能否再如此光鲜百年呢？即或能依靠科技的进步，充分开发资源，来填充其实非必要的无边欲壑，怎能不为后代的儿孙作计呢？故这种竭泽而渔的局面，看似光鲜，实难撑过三百年去。[①]

① 周善甫：《大道之行》，第485页。

西方主导的近代人类发展模式，带来物质财富的飞速增长，但它是以巨量的资源消耗和环境破坏为代价取得的，是为满足“无边的欲壑”而“竭泽而渔”的模式，因而是不可持续的。人类近二三百年消耗的地球资源和造成的环境危害，超过了人类千万年文明史的总和。照此模式继续走下去，地球能否“支撑过三百年”确实是疑问；即使能支撑三百年，而要再像历史上那样延续数千年上万年的文明史，是绝无可能的，人类很快会把自己送上绝路。“这种要钱不要命的共识，只会把人类乃至生物无可遏制地导向灭亡，又怎能会是世界的前途呢？”①

而西方模式给人类社会造成的灾难，它给人类发展造成的毁灭性力量、不可控因素的增加，如核战争、核污染，也是众所周知的。另外，西方的全球扩张伴随血腥战争，两次世界大战惨绝人寰。“帝国主义的横暴残杀是人类文化的病态，中国文化无论有多少缺点，其最后的核心到底是人类文化的正常状态。”②可悲的是，整个世界似乎被绑上了西方的战车，似乎很难逆转了。正因此，周善甫似的思考更值得认真对待。

二　中华文化维护了伟大稳定祥和的祖国

这谈的是中华文化的历史作用或功能问题。文化的功能，对个人而言，是修身养性，培育人品，提升素质和能力。这是周善甫讨论极多的问题，这也就是历史上极为发达的“心性”之学。那么，中华文化除了修身养性之外，是不是就无所作为呢？答案是否定的。周善甫也论证了中华文化对中国社会和国家发展、中华民族形成和壮大的作用。

对国家和社会而言，文化的功能是整合、规范和引领。中华文化的作用，就在于它发挥了这些功能，维系了国家的统一、稳定和发展。它发挥价值整合功能，在漫长的历史过程中，通过教育熏陶，使辽阔国土上的不同民族、不同阶层的人拥有大体一致的价值观，从而使中华民族获得强大的凝聚力。它发挥规范整合功能，使建立在德治教化基础上

---

① 周善甫：《大道之行》，第114页。

② 罗庸：《国文教学与人格陶冶》，《鸭池十讲》，辽宁教育出版社，2007年，第24页。

的社会规范内化为个人的行为准则，进而将中国人纳入一定的轨道和模式，维持了较好的社会秩序。它发挥结构整合功能，将多元复杂的社会阶层、民族、地域等联结起来，维护整个社会的和谐运转。由于统一的中华文化的作用，中国社会建立了协调的功能体系。它发挥导向功能，引领中国和中华民族不断走向进步。中华文化增强了国人的价值认同、国家认同和民族认同，这是中国不断壮大，即使遭受挫折磨难也屹立不倒的重要原因。

周善甫从中国历史发展过程来论证中华文化特别是儒家文化的作用，认为它维系了伟大、稳定、祥和的祖国。他在《大道之行》结语中说："从第一章到第六章，我们检阅了自三代以迄明清以'天下'自任的历史业绩，并以之确证了中华文化传统的伟大与正确。"[①]

评价中华文化的历史作用，前提是如何看待中国历史。如果认为中国历史就是苦难史、屈辱史、失败史，那么作为这一历史的产物并反过来维系这一历史的中华文化自然难辞其咎，怎么批判都不过分。如哈佛大学教授本杰明·史华慈所说，五四整体反传统主义者，把中国传统的"社会—文化—政治秩序作为一个整体而予以否定"[②]。如果像 20 世纪中期主流史学叙述的那样，历代统治者只是会压迫剥削，存心不良，那这样的历史也不值得亲近和喜欢。如果认为中国历史是"光辉灿烂"的、令人自豪的，那么我们自然会得出相反的看法。

周善甫认为，中国历史上固然有压迫、战乱和苦难，甚至确有"吃人"现象，但总的来看，中国历代治国者多能本仁政思想进行有效的治理，国人也能安居乐业，它长期是世界性大国，是世界的"成功样板"，中国历史并不是漆黑一团。确认这一事实，才能科学地评价中华文化。因此，《大道之行》以历史上的"政局兴废为线索，来检验文化之历史成果"，[③] 他选取中国历史上几个最重要的时代进行介绍剖析，揭示中华文化的特点和作用，进而证明中国历史是"大道之行"的历

① 周善甫：《大道之行》，第 171 页。

② 〔美〕本杰明·史华慈：《中国意识的危机》序，林毓生《中国意识的危机》，第 2 页。

③ 周善甫：《大道之行》，第 4 页。

史，是中华民族的成长史。周善甫选取的时代是：木本水源、彬彬西周、秦汉鸿猷、唐宋雅范、明清佳绪、救亡百年。对这些时代的评析构成此书主体。

“木本水源”和“彬彬西周”探讨中华文化的起源和西周的治理成就和文化成就。周善甫认为中华文化起源于农耕文明，具有“和平安详”的文化趋向，塑造了乐善好礼、勤俭好学的民族性格。西周地域辽阔，成就辉煌。中国的地理环境和上古先贤的治绩奠定了中华文化的基础，中国的大同理想、德治教化、礼乐文明等从这里发轫，并“数千年一脉相承，成长为长治久安的又一依据”。[①]

周善甫说：“在如此皇皇奕奕的文化传统中，最足作为明证的，是三代之末的周朝。”[②] 他在论述了西周的治国理念、施政措施和取得的成效之后，批评了近世学术界的某些观点，高度肯定西周的成就和地位：

> 可是近世却有些人，存心无视此等史实，硬派西周仍为“奴隶社会”云云。须知奴隶固然无世不有，但其大源不外战争的掳掠和商贸的贩卖两者。以农为本的和平区域，并非大量出现奴隶的场合，商代之还有若干奴隶，固已由出土文物所证实。但周代则不论文物或史载，都无可证实有大量奴隶足以成为“制度”，而偏要这么说者，只会是机械地套用西方公式，依序按期地认为“想当然耳”而已。我前面说过：从大略看，人类仅有两大系文化，农耕文化根本无从孳生奴隶到足以称为社会的。
>
> 综上所述，西周，就是这样在以农耕为主的生产制式上，承接尧、舜、禹、汤以来爱和平、乐群居的文化传统发展起来的。而且它能以之综理为哲理性的学说，并厘定为具体的政纲和行为规范认真执行之。所以建成了足以“天下”自命的大邦。……此种成就，不仅当时没有与之并肩者，即使今日也还是诸多国家难于全面企

① 周善甫：《大道之行》，第 8 页。

② 周善甫：《大道之行》，第 11 页。

及的。

而且这种成就，不是作为一个国家、一个民族以损人利己为方策取得的；乃是作为整个“世界”的人，为了谋福祉而达成的。所以，周王室竟是实验性世界联邦的成功样板；它所显现的中华文化，也便是人类的优良先驱与典范。[①]

所谓“西方公式”是指把历史发展阶段和人类社会形态划分为原始社会、奴隶社会、封建社会、资本主义社会、共产主义社会的公式。这一公式通常被说成是马克思恩格斯的思想，但实际上是苏联教科书根据斯大林的意旨构拟出来的。这一公式，在20世纪中期的历史研究中一度占据统治地位。该公式是否符合中国历史实际，史学界早有争议，“文革”结束后更引起普遍的怀疑。“硬派”西周为奴隶社会是历史学界一些学者按照这一公式“机械地”“依序按期”套用于西周的结果。虽然已有历史学者不同意西周仍然是奴隶社会的观点，而持“西周封建论”，如吕振羽、范文澜、翦伯赞、马曜等，比说西周是“奴隶社会”进了一步，但他们都是在“五阶段”范围内转的。周善甫则跳出了这一公式，按照他自己的认知否定西周奴隶社会说。

“天下”观念在近世学人反思传统时也是被诟病和嘲笑的，说它反映了中国人傲慢自大的心理，导致中国人特别是当权者固步自封。在近代语境下谈论这一问题，此种说法也许不无道理。但周善甫认为，以“天下”自居，反映的是一种博大的胸怀，一种责任的担当。周人正是以这种胸怀和担当发展了中华文化，周文化是“人类的优良先驱与典范”。周人的治理模式和治理成就在当时世界范围内都是领先的，是“成功样板”。

“秦汉宏猷”、“唐宋雅范”、“明清佳绪”也突出了各个时期的治理特点和文化成就，证明“中华在前进，世界在成长”。这里介绍他对清朝的论说。他以“理解之同情”的态度为清朝辩护。他对近人把清朝骂得一无是处感到不平：

① 周善甫：《大道之行》，第17页。

在历代王朝中，挨近人骂得最多的，却要首数清朝。这是因为：第一，它被抱有民族成见者视为“窃据神器”的夷狄；第二，它在民主新潮面前是最触目的帝制政体的遗型；第三，在新文化运动中，它无疑是顽固守旧的代表；第四，在列强的环伺下，它又是昏庸懦怯的当局。有此四者，自然成为众矢之的，口诛笔伐，“恶之欲其死”，被骂得全无是处。连它所代表的国家、人民与文化，在外人眼里也就百无可取了。直到清室卸政业已八十余年的今天，这些严谴，依然难获洗雪。[①]

周善甫对清朝被批判的原因的归纳较为全面，这确实是人们攻击清朝的口实。就这些方面看，它也实在难辞其咎。但周善甫认为，不能因此否定清朝的“治绩”；更不能因为抨击清朝而连带把中国、人民和文化都否定掉。把王朝和国家、人民、文化适当切割，是周善甫的高明之处。许多人因为清王朝的失败，就推而广之，得出中国失败、中华文化失败、中国人庸劣的结论。这实际上也是整体反传统主义者的一个逻辑错误。

在评述了清王朝吸取元朝灭亡的教训，重视汉文化，迅速推行汉制，“规复了文治政府的故辙”；平定了周边叛乱，稳定了中国版图；改土归流，“德威广播”；改革税制，赋税轻省；皇帝勤政崇俭等方面的“治绩”以后，周善甫总结说：

清代系满族执政，但大体仍遵循中华文治之大道坦荡以行。从入关到道光后期的二百年间，业绩堂堂，规模还更端大。中华之仍稳健前进，是不容置疑的。后期虽迅速破败了，但为时也仅居其整个统治的四分之一。何况还显有客观原因，怎能全部归咎于它，更不应归咎于传统文化，而尽情抹煞百年来之所为。[②]

---

① 周善甫：《大道之行》，第 82 页。

② 周善甫：《大道之行》，第 84 页。

他认为，“居于少数地位的满洲皇室，得以安享天下达260年之久。这是清室的成功，也是传统文化的成功。”清朝定鼎中原，汲取蒙元统治者的失败教训，走了一条以对中华文化认同换取民族认同的路，建立了长期统治，创造了康乾盛世。

《真谛与俗谛》反省历史上各种意识形态恶斗，而中国历史上没有这种现象。他指出，以儒家为核心的中国文化对世界历史上屡见不鲜的“意识形态恶斗”这一“世界性多发症”及其引起的战乱“独具抗体”。他说：

> 值得注意的是，在中国却有例外，尽管我们也曾遭遇过种种战乱——抵御外侮的、绥靖边疆的、朝代递嬗的、灾荒暴动的、官廷争权的、藩镇攘夺的、民族竞斗的……不一而足，可是自三代直至太平军以洋教举事以前，三千余年间没有发生过由宗教等不同意识形态所引发的战乱。这是一个异常特殊，而又不容置疑的史实；这说明我们对此病症显然独具抗体。那，这一抗体的遗传密码又是什么呢？①

他寻找到的“遗传密码”主要是三个方面，一是儒家传统之道基于普遍人性，不是建立在特定的民族、时代或阶层经验之上，具有超越特定空间和时代的品质；二是儒家学说强调“天下为公”，具有突出的理性精神，理论正大，著述精严，难以产生歧解，减少了神秘附会和别立门户偏见的可能，所以儒学真谛在两千多年间“彰明显著”，始终在社会生活中发挥积极作用；三是儒家学说具有包容性，善于以宽容的胸怀吸收其他宗教或学说的真谛，这使它保持了旺盛的生命力。在各种思想体系中，儒学的这一特点是异常鲜明的。历史上，犹太教、基督教、伊斯兰教等都有强烈的“异教”观念，对所谓“异教徒”恨之入骨，导致人与人之间的仇视和争斗，造成许多悲剧。而儒学是开放性、包容性的思想体系，没有“异教”观念，不会与其他学说构成对抗性矛盾，也不

① 周善甫：《真谛与俗谛》，《大道之行》，第464页。

会让人变得狭隘和偏执。由于有这些特点，以儒家思想为核心的中华文化就“保有这个伟大、稳定、祥和的祖国”，这是中华文化“异常的成功，而不是失败”。[①]

三 中华文化乃人类文化之正源主脉

“中华文化乃人类文化之正源主脉”是周善甫的一个重要命题，也是《大道之行》所要论证的核心观点。

周善甫认为，天下为公、世界大同是人类的最高理想，也是人类当行的正道，这一点在中华文化中发育最早，体现得最充分，所以是文化的“正源”。中华文化遵循这一正道滔滔滚滚地在辽阔的东亚大地上奔涌了五千年，所以是人类文化的“主脉”。《大道之行》第一篇《木本水源》开头就说：

> 中华，自成世界。远从尧舜揖让起，直到清代中叶，堂堂五千年，便以“天下”自任，而逐渐成长起来；一直未曾自居于需要竞存的列国之林。故其所言之道，历来就是“天下为公”、“世界大同”之大道。而不是富国强兵、役民称霸的方略。这说法容或未之前闻，却是真实不虚的宏观认识。不肯定这一特性，便无从理解这悠久庞大的中华文化。[②]

周善甫认为，中国文化诞生于农耕文明，从开始就走上了追求公平正义、和平偕进的道路，这是人类的正道。对个人，它要求顺应自然，自强不息，赞天地之化育。对内，它遵循民本主义思想，“国惟邦本，本固邦宁”，以人民为国家根本，爱护人民；对外，它不刻意强化竞争求存，不恃勇斗狠，暴戾恣睢，动辄诉诸武力，靠强大军事力量侵夺周边国家，而是以德治教化吸引感化，“修文德以来之”。他坚信“这正是人类正常的文化先机。我们一开头便走上了正道”。

① 周善甫：《真谛与俗谛》，《大道之行》，第465页。
② 周善甫：《大道之行》，第5页。

周善甫还从中华文化的群体主义和西方文化的“个人主义”的比较来论证何以中华文化是正源和主脉，他认为“仁文化”是中华文化的特点，是“人类文化的正则典型”，人类文化当以“仁文化”为主流。[①]

他以为中西文化的不同特点可以用“仁”与“个”来表征。“仁”表征的是人与人的关系，平摆的两横，上横是别人，下横是自己，“己所不欲，勿施于人”，即是“恕道”。“爱人者，人恒爱之；敬人者，人恒敬之”。这样就可以构成一个互敬互爱的社会。而“个”字则居中竖一直，表示我自己处于中心位置，凡事都以对个人是否有效用及利害确定其价值。不容许别人侵犯自己的生存权利，自己也遵守社会契约，不侵犯他人，这就是“个人主义”。“其合理设想是在平等的条件下自由竞争，优胜劣败，是不容否定的天则。”所以，两者在社会生活中的表现，对比十分明显：

> ……中华文化是以爱和平、崇公益、尚勤俭、重情谊、尽义务为正则。本仁人之心，望能实践“我为人人”的理想。
>
> 而西方文化则以好竞斗，重私有，爱豪奢，尚法律，保权利为当然，执个人主义，求能收到“人人为我”的实惠。
>
> 从社会发展的要求说，显然，中华文化是正面，西方文化是负面。因为人类是从事群体生活的，正常的群居生活，要求每个成员必须顾及全体及他人。这种顾念之情，经千百代的生活实践，铸造成为“人皆有之”的人性，而成为人类社会最根本的品质。先圣揭示之，称之曰“仁”，故“仁”乃人类文化的共同基础，中、西莫不同然。
>
> 另一面，生命的现实，则以个体为单位，个体的存活与繁衍，系生物所共具之本能。若个体之无存，又何遑言夫社会？故个人之自我意识，亦不容否定。这也是中、西之所同然。
>
> 不过，个体的存活与繁衍，要置身于群体生活，才能获祥和之

① 周善甫：《大道之行》，第109页。

保证，并得积累文化之成果，而建成社会，且求取得从小到大、从低到高的发展。故在个体生存已有基本保障，而社会希望发展的条件下，“仁”是人类文化的正向；而“个”，则为一般生物的本能，故仅属负向而已。①

他在这里的论证是聪明的、言之成理的，也是辩证的，有说服力的。偏于本能的东西即使不刻意追求，它也会自然显现。而社会性的一面则需要不断提醒和提升。并且，“仁”得到彰显，则对个人的尊重与保护也就在其中了。

周善甫认为大同之道、仁爱之心是可以“放乎四海”，亦即推广到全球的。他引用《孟子·公孙丑上》的话（括号内的注释是周善甫所加）：“原（源）泉浑浑（滚滚），不舍昼夜，盈科（低凹的坑谷）而后进，放乎四海。有本者如是，是之尔取。”然后加以发挥：

这是异常生动的先知之言。本，是立国之本。正是以“德行仁者王（读去声），王不待大，汤以七十里，文王以百里”。作为一个朝代说，固然汤过去了，文王也过去了；但作为一个文化实体（天下）说，从三代以迄清朝中叶的四千年间，整个中华民族就以同一理性之本为源泉，滔滔滚滚，不舍昼夜地前进。虽然为了提携四邻，时时都得“盈科（灌满所遇到的每个文化低谷）而后进”。故也费尽移山心力，也耽搁了上千年的岁月，也遭遇了难于屈指的折磨，但精诚所至，金石为开，世界上第一大国，终于顺天应人，巩固团结，文治光华地屹立在东亚大陆。这是人类文化最辉煌的硕果。其将“放乎四海”，卒抵于世界大同，也是可以有信心的。

近百年来，虽因遭西方冲击，几乎弄得一蹶不振，但“不愤不起，不悱不发”，经过数十年苦战，今朝又昂起了头。正可高举“仁”字大旗，敢为天下先，意气风发地续作“盈科”之进。可

① 周善甫：《大道之行》，第106–107页。

以相信：这才足以“天下为公，世界大同”的大道之行来建设人类所托命的这唯一的绿色星球。[①]

周善甫高度评价改革开放以来中国取得的成就，肯定中国特色社会主义道路是正确的道路，它为中国引领世界走向“天下为公、世界大同”创造了契机。而要建设中国特色社会主义，就必须在重视物质文明建设的同时，建设精神文明。他赞扬党和政府倡导精神文明建设的英明，但认为精神文明的建设成效并不明显，空洞的政治说教和“形式主义的空谈”不但没有很好地解决思想问题，反而让人变得虚伪：“为树模范以勉之，则并模范而窃之；于是连先进、标兵等荣衔，也真伪杂出，倒成不为群众所理解的人物”。[②]因此他建议，“建设精神文明，要切实注意确保中华民族优良的文化传统，而不能邯郸学步、东施效颦般对外人作形式化的模拟。”“建设精神文明却得从每个人的自我修持做起，而不能靠群众运动或行政命令来取得确切成就。”[③]他希望加大传统文化教育，以仁人文化涵育心灵。

“中华文化乃人类文化之正源主脉”或“主流正脉”命题，无疑有文化中心主义色彩，但用以说明中华文化的正当性亦无不可。文化中心主义有其负面作用，但正面作用也大，它能增进民族意识和团结，引起成员的忠诚和士气；促进文化的稳定和一致，维持社会秩序；避免产生失范和无根的感觉。周善甫强调这一点，也是出于肯定中华文化的正面价值。鉴于西方中心主义对中华文化造成了太大伤害，需要通过强化的表达来凸显它的合理性。所以，对这一命题，不必胶着于字面，领会其精神即可。

四　重振民族自信心是国家未来发展的关键

中国是在西方主导的全球化背景下与西方碰撞的。1840 年以后的

---

① 周善甫：《大道之行》，第 121 页。

② 周善甫：《大道之行》，第 124 页。

③ 周善甫：《大道之行》，第 169 页。

一百年中，东西方列强对中国发动没完没了的侵略战争，而中国在抗日战争胜利之前始终处于劣势，受尽盘剥、欺凌和侮辱，陷于深重灾难和发展困境。这迫使人们寻找中国落后的原因和自新发展之道。许多人认为是中国文化出了问题，于是对中国文化有过多的怀疑、批判和否定，中国文化长期被视为落后、僵死、阴暗的文化，不能适应现代社会的需要，不能支持中国的发展，遑论世界意义？而走出困境的路径之一就是“向西方寻求真理”，西方成了普世真理的源泉。于是，在现代化过程中，中国只能充当学生，而没有指导别人的资格。很长一个时期，文化失败主义笼罩中国，文化自侮成为普遍现象，我们失落了文化自信和文化自尊，失去了民族自信心和自尊心。

周善甫从事中华文化研究，有非常强烈的现实关怀。作为一介布衣，他本来不必像体制内研究者那样为了应付所谓考核评估、保住饭碗而搜肠刮肚撰写论著，他完全可以不必把自己弄得如此辛苦，而他之所以以劫后之身在耄耋之年还孜孜矻矻从事研究和写作，是因为他对国家民族现状感到忧虑，思有以补救，以尽“匹夫之责”。因此，他希望通过对中华文化的重新认识和评价，来恢复民族自信心、自尊心和自强心，创造中华民族的美好未来。

对于他的此种用心，黄枬森有深刻的评述，他在《大道之行序》中说：

> 我为周先生弘扬中华传统文化的目的所感动。周先生写书的目的何在？他在前言中写道：“希望能重振民族的自信，以传统的价值观，来促进精神文明建设。”因为周先生有感于近两百年来，由于社会动乱，外国侵略，以致国力衰落，民不聊生，有的论者怀疑，这是由于传统文化的劣根，于是一百多年来他们异口同声地骂自己的民族、自己的国家，骂得全无是处。什么“丑陋的中国人”、“贫弱脏乱差是中华民族的劣根性”等等，以致自惭形秽，自甘落后，“终于连最后一点自尊心和自信心都骂没了。在这样的心态下，要讲什么爱国主义，那只是口头禅而已。大家无非一个劲走‘全盘西化’的道路。”尽管周先生对中华传统文化和西方文化

的评述还有可以商榷之处，但他指出“自我丑化是全盘西化道路的思想根源之一”的论述是非常深刻的。确实有一些人不仅看不起我们民族的过去，也看不起中国的今天，周先生的分析令人猛醒。①

历史认同和文化认同决定着民族认同和国家认同。所以周善甫在《大道之行》中花了最大的篇幅论证中国历史的杰出成就和中华文化的光华灿烂，一方面否定整体性反传统主义之错误，另一方面就是激励国人正确认识中国历史和文化，珍惜传统，“庄敬自强”。如果“怀疑或蔑弃”本民族文化，那么“其内聚力亦于焉涣散，而生命力亦随之枯竭”：

从史学的观点看，国家与民族也是具有生命的实体，其生命现象，系由其长期生活实践，凝结为文化特色表现出来，并成为富有内聚力的民族意识。其历史愈悠久，则其文化亦必具有更多合理性，从而其民族意识亦便更加稳定。这方面，中华民族是最好的典型。……任何民族，只要其文化特色受到本民族的怀疑或蔑弃，则其内聚力亦于焉涣散，而生命力亦随之枯竭，史例甚多故为世人所不敢忽。因为“文化”虽似抽象概念，实应视为最稳定的客观存在。故持历史唯物论者，当知政治应当适应固有文化，而不可由政治来规定文化。植根如中华，就尤不可轻加否定了。②

这是有胆识的议论。如果是真正的历史唯物论者，就应该承认文化的客观性和稳定性，寻求政治与文化的适应，而不宜以政治强力来“规定”文化。这自然是有所指的，20世纪中期，一些自诩的“历史唯物论者”，就是以政治来“规定”文化的。周善甫认为，中华文化历史悠久，受其潜移默化，中华民族的民族意识就更加稳定，更有生命力。

因此，对历史和文化的错误认知和全盘否定，是自毁社稷：

---

① 黄枬森：《忧国忧民的精神凝结》，周善甫：《大道之行》，第2页。

② 周善甫：《大道之行》，第102页。

救亡运动却是在“西风东渐”的背景下进行的，虽然不无在政治、经济、军事等方面寻求治国之道的努力，但更多的气力却花在废除传统文化上，认为只要在文化上“全盘西化”便可实现强国之梦。自觉地全盘否定本民族之传统文化，实乃自毁民族之社稷、自毁民族之宗器，西方殖民主义者想干而做不到的事，倒由中国人自觉地去干了，到头来连民族衣冠都荡然无存。而救亡运动却屡遭挫折，实为方向性错误。幸而几千年形成的传统文化根深蒂固，枝叶虽被摧残，但主干尚存。①

既然全盘西化是“方向性”错误，那么，“只有自信、自主、自力才能自救和自强”。②周善甫认为中华文化代表了人类文化的正确方向，不必老是在西方面前自卑，而要自我振作：

即便当代，若人类仍以和平、善良、美好为前程，而不以自私、斗狠和奢纵为得计，那么，毕竟谁家走得最对、最前、最好，还是别有可以自信者在。不必老是在暴力、财富和乖戾之前，为自卑感所折服而不克自振。③

改变自卑心理，重振民族自信心是一个世纪性课题。物理学家杨振宁曾经说：“我一生最重要的贡献是帮助改变了中国人觉得自己不如人的心理作用。”杨振宁的老师、数学家陈省身也说：“中国人总觉得自己不如别人，我要把它改正过来。”他说：“我的微薄贡献是帮助建立了中国人的科学自信心。”④他认为中国人某些事情可以做得跟外国人同样好，甚至更好，中国人是有能力的。两位自然科学家以他们杰出的

① 周善甫：《大道之行》，第98页。

② 周善甫：《大道之行》，第99页。

③ 周善甫：《大道之行》，第78页。

④ 参见张奠宙：《创新；面对原始问题——陈省身和杨振宁“科学会师”的启示》，《自然杂志》2006年第5期；李虎军：《陈省身，第一个占领近代科学重要位置的中国人》，《南方周末》2004年12月9日。

贡献赢得世界尊重，也提振了民族精神。

周善甫则从文化角度论证中国人应该自信。他认为，中华文化是伟大的，它是“人类文化的主流正脉”，具有天下为公的大同理想、德治教化的治国理念，塑造了宽容和平的民族心态、开放宏阔的文化气度和卓越的艺术，以及中国人平实悠闲的生活，它维护了伟大、稳定、祥和的祖国，“形成这上下五千年，幅员千万平里的泱泱雄邦，使十亿人民在同具颇为接近的价值观与生活理念下融洽共处”。[①]中国人应该为此骄傲，增强文化自觉和文化自信，增强民族自尊和自强，彻底走出百年阴影，从容坦荡、意气风发地致力于中华文化和中华民族的复兴。

周善甫的研究能给人信心，这是不少人的共同看法。新加坡国家历史博物馆馆长林孝胜说：“《大道之行》我认为会受到整个华人世界的欢迎，而且西方文化应该给予关注，从某种方面而言周善甫先生的贡献具有重要的意义。……我认为周善甫先生的这部著作能让我们深刻地了解中国社会发展的过程，能让人们对历史和未来有信心。”[②]美国驻成都总领事葛康说《大道之行》“对历史的分析非常透彻，是解决人类信仰问题的一本好书”。哈佛大学研究员傅力民说：“周先生的研究成果对东方文化的复兴将产生不可低估的作用。”[③]周善甫呈现了一个优雅高贵、智慧光辉的中华文化，他确实能让阅读其书的人获得信心与力量。

五　世界可能再次转向中国寻求她文化的活力

中华文化的前途，通过前面的介绍阐释，实际上已经清楚了，它能把中国乃至世界带上和谐共进的大道，带向“天下为公，世界大同”的理想，那么它自然有光明的前景。事实确实是这样，随着改革开放以来中国的崛起，中国文化也走上了复兴之路，它的价值重新得到确认，开

---

① 周善甫：《大道之行》，第 363 页。

② 〔新加坡〕林孝胜：《〈大道之行〉要读三遍方知其味》，《云南文艺评论》1996 年第 4 期。

③ 中孚、夫巴、孙炯：《正本清源大道修远——记周善甫先生与〈大道之行〉》，《云南民族学院学报》1998 年第 2 期。

始重新发挥世界性影响。

中国的崛起为文化发展提供了物质基础，也强化了文化自信和文化自觉。党和国家把建设文化强国及中国文化走向世界作为国家文化战略进行谋划和推动。2011年6月，胡锦涛《在纪念中国共产党成立90周年大会上的讲话》中说：

> 要着眼于推动中华文化走向世界，形成与我国国际地位相对称的文化软实力，提高中华文化国际影响力。中华民族创造了源远流长、博大精深的中华文化，中华民族也一定能够在弘扬中华优秀传统文化的基础上创造出中华文化新的辉煌。①

中国文化研究者要有高度的责任感和使命感，从中国丰富的文化和实践中归纳出“跨越时空、超越国度、富有永恒魅力、具有当代价值的文化精神”，②加以科学阐释，激发其活力，与世界沟通和对话。习近平说：“中华优秀传统文化是中华民族的突出优势，是我们最深厚的文化软实力。”③他要求“深入挖掘和阐发中华优秀传统文化讲仁爱、重民本、守诚信、崇正义、尚和合、求大同的时代价值，使中华优秀传统文化成为涵养社会主义核心价值观的重要源泉。”④这些美好观念也是中国文化走向世界的价值支撑，可以成为人类共享的价值观。要通过深入、系统的研究，精心的归纳总结，把能为不同国家、民族认可和涵纳的价值发掘出来，向世界呈示和推广，参与国际价值对话，让中华文化重新成为21世纪以后世界文化的主流之一。

中华文化在新的时代条件下的世界意义，外国的有识之士也看到

---

① 胡锦涛：《在纪念建党90周年大会上的讲话》，中华人民共和国中央人民政府网，2011年7月1日。

② 新华社：《习近平在中共中央政治局第十二次集体学习时强调：建设社会主义文化强国着力提高国家文化软实力》，《人民日报》2014年1月1日。

③ 倪光辉：《习近平在全国宣传思想工作会议上强调胸怀大局把握大势着眼大事努力把宣传思想工作做得更好》，《人民日报》2013年8月1日。

④ 新华社《习近平在中共中央政治局第十三次集体学习时强调把培育和弘扬社会主义核心价值观作为凝魂聚气强基固本的基础工程》，《人民日报》2014年2月26日。

了，并且对中国文化在新世纪发挥积极作用有所期待。1998 年 6 月，美国总统克林顿访华，29 日在北京大学发表演讲，在演讲中他对中国历史和文化予以崇高评价并对其未来作用寄予厚望：

> 新世纪将是新的中国的黎明，贵国为其在历史上的伟大而自豪，为你们进行的事业而自豪，为明天的到来更加自豪。在新世纪中，世界可能再次转向中国寻求她文化的活力、思想的新颖、人类尊严的升华，这在中国的成就中已显而易见。在新的世纪中，最古老的国家有可能帮助建设一个新世界。①

这些话表明，中国和中国文化完全有能力和可能为世界作出新的贡献，从而“帮助建设一个新世界”。

周善甫在《大道之行》结语中说：

> 本书之作，也不过是把久遭蔑弃的中华传统大道，溯源竟流地略加拂拭，希望稍获澡雪，殷望其重现煜煜光华，以救今日之偏蔽而已。②

中华文化经受了数千年的风雨沧桑而绵延不绝，维护了一个地大物博、人口众多的“泱泱雄邦”，长期主导东方社会，影响西方世界，必有其卓绝的精神在。它有自己鲜明的特色和优势，它能和世界上的各种先进文化形成互补，救正西方文化的某些偏失，让人类社会发展得更健全和美好。

周善甫对中国特色社会主义寄予厚望。他认为，“仁人文化是社会主义的基础之一”，中国特色社会主义是大道之行的结果，也“只有有中国特色的社会主义，才是中国的，乃至世界的光明前景”。③“仁者

① 〔美〕比尔·克林顿：《在北京大学的演讲》，夏中义主编《大学人文读本·人与世界》，广西师范大学出版社，2003 年，第 122 页。

② 周善甫：《大道之行》，第 172 页。

③ 周善甫：《大道之行》，第 119 页。

无敌”，“基于人性的、以仁义为本的文化传统”，可以赢得民心，减少前进阻力，让中国走得更好。[①] 所以中国要理直气壮地“高举‘仁’字大旗，敢为天下先”，引领中国乃至世界走上“天下为公，世界大同”的正道，“来建设人类所托命的这唯一的绿色星球”。[②]

周善甫殷殷瞩望的中华文化“重现煜煜光华”，正逐渐变成现实。与他写《大道之行》和其他国学论著的时候相比，中华文化特别是儒家文化的价值和光辉得到更多人的尊崇，国学的正当性得以建立并成为显学；从政治精英、文化精英到商界精英，直至草根阶层，都有很多人信从国学，修习国学，复兴中华文化成为国家意志和公众的自觉追求。中华文化的国际影响力明显增强。

当然，中华文化要实现复兴，必须像它过去那样，以开放包容的胸怀、积极的态度吸纳各种文化的价值，在文明互鉴中提升其现代适应性，建立能够为新世纪普遍认同和遵循的共同价值和规范，为增进包括中华民族在内的全人类的幸福承担责任、作出贡献。这样才能赢得最广泛的共识和切实的遵行。中国也才能在这一过程中实现文化的与时俱进和创新发展。

第五节　沉渣泛起劣化中华文化之弘扬

周善甫满怀温情和敬意论述传统文化（国学），对传统文化总体予以高度肯定和称美，渴望更多的人研究、传播、践行传统文化。但他是理性的学者，热情没有掩盖冷静，钦仰没有导致盲从，他在颂扬传统文化光明正大的主流面和卓越功用的同时，也看到传统文化的不足，对歪曲利用传统文化的行为深恶痛绝，认为“歧途危殆，虽不难识别，但毕竟太险”，因此，在写完《大道之行》后，针对历史上和现实中出现的歪曲利用传统文化的行为，补作专章《但书》，予以揭露和批判，希望国人警惕：

---

① 周善甫：《大道之行》，第 65 页。

② 周善甫：《大道之行》，第 121 页。

可是总有人强不知以为知，甚至假托鬼神来立说惑众，什么祛病延年啊、卜筮预知啊、刀枪不入啊、神灵保佑啊等等，都易哗动无知，结为迷信集团，酿成严重的社会动乱。这种荒唐事件，从汉代张角、张宝，到清代的义和拳、近代的一贯道等等，大大小小，竟史不绝书，而百无一成，莫不贻祸社会，造成人民的灾难，因而是应该严加警惕的错误意识。

可是近来在反思传统文化的潮流中，又出现什么带功报告啊、科学《易》理啊、遥感治病啊、祀关结帮啊等惑众活动，这些不仅都是丧乱的信号苗头，也足劣化正规传统文化的弘扬。因其貌似而实非，必加明辨，不可混为一谈。[①]

如果一定要用精华糟粕论区分传统文化，那么“假托鬼神立说惑众”就是糟粕。“迷信集团”在历史上造成了许多动乱，不管有多么冠冕堂皇的口号，对人民和国家而言，都是百无一成，贻害社会。近代慈禧和清政府对义和拳“刀枪不入”、“神灵附体”的江湖把戏信以为真，以为可以“仗神威以寒夷胆”，于是怂恿义和拳以自欺欺人的方式把整个国家拖入一场乱哄哄的闹剧，最终自食其果。洪秀全把对基督教的一知半解和专制主义相结合，弄出所谓拜上帝教，“以腐朽反对腐朽”，结果一样糟糕。这些都是惨痛的历史教训。因此，周善甫认为，“祀关结帮”的邪教是“丧乱的信号苗头”，必须严加警惕，绝不能纵容它妖言惑众，贻祸社会。

古代各种愚昧、迷信现象在新中国成立后受到打击而有所收敛，但在市场经济时代又沉渣泛起，蒙昧主义和神秘主义抬头。蒙昧主义和神秘主义是在科学不昌明的情况下，人们不能把握自然规律和生命规律而产生的消极现象。科学发展，让人们从无知和恐惧中走出来，科学照亮了世界，也照亮了人生。只有相信科学，按科学规律办事，社会和人生才会健康发展。在国学热中，中国传统文化中的蒙昧主义和神秘主义重新粉墨登场。这与现代社会发展南辕北辙，祸国殃民。

① 周善甫：《大道之行》，第174–175页。

其一是易学和算命热。目下，关于《周易》的著作汗牛充栋，关于《周易》的讲座遍地开花。《周易》作为儒家群经之首，作为中国文化的元典之一，其文化价值和思想意义自有定论，应该反复研究和传扬。但现在人们热衷的是它的巫术成分，也就是算命术。一些人利用现代科学术语对易学象数派加以包装，鼓捣出所谓周易预测学、“科学”易学等，极尽牵强附会之能事，亵渎科学，欺蒙公众。《周易》是一部“占筮之书”，作为一种文化现象，占筮是可以继续研究的，但作为预测命运的方法，则毫无疑问要抛弃。现代人的命运可以通过几千年前的巫术预测，实在缺乏起码的科学常识，匪夷所思，然而部分国人却趋之若鹜。

其二是风水热。风水学如果讲的是人的居住、工作环境与自然环境相协调，从而建造出舒适的生活空间，就是科学的。但风水热仍然热在讲风水可以升官发财，可以荫庇后代。荒谬的是，一些党政部门和其他公共机关修办公楼和住宅要请所谓“大师”看风水，项目开工竣工要看风水。原有的建筑如果不符合风水师的邪说，就要想方设法“化解”。许多贪腐官员都是风水学的虔诚信奉者。这些官员因为贪腐而被绳之以法，表明讲风水并不能拯救他们。

其三是气功热。气功是中国一种身体锻炼方法，有一定的科学道理。但当代各种荒谬绝伦的所谓“气功大师”乱哄哄你方唱罢我登场，把气功的作用无限夸大，声称可以扑灭森林大火、矫正卫星轨道、医治绝症等，各种乌烟瘴气的所谓“气功”闹得国人神魂颠倒。

周善甫指出，热衷这些行为的人实际上都是别有用心，他们的荒唐行为并不是弘扬文化，恰好相反，它们“劣化正规传统文化的弘扬”。在市场经济条件下，任何严肃的东西都可能被商品化，可以用来捞钱，国学也不例外。因为社会对国学知识有需求，一些没有受过正规国学教育的文化商人或商人包装的“国学大师”、“国学家”也在各种论坛、培训班大讲国学，“国学大师”满天飞。“大师”们所讲的国学要么是一知半解，似是而非，游谈无根；要么是迎合大众心理，把中国传统文化中的阴暗面加以包装后贩卖给受众。他们凭借三寸不烂之舌，信口开河，极富煽动性，普通受众不明就里，往往佩服得五体投地。上述所举各种怪现状，很大程度上是国学商品化、庸俗化的结果。

周善甫还从自己的意境、人境和物境三分的哲学观分析这些现象的荒谬，斥为“社会性走火入魔”，一针见血地指出它们与传统文化异路，而且违背宗教精神和科学精神；不管说得多么冠冕堂皇、天花乱坠，其真实目的都是为了谋取“势利”：

> 需知，三境有格。有关意境之灵感，只能在自我内心的诚静观照中，求取了悟，若自弃天性而托命鬼神，便已是错；又拟于人境恃众修行，更是大错；尚妄图套取物境之势利，则错到底了。此乃社会性的“走火入魔”，只能自趋灭亡而已。何况，哲学之不容唯物，亦犹科学之不容唯心。境界不同，性、质遂异。若因质言性、为利求神，是则不仅与传统文化异辙，亦与诸正常之宗教相违忤，故绝不容混为一谈。[①]

“社会性走火入魔”是非常深刻的观察，也是十分形象的表达。对蒙昧主义、神秘主义，上至党政大员，下至草根民众，乃至一部分所谓知识分子，都陷入迷狂，就是社会性走火入魔。造成这种现象的原因，固然有“气功大师”、“预测大师”、“国学大师”等巫婆神汉的蛊惑欺骗，也有公众自身的原因。如果人们具备起码的科学常识，哪会有他们的市场？缺乏科学精神的国家，不可能成为真正的现代大国。

这些论说表明，周善甫的思想是非常理性和明澈的。国学源远流长、博大精深。从文化自觉的角度研究和传播国学的精华，用以提高国民素质，培养民族精神，增强国家软实力，意义至为重大。但借国学之名，推销专制主义、蒙昧主义、神秘主义，谋取个人私利，与现代社会发展背道而驰，不但不能发挥积极作用，反而危害国民身心健康，阻碍国家现代化进程，连国学本身也会受到损害，因此必须旗帜鲜明地加以反对。

① 周善甫：《大道之行》，第 175 页。

第十章
老子思想的个性化解读

周善甫服膺儒家学说，不遗余力加以阐扬，同时，他对道家思想也深怀敬意，认为老子学说是中国文化最高深精奥的，不了解老子，就不能理解中国文化的精髓。于是结合时代特点撰著《老子意会》，“畅书我所谓然”，直陈自家感悟，阐发老子学说，试图通过“老—孔一脉的传统之道”的弘扬来帮助人们解决现代社会存在的问题，拯救世道人心。

一 《老子意会》的特点

老子是中国伟大的哲学家和思想家，他创立的道家学派和儒家学派是中国文化主干，两者互补互济，深刻影响了中国人的精神世界，影响了中国文化和中国历史，并为一些外国学者所推崇。关于老子的研究历来是中国哲学、中国思想和中国文化研究的显学，成果汗牛充栋。他的《道德经》是中国文化元典之一，古今注解极多。由于可靠的历史资料极其有限，关于老子生平事迹、《道德经》的撰述情况等十分模糊。加上后世道教徒的杜撰和附会，更是云山雾罩，真相莫名。1949 年以后一段时期，他的思想被视为消极而受到冷遇和批判。

周善甫无意按照学院派的方法为《道德经》再添一个注本，也无意清理笼罩在老子其人其书之上的重重迷雾，他写此书，是他重建中国文化自信的努力的一部分，也是他忧世忧民之情的体现，有着深挚的文化关怀和现实关切。他站在如何应对人类面临的社会危机、精神危机和环境危机的立场来解读老子，他要做的是为中国乃至世界添上一条解决危机的思路，让人类在“天堂”与“毁灭”之间作出正确的选择，“能安然度过即将到来的下一世纪”。[①]

《老子意会》完成于 1997 年 8 月，是周善甫写的最后一本专书。据田丕鸿说，1993 年，周善甫用简草书就老子《道德经》二千余言赠他，他准备刊印，周善甫予以支持，还请李群杰题签，并说要写释文。在写释文的时候，萌生了专门研究《老子》的想法，于是著成此书。[②]他研究老子的深层考虑，则见诸如下论述：

> 从鸦片战争以来，中华民族的努力和整个社会的进程，无不是为救亡图强寻求出路，整体上是为了政治的新生而奋斗。从民生到国事都从属于政治，经济与文化始终未能成为民族与社会发展的主导，直到改革开放，民族崛起，国家和民族才形成以经济建设为中心的奋斗目标，而现又提倡建设有中国特色的社会主义，文化传统的渗入便是不可缺少的内涵。所作《老子意会》其目的也正在于此。[③]

这体现了他对中国近现代历史发展的大判断。改革开放以来社会的转型需要传统文化的支持，也让传统文化发展获得新机运。于是此书便应运而生。此书微观与宏观相结合，深入浅出地阐释了他对《老子》的理解及现实意义。

---

① 周善甫：《老子意会》，《大道之行》，第 285 页。

② 田丕鸿：《深切缅怀我的恩师周善甫先生》，《天雨流芳——周善甫书法集》，第 27 页。

③ 张福言：《周善甫先生和他的〈老子意会〉》，《风雅儒者》，第 189 页。

周善甫设计了体例，含十一条，下面分述之。

第一条解释“书名”。

> 常言“可意会，不可言传”，即以此“意会”二字名书。盖冲虚如《老子》，故当有待读者以己意理会而始得者。故历代莫不各以所遇之时会解《老子》，虽近千家不足多，兹时代尤有大进，安得一无新解乎？乃强为之。

《老子》“玄之又玄”，许多思想确实只可意会，难以言传。他说“意会”就是以自己之意领会《老子》思想。这种方法实际就是孟子的“以意逆志”。指出各个时代都会根据自己的际遇解老，20世纪时代有很大进步，也应该有体现时代特点的老子解读。强调老子解读的时代性，符合当代解释学的理念：文本的意义就在一代又一代的阐释中，只有和接受者形成有效的对话，其价值才能实现。

第二条是“标目”：

> 《老子》各章，从来都无标题。我在精读中，为了便于重索，偶尔抉要标记之，每觉有益，乃遍为之。而全书之脉络，遂似由之凸显。故虽未尽妥，亦姑标诸章次，或可供初读之一助。但置诸括号内，以明未敢自是，而尚待商榷焉。

《老子》是现存最早的子书，[①]当时尚无著述的观念，所以春秋子书都无篇名或章名，如《论语》，战国前期的《孟子》也是这样，今之传本即使有章名，也是后人加的。周善甫为《老子》加章名，并不唐突古人。他用括号表示非原文，显示了审慎的态度。“标目”是对一章经文的概括，体现了他对经文主旨的理解。这样做对一般读者理解《老子》

---

① 学术界一般认为老子生活于春秋，比孔子、墨子早，《老子》也成书于此一时代。也有人认为晚于孔子、墨子，老子思想发生于战国中期。侯外庐就持此种看法，他认为老子思想是“孔、墨显学的批判的发展”，见侯外庐等著《中国思想通史》第一卷，人民出版社，1980年，第257页。

确实是有帮助的。

第三是“经文”：

> 《老子》一书，也和其他先秦古籍一样，传本歧异殊多，即以字数言，自 5722 字至 5353 字诸多不一，莫衷一是，兹以华亭张氏原本为据，盖此乃四库所辑，自较常见，取其便与多数人指称一致也。

这一段实际上是交代版本依据。

第四条是“篇章”：

> 仍依河上公本，分为上、下二篇，上篇 37 章，下篇 44 章，共 81 章。并沿吴澄之分称之曰《道经》与《德经》。按“道”为“德”之意识基础；“德”为“道”之实践表现。知、行本难强别，亦徒标其曾用之称谓而已，未可刻求。

河上公传说是西汉人，作了《老子河上公章句》，他的本子和王弼注本是现存《老子》最早的注本。《老子》一般分为上下篇，但二经之先后，却有不同。1973 年长沙马王堆汉墓出土帛书《老子》，“德经”在前，“道经”居后。这是较古的本子。李唐王朝因老聃姓李而攀附他，尊崇老子。玄宗尤其好老，为《老子》作注，将其分为《道经》和《德经》两篇，并解释说：“道者，德之体；德者，道之用。而竟分上下，先明道而德次之也。”他还下《道德为上下经诏》：“道经为上，德经为下，庶乎道尊德贵，是崇是奉”，[①] 要求天下奉行。吴澄是宋末元初理学大家和经学大家，撰有《道德真经注》四卷。他把《老子》传统的两篇分为《道经上》、《道经下》、《德经上》、《德经下》四篇，将 81 章合并为 68 章。周善甫接受了“道”“德”为体用关系的观点，把“道”视为“意识基础”，“德”视为“实践表现”，但指出知行本

① 董诰：《全唐文》卷三十一，中华书局，1983 年，第 353 页。

来很难勉强分别，不过为了言说的方便，还是采用这种分法。

第五条是“按语”：

> 他本分章、断句之与本书显有不同，且亦不无一是者，各以按语择记于经文之后，庶便参考，并申未敢是此弃彼之意。

此条主要是针对分章和标点而言的，《老子》各章之分合向来不尽一致，句读分歧更多，周善甫的有些句读与通行标点不同，他加按语说明。至于章之分合，则从通行做法。

第六条是“释词”：[①]

> 《老子》经文，不似一般古籍之有大量生字僻典之有待训诂考索；其所待注释者，却多在常用字之不常用义的辨识上，如一、二、人、天等字之义随语迁，未可刻求。而所择之义，又非确有出处不可，故审慎为之，未敢轻出己意，即或有个别词字，未经前人妥抉而必需另作创意时，亦以“疑”之标之求正。

典故是在文化发展过程中累积起来的，先秦子书出现于中国文化的早期，典故极少，倒是它们成了后世典故的来源。这里值得注意的是他对字义训释的审慎态度。这种态度决定了他的“会意”的严谨性。

第七条是“会意”：

> 经文简妙，命意玄微，非寻常语言所可阐释，且古今各种注本，数以百计，尽足择而识之。若非有会于心，何劳再事丁豆。故每章之“会意”，则又畅书我所谓然，略无瞻顾。盖即刍荛之语，亦可有望增一篑于九仞。且时世日新，于道体亦岂能别无新意？即

---

① 中华书局版《大道之行》第179页印为“译词”，据下面的解释，当作“释词”，全书正文此项皆作“释词”，则“译”为形近致误，改。云南民族出版社2003年版《大道之行》亦误，见第248页。

不免于误会，亦望得以就正于时贤焉。

此条是全书关键所在，也是特色所在。主要是阐发他对老子思想的个人看法。所谓“略无瞻顾”就是摆脱各种注疏的拘囿，凭自家感悟畅所欲言。时代不同，对老子的感悟也就有所不同。我们所处的时代是一个全新的时代，应该有反映时代特点的解释。周善甫的“意会”，许多章节相当于“意译”，在不失老子本意的前提下，根据自身悟解以浅近的语言演绎其思想，通俗易懂。

第八条是“旧注选介”：

昔贤旧注，浩若烟海，莫不各有所得。与我同意者，既已汲而会于意矣；其未与我同意，而又别具见地者，又曷可尽弃，故亦择尤录之。为师、为资，其在读者。（间有附诸括号内之语，则属编者之私议）。

在先秦典籍中，除儒家经书和《论》《孟》之外，注本最多的恐怕就是《老子》，称为“浩若烟海”不为过。这些注释构成了《老子》的接受史。周善甫对旧注有所参酌，吸收进自己的“会意”中，同时又列出有价值的注解供读者参考。

第九条是“参考”：

偶有足与经文相发明之名言傥论，无论中外古今，乘兴拈来，聊助参考。或谐或忤，故非所计也。

此条是采录国内外名言警句，和老子的话互相参证，以证明老子思想的深刻性和普遍性。如解读《老子》第二章“天下皆知美之为美，斯恶矣”，引雨果的话说：“丑就在美的旁边，畸形靠近优美，粗俗藏在崇高的背后，恶与善并存，黑暗与光明相共。”[1]解读第四十七章“不出

① 周善甫：《老子意会》，《大道之行》，第186页。

户，知天下；不窥牖，见天道”，引孟德斯鸠的话说：“我们学习的主要目的，在于增进我们的本性的美好，并使我们变得更加理智。”周善甫进一步引申说：“不在于增进我们对付他人的伎俩，并使我们变得更加厉害。”[①]引文精警，对理解老子思想很有启发。

第十条是“随感”：

> 经文之得与史事或时势相印证者，触感随录。未必切符，尤非周至。聊以申老氏之非徒托空言云尔。

这一条是把可以印证《老子》观点的历史材料、现实事例罗列于原文之后，以启发读者理解其学说，收旁通之效；或以老子学说观察现实，增进智慧。与第九条不同的是，前者选的是言论，这里选的是事例，以及他个人的感悟。如解读第五十七章“以正治国，以奇用兵”，他发表“随感”说“‘天下多忌讳，而民弥贫’可以60年代之中国验证之；‘民多利器，国家滋昏’可以70年代之前苏联验证之；‘人多伎巧，奇物滋起’可以当代西方验证之；‘法令滋彰，盗贼多有’可以今之美洲验证之。”这里的“美洲”是指美国。美国法令最为完备，但推行霸权主义，在国际上多有“盗贼”行为。

第十一条是“跋”：

> 卷末所附之跋，乃编后自作小结。对《老子》之原旨——及其现实意，作了若干大胆的探索，始信道之为道，故历劫而尤新。愈近末世，其用盖愈彰焉。[②]

这个部分是对全书的总结，集中阐述对老子著书的时代背景、老子的核心思想、道家思想的历史地位和现实意义的看法。经过探索，他愈加深信老子之道的真理性和不朽价值。

---

① 周善甫：《老子意会》，《大道之行》，第237页。

② 以上十一条见《大道之行》第178–180页。

从十一条“编例”来看，《老子意会》有如下特点：

一是融会各家，结合时代特点，阐述对《老子》思想内涵的理解。周善甫指出历代解老，都是从自己所处的时代出发进行的，解老的目的是回应现实需求。他认为，20世纪，时代有了很大发展，也应该对《老子》有新的解释。人们注释、理解《老子》可能都谋求并声称还原老子本意，但客观上是几乎做不到的，周善甫坦率地承认解释者的时代际遇对《老子》解释的影响，为他的“意会”建立学理依据。他的做法实际上体现了当代诠释学和接受美学的观念：突出了接受者的主体性和适度的自由解释权利。因此，他的老子研究，既追寻老子的“原旨”，又要“大胆探索”其“现实意”。追寻“原旨”不能离开老子的阐释史，所以专列旧注一栏，择要介绍。但他又不完全为旧注所束缚，有自家“会心”之处。揭示老子的现实意义，以批判当代世界之病态，是其归宿所在，所以这方面他致力更多，“畅书我所谓然”，也最见心智和意味。富于时代感，是《老子意会》和一般《老子》释读本的不同之处。

二是撰著态度审慎。《老子》是中国文化元典，必须庄重对待，所以对《老子》原文之句读、字义之诠释、“现实意”之阐发，周善甫都“审慎为之”，言之有据，言之成理。虽然他不想在《老子》研究上“再事丁豆”，大胆“意会”，但也不是目中无人，横扫一切。十一条“编例”几乎每条都体现了他对前贤成果的尊重，对学术规范的尊重。这样做出的研究工作，才有价值。在《老子》研究中，凌空蹈虚、信口雌黄的现象所在多有。这种“论著”不管把老子抬得多高，实际上都是唐突先贤，贻笑大方。

三是灵活。“编例”两次说到“未可刻求”，意即不能刻板地理解老子，而要像禅宗那样“活参”。它的活，一方面是写法之活，周善甫列了多条“编例”，但不机械，不是每章都强求齐备，而是根据需要酌情采择。书以《老子》一章经文为单位进行解说，除“标目”、“会意”每章都有，“释词”也较多外，其他如“按语”、“旧注选介”、“参考”、“随感”各项，随机变化，有则写，无则省。另一方面是内容之活。结合现实，根据自家之感悟，阐发经文之意蕴，古今贯通，中西互参，灵动鲜活。他的致思路径，依然是宋学的“六经注我”。

《老子》五千言，语言简古，哲理深邃，高度抽象，确乎“玄之又玄”，给理解造成很大困难。古今注家，繁复引证，仔细考辨，对理解《老子》贡献綦多。而周善甫的《老子意会》提纲挈领，深入浅出，简洁明快，对人们学习领会老子思想，进而转化为修身治事之道，亦自有益。

《老子意会》也存在遗憾。一是选择的版本不理想。周善甫采用华亭张氏本《老子》为底本，主要是考虑方便读者，而且以为此本为“四库所辑”，似乎觉得更为可靠。他没有注意到正是因为是“四库所辑”，所以有改动。如他采用的第一章“同谓之元，元之又元，众妙之门”，他解释“元原作‘玄’。……唐人避庙讳作‘元’。”[①]第六章“是谓元牝”，第十章、第五十一章、第六十五章“是谓元德”，“元”均系“玄”之改，没有说明，初学者是无法辨别和理解的。避讳是古代为了表示对帝王或圣贤、长辈的尊崇，写文章或言谈凡碰到他们的名字时，要用各种方法回避。避讳一般只避本名之讳，“庙讳”的准确含义是不称帝王、圣贤和父祖的名字，不是“庙号之讳”。“玄宗”庙号，不在避讳之列。唐玄宗是尊崇老子，立道教为国教，上老子尊号“大圣祖玄元皇帝”，唐人一直是这么写的，不避“玄”字。《老子》中的“玄”字实际上不是唐人改的，而是清人所改，四库馆臣为避清圣祖爱新觉罗·玄烨名讳而改。康熙时代及以后，“玄”改为“元”在清人文献中是普遍现象。周善甫所据的底本“玄”字都改成“元”字，造成了混乱。其实，现代《老子》通行本，“元”字早就改回“玄”了。

二是引文未注明出处。书中“按语”、“旧注选介”、“参考”、“随感”四部分，引用了较多他人观点或话语，都没有出注，则来路不明。如果对文献来源作出必要交代，则更规范，可信度也更高。

二　抉发《老子》之精义

《老子》仅五千言，但内容博大精深，涵盖面最广，抽象性和思

① 周善甫：《老子意会》，《大道之行》，第184–185页。

辨性最强。因此，对中国哲学并不看好的黑格尔却肯定了老子哲学的价值，把他视为“东方古代世界的精神代表者”，[①]尊崇其如古希腊哲学一样，是“人类哲学的渊源”。孔子不以哲学家著称，以形而上学或思辨哲学的标准衡量，他自然没有优势。老子则善于思辨，建立了具有超验性的关于世界的统一性的理论，这更符合西方的哲学观念，所以例外得到傲慢的黑格尔的好评。

老子思想的要义，研究者都试图作出概括。班固《汉书・艺文志》说：“道家者流，盖出于史官，历记成败存亡祸福古今之道，然后知秉要执本，清虚以自守，卑弱以自持，此君人南面之术也。”这是较早的概括。周善甫的概括如下：

> 老子的学说，固然不能由前此的史事验证其妙徼。不过他以先验之明哲，确然掌握住了“天行健，而无往不复；地敏树，而息息相关”的真理。认定人必当则天法地，无私制欲。指出一切过甚、过奢、过泰的人文活动，都是祸乱的根源。于是，提出人类终当定于一，且应以清静无为，求能无害自然、回归自然的正道。其命题是如此涵盖切要；其辩证是如此突兀不凡；其文藻是如此简单明快。敏锐地揭橥了矛盾普遍性与深刻性，因此，常为学人所称颂，流传广远。除孔孟之外，无有出其右者。此实得诸其内在的价值；非仅如论者所谓仅恃其“翻案语”或“神秘家”之句势及语式之足以哗众取宠也。[②]

这段话，有几点值得注意，一是道法自然是老子思想最重要的命题。第二十五章“人法地，地法天，天法道，道法自然”历来被认为是老子思想的纲领性表述。周善甫《会意》说：“寰中之所谓‘大’者，唯天、地、人（以王为代表）三才耳，人、地、天递相取法，而天法道，故道为天地母。其体无与对，其用不可穷，运行远以返，循环不

① 侯外庐：《中国思想通史》，第一卷，人民出版社，1980年，第302页。

② 周善甫：《老子意会》，《大道之行》，第279页。

已。自然其然，乃万化之原则，老学之旨归也。”“道”是老子哲学的最高范畴，“道法自然”是老子哲学的旨归和元命题，其他许多命题和观点都从这里派生出去。自然是人类思想追求的最高境界，凡是合乎自然的，一般都处于最佳状态。

二是人要效法天地，就要克制私念和欲望。第二十九章说“将欲取天下而为之，吾见其不得已。天下神器，不可为也。为者败之，执者失之。……圣人去甚、去奢、去泰”，过度的私念和欲望只会招来祸乱与灭亡，所以要去之。周善甫在此章“随感”中说“‘为者败之’一语，恰中现代西方文明之时病。其毁败之前景，已迥然在望。唯有‘去甚、去奢、去泰’，为对症之处方”。“现代西方文明之病”如果指的是极端奢侈的物质生活方式导致人类社会的不可持续发展，过度的争逐导致世界的不得安宁，高科技制造的核武器可能毁灭世界而言，“其毁败之前景”确实是可以预期的。

三是提出人类的“正道”是“以清静无为，求能无害自然、回归自然”。这可以从两个方面看，一方面是纯粹自然，必须遵循自然规律，不破坏生态平衡，人类才有赖以生存的环境。另一方面是社会，要遵循人性和社会发展规律，不作过多的强制性干预，保持随顺、自由的状态，人类才能幸福，社会才有生机。《老子》第十六章云：“致虚极，守静笃。万物并作，吾以观复。夫物芸芸，各复归其根。归根曰静，是谓复命。复命曰常，知常曰明。不知常，妄作，凶。知常容，容乃公，公乃王，王乃天，天乃道，道乃久，没身不殆。”周善甫“会意”说：“万有皆出自虚，万动皆起于静。故万物虽芸芸并动，而莫不卒归于虚静。吾得以致虚静以观其复。致之既极，守之既笃，则明天命之常，而有容无私。如天道之大公，可得久存不殆。如不知虚静之常而妄作，则徒足招凶焉耳。”[①] 对个人是这样，对自然和社会也是这样。第五十七章说得更明白：“以正治国，以奇用兵，以无事取天下。……故圣人云：我无为而民自化，我好静而民自正，我无事而民自富，我无欲而民自朴。”老子的“无为而治”思想，与现代“有限政府”理念有相

① 周善甫：《老子意会》，《大道之行》，第201页。

通之处。

《老子》是格言式的，每句话都有深刻的义涵。周善甫的“意会”也多能抉发其精彩。如第八章“上善若水，水善利万物而不争”，其“意会”说：“不争居卑，而乐利万物，此水之为善也。不争则无咎。”“随感”说：“达尔文主义所谓‘物竞天择，优胜劣败’，固生物界不易法则，但未可引以为人类社会之公理。近代因竞争而招致祸尤，岂复少哉？”

又如第六十二章原文云：“道者，万物之奥。”周善甫“会意”说：“道是万象的最高法则，因而是善人的宝库，不善人的救药。循道之言，有如美货般可以与人交换；循道之行，有如居高位般可以提高人。以道加人，便可无弃之人。即便跪进于天子或三公，也比驷马、拱璧高尚得多。因为循乎道，则有求必得，有罪获免，故天下以道为最可贵。”

三　老子思想宗教化之流弊

周善甫认为，老子关注的是“天下”，他的思想是“涵盖最广的先秦一家之言”，“溯道于有、无之际，涉物最渺”，所以居于中国思想中的最高层位。用西方哲学的术语讲，他的思想最有形而上色彩，抽象性和普遍性最强。从社会功能来讲，他认同魏源的说法：《老子》是“救世之书”。①

但后世把他“致虚守静”的“得天下”的思想，仅仅作为明哲保身的人生哲学，“收敛之而成消极的修身之学”。庄子是突出代表。他肯定庄子的成就，但认为庄子其实已经把老子的思想降格了：

> 在这方面发挥得最好的是《庄子》。南华词藻之跌宕，妙绝千古。而其要义则无非袭诸老氏清净冲虚之玄言。虽不免有大材小用之嫌，但其以朴填欲的社会效果，亦属未可轻估，且庄子于老，虽由兼善天下降到了独善其身的地位，但尚讳言怪力乱神，故犹不

① 周善甫：《老子意会》，《大道之行》，第277页。

失为学者的正格，并历以显学见称焉。[①]

周善甫认为以文化代宗教是中国社会的鲜明特点，也是它成功的重要原因，所以，学说之宗教化是他所警惕的。儒家“不语怪力乱神”向为他赞许，而学说一旦走向“怪力乱神”，他觉得就失去了“正格”，误入歧途。而早期道教就有这样的问题。道教虽然把老子尊奉为“太上老君”，实际上使他的学说居于“太下”：只是用以谋求个人或特定群体之私利。老子不信神，而他却成了道教之神。

他注意到老子学说被“鬼神迷信所附会”的现象：

然既私一身，则其希夷莫名之奥妙，自易为鬼神迷信所附会，所以秦汉之际，老学便与伪托于黄帝的方士相结合，世称“黄老之学”。以服食长生、房中术等邪门，骗诱权利既得者，望能填其难填之欲壑。一般多于承平之局，厕身朱门，亦曾偶见显赫。如东汉桓帝好神仙，祠老子，使张衡为祭酒，主以老子五千言都习，神仙之附会于道家，实昉于此。[②]但去道尤远，且无实效可稽。故《汉书·艺文志》，仍另方技于诸子之外，不相淆也。[③]

他分析了道教利用老子的情况，指出道教名为尊老，实则把老子思想庸俗化，降低了老子的地位：

到佛法东来，大为南北朝野所尊礼的时代，附会于道门者，复羡佛门的兴旺，乃仿拟其组织与仪文，便以宗教的格局，创立了“道教”。并尊李耳为教主，袭老子“谷神不死”为羽化登仙之秘诀，旁通禅宗，兼附易理，谓之“参同”。而民间肤浅，遂流于放荡。于是所谓金丹仙药、黄白吐素，吐纳导引，皆居然擅场。至

① 周善甫：《老子意会》，《大道之行》，第279页。
② “昉”意为“其始”，原文作“仿”，形近致误，据文意改。
③ 周善甫：《老子意会》，《大道之行》，第279页。

> 明代还拟于佛学，纂成卷帙浩繁的《道藏》，以学术自重。实则以幻图私，承平则以付帝王无边之欲壑；离乱则为人民镇痛之麻醉剂。故也不乏徒众，乃至屡受朝廷所尊宠，至少亦不失为遁世者隐身之策。但藉以构乱者，亦史不绝书，历为世患。虽以“宗教”见称，但鲜有足以肯定的社会效果。从老子说，其返朴救世的原旨既丧，则尽管被奉为“太上老君”，实乃沦于“太下”了。[①]

道教杂糅老学、易学、佛学形成自己的教理、仪轨，亦是事实。这从正面看，是文化的交融互鉴；从反面看，则又显出纯洁性和独特性之不足。至于某些道教徒“流为放荡”，以神圣宗教为名，行营求世俗私利之实，更是所在多有。等而下之者，采阴补阳、卜卦算命，完全流为危害社会的迷信邪说。因此，周善甫认为，历史上的道教“鲜有足以肯定的社会效果”，“藉以构乱者，亦史不绝书，历为世患”，负面作用很大。

所以，周善甫指出，必须区分道家和道教：“论对中华文化影响之广泛，而足与儒、释相颉颃者，实乃道家之学说；而非道教之迷信，就是应有的辨别。而两者的主要歧异，也就在‘谋世’与‘谋身’，及‘有神’与‘无神’的不同而已，是不难立判的。”[②]

四　中华无二道

这谈的是儒道关系问题。尊儒抑或崇道，从古至今，从帝王、学者到民间，每有人从门户之见出发，各执一端，互相攻讦，有时甚至势同水火。周善甫反对这种做法，认为儒道二家脉络相承，本质都为救世救人，“中华无二道”。

儒道两家，既然各为一派，它们的“道”肯定会有差异。但周善甫的关注点不在二者之异，而在同。这种同就在于儒道都致力于人的美善品质的提升，和治国以正的诉求。他认为，人处于神、人、兽三界

---

① 周善甫：《老子意会》，《大道之行》，第280页。

② 周善甫：《老子意会》，《大道之行》，第280页。

之间，并在三界之间升降。“趋升至极，则近于神；趋降至极，则近于兽。”[①]作为有生命活动的人，应该从由兽上升到神的过程来体认，人的发展，要尽量超越兽性，趋向神性。只要是人，即使在最低阶位，也不会全无性情（道心）；即使在最高阶位，也不会全无物欲（人心）。且性秉诸天（自然），所以必然可作或应作有意识的提高，而不能把人仅仅视为“呆定的物质存在”，或是全凭本能活动的“定型生物”。人要发挥主观能动性，摆脱动物性，追求高位的精神生活。周善甫认为，老子之道最为玄妙，“趋升至极”，统摄性最强，居于道德境界的最高层。孔孟之道则是应对现实的，仁、义、礼、智、信皆由道所派生，位次稍低。但两者可以形成互济。

周善甫认为，因应现实需要，以“居正崇德之学”修身治国，儒家最为有效。“儒家所宗奉的‘中庸’，就是要求在趋下的物质生活与趋上的精神生活之间，按客观实际，现仁现智，允执其中于义（主动之善）、礼（被动为善）之阶。果能如此，则无论立身治国，便都庶几得乎其正了。”而守正还需要道家的“应力”。他说：

> 人，是有意识地从兽上升向神的过程，在此努力中，有关身命的物欲之私，总如重力一般，成个下堕的引力，故上面也必得有个应力与之平衡，始能得中。“反者道之动”，这必要的应力，就该是与实有之理相反的虚无之道，而言致虚之极，守静之笃，则莫若老子，故老子之道，为允执厥中之必须。因而，孔子曾远道适周去向老子领教；后世的名儒学者，也莫不熟读《老》、《庄》。否则，即“择乎中庸，而不能期月守”。此严君平所谓“言仁义与礼，不能自用；必待道而用之”者也。盖守真抱朴，乃道之体；应物治世，乃道之用。孔之与老及以下诸子，固有源、委以别，而脉络相承，实非各立门户也。
>
> 故得谓曰：中华无二道！[②]

① 周善甫：《老子意会》，《大道之行》，第280页。

② 周善甫：《老子意会》，《大道之行》，第283页。

说儒家之道出于老子，依据是《史记·老子韩非列传》所载孔子向老子问礼事。此事的真伪，向来存在争议，是中国文化史一大公案。周善甫认为既然载于正史，“虽未详而可信”，[①] 所以以老子思想为源，孔子思想为委，说明两家的一致性。他这里较为别致的是把物理学的“应力”概念引入，证明老子之道在保持儒家“允执厥中”过程中的作用，两者共同发力，使人努力“有意识地从兽上升向神”，保持“天天向上（日日新）”。

因此，周善甫反对将儒道对立起来的做法。他说：“独崇一家，而严拒他说的历史人物，在中国，几乎是没有的。近人之多将诸子百家说成是森然互斥者，都无非仿拟于西方教门之对立与宗派决裂之谰言。不足窥国学之大方，岂可信受？”[②] 中国文化的特点就是包容性，在历史上，各家学说或有显晦隆替，但确实很少势不两立的情况，也较少有“独尊一家、严拒他说”之人物。汉武帝“罢黜百家，独尊儒术”，也只是突出儒家学说作为官方意识形态的地位，绝没有把其他各家赶尽杀绝。

“近人之多将诸子百家说成是森然互斥者”的现象，在“文革”的“评法批儒”运动中登峰造极。当时的某些执政者和御用文人以法家为“进步”和“革命”，以儒家为“落后”和“反动”，杜撰了所谓“儒法斗争史”，对儒家极尽污蔑贬损之能事。在这样的气候下，道家亦不得独善其身，也被斥为腐朽没落。周善甫是这一学术闹剧的闻见者，现在反观，自然深恶痛绝，斥为“谰言”。“文革”结束后，这种极端化的、非历史主义的观点被严肃的学者抛弃，但人为将不同学派对立起来的做法，在学界并没有绝迹。人为地强化各家之对立，见小不见大，确实“不足窥国学之大方”，更不可“信受”。

当然，周善甫把这种现象归因于“仿拟于西方教门之对立与宗派决

① 周善甫：《老子意会》，《大道之行》，第 282 页。在《大道之行》中，周善甫从“一般”之说把《老子》“敲定为战国晚期的作品”进行讨论，见中华版《大道之行》第 26 页。而孔子生活在春秋末期是向无争议的，则两书就有不一致之处，写《老子意会》时他没有注意到这一点，所以缺乏必要的交待。

② 周善甫：《老子意会》，《大道之行》，第 280 页。

裂之谰言”，还须进一步辨析。“教门之对立”固然是通常意义上的“西方”历史上常见的现象，但学派的对立或“决裂”之诡说则来自另一个“西方”——苏联。苏联的官方“学术研究”总是习惯于把人文科学、社会科学乃至自然科学按照他们的政治观点机械地划分为截然不同的派别，然后捏造出你死我活的斗争史。这种做法传到中国，对中国的学术构成颠覆性破坏。很长一个时期，中国的政治史、思想史、哲学史、文学史、艺术史等就是这样建构起来的，扭曲了人们的历史认知。各个学派既然成“派”，具体的理念、关注点、致思方法肯定会有所不同，也确有思想交锋和学术争论，但很少存在不共戴天的仇恨和竞逐。真正的学者和学派都是为了探求“道”——社会之道、自然之道、人生之道。正是在这个意义上，周善甫认为“中华无二道”，他还进一步说“天下亦无二道”。[①]

五 老子思想之现代意义

周善甫认为，西方凭借其物质文明和科技成就把它的思想观念、生产方式和生活方式进行全球性扩张，造成了严重的社会危机、精神危机和生态危机，这些危机在20世纪达到极端，人类到了途穷思返的时候。老子思想能够为人们反思西方式现代化弊端，重新走上一条“人民行当必由的正道”提供启示。

《老子意会》第一章“道可道”“参考”引托尔斯泰的话说：“照我看起来，东方民族，如果他们还不曾完全被欧洲腐烂的文明罗网捕住了，他们的职责是要把自由的新路径指示给世界。这条新路，在中国的语言里，只有一个‘道’字代表它，‘道’就是说，和人类的永久的法则相符合的生活。”[②]这一思想给周善甫重要启示。

周善甫也是从“欧洲腐烂的文明”给世界造成的苦难来讨论老子思想的现代意义的。他描述现代社会的危机说：

---

① 周善甫：《老子意会》，《大道之行》，第285页。

② 周善甫：《老子意会》，《大道之行》，第185页。

> 宗教的迅速式微，使科学获得发展，人权获得解放，加以物种竞存、优胜劣败的生物进化论，又恰于此时提出，便被机械地套用于人类社会，而成为以强凌弱的理论根据，竞争意识得到增强，从而西方的产业得到迅猛发展，军备也得到无比加强，于是向落后地区四处侵夺，不仅其富强令人侧目，就其社会的文明与秩序也令人钦羡。尤其令人由衷折服的，是其实用科技的高度成就与无边的远景。让世人都觉得只要顺循西方这条现代化的路线走去，人类就能征服自然，得到随心所欲的物质享用，而无比幸福了。这已经成为近现代多数人的坚定的信念。尤其是业已饱受凌辱的发展中国家所迫切追求。
>
> 可是，也有明眼人，已开始发现这种过甚、过奢、过泰的物质竞逐，不但急剧破坏着人类所托命的自然环境，也不断腐蚀人类希求亲善的天性。使人与自然及人与人的关系，都日趋紧张。人们为了跳出这匆忙、烦乱、冷漠，而又充满敌意和危机的生活，便疯狂地寻找刺激以自戕。[①]更互为厉阶，加速沉沦。列强间的逐利竞斗，业已触发了两次酷烈的世界大战，而六百多个跨国规模的军火商，仍在无孔不入地在国家和民族的分裂中谋取暴利，科技的尖端成就，莫不首先用作杀人的手段，杀人者人亦杀之，终将同归于尽。甚至肆行电脑自殖和克隆人等试验，则更将使有灵性的自然人，断绝厥裔。[②]自为毁灭，殊非杞忧。[③]

周善甫认为，照这样的路子走下去，人类终有一天会自我毁灭。这确实不是杞人忧天，危言耸听，“若仍追求贪私的物欲而不知返，则自为毁灭的危机，业已触处堪忧。谁都没有把握会能安然度过即将到来的下一世纪”。[④]过甚、过奢、过泰的物质竞逐，造成了资源的过度消耗和环境的严重破坏，人类已经面临不可持续发展的问题。还

① “戕”原文为“奘”，不通，疑为形近致误，据文意改。

② “断”原文为“继”，不合文意，亦应为形近致误，据文意改。

③ 周善甫：《老子意会》，《大道之行》，第285页。

④ 周善甫：《老子意会》，《大道之行》，第285页。

造成人性的扭曲和异化，心灵痛苦焦虑，人的幸福感没有随物质财富增长而增高是折磨人类的普遍性问题。美国人缪尔在《我们的国家公园》中说："利令智昏的人们像尘封的钟表，汲汲于功名富贵，奔波劳顿，也许他们所得的很多，但他们却不再拥有自我。""成千上万心力交瘁生活在过度文明中的人们开始发现，由过度工业化的罪行和追求奢华的可怕的冷漠所造成的愚蠢的时候，他们用尽浑身解数，试图……通过远足旅行，……在终日不息的山间风暴里洗清了自己的罪孽，荡涤着由恶魔编织的欲网。"① 而更严重的问题是，照此下去，人类有一天会连"洗清自己罪孽"的山间风暴也没有。人类必须从"恶魔编织的欲网"中早日挣脱出来。

如何解决危机？周善甫否定了用重建宗教解决的思路：

> 面对如许严重的危机，难道解铃系铃，仍得让宗教回头吗？否！由于不同民族分别信奉了不同的神，所以人际矛盾，便常发展为神际的矛盾，若成其"圣战"，就尤难调解了。历史的恶例已多，如今仍是地区冲突的病灶，应该看清，这是个不可重返的覆辙。②

他的观察和分析十分深刻。他肯定宗教对人类社会的积极影响："纵观曾对人类社会起过重大影响的诸大宗教，皆莫不针对贪、私、争的无边物欲，要求抱有慈、俭、谦的高尚精神。无论是'与上帝同在'的基督之道；或是勉人'为善去恶'的《古兰经》之道；或是'五蕴皆空'的佛陀之道；尽管所奉持的神佛和仪文各有不同，而劝善救世之心，则莫不同归一道。而且分别在不同领域或民族中，建立了习虽相远，而性则相近，因而可以相互交通的文明社会。并以其输诚的差等，分别见其高下与隆替。有道则昌，无道则亡。皆可证诸历历史事。受益之溥，不容

① 〔美〕缪尔：《我们的国家公园》，转引自王诺《欧美生态文学》，北京大学出版社，2005年，第195页。

② 周善甫：《老子意会》，《大道之行》，第284页。

其无干权利而全盘抹杀。”[①]诸大宗教去贪、私、争，追求慈、俭、谦和老子高度相同，但宗教有非理性和排他的一面，所以历史上也造成许多惨酷的宗教战争，不能成就世界之“大同”。现实社会中，由宗教差异造成的争端更是比比皆是，极难调和。因此，周善甫认为用宗教来重整人心是回不去的路。

西方生态思想家曾提出“我们究竟从哪里开始走错了路”的追问，[②]试图追寻造成现代社会重重危机的根源，以从根子上诊治。周善甫也有类似的致思路径，他认为，“当前所必待扭转的，是列国森立，竞为富强的局面”，这是造成世界不得安宁的根源。那么老子“令人惊讶的奇想”——“以无事取天下”就是对症的良药。当然，“他不是说要一件事不做地睡下来等于天下太平；而是说莫要老是往前制造新的事端。要知‘物极必反’，应当悬崖勒马，朝昔所从来的方向踅回。‘反者道之动’，这就合乎他所倡言的回归自然的大道了。”而所谓“反”，不是回到原始社会，而是螺旋式上升，否定之否定，“屡次来复”，“朝第三向度有所发展”。“如能启发天下人之性灵，以行天下为公之大道，和平利用科技成就，则已足建成一个祥和、丰足、温馨、暇豫、悠游的大同世界，其美好将超越任何曾予设想的天堂。”[③]

单靠老子思想拯救世界的想法自然天真幼稚，但解决人类面临的危机，确实需要“天下人性灵”之觉悟，而天下人性灵之觉悟，就必须挣脱“恶魔编织的欲网”，“抛弃物质主义的人生观，不再把欲望的无止境满足、财富的无止境占有和物质生活丰裕舒适度的无止境提高作为人生的目的，不再迎合那已经将这个世界带到灾难边缘的基于利润增长的消费主义潮流和时尚；确立‘根据可能而生活’的人生观，根据生态和资源承受条件而生活，提倡物质生活的尽量简单化和精神生活的最大丰富化”，[④]重返人与自然的和谐。在这方面，老子的思想是能给当代人启迪的。

---

① 周善甫：《老子意会》，《大道之行》，第283页。

② 〔美〕乔纳森·贝特：《地球之歌》，转引自王诺《欧美生态文学》，第2页。

③ 周善甫：《老子意会》，《大道之行》，第284、285页。

④ 王诺：《欧美生态文学》，第242页。

周善甫对中国和华人在引导人类迷途知返，走上正确的道路方面寄予厚望：

而今，天堂、毁灭都摆在着。何去何从？当惟居天下四分之一的人口，而又历受传统教化的华人马首是瞻。因此，为了救世、救国和自救，我们每一个人都要为当前建设成有中国特色的社会主义作出自己的贡献，要做到这点，便不能不从老子“见素抱朴，少私寡欲”的哲学认定中奠定自己的道德品质。此正孔子所谓“自天子以至庶人，一是皆以修身为本”。其他任何胁之以威、诱之以利的做法和宣传，终将徒劳。

中华在前进，世界在成长，这是历史的使命，先圣的教诲，天道的应然。[①]

这是一种历史自觉和使命担当，对国人有激励作用。但目前的实情是，国人经过长期的物质贫困和文化“自侮”，特别是“文革”导致的文化断裂，进而导致精神侏儒化以后，“恶魔编织的欲网”空前地攫取、桎梏了心灵，欲望膨胀导致的对自然的掠夺和破坏，导致的心灵扭曲和美好天性之丧失恐怕是世界之最，唯利是图，权力崇拜、金钱崇拜弥漫社会。梭罗《瓦尔登湖》所说的，欲望恶性膨胀的人“他所想的只有金钱价值；……他榨干了湖边的土地，如果愿意他还可以抽干湖水出售湖底的淤泥。……农场里的一切都是有价的，如果可以获利，他可以把风景甚至上帝都拿到市场出售”，[②] 正是一部分国人的写照。而当代西方，除了列国竞逐、恃强凌弱的恶习未改以外，在个人乃至社会的道德素养、节制欲望、爱护自然方面，比中国做得更好。这种情况发展下去，中国是不可能进入“天堂”的，更没有资格让举世之人“惟华人马首是瞻”。国人确实必须按照“先圣的教诲、天道的应然”，修炼好自身，才能避免“毁灭”，才能承担起“历史的使命”。

周善甫肯定中国选择的中国特色社会主义发展道路。他认为，“中

① 周善甫：《老子意会》，《大道之行》，第 284、285 页。

② 梭罗：《瓦尔登湖》，转引自王诺《欧美生态文学》，第 192 页。

国特色”创造了“先民治国业绩之辉煌”，中国“历史之悠久，幅员之广大，人口之众多，文治之修明，生活之暇豫，环境之安宁，……莫不举世无双”。尽管百多年来迭遭西方列强抢劫凌辱和国内动荡，“但经拨乱反正，要求规复中国特色以来，仅仅二十年，又已屹立东方，团结一致，迈步前进了。”[①] 而要让今后的路走得更平稳顺畅，要建设中国特色社会主义，就必须建设精神文明，“以正治国”，也就是必须从最高领导到普通公民都要以修身为本，“奠定自己的道德品质”，让人民有尊严，“其他任何胁之以威、诱之以利的做法和宣传，终将徒劳”。他的忠告，语重心长。

① 周善甫：《老子意会》，《大道之行》，第 282 页。

第十一章 周善甫中华文化研究的特点及意义

周善甫的中华文化研究具有鲜明的个性。他是被中华文化“所化之人”，他不是以旁观者的立场冷静地观察、解剖中华文化，而是以满腔赤诚研究中华文化，书写他对中华文化的感悟和热爱。他研究中华文化，有两个重大关切，一个是历史关切，阐明中国历史和中华文化究竟是怎样的；一个是现实关切，探寻中国乃至人类到底向何处去。他的研究，也许没有学院派的严谨，然而有一般学院中人欠缺的大气，鲜活明慧，元气淋漓。他以一介布衣而在中华文化研究中取得出色成果，进入当代重要思想者序列，给我们很多启迪。

第一节 对传统的温情与敬意

周善甫研究中华文化，有一种钱穆所说的“对历史之温情与敬意”，[①] 他说自己终身的情志“固无非爱国情深耳”，“虽然我仅是个

① 钱穆：《国史大纲》，商务印书馆，2007 年，卷首。

生于边陲的少数民族，但于雍容博大的中华文化，却毕生景从，至老弥笃。所以无论写的什么，笔端心头，总有爱重传统文化的倾向”。[①]这一总的态度，决定了他的研究特点。他抱持儒家人文主义情怀，彰显中华文化的人文精神；坚持文化民族主义立场，阐扬中华文化的价值；秉承宋学优长，深造自得，自由挥洒，关怀现实，经世致用。

一 儒家人文主义情怀

人文主义是指社会价值取向倾向于对人的个性的关怀，注重维护人性尊严，提倡宽容，反对暴力，主张自由平等和自我价值体现的一种哲学思潮。儒家思想较好地体现了上述价值取向，被许多学者尤其是现代新儒家学者公认为是一种人文主义思想。当然，在具体内涵上，儒家人文主义与欧洲文艺复兴以来形成的人文主义是有所区别的，特别是在个性关怀、人性尊严方面。欧洲人文主义强调的是把人从神（宗教）的束缚中解放出来，即马克思所说让跪在神面前的人站起来，强调个人权益的社会保障。而儒家强调的是个人的内在道德自觉，通过道德理性之提升彰显人性尊严，实现人生价值。在中华文化的价值系统中，“人的尊严的观念自孔子以来便巩固地成立了，两千多年来不但很稳定，而且遍及社会各阶层”。[②]至于提倡宽容，反对暴力，则是儒家最为崇尚的价值。自由平等也内在于儒家的价值追求之中。杜维明认为，儒家人文主义的基本趋向表现为关切政治，参与社会，注重文化。[③]这在周善甫的思想和行为中也有体现。

周善甫的中华文化研究体现的就是儒家人文主义情怀。他有儒家的仁者之心，以光明磊落的胸怀、清澈明慧的眼光观照中华文化，中华文化就呈现出动人的美。他努力阐扬中华文化的人文主义内涵和“光辉高尚的一面”，肯定中华文化彰显了人性的高贵和人的尊严，肯定中华文

---

① 周善甫：《善甫文存引言》，《善甫文存》，第 2 页。

② 〔美〕余英时：《从价值系统看中国文化的现代意义》，余英时《中国思想传统的现代诠释》，江苏人民出版社，2003 年，第 12 页。

③ 〔美〕杜维明：《儒家人文精神的价值取向》，杜维明著，彭国翔编译《儒家传统与文明对话》，人民出版社，2010 年，第 200 页。

化倡导的政治理念形成了古代合理、有效的治理传统，肯定中国人的美德、智慧和能力，肯定中国多姿多彩的文化和审美情趣，肯定自由人格与相互关爱的统一，肯定人与自然的和谐互益，肯定中国历史的光辉和中华文化的历史功绩。他对中华民族和中华文化满怀温情与敬意，于是他笔下的中华文化就是可亲可敬，也可爱可行的。

特别是对儒家文化，在儒家被长期污名化，许多人避之唯恐不及的情况下，他逆流而上，“虽千万人吾往矣”，以诚敬之心研究儒家文化，正本清源，擦拭掉人为播撒的尘垢，拨开百年弥散的雾霾，呈现出“一个真实的儒家，闪耀着优雅而高贵的智慧光辉的儒家”。[①]“云散月明谁点缀？天容海色本澄清（苏轼《六月二十日夜渡海》）”。儒家像所有思想流派一样，固然存在缺陷和不足，但它的主流面向是健康的，近代以来把它说得如何不堪，多是激进人物或不学之徒“滓秽太清”的结果。在他们那里，即使是一些光明正大的儒家思想，也被从阴谋论角度任意解读，极尽歪曲之能事。

因此，周善甫对儒家的论说，有鲜明的问题意识，就是对“近人”误解和曲解的地方致力最多，反复申辩，并正面阐释其真实意涵和价值，言辞谆谆，情深意切。本儒家忠恕之道，原不必逞口舌之辩，但“予岂好辩哉？予不得已也”，周善甫心地宽厚，性情温和，并不是好辩的人，他之挺身而出为儒家辩护，是“不得已”的选择。他实际上是对五四以来对儒家和中华文化反思的再反思，反映了通过“否定之否定”而螺旋式上升的认识规律。余英时说：“整体地看，中国的价值系统是禁得起现代化以至‘现代以后’（post-modern）的挑战而不致失去它的存在根据。”[②]周善甫要证明的，也就是这个道理。

经过几代学人的顽强坚守和阐释，儒家文化和中华文化虽然饱受摧残，元气大伤，一度被边缘化，但它的内在生命力没有枯竭，“老树春深更著花”，经过了一段曲折以后，它又焕发出新的生机。儒学现代发

---

① 姚中秋：《重新发现儒家》，第 2 页。

② 〔美〕余英时：《从价值系统看中国文化的现代意义》，《中国思想传统的现代诠释》，第 12 页。

展之路仍不会一帆风顺，可是“五百年后有公论，尼山大道未应穷（陈荣昌《自策》）”，儒学现代发展是个漫长的过程。在这一过程中，周善甫以他的真诚、智慧和勤奋作出了值得敬佩和珍视的贡献。

由于周善甫具有浓郁的儒家人文主义情怀，并坚定不移地弘扬和践行儒家思想，他被称为“离我们最近的儒家”。[①] 余英时说陈寅恪“以身示范，在实践上证明了儒家的若干中心价值，即使在最艰难的现代处境中仍然能够发挥出惊人的精神力量”。[②]梁漱溟是另一个典范。陈寅恪、梁漱溟都是周善甫所崇仰的人，他的一生也证明了这一点。王国维说：“国家与学术为存亡。天而未厌中国也，必不亡其学术。天不欲亡中国之学术，则于学术所寄之人，必因而笃之。世变愈亟，则所以笃之者愈至。”[③] 王国维、陈寅恪、梁漱溟、周善甫等人正是天不亡中国学术而将学术“所寄之人”，社会变革越剧烈，他们坚守中华文化的决心越坚定，笃实而有光辉，他们及另一些有风骨的学者构成了现代儒家君子群像。

二　文化民族主义立场

文化民族主义是对待民族文化的一种立场和态度。中国的文化民族主义在近代以来西方文化强势进入中国后就开始产生并逐渐发展为抗衡西方文化挤压的力量。

文化民族主义就是“探索维护和弘扬共同体民族文化道路的民族主义”。[④] 复旦大学中外现代化进程研究中心何爱国等人认为：“文化民族主义是一种以文化精神为民族精神之灵魂、以文化复兴为民族复兴

---

① 李晖、孙炯：《周善甫先生年谱》，《大道之行》，第 15 页。

② 〔美〕余英时：《陈寅恪与儒学实践》，余英时《现代危机与思想人物》，三联书店，2005 年，第 452 页。

③ 王国维：《沈乙庵先生七十寿序》，姚淦铭《王国维文集》第三卷，中国文史出版社，1997 年，第 98 页。

④ *Encycloped of Nationalism*，vol2，Acaem ic Press，p. 107. 转引自张淑娟、黄凤志：《“文化民族主义”思想根源探析——以德国文化民族主义为例》，《世界民族》2006 年第 6 期。

之要径，倾情于民族文化的传承与发展的民族主义思想。……文化民族主义试图通过振兴民族文化，培育民族精神，以民族文化标识和张扬民族个性和民族魅力，凝聚国家的民族文化认同，达到民族国家的精神新生、精神完整与精神独立。……而在有着悠远的历史文化传统的中国，文化民族主义更是有着非同凡响的作用。"[①]

周善甫固然没有文化民族主义的理论自觉，但他研究中华文化的基本理路是文化民族主义的，他实际上是站在文化民族主义立场研究中华文化。

首先，他的研究出于对民族和国家的忠诚与热爱，目的是"重振民族的自信"。他的论说激情洋溢。他审视中国历史和传统文化，高度肯定中华文化在中华民族和中国发展过程中的历史作用，认为它取得"举世无伦"的成就，从而让人们改变自惭形秽的心理和文化自侮、自弃行为，获得文化自信和文化自尊。

其次，他阐释了中华文化的特点和魅力，为中华文化的现代转换和再生提供学理支持。在中国传统文化长期遭受抹黑和"蔑弃"的情况下，他"澡雪"了尘埃，使其"重现煜煜光华"，彰显了中华文化光明正大、高雅美好的一面，证明它是值得珍惜的，也是不会灭亡的。中国优秀传统文化与现代化不矛盾，与中国特色社会主义也不矛盾，"中国特色"必须植根中国传统。中华文化能为中国的发展提供精神资源，有助于构筑"中华民族共同的精神家园"。

再次，他研究中华文化的指向是维护民族精神独立，再造民族精神，增强国民民族认同、国家认同、价值认同和道路认同，推动中华民族复兴。他坚信"大道之行"是人类社会发展的正道，希望中国继续坚持这一理想，按照这一正道前行，并引领世界走向大同。他的工作与张汝伦所说文化民族主义者的取向是一致的：

中国现代的民族认同，就是在中西文化交流碰撞这个大背景

① 何爱国、夏雪：《文化民族主义不是文化保守主义》，网易评论频道 2006 年 4 月 17 日。

下，中国人维护自己的个性，给自己和自己的前途定位。……文化民族主义者在构建民族性或民族精神时，实际上既是要确定民族性格，又要确定国家理想。……文化民族主义也就不仅仅有一种抵抗强势文化挤压的心理功能，而更有其深层存在理由——为民族的发展方向和生活原则提供合法性依据。[①]

周善甫希望在经过百年迷乱之后，国人能从“卫星的高度”审视中西文化，“维护自己的个性，给自己和自己的前途定位”，“确定国家理想”，“为民族的发展方向和生活原则提供合法性依据”，克服无根状态，打牢中国进一步发展的文化基础。

民族主义是把双刃剑，文化民族主义也不例外。它给周善甫认识中华文化特性和价值提供了思想和情感力量，也让他为情感所困，有时不能充分认识中国传统文化的缺陷和西方文化的优点，而有一些偏颇的判断和绝对化的论点，呈现出一定的文化自我中心主义色彩。总的来看，周善甫对待西方文化是理性的、包容的，所以他肯定了西方在经济建设、科学技术等方面的巨大成就，并肯定了继续向西方学习的必要性和重要性。但他认为，中国的精神文明高于西方，“西方精神文明差我们甚远”，[②]中国学习西方，只要学习器物层面的科学技术即可，而过度强调了中华文化的自守。这有抗拒西方中心论的指向，但究竟不够周密。他对传统文化的评述，也有一定理想化色彩。对某些具体问题的看法也值得商榷。

尽管如此，周善甫的论著和思想仍然是熠熠生辉的，他提供的是正能量。正如有学者评价文化民族主义者时所说：“无论如何，他们是站在民族的立场上，为着民族的利益着想的，因而是值得尊敬和理解的。文化民族主义力量，对于传承和发展中华文化，培育中华民族新精神，凝聚民族文化认同，提高和扩大中华文化的国际地位和国际影响有着积

① 张汝伦，《现代中国思想研究》，上海人民出版社，2001年，第180页。

② 周善甫：《大道之行》，第84页。

极的意义。”[①]

三　宋学理路　自由活泼

宋学与汉学相对，是古代经学中的两大派别，也是两种不同的学术研究路径。汉学重章句训诂，汉唐注疏之学、乾嘉考据学都属于汉学。宋学则注重阐释经典之义理，具有较强的思辨性，哲学色彩亦较浓。因而又称义理之学，它主张由经义、义理以促进人格养成和社会实践。汉学重“五经”，而宋学重“四书”，往往通过《论语》、《孟子》、《大学》、《中庸》立说，强调心性修养。

周善甫的中华文化研究，具有鲜明的宋学特征。

首先，他有宋儒的进取精神和担当精神。范仲淹“先天下之忧而忧，后天下之乐而乐”是宋儒忧国忧民的情怀，周善甫一介布衣，“位卑未敢忘忧国”，正是出于这种情怀。“为天地立心，为生民立命，为往圣继绝学，为万世开太平”最能体现宋儒的胸怀和担当，是周善甫治学的座右铭，认为“可受用一生”，再三引用申说，并以之收结《大道之行》全书，“与国人暨天下人共勉”。[②]为天地立心是指掌握天地规律，为社会建立一套精神价值系统。为生民立命是指为人们选择正确方向，确立生命意义。为往圣继绝学是继承和创新文化。为万世开太平是指为人类确立美好的秩序，进而达致和平繁荣。他的研究和立论，敢拈大题目，志趣高远，气魄宏大，没有“规规焉小儒”的拘谨，而有“为万世开太平”的大儒气象。

其次，他的研究，宏观着眼，注重阐发中华文化的内涵和价值，以及它的现代意义，而很少进行文字训诂，属于义理之学。张载说：“义理之学，亦须深沉方有造，非浅易轻浮之可得也。盖惟深则能通天下之志。”[③]周善甫就是在深入研究中华文化，对中华文化的精髓了然于心、“深造有得”的基础上，自由挥洒，畅书己意；而不左顾右盼，靠引

① 何爱国、夏雪:《文化民族主义不是文化保守主义》，网易评论频道2006年4月17日。

② 周善甫：《大道之行》，第173页。

③ 张载：《经学理窟·义理》，章锡琛点校《张载集》，中华书局，2012年。

很多材料证成己说。

他的研究，运智与运慧相结合，在对各种论著特别是古代元典含英咀华的基础上，表现自家感悟。蓝华增说：“他能将前贤和时贤的古籍新篇，多门学术的新旧成果，运用智慧之光，加以彻照，融合整合，综为专书。各种学科门类，通感互释，形成文化宏观整体。”①

再次，他依循宋学“明体达用”的基本理念，重视心性之学，重视个体实践，再三强调“自天子以至庶人，壹是皆以修身为本”是治国的不二法门。他据以立论的古代经典，也以“四书”为主。周敦颐、张载、程颢、程颐、朱熹、陆九渊等宋学大师，都是以心性之学为研讨中心，纵论正心诚意之重要，主张通过学理之研求达致心性之明澈，进而从事社会实践，改良社会。周善甫秉承先秦儒家和宋代理学诸大师的精神，“尊德性而道问学，致广大而尽精微，极高明而道中庸”，针对道德崩溃、价值解体、社会失序之现实，重申心性论，企望通过道德意志与精神价值之再造，重塑人格尊严和社会秩序。他认为，这是“精神文明建设”的根本。

最后，他的著作，具有“涵盖乾坤，截断众流”的致思方式。“涵盖乾坤，截断众流”是宋代云门临济宗杨歧派高僧圆悟克勤在其《碧岩录》中揭示云门宗思维特点的话：“寻常一句中，须具三句。谓之函盖乾坤句，随波逐流句，截断众流句。放去收来，自然奇特，如斩钉截铁，教人义解卜度不得”。这里借用来概括周善甫中华文化研究的思维特征。“涵盖乾坤”是说他研究的问题广，融会众说。“截断众流”是说对各种他认为错误的观点进行解析，指出其错谬。这两方面他都达到“收放自如，自然奇特”的效果。

周善甫采用宋学研究路径，不是由于不想下广泛阅读文献和考据的功夫，而是追求“动情见性”的研究境界。他认为研究传统文化不能停

① 蓝华增：《周善甫学术思想探源》，《风雅儒者》，第49页。在该文中，蓝华增指出周善甫的思想受到钱穆、宗白华、李泽厚的影响，很有见地，但他遗漏了一个更重要更直接的影响源，就是梁漱溟。周善甫崇仰梁漱溟，曾致函请教，梁的主要著作他应该是读过的，否则无由兴起敬仰之忱。把他的书和梁的有关论著对读，可以看出某些观点和论证思路的相通性。

留于冷冰冰的知性理解，而要用心灵去感受，有情感的投入，并化为生活实践，即“行”。在谈到孔学研究时，他说：

> 纵观近年我所寓目的孔学论著，虽已不下三百篇策，却都不外以“学者”的姿态，对儒学之所当“知”，进行细密的分析批判，搬弄（甚至杜撰）概念来定义概念，繁琐枯涩，没完没了，而有关生活实践、身受心感的动情见性之作，却百无一二，不免令人气沮。[①]

可见他的阅读范围是很广的。而他之选择撰写“动情见性”的论著，也是经过深思熟虑的。他“出于景仰孺慕之忱”进行研究，“由自身踏实做去”，所以便不事饾饤，而重在抉发传统文化之精义、价值和美善。

周善甫反对文字的骈拇，倡导现代中文，在写作实践中，他落实了自己的主张。他大量使用单音词，不拖泥带水。他的文字雅洁，是“有文采的语体”。加上“带情韵以行”，表达富于诗性。因此，他的国学论著慧思如光，妙语如珠，鲜活灵动，生机盎然，“能通天下之志”，感染力很强。

钱穆说：“北宋学术之兴起，实为先秦以后，第二次平民社会学术思想自由活泼之一种新气象。”[②] 周善甫的研究，属于平民学术，他的研究特点正是“自由活泼”，所以在当代学界呈现出“新气象”。

第二节 学者的使命与学术的意义

周善甫是当代中国学术界一位特立独行者。在现代社会，学术研究高度体制化和职业化，研究工作主要由科研机构和高等学校进行。体制化和职业化的优点是研究工作有了人力、物力和财力的保障，工作可以较为顺利地进行，所以20世纪以来我国学术研究得到了快速发展。缺

① 周善甫：《孔学易知说》，《大道之行》，第444页。

② 钱穆：《国史大纲》，商务印书馆，2007年，第19页。

点是某些人从事的某些学术工作是被动的、应付性的，研究目的带有强烈的世俗功利色彩，研究结果没有经过心智的过滤而少有价值，学界产出的大量学术泡沫就是体制化职业化负面效应的典型显现。在这样的背景下，周善甫作为学术体制外的民间学者、布衣学者，不带任何世俗功利地长期进行学术研究，致力于思考人生、探索真理，希望以文化改良世道人心，改良社会，具有思想者的高贵品质，令人由衷敬佩。

一　文化的最后成果是人格

人格是人的尊严、品格、价值和道德意志的总和。荣格说："文化的最后成果是人格"，极其深刻地阐释了文化的终极作用。这句话对人文科学家特别是文化研究者而言尤其重要，道理很简单，如果文化对研究者自身的人格都不起作用，那么人们真不知道文化研究到底有何意义。因此，文化研究者或人文科学研究者首先应该有健康、高尚的人格。没有人格支撑，学问就无处安放。

周善甫具有忧国忧民、自强不息、厚德载物的君子人格，堪称当代学人典范。他一生命途多舛，备尝艰辛。面对磨难，他不颓唐，不埋怨，而是泰然处之，理性思考，发愤著述。他为人宽厚大度、恬淡清虚，这种性情使他在苦难中能独善其身，贫贱不移，穷且益坚，并于古稀之年全身心投入中国传统文化研究，致广大而尽精微，撰写了一系列被学术界称为"振聋发聩"的著作。他是布衣学者，而最终成为一代哲人。因此，黄枬森对"善甫先生其书其人既感惊奇，又感敬佩"。惊奇的是他写就了一个学术传奇，敬佩的是"周善甫先生的人格之高尚和意志之坚决"。[①]

周善甫推崇孟子的养气说。养气是一种高度的道德自觉，浩然之气是个体的情感意志和个体所追求的伦理目标统一而形成的精神状态，它使个体精神上升到"至大至刚"、无所畏惧的状态，去除了卑下与怯懦，保持了精神自由，是个体精神美、人格美的彰显。学人更应该具备这种人格美。

---

① 黄枬森：《忧国忧民的精神凝结》，《大道之行》，第1页。

一是具有高尚的人格，主体心灵被“至大至刚”的正气所充实，才能具有担当精神和牺牲精神，才能担负起学术的使命，实现学术的价值。学者作为人类文化和人类精神的承传者、阐释者、守护者和创造者，在坚持人类基本价值方面负有重要责任，因此对他们有着比其他社会群体更大的道德期待和更严格的道德要求。孔子说：“士志于道，而耻恶衣恶食者，未足与议也。”“君子忧道不忧贫。”这都是要求士人要超越个人的物质利益，对整个社会保持深厚的关怀。曾参发挥师说，对士人提出更明确的要求：“士不可以不弘毅，任重而道远。仁以为己任，不亦重乎？死而后已，不亦远乎？”周善甫胸怀远大、意志坚强，有一种勇于担当、不懈进取的精神。在中华文化受到严重冲击、命若悬丝之际，他不计得失，“谋道不谋食，忧道不忧贫”，苦心孤诣从事国学研究，重建文化尊严和民族尊严。现代大哲熊十力在《尊闻录》中说：“凡有志根本学术者，当有孤往精神。”周善甫就有这种孤往精神。

二是具有高尚的人格，才能保持心灵的自由状态，从而从事以真善美为终极价值追求的学术研究。浩然之气“配义与道”，没有正义和天道的支撑，气就消散了，人就会变得怯懦、软弱和猥琐，心地狭浊，失去了主体的自主和自由。周善甫追求精神的雅洁和德性的崇高，努力实践儒家道德原则，虽然一生迭遭磨难，但堂堂正正，光明磊落，精进不懈，内有德性的庄严，外有事业的成功，人生“充实而有光辉”，快乐而且美好。如他所说：“一个人，定要滓秽去尽，清光大来，才能树立起坚定的理想，来充实、有力和欢畅地生活下去。”[①]

周善甫强调学术、文化要让人高尚，也要让人快乐。他批评某些“学院派”学者皓首穷经，把自己“卡死在水晶板凳上”，把学问和人生弄得了无生趣。他经常引用苏轼的话，并多次书写《前赤壁赋》，可见他对东坡的钦仰。苏轼一生几起几落，大起大落，饱受磨难，但他有宽阔的胸怀、顽强的意志、明慧的眼光、自由的心灵，“他参透人生底蕴，又对人生保持热情，在事业方面具有刚直不阿的气节和百折不挠、勇往直前的进取心，在自然和社会中具有民胞物与的灼热同情心，

① 周善甫：《格物议》，《大道之行》，第172页。

在个人生活中具有飘逸洒脱的气度、睿智的理性风范和笑对人生厄运的超旷，这一切创造出一种高贵而和蔼可亲的性格，成就了一种艺术化而不疏离现实的壮美人生。”[①] 苏东坡表达心得：“一点浩然气，千里快哉风”。周善甫和苏东坡是高度相似的，上述一段话用在他身上完全契合。他心中有浩然之气，有苏东坡似的人生领悟，因而始终保持了心灵的自主，乐天知命，无忧无惧，一生庄严而亮丽，潇洒而自由，快乐而幸福。

周善甫对学者人格、道德自觉对于社会和个人的作用有清醒的认识：

> 旧时把有品德的知识分子称之曰“士”。士，是人民的表率，是社会前进的动力。士之于国，亦犹血之于身。若为士者失其本心，有如近代主张全盘西化者之所为，尽管有知识，但既失其修身之本，则已不足以“士”称，而使国家如患败血，病布全身，成了险症。但治之也不难，只要改正偏食，多进蔬果，诸维既全，便也不难康复。同样，士既秉诚，民风乃正，而国亦咸宁了。
>
> 即以己身而言，若能求其放心，自明明德，以复性命之正，便可俯仰无愧，坦荡做人。行修而名立，理得而心安，有何不好？若能推己及人，亲民共进，便可“坐使山川增气象，能教文化发光华”而“无忝此生”了。[②]

第一段讲学者（士、知识分子）的社会作用。有道德、有品格的学者是社会的良心，人民的楷模，国家的血脉。他们能引领社会前进，使民风醇正，国家安宁。但如果学者失去了良知和操守，失去了文化根本，那么他也就失去了学者的资格，并使国家患败血症，危害极大。周善甫把败血症的病因归结为“全盘西化”，或可商量，但学者不能“失其本心”，要有“品德”，则是不易之论。这就要求学者要有道德担当和人

---

① 陈友康：《审美主体的生成和人生意义的实现——苏轼人生魅力论》，《东方丛刊》2000年第2期。

② 周善甫：《大道之行》，第172页。

格光辉。第二段就是讲个人生活之幸福与个人价值之实现，均有赖于道德修养和人格操守。“坐使山川增气象，能教文化发光华”是士人功能的完美体现，也是周善甫一生的写照。

周善甫对自己的人格有充分的自信和欣慰，对失德之人则深为厌恶和藐视，他说：

> 有人觉得我们在为人处世上有点迂腐，迂腐之中还带点傻气，有时竟傻气到令人匪夷所思的地步，可是在我看来，这种“迂腐”和“傻气”，正是社会呼唤的“天理良心”。
>
> 为了骗取信任，有的人阳一套，阴一套，头一天“对天设誓”，强调“说话是算数的”，到了第二天，马上出尔反尔，背信弃义，并大行栽赃诬陷之术。这种人虽然可能得意于一时一事，但精神和人格不过一堆荒丘而已。[①]

周善甫拥有强大的人格魅力和精神魅力。若论社会地位，他不是高官，高官自然有众人环绕和媒体宣传，煊赫一时；不是大众明星，大众明星有媒体聚焦，颠倒无量众生；也不是学府名流，学府名流有学界的众星捧月，不会寂寞。他仅仅是一介布衣，没有令人畏惧和仰望的社会资本，但他的人品、气质、思想、智慧和成就，使他成了真正让人高山仰止的人，他的周围聚集了国内外的崇拜者和学生。他的身边实际上形成了一个强大的气场，这种气场把不同国家、不同地区、不同年龄、不同职业的人自然而然地吸附到他身边，让他们沐浴在人性的温暖和精神的光辉之中。他的魅力是思想的魅力、人格的魅力、文化的魅力、智慧的魅力。这一切化为一种风度和风范，化为一种气质和气场，引领生命庄严而自由、刚健而从容、谦逊而磅礴地前行。

二　学者的使命是使人类日益高尚起来

德国哲学家费希特提出学者是“人类的教师”，学者阶层的使命是

① 和毓伟：《凡弟与棠姐的故事》，《风雅儒者》，第119页。

提高人类道德风尚，增进人类福祉。他说："提高整个人类道德风尚是每一个人的最终目标，不仅是整个社会的最终目标，而且也是学者在社会中全部工作的最终目标。学者的职责就是永远树立这个最终目标，当他在社会上做一切事情时都要首先想到这个目标。……学者应当成为他的时代道德最好的人，他应当代表他的时代可能达到的道德发展的最高水平。"[①]

学者在古代属于"士"阶层。周善甫高度评价"士"即"有传统教养的知识分子"的历史作用，要求"士"要有历史担当和道德节操。他认为："士是在数千年中华文化传统中培养出来的知识分子。他们除了具有知识（不限于书本）外，还必当居仁由义，以济世救民为生活理想。士是'大道之行'的执勤者。即或困于所遇，而未能有所建树时，一般也能以节操自持，终不可夺其士心（志）者。士之尤者曰贤，贤之尤者曰圣，希圣希贤，便是孔孟之所有望于后来者焉。""士总是具有活力，足以代表民间的。因此，他更直接地负有历史使命，并在君与民间起了积极作用。""士才是中华历史发展的真正动力"。所以，"士当为民前锋，民当自勉作士，这是人类文明进步的当然阵列。中华的传统，便是如此。历经沧桑，都该认定这条历史经验之不可轻抛"。他认为，近代许多"但知西化的知识分子"，抛弃传统，脱离群众，"仅止售其知技于任何需要者"，不配称"士"。[②]

要实现学者的使命和学术的价值，就学者本身的职能而言，无非两点，一是阐发和维护世界的价值或意义，引导和规范人们沿着正确的道路前进；二是以身作则，践行这些价值，以表率群伦。学者是靠专业知识为社会服务的人。按社会分工来看，学者的主要职能是传承、创造知识和思想。他们比别的阶层更多地掌握前人流传下来的知识和思想成果，拥有更多的文化智慧，因此而获得了引领社会精神生活的合法性。他们要守护经过历史经验证明对人类社会发展行之有效的基本价值准

---

① 〔德〕费希特：《论学者的使命人的使命》，梁志学、沈真译，商务印书馆，2008 年，第 43、44 页。

② 周善甫：《大道之行》，第 101、100、101 页。

则，阐释世界的意义。他们要扮演好这一角色，就必须以身作则，严格履行自己宣扬的价值准则，必须有宗教徒式的牺牲精神和道德勇气。所以，尽量减少物质欲求，尤其是“不义”的欲求，是对学者的内在要求，所谓“明其道不谋其利，正其谊不计其功”。知识者的品位和气象就在对待“义利”及其他得失问题的态度上体现出来。“‘平淡的生活与高远的思想（Plain living and high thinking）实中外学人应有之风致”。[①]

周善甫曾提出“地位志向性”和“目标志向性”两个概念为人生价值取向定位。“地位志向性”就是以追求政治经济地位为人生目标。“目标志向性”是以完成人的品格，有益于国家、民族和社会为目标，不计个人利害得失。地位志向性不是任何人都可以达成的，目标志向性却是每个有心人都能做到。周善甫的人生坐标没有设定为“地位志向性”，因此不是为谋求一官半职或社会地位来施展自己的抱负，而是以“天下兴亡，匹夫有责”的担当，执著地追求让人生和社会更美好的“目标志向性”。[②]“先生一生，几经曲折坎坷，尝尽炎凉冷暖，但国家何去，民族何去，总在他的惦念与思索之中。中华的复兴与强大，是他一生不渝的目标。”[③]

周善甫的学术研究所孜孜以求的就是阐明中华文化的价值，并以之引领祖国和国人走上康庄大道，建设强大美好的国家，实现中华民族的复兴。费希特说，学者“他的进步决定着人类发展的一切其他领域的进步；他应该永远走在其他领域的前头，以便为他们开辟道路，研究这条道路，引导他们沿着这条道路前进”。[④]周善甫不是政治领袖，没有能力为国家和公众“开辟道路”，但他以高度的文化自觉和文化自信“研究这条道路”，走在了历史的“前头”，希望祖先开辟的“大道”引导国人昂首挺胸地继续前行，希望中华文化“能使人类凭恃仁心善意在自

① 贺麟：《诸葛亮与道家》，《文化与人生》，商务印书馆，1999 年，第 168 页。

② 中孚、孙炯：《平凡而又不平凡的人生——善甫先生的书品和人品》，《云南文艺评论》1998 年第 2 期。

③ 汤世杰、郭大烈：《儒者的风雅》，《风雅儒者》，第 2 页。

④ 〔德〕费希特：《论学者的使命人的使命》，第 41 页。

然王国里重建富裕、和平、亲切、自由的伊甸园”。[①]

周善甫服膺“自天子以至庶人，壹是皆以修身为本”，希望人们特别是学人要把美德化为人生的具体实践，“美其七尺之躯”，也美化社会，达成“使人类日益高尚起来”的社会最终目标。他在《大道之行》的“结语”中表达他“殷勤”撰写此书的愿望说，他希望有人通过读此书“变化气质”，提高品德：

> 子曰：“道听而途说之，德之弃也。”原意是说：在大路上听到有益于品德的好话，而刚好在小路上，就转告别人了事，那是把所得的品德抛弃了。荀子对此，也作过更生动的比拟：“（对于善言）入之于耳，出之于口，口耳之间四寸耳（罢了），乌（哪里）足（能够）美其七尺之躯哉！”进德修身之学，若有一得，便当咀嚼品味，下咽消化，而吸收成自己的血肉，发挥作生命的功能，此之谓“读书所以变化气质”。不能如程子之序《论语》所说：“如读《论语》，未读时是此等人；读了之后又只能是此等人，便是不曾读。”可惜，“古之学者为己；今之学者为人”。当代一般学人都只惯当知识贩子，即闻善言也常转手了事。因此，我有望读者的是：此书虽颇凡近，但若不无一得，尚希不沿以“道听而途说之”了事，若能使二三子之气质，不无一定提高，则我晚年之殷勤自课，已足自幸未为虚掷了。[②]

把道德当作身外之物，可以随便转贩他人，这可能是相当一部分人的普遍行为。所谓“道德说教”就是指此。这样道德当然没有任何意义。因此，周善甫强调，“进德修身之学”，要把它内化为自己身体的一部分，并在人生过程中发挥作用。道德的价值只有在个体实践中才能实现。如果人文学者做的就是“道听而途说之”，那就可笑复可悲了。而很大一部分体制内学者干的就是这种事，现在许多大学教师和所谓专家之不受

① 周善甫：《大道之行》，第 115 页。

② 周善甫：《大道之行》，第 173 页。括号中的注释为周善甫所加。

社会尊重，原因就在于他们空谈道德，甚至亵渎道德，而未真正理解并实践道德，缺乏道德感召力。周善甫把他们称为“知识贩子”是很贴切的。

“古之学者为己；今之学者为人”出自《论语·宪问》。为己之学就是修身之学，为人之学就是炫耀于人之学。孔安国注：“为己，履而行之。为人，徒能言之。”程颐说：“古之学者为己，其终至于成物；今之学者为人，其终至于丧己。”[①]西南联大教授罗庸说：“真能为为己之学者必是宏毅坚刚，光明俊伟，洒然无累，凝然不滞，夙夜黾勉，而未尝有累于心，无非求有以自得而已。”“竭情利禄，弊力声名，正是《乐记》所谓‘物至而人化物’的。己之既丧，成物何由？人生可哀，无过于是！是不可不痛自反省的。”[②]

在当代中国学术界，优秀的学者对引领社会风尚发挥了不可或缺的作用，而“竭情利禄，弊力声名”的也大有人在。许多所谓学者，口中高谈文化，而心胸鄙吝，行为庸俗，对他们而言，学术或文化只是牟利的工具，而非内在的精神，这类人实际上只是“文化匠人”、“知识贩子”，是周善甫所不屑的。这些年，上到名牌大学领导和知名教授，下到一般高校普通教师，都乐此不疲地做蝇营狗苟之事，教育腐败、学术不端层出不穷，更是与学者的社会角色背道而驰，亵渎学府尊严。这不但不能引领社会道德风尚，反而严重败坏了学术风气和社会风气，加剧道德虚无主义扩散和社会下滑趋势，让人们看不到希望。“你们都是最优秀的分子；如果最优秀的分子丧失了自己的力量，那又用什么去感召呢？如果出类拔萃的人都腐化了，那还到哪里去寻找道德善良呢？”[③]学术腐败导致了社会公众对知识阶层的不满和轻视。学术界确实不能不“痛自反省”。

周善甫学术研究与修身高度统一，他启示我们，人文学者承担着推动中华文化复兴的使命，而要完成这一使命，学者首先必须是有追求、

① 朱熹：《四书章句集注》，第155页。

② 罗庸：《论为己之学》，《鸭池十讲》，辽宁教育出版社，1997年，第13页。

③ 〔德〕费希特：《论学者的使命人的使命》，第45页。

有操守、有担当、有能力的真正的文化人。周善甫堪称当代中国学人的楷模。

三 托起永恒的精神之光

周善甫由于局促西南边陲一隅，又没有供职于学术中心，仅仅是一介布衣，他的论著在生前多系内部印行，他的影响主要通过与他交往的人扩散，所以他不像那些新儒家代表人物一样享有鼎鼎大名，但论其“信道之笃，守道之严”，思考之深入，成果之精粹，让他的道德文章能够和现代新儒家大师媲美。他在思想史和文化史上的地位必须突破世俗的地域偏见和身份偏见，从思想和文化自身的创造性及内在品质来评判。以此标准衡量，则周善甫完全可以当之无愧地进入中国当代文化史和儒学发展史册。

正是因为周善甫有着内在的人格风范和思想魅力，以及他在思想上具有的原创精神，在他身后，他产生了越来越大的影响。凡是读他著作的人，无不对其文化担当、思想深度、独到见解和鲜活文风肃然起敬，高度评价他的贡献和价值。黄枬森评价《大道之行》“振聋发聩”，是“在当代哲学界具有里程碑意义的思想性论著”，这个评价体现了历史性眼光。有专家认为，20世纪的云南哲人有两位令人骄傲，一位是艾思奇，一位就是周善甫。[①] 艾思奇的贡献和地位早有定评，而周善甫的价值也在逐渐显现。《大众哲学》已经成为现代哲学经典，《大道之行》也会载诸中华文化复兴史册。

曾任北京大学哲学系主任、中国马克思主义哲学学会会长的著名哲学家黄枬森88岁高龄时认真研读了《大道之行》后说：“周善甫先生是一位生活在祖国边疆，却为中华民族核心精神文化做出了重要贡献的纳西族文化老人。”这是一个非常具有高度的评价。中共中央机关刊《求是》杂志社编审、《红旗文摘》总编辑张西立2008年撰文《继往圣绝学，开万世太平》，对周善甫的思想贡献和时代意义、历史意义作了深度阐释，他说周善甫：

---

① 陶国相：《以人为本 以文化人》，《大道之行》，第11页。

> 晚年孜孜于传承和弘扬中国传统文化，桃李满天下，以一代儒学大家享誉海内外，在中国现代文化史上占有重要地位。如果从现代新儒家的角度审视先生学脉传承及其造诣，抛开狭隘的地域限制，作为民间学人，周善甫完全有资格位列其中。这一点，随着《大道之行》在中华书局的出版，越往后，我们应该看得更清楚。[①]

突破地域观念，从中国现代文化史上和新儒家思想谱系中为他定位确是卓见。他的文章发表后，《新华文摘》、中共中央党校《学习时报》、《作家文摘》及新加坡《联合早报》等转载，扩大了周善甫的思想影响。

云南大学原校长吴松也持相同观点，并指出周善甫代表了一个时代的学人风范，体现了一个世纪的文化精神：

> 一个世纪有一个世纪的文化精神，一个时代有一个时代的学人风范，周善甫先生真正称得上是襟怀寥廓、深功博古，而且是善于独立思考的一代学人。他通过两部国学论著——《大道之行》和《老子意会》所构建的哲学思想和逻辑体系，使他成了以梁漱溟、冯友兰、贺麟、金岳霖、牟宗三为代表的“现代新儒家群”中的一员。……也因其在推进国学现代化的历程中所作出的贡献，成了20世纪下半叶在国内学术界享有声誉的云南籍学者。……他的业绩将载入20世纪中华文化史册。[②]

从儒学发展史为周善甫定位，则他应该进入现代新儒家代表人物序列。学术界一般认为，儒学发展经历了三个阶段，一是先秦儒学，以孔子、孟子、荀子为代表的思想大师与其他诸子一道开创了中国的轴心文明。二是宋明理学，周敦颐、程颢、程颐、朱熹、陆九渊等整合儒道

---

① 张西立：《继往圣绝学，开万世太平》，《云南日报》2010年3月26日。

② 吴松：《深功博古实践创新——纪念周善甫先生诞辰90周年》，《云南日报》2003年8月5日。把金岳霖列入新儒家，是记忆有误。金岳霖主要从事现代西方分析哲学，与新儒家的基本理念和研究路径差异较大，他对中国哲学和中华文化持肯定态度，但从来没有人把他列入新儒家序列。

释，开创儒学新时代，这是儒学的第二期展开。钱穆说：“自宋以下，学术重兴，文化再起，迄于今千年以来，中国之为中国，依然如故，是惟宋儒之功。”① 三是现代新儒家，他们面对西方文化的强势冲击和挑战，试图推动儒学的现代转型，展开儒学第三期。儒学第三期发展正在进行中，这是一个漫长的历史过程，也许要经历几个世纪。

儒家文化的发展，仰赖于士君子阶层，他们作为政治精英和文化精英，在历史上致力于儒家文化的传播与实践。儒学第三期之发展，也离不开文化精英之推动，现代新儒家是其中坚。梁漱溟、熊十力、马一浮、冯友兰、贺麟、钱穆、张君劢等是第一代新儒家。牟宗三、唐君毅、徐复观、方东美等是第二代新儒家。余英时、杜维明等是第三代新儒家代表。从时间流程看，周善甫属于第三代。如果这一过程完成，儒学将整合中西，创造出新的中华文化景象。这是一个关系中华文化前途命运的历史性进程，周善甫参与了这一进程，作出了重要贡献。

儒学的发展，固然得力于拥有重要政治地位和社会地位的一批又一批闻人达士，同时也有民间知识分子构成的一个学术序列在坚韧地守望和推动。孔子官位微不足道，孟子纯系布衣之身。隋代王通，讲学育人，复兴儒学，成为一代大儒。宋代孙复终身讲学泰山，为理学先导。李觏一生寒微，为“南城小民”，而成“一时儒宗”。清代颜元“生于穷乡”，毕生从事教育，开创颜李学派。他们艰苦卓绝，光大儒学，为中华文化增光。周善甫延续了这一学统，是现代卓越的布衣学者。云南省博物馆馆长马文斗说：“中国自古以来，就有一些民间学者虽未身居高位，但对国家和民族的思考比学院派学者更深更远，周老就是这样的人。”②

中国共产党第十八次全国代表大会明确提出社会主义核心价值观：富强、民主、文明、和谐，自由、平等、公正、法治，爱国、敬业、诚信、友善。核心价值观既有现实关切、未来指向，也有深厚的历史积

---

① 钱穆：《中国学术通义》，刘梦溪主编《中国现代学术经典·钱宾四卷》下，河北教育出版社，1999 年，第 1072 页。

② 瞿腊阿娜：《永不失落的精神家园——各界人士忆周善甫先生》，《春城晚报》2003 年 12 月 1 日。

淀；既吸纳了人类文明优秀成果，也承接了中华优秀传统文化。周善甫的中华文化研究与核心价值观契合，有助于我们深入理解和切实践行社会主义核心价值观。

习近平总书记说，培育和弘扬社会主义核心价值观必须立足中华优秀传统文化。牢固的核心价值观，都有其固有的根本。抛弃传统、丢掉根本，就等于割断了自己的精神命脉。博大精深的中华优秀传统文化是我们在世界文化激荡中站稳脚跟的根基。中华文化源远流长，积淀着中华民族最深层的精神追求，代表着中华民族独特的精神标识，为中华民族生生不息、发展壮大提供了丰厚滋养。中华传统美德是中华文化精髓，蕴含着丰富的思想道德资源。不忘本来才能开辟未来，善于继承才能更好创新。对历史文化特别是先人传承下来的价值理念和道德规范，要坚持古为今用、推陈出新，有鉴别地加以对待，有扬弃地予以继承，努力用中华民族创造的一切精神财富来以文化人、以文育人。

习近平强调，要讲清楚中华优秀传统文化的历史渊源、发展脉络、基本走向，讲清楚中华文化的独特创造、价值理念、鲜明特色，增强文化自信和价值观自信。要认真汲取中华优秀传统文化的思想精华和道德精髓，大力弘扬以爱国主义为核心的民族精神和以改革创新为核心的时代精神，深入挖掘和阐发中华优秀传统文化讲仁爱、重民本、守诚信、崇正义、尚和合、求大同的时代价值，使中华优秀传统文化成为涵养社会主义核心价值观的重要源泉。要处理好继承和创造性发展的关系，重点做好创造性转化和创新性发展。①

从这样的高度反观周善甫的中华文化研究，我们更能看清楚他的贡献和价值。他是中华文化自觉的先行者。2002年，《求是》杂志社和中央宣传部等有关部门摄制大型理论文献片《东方之光》，《求是》总编辑、理论家王天玺受周善甫启发，将该片第二集命名为《大道之行》。10月，杂志社和中央有关部门开会研讨脚本，邀请任继愈、黄枬森、石仲泉等著名学者参加。王天玺将《大道之行》印发与会者参考。陶国

① 新华社《习近平在中共中央政治局第十三次集体学习时强调把培育和弘扬社会主义核心价值观作为凝魂聚气强基固本的基础工程》，《人民日报》2014年2月26日01版。

相当时在《求是》杂志社任编辑，参与相关工作，他说：

> 大家看了周善甫先生的书稿后，被这位深藏于西南边陲的现代大儒深湛的国学功底和高屋建瓴的哲论所叹服。大家纷纷认为，20世纪下半叶国内学术界自熊十力、梁漱溟、陈寅恪、牟宗三之后，在传统中华文化研究领域有独立而又系统的学术见解的人确实不多，特别是进入20世纪中晚期，能不沉迷于故纸堆，埋首于象牙塔，直接置身于社会变革的洪流中，站在历史的高度和时代的前沿反思传统文化，探索中华民族在现代化、全球化进程中的自立与发展问题的人更为难得。周善甫先生是这些思想先行者中的一位。①

周善甫的思想贡献，不仅在于他重现中华文化煜煜光华，思考中国安身立命之本，而且在于他努力探寻在现代化背景下人类到底要走怎样的路这样的世界性重大课题。他“将中国传统文化与我们正在经历的中国现代化进程相联系，使他的思考融入了一个世界性文化思考的重大课题”。② 他肯定现代化给人类带来的福祉，也反思西方式现代化造成的灾难和隐忧，希望人类正视“现代西方带给人类社群的后果，除了这些健康的价值（按：指自由、理性、人权和法治等）以外，还有剥削、掠夺、抗争、宰割所导致的贫富不均、弱肉强食、生态破坏、社群解体、人性异化，以及核战的威胁。也就是说经过百万年演化而成的人类，现在到了因为自作孽而未必可以活下去的困境”，③ 从而摆脱“竞争性非常强的社会达尔文主义，和以西方为代表的弱肉强食的宰割性非常强的霸权连锁”。他认为现代化并不等于西方化，希望以中华文化来弥补西方式现代化带来的偏弊，让人类走上一条平善的发展道路，建设和平安详的世界。也因此，他对中国特色社会主义满怀希望。这是不同于西方的现代化道路，它和世界其他健康力量一道能“使我们的世界更加和

---

① 陶国相：《以人为本以文化人》，《大道之行》，第11页。

② 汤世杰：《现代化与文化中国》，周善甫：《大道之行》，第4页。

③ 〔美〕杜维明：《新儒学论域的展开》，《儒家传统与文明对话》，第178页。

平、繁荣与和谐”。[1]

周善甫逝世后，他的光彩不但没有随着时间的流逝而消散，反而日渐凸显出来。李晖、孙炯、夫巴、和中孚等编纂了《周善甫先生荣哀录》，收录悼念资料、缅怀文章和报刊评论，以及年表、墓联、墓志铭等，反映了他在人们心目中的地位和成就。他的学术著作正式出版，《大道之行》并在中华书局印行，进入学术界主流视野。他的《春城赋》成为昆明文化的新元素。对他的纪念和研讨多次举行。他在国内外的影响越来越大，他的精神和思想绽放出绚烂的光华。

2003年，为了纪念周善甫诞辰90周年，弘扬他的精神和思想，云南文化界举行了一系列活动。活动得到政府和民间的热情支持。云南省财政厅、云南省民委拨出专款，支持出版他的著作。一些企业和民营企业家慷慨解囊，赞助活动。一些政府官员和学者参与筹办，使纪念活动有序、庄重地展开。这是21世纪初云南文化界、学术界一次有意义的大型文化活动。为一个布衣学者举办这样的活动，在学术界是不多见的，反映了周善甫的感召力和影响力。

12月1日，由云南省博物馆、云南省文史馆、云南省社会科学院、云南省民族学会、云南省文物鉴定委员会、云南大学民族语言文字研究中心和丽江市政府共同主办的《纪念文化名人周善甫诞辰90周年纪念展》在云南省博物馆开幕，各界人士600多人出席开幕式，周善甫夫人杨佩兰和原昆明军区副政委胡荣贵为展览剪彩。纪念展展出周善甫的书法作品、学术著作和生活图片，再现了他的风范和成就。在为期一周的展出中，一万多人观看展览。

王天玺、马曜、李群杰、袁晓岑、姚钟华等领导和专家为展览题辞。马曜题辞“言必行，行必果，是为真儒；著书立说，力倡正学，是为大儒；但求有利于民，不计个人荣辱，是为醇儒”，可为周善甫一生定评。李群杰题辞“功薄昆峻，花香百代”，赞美他功绩逼近昆仑山，将永远散发出芬芳。袁晓岑说他“大道文存天地心”。著名画家姚钟华

---

① 〔美〕约瑟夫·奈：《〈软实力〉中文版序》，约瑟夫·奈著，马娟娟译《软实力》，中信出版社，2013年，第X页。

赞许他为“滇中鸿儒”，时任丽江市委书记段增庆称颂他“德高艺精”。

云南省社会科学院副院长杨福泉在开幕式上致辞，阐述了举办展览的意义是：“纪念这个才华横溢的布衣学者和艺术家，有真性情、真学问、淡泊而超迈高远的士林人杰；纪念这个在玉龙白雪和金沙江水的怀抱中成长起来的质朴的纳西人，这个曾经经历过生命的风霜雨雪但始终含笑对人生的智者慧者。”他表示，“斯人已逝，高风长存。在此，我愿与云南学术界、文化界以及其他各界的朋友们共勉：学习像周善甫这样杰出的云南前辈文化人的风范，继承他们为之奋斗一生的事业，勤勉，真情，坦诚，以一颗赤子之心对家园对世界，以一腔激情，为了我们浩荡中华的煌煌文明万世不衰而尽心尽力。”[①]

同日，“纪念文化名人周善甫诞辰90周年学生研讨会”举行，学术界人士100多人参加会议，云南民族学会会长郭大烈、云南省文史馆副馆长张勇主持会议，专家们充分研讨了周善甫在多个学术领域的贡献，认为他在学术上建构了一座“不仅巍峨壮丽、气势恢宏，而且曲槛回栏、雕龙画凤，宏观微观，俱臻奇境的伟构”。[②]

云南民族出版社出版的《大道之行——周善甫国学论集》、云南美术出版社出版的《风雅儒者——文化名人周善甫诞辰90周年纪念文集》同时发行。这些图书由纪念文化名人周善甫诞辰90周年筹备委员会向全国各省市自治区图书馆和100多所大学，港澳台地区部分图书馆和大学，以及美、英、法、德、日、韩、新加坡等20多个国家或地区的图书馆、大学及华侨社团赠送，以促进当代中华文化研究优秀成果的传播。这是自新中国成立以来云南一次较大规模的文化交流活动。[③]

新闻媒体对纪念周善甫诞辰90周年系列活动进行了广泛报道。《云南日报》、《春城晚报》、《丽江日报》等报刊开辟专版，登载专家评论文章和活动消息，彰显周善甫的文化价值。

2008年10月，《大道之行》在中华书局出版。12月，中华书局在

① 杨福泉：《在“纪念文化名人周善甫诞辰九十周年纪念展”上的发言》，2003年11月30日。杨福泉的BLOG，http://blog.sina.com.cn/yangfuquan。

② 李晖、孙炯：《周善甫先生年谱》，《大道之行》，第11页。

③ 瞿腊阿娜：《纪念周善甫：用永恒留住永恒》，《春城晚报》2004年1月7日。

北京举行“《大道之行》出版座谈会”，北京大学、清华大学、中央民族大学、中国社会科学院、中央党校、中央编译局、《人民日报》、《求是》杂志、《光明日报》等单位的专家与会，他们充分肯定《大道之行》的价值和周善甫的品格，说“周善甫先生是继梁漱溟、冯友兰等先生之后离我们最近的一位儒家”。[①]说他是“离我们最近的儒家”，既是指他是我们身边可亲可近的儒家学者，更是指他完满地体现了儒家君子人格。

周善甫以他的人格风范和思想文化成就为云南赢得光荣，为思想赢得力量，为文化赢得光辉。“云南这片红土地，因为有了无数的英杰才人而精彩，一代代滇云志士仁人的灵魂和才情，托起这西部边地一道道永恒的精神之光。周善甫先生杰出的书法和国学研究，为我们云南乃至中国的学术界和书法艺术界，增添了一缕缕明丽隽永的色彩。周善甫先生那种淡泊高远，在穷途困顿中宁静致远，不坠君子青云之志，在熙攘的红尘中啸傲清风的儒者情怀，给我们后人深深的启迪。”[②]

周善甫在当代中国文化史、学术史上具有独特意义。他消除了学术研究与修身分离的状态，以一介布衣不计任何世俗功利地进行学术研究，致力于思考人生、探索真理，希望以文化改良世道人心，改良社会，具有思想者的高贵品质。同时他按照中国文化光明正大的一面修炼自身，不管外部世界如何喧嚣阴暗，心中始终充满美好，向着美好的一面努力，进行多方面的文化创造，致力于心性的涵育和人格的塑造，所以他本身就是被文化所“化”之人：高尚高雅，神清骨秀，光辉平易。周善甫以他的思想和文化创造、人品道德见证了学者的尊严和崇高，证明了文化的真正价值。

① 李晖、孙炯：《周善甫先生年谱》，《大道之行》，第15页。

② 杨福泉：《在“纪念文化名人周善甫诞辰90周年纪念展”上的发言》，2003年11月30日。

探寻文化复兴的源头活水

张西立

日前，昆明的老友孙炯转来云南中华文化学院陈友康教授为他的老师周善甫先生撰著的《评传》书稿，叮嘱我能为书作“跋”，为此深感惶恐。周善甫先生是20世纪晚期我国哲学思想界一位具有独创精神的哲学家，同时也是一位融贯中西的著名学者，善甫先生道德文章早已誉满天下。我等生也晚，学犹浅，为人处世尚未有得，岂敢妄评硕学前辈；只是这些年对先生的哲学思想有所研究和思考，更感佩于先生矢志弘扬中华民族优秀传统文化的历史担当的精神，藉此愿将读《周善甫评传》的些许体会，略陈如下。

晚清以降，中华文明就被挟裹而入“三千年未有之大变局”，其所面对的强大对手即是源于古希腊、以当今美欧为代表的西方文明。尽管从哲学上讲，万物一理，纷纭多样的人类文明终究脱离不了百川归海、殊途同归的大结局，但异质文明之间的交流、磨合乃至冲突、碰撞也正是文明发展演进的常态。近代以来，在机器大工业的推动下，世界不同文明之间的交流、交融和交锋，正在空前广阔的时空中展开。这可以说是有史以来，甚至可以说是人类始祖离开非洲大陆以来，首次在“世界历史”背景下演绎人类文明大交流、大发展和大融合的“大同”场景。这个壮阔的历史进程目前还只能说是刚刚开始，演化至今，其突出矛盾表现为以中美关系为主线的东西方文明的较量。回顾人类文明发生发展史，尤其以中华文明的历史演进为考察对象，藉此推断这个历史进程会怎样演化，应该说未知的要远远超出已知的。但具体到中华文明的现实处境及其未来命运上，我们应像周老那样有所担当、有所把握，进而有所作为。

古与今：接续传统，推陈出新。“周虽旧邦，其命维新”。“苟日新，日日新，又日新”。儒学宗师孔子祖述尧舜、宪章文武，目的不在于复古、守旧，也不是为“立言”而“立言”，而是周游列国，身体力行，实现重构社会秩序的理想。后期儒家的发展，如西汉董仲舒，面对汉初统治阶级治国理政的迫切需要，以诠释“春秋公羊学”为抓手，杂糅黄老、法家等各家显学，建构起以“天人感应”、“三纲五常”为核心范畴、能够满足时代要求的儒学体系，从而开创了孔孟之学的“经学”时代。魏晋时期，社会大变动，民族大融合，文化大交流，此时印度佛学传入东土后风头正健，传统纲常名教无力维系世道人心，“名教”与“自然”之争遂成为这一时期哲学思想演进的主轴——魏晋玄学、竹林七贤的“越名教而任自然”，王弼创造性解注《老子》等，无不是借古喻今，具有强烈现实主义指向。隋唐三百年，大乱大治，人心思定，儒道佛互有消长，韩愈力推“古文运动”，《原道》《原儒》尊崇儒学，力排佛老，文起八代之衰，实为一代宗师。赵宋立国，重文抑武，在理论创造上，周敦颐、张横渠、二程、朱熹接着韩愈往下讲，“出入于佛老而复归于儒学”，援佛入儒，由“道”入“理”，由此开启了儒学发展的“程朱理学”阶段。在中国文化史上，理学的创立，不仅标志着儒学发展的新境界，更是中国文化精神浴火重生、凤凰涅槃的重大事件。近年来有学者力主“崖山之后，已无中华”，如果说数千年“华夏”传承仅仅系于“士人”阶层的话，那么随着这个相对独立的社会阶层的式微抑或消亡，华夏文化应该说也会随其消亡。然而，正像后人看到的那样，文化上落后的草原民族入主中原，不管是主动还是被动，最终都以服膺中华文化为归宿。这一文化宿命一直到近代西方文化的强势来袭才被打破。何以至此，又如何突破？晚清重臣张之洞力倡“中学为体，西学为用”之说，因其狭隘利益立场所致，终不免新瓶旧酒之嫌。五四新文化运动的主将陈独秀等以“救亡图存”为急务，倡导“科学与民主”，与以维护传统延续为使命的甲寅派、学衡派展开论战。梁漱溟、熊十力、马一浮、冯友兰、钱穆、周善甫等新一代学人致力于整理国故、返本开新，已然成为当今中西文化全面交流碰撞的时代背景下，探寻中华文化再度走向新生的一个重要现象。

中与西：开放交流，综合创新。近年，随着中国龙的醒来，世界对于中国文化的兴趣明显增强，开始关注和研究中国崛起现象背后的文化动因。考古发现证明，中国有文字记载的历史可以上溯到殷商盘庚时期，文明滥觞应该更为久远。相比于古埃及、古巴比伦、古印度以及古希腊文明，中华文明从远古一路走来，历经挑战，九曲百转，却始终奔腾向前，从未中断。何以至此？这不能不说与中华文明与生俱来的理性务实、博大平等、厚德包容的胸襟有直接关系。而能够具备这种胸怀和气度，归根到底源于中华先祖“敬天保民”、“正德、利用、厚生”的执政理念。中华文化的这一特点被有些学者称为“实用理性”，显然是想藉此与西方文化的“工具理性”有所区分，但也容易造成中华文化功利、短视的印象。实际上，中华文化有别于其他世界文化传统的地方，在于它特有的“人文”情怀，在于它讲究不偏不倚的“中庸”立场。在中华文化史上，“华夷之辨”不绝于耳，但最终还是走向兼容并包、多元一体。多次、反复的文化撞击和冲突，锻造和锤炼了中华文化吸纳包容、和而不同、刚柔相济的品格。“不打不相识”，人是如此，文化也是如此。没有不同文化的交流和碰撞，就没有文化的更新和蜕变，就没有社会的进步和发展。中华文化从来不怕异质文化的冲突，怕的是面对强势的西方文化，我们失却应有的文化自信和文化自觉，怕的是面对艰巨繁重的历史任务，我们迷失应有的战略定力和发展方向。如今，中西方文化正面碰撞正在全球化的世界舞台上蓬勃展开，中国综合国力的空前提升极大地振奋了国人士气，中华民族复兴的曙光已然显现，中国人在追求美好生活的同时也在为全人类贡献力量和智慧。然而，我们更应警醒的是，一部中华文化曲折发展史深刻表明，异质文化之间的交流、交锋、交融是一个长时期的历史过程，尤其是面对源于古希腊罗马文明、与中华文化相反相成的西方文化形态，可谓是狭路相逢。可以预见，从总体上看，目前中华文化尚未摆脱守势，依然处于被动地位，面临着既要增强文化自信、维护文化安全，也要务实开放、学习借鉴的双重历史任务，可谓任重道远。从未来发展看，民族复兴的壮阔洪流为中华文化走向新生提供了物质基础，而中华文化的重构和新生则将成为民族复兴的历史标志；中华文化能否在这场空前深刻而广泛的文化交流、交锋、交融中实现自我更新、凤凰涅槃，关系到中华民族的前途命运，也关系到世界的根本走势；中西方文化的交流碰撞是客观的历史过程，确保这个进程顺利运转，出路在于秉持平等互利、开放合作的态度，任何过于强调自身主体特殊性和优越性的态度和做法，都将被历史无情地宣判为狭隘和自私的偏见。文化“大同”是人类“大同”社会的一部分，本质上是一个不同文化样式和文明形态交流互鉴、氤氲消长的历史过程，是一个先进文化不断扬弃落后文化的历史过程。全球化时代人类文化新形态既不会是西方文化的独霸一方，也不会是中国文化或印度文化、伊斯兰文化、非洲文化一花独放，和而不同、美美与共作为文化交流互鉴的基本原则，已经深刻揭示了人类文化发展的根本指向和必然归宿。而这一原则的真正贯彻和最后实现，其实也正是中华文化真精神的传承延续和发扬光大。从这个意义上讲，中华文化复兴关乎世界文化乃至人类的前途命运，似乎不是痴人说梦。

知与行：实践第一，理论创新。问题是时代的声音。解决问题的办法，只能从问题本身寻找。一定的文化是以一定社会的政治经济活动等为物质基础的。那种离开国计民生，抛却当下国人的精神状况，就文化谈文化，不仅不会有结果，反而有害。一言以蔽之，中华文化植根于中华民族数千年来追求美好生活的深厚社会土壤，复兴中华文化也必须自觉服从和服务于中华民族生生不息的历史洪流，才会有坚实的物质基础和社会前提。历史上能够称得上硕学鸿儒、位列圣贤之辈的，无不有着强烈的家国情怀，孜孜于济世救民、匡扶天下。孔子有所谓“君子儒”、“小人儒”之分，讲的是“兼济天下”与“独善其身”的区别。在治学上，孔子还讲“为己”与“为人”的不同。近代以来不少学人学贯中西，尽管渊源有自、观点各异，但皆秉承“天下兴亡，匹夫有责”的“士”之精神，不管是“居庙堂之高”，还是“处江湖之远”，皆能以天下苍生为念，怀揣“兴灭继绝”的信念，以整理国故、弘扬传统为己任。这是数千年来中华文化得以薪火相传、屡开新境的重要动因。当代中国，正在民族复兴和现代化的道路上疾步前行，文化建设的任务尤为紧迫。如何站在前人的肩膀上更好接续传统、返本开新，以及如何以开放的胸襟学习借鉴、综合创新，一个不能背离的根本点应该还是在于坚持学以致用、知行合一。这不仅仅因为知行合一是一个极其重要的治学方法，更重要、更根本的在于它其实正是中华文化的真精神所在。一代哲人周善甫先生毕生都是这样在身体力行着。

谨跋作为一瓣心香，以纪念善甫老百年诞辰。

2014 年 8 月 6 日于北京沙滩红楼

（作者系《求是》杂志社《红旗文摘》总编辑）

后　记

为周善甫先生作传，在我的学术规划中，从未考虑及此。有此机缘，得益于周先生弟子孙炯、李晖的垂顾。我曾编了一本《云南读本》（云南人民出版社，2008年初版），其中收录周先生《春城赋》、《真谛和俗谛》两篇文章，并作了解读。他们看后，认为我是能把握周先生为人为学之精神的，于是推荐我撰写周先生传记，以作为先生百年诞辰的纪念。我怕写不好，有负他们期待，并且正在做撰写《陈荣昌传》、整理《陈荣昌文集》和《罗庸文集》等工作，时间上难以保证，颇为犹豫。但周先生又是我由衷敬佩的学人，能为弘扬他的学行做点事，是很有意义的；同时也被孙炯、李晖二君的真诚所打动，于是不再犹豫，接受了这份沉甸甸的工作。为写传，我反复读了先生的所有论著、有关回忆和研究文章，沉浸于先生营造的精神世界和人性光辉中，更认识了他的卓荦不凡，得到精神洗礼，下决心以最大努力写好。

我写这部传记，有几点想法需要交代。一是写成学术性传记，每件事、每句话都言之有据，绝不作任何虚构或想象，努力求真。二是采用评传形式，不止描述周先生的生平经历，还要评述他在书法、文学、语言、国学、教育等方面的贡献，以便全面反映他的文化成就和思想。三是在“评”的过程中，尽量引用周先生的精彩言论，然后适当加以阐释。这体现的是冯友兰先生的方法：“照着讲”和“接着讲”。这样做可以让我们直观地感受他的智慧和文章之美，并加深理解。四是适当引用其他学者的观点，与周先生的观点比较印证，以显示他的见解之深刻。五是对一些明显的事实错误和文字错误进行订正，以增强严谨性。朱子云“旧学商量加邃密，新学培养转深沉”，这是深谙学术发展规律的经验之谈。

行文方面，文中涉及的很多人都是德高望重的，我心怀敬意，但为了符合史书体例，并求文字俭省，一概免去敬称，直呼其名。结构方面，章节之间，不求均衡对称，只求讲清事理。因此有的章中有节，节下又有三级标题，有的则没有节。这受到我的老师、复旦大学教授王水照先生的启发，他和朱刚教授撰写的“中国思想家评传”丛书中的《苏轼评传》（南京大学出版社，2004 年）就用这种方式。

这部传记能够出版，是群策群力的结果。首先要感谢的是孙炯同志。他于 2013 年秋天策划发起了为恩师立传的工作，并为本书的出版四处奔走，付出了很多心血。为支持写好传记，他与师兄李晖多次召集周先生的亲属、友好、学生聚会，出主意、想办法，整理素材，提供资料。孙炯把他搜集保存的关于周先生的所有图片及资料提供给我；李晖学长提供了周先生给他的所有书信整理稿，这些资料极其珍贵，有助于重建周先生的生平，窥见他丰富的内心世界。

其次，要郑重感谢周先生的夫人杨佩兰先生！今年 9 月 23 日，当李晖学长带我去拜访 94 岁高寿的老太太时，她的矍铄、坚强、乐观、热情让我原来就有的敬意陡然升温。她把自己写的、除至亲好友外向不示人的《佩兰回忆录》借我，我拿到后差不多一夜读完了这本 20 多万字的书，有一种久违的感动。她记述的事实让我看到历史的复杂和人性的复杂，促使我不得不调整对某些人和事的评价，更加注意把握好分寸。她的书提供的丰富细节，让这部传记更加真实有味。当时我握着她温暖的手说“我沾了您的福气”，在此我衷心祈愿上天永远福佑这位可敬的老人！

此外，周先生哲嗣周孚政先生、女儿周永福老师与弟子和中孚先生、阚友钢博士，友好汤世杰先生、高世忠先生，以及杨福泉教授，也给了我许多指导和切实帮助。中孚先生提供了周先生签名赠送他的《善甫文存》，用牛皮纸包着，盖着红色印章，写有“珍藏本”字样，书中还有批语，让我感到温暖；他还提醒写周老要实事求是，恰当评价，不要过于拔高。李晖、孙炯、和中孚、周孚政、汤世杰、阚友钢及云南省文史馆汪宁各位都认真审阅了初稿，提出许多修改意见和建议，补充了材料，对完善文稿作用很大。

中共云南省委常委、省委宣传部部长赵金同志多年来致力于在边疆民族地区弘扬中华优秀传统文化，他十分关心本书出版，多次听取编委会的汇报，并提出很多建设性的意见；中共中央机关刊《求是》杂志原总编辑、中国民族哲学思想史学会会长王天玺同志为本书题写书名；《求是》杂志社《红旗文摘》总编辑张西立同志撰写了跋，均为本书增重。

作为《天雨流芳》丛书的策划人，云南文投集团董事长陶国相、昆明市副市长杨勇明对本书的出版给予了很多的帮助。

中华书局慨允该书在书局出版，是我们的光荣；冯宝志副总编辑特别组织专家进行审稿；责任编辑许旭虹先生一丝不苟编校，提高了书的质量。《天雨流芳》杂志社社长、高级记者刘云负责本书的各方统筹协调；许丽娟、范艳、陆雪姣负责配图、设计、排版，使书稿图文并茂；向文道、沈怡负责联络。云南日报报业集团高级编辑程肇琳女士进行了细心校对，付出辛劳。云南中华文化学院党组书记苏红军同志、常务副院长赵明辉同志给予了支持，罗建生、彭碧燕、王娟等同志参与事务性工作。我的妻子张敏给了生活上的关照。在此一并致谢！

为完成传记，一年多来，我把全部节假日投入写作，以诚敬之心尽了最大努力，以期不辜负周善甫先生在天之灵，不辜负大家的抬爱和期望。但由于自己水平有限，加之时间较紧，来不及精细打磨，难免存在错误与不足，真诚希望得到方家和读者的批评指正。

陈友康

2014 年 10 月　昆明荷叶山

图书在版编目（CIP）数据

仁智气象：周善甫评传 / 陈友康著. -- 北京：
中华书局，2014.11
ISBN 978-7-101-10568-1

Ⅰ. 仁　Ⅱ. 陈　Ⅲ. 周善甫（1914—1998）- 评传
Ⅳ. K825.4

中国版本图书馆CIP数据核字（2014）第258147号

书　　名　仁智气象——周善甫评传
著　　者　陈友康
责任编辑　许旭虹
出版发行　中华书局
（北京市丰台区太平桥西里38号 100073）
http://www.zhbc.com.cn
E-mail:zhbc@zhbc.com.cn
印　　刷　云南华达印务有限公司
版　　次　2014年11月北京第1版
2014年11月北京第1次印刷
规　　格　开本787×1092毫米 1/16
印张 33　插页 20　字数 475千
印　　数　1-2500
国际书号　ISBN 978-7-101-10568-1
定　　价　48.00元